Klaus Winkler

Die Strafbarkeit des Strafverteidigers jenseits der Strafvereitelung

Zugleich ein Beitrag zur Auslegung des § 261 StGB

Verlag Dr. Kovač

Hamburg
2005

VERLAG DR. KOVAČ

Arnoldstraße 49 · 22763 Hamburg · Tel. 040 - 39 88 80-0 · Fax 040 - 39 88 80-55

E-Mail info@verlagdrkovac.de · Internet www.verlagdrkovac.de

Bibliografische Information Der Deutschen Bibliothek
Die Deutsche Bibliothek verzeichnet diese Publikation
in der Deutschen Nationalbibliographie;
detaillierte bibliografische Daten sind im Internet
über http://dnb.ddb.de abrufbar.

ISSN 1615-8148
ISBN 3-8300-1861-4

Zugl.: Dissertation, Universität Passau, 2005

© VERLAG DR. KOVAČ in Hamburg 2005

Printed in Germany
Alle Rechte vorbehalten. Nachdruck, fotomechanische Wiedergabe, Aufnahme in Online-Dienste
und Internet sowie Vervielfältigung auf Datenträgern wie CD-ROM etc. nur nach schriftlicher
Zustimmung des Verlages.

Gedruckt auf holz-, chlor- und säurefreiem Papier Alster Digital. Alster Digital ist
alterungsbeständig und erfüllt die Normen für Archivbeständigkeit ANSI 3948 und ISO 9706.

Vorwort

Die vorliegende Untersuchung ist im Wintersemester 2004/2005 von der juristischen Fakultät der Universität Passau als Dissertation angenommen worden. Rechtsprechung und Literatur konnten bis Ende September 2004 berücksichtigt werden.

Meinem Doktorvater, Herrn Prof. Dr. Beulke, möchte ich an dieser Stelle sehr herzlich für seine geduldige Unterstützung bei der Realisierung des Dissertationsthemas danken. Für die zügige Erstellung des Zweitgutachtens danke ich ferner Herrn Prof. Dr. Haffke.

Dank schulde ich ferner Frau Staatsanwältin Agnes Fegeler sowie Herrn Staatsanwalt Dr. Christian Theiß für die kritische Durchsicht des Manuskripts.

Schließlich gilt ein besonderer Dank meinen Eltern, denen ich dieses Buch widmen möchte. Sie haben mir durch ihre vielfältige Unterstützung das Studium und die Promotion überhaupt erst möglich gemacht.

Klaus Winkler   Passau, im Februar 2005

Inhaltsverzeichnis

Vorwort .... *V*
Inhaltsverzeichnis .... *VII*
Abkürzungsverzeichnis .... *XVII*
A. Einleitung 1
B. Begrenzung des Themas und methodische Vorgehensweise 6
   I. Inhaltliche und tatbestandliche Begrenzung 6
   II. Methodische Vorgehensweise 8
Teil 1: Grundlagen der Strafbarkeit eines Strafverteidigers *9*
A. Der Strafverteidiger und seine Funktion – Die Suche nach einem Verteidigerleitbild 9
   I. Der Verteidiger als Organ der Rechtspflege 11
      1. Die Aussage der Organtheorie 11
      2. Die Organtheorie im Spiegel der Rechtsprechung 12
      3. Die Organtheorie im Spiegel der Wissenschaft 14
      4. Stellungnahme 17
         a. Kritik der Anlehnung an § 1 BRAO 17
         b. Kritik der argumentativen Beliebigkeit 20
   II. Der Verteidiger als (Partei-) Interessenvertreter 21
      1. Die (Partei-) Interessentheorie 21
      2. Das Autonomieprinzip 22
      3. Das Vertragsprinzip 23
      4. Stellungnahme zur (Partei-) Interessentheorie 24
         a. Überbetonung der Autonomie des Beschuldigten 25
         b. Probleme bei der Pflichtverteidigung 27
         c. Ergebnis 28
   III. Abweichende Verteidigerkonzepte 28
      1. Verfassungsrechtlich abgeleitete Konzepte von *Gössel* und *Hamm* 28
      2. Die methodische Gesetzesauslegung von *Wolf* 29
      3. Stellungnahme 30
   IV. Diskussionsgrundlage und eigene Ansicht 32
      1. Das Fehlen einer ausdrücklichen gesetzlichen Regelung 32
      2. Die subjektiv-private Funktion: Verteidigung als Beistand des Beschuldigten 33
         a. § 137 Abs. 1 StPO als Ausgangspunkt 33
         b. Geschichtlicher Hintergrund 33
         c. Das Argument der Waffengleichheit 34
         d. Zwischenergebnis 36
      3. Die objektiv-öffentliche Funktion: Der Verteidiger als Wahrer rechtsstaatlicher Grundsätze 36
         a. Das Erfordernis der Unabhängigkeit 37
         b. Der Verteidiger als Garant der Unschuldsvermutung 38
         c. Auswirkungen auf Verteidigerpflichten 40
         d. Auswirkungen auf die Strafbarkeit des Verteidigers 40

B. Ergebnis 41
Teil 2: Bislang diskutierte Lösungsansätze zur Behandlung strafrechtlich relevanten Verhaltens von Strafverteidigern **43**
A. Übersicht 43
B. Der Vergleich mit bisherigen Lösungsansätzen 44
   I.   Prozessuale Rechtfertigungsgründe 44
      1. Rechtfertigungsgrund Strafverteidigung nach *Ingo Müller* 45
      2. Akzessorische Rechtfertigungslösung nach *Lüderssen* 46
      3. Berufs- und Standesrecht als Rechtfertigungsgrund
         nach *Ernesti* und *Volk* 47
      4. Stellungnahme 48
   II.   Tatbestandslösungen 50
      1. Lösungsansätze im subjektiven Tatbestand 50
        a. Erhöhte Anforderungen an den Nachweis des voluntativen Elements 51
        b. Stellungnahme 52
        c. Beachtung des Erfolgsdelikt-Charakters des § 258 StGB 53
        d. Stellungnahme 54
        e. Ablehnung einer Lösung im subjektiven Tatbestand 54
      2. Lösungsansätze im objektiven Tatbestand 55
        a. Lösung über Sozialadäquanz und professionelle Adäquanz ... 56
          aa. Anwendungsbereich 56
          bb. Stellungnahme 57
        b. Teleologische Auslegung des Tatbestands 58
          aa. Das von § 258 StGB geschützte Rechtsgut 58
          bb. Anwendung der teleologischen Auslegung 59
          cc. Ansichten im Schrifttum 60
          dd. Die Ansicht von *Stumpf* 61
        c. Prozessakzessorische Lösungen 62
          aa. Die Ansichten von *Beulke*, *Dornach* und *Roxin* 63
            (1) Die (eingeschränkte) Organtheorie 63
            (2) Stellungnahme 64
          bb. Die Ansicht von *Brei* 65
            (1) Der integre und seriöse Verteidiger 65
            (2) Stellungnahme 65
          cc. Die Ansicht von *Paulus* und *Grüner* 66
            (1) Abgrenzungskriterium Prozesshandlung 66
            (2) Stellungnahme 67
          dd. Die Ansichten von *Lamberti* und *Strzyz* 68
            (1) Anwendung der Theorie doppelfunktioneller Prozesshandlungen 68
            (2) Stellungnahme 69
          ee. Die Ansicht von *Jahn* 70
            (1) Die Entkriminalisierung »kompensatorischer« Verteidigung 70
            (2) Stellungnahme 71
      3. Lösungsmodelle auf Grundlage berufsrechtlicher Wertungen 73
        a. Die Ansicht von *Schautz* 73
        b. Die Ansicht von *Vogt* 73
        c. Stellungnahme 74
   III. Tatbestandsübergreifende Lösungsansätze 75
      1. Direkte oder analoge Anwendung allgemeiner Rechtfertigungsgründe 75

2. Strafverteidigung als Wahrnehmung berechtigter Interessen
   gem. § 193 StGB 76
   a. § 193 StGB als Anwendungsfall einer Interessenabwägung 77
   b. Übertragbarkeit des § 193 StGB auf andere Tatbestände 78
   aa. Grammatikalische und systematische Auslegung 79
       (1) Das objektive Merkmal des berechtigten Interesses 80
       (2) Die subjektive Seite: Das Merkmal »zur Wahrnehmung« 81
   bb. Verallgemeinerungsfähigkeit des Abwägungsprinzips 81
   c. Stellungnahme 82
3. Die grundsätzliche Ablehnung einer generellen Rechtswidrigkeitslösung . 86
   a. Indizfunktion des Tatbestands und Irrtumsprobleme 86
   b. Verkehrung des Regel-Ausnahme-Verhältnisses 86
   c. Zusammenfassung 88
4. Die Sperrwirkung des § 258 StGB für tateinheitlich begangene Delikte 88
   a. Vergleich mit anderen Sperrwirkungs-Konstruktionen 89
   b. Stellungnahme 90
5. Die Ansicht von *Rietmann* 93
   a. Die verfahrenssystematische Auslegung prozessualer
      Rechte und Pflichten 93
   b. Stellungnahme 94
6. Die Ansicht von *Wohlers* 95
   a. Verteidigungsverhalten als solches 96
   b. Art und Weise des Verteidigungshandelns 96
   c. Stellungnahme 97
7. Die Ansicht von *Wolf* 98
   a. Gesetzesauslegung und das ungeschriebene Merkmal »unbefugt« 98
   b. Stellungnahme 98
8. Die Ansicht von *Widmaier* 99
   a. Die Übertragung der Tatbestandslösung zu § 258 StGB 99
   b. Stellungnahme 100
9. Die Ansicht von *Zeifang* 100
   a. Prozessordnungswidrigkeit und fünf übergeordnete Prinzipien 100
   b. Stellungnahme 102

C. **Zusammenfassendes Ergebnis** 103

Teil 3: Die verfassungsrechtlichen Grundlagen der Strafverteidigung und ihre Bedeutung für die Strafbarkeit des Verteidigers 105

A. **Die Ausstrahlungswirkung des Grundgesetzes auf die Verteidigung** 105

B. **Die relevanten Grundrechte des Verteidigers: Freie Berufsausübung und allgemeine Handlungsfreiheit** 107
   I. Die Tätigkeit des Strafverteidigers als freier Beruf 107
   II. Die Schrankensystematik des Art. 12 Abs. 1 S. 2 GG 109
   III. Die materiell-rechtlichen Strafnormen unter Eingriffsgesichtspunkten 111
   IV. Die »Funktionstüchtigkeit der Rechtspflege« in der
       Schrankensystematik 113
       1. Die funktionstüchtige Rechtspflege als »Schranke« 113
       2. Inhaltliche Kritik 114
       3. Stellungnahme 115
   V. Die Funktionsfähigkeit der Rechtspflege als Abwägungsbelang 117

IX

| VI. | Ergebnis zu den Beschränkungsmöglichkeiten von Art. 12 Abs. 1 GG und Art. 2 Abs. 1 GG | 118 |

C. Die Bedeutung der Beschuldigtenrechte auf Verhältnismäßigkeitsebene..... 118

I. Das Recht des Beschuldigten auf Verteidigerbeistand und
die Institutsgarantie der Strafverteidigung ... 119
1. Inhaltliche Konturierung ... 119
2. Einfachgesetzliche Ausformung ... 120
3. Verfassungsrechtliche Grundlage ... 122
   a. Ableitung aus dem Rechtsstaatsprinzip (*fair trial*-Grundsatz) ... 122
   b. Stellungnahme ... 123
   c. Ableitung aus dem Justizgrundrecht auf Gewährung rechtlichen Gehörs ... 124
4. Die Möglichkeit wirkungsvoller Strafverteidigung als Institutsgarantie .. 126

II. Die Unschuldsvermutung als verfassungsrechtliche Garantie ... 126
1. Verfassungsrechtliche Grundlage ... 127
   a. Rechtsstaatsprinzip und *fair trial*-Prinzip ... 127
   b. Stellungnahme ... 127
2. Wirkungsweise der Unschuldsvermutung ... 128

III. Das *nemo tenetur*-Prinzip ... 130
1. Verfassungsrechtliche Grundlage ... 130
2. Inhaltliche Ausgestaltung ... 131
   a. Strafprozessuale Gewährleistungen ... 131
   b. Die Frage eines Lügerechts für den Beschuldigten ... 132
      aa. Die beweisrechtliche Indifferenz einer Einlassung ... 132
      bb. Die strukturelle Bedeutung des *nemo tenetur*-Grundsatzes ... 134
   c. Ergebnis zur Frage des Lügerechts für den Beschuldigten ... 137

IV. Ergebnis zur strafbarkeitsbeschränkenden Funktion
der Beschuldigtenrechte ... 137

D. Konsequenzen für die Verteidigerstrafbarkeit: Die verteidigungsspezifische Auslegung ... 138

I. Die Gültigkeit des materiellen Strafrechts für die Verteidigung ... 138
II. Das Verhältnis von Prozessrecht und materiellem Strafrecht ... 139
1. Diskussionsansätze ... 140
2. Die Strafprozessordnung als *lex specialis* ... 142
III. Die »verteidigungsspezifische Auslegung« im Deliktsaufbau ... 145
1. Die Vorteile der Tatbestandsauslegung ... 145
2. Der notwendige Rechtsgutsbezug ... 146
3. Die Lösung bei sozialbezogenen Rechtsgütern ... 148
4. Die Lösung bei Individualrechtsgütern ... 149
5. Zur dogmatischen Einordnung ... 150
IV. Die Grenzen der verteidigungsspezifischen Auslegung ... 150
1. Objektiv erkennbares Handeln zur Durchsetzung
der Unschuldsvermutung ... 150
2. Das Verbot der Lüge als Fundament gesteigerten Vertrauens ... 151
   a. Die »Gretchenfrage« der Strafverteidigung ... 152
   b. Argumente der Gegner einer Wahrheitspflicht ... 154
   c. Stellungnahme ... 156
   d. Die Begründung eines »normativen Lügeverbots«
für den Strafverteidiger ... 157
3. Die Einordnung des normativen Lügeverbots in den Deliktsaufbau ... 158

	4.	Ergebnis	158
Exkurs: Auswirkungen für die Anwendung des § 258 StGB			159
	1.	Das Freispruch-Plädoyer für den schuldigen Angeklagten	159
	2.	Grenzen der Beratung des Beschuldigten	160
	3.	Rat zur Flucht	161
	4.	Rat zum Widerruf eines wahren Geständnisses	162
	5.	Die Mitteilung von Fakten nach Akteneinsicht	163
Exkurs Ende			165
E.	**Ergebnis des dritten Teils und weitere Vorgehensweise**		**165**

Teil 4: Delikte mit Ausrichtung auf sozialbezogene Rechtsgüter *167*

A.	**Geldwäsche, § 261 StGB**		**167**
I.		Einleitung und Problemaufriss	167
II.		Begriff der Geldwäsche	168
III.		Geldwäsche und Strafverteidigung	169
IV.		Die Entwicklung der Gesetzeslage	172
	1.	Die Einführung des § 261 StGB	172
	2.	Die Sozialadäquanzklausel	174
V.		Das Geldwäschegesetz als flankierende Maßnahme	176
	1.	Adressat der Richtlinie	177
	2.	Pflichten aus dem Geldwäschegesetz	178
	a.	Identifizierungspflicht	178
	b.	Anzeigepflicht	179
	c.	Aufzeichnungs- und Aufbewahrungspflicht	180
	d.	Auswirkungen auf den Strafverteidiger	180
VI.		Ziel und geschütztes Rechtsgut des Geldwäschetatbestands	181
	1.	Die deutsche Gesetzesbegründung und Ansicht der Rechtsprechung	181
	2.	Ansichten in der Literatur	182
	a.	Präventiver Schutz der durch den Vortatenkatalog geschützten Rechtsgüter oder Aspekt des mangelnden eigenständigen Schutzguts	183
	b.	Die Rechtspflege als Schutzgut	184
	c.	Aspekt der inneren Sicherheit	186
	d.	Wirtschaftliche Aspekte	187
	e.	Kritik	188
	f.	Stellungnahme	191
VII.		Die strafrechtliche Bedrohung des Verteidigers durch uneingeschränkte Anwendung des § 261 StGB	193
	1.	Der objektive Tatbestand	193
	a.	Taugliche Tatobjekte	193
	b.	Geldwäscherelevante Vortaten	194
	c.	Herrühren aus der Vortat	195
	aa.	Definition des Merkmals »Herrühren«	195
	bb.	Probleme der Vermischung von Vermögensgegenständen	198
	cc.	Eigene Ansicht	200
	dd.	Ausnahme bei gutgläubigem Vorerwerb durch § 261 Abs. 6 StGB	202
	(1)	»Straftat« im Sinne des § 261 Abs. 6 StGB	202
	(2)	Einsatz von Bankinstituten zu Zahlungszwecken	203
	ee.	Probleme der Transformation, Surrogation und Vervielfachung	206
	d.	Tathandlungen	209
	aa.	§ 261 Abs. 1 StGB	209

		bb. § 261 Abs. 2 StGB	209
2.		Der subjektive Tatbestand	210
	a.	Das Vorsatzelement	210
	b.	Der Leichtfertigkeitstatbestand des § 261 Abs. 5 StGB	211
		aa. Die grundsätzlich fehlende Erkundigungspflicht	212
		bb. Vermeidung des Geldwäscheverdachts	213
3.		Die Sondervorschriften § 261 Abs. 9 StGB und § 261 Abs. 10 StGB	216
	a.	§ 261 Abs. 9 StGB	217
	b.	§ 261 Abs. 10 StGB	218
	c.	Strafrechtliche Probleme des Gebrauchmachens von § 261 Abs. 9 und 10 StGB	219
		aa. Friktionen mit § 203 StGB	219
		(1) § 261 Abs. 9 und 10 StGB als Rechtfertigungsgrundlagen	220
		(2) § 12 GwG als Rechtfertigungsnorm	220
		(3) Rechtfertigung durch Güter- und Interessenabwägung	221
		bb. Ergebnis	223
	d.	Ergebnis zur uneingeschränkten Anwendung des § 261 StGB	224
VIII.		Strafverteidigung und Geldwäsche – ein verfassungsrechtliches Problem	224
1.		Verstoß gegen das Gleichheitsgebot, Art. 3 Abs. 1 GG	225
2.		Eingriff in das Grundrecht der freien Berufsausübung, Art. 12 Abs. 1 GG	227
	a.	Schutzbereich des Art. 12 Abs. 1 GG	227
	b.	Eingriff in Art. 12 Abs. 1 GG	228
		aa. Die fehlende berufsregelnde Tendenz des § 261 StGB	228
		bb. Spürbare Beeinträchtigungen durch faktische Beschränkungen	230
		(1) Gefahr des Verlusts der Vergütung	230
		(2) Die Beiordnung als Pflichtverteidiger als Ausweg	231
		(3) Gefahr einer ineffektiven Strafverteidigung	233
		cc. Ergebnis	234
	c.	Verfassungsrechtliche Rechtfertigung	234
		aa. Geeignetheit	235
		bb. Erforderlichkeit	235
		cc. Verhältnismäßigkeit im engeren Sinne	236
	d.	Ergebnis	238
3.		Eingriff in die Eigentumsgarantie, Art. 14 Abs. 1 GG	238
	a.	Eingriff in den Schutzbereich	238
	b.	Stellungnahme	239
4.		Verletzung verfassungsmäßig garantierter Beschuldigtenrechte	239
	a.	Missachtung der Unschuldsvermutung	240
	b.	Recht auf freie Wahl eines Verteidigers	240
	c.	Störung des Vertrauensverhältnisses	242
	d.	Ergebnis	245
IX.		Fälle aus der Rechtsprechung	246
1.		Die Entscheidung HansOLG Hamburg, NJW 2000, 673	246
	a.	Lösungsweg über verfassungskonforme Auslegung	246
	b.	Reaktionen und Kritik	247
2.		Die Entscheidung BGHSt 47, 68	251
	a.	Uneingeschränkte Anwendung des § 261 Abs. 2 Nr. 1 StGB	251
	b.	Reaktionen und Kritik	253

X.	Vorgeschlagene Lösungen zur Eingrenzung der Verteidigerstrafbarkeit..	255
1.	Strafausschlusslösung und Lösung auf Rechtsfolgenseite	256
a.	Lösung über einen Strafausschließungsgrund	256
b.	Lösung auf Rechtsfolgenseite	256
c.	Stellungnahme	256
2.	Lösungen auf der Ebene der Rechtswidrigkeit	257
a.	Lösung über einen temporären prozessualen Rechtfertigungsgrund	257
b.	Generelle Rechtfertigungslösung	259
c.	Stellungnahme	262
3.	Lösungen auf der Ebene des subjektiven Tatbestands	267
a.	Meinungsübersicht	267
b.	Stellungnahme	271
4.	Lösungsansätze auf der Ebene des objektiven Tatbestands	273
a.	Adäquanz- und Zurechnungs-Ansätze	273
aa.	Sozialadäquanz und professionelle Adäquanz	273
bb.	Erlaubtes Risiko	274
cc.	Parallele zur Beihilfe durch neutrale Handlungen	276
dd.	Stellungnahme	278
b.	Teleologische und verfassungskonforme Auslegung des Tatbestands	280
aa.	Meinungsübersicht	280
bb.	Stellungnahme	285
c.	Zwischenergebnis	288
5.	Die Entscheidung BVerfGE NJW 2004, 1305	289
a.	Die Lösung des Bundesverfassungsgerichts	289
b.	Kritik	290
aa.	Der Wortlaut als Grenze der Auslegung	291
bb.	Der Entstehungshintergrund	294
c.	Ergebnis	294
XI.	Eigener Lösungsansatz	294
1.	Verteidigungsspezifische Auslegung	295
2.	Einschränkungen	296
3.	Abstimmung mit den internationalen Vorgaben	298
a.	Die völkerrechtlichen Grundlagen	299
b.	Die europarechtlichen Grundlagen	300
XII.	Ergebnis	301

B. Organisationsdelikte, §§ 84 Abs. 2, 85 Abs. 2, §§ 129, 129a StGB 302

I.	Einführung	302
II.	Potentiell strafrechtlich relevante Handlungsmodalitäten	302
1.	Die Tathandlung des Unterstützens	302
2.	Die Tathandlung des Werbens	303
III.	Geschütztes Rechtsgut	305
IV.	Die Lösungsansätze der Rechtsprechung zur Strafbarkeit des Verteidigers	307
1.	HansOLG Hamburg, JZ 1979, 275	307
2.	BGHSt 29, 99	308
3.	BGHSt 31, 16	309
4.	BGHSt 32, 243	310
V.	Die Lösungsansätze der Wissenschaft	311
1.	Tatbestandslösungen	311
2.	Rechtfertigungslösungen	315

VI.	Stellungnahme zu den bisherigen Lösungen und eigener Lösungsansatz. 316
1.	Dogmatische Defizite der Rechtsprechung 316
2.	Eigene Ansicht 318
VII.	Ergebnis 319

C. Volksverhetzung, § 130 StGB 320
- I. Einführung 320
- II. Geschütztes Rechtsgut 321
- III. Die Auffassung der Rechtsprechung, BGHSt 46, 36 322
- IV. Ansichten in der Wissenschaft 325
- V. Stellungnahme 326
- VI. Verteidigungsspezifische Auslegung 327
  1. Auslegung der Äußerung 327
  2. Anwendung des § 86 Abs. 3 i.V.m. § 130 Abs. 5 StGB 328
  3. Umfang der Freistellung 329
  4. Systemimmanente Ausnahmen 330
- VII. Ergebnis 330

D. Aussagedelikte, §§ 153 ff. StGB 332
- I. Einführung 332
- II. Geschütztes Rechtsgut 333
- III. Tatbestandliche Besonderheiten 334
- IV. Fälle aus der Rechtsprechung 335
  1. BGH NStZ 1983, 503 335
  2. BGHSt 46, 53 335
- V. Meinungsübersicht in Literatur und Rechtsprechung 337
  1. Der nachträglich falsch aussagende Zeuge 339
     a. Teilnahme durch Unterlassen und das Problem der Garantenpflicht 339
     b. Stellungnahme und Kritik 340
  2. Die Benennung eines möglicherweise falsch aussagenden Zeugen 342
     a. Die aktive Teilnahmelösung 343
     b. Stellungnahme und Kritik 345
  3. Benennung eines Zeugen in Kenntnis einer bevorstehenden Falschaussage 347
     a. Die Ansicht von Rechtsprechung und Wissenschaft 347
     b. Stellungnahme und Kritik 349
- VI. Eigene Ansicht 349
  1. Zweifel am Wahrheitsgehalt einer Aussage 350
  2. Unumstößliche Kenntnis einer bevorstehenden Falschaussage 352
- Exkurs: Fälle verschiedener Einwirkungen auf den Inhalt von Aussagen 354
  1. Fang- und Suggestivfragen 354
     a. Die Ansicht von Rechtsprechung und Wissenschaft 354
     b. Stellungnahme 355
  2. Zuwendungen für eine konkrete Aussage 356
     a. Reaktionen auf BGHSt 46, 53 357
     b. Stellungnahme 358
- Exkurs Ende 359
- VII. Ergebnis 360

E. Falsche Verdächtigung, § 164 StGB 361
- I. Einführung 361
- II. Geschütztes Rechtsgut 361

III.	Tatbestandsmerkmale	362
IV.	Zur Strafbarkeit des Verteidigers in Rechtsprechung und Literatur	363
V.	Eigener Lösungsansatz	364
VI.	Ergebnis	366

F. Urkundsdelikte, §§ 267 ff. StGB ... 368
  I. Einführung ... 368
  II. Geschütztes Rechtsgut ... 369
  III. Vorgeschlagene Lösungen zur Verteidigerstrafbarkeit ... 370
    1. Die Lösung der Rechtsprechung ... 370
      a. BGHSt 38, 345 ... 370
      b. Kritik ... 371
    2. Lösungsvorschläge im Rahmen der Strafvereitelung ... 374
    3. Lösungsvorschläge in der Literatur zu § 267 StGB ... 375
      a. Lösung auf Rechtswidrigkeitsebene ... 375
      b. Stellungnahme ... 377
      c. Abgrenzung im subjektiven Tatbestand ... 378
      d. Stellungnahme ... 379
      e. Abgrenzung im objektiven Tatbestand ... 380
  IV. Stellungnahme und eigener Lösungsansatz ... 381
  V. Ergebnis ... 383

Teil 5: Delikte mit Ausrichtung auf Individualrechtsgüter ... 385

A. Beleidigungsdelikte, §§ 185 ff. StGB ... 385
  I. Einführung ... 385
  II. Geschütztes Rechtsgut der §§ 185 ff. StGB ... 386
  III. Fälle aus der Rechtsprechung ... 388
    1. Beleidigende Äußerungen in freier Rede und Plädoyer ... 388
      a. LG Hechingen, NJW 1984, 1766 ... 388
      b. BGH NStZ 1987, 554 ... 389
    2. Beleidigende Äußerungen in Schriftsätzen ... 390
      a. KG StV 1998, 83 ... 390
      b. OLG Düsseldorf, StV 1998, 550 ... 390
      c. HansOLG Bremen, StraFo 2000, 60 ... 391
      d. HansOLG Hamburg, MDR 1980, 953 ... 392
      e. BVerfG NJW 2000, 199 ... 392
      f. OLG Jena, NJW 2002, 1890 ... 393
  IV. Die Tatbestandsvoraussetzungen der §§ 185 ff. StGB ... 394
  V. Die Rechtfertigungslösung von Rechtsprechung und Wissenschaft ... 396
    1. Tatbestandlicher Anwendungsbereich ... 396
    2. Berechtigtes Interesse und Wahrnehmungsbefugnis ... 398
    3. Verhältnismäßigkeit ... 399
      a. Geeignetheit zur Interessenwahrnehmung ... 399
      b. Erforderlichkeit zur Interessenwahrnehmung ... 400
        aa. Vermutung zugunsten der Freiheit der Rede ... 400
        bb. Auswirkungen auf den Strafprozess ... 401
      c. Angemessenheit oder Verhältnismäßigkeit im engeren Sinne ... 401
        aa. Meinungsäußerungen ... 402
        bb. Tatsachenbehauptungen ... 404
          (1) Das Aufstellen bewusst unwahrer Behauptungen ... 404
          (2) Das leichtfertige Aufstellen beleidigender Behauptungen ... 405

		(3)	Der Einfluss verfassungsrechtlicher Beschuldigtenrechte 406

          (3) Der Einfluss verfassungsrechtlicher Beschuldigtenrechte 406
          (4) Folgen für die Strafverteidigung 407
    4. Subjektives Rechtfertigungselement 409
  VI. Der differenzierende Ansatz von *Wohlers* 409
  VII. Stellungnahme und eigener Lösungsansatz 410
  VIII. Ergebnis 412

B. Nötigung, § 240 StGB **413**
  I. Einführung und geschütztes Rechtsgut 413
  II. Fälle aus der Rechtsprechung 414
    1. BGHSt 9, 20 414
    2. BGHSt 10, 393 415
    3. OLG Frankfurt am Main, StV 2001, 407 415
    4. BGH NStZ-RR 2001, 171 417
  III. Literaturansichten zur Einwirkung auf Prozessbeteiligte 418
    1. Die Einwirkung auf Beteiligte unter dem Aspekt der Strafvereitelung 418
      a. Hinwirken auf das Unterlassen einer Anzeige 418
      b. Hinwirken auf das Unterlassen oder die Rücknahme eines Strafantrags .. 419
      c. Hinwirken auf die Ausübung des Zeugnis- oder
         Aussageverweigerungsrechts 420
      d. Bestechung für ein zulässiges Verhalten 421
    2. Die Einwirkung auf Beteiligte unter dem Aspekt der Nötigung 423
    3. Stellungnahme 424
  IV. Eigener Lösungsansatz 427
    1. Nötigung des Gerichts 429
    2. Nötigung personeller Beweismittel 431
    3. Zur Entscheidung BGH NStZ-RR 2001, 171: Nötigung des Mandanten . 432
  V. Ergebnis 432

C. Sonderfall: Delikte im Zusammenhang mit der anwaltlichen
Schweigepflicht, insbesondere § 203 StGB **434**
  I. Einführung 434
  II. Geschützte Rechtsgüter 436
  III. Fälle aus der Rechtsprechung 437
    1. BGHSt 1, 366 437
    2. OLG Köln, NJW 2000, 3656 438
  IV. Der Tatbestand und das strafrechtliche Risiko des Verteidigers 439
    1. Tauglicher Täter 439
    2. Fremdes Geheimnis 439
    3. Unbefugtes Offenbaren 442
  V. Eigener Lösungsansatz 444
    1. Die fehlende Privilegierungswirkung der Beschuldigtenrechte 445
    2. Verurteilung eines Unschuldigen 445
    3. Eigene Verurteilung des Verteidigers 447
      Exkurs: Der Konflikt mit §§ 138, 139 StGB 448
      Exkurs Ende 449
    4. Anzeige geplanter Straftaten 449
  VI. Ergebnis 449

Teil 6: Zusammenfassung und Schlussbetrachtung ***451***

Literaturverzeichnis ***459***

Abkürzungsverzeichnis

a.A.	andere Ansicht, abweichende Ansicht
a.a.O.	am angegebenen Ort
abgedr.	abgedruckt
abl.	ablehnend
ABl.	Amtsblatt
Abs.	Absatz
Abschn.	Abschnitt
abw.	abweichend
a.F.	alte Fassung
AfP	Archiv für Presserecht
AG	Amtsgericht
ähnl.	ähnlich
AK/StGB	Alternativkommentar zum Strafgesetzbuch, zit.: AK/StGB-*Bearbeiter*
AK/StPO	Alternativkommentar zur Strafprozessordnung, zit.: AK/StPO-*Bearbeiter*
Alt.	Alternative
Anm.	Anmerkung
AnwBl.	Anwaltsblatt
Art.	Artikel
AT	Allgemeiner Teil
Aufl.	Auflage
Az.	Aktenzeichen
BayObLG	Bayerisches Oberstes Landesgericht
BayObLGSt	Entscheidung(en) des Bayerischen Obersten Landesgerichts
BayVerfGHE	Entscheidung(en) des Bayerischen Verfassungsgerichtshofs
BB	Der Betriebs-Berater
BerlVerfGHE	Entscheidung(en) des Berliner Verfassungsgerichtshofs
Bespr.	Besprechung
betr.	betreffend
Bd.	Band
BGB	Bürgerliches Gesetzbuch
BGBl.	Bundesgesetzblatt
BGH	Bundesgerichtshof
BGHSt	Entscheidung(en) des Bundesgerichtshofs in Strafsachen
BGHStGrS	Großer Senat in Strafsachen
BGHZ	Entscheidung(en) des Bundesgerichtshofs in Zivilsachen
BORA	Berufsordnung für Rechtsanwälte
BRAK	Bundesrechtsanwaltskammer

BRAO	Bundesrechtsanwaltsordnung
BR-Drucks.	Drucksache des Bundesrats
BT	Besonderer Teil
BT-Drucks.	Drucksache des Bundestags
BVerfG	Bundesverfassungsgericht
BVerfGE	Entscheidung(en) des Bundesverfassungsgerichts
bzgl.	bezüglich
bzw.	beziehungsweise
ca.	circa
CCBE	Berufsregeln der Rechtsanwälte der Europäischen Union
DAV	Deutscher Anwaltsverein
ders.	derselbe
dies.	dieselbe(n)
d.h.	das heißt
Diss.	Dissertation
DRiZ	Deutsche Richterzeitung
DVBl.	Deutsches Verwaltungsblatt
EG	Vertrag über die Europäischen Gemeinschaften, Europäische Gemeinschaft
EGBGB	Einführungsgesetz zum Bürgerlichen Gesetzbuch
Einl.	Einleitung
EMRK	Europäische Konvention zum Schutz der Menschenrechte und Grundfreiheiten vom 04.11.1950 (BGBl. 1952 II S. 686)
Erg.	Ergebnis
EU	Europäische Union
EuGHE	Entscheidung(en) des Europäischen Gerichtshofs
EuGRZ	Europäische Grundrechtszeitschrift
EuZW	Europäische Zeitschrift für Wirtschaft
evtl.	eventuell
f.	folgende(r)
ff.	fortfolgende(r)
Fn.	Fußnote(n)
FS	Festschrift
GA	Goltdammer's Archiv für Strafrecht
GG	Grundgesetz
ggf.	gegebenenfalls
GS	Gedächtnisschrift

GVG	Gerichtsverfassungsgesetz
h.A.	herrschende Ansicht, herrschende Auffassung
h.L.	herrschende Lehre
h.M.	herrschende Meinung
Hrsg.	Herausgeber
i.d.F.	in der Fassung
i.d.R.	in der Regel
i.Erg.	im Ergebnis
i.e.S.	im engeren Sinne
inkl.	inklusive
insbes.	insbesondere
insow.	insoweit
IPbpR	Internationaler Pakt über bürgerliche und politische Rechte vom 19.12.1966
i.S.d.	im Sinne des, der
i.S.v.	im Sinne von, vom
i.V.m.	in Verbindung mit
i.w.S.	im weitesten Sinne
JA	Juristische Ausbildungsblätter
JA-RR	JA-Rechtsprechungs-Report
jew.	jeweils
JK	Jura-Karteikarten
JMBlNW	Justizministerialblatt Nordrhein-Westfalen
JR	Juristische Rundschau
Jura	Juristische Ausbildung
JuS	Juristische Schulung
JZ	Juristenzeitung
KG	Kammergericht
KK	Karlsruher Kommentar zur Strafprozessordnung, zit.: KK-*Bearbeiter*
KO	Konkursordnung (außer Kraft getreten am 31.12.1998)
krit.	kritisch
Lb.	Lehrbuch
LG	Landgericht
Lit.	Literatur
LK	Leipziger Kommentar zum Strafgesetzbuch, zit.: LK-*Bearbeiter*
LR	Löwe/Rosenberg, Kommentar zur Strafprozessordnung,

zit.: LR-*Bearbeiter*

MDR	Monatsschrift für Deutsches Recht
MDR/D [H]	Rechtsprechung des BGH in MDR, mitgeteilt von *Dallinger* [*Holtz*]
MedR	Medizinrecht
m.w.N.	mit weiteren Nachweisen
n.F.	neue Fassung
NJ	Neue Justiz
NJW	Neue Juristische Wochenschrift
NK	Nomos-Kommentar zum Strafgesetzbuch, zit.: NK-*Bearbeiter*
NStE	Neue Entscheidungssammlung für Strafrecht
NStZ	Neue Zeitschrift für Strafrecht
NStZ-RR	NStZ – Rechtsprechungs-Report
NVwZ	Neue Zeitschrift für Verwaltungsrecht
o.	oben
ÖAnwBl.	Österreichisches Anwaltsblatt
OGHSt	Entscheidung(en) des Obersten Gerichtshofs für die Britische Zone in Strafsachen
OLG	Oberlandesgericht
OrgKG	Gesetz gegen die Organisierte Kriminalität
OWiG	Gesetz gegen Ordnungswidrigkeiten
RG	Reichsgericht
RGSt	Entscheidung(en) des Reichsgerichts in Strafsachen
Rn.	Randnummer
Rs.	Rechtssache
Rspr.	Rechtsprechung
S.	Seite, Satz
s.	siehe
s.a.	siehe auch
SchwStGB	Schweizerisches Strafgesetzbuch
SK/StGB	Systematischer Kommentar zum Strafgesetzbuch, zit.: SK/StGB-*Bearbeiter*
SK/StPO	Systematischer Kommentar zur Strafprozessordnung, zit.: SK/StPO-*Bearbeiter*
sog.	sogenannte/r
stdg.	ständige/r
StGB	Strafgesetzbuch

StK	Studienkommentar
StPO	Strafprozessordnung
str.	strittig
StraFo	Strafverteidiger-Forum
StrÄndG	Strafrechtsänderungsgesetz
StrRefG	Strafrechtsreformgesetz
StV	Strafverteidiger
s.u.	siehe unten
u.	unten
u.a.	unter anderem, unter anderen, und andere
Unterabs.	Unterabsatz
u.s.w.	und so weiter
u.U.	unter Umständen
v.	von, vom
v.a.	vor allem, vor allen
Var.	Variante
vert.	vertiefend
vgl.	vergleiche
VRS	Verkehrsrechtssammlung
WaffG	Waffengesetz
WiB	Wirtschaftsrechtliche Beratung
wistra	Zeitschrift für Wirtschaft, Steuer, Strafrecht
WM	Wertpapier-Mitteilungen
ZAP	Zeitschrift für die Anwaltspraxis
z.B.	zum Beispiel
zit.	zitiert
ZRP	Zeitschrift für Rechtspolitik
ZStW	Zeitschrift für die gesamte Strafrechtswissenschaft
z.T.	zum Teil
zusf.	zusammenfassend
zust.	zustimmend
zutr.	zutreffend
zw.	zweifelnd

A. Einleitung

»Wenn ich von der Würde und der Notwendigkeit des Fürsprecheramtes sprach, so dachte ich nur an Männer, welche in freier Selbständigkeit den Parteien zur Seite und dem Gerichte gegenüberstehen; welche in Sachen ihres Berufs unerreichbar der Gewalt der Richter, vor welchen und gegen welche sie das Recht beschützen sollen, auch die Freiheit haben, ihren Beruf aus unbeengter Brust, mit mutigem Wort zu erfüllen; welche, als Glieder eines Standes der Ehre, durch die Achtung ihrer Mitbürger und des Staates, an die Würde ihres Berufs fortwährend erinnert, an einem edlen Stolz eine edle, jeder Nichtswürdigkeit feindliche Gesinnung nähren.«[1]

Anselm von Feuerbach

Bereits dieses Ideal eines Verteidigertyps, das *von Feuerbach* in seiner berühmten Schrift »Betrachtungen über die Öffentlichkeit und Mündlichkeit der Gerechtigkeitspflege« im Jahr 1821 entworfen hat, verdeutlicht die Problematik, welcher sich jeder Strafverteidiger tagtäglich bei seiner Berufsausübung gegenüber sieht: Einerseits soll er mit ganzem Einsatz und mutigem Wort für seinen Mandanten Partei ergreifen, andererseits geht er dabei zugleich oft selbst ein hohes strafrechtliches Risiko ein. Dass dies zu Interessenkonflikten führen kann, liegt auf der Hand. Ist schon der allgemeine Rechtsanwalt im direkten Vergleich mit anderen beratenden Berufsträgern der »eigentliche Risikogeneralist«[2], läuft der Verteidiger Tag für Tag sogar noch eher Gefahr, sich allein aufgrund der engagierten Ausübung seines Berufs strafbar zu machen.[3] Seine berufsspezifische Gefährdungslage wird selbst dem strafrechtlichen Laien durch die Existenz des Tatbestands der Strafvereitelung (§ 258 StGB) bewusst, der in scheinbarem Widerspruch zur Arbeit eines Strafverteidigers steht. Der Diskurs um die Auflösung des Spannungsverhältnisses zwischen noch erlaubter oder geduldeter und

---

[1] *von Feuerbach*, Betrachtungen über die Öffentlichkeit und Mündlichkeit der Gerechtigkeitspflege, S. 391.
[2] *Wessing*, NJW 2003, 2265 [2265].
[3] Einen statistischen Überblick über berufstypische Straftaten von Rechtsanwälten gibt *Graalmann-Scheerer*, Kriminologie 2001, 645 ff.

bereits sanktionierter Verteidigungs-Tätigkeit ist deshalb hinsichtlich der Strafvereitelung schon immer ein höchst umstrittener und daher dankbarer Untersuchungsgegenstand vieler, man könnte sagen einer nahezu unübersehbaren[4] Anzahl juristischer Abhandlungen gewesen[5] und wird dies wohl auch noch mit unbestimmter Dauer und unbekanntem Ziel weiterhin in Zukunft sein.[6]

Verlässt man die Strafvereitelung und wendet sich allgemeiner dem Bereich sanktionswürdigen Verhaltens nach materiellem Strafrecht zu, wird man in der Literatur nur noch sporadisch fündig. Dies mag zum einen daran liegen, dass ein Verteidigerhandeln oft hauptsächlich als Problem der Strafvereitelung eingestuft wird. Eine andere Ursache könnte darin zu finden sein, dass die strafrechtlichen

---

[4] *Kudlich/Roy*, JA 2001, 15 [17].
[5] Überblick bei *Beulke*, Die Strafbarkeit des Verteidigers, 1989; *Jahn*, »Konfliktverteidigung« und Inquisitionsmaxime, S. 286 ff.; vgl. ferner ohne Anspruch auf Vollständigkeit *Armbrüster*, Die Entwicklung der Verteidigung in Strafsachen, 1980; *Berkenheide*, Die Grenzen der anwaltlichen Strafverteidigung, 1952; *Beulke*, Der Verteidiger im Strafverfahren, 1980; *Brei*, Grenzen zulässigen Verteidigerhandelns, 1991; *Dornach*, Der Strafverteidiger als Mitgarant eines justizförmigen Strafverfahrens, 1994; *Eisner*, Die Grenzen der Verteidigung unter besonderer Berücksichtigung der Begünstigung, 1922; *Göddeke*, Die Einschränkung der Verteidigung, 1980; *Haferland*, Die strafrechtliche Verantwortlichkeit des Verteidigers, 1928; *Haug*, Die grundsätzliche Stellung des Verteidigers, 1939; *Heeb*, Grundsätze und Grenzen der anwaltlichen Strafverteidigung und ihre Anwendung auf den Fall der Mandatsübernahme, 1973; *Hofstetter*, Die strafrechtliche Verantwortlichkeit des Verteidigers wegen Begünstigung, 1938; *Jolmes*, Der Verteidiger im deutschen und österreichischen Strafprozess, 1982; *Kalter*, Die Rechtsstellung des Verteidigers, seine Rechte und Pflichten, 1938; *Kudlich*, Strafprozess und allgemeines Missbrauchsverbot, 1998; *Küster*, Die Grenzen, die das Strafrecht dem Anwalt in seiner Tätigkeit als Verteidiger zieht, 1925; *Lamberti*, Strafvereitelung durch Strafverteidiger, 1988; *Lukanow*, Der Missbrauch der Verteidigerstellung im englischen und deutschen Strafprozess, 1953; *Mehlich*, Verteidigung und Begünstigung, 1910; *Mörsch*, Zur Rechtsstellung des Beschuldigten und seines Verteidigers im Vorverfahren unter Berücksichtigung der Aufgaben des gesamten Strafverfahrens, 1968; *Nickol*, Wesen und Grenzen der Verteidigung, 1931; *Spahlinger*, Wie weit geht die Wahrheitspflicht des Verteidigers im Strafprozess?, 1929; *Stelter*, Die Begünstigung durch Strafverteidiger, 1981; *Strzyz*, Abgrenzung von Strafverteidigung und Strafvereitelung, 1983; Stumpf, Die Strafbarkeit des Strafverteidigers wegen Strafvereitelung (§ 258 StGB), 1999; *Waldhorn*, Das Verhältnis von Strafverteidigung und Begünstigung, 1967; *Wassmann*, Strafverteidigung und Strafvereitelung, 1982; *Dahs*, NJW 1959, 1158 ff.; *Dornach*, NStZ 1995, 57 ff.; *Ebermayer*, DJZ 1927, 134 ff.; *Ernesti*, JR 1982, 221 ff.; *Gallas*, ZStW 53 [1934], 256 ff.; *Gössel*, ZStW 94 [1982], 5 ff.; *von Lilienthal*, DJZ 1901, 101 ff.; *Lüderssen*, in: Sarstedt-FS, S. 145 ff.; *ders.*, in: Frankfurter Hefte 1981, S. 49 ff.; *E. Müller*, NJW 1981, 1801 ff.; *I. Müller*, StV 1981, 90 ff.; *Müller-Dietz*, Jura 1979, 242 ff.; *Mützelburg*, in: Dünnebier-FS, S. 277 ff.; *Ostendorf*, NJW 1978, 1345 ff.; *Richter*, NJW 1981, 1020 ff.; *Seibert*, JR 1951, 678 ff.; *Seier*, JuS 1981, 806 ff.; *Spahlinger*, JW 1934, 1317 ff.; *Welp*, ZStW 90 [1978], 101 ff.; *ders.*, ZStW 90 [1978], 804 ff.
[6] *Beulke*, in: Roxin-FS, S. 1173 [1174].

Grenzen jenseits des § 258 StGB als weitgehend juristisch gesichert gelten. Dass dies aber nicht der Fall ist, haben in den letzten Jahren einige weichenstellende und diskussionswürdige Grundsatzentscheidungen der Rechtsprechung auf dem Gebiet der Verteidigerstrafbarkeit gezeigt.[7] Diese Judikate verdeutlichen die nach wie vor großen Unsicherheiten bei der Grenzziehung des noch straflosen Verhaltens und haben die zu diesem Thema geführten Debatten zum Teil sogar verschärft.[8] Erst seit relativ kurzer Zeit haben sich Autoren in der Wissenschaft des Themas »Strafbarkeit des Strafverteidigers« auch in tatbestandsübergreifender Betrachtung angenommen.[9] Zurückzuführen ist dies vor allem darauf, dass mit der Diskussion um die Geldwäsche ein aktuelles und alle Verteidiger angehendes Problem in den Vordergrund getreten ist. Die Geldwäsche scheint im Vergleich mit bislang diskutierten Delikten allerdings untypisch zu sein, da bei § 261 StGB bereits die Aufnahme und damit das »Ob« einer Verteidigung im Blickpunkt steht, während strafrechtliche Gefährdungen sonst im Rahmen der Durchführung und damit beim »Wie« aufgetreten sind. Ein weiterer abweichender Aspekt ist die im europäischen Recht wurzelnde Herkunft des § 261 StGB.

Die Ursachen der problematischen Grenzziehung zwischen gerade noch erlaubtem und bereits verbotenem Verteidigerverhalten sind vielfältig. Die Schwierigkeiten beginnen bei der Auslegung der maßgeblichen Gesetzesvorschriften, die das Tätigwerden des Verteidigers regeln, und ihrem Verhältnis zueinander. In Frage steht etwa, ob und in welchem Umfang die Strafprozessordnung Einfluss auf eine Strafbarkeit nach materiellem Recht nimmt. Ungewissheit herrscht auch darüber, inwieweit grundrechtliche Einflüsse Sonderregelungen für die Tätigkeit des Verteidigers bedingen. Wenn man auf die Frage nach der Grenze noch zulässigen Verteidigerverhaltens den kleinsten gemeinsamen Nenner des Mei-

---

[7] Vgl. z.B. zur Beleidigung BVerfG NJW 1999, 2262 f.; NJW 2000, 199 ff.; zur Urkundenfälschung und zur Strafvereitelung BGHSt 38, 345; zum Parteiverrat BGHSt 45, 148; zur Volksverhetzung BGHSt 46, 36; zur Anstiftung zum Meineid und zur Strafvereitelung BGHSt 46, 53; zur Geldwäsche BGHSt 47, 68 und BVerfG NJW 2004, 1305 ff.
[8] Wie z.B. die Geldwäsche-Entscheidung des Bundesgerichtshofs, BGHSt 47, 68 ff. vor der BVerfG-Entscheidung BVerfG NJW 2004, 1305 ff.
[9] Z.B. *Rietmann*, Zur Strafbarkeit von Verfahrenshandlungen, 2002; *Widmaier*, in: BGH-FS IV, S. 1043 ff.; *Wohlers*, StV 2001, 420 ff.; *Zeifang*, Die eigene Strafbarkeit des Strafverteidigers, 2004; z.T. auch bei *Jahn*, »Konfliktverteidigung« und Inquisitionsmaxime, 1998; *Stumpf*, Die Strafbarkeit des Strafverteidigers wegen Strafvereitelung (§ 258 StGB), 1999; *Wolf*, Das System des Rechts der Strafverteidigung, 2000.

nungsspektrums bestimmen wollte, würde sich dieser zwischen standesrechtlichen und strafrechtlichen Grenzziehungen bewegen.[10] Denn der Verteidiger wird all das tun dürfen, was ihm das Standesrecht erlaubt. Umgekehrt führt nicht jeder Verstoß gegen das Standesrecht automatisch zur Strafbarkeit. Eindeutige Grenzen zulässiger Strafverteidigung gibt es dagegen nicht.[11] In der Konsequenz waren bisherige Untersuchungen oder Stellungnahmen oft durch vage Unbestimmtheit gekennzeichnet. So stand ein Verteidiger bisweilen vor einer schier unlösbaren Aufgabe, wenn er sein Verteidigungsverhalten mit dem materiellen Strafrecht abstimmen wollte. Suchte er in der Literatur nach den strafrechtlichen Grenzen der Verteidigung, stieß er alsbald auf Textpassagen, die ihm versicherten, dass er sich unter voller Ausschöpfung der ihm zustehenden Rechte für die Freisprechung seines Mandanten einsetzen könne,[12] solange er sich auf verfahrensrechtlich erlaubte Mittel beschränke.[13] Eine Strafbarkeit komme besonders dann in Frage, wenn ein Verteidiger seine prozessualen Pflichten vernachlässige. Umgekehrt könne alles, was prozessual erlaubt sei, nicht zur Strafbarkeit führen.[14] Wollte sich der Verteidiger daraufhin kundig machen, welches die ihm zustehenden verfahrensrechtlichen Mittel sind, erhielt er zuweilen die hilfreiche Auskunft, dass sich die Grenzen für seine Tätigkeit aus den Vorschriften des Strafgesetzbuchs, insbesondere aus § 258 StGB ergäben.[15] Der Rechtsanwalt dürfe daher sicherlich nicht den Prozessstoff bewusst verfälschen. Auch sei das Verlassen verfahrensrechtlicher Regeln, wo es für einen Anwalt erkennbar werde, nicht zulässig und gegebenenfalls sogar strafbar.[16] Wo aber konkret die Grenzziehung zwischen strafrechtlich noch zulässigem und bereits unzulässigem Verhalten verläuft, blieb für den jetzt erst recht ratlosen Verteidiger meist ein Rätsel.

Auch wenn die ausschließlich an der prozessualen Zulässigkeit orientierten Ratschläge auf den ersten Blick hilfreich zu sein scheinen: Der Schein trügt.

---

[10] So z.B. *Pfeiffer*, DRiZ 1984, 341 [348].
[11] Ebenso *Hassemer*, in: Beck'sches Formularbuch für den Strafverteidiger, S. 3.
[12] *Lackner/Kühl*, § 258 Rn. 9 m.w.N.
[13] Sch/Sch-*Stree*, § 258 Rn. 20.
[14] Vgl. etwa *Ignor*, in: Schlüchter-FS, S. 39 [42].
[15] *Meyer-Goßner*, Vor § 137 Rn. 2 m.w.N.
[16] *Eschen*, StV 1981, 365 [367].

Denn schon an dieser Stelle darf erwähnt werden, dass sich das Prozessrecht auffällig bedeckt hält, wenn es um Rechte und Pflichten eines Strafverteidigers geht.[17] Der Gesetzgeber hat es bei den vergangenen Strafrechtsreformen versäumt (oder nicht für notwendig erachtet), das Verfahrensrecht mit dem materiellen Strafrecht abzugleichen. Prozessrecht und materielles Recht haben sich im Laufe der Jahre tendenziell »sehr viel weiter auseinandergelebt«.[18] Nicht zuletzt deshalb könnte man auch der Meinung sein, dass sich eine Strafbarkeit völlig unabhängig vom prozessualen Recht ergibt. Beide Rechtskreise würden sich dann ergänzen, hinsichtlich der Strafbarkeit aber nicht bedingen. Hiernach könnte ein verteidigungstaktisch zulässiges Verhalten ohne weiteres nach materiellem Recht strafbar sein. Ob eine solche Ansicht allerdings an den Grundfesten der vielbeschworenen »Einheit der Rechtsordnung« rüttelt und daher überhaupt sinnvoll ist, wird noch zu untersuchen sein.

Als tatbestandsübergreifende Gemeinsamkeit aller Verteidigungshandlungen lässt sich feststellen, dass sich der Strafverteidiger bisweilen in einer Grauzone ungewisser strafrechtlicher Verantwortlichkeit bewegt, ja bewegen muss, will er seinen Beruf konsequent und mit Leidenschaft ausüben. Insofern ist zu überlegen, ob sich angesichts der großen Bandbreite potentiell verteidigergefährdender Delikte nicht eine generalisierende Lösung für eine mandantenorientierte Tätigkeit finden lässt, die auch die Besonderheiten des Prozess- und Verfassungsrechts mit berücksichtigt. Strafrechtsdogmatisch bieten sich hierbei – neben einer rein strafprozessualen Lösung – Ansatzpunkte auf verschiedenen Deliktsstufen im materiellen Recht an. Dass dabei die »klassische« Vorsatzlösung nicht das letzte Wort sein muss, soll mit dieser Arbeit gezeigt werden. Insbesondere die Etablierung eines an der Verteidigung orientierten Rechtfertigungsgrundes, der materiell-rechtlich eine gemeinsame Behandlung verschiedenster Delikte ermöglichen würde, soll untersucht werden. Schließlich ist zu diskutieren, ob es eine Art »*safe harbour*-Regel« für Strafverteidiger geben kann, bei deren Einhaltung dieser seinen gesetzlichen Verpflichtungen auf jeden Fall genügt.

---

[17] *Beulke*, Der Verteidiger im Strafverfahren, S. 18, spricht von einer »fragmentarischen Regelung«; *ders.*, in: Roxin-FS, S. 1143 [1144]; vgl. auch *Bottke*, ZStW 96 [1984], 726 [727]; *Brei*, Grenzen zulässigen Verteidigerhandelns, S. 62 m.w.N.
[18] *Hamm*, NJW 1997, 1288 [1289].

Schon dieser kurze Überblick verdeutlicht, dass eine generalisierende Betrachtung der strafrechtlichen Risiken eines Verteidigers und ihrer materiellrechtlichen Determinanten sowohl für die Rechtsprechung als auch nicht zuletzt für die Strafverteidiger selbst ein aktuelles Desiderat darstellen würde. Das übergreifende Anliegen der vorliegenden Arbeit soll daher sein, Anstöße zu einer neuen, verfassungsrechtlich orientierten Grenzziehung bei der Verteidigerstrafbarkeit zu geben und damit einen Beitrag zu leisten, die Gefahr einer Strafverfolgung zu minimieren.

B. Begrenzung des Themas und methodische Vorgehensweise

»Ach, Luise, lass... das ist ein zu weites Feld.«[19]

Theodor Fontane, Effi Briest

Bereits ein kursorischer Überblick über die Vielzahl in Betracht kommender Straftatbestände und Kombinationen strafrechtlich relevanter Verhaltensweisen lässt erahnen, dass eine erschöpfende Auseinandersetzung mit sämtlichen Möglichkeiten der Strafbarkeit eines Strafverteidigers bei der Ausübung seines Berufs von vornherein zum Scheitern verurteilt ist, will man den Umfang der Untersuchung in einem vertretbaren Rahmen halten. Das breite Panorama möglicher Delikte reicht von der »strafverteidigerspezifischen« Strafvereitelung bis zu eigentlich völlig »strafverteidigerunspezifischen« Delikten wie Nötigung oder Geldwäsche. Eine detaillierte Analyse sämtlicher potentieller Straftatbestände wäre für eine einzelne Abhandlung – um mit *Fontane* zu sprechen – ein zu weites Feld. Dennoch liegt der Reiz gerade in einer Gesamtschau möglichst vieler Delikte. Ziel der Untersuchung ist es, für sie ein verfassungsrechtlich geprägtes, übergreifendes Konzept zur materiell-rechtlichen Bewertung der Strafverteidiger-Tätigkeit zu erstellen.

I. Inhaltliche und tatbestandliche Begrenzung

Um bei einer derartigen Zielsetzung nicht der Versuchung zu erliegen, alle prozessual relevanten Verhalten eines Verteidigers in die Untersuchung einzubeziehen, sollen der Übersichtlichkeit halber sowohl standesrechtliche Sanktionen als

---

[19] *Fontane*, Effi Briest, S. 483, zit. nach Digitale Bibliothek Sonderband: Meisterwerke deutscher Dichter und Denker, S. 5853 (vgl. Fontane-RuE, Bd. 7, S. 310).

auch die Folgen rechtsmissbräuchlichen Handelns ausgeklammert werden. Unter letzterem wird hier etwa die wiederholte Stellung abgelehnter Beweisanträge oder extensives Stellen von Befangenheits-, Protokollierungs- oder Aussetzungsanträgen mit dem angestrebten Ziel der Verfahrensverschleppung verstanden.[20] Es handelt sich hierbei um einen gezielten Missbrauch prozessual eingeräumter Verfahrensrechte, dem zunächst dort begegnet werden kann und auch soll, wo er entsteht: im Prozessrecht selbst.[21] Zu den adäquaten Reaktionsmöglichkeiten zählen konkret sitzungsleitende Prozessvorschriften sowie notfalls sitzungspolizeiliche Maßnahmen des Vorsitzenden.[22] Dagegen dürfen die Normen des materiellen Strafrechts aufgrund ihres Charakters als *ultima ratio*[23] erst dann eingreifen, wenn prozessuale Abwehrmechanismen versagen oder gänzlich fehlen.[24] Als Voraussetzung muss daher ein besonders grober Verstoß gegen prozessuale oder standesrechtliche Pflichten gefordert werden, der nicht anders als durch Pönalisierung und damit die Strafbarkeit nach materiellem Strafrecht abgefedert werden kann.

Neben der Beschränkung auf die materiell-rechtliche Strafbarkeit soll die Untersuchung auf ausgewählte Delikte jenseits der Strafvereitelung begrenzt werden, bei denen sich aus der üblichen Verteidigertätigkeit Besonderheiten hinsichtlich der Strafbarkeit ergeben können. Auf § 258 StGB wird dabei nur insoweit eingegangen, wie es für einen Vergleich mit den dazu entwickelten Lösungsansätzen gewinnbringend ist. Eine Sonderstellung nehmen die §§ 203, 356 StGB ein. Diese Normen gehören aufgrund ihres Charakters als Sondertatbestände eigentlich nicht in den hier untersuchten Kreis allgemeiner Delikte. Gesetzgeberische

---

[20] Zum Missbrauch prozessualer Befugnisse im Strafverfahren vgl. *Abdallah*, Die Problematik des Rechtsmissbrauchs im Strafverfahren, *passim*; *Fahl*, Rechtsmissbrauch im Strafrecht, *passim*; *Kudlich*, Strafprozess und allgemeines Missbrauchsverbot, *passim*; *ders.*, in: Schlüchter-FS, S. 13 [20 ff.]; *Stankewitz*, in: Schlüchter-FS, S. 25 [25 ff.].
[21] *Fahl*, Rechtsmissbrauch im Strafrecht, S. 73 f., 75 f.; *Jahn*, »Konfliktverteidigung« und Inquisitionsmaxime, S. 349; *ders.*, ZRP 1998, 103 [108]; *Mehle*, in: Koch-FS, S. 179 [187].
[22] Dazu und zu damit verbundenen Weiterentwicklungsmöglichkeiten des GVG vgl. *Gröner*, Strafverteidiger und Sitzungspolizei, 1998; zu Sanktionsmöglichkeiten gegen Verteidiger im internationalen Vergleich vgl. *Bohlander*, Gerichtliche Sanktionen gegen Anwälte wegen Missbrauchs von Verfahrensrechten, 2001.
[23] *Arzt/Weber*, Strafrecht BT, § 1 Rn. 10, 12.
[24] *Beulke*, in: Roxin-FS, S. 1173 [1190]; *Fahl*, Rechtsmissbrauch im Strafrecht, S. 75; *Jahn*, »Konfliktverteidigung« und Inquisitionsmaxime, S. 349.

Abstimmungsprobleme im Rahmen des Geldwäschetatbestands lassen aber zumindest ein Eingehen auf § 203 StGB sinnvoll erscheinen.

II. Methodische Vorgehensweise

Der erste Teil befasst sich mit den Grundlagen der Strafbarkeit eines Verteidigers, insbesondere seiner Stellung im System der Rechtspflege. In einem daran anknüpfenden zweiten Teil werden einige bislang in Rechtsprechung und Wissenschaft entwickelte Lösungsansätze für die Strafbarkeit eines Verteidigers dargestellt. Dabei sollen vor allem die Ergebnisse bei der Strafvereitelung auf ihre Generalisierbarkeit hin untersucht werden. Auf Grundlage der hierbei erzielten Resultate wird in einem dritten Teil untersucht, inwieweit sich aus der herausgearbeiteten Funktion des Verteidigers markante Unterschiede gegenüber anderen Tätern ergeben können, die eine besondere Behandlung hinsichtlich beruflich bedingter Strafbarkeitsgefährdungen rechtfertigen. Besondere Aufmerksamkeit wird dabei den verfassungsrechtlichen Grundlagen der Strafverteidigung geschenkt. Es soll gezeigt werden, dass die Funktion des Verteidigers letztlich auch auf Beschuldigtenrechten aufbaut, die ihrerseits Auswirkungen auf die Zulässigkeit von Verteidigungshandlungen haben können. Im Anschluss soll ein verfassungsrechtlich begründetes Verteidigungskonzept als Ausgangspunkt für eine »verteidigungsspezifische Auslegung« erarbeitet werden. Der vorgeschlagene Lösungsansatz wird anschließend im vierten und fünften Teil einer Praktikabilitätsprüfung unterzogen, indem er auf Fallgestaltungen ausgewählter Straftatbestände jenseits der Strafvereitelung angewendet und mit den in Rechtsprechung und Wissenschaft vertretenen Lösungen verglichen wird. Dabei liegt ein Schwerpunkt auf der Auslegung und Anwendung des Geldwäschetatbestands, der in seiner strafrechtlichen und auch verfassungsrechtlichen Dimension in den letzten Jahren zum meistdiskutierten Tatbestand avanciert ist. Die gefundenen Ergebnisse werden im sechsten Teil in einer kurzen Schlussbetrachtung zusammengefasst.

Teil 1: Grundlagen der Strafbarkeit eines Strafverteidigers

A. Der Strafverteidiger und seine Funktion – Die Suche nach einem Verteidigerleitbild

Strafrechtlich relevantes Verhalten entsteht aus einer Missachtung der durch die Rechtsordnung aufgestellten Pflichten und Gebote. Ausgehend von dieser Prämisse erscheint es sinnvoll, vor der Untersuchung konkreter Delikte zunächst grundsätzlich auf die Aufgaben und Funktionen des Verteidigers einzugehen, die er im Gefüge der Rechtspflege und insbesondere im Strafprozess hat. Mit der Frage nach der Verteidigerstellung begibt man sich sogleich auf eines der vom Literaturumfang her umstrittensten Problemfelder des Strafprozessrechts überhaupt. Der damit angesprochene Theorienstreit firmiert im Allgemeinen unter dem Begriff des »Verteidigerleitbilds«, wobei sich die heute hauptsächlich vertretenen Ansichten auf zwei gegensätzliche Positionen reduzieren lassen: Die von der wohl herrschenden Meinung vertretene Organtheorie, die dem Verteidiger neben der Beistandsfunktion eine Mitverantwortung für eine effektive Strafrechtspflege überträgt, und die (Partei-) Interessentheorie, die jegliche öffentliche Funktionswahrnehmung verneint und die Aufgabe des Verteidigers maßgeblich und einseitig in der privaten Interessenwahrnehmung zugunsten des Beschuldigten sieht.

Ebenso umstritten wie die Stellung des Verteidigers ist aber, ob aus einem mühsam erarbeiteten Verteidigerleitbild überhaupt Schlüsse auf seine Strafbarkeit gezogen werden können. Zum Teil wird die Figur des Verteidigerleitbilds in diesem Sinne schon aus grundsätzlichen Erwägungen abgelehnt und sowohl begrifflich als auch inhaltlich der Einfluss einer besonderen Rechtsstellung abgelehnt[25] oder unter Vermeidung einer namentlichen Festlegung nur eine funkti-

---

[25] *Wolf*, Das System des Rechts der Strafverteidigung, S. 44 ff.

onsbezogene Betrachtung des Verteidigers vorgenommen.[26] In der Rechtsprechung ist dagegen unstrittig, dass sich aus der Stellung des Verteidigers Besonderheiten bei der strafrechtlichen Beurteilung im Gegensatz zur Strafbarkeit von »Normalbürgern« ergeben können.[27]

So verlockend eine Argumentation mit der Stellung des Verteidigers zur Bestimmung der Grenzen seiner Straflosigkeit ist, so groß ist die Gefahr eines argumentativen Zirkelschlusses: Zwar kann die Rechtsstellung gerade in Zweifelsfällen zugleich Hinweise auf die Grenzen zulässigen Verteidigerhandelns geben. Nicht übersehen werden darf jedoch, dass seine Rechtsstellung erst aus einer Gesamtschau gesetzlich niedergelegter Rechte, Pflichten und Funktionen resultiert. Sie ist daher nach zutreffender Auffassung nicht Ausgangspunkt, sondern erst das Ergebnis einer Gesamtschau aller den Verteidiger betreffenden Normen.[28] Da es aber für die Abgrenzung strafbarer Verhaltensweisen oft keine oder zumindest keine ausreichenden Verhaltensmaßregeln gibt, erscheint es dennoch sinnvoll, sich zunächst mit einem präsumtiven Verteidigerleitbild auseinander zu setzen und weitere Fragestellungen in Anlehnung an bekannte Vorgaben zu lösen.

Zum Themenkreis der Stellung des Strafverteidigers gibt es mehrere umfassende und hervorragende Untersuchungen und Zusammenfassungen.[29] Im Folgenden soll es daher weniger um eine nochmalige tiefgehende und akribische Auseinandersetzung des gesamten Meinungsspektrums gehen, sondern nur um eine Vorstellung und kurze Bewertung der wichtigsten Strömungen.

---

[26] Vgl. z.B. *Ignor*, in: Schlüchter-FS, S. 39 [47 f.], der dem Verteidiger eine besondere Beistands-, Aufklärungs- und Kontrollfunktion bescheinigt.
[27] Vgl. nur BGHSt 38, 345 [347]; 46, 53 [54].
[28] *Beulke*, Der Verteidiger im Strafverfahren, S. 34; *ders.*, Die Strafbarkeit des Verteidigers, Rn. 1, 10; *ders.*, in: Roxin-FS, S. 1143 [1179]; *Brei*, Grenzen zulässigen Verteidigerhandelns, S. 65; *Roxin*, in: Hanack-FS, S. 1 [10]; *ders.*, Strafprozessrecht, § 19 Rn. 6; *Ignor*, in: Schlüchter-FS, S. 39 [42]; *Wassmann*, Strafverteidigung und Strafvereitelung, S. 17 ff.; *Zeifang*, Die eigene Strafbarkeit des Strafverteidigers, S. 108;
[29] Vgl. z.B. *Beulke*, Der Verteidiger im Strafverfahren, 1980; *Dahs*, Handbuch des Strafverteidigers, Rn. 1 ff.; *Dornach*, Der Strafverteidiger als Mitgarant eines justizförmigen Strafverfahrens, 1994; *ders.*, NStZ 1995, 57 ff.; *Kniemeyer*, Das Verhältnis des Strafverteidigers zu seinem Mandanten: Vertrauen und Unabhängigkeit, S. 137 ff.; *Stade*, Die Stellung des Verteidigers im Ermittlungsverfahren, S. 22 ff.; *Wolf*, Das System des Rechts der Strafverteidigung, S. 13 ff.

I. Der Verteidiger als Organ der Rechtspflege

Als heute wohl herrschende Ansicht kann sowohl in der Rechtsprechung als auch in der Wissenschaft die Organtheorie bezeichnet werden, die den Strafverteidiger durch seine Mitwirkung im Strafprozess als einen Mitgaranten für die rechtsstaatliche Strafrechtspflege ansieht und ihm daher die Wahrnehmung öffentlicher Funktionen attestiert. Die Verwendung des Begriffs »Organ« der Rechtspflege in Wissenschaft und Rechtsprechung geht historisch schon auf das Ende des 19. Jahrhunderts zurück.[30] Der Terminus hat später Eingang in § 1 BRAO gefunden, der den Rechtsanwalt explizit als Organ der Rechtspflege bezeichnet.

1. Die Aussage der Organtheorie

Kernaussage der Organtheorie, wie sie von Rechtsprechung und herrschender Literatur heute einhellig vertreten wird, ist die Beschreibung einer Doppelstellung des Strafverteidigers in einem Spagat zwischen einerseits privater Funktion als Beistand für den Beschuldigten und andererseits öffentlicher Funktion als mitverantwortlicher Wahrer eines rechtsstaatlichen Verfahrens.[31] Schlagwortartig wird die Funktion als Rechtspflegeorgan in der Rechtsprechung durch die immer wiederkehrende Formulierung des Spannungsverhältnisses zwischen Organstellung und Beistandsfunktion ausgedrückt.[32] Inhaltlich ist mit dieser Umschreibung allerdings noch kein Schritt in Richtung auf eine genauere oder verbindliche Festlegung von Rechten und Pflichten eines Strafverteidigers getan. Unter dem Gesichtspunkt eines entwicklungsgeschichtlich variierenden Organbegriffs[33] verwundert es daher nicht, dass der Begriff des »Organs« in der Literatur oft zum Vehikel ideologischer oder (kriminal-) politischer (Extrem-) Positionen institutionalisiert wurde.[34]

---

[30] *Beulke*, Der Verteidiger im Strafverfahren, S. 165, sowie *Göddeke*, Die Einschränkung der Strafverteidigung, S. 13, haben den Begriff des Organs der Rechtspflege zum ersten Mal in einer Entscheidung des Ehrengerichtshofs aus dem Jahr 1893 nachgewiesen; vgl. zur Entwicklung der Organtheorie *Beulke*, Der Verteidiger im Strafverfahren, S. 164 ff.
[31] Anschaulich BGHSt 38, 345 [347].
[32] Vgl. z.B. BGHSt 38, 345 [347]; 46, 53 [54]; BGH NJW 2000, 2217 [2218], jew. m.w.N.
[33] Zur historischen Entwicklung der Organtheorie ausführlich *Beulke*, Der Verteidiger im Strafverfahren, S. 164 ff.; *Dornach*, Der Verteidiger als Mitgarant eines justizförmigen Strafverfahrens, S. 32 ff.
[34] *Lamberti*, Strafvereitelung durch Strafverteidiger, S. 38.

2. Die Organtheorie im Spiegel der Rechtsprechung

Die Organtheorie hat im Lauf der Jahre verstärkt Eingang in die höchstrichterliche Rechtsprechung gefunden.[35] Trotz grundsätzlicher Zustimmung zu diesem Verteidigerkonzept wurde dabei allerdings die öffentliche Komponente der Strafverteidiger-Tätigkeit nicht detaillierter ausgestaltet.[36] Bereits im Jahre 1956, also schon drei Jahre vor Erlass der Bundesrechtsanwaltsordnung, hat der Bundesgerichtshof in einer Entscheidung zum damals ungeregelten Verteidigerausschluss die Bezeichnung des Strafverteidigers als »Organ der Rechtspflege« gewählt.[37] Dabei hob er hervor, dass der Verteidiger eben nicht nur Vertreter des Angeklagten sei, sondern vielmehr auch ein mit besonderen Befugnissen ausgestattetes Organ der Rechtspflege, dessen Mitwirkung im Strafverfahren zwingend vorgeschrieben sei. Er habe sein Verhalten entsprechend dieser gesetzlich eingeräumten Stellung einzurichten. Bei seiner Aufgabe, die den Angeklagten entlastenden Umstände hervorzuheben, seien ihm insofern Grenzen gesetzt, als er sich in keinem Fall der Wahrheitserforschung hindernd in den Weg stellen dürfe.[38] Dass die Organtheorie nicht nur Handhabe zum Nachteil der Verteidiger bedeuten muss,[39] wurde beispielsweise im Jahr 1979 deutlich, als der Bundesgerichtshof einen Verteidiger unter Verweis auf die Organstellung vom Vorwurf der Unterstützung einer terroristischen Vereinigung gem. § 129 StGB freigesprochen hat.[40] Dabei wurde betont, dass der Verteidiger als Wahl- oder Pflichtverteidiger einen gesetzlichen Auftrag zu erfüllen habe, der nicht nur das Interesse des Beschuldigten, sondern auch das Interesse der staatlichen Rechtspflege unter dem Gesichtspunkt des Rechtsstaatsgedankens berühre.[41]

---

[35] Vgl. BVerfGE 16, 214 [216]; 34, 293 [300]; 39, 156 [165]; BVerfG NJW 2004, 1305 ff.; BGHSt 9, 20 [22]; 18, 396 [397]; 29, 99 [106]; 38, 345 [347]; BGH NStZ 1999, 188 [189]; OLG Frankfurt am Main, NStZ 1981, 144 [145]; Zur Entwicklung der Organtheorie in der Rechtsprechung vgl. *Beulke*, Der Verteidiger im Strafverfahren, S. 168 f.; *Dornach*, Der Verteidiger als Mitgarant eines justizförmigen Strafverfahrens, S. 32 ff., 48 ff.; *Roxin*, in: Hanack-FS, S. 1 [4 ff.].
[36] Vgl. *Dornach*, Der Verteidiger als Mitgarant eines justizförmigen Strafverfahrens, S. 63 f.
[37] BGHSt 9, 20 [22]; vgl. dazu *Ignor*, in: Schlüchter-FS, S. 39 [41]; *Kniemeyer*, Das Verhältnis des Strafverteidigers zu seinem Mandanten: Vertrauen und Unabhängigkeit, S. 141.
[38] BGHSt 9, 20 [22].
[39] Wie noch *Dahs*, NJW 1975, 1385 [1387] und *Lüderssen*, in: Sarstedt-FS, S. 145 [162] behaupteten.
[40] BGHSt 29, 99 (m. Anm. *Kuckuk*, NJW 1980, 298 und *Müller-Dietz*, JR 1981, 76 ff.).
[41] BGHSt 29, 99 [106].

Auch das Bundesverfassungsgericht hat seit der erstmaligen Erwähnung des Begriffs in einer aus dem Jahr 1963 stammenden Entscheidung[42] in mittlerweile ständiger Rechtsprechung[43] die Bezeichnung des Strafverteidigers als »Organ der Rechtspflege« übernommen. Dieser habe als unabhängiges Organ der Rechtspflege und als berufener Berater und Vertreter der Rechtsuchenden die Aufgabe, zum Finden einer sachgerechten Entscheidung beizutragen, das Gericht – und ebenso Staatsanwaltschaft oder Behörden – vor Fehlentscheidungen zu Lasten seines Mandanten zu bewahren und diesen vor verfassungswidriger Beeinträchtigung oder staatlicher Machtüberschreitung zu sichern. Insbesondere müsse er die rechtsunkundige Partei vor der Gefahr eines Rechtsverlusts schützen.[44] Zwar übe der Anwalt einen freien Beruf aus, der staatlicher Kontrolle und Bevormundung prinzipiell entzogen sei,[45] andererseits unterliege die anwaltliche Berufsausübung der Herrschaft des Grundgesetzes mit der freien und unreglementierten Selbstbestimmung des Einzelnen, soweit sie nicht durch verfassungskonforme Regelungen im Sinne des Grundrechts der Berufsfreiheit beschränkt sei.[46] Die Anerkennung als Organ der Rechtspflege bringe zum Ausdruck, dass Rechtsanwälte im freiheitlichen Rechtsstaat als berufene Berater und Vertreter der Rechtsuchenden neben Richtern und Staatsanwälten eine eigenständige wichtige Funktion im »Kampf um das Recht« ausübten und dass ihnen deshalb weiter gehende Befugnisse und damit korrespondierende Pflichten als ihren Mandanten zukämen.[47] Umgekehrt schaffe die Einordnung des Rechtsanwalts als Organ der Rechtspflege aber keinen Eingriffstatbestand für Fälle, in denen der Anwalt dem Leitbild nicht entspreche.[48] Weder das Bundesverfassungsgericht noch der Bundesgerichtshof haben allerdings bislang abschließend festgelegt, wie dieses »Leitbild« genau beschaffen ist.

---

[42] BVerfGE 16, 214 ff. (*Schmidt-Leichner*-Beschluss).
[43] BVerfGE 22, 114 [120]; 34, 293 [299 f.]; 38, 26 [31]; 63, 266 [282 ff.]; 76, 171 [193 ff.]; BVerfG NJW 2004, 1305 [1307].
[44] BVerfGE 76, 171 [192 f.].
[45] BVerfGE 34, 293 [302].
[46] BVerfGE 50, 16 [29].
[47] BVerfGE 63, 266 [284].
[48] BVerfGE 22, 114 [120]; 34, 293 [299 f.].

3. Die Organtheorie im Spiegel der Wissenschaft

Obgleich in den vergangenen Jahren nicht zu übersehende Tendenzen zu einem neuen Verteidigertypus zu erkennen sind, kann die Organtheorie nach derzeitigem Stand auch in der Wissenschaft als herrschende Ansicht bezeichnet werden.[49] Ihre Vertreter sehen den Verteidiger nicht als einseitigen Interessenvertreter des Beschuldigten, sondern als ein neben diesem stehendes selbstständiges Organ der Rechtspflege, das auch den Belangen einer funktionstüchtigen Strafrechtspflege verpflichtet ist.[50] Der Verteidiger müsse nach besten Kräften fürsprechen, ohne je die Unwahrheit zu sagen oder zu verdunkeln und ohne seine Schweigepflicht zu verletzen.[51] Er sei »rechtsstaatlicher Garant der Unschuldsvermutung für den Beschuldigten«.[52] Ihm obliege ein »Wächteramt« hinsichtlich der Gewährleistung der prozessualen Rechte des Beschuldigten.[53] Eine öffentliche Aufgabe nehme er insofern wahr, als er auf der Tatseite die Unschuldsvermutung und alle sonstigen für den Schuldigen sprechenden Tatsachen zur Gel-

---

[49] Sie vertreten bzw. ihr stehen nahe *Arapidou*, Die Rechtsstellung des Strafverteidigers unter besonderer Berücksichtigung seiner Wahrheitspflicht sowie des griechischen Rechts, S. 146 ff.; *Augstein*, NStZ 1981, 52 [52, 54]; *Beulke*, Der Verteidiger im Strafverfahren, S. 88 ff., 185 ff.; *ders.*, Die Strafbarkeit des Verteidigers, Rn. 11 ff.; *ders.*, in: Roxin-FS, S. 1173 [1179 ff.]; *ders.*, in: Schreiber, Strafprozess und Reform – Eine kritische Bestandsaufnahme, S. 30 ff.; *ders.*, JR 1982, 45 ff.; *ders.*, StPO Rn. 150; *Dahs*, Handbuch des Strafverteidigers, Rn. 11 ff.; *Dornach*, Der Strafverteidiger als Mitgarant eines justizförmigen Strafverfahrens, S. 121 f.; *ders.*, NStZ 1995, 57 [60 ff.]; *Ernesti*, JR 1982, 221 [223]; *Gallas*, ZStW 53 [1934], 256 [262]; *Geppert*, JK 1981 StGB § 258; *Hagmann*, in: Pflichtverteidigung und Rechtsstaat, S. 17 [22]; *Jaeger*, NJW 2004, 1 [6, 7]; *Krämer*, NJW 1975, 849 [853]; *Krey*, Strafverfahrensrecht, Bd. 1, Rn. 544; *Kühne*, Strafprozessrecht, Rn. 178; KK-*Laufhütte*, Vor § 137 Rn. 5; *ders.*, in: Pfeiffer-FS, S. 959 [961]; *Liemersdorf*, MDR 1989, 204 [204]; *Mehlhorn*, Der Strafverteidiger als Geldwäscher, S. 112 f.; *Meyer-Goßner*, Vor § 137 Rn. 1; *Müller-Dietz*, JR 1981, 76 [76]; *ders.*, Jura 1979, 242 [248]; *ders.*, in: Dünnebier-FS, S. 277 [283]; *Otto*, Jura 1987, 329 [330]; *Peters*, Strafprozess, § 29 I, S. 213; *Pfeiffer*, StPO, Vor § 137 Rn. 1; *ders.*, DRiZ 1984, 341 [342, 349]; *Ranft*, Strafprozessrecht, Rn. 384; LR-*Rieß*, Einl. Abschn. I, Rn. 109; SK/StPO-*Rogall*, Vor § 133 Rn. 95; *Roxin*, Strafverfahrensrecht, § 19 Rn. 2, 8; *ders.*, in: Hanack-FS, S. 1 [8 f., 16]; *Rückel*, in: Peters-FG, S. 265 [266]; *ders.*, NStZ 1987, 297 [299]; *Schier*, AnwBl. 1984, 410 [415]; *Schneider*, Jura 1989, 343 [345]; *Stankewitz*, in: Schlüchter-FS, S. 25 [36]; *von Stetten*, StV 1995, 607 [609]; *Tondorf*, StV 1983, 257 [258]; *Tröndle/Fischer*, § 258 Rn. 8; *Vehling*, StV 1992, 86 [87]; *Widmaier*, in: BGH-FS IV, S. 1043 [1044 f.]; *Zeifang*, Die eigene Strafbarkeit des Strafverteidigers, S. 138; *Zuck*, AnwBl. 2002, 3 [3].
[50] *Roxin*, Strafverfahrensrecht, § 19 Rn. 2; *Müller-Dietz*, Jura 1979, 242 [248].
[51] *Roxin*, Strafverfahrensrecht, § 19 Rn. 13.
[52] *Pfeiffer*, DRiZ 1984, 341 [343]; *Roxin*, in: Hanack-FS, S. 1 [1].
[53] *Widmaier*, in: BGH-FS IV, S. 1043 [1044].

tung bringe.⁵⁴ In dieser Hinsicht sei er freilich zu strikter Einseitigkeit zugunsten des Beschuldigten verpflichtet.⁵⁵ Eine originäre Verantwortung zum rechtlichen Sichern und Garantieren der Justizförmigkeit des Verfahrens an sich treffe ihn dagegen nicht.⁵⁶ Die einzelnen Varianten der Organtheorie unterscheiden sich zum Teil in der Begrifflichkeit oder in Nuancen, ohne allerdings im Kernpunkt – der Doppelstellung – abzuweichen. Vor allem die öffentliche Funktion ist allerdings zu einem Spielball der Kritiker geworden. Als Beispiel mag die Auffassung von *Hassemer*⁵⁷ dienen, nach dem die Tätigkeit des Verteidigers zwar nicht nur im privaten Interesse des beschuldigten Mandanten, sondern zugleich im öffentlichen Interesse des Verfahrens stehe (in der Ausprägung des Prinzips des fairen Verfahrens und der Waffengleichheit). Seine Stellung sei somit durch besondere Garantien ausgestattet. Allerdings kämen dabei zwei fundamentale Prinzipien nicht zur Geltung: Zum einen die besondere Vertrauensbeziehung zwischen Beschuldigtem und Verteidiger und zweitens die Pflicht zur streng einseitigen Parteilichkeit zugunsten des Beschuldigten.

Als Konsequenz aus der mangelnden Durchleuchtung der öffentlichen Seite des auf der Organtheorie beruhenden Verteidigerleitbilds haben vor allem *Beulke*⁵⁸ und ihm folgend *Dornach*⁵⁹ mit der »eingeschränkten« Organtheorie die relevanten öffentlichen Funktionen eines Verteidigers grundlegend näher herausgearbeitet. *Beulke* betrachtet das legislatorische Leitbild des Verteidigers nicht als Ausgangspunkt, sondern erst als Ergebnis einer Analyse der Aufgaben des Strafverteidigers und leitet es folgerichtig aus einer Zusammenschau aller ihn betreffenden gesetzlichen Regelungen her.⁶⁰ Zu differenzieren sei zwischen den Funktionen als privater Helfer und den öffentlichen Interessen, die der Verteidiger zu berücksichtigen habe.⁶¹ Die maßgeblichen öffentlichen Funktionen der

---

[54] *Roxin*, in: Hanack-FS, S. 1 [11].
[55] *Dahs*, Handbuch des Strafverteidigers, Rn. 7; *Müller-Dietz*, Jura 1979, 242 [248]; *Widmaier*, in: BGH-FS IV, S. 1043 [1044].
[56] *Widmaier*, in: BGH-FS IV, S. 1043 [1044]; a.A. *Roxin*, in: Hanack-FS, S. 1 [11].
[57] *Hassemer*, in: Beck'sches Formularbuch für den Strafverteidiger, S. 5.
[58] *Beulke*, Der Verteidiger im Strafverfahren, S. 81 ff.
[59] *Dornach*, Der Strafverteidiger als Mitgarant eines justizförmigen Strafverfahrens, S. 93 ff.
[60] *Beulke*, Der Verteidiger im Strafverfahren, S. 34; *ders.*, Die Strafbarkeit des Verteidigers, Rn. 1, 10; *ders.*, in: Roxin-FS, S. 1143 [1179]; ebenso *Roxin*, in: Hanack-FS, S. 1 [10].
[61] *Beulke*, Der Verteidiger im Strafverfahren, S. 35 f.

Strafverteidigung sieht *Beulke* allein in der Effektivität der Strafverteidigung, der Effektivität der Strafrechtspflege in einem Kernbereich sowie im öffentlichen Interesse an der Sicherheit der Bundesrepublik Deutschland.[62] Die Organkomponente habe jedoch nur beim öffentlichen Interesse an der Effektivität der Verteidigung absoluten Vorrang. Im Übrigen müsse der Verteidiger – von gesetzlichen Ausnahmeregelungen abgesehen – notfalls auch gegen den Willen des Mandanten zu dessen Gunsten tätig werden. Der Verteidiger sei deshalb bei seiner Tätigkeit völlig unabhängig. Verboten seien ihm nur solche Verteidigungshandlungen, die die Funktionstüchtigkeit der Rechtspflege in ihrem Kernbereich in Frage stellten.[63] Diese Grenze sei insbesondere dann überschritten, wenn der Verteidiger seine Wahrheitspflicht verletze. Einer Bevormundung des Mandanten werde vor allem durch die Möglichkeit der freien Verteidigerwahl entgegengewirkt. Auch sei der Verteidiger nicht Träger darüber hinausgehender Staatsinteressen. Die öffentlichen Funktionen des Verteidigers beschränkten sich strikt auf den Bereich der Rechtspflege. Eine Mitwirkungspflicht für ein justizförmiges Strafverfahren habe der Verteidiger dagegen nicht.[64] Direkte oder mittelbare staatliche Zwänge auf eine bestimmte Ausgestaltung der Verteidigung seien ausgeschlossen, da der Verteidiger ein unabhängiges Rechtspflegeorgan sei. Eingriffe des Gerichts in die freie Strafverteidigung müssten deshalb auf die gesetzlich vorgesehenen Verteidigerausschließungstatbestände sowie auf die allgemeine Missbrauchsabwehr beschränkt bleiben. Der Grundsatz der Waffengleichheit zwinge dazu, die Befugnisse des Verteidigers als gleichberechtigtes Organ der Rechtspflege im Verhältnis zur Staatsanwaltschaft auszubauen.

---

[62] *Beulke*, Der Verteidiger im Strafverfahren, S. 81 ff.; vgl. auch *Dornach*, Der Strafverteidiger als Mitgarant eines justizförmigen Strafverfahrens, S. 92, 93 ff., 121 f.
[63] *Beulke*, StV 1994, 572 [575].
[64] *Dornach*, Der Strafverteidiger als Mitgarant eines justizförmigen Strafverfahrens, S. 169 ff., 185 f.; *ders.*, NStZ 1995, 57 [60 ff.].

4. Stellungnahme

a. Kritik der Anlehnung an § 1 BRAO

Die Einwände, denen sich die Organtheorie in ihren verschiedenen Varianten ausgesetzt sieht, sind vielfältig.[65] Ins Feld geführt wird gerne das Wortlautargument, die Rechtspflege habe selbst keine Organe, sondern werde durch den Staat über Organe ausgeübt.[66] Der Verteidiger habe auch keine »amtsähnliche« Stellung.[67] Auch wenn der Name »Organtheorie« bereits eine inhaltliche Kennzeichnung vermuten lasse, besitze die bloße Betitelung des Verteidigers als Organ der Rechtspflege für sich gesehen keine Aussagekraft.[68] Erschwerend komme hinzu, dass § 1 BRAO eine Vorschrift des Standesrechts sei, deren Umfang die prozessuale Stellung des Verteidigers in der Strafprozessordnung nicht präjudizieren könne.[69] Dies wird auch durch die Überlegung gestärkt, dass § 1 BRAO auch für den zivilrechtlichen Anwalt gilt, der unbestritten reiner Parteiinteressenvertreter ist.

Ebenso weit verbreitet ist der Kritikpunkt, dass die Organtheorie aus systematischen Gesichtspunkten in Erklärungsschwierigkeiten kommt, da nicht alle Verteidiger auch zwingend Rechtsanwälte i.S.d. § 1 BRAO sein müssen. Gem. § 138 Abs. 1 StPO dürfen auch Rechtslehrer an deutschen Hochschulen, mit Einschränkungen auch europäische Dienstleistungsanwälte[70] und Rechtsreferendare sowie in von den Finanzbehörden selbstständig durchgeführten Strafverfahren in Steuerstrafsachen gem. § 392 AO (1977) auch Steuerberater, Steuerbevollmächtigte, Wirtschaftsprüfer und vereidigte Buchprüfer als Wahlverteidiger

---

[65] *Knapp*, Der Verteidiger – Ein Organ der Rechtspflege?, S. 140, kommt in seiner Untersuchung zum Ergebnis, dass die Bezeichnung keinerlei Aussagekraft besitze; den Begriff ablehnend *Cloeren*, Strafbarkeit durch Beweisantragstellung?, S. 146 f.; *Dahs*, Handbuch des Strafverteidigers, Rn. 11; *Haffke*, NJW 1975, 808 [812]; *Holtfort*, in: Holtfort, Strafverteidiger als Interessenvertreter, S. 40, bezeichnet den Begriff als »Zuchtrute« für Rechtsanwälte; für *Krämer*, NJW 1975, 849 [853] ist der Begriff schlicht »unbrauchbar«; weitere Nachweise bei *Lamberti*, Strafvereitelung durch Strafverteidiger, S. 39 ff.
[66] So schon *Beling*, LZ 1927, Sp. 518.
[67] So BVerfGE 38, 105 [119] (*obiter dictum*); dies würde zu der skurrilen Frage führen, ob nicht möglicherweise § 258a StGB auf den Verteidiger angewendet werden müsste.
[68] *Knapp*, Der Verteidiger – Ein Organ der Rechtspflege?, S. 103 ff., 140; eingehend zum Organbegriff auch *Eschen*, StV 1981, 365 ff.
[69] *Krekeler*, NStZ 1989, 146 [147]; vgl. auch *Mehle*, in: Koch-FG, S. 179 [181].
[70] Dazu *Werner*, StraFo 2001, 221 ff.

auftreten. Vor allem die Einbeziehung der Hochschullehrer in den Kreis der Strafverteidiger wird als Argument gegen die Organtheorie eingesetzt.[71] Ein Rückgriff auf die Vorschriften der BRAO lasse sich hier nur im Wege einer Analogie bewerkstelligen,[72] welche grundgesetzlich unter dem Gesichtspunkt des Vorbehalts des Gesetzes aus Art. 20 Abs. 3 GG und dem schrankenlosen Grundrecht der Wissenschaftsfreiheit in Art. 5 Abs. 3 GG zu Problemen führe.[73]

Nicht zu verkennen ist aber, dass das Handeln eines Hochschullehrers, der das Katheder mit der Robe vertauscht, nicht mehr selbstverständlich unter die Wissenschaftsfreiheit nach Art. 5 Abs. 3 GG fällt. Nach der Rechtsprechung des Bundesverfassungsgerichts und der herrschenden Meinung in der Literatur ist Wissenschaft als ernsthafter, auf einem gewissen Kenntnisstand aufbauender Versuch der Ermittlung wahrer Erkenntnisse durch methodisch geordnetes und kritisch reflektiertes Denken zu definieren.[74] Dabei ist der Schutzbereich nicht auf die wissenschaftliche Tätigkeit an der Hochschule beschränkt, sondern geht darüber hinaus, solange es bei der Tätigkeit noch schwerpunktmäßig um den Prozess der Gewinnung und Vermittlung wissenschaftlicher Erkenntnisse geht.[75] Dies ist allerdings bei der forensischen Tätigkeit wie der Wahrnehmung eines Verteidigungsmandats, insbesondere beim Verhandeln vor Gericht, fraglich. Schwerpunktmäßig dient die forensische Tätigkeit eines Hochschullehrers, soweit dieser nicht als Gutachter wegen seiner besonderen Sachkunde einem Prozess beigezogen wird, nicht primär der Erkenntnisgewinnung oder -vermittlung, sondern der Gewinnerzielung. Der verteidigende Hochschullehrer erfüllt damit allein die Funktion des Rechtsanwalts. Und dass die Tätigkeit des Rechtsanwalts nicht schwerpunktmäßig der Erkenntnisvermittlung und -gewinnung dient, dürfte außer Frage stehen. Nach zutreffender herrschender Ansicht sind daher mangels besonderer Regelungen entsprechende Vorschriften für einen Rechtsanwalt (zumindest analog) auch auf den Hochschullehrer an-

---

[71] So *Bernsmann*, StraFo 1999, 226 [228]; *Eschen*, StV 1981, 365 [369]; *Krekeler*, NStZ 1989, 146 [147]; *Paulus*, NStZ 1992, 305 [309]; *Wassmann*, Strafverteidigung und Strafvereitelung, S. 97; zu diesem Argument *Roxin*, in: Hanack-FS, S. 1 [9]; *Schneider*, Jura 1989, 343 [346].
[72] Vgl. OLG Düsseldorf, NStZ 1996, 99.
[73] *Jahn*, »Konfliktverteidigung« und Inquisitionsmaxime, S. 178.
[74] Vgl. BVerfGE 35, 79 [113]; 47, 327 [367]; M/D/H/S-*Scholz*, Art. 5 Abs. 3 Rn. 91.
[75] BVerfGE 35, 79 [112 f.].

wendbar.[76] Hätte der Gesetzgeber eine besondere Stellung des Hochschullehrers bezogen auf seine Sachkunde auch hinsichtlich des Verteidigungsmandats vorgesehen, wäre dies entsprechend geregelt worden. In Ermangelung einer solchen besonderen Regelung kann aber davon ausgegangen werden, dass der Gesetzgeber dies nicht gewollt hat.

Jeglicher am Begriff des § 1 BRAO orientierter Kritik kann zudem schnell dadurch die Schärfe genommen werden, dass sie auf einem falschen Verständnis der Organtheorie beruht. Denn die Funktion des Verteidigers wird lediglich zur sprachlich-deskriptiven, nicht aber zur inhaltlich-konstitutiven Orientierung an der Formulierung des § 1 BRAO festgemacht, der den Rechtsanwalt als »Organ der Rechtspflege« bezeichnet.[77] Diese Anlehnung ist nur eine plakative Umschreibung, ein »Etikett«[78] für die »justizbezogenen« Aspekte der Verteidigungstätigkeit, wie sie in der Strafprozessordnung, durch das Rechtsstaatsprinzip, Art. 20 Abs. 3 GG, durch Art. 6 Abs. 3 lit. c EMRK und durch das Prinzip der freien Advokatur, Art. 12 Abs. 1 GG, bereits vorgezeichnet sind. Eine Auslegung strafprozessualer Normen, besonders der Strafprozessordnung, unter Zuhilfenahme der Bundesrechtsanwaltsordnung wäre auch letztlich im Hinblick auf die Entstehungszeit beider Gesetze[79] sowie ihre unterschiedliche Zielsetzung[80] methodisch angreifbar.[81] Um deutlich zu machen, dass der Gegensatz zwischen Organtheorie und der konkurrierenden Interessentheorie bei richtiger Deutung gar nicht besteht, wird etwa von *Roxin*[82] der Begriff einer an die gesetzlich zugelassenen Parteiinteressen gebundenen Organtheorie bevorzugt.

---

[76] Vgl. nur OLG Düsseldorf, NStZ 1996, 99 (m. zust. Anm. *Deumeland*, NStZ 1996, 100); *Krey*, Strafverfahrensrecht, Bd. 1, Rn. 539.
[77] Vgl. *Dornach*, Der Strafverteidiger als Mitgarant eines justizförmigen Strafverfahrens, S. 41 ff., 46 ff.; *Vehling*, StV 1992, 86 [87]; missverständlich *Mehle*, in: Koch-FG, S. 179 [181].
[78] *Hartung*, AnwBl. 1988, 374 [374]; *Widmaier*, in: BGH-FS IV, S. 1043 [1045].
[79] StPO: 1877, BRAO: 1959; zur Geschichte des § 1 BRAO vgl. LR-*Lüderssen*, Vor § 137 Rn. 81 m.w.N.
[80] *Krekeler*, NStZ 1989, 146 [147].
[81] *Beulke*, Die Strafbarkeit des Verteidigers, S. 12 Rn. 10, spricht von einem »wenig sinnvoll«(en) Vorgehen.
[82] *Roxin*, in: Hanack-FS, S. 1 [16].

b. Kritik der argumentativen Beliebigkeit

Eine andere geäußerte Kritik betrifft die Beliebigkeit, in der die Organtheorie wechselweise zugunsten oder zuungunsten der Strafbarkeit eines Strafverteidigers als Argumentationsgrundlage herangezogen wurde.[83] Der von der Ehrengerichtsbarkeit der Rechtsanwälte erstmals verwendete Begriff des Organs der Rechtspflege war ursprünglich dazu bestimmt gewesen, eine Aufwertung der 1878 entbeamteten Rechtsanwälte zu bewerkstelligen.[84] Im historischen Kontext sollte die Organstellung dem Rechtsanwalt daher Rechte geben und keine Pflichten auferlegen. Daher wird zum Teil vertreten, dass eine Begründung von Pflichten das historisch Gewollte verfehle.[85] So hätten Gerichte in der Vergangenheit Verteidiger unter Hinweis auf ihre Stellung als Organ der Rechtspflege zu disziplinieren versucht.[86] Die Stellung des Verteidigers schaffe umgekehrt für diesen keine Rechte im Strafprozess, die ihm nicht auch unmittelbar ohne den Umweg über die Installierung eines Organs der Rechtspflege gewährt werden könnten.[87] Letztlich sei nicht die Organtheorie, sondern das dahinter stehende Verständnis von der Rechtmäßigkeit oder Unrechtmäßigkeit des in Rede stehenden Verteidigerhandelns maßgebliches Kriterium zur Beurteilung des Verteidigungsverhaltens. Organ der Rechtspflege könne ein Verteidiger allenfalls dann sein, wenn er wie Gericht und Staatsanwaltschaft die Pflicht zur Objektivität hätte. Dies gehöre allerdings gerade nicht zu seinen Pflichten.[88] Die Organtheorie sei daher als Konzept zur Rechtsstellung des Verteidigers abzulehnen.[89]

Hierzu ist anzumerken, dass Beliebigkeit nicht mit einer fallbezogenen Anwendung verwechselt werden darf. Die Bezeichnung des Rechtsanwalts als Organ

---

[83] Vgl. *Temming*, StV 1982, 539 [540].
[84] *Beulke,* Der Verteidiger im Strafverfahren, S. 165, sowie *Göddeke*, Die Einschränkung der Strafverteidigung, S. 13, haben den Begriff des Organs der Rechtspflege zum ersten Mal in einer Entscheidung des Ehrengerichtshofs aus dem Jahr 1893 nachgewiesen.
[85] *Wassmann*, Strafverteidigung und Strafvereitelung, S. 76.
[86] *Ostendorf*, JZ 1979, 252 [252].
[87] LR-*Lüderssen*, Vor § 137 Rn. 77; *ders.*, in: Dünnebier-FS, S. 263 [265]; vgl. auch *Heine/Ronzani/Spaniol*, StV 1987, 74 [86] (im Rechtsvergleich mit Österreich und der Schweiz).
[88] LR-*Lüderssen*, Vor § 137 Rn. 78.
[89] LR-*Lüderssen*, Vor § 137 Rn. 78; ebenso *Ignor*, in: Schlüchter-FS, S. 39 [42]; i.Erg. gelangt er jedoch zu ähnlichen Ergebnissen wie die Organtheorie, vgl. a.a.O., S. 47; *Ostendorf*, JZ 1979, 252 [252].

der Rechtspflege war eine Stärkung der Anwaltschaft, kein Danaergeschenk.[90] Wenn etwa *Lüderssen* noch 1981 konstatierte, dass ihm kein Fall bekannt sei, in dem sich Rechte eines Verteidigers unter Berufung auf seine Organstellung verbessert hätten, sondern im Gegenteil stets eine Überbürdung von an Staatszwecken orientierter Verantwortlichkeit versucht worden sei,[91] ist diese Einschätzung mittlerweile durch mehrere Entscheidungen widerlegt.[92] In der Entscheidung BGHSt 38, 345 hatte der Bundesgerichtshof unter explizitem Hinweis auf die Organstellung des Verteidigers besonders hohe Anforderungen an den Nachweis des Vorsatzes bei § 267 StGB aufgestellt. Mit seiner Entscheidung BVerfG NJW 2004, 1305 »entschärfte« das Bundesverfassungsgericht den Geldwäsche-Paragraphen § 261 StGB durch die Begrenzung des Vorsatzes auf sicheres Wissen und damit den Ausschluss des Leichtfertigkeitstatbestands, wobei es ausdrücklich auf die Sonderstellung des Strafverteidigers als Organ der Rechtspflege Bezug genommen hat.

II. Der Verteidiger als (Partei-) Interessenvertreter

1. Die (Partei-) Interessentheorie

Im Gegensatz zu den Vertretern der Organtheorie versteht eine starke Gegenströmung im Schrifttum den Verteidiger im weitesten Sinne als reinen (Partei-) Interessenvertreter.[93] Sie vermeidet bewusst eine Fixierung auf den Organbegriff und verneint konsequent jegliche öffentliche Funktion des Strafverteidigers. So sei die Entscheidung für oder gegen eine bestimmte Verteidigung allein Sache des Beschuldigten. Der Verteidiger habe dazu lediglich Hilfestellung zu leisten. Eine darüber hinausgehende Ausrichtung auf öffentliche Zwecke verwische die

---

[90] Zutr. *Augstein*, NStZ 1981, 52 [54]; vgl. auch *Jaeger*, NJW 2004, 1 [6]; in diesem Sinne aber *Isermann*, in: *Holtfort*, Strafverteidiger als Interessenvertreter, S. 14 [14].
[91] *Lüderssen*, in: Sarstedt-FS, S. 145 [162].
[92] Vgl. BGHSt 29, 99 ff.; 38, 345 ff.; BVerfGE 22, 114 [120]; 34, 293 [299 f.]; 38, 26 [31]; 63, 266 [282 ff.]; 76, 171 [193 ff.]; BVerfG NJW 2004, 1305 ff.
[93] Dieser Theorie stehen nahe: *Bernsmann*, StraFo 1999, 226 [226, 230]; *Eschen*, StV 1981, 365 [366 ff.]; *Herzog*, StV 1994, 166 [168]; *Holtfort*, in: *Holtfort*, Strafverteidiger als Interessenvertreter, S. 37 [37 ff.]; LR-*Lüderssen*, Vor § 137, Rn. 33 ff.; *ders.*, in: Sarstedt-FS, S. 145 [159, 164]; *Ostendorf*, NJW 1978, 1345 [1348 f.]; *ders.*, JZ 1979, 252 [252]; *Rissel*, Die verfassungsrechtliche Stellung des Rechtsanwalts, S. 98; *Schneider*, in: *Holtfort*, Strafverteidiger als Interessenvertreter, S. 26 [28 ff., 35]; AK/StPO-*Stern*, Vor § 137 Rn. 21 ff.; *Wassmann*, Strafverteidigung und Strafvereitelung, S. 80 ff., 88, 255; kritisch zur Organstellung auch *Tondorf*, StV 1983, 257 [259 f.].

natürlichen Gegensätze und führe zu ungerechtfertigten Eingriffen in die Befugnisse sowohl des Beschuldigten als auch des Verteidigers. Der Anwalt übe durch seine unabhängige und staatlichen Einflüssen weitgehend entzogene Tätigkeit einen freien Beruf aus.[94] Als Korrelat zu diesem Prinzip der »freien Advokatur« gebe es auf der Seite des Mandanten ein Recht auf freie Anwalts- und Verteidigerwahl.[95] Der Verwirklichung einer freien Advokatur stehe jedoch als »Zuchtrute« die Definition des § 1 BRAO im Wege.[96] Der freie Rechtsanwalt diene mit der Besorgung fremder (privater) Rechtsangelegenheiten unter den sozialen Bedingungen freiheitlicher Demokratie in erster Linie dem Rechtsschutzbedürfnis seines Mandanten und somit tendenziell der Beschränkung staatlicher Macht.[97] Als Interessenvertreter habe der Verteidiger die schützenden Formen des Strafverfahrens parteiisch und intensiv zu nutzen und sich keine Gedanken darüber zu machen, welche Konsequenzen dies für die Funktionstüchtigkeit der Strafrechtspflege haben könnte.[98] Der Rechtsanwalt müsse derjenigen Staatsgewalt gegenüber frei sein, welcher er entgegentrete,[99] er müsse eine Art »soziale Gegenmacht« darstellen.[100] Aufgrund der Tatsache, dass Anwälte im Gegensatz zu öffentlichen Bediensteten nicht auf das Wohl der Allgemeinheit Bedacht zu nehmen und ihr Amt nicht unparteiisch zu führen hätten, müsse der Verteidiger parteiischer Interessenvertreter sein.[101]

2. Das Autonomieprinzip

Vor dem Hintergrund der genannten Überlegungen haben sich über die Jahre verschiedene Varianten der Interessentheorie herausgebildet. So bestimmt *Welp*[102] in seinem Autonomieprinzip die Rechtsstellung des Strafverteidigers maßgeblich durch dessen Funktionen,[103] wobei er allein der Beistands- und

---

[94] *Schneider*, in: *Holtfort*, Strafverteidiger als Interessenvertreter, S. 26 [26 f.] unter Verweis auf BVerfGE 15, 226 [231 ff.].
[95] *Schneider*, in: *Holtfort*, Strafverteidiger als Interessenvertreter, S. 26 [27].
[96] *Holtfort*, in: *Holtfort*, Strafverteidiger als Interessenvertreter, S. 37 [40].
[97] *Schneider*, in: *Holtfort*, Strafverteidiger als Interessenvertreter, S. 26 [29].
[98] *Herzog*, StV 1994, 166 [168].
[99] *Holtfort*, in: *Holtfort*, Strafverteidiger als Interessenvertreter, S. 37 [39].
[100] *Holtfort*, in: *Holtfort*, Strafverteidiger als Interessenvertreter, S. 37 [45 f.].
[101] *Schneider*, in: *Holtfort*, Strafverteidiger als Interessenvertreter, S. 26 [28].
[102] *Welp*, ZStW 90 [1978], 804 ff.; *ders.*, ZStW 90 [1978], 101 ff.
[103] *Welp*, ZStW 90 [1978], 804 [813, 827].

Schutzfunktion eine gewichtige Rolle zuerkennt.[104] Der Beschuldigte habe den Status eines Prozesssubjekts nur kraft seiner Autonomie.[105] Verteidigung sei daher nicht eine notwendige Funktion des gerechten Urteils, sondern nur eine zusätzliche Sicherheit, der sich der Beschuldigte bedienen könne.[106] Begreife man die Autonomie als das Grundgesetz der prozessualen Stellung des Beschuldigten, könne die Verteidigung nur als Wahrnehmung selbstdefinierter prozessualer Interessen aus eigenem Recht verstanden werden.[107] Ein Organ der Rechtspflege oder genauer: Organ der Wahrheitsermittlung könne der Verteidiger wegen seiner Mitwirkung bei der Wahrheitsfindung folglich nur in strenger Einseitigkeit zugunsten seines Mandanten sein.[108] Die »Mitwirkung an dem gerechten Urteil« durch den Strafverteidiger sei bloßer Reflex dieser Funktion. Als Wahrer partikulärer Beschuldigteninteressen sei der Verteidiger daher nicht Organ der Rechtspflege, sondern Vertreter fachmännisch wohlverstandener Interessen des Beschuldigten.[109] Im Gegensatz zu anderen Vertretern der Interessentheorie tritt *Welp* allerdings für eine Begrenzung der Beistandsfunktion durch die prozessuale Wahrheitspflicht ein. Zwar sei der Beschuldigte prozessual zur Lüge berechtigt. Der Verteidiger unterliege demgegenüber jedoch einer Wahrheitspflicht.[110]

3. Das Vertragsprinzip

Noch einen Schritt weiter geht *Lüderssen*[111] mit dem von ihm entwickelten Vertragsprinzip. Seiner Ansicht nach wäre die Autonomie des Beschuldigten nur halb vollzogen, wenn der beistehende Verteidiger etwas ohne oder gegen den Willen des Beschuldigten tun dürfte.[112] Vielmehr werde der Verteidiger nur aufgrund einer Bevollmächtigung des Beschuldigten tätig. Diese qualifiziert *Lüderssen* als Dienstvertrag mit dem Inhalt einer Geschäftsbesorgung i.S.d. §§ 611, 627, 665, 675 BGB.[113] Als Folge dieses Vertragsverhältnisses ergäben sich die

---

[104] *Welp*, ZStW 90 [1978], 804 [814].
[105] *Welp*, ZStW 90 [1978], 101 [116].
[106] *Welp*, ZStW 90 [1978], 804 [816 f.]
[107] *Welp*, ZStW 90 [1978], 101 [117].
[108] *Welp*, ZStW 90 [1978], 804 [815]; ders., ZStW 90 [1978], 101 [117 ff.].
[109] *Welp*, ZStW 90 [1978], 804 [822, 828].
[110] *Welp*, ZStW 90 [1978], 804 [819, 828].
[111] LR-*Lüderssen*, Vor § 137 Rn. 33 ff.; ders., in: Dünnebier-FS, S. 263 ff.
[112] LR-*Lüderssen*, Vor § 137 Rn. 33.
[113] LR-*Lüderssen*, Vor § 137 Rn. 34 f.; ders., in: Dünnebier-FS, S. 263 [270].

Grenzen des Verhältnisses zwischen Mandant und Verteidiger aus den allgemeinen Vorschriften des bürgerlichen Rechts über Rechtsgeschäfte und Verträge, insbesondere den §§ 134, 138, 276 BGB.[114] Schwierigkeiten im Weisungsverhältnis zwischen Beschuldigtem und Verteidiger, z.b. bei vom Willen des Beschuldigten abweichender Verteidigerstrategie, sollen seiner Meinung nach über Normen des Bürgerlichen Gesetzbuchs unter Zuhilfenahme standesrechtlicher Regelungen gelöst werden, die über das Einfallstor des § 276 BGB für das Vertragsverhältnis praktische Relevanz erlangen.[115] Im Fall der Pflichtverteidigung nehme der Verteidiger die Position des Vertragspartners ein und bewege sich faktisch im gleichen Rahmen wie letzterer.[116] Die Bestellung sei dabei ein hoheitlich eingeleitetes Vertragsverfahren zwischen Beschuldigtem und Verteidiger.[117] Gegen die bloße Bezeichnung des Verteidigers als Organ der Rechtspflege spreche jedoch nichts, solange der Begriff nicht eine Legitimation des Verteidigers unabhängig von seiner Beziehung zum Beschuldigten impliziere.[118]

4. Stellungnahme zur (Partei-) Interessentheorie

Auf den ersten Blick kann die Interessentheorie und hier insbesondere die Vertragstheorie durchaus mit dem Charme einer beschuldigtenfreundlichen Interpretation der Verteidigerstellung bestechen. So können die Verfechter dieser Theorie bereits den Wortlaut des § 137 Abs. 1 S. 1 StPO für ihre Argumentation fruchtbar machen, der ausdrücklich davon spricht, dass sich der Beschuldigte eines Verteidigers »bedienen« kann,[119] was als scheinbar untrügliches Indiz für eine starke Beschuldigtenstellung gewertet werden kann. Zutreffend heben die Vertreter dieser Ansicht die Prozesssubjektivität des Beschuldigten hervor, indem sie diesen als die Zentralfigur der Verteidigung erscheinen lassen. Auch Praktikabilitätserwägungen sprechen für die Vertragstheorie, die das Verhältnis zwischen Beschuldigtem und Verteidiger in die rechtlich bekannte Form eines reinen Vertragsverhältnisses gießt. *Lüderssen* hat mit diesem Ansatz aufgezeigt,

---

[114] LR-*Lüderssen*, Vor § 137 Rn. 36; *ders.*, in: Dünnebier-FS, S. 263 [270].
[115] LR-*Lüderssen*, Vor § 137 Rn. 39, 41 ff.; *ders.*, in: Dünnebier-FS, S. 263 [271].
[116] LR-*Lüderssen*, Vor § 137 Rn. 61.
[117] LR-*Lüderssen*, Vor § 137 Rn. 62.
[118] LR-*Lüderssen*, Vor § 137 Rn. 83.
[119] LR-*Lüderssen*, Vor § 137 Rn. 33.

dass die Strafverteidigung auch zivilrechtliche Komponenten hat, die auf das Strafprozessrecht ausstrahlen können.[120] Er hat mit dieser Sichtweise erreicht, dass Licht in das vom Gesetzgeber weitestgehend im Dunkeln gelassene Verhältnis des Beschuldigten zu seinem Verteidiger gelangt und es aus rechtlicher wie aus psychologischer Sicht nicht mehr *terra incognita*[121] darstellt.

a. Überbetonung der Autonomie des Beschuldigten

Allerdings offenbart die Vertragstheorie auch erhebliche Schattenseiten. Eng wird die Argumentationsgrundlage bereits dann, wenn man sich kritisch die Ausnahmesituation vergegenwärtigt, in der sich der Beschuldigte während eines Mandats und besonders während eines Prozesses befindet.[122] Hier ist anzumerken, dass der Beschuldigte regelmäßig im Umgang mit den Strafverfolgungsorganen unerfahren ist. Insofern erscheint es nicht sachgerecht, ihn die Verteidigungsstrategie »autonom« und damit im Extremfall auch gegen den Willen des Verteidigers bestimmen zu lassen.[123] Ein Beschuldigter würde zwar *prima facie* in seiner Position gegenüber seinem Strafverteidiger gestärkt. Die Frage ist nur, um welchen Preis. Denn im gleichen Umfang träte zugleich eine potentielle Schwächung seiner Verteidigungsposition ein. In der ganz überwiegenden Zahl der Fälle entspricht es nicht der Rechtsrealität, dass der Beschuldigte den Gang einer Verhandlung überblicken kann. Er ist regelmäßig unerfahren. Eine Verteidigungsstrategie zu entwickeln bleibt letztlich immer dem Verteidiger vorbehalten. Der Verteidiger hat sowohl bei notwendiger Verteidigung wie auch bei Wahlverteidigung die Interessen des Beschuldigten wahrzunehmen und die Verteidigung nach seinem besten Wissen und Gewissen, nach seinem pflichtgemäßen Ermessen, nicht aber nach dem Willen und den Weisungen des Beschuldigten zu führen.[124] Auch die Tatsache, dass der Verteidiger gegen den Willen des Beschuldigten auf Freispruch plädieren[125] und Beweisanträge stellen darf,[126]

---

[120] *Barton*, StV 1990, 237 [238].
[121] *E. Müller*, in: Friebertshäuser-FG, S. 47 [47].
[122] Kritisch insoweit auch *Eisenberg*, NJW 1991, 1257 [1257].
[123] Zutr. *Zeifang*, Die eigene Strafbarkeit des Strafverteidigers, S. 118.
[124] So schon *von Liszt* im Jahre 1901, Nachdruck des Aufsatzes in StV 2001, 137 [139]; gegen eine Weisungsabhängigkeit auch *Eisenberg*, NJW 1991, 1257 [1258].
[125] *Beulke*, Der Verteidiger im Strafverfahren, S. 131; ders., StPO Rn. 152; *Roxin*, Strafverfahrensrecht, § 19 Rn. 8.
[126] BVerfG NJW 1995, 1951 [1952]; BGHSt 39, 310 [313].

spricht gegen eine zu enge Anbindung an die Wünsche des Beschuldigten. Zugleich ist festzustellen, dass niemand bestreitet, dass ein Vertragsverhältnis nach bürgerlichem Recht zwischen einem Beschuldigten und seinem Strafverteidiger besteht.[127] Der Auffassung, dass die Verteidigung keinerlei öffentlich-rechtliche Komponente enthält, kann daher schon insoweit nicht gefolgt werden.[128] Auch die Auffassung des Verteidigers als soziale Gegenmacht mag in diesem Zusammenhang zwar zu mandantenbezogenen und gesellschaftlich wünschenswerten Ergebnissen führen. Sie leidet allerdings wie die Vertragstheorie an einer Überbetonung der Stellung des Beschuldigten. Und auch für die Ausgangsfrage nach einem trennscharfen Verteidigerleitbild und den daraus zu ziehenden Schlüssen für die strafrechtliche Grenzen einer Verteidigertätigkeit ist damit nicht viel gewonnen.[129]

Ließe man der Autonomie des Beschuldigten den Vorrang und hielte man ihm die Entscheidung zu einer unprofessionellen und daher möglicherweise unvorteilhaften Verteidigung offen, würde man regelmäßig auch vitale Interessen des Verteidigers übergehen, der mit zunehmendem Einfluss des Beschuldigten möglicherweise eine starke Verhandlungsposition verlieren und seiner Aufgabe einer wirklichen und effektiven Verteidigung nicht nachkommen könnte.[130] Wenn sich ein solcher Fall einer objektiv für den Beschuldigten unvorteilhaften Verteidigung herumspricht, hätte dies auch Auswirkungen auf das Renommee des Strafverteidigers. Bei aller Berechtigung einer Selbstständigkeit des Beschuldigten darf es nicht soweit kommen, dass der Ruf eines Verteidigers den Launen eines Angeklagten unterworfen ist. Dies hat mit einer »Pflicht zur Zwangsbeglückung« nichts zu tun, denn der Rechtsstaat zeigt sich auch in der Fürsorge. Dieses Problem sieht auch *Lüderssen* und möchte den Versuch des Mandanten, dem Verteidiger eine gleichsam mörderische Strategie aufzudrängen, an § 138 BGB scheitern lassen. Damit muss er aber inzident einsehen, dass letztendlich doch

---

[127] Ebenso *Vehling*, StV 1992, 86 [87].
[128] So auch *Barton*, StV 1990, 237 [238].
[129] Ebenso *Brei*, Grenzen zulässigen Verteidigerhandelns, S. 70; *Lamberti*, Strafvereitelung durch Strafverteidiger, S. 46 f.; *Strzyz*, Die Abgrenzung von Strafverteidigung und Strafvereitelung, S. 43.
[130] Krit. auch *Roxin*, in: Hanack-FS, S. 1 [16].

der Selbstständigkeit des Verteidigers der Vorrang zu geben ist.[131] Die mögliche psychische Überforderung des Beschuldigten spricht maßgeblich gegen eine Weisungsabhängigkeit des Verteidigers.[132] Eine Identität zwischen Interessen und Befugnissen des Beschuldigten und des Verteidigers darf es gerade nicht geben.[133]

In konsequenter Fortführung dieser Theorie wird zum Teil gefordert, dass es dem Verteidiger auch gestattet sein müsste, die Unwahrheit zu sagen oder Beweisquellen zu trüben.[134] Die Theorie vom Parteiinteressenvertreter würde den Strafverteidiger daher im Extremfall zum vielzitierten »Spießgesellen«[135] des Mandanten machen. Gerade das Lügeverbot aber verleiht dem Verteidiger gegenüber dem Gericht den Vertrauensbonus, der zu einem guten Verhandlungsklima und dadurch im Idealfall zu befriedigenden Prozessergebnissen führt.

b. Probleme bei der Pflichtverteidigung

Ihren eigentlichen Offenbarungseid muss die Interessentheorie und dort insbesondere die Vertragstheorie aber in dem Moment leisten, in dem ein Strafverteidiger einem Beschuldigten als Pflichtverteidiger beigeordnet wird. Hier kann sie nur unter Zuhilfenahme dogmatischer Umwege erklären, weshalb nach derzeitiger Gesetzeslage notfalls sogar gegen den Willen des Beschuldigten[136] vom Gericht ein Pflichtverteidiger bestellt werden darf.[137] *Lüderssen*[138] behilft sich hier mit den Regeln der Geschäftsführung ohne Auftrag (§§ 677 ff. BGB), während er im Fall der aufgezwungenen Verteidigung argumentativ auf die Konstruktion eines Kontrahierungszwangs bauen muss. Dagegen versucht *Jahn*,[139] der ebenfalls *Lüderssen*'s Vertragstheorie folgt, bei der Pflichtverteidigerbestellung ohne Mitwirkung des Beschuldigten die Grundsätze der Stellvertretung in Person des

---

[131] So auch *Roxin*, in: Hanack-FS, S. 1 [16].
[132] Ebenso *Eisenberg*, NJW 1991, 1257 [1258].
[133] *Müller-Dietz*, Jura 1979, 242 [249].
[134] Vgl. *Bernsmann*, StraFo 1999, 226 [229 f.]; *Ostendorf*, NJW 1978, 1345 [1348 f.]; *Wassmann*, Strafverteidigung und Strafvereitelung, S. 64 ff.
[135] *Beulke*, StPO Rn. 151; *Liemersdorf*, MDR 1989, 204 [204]; *Roxin*, in: Hanack-FS, S. 1 [9]; *Zeifang*, Die eigene Strafbarkeit des Strafverteidigers, S. 121.
[136] Vgl. BVerfGE NJW 1998, 2205.
[137] Ebenso *Beulke*, StPO Rn. 151a; *ders.*, in: Roxin-FS, S. 1173 [1180]; *Zeifang*, Die eigene Strafbarkeit des Strafverteidigers, S. 119.
[138] LR-*Lüderssen*, Vor § 137 Rn. 63.
[139] *Jahn*, »Konfliktverteidigung« und Inquisitionsmaxime, S. 243 ff.; *ders.*, JR 1999, 1 [4 f.].

Vorsitzenden für sich fruchtbar zu machen. Nach wie vor nicht überzeugend geklärt werden kann aber der Fall, in dem ein Beschuldigter gerade keine Vertragsbeziehungen zu einem Verteidiger haben möchte und eine Verteidigung ablehnt. Wer hier einen Kontrahierungszwang annimmt, kann auch Inhalt und Grenzen der Privatautonomie festlegen, womit die Bindung an die subjektiven Mandantenwünsche schon wieder beseitigt ist.[140]

c. Ergebnis

Insgesamt kann festgehalten werden, dass die verschiedenen Varianten der Interessentheorie als tragfähiges Gesamtkonzept sowohl dogmatisch und systematisch als auch im Interesse von Beschuldigtem und Strafverteidiger nicht zu überzeugen vermögen und daher abzulehnen sind.[141]

III. Abweichende Verteidigerkonzepte

Neben der Organtheorie und den Spielarten der Parteiinteressentheorie unter Einschluss der Vertragstheorie sind verschiedentlich weitere davon abweichende Konzepte zur Diskussion gestellt worden.

1. Verfassungsrechtlich abgeleitete Konzepte von *Gössel* und *Hamm*

So hat *Gössel* ein eigenes an das Rechtsstaatsprinzip anknüpfendes Verteidigerkonzept entwickelt, das die Aufgabe des Verteidigers als umfassende Kontrollfunktion gegenüber der strafverfolgenden Staatsgewalt begreift,[142] die sich auf die Gesetzlichkeit des Verfahrens, die richterliche Überzeugungsbildung hinsichtlich des wahren verhandlungsgegenständlichen Geschehens sowie der Rechtsfolgen auswirke.[143] Der Verteidiger sei jedoch ausschließlich einseitig für den Beschuldigten verpflichtet. Nur ihm gegenüber habe er auf die Wahrung von Gesetz und Gerechtigkeit durch die Strafverfolgungsbehörden hinzuwir-

---

[140] Vgl. *Roxin*, in: Hanack-FS, S. 1 [16].
[141] So auch *Beulke*, Die Strafbarkeit des Verteidigers, Rn. 16; *ders.*, StPO Rn. 151; *Dornach*, Der Strafverteidiger als Mitgarant eines justizförmigen Strafverfahrens, S. 72 ff.; *Ernesti*, JR 1982, 221 [228]; *Pfeiffer*, DRiZ 1984, 341 [342]; *Seier*, JuS 1981, 806 [806]; *Theiß*, Die Aufhebung der Pflichtverteidigerbestellung, S. 220 f.; *Vehling*, StV 1992, 86 [87]; *Zeifang*, Die eigene Strafbarkeit des Strafverteidigers, S. 120 f.
[142] *Gössel*, ZStW 94 [1982], 5 [30].
[143] *Gössel*, ZStW 94 [1982], 5 [31].

ken.[144] Dem Strafverteidiger komme dagegen nicht die Aufgabe zu, im Prozess aktiv auf die Resozialisierung des Täters oder auf die Verwirklichung sonstiger Strafziele hinzuwirken. Die Wahrung öffentlicher Aufgaben könne ihm nicht zugeschrieben werden. Auch bestehe seine Aufgabe nicht in der Aufrechterhaltung einer funktionstüchtigen Rechtspflege.[145]
Ebenso wie *Gössel* zieht auch *Hamm* maßgeblich das Verfassungsrecht, ergänzend aber auch die Europäische Menschenrechtskonvention als Rechtsgrundlage für eine Aufgabenzuweisung an den Verteidiger heran. Er stellt thesenartig sechs Verteidigungsgrundrechte auf, die er als Grundprinzipien der Strafverteidigung ansieht. Konkret seien (1.) alle Rechte und Pflichten der Verteidigung aus den Rechten des Beschuldigten abgeleitet,[146] behalte (2.) der Mandant das Entscheidungsrecht bei einer Verteidigung, (3.) seien das aktive Teilhaberecht und das Recht auf Passivität unantastbar,[147] aufgrund des Rechtsstaatsprinzips unterliege (4.) sowohl das Innenverhältnis zum Mandanten als auch (5.) das Verhältnis des Mandanten zum Verteidiger einer Tabuisierung[148] und schließe (6.) die Unschuldsvermutung eine Einschränkung der bisher genannten Grundsätze aus.[149]

2. Die methodische Gesetzesauslegung von *Wolf*

Im Gegensatz zu den bislang vorgestellten Ansichten lehnt *Wolf* sowohl eine Bindung an die Organtheorie als auch an die Parteiinteressentheorie kategorisch ab. Mit diesen Formeln lasse sich die Komplexität der Stellung eines Verteidigers nur unzutreffend wiedergeben.[150] Erst eine methodische Gesetzesauslegung der Strafprozessordnung könne zu einem brauchbaren Ergebnis führen. Lege man diese aus, lasse sich ein *numerus clausus* verfahrensrechtlicher Rechte und Pflichten sowohl für den Beschuldigten wie auch für den Verteidiger bestimmen.[151] Dabei falle auf, dass die Strafprozessordnung keine prozessualen Pflichten für den Verteidiger normiere. Pflichten ergäben sich nur aus standesrechtli-

---

[144] *Gössel*, ZStW 94 [1982], 5 [30].
[145] *Gössel*, ZStW 94 [1982], 5 [31].
[146] *Hamm*, NJW 1993, 289 [293 f.].
[147] *Hamm*, NJW 1993, 289 [294].
[148] *Hamm*, NJW 1993, 289 [295].
[149] *Hamm*, NJW 1993, 289 [296].
[150] *Wolf*, Das System des Rechts der Strafverteidigung, S. 352 ff.
[151] *Wolf*, Das System des Rechts der Strafverteidigung, S. 116 ff.

chen und strafrechtlichen Regelungen.[152] Auch Pflichten gegenüber dem Beschuldigten gebe es allenfalls aufgrund anderweitiger, insbesondere vertraglicher Verpflichtungen. Diese bestünden dann jedoch unabhängig von der Stellung als Verteidiger.[153] Hinsichtlich der normierten Rechte räume die Strafprozessordnung letztlich dem Beschuldigten die bestimmende Rolle ein. Es gebe zwar auch für den Verteidiger originäre und vom Beschuldigten unabhängige Rechte. Der Verteidiger handele aber im Übrigen als Vertreter des Beschuldigten mit entsprechender Vertretungsmacht. Damit sei allein der Beschuldigte faktisch in der Lage, durch Entziehung der Vertretungsmacht oder Informationsobstruktion das Verhältnis zum Verteidiger und das Verfahren maßgeblich zu beeinflussen.[154]

3. Stellungnahme

Problematisch an den beiden ersten Konzepten ist die relative Konturlosigkeit einer rein verfassungsrechtlichen Verortung der Aufgabenzuweisung für den Verteidiger. Der Ansatz von *Hamm*, der inhaltlich letztlich die Züge der Interessentheorie aufweist, trägt wie der von *Gössel* die Gefahr der Beliebigkeit in sich, wenn anhand der Verfassung jedes gewünschte Ergebnis herausgearbeitet werden könnte.[155] Zwar ist die Verfassung der zutreffende grundlegende Bezugspunkt der Strafverteidigung. Um die Funktion des Verteidigers herauszuarbeiten, müssen aber auch die konkreten prozessualen Normen mit in die Betrachtung einbezogen werden. Bei der Auffassung von *Hamm* kommen die gegen die Interessentheorie eingewandten Bedenken hinzu, dass die Selbstständigkeit des Beschuldigten überbetont wird. Zudem werden bei seinem Ansatz mögliche Pflichten des Verteidigers völlig ausgeblendet. Bei *Gössel* kann demgegenüber die einseitige Betonung des Kontrollaspekts nicht bestehen, denn Kontrolle ist zwar eine wichtige, aber nicht die einzige Aufgabe des Verteidigers. Diesem

---

[152] *Wolf*, Das System des Rechts der Strafverteidigung, S. 333, 377.
[153] *Wolf*, Das System des Rechts der Strafverteidigung, S. 191 ff.
[154] *Wolf*, Das System des Rechts der Strafverteidigung, S. 378, 382.
[155] Vgl. *Dornach*, Der Strafverteidiger als Mitgarant eines justizförmigen Strafverfahrens, S. 126, 138 f.

Ansatz fehlt dementsprechend die Zuweisung weiterer aktiver Verteidigungsaufgaben, die sich nicht in einer Kontrolle beschränken.[156]

Die Ansicht von *Wolf* vermag schon deshalb nicht zu überzeugen, weil er zu Unrecht davon ausgeht, dass Rechte und Pflichten der Verteidigung abschließend in der Strafprozessordnung geregelt sind. Ebenfalls nicht zu folgen ist der Auffassung, dass der Verteidiger abgesehen von seinen eigenen Rechten Vertreter des Beschuldigten sein soll, da damit das Regel-Ausnahme-Verhältnis von Beistand und Vertretung auf den Kopf gestellt würde.[157] Die Strafprozessordnung betont nicht umsonst die Beistandsfunktion, indem sie eine echte Vertretung des Beschuldigten durch den Verteidiger nur in Ausnahmefällen zulässt, etwa weil der Beschuldigte mangels Anwesenheit nicht handeln kann (vgl. §§ 118a Abs. 2 S. 2, 234, 350 Abs. 2, 387 Abs. 1, 411 Abs. 2, 434 Abs. 1 S. 1 StPO) oder nicht handeln darf (vgl. §§ 147 Abs. 1, 239 Abs. 1 S. 1, 240 Abs. 2 S. 2 i.V.m. S. 1 StPO).[158] Zudem muss bereits der grundsätzliche Ansatz auf Widerspruch stoßen, Aufgaben und Rechte eines Verteidigers allein aus einer methodischen Betrachtung der Strafprozessordnung ableiten zu wollen. Denn zum einen ergibt sich ein stimmiges Gesamtbild erst, wenn man die verfassungsrechtlichen Verbürgungen mit hinzu zieht, die den Hintergrund für die strafprozessualen Regelungen bilden. Zum anderen hält auch das materielle Strafrecht Normen bereit, die prozessuale Pflichten indizieren (z.B. Schweigepflicht, § 203 StGB, Treuepflicht, § 356 StGB). Auch wenn offensichtlich eine explizite Regelung von Pflichten des Verteidigers in der Strafprozessordnung fehlt, spricht dies noch nicht gegen ihre grundsätzliche Existenz. So besteht beispielsweise nach ganz herrschender Meinung eine prozessuale Sorgfaltspflicht,[159] die ebenfalls nicht in der Strafprozessordnung geregelt ist. Aufgaben und Rechte eines Verteidigers sind daher aus einer Zusammenschau aller ihn betreffenden Regelungen abzuleiten.

---

[156] Krit. auch *Dornach*, Der Strafverteidiger als Mitgarant eines justizförmigen Strafverfahrens, S. 127 f.
[157] Ebenso *Zeifang*, Die eigene Strafbarkeit des Strafverteidigers, S. 123.
[158] Näher dazu *Beulke*, Der Verteidiger im Strafverfahren, S. 41 ff.; *ders.*, StPO Rn. 149; *Jolmes*, Der Verteidiger im deutschen und österreichischen Strafprozess, S. 63 ff.
[159] Vgl. *Beulke*, Der Verteidiger im Strafverfahren, S. 45; *Jolmes*, Der Verteidiger im deutschen und österreichischen Strafprozess, S. 67; *Lamberti*, Strafvereitelung durch Strafverteidiger, S. 66; *Müller-Dietz*, Jura 1979, 242 [249, 251].

IV. Diskussionsgrundlage und eigene Ansicht

1. Das Fehlen einer ausdrücklichen gesetzlichen Regelung

Wie also kann eine tragfähige Bestimmung der Verteidigerstellung als Diskussionsgrundlage für weitere Überlegungen zur Strafbarkeit aussehen? Der Kern des eigentlichen Problems wird sichtbar, wenn man sich auf die Suche nach den gesetzlichen Vorgaben zur gesetzgeberisch intendierten Stellung des Strafverteidigers begibt. Hier wird jeder bald enttäuscht feststellen müssen, dass weder ein abschließender Begriff des Verteidigers noch eine eindeutige Regelung wie etwa ein Verhaltenskodex für Strafverteidiger in der Strafprozessordnung existiert. Hierüber sind sich Rechtsprechung und Lehre im Grundsatz einig. Schon der kursorische Überblick über die Regelung der Verteidigung in den §§ 137 ff. StPO erhellt, dass Rechte und Pflichten des Strafverteidigers in der Strafprozessordnung nur unzureichend bzw. fragmentarisch geregelt sind.[160] Im Gegensatz zu den explizit normierten Pflichten eines Staatsanwalts in den §§ 152, 160, 170 StPO sowie des Gerichts, z.B. in § 244 Abs. 2 StPO, lassen sich für den Strafverteidiger keine vergleichbaren Regelungen finden.[161] Will man dies zwar nicht als schweren Fehler des Gesetzes bezeichnen,[162] muss man doch konstatieren, dass der Gesetzgeber – bewusst oder unbewusst – bis zum heutigen Tag nicht die Gelegenheit wahrgenommen hat, die Stellung des Strafverteidigers mit den daraus resultierenden Rechten und Pflichten verbindlich näher auszugestalten oder festzulegen.[163] Wer sich auf die Suche nach einem Verteidigerleitbild begibt, muss folglich als Konsequenz aus dem Schweigen des Gesetzes die

---

[160] Vgl. *Beulke*, Der Verteidiger im Strafverfahren, S. 18; *ders.*, StV 1994, 572 [572]; *Bottke*, ZStW 96 [1984], 726 [727 f., 750]; *Brei*, Grenzen zulässigen Verteidigerhandelns, S. 62, 78; *Dornach*, NStZ 1995, 57 [60]; *Hamm*, NJW 1993, 289 [293]; *Krekeler*, NStZ 1989, 146 [146]; *Lamberti*, Strafvereitelung durch Strafverteidiger, S. 99; LR-*Lüderssen*, Vor § 137 Rn. 3; *Mehle*, in: Koch-FG, S. 179 [181]; *E. Müller*, NJW 1981, 1801 [1802]; *Müller-Dietz*, Jura 1979, 242 [248]; *Rückel*, in: Peters-FG, S. 265 [266]; *Strzyz*, Die Abgrenzung von Strafverteidigung und Strafvereitelung, S. 18; *Waldhorn*, Das Verhältnis von Strafverteidigung und Begünstigung, S. 16; dies ist im Übrigen auch in anderen europäischen Ländern der Fall. Zum Vergleich mit den Regelungen in Österreich und der Schweiz vgl. *Heine/Ronzani/Spaniol*, StV 1987, 74 [79 ff.].
[161] *Beulke*, Der Verteidiger im Strafverfahren, S. 18 f. *Brei*, Grenzen zulässigen Verteidigerhandelns, S. 62; *Ernesti*, JR 1982, 221 [223].
[162] So *von Hippel*, DStrZ 1919, Sp. 239.
[163] Zur Gesetzgebung hinsichtlich der Stellung des Verteidigers vgl. *Roxin*, in: Hanack-FS, S. 1 [3 f.].

Rechtsstellung aus einer Gesamtschau aller den Strafverteidiger betreffenden Regelungen herleiten.[164]

2. Die subjektiv-private Funktion: Verteidigung als Beistand des Beschuldigten

a. § 137 Abs. 1 StPO als Ausgangspunkt

Die Einstiegs- und zugleich Zentralnorm für eine Bestimmung der Rechtsstellung eines Strafverteidigers findet sich in der »Magna Charta« des Verteidigers,[165] der Strafprozessordnung. Dort verrät § 137 Abs. 1 S. 1 StPO zumindest soviel, dass sich der Beschuldigte in jeder Lage des Verfahrens des Beistands eines Verteidigers bedienen kann. Schon aus der Stellung an der Spitze des die Verteidigung regelnden elften Abschnitts der Strafprozessordnung kann gesetzessystematisch geschlossen werden, dass der Gesetzgeber diesem Beistands- und Fürsorgeaspekt besondere Aufmerksamkeit widmen wollte. Um die von der Strafprozessordnung offensichtlich intendierte Aufgabe oder Stellung als Beistand auszufüllen, sollte der Verteidiger bei unbefangener Betrachtung nach bestem Wissen und Gewissen alles das geltend machen, was zugunsten seines Mandanten spricht. Dass der Verteidiger hierbei allein die Interessen des Beschuldigten wahrnimmt, indem er den Anklagevorwurf zu entkräften oder abzuwehren versucht, kann nicht ernsthaft bezweifelt werden. Er soll schließlich im Idealfall dafür sorgen, dass ein unschuldiger Angeklagter nicht schuldig gesprochen wird und beim schuldigen Angeklagten alle für ihn sprechenden Tatumstände mit der nötigen Klarheit akzentuiert werden, so dass sich für diesen eine gerechte Strafe ergibt.

b. Geschichtlicher Hintergrund

Dieses zunächst aus rein systematischer Betrachtung gewonnene Ergebnis wird noch deutlicher, wenn man sich den geschichtlichen Hintergrund für den Bei-

---

[164] *Beulke*, in: Roxin-FS, S. 1143 [1179]; *ders.*, Der Verteidiger im Strafverfahren, S. 34; *Ignor*, in: Schlüchter-FS, S. 39 [39, 42]; *Lüderssen*, in: Sarstedt-FS, S. 145 [156]; *Roxin*, in: Hanack-FS, S. 1 [10]; einen Überblick über diese Regelungen geben *Danckert/Ignor*, in: Ziegert, Grundlagen der Strafverteidigung, S. 20, *Wolf*, Das System des Rechts der Strafverteidigung, S. 147 ff.; *Zeifang*, Die eigene Strafbarkeit des Strafverteidigers, S. 109 f.
[165] *Ignor*, in: Schlüchter-FS, S. 39 [45].

standsaspekt der Strafverteidiger-Tätigkeit vergegenwärtigt.[166] Historisch betrachtet stellt das in der Strafprozessordnung in der gegenwärtigen Form geregelte Verfahren ein Desiderat der Zeit des Liberalismus dar. Der Beschuldigte war zu jener Zeit als Inquisit nicht Prozesssubjekt, sondern Inquisitionsobjekt.[167] Ziel der damals erfolgten Neuregelung mit reformiertem Strafprozess und Schaffung der Staatsanwaltschaft war es, den Beschuldigten aus der Rolle des Untersuchungsobjekts zu befreien und ihm die Möglichkeit zu geben, als ein mit eigenen Rechten ausgestattetes Prozesssubjekt auf den Gang der Untersuchung Einfluss nehmen zu können.[168] Dieser Befund lässt sich heute noch sprachlich verdeutlichen, indem die Formulierung »Beistand« ersichtlich von dem Beschuldigten in der Position eines Prozesssubjekts als Hauptperson ausgeht, das sich zur Durchsetzung seiner Rechte nur der Hilfe eines Verteidigers bedient.

c. Das Argument der Waffengleichheit

Durch die neue Subjektstellung des Beschuldigten wurde zugleich auch ein Moment der dialektischen Wahrheitsfindung in den reformierten Strafprozess eingeführt.[169] Der Beschuldigte muss das Verfahren zu jeder Zeit maßgeblich beeinflussen können. Die damit verbundene Autonomie besitzt aus strafprozessualer Sicht auch einen Eigenwert, indem sie die Trennung von Staat und Bürger widerspiegelt.[170] Im Erkenntnisprozess ist allerdings der Beschuldigte in der Regel unterlegen, weil er die Souveränität eines taktisch geschickt handelnden Prozessbeteiligten verliert und insoweit kein

---

[166] Vgl. zur geschichtlichen Entwicklung der Advokatur unter besonderer Berücksichtigung des Strafverteidigers z.B. *Armbrüster*, Die Entwicklung der Verteidigung in Strafsachen, *passim*; *Beulke*, Der Verteidiger im Strafverfahren, S. 23 ff.; *Köllner*, in: *Bockemühl*, Handbuch des Fachanwalts Strafrecht, Rn. 3 ff.; *Brei*, Grenzen zulässigen Verteidigerhandelns, S. 179 ff.

[167] So schon grds. im Jahr 1901 *von Liszt*, DJZ 1901, 101 (Nachdruck in StV 2001, 137 [138]); zur geschichtlichen Entwicklung des Strafprozesses vgl. *Armbrüster*, Die Entwicklung der Verteidigung in Strafsachen, *passim*; *Beulke*, Der Verteidiger im Strafverfahren, S. 23 ff.; LR-*Lüderssen*, Vor § 137 Rn. 5 ff.; *ders.*, in: Sarstedt-FS, S. 145 [145 ff.].

[168] Vgl. BVerfGE 63, 380 [390]; BGHSt 38, 372 [374]; ferner *Beulke*, Der Verteidiger im Strafverfahren, S. 37; *Brei*, Grenzen zulässigen Verteidigerhandelns, S. 202; *Gallas*, ZStW 53 [1934], 256 [261]; *Gössel*, ZStW 94 [1982], 5 [24]; *Grüner*, Über den Missbrauch von Mitwirkungsrechten, S. 19; *von Liszt*, DJZ 1901, 101 (Nachdruck in StV 2001, 137 [138]); *Lüderssen*, in: Sarstedt-FS, S. 145 [150 f.]; *Pfeiffer*, DRiZ 1984, 341 [342].

[169] *Beulke*, StPO Rn. 73; eingehend *Grüner*, Über den Missbrauch von Mitwirkungsrechten, S. 24 ff.

[170] LR-*Lüderssen*, Vor § 137, Rn. 16 ff.

ausreichendes Gegengewicht zum staatlichen Strafverfolgungsapparat bilden kann.[171] Auch wenn es verfassungsrechtlich wünschenswert wäre, wird der Beschuldigte in der Praxis nicht ausreichend durch das Prinzip allseitiger Aufklärung und den Grundsatz *in dubio pro reo* geschützt.[172] Da es eine Wahrheitsermittlung um jeden Preis aber nicht geben darf,[173] kann erst der Einsatz des Verteidigers eine Waffengleichheit zwischen dem Beschuldigten und dem staatlichen Verfolgungsapparat garantieren.[174] Aus Sicht des Beschuldigten müssten sich die staatliche Anklage, vertreten durch die Staatsanwaltschaft, sowie die eigene Verteidigung durch den Strafverteidiger als Gegensätze gegenüberstehen, während das Gericht die Rolle des neutralen Mittlers zwischen diesen Parteien übernehmen sollte. In der Praxis wird aber das Gericht bei aller Unparteilichkeit als staatliche Instanz mit der Macht freizusprechen oder einen Schuldspruch zu fällen vom Beschuldigten subjektiv zur »Gegenseite« gerechnet. Im Interesse des Mandanten sollte daher der Verteidiger von seiner Aufgabenzuweisung her zur Seite des Beschuldigten gezählt werden. Den Verteidiger auch noch mit einer öffentlichen Aufgabe zu befrachten, die womöglich gleichzeitig der Ausübung der Beistandsfunktion hinderlich wäre, läge für den Beschuldigten gänzlich außerhalb seines Interesses, würde es doch subjektiv den Block der gegen ihn stehenden Interessen vergrößern. Der Verteidiger steht demnach *prima facie* formal allein auf Seiten des Beschuldigten. Er ist der Gegenpol,[175] das kalkulierte Gegengewicht[176] gegen das auf die Strafverfolgung ausgerichtete Wirken der Anklagebehörde.

---

[171] *Beulke*, StPO Rn. 148.
[172] *Rückel*, in: Peters-FG, S. 265 [267], der daraus das Erfordernis und die Berechtigung eigener Ermittlungen des Strafverteidigers ableitet.
[173] BGHSt 14, 358 [365]; 38, 215 [219 ff.]; *Beulke*, StPO Rn. 147.
[174] Vgl. BVerfGE 38, 105 [111]; *Beulke*, Der Verteidiger im Strafverfahren, S. 37 ff.; *Bernsmann*, StraFo 1999, 226 [227]; *Roxin*, in: Hanack-FS, S. 1 [10]; krit. zum Begriff der Waffengleichheit *Safferling*, NStZ 2004, 181 [187 f.].
[175] *Pfeiffer*, DRiZ 1984, 341 [343]; *Seier*, JuS 1981, 806 [806].
[176] *Dahs*, Handbuch des Strafverteidigers, Rn. 5.

d. Zwischenergebnis

Die wichtigste Funktion des Strafverteidigers ist damit beschrieben. Er ist der gesetzlich vorgesehene Beistand des Beschuldigten[177] und nimmt als Prozessrechtssubjektsgehilfe dessen private Interessen wahr.[178]

3. Die objektiv-öffentliche Funktion: Der Verteidiger als Wahrer rechtsstaatlicher Grundsätze

Der eigentliche Streitpunkt in der Wissenschaft ist aber die Frage nach weiter gehenden Folgerungen, ob nämlich der Verteidiger über die privaten Interessen hinaus auch noch andere, insbesondere öffentlich-rechtliche Interessen wahrnimmt. Bei unbefangener Sichtweise könnte man vermuten, der Verteidiger sei tatsächlich nur der verlängerte Arm des Beschuldigten, der im Unterschied zu letzterem zusätzlich über das rechtliche Wissen verfügt, das den meisten Mandanten zur prozessualen Durchsetzung ihrer Rechte fehlt. Wenn dies so wäre, könnte und müsste sich eigentlich jeder beschuldigte Strafverteidiger selbst verteidigen. Dennoch ist dies in der Praxis fast nie der Fall. Und das liegt nicht am mangelnden Können der beschuldigten Verteidiger. Es ist vielmehr ein offenes Geheimnis, dass sich ein Verteidiger in eigener Sache nicht selbst vertreten, sondern sich eines Kollegen als Strafverteidiger zur eigenen Verteidigung bedienen sollte. Tut er dies nicht, macht er zumeist keine gute Figur.[179] Er setzt sich vielmehr selbst die Narrenkappe auf[180] und gewinnt nicht den für eine sachgerechte Selbstverteidigung nötigen Abstand.[181] Dies gilt im Übrigen nicht nur in Deutschland. So heißt es in Frankreich: »*L'avocat plaid son affaire propre comme l'ignorant*«[182] – der sich selbst vertretende Anwalt verhandelt in eigener Sache wie ein Narr. Auch das übersetzte englische Pendant »Ein Anwalt, der

---

[177] So schon *von Liszt*, DJZ 1901, 179 (Nachdruck in StV 2001, 137 [138]).
[178] Ebenso *Beulke*, in: Roxin-FS, S. 1143 [1179]; *Grüner*, Über den Missbrauch von Mitwirkungsrechten, S. 21 unter Verweis auf *Beling*, Deutsches Reichsstrafprozessrecht, S. 119, 148 (in Fn. 41); ebenso *Vehling*, StV 1992, 86 [87].
[179] So auch *Dahs*, Handbuch des Strafverteidigers, Rn. 88.
[180] *Dombek*, ZAP 2000, 683 [694].
[181] So auch *Dahs*, Handbuch des Strafverteidigers, Rn. 3.
[182] Zit. nach *Dahs*, Handbuch des Strafverteidigers, Rn. 88 Fn. 86.

sich selbst verteidigt, hat einen Narren zum Klienten«[183] schlägt in die gleiche Kerbe. Nicht umsonst existieren international ähnliche Empfehlungen.

a. Das Erfordernis der Unabhängigkeit

Das dahinter stehende Schutzprinzip wird deutlich, wenn man sich vergegenwärtigt, dass im Fall einer notwendigen Verteidigung nach § 140 Abs. 2 StPO auch einem Rechtsanwalt als Beschuldigtem sogar gegen dessen Willen ein Pflichtverteidiger bestellt werden kann.[184] Der Grund für diesen Umstand liegt auf der Hand: Der Beschuldigte wird in der Praxis unabhängig von seiner beruflichen Stellung vom Gericht nicht annähernd so wahr- und ernstgenommen wie sein von ihm personenverschiedener Strafverteidiger. Aus diesem Grund greifen diejenigen zu kurz, die vertreten, dass in der Beistandsfunktion die alleinige Aufgabe des Strafverteidigers liegen müsse. Mit dieser eingeschränkten Sichtweise wäre der geschilderten eigenständigen Funktion als Mittler zwischen Gericht und Beschuldigtem noch nicht ausreichend Rechnung getragen.[185] Denn um wirkungsvoller Beistand zu sein, darf sich der Verteidiger gerade nicht vom Beschuldigten abhängig machen[186] oder gar mit ihm identifizieren.[187] Denn er wird nur mit der nötigen Distanz zum und Unabhängigkeit vom Beschuldigten vom Gericht ernst genommen werden.[188] Er darf sich nicht zum Sprachrohr des Beschuldigten degradieren lassen.[189] Im Idealfall wird der Verteidiger daher sowohl vom Gericht als auch von der Staatsanwaltschaft als auch vom Beschuldigten als »Verhandlungspartner« voll akzeptiert. Der Verteidiger ist dabei aber keines-

---

[183] Zit. nach *Dahs*, Handbuch des Strafverteidigers, Rn. 88.
[184] BVerfG NJW 1998, 2205.
[185] *Vehling*, StV 1992, 86 [87]; vgl. auch *Jaeger*, NJW 2004, 1 [2].
[186] *Beulke*, in: Roxin-FS, S. 1143 [1080]; *Pfeiffer*, StPO, Vor § 137 Rn. 1; *Ranft*, Strafprozessrecht, Rn. 384; *Roxin*, in: Hanack-FS, S. 1 [13]; dagegen für eine Bindung des Verteidigers an die Wünsche des Beschuldigten kraft privatrechtlichen Vertrags LR-*Lüderssen*, Vor § 137 Rn. 33 ff.; ihm folgend *Jahn*, »Konfliktverteidigung« und Inquisitionsmaxime, S. 248 ff.; ders., JR 1999, 1 [1]; ders., StV 2000, 431 [432].
[187] *Pfeiffer*, DRiZ 1984, 341 [342].
[188] *Beulke*, Der Verteidiger im Strafverfahren, S. 29; *Gössel*, ZStW 94 [1982], 5 [33]; *Jaeger*, NJW 2004, 1 [6]; *Laufhütte*, in: Pfeiffer-FS, S. 959 [961 f.]; *Pfeiffer*, DRiZ 1984, 341 [342]; eindringlich *Vehling*, StV 1992, 86 [88]; vgl. auch BVerfG NJW 2004, 1305 [1309]; *Jaeger*, NJW 2004, 1 [6]; *Yamamoto*, ZStW 101 [1989], 961 [977] für den parallel gelagerten Fall im japanischen Strafprozessrecht: Erst die Unabhängigkeit des Strafverteidigers gegenüber dem Beschuldigten ermögliche den notwendigen Spielraum für die Auswahl der richtigen Verteidigungsstrategie.
[189] *Pfeiffer*, DRiZ 1984, 341 [342].

wegs zur Neutralität verpflichtet. Vielmehr wahrt er die Interessen seines Mandanten gerade dadurch, dass er sich ihm gegenüber die notwendige Freiheit bewahrt,[190] um vor Gericht die günstigste Rechtsposition ermitteln zu können.[191] Wer gegen diesen Befund einwendet, dass dadurch der paradoxe Eindruck entsteht, dass letztlich drei Parteien gegen den Beschuldigten arbeiten, darf nicht außer Betracht lassen, dass der Verteidiger diese Verhandlungsposition nur in strikter Einseitigkeit zugunsten seines Mandanten einnimmt. Darin einen Gegensatz zu sehen und damit die Wahrnehmung von Rechten des Beschuldigten umgekehrt als Wahrnehmung von Interessen gegen den Beschuldigten auslegen zu wollen, käme einem beabsichtigten Missverständnis der Strafverteidiger-Tätigkeit gleich. Der Verteidiger nutzt seine Position im Interesse des Beschuldigten aus, indem er im Idealfall zu einer offenen Kommunikation im Gerichtssaal beiträgt. Organ der Rechtspflege zu sein bedeutet daher nicht, Teil der Justiz zu sein.[192] Verteidigung ist Kampf,[193] kein »Kuschelkurs«.[194] Zum akzeptablen Strafprozess gehört nicht nur ein Anwalt des Staates, sondern auch ein unabhängiger Anwalt des Beschuldigten.[195]

b. Der Verteidiger als Garant der Unschuldsvermutung

Ein möglichst weitgehendes Spiel mit offenen Karten zwischen Staatsanwaltschaft und Gericht auf der einen und der Verteidigung auf der anderen Seite darf aber nicht verwechselt werden mit einer Abkehr von strenger Justizförmigkeit.[196] Strafverteidigung ist ein Recht innerhalb des Verfahrens, kein Recht gegen das Verfahren.[197] Um keine Zweifel an seiner Integrität aufkommen zu lassen, sollte der Verteidiger der staatlichen Rechtsordnung nicht durch unerlaubte Mittel entgegentreten.[198] Er ist wie jeder Bürger an Recht und Gesetz gebunden. Mag die Tätigkeit des Strafverteidigers verfahrensrechtlich gesehen auf den ersten Blick

---

[190] BGHSt 30, 22 [26]; *Krey*, Strafverfahrensrecht, Bd. 1, Rn. 547 ff., insbes. Rn. 554.
[191] *Laufhütte*, in: Pfeiffer-FS, S. 959 [968].
[192] *Jaeger*, NJW 2004, 1 [3].
[193] *Dahs*, Handbuch des Strafverteidigers, Rn. 1; *Gatzweiler*, StV 1985, 248 [252].
[194] *Hamm*, NJW 1997, 1288 [1288].
[195] So selbst *Lüderssen*, in: Sarstedt-FS, S. 145 [148], der aber i.Erg. öffentlich-rechtliche Aufgaben verneint.
[196] *Hamm*, NJW 1997, 1288 [1290].
[197] *Hassemer*, ZRP 1980, 326 [331]; zust. *Gössel*, ZStW 94 [1982], 5 [30].
[198] *Laufhütte*, in: Pfeiffer-FS, S. 959 [968].

einseitig zugunsten des Beschuldigten ausgerichtet sein, erweist sie sich jedoch bei näherer Betrachtung als janusköpfig: Verfahrensrechte, Justizgrundrechte und rechtsstaatliche Grundsätze wie Unschuldsvermutung und *fair trial*-Grundsatz sind, soweit sie den Rang von Verfassungsprinzipien haben, zugleich Ausdruck einer objektiv-rechtlichen Werteordnung.[199] Anders ausgedrückt stellt eine funktionsfähige Strafverteidigung überhaupt erst Grundlage und Konkretisierung des Rechts auf ein faires Verfahren dar. Indem der Verteidiger als Prozesssubjektsgehilfe des Beschuldigten seinen Beitrag zur Funktionstüchtigkeit der Rechtspflege leistet, ist er eben in bestem Sinne *»nicht nur seines Clienten, sondern auch des Staates Mandatar«.*[200] Der Strafverteidiger ist durch seinen im System der Rechtspflege verwurzelten freien Beruf, konkretisiert durch den Auftrag des Beschuldigten, der gesetzlich in § 137 Abs. 1 S. 1 StPO vorgesehene Garant für die Einhaltung und Wahrnehmung der Beschuldigtenrechte. Er ist damit prozessualer Garant der Unschuldsvermutung und sorgt auf diese Weise zunächst unmittelbar im Interesse des Beschuldigten, mittelbar aber auch im Interesse des Rechtsstaats für ein faires Verfahren und die Einhaltung der zugunsten des Beschuldigten bestehenden prozessualen Möglichkeiten. Richtig verstanden und ausgeübt trägt gerade die Verteidigung in besonderem Maße dazu bei, den Rechtsstaat vor dem Ärgsten zu bewahren, nämlich vor dem ungerechten Urteil, dessen erschreckendste Form die Verurteilung des Unschuldigen wäre.[201] In demselben Maße wie der Verteidiger Rechten des Beschuldigten zur Geltung verhilft, wird folglich zugleich auch ein Stück Rechtsstaatsprinzip im freiheitlich-demokratischen Staat realisiert.[202] Der Verteidiger hat seinen festen dialektischen Anteil am Erkenntnisprozess.[203] In diesem Sinne trägt er zu einer »effektiven«, weil die Beschuldigtenrechte akzentuierenden Strafverteidigung bei.

---

[199] Zur Konstruktion, dass Verfassungsprinzipien, auf die sich der Einzelne zur Begründung subjektiver Rechte berufen kann, Ausdruck einer objektiven Werteordnung sind, vgl. das *Lüth*-Urteil, BVerfGE 7, 198 [205].
[200] *Vargha*, Die Verteidigung in Strafsachen, S. 281.
[201] *Eb. Schmidt*, JZ 1969, 316 [317].
[202] Vgl. BVerfG NStZ 1984, 82 [82]; vgl. auch *Rissel*, Die verfassungsrechtliche Stellung des Rechtsanwalts, S. 95, 98, der allerdings eine Doppelfunktion des Verteidigerhandelns dezidiert ablehnt.
[203] *Ernesti*, JR 1982, 221 [223]; *Beulke*, Der Verteidiger im Strafverfahren, S. 51; *Welp*, ZStW 90 [1978], 804 [817]; dagegen *Gössel*, ZStW 94 [1982], 5 [28].

c. Auswirkungen auf Verteidigerpflichten

Die daraus resultierende Frage ist, ob der Verteidiger über seine im Interesse des Beschuldigten und reflexartig auch im öffentlichen Interesse bestehende Funktion, zur Einhaltung eines fairen Verfahrens beizutragen, auch noch für die Ordnungsgemäßheit desselben Sorge zu tragen hat. In diese Richtung tendiert die Rechtsprechung, wenn sie dem Verteidiger auferlegt, das Gericht auf Verwertungsverbote hinzuweisen, wenn er nicht des Rechts verlustig gehen will, diesen Verfahrensfehler in der Rechtsmittelinstanz zu rügen.[204] Eine derartige Auslegung der Verteidigerstellung ginge jedoch zu weit. Es widerspräche der prozessualen Gerechtigkeit und Angemessenheit, eine Verantwortung des Verteidigers als Vehikel für die Entlastung der Gerichte von ihrer Verantwortlichkeit zu nutzen.[205] Ein solches Verständnis würde das Desiderat der Aufrechterhaltung einer funktionsfähigen Rechtspflege *ad absurdum* führen. Will man den Beistandsaspekt mit Leben füllen, hat der Verteidiger bei richtigem Verständnis nur die Pflicht, für die Einhaltung derjenigen Verfahrensregeln zu sorgen, die für seinen Mandanten günstig sind. Eine andere Frage ist, ob sich aus der zugleich öffentlichen Wirkung dieser Funktion möglicherweise immanente Grenzen ergeben, die auch Auswirkungen auf die Funktionsfähigkeit der Rechtspflege haben. Dies wird konkret bei der Frage nach einer Wahrheitspflicht zu erörtern sein.

d. Auswirkungen auf die Strafbarkeit des Verteidigers

Eine andere Folge ergibt sich aus der Betonung der Beistandsstellung allerdings für die Pflichten im Verhältnis zum Mandanten. Diesem gegenüber ist der Verteidiger nicht nur vertraglich, sondern auch prozessrechtlich zu größtmöglicher Loyalität verpflichtet. Der Verteidiger hat dafür alles zu unterlassen, was den Beschuldigten gegenüber den Strafverfolgungsorganen und Dritten bloß stellen könnte. Dieser Punkt spielt beim Aufbau der notwendigen Vertrauensbeziehung zwischen Verteidiger und Mandant eine wichtige Rolle. Sanktioniert wird ein Verstoß zum einen strafrechtlich durch den Tatbestand des Parteiverrats (§ 356 StGB), die unbefugte Weitergabe persönlicher Informationen durch das Verbot

---

[204] Vgl. BGHSt 38, 214 [226].
[205] Zutreffend *Widmaier*, NStZ 1992, 519 [520]; krit. auch *Grüner*, Über den Missbrauch von Mitwirkungsrechten, S. 201 ff. m.w.N.; *Wolf*, Das System des Rechts der Strafverteidigung, S. 187.

des Offenbarens von Privatgeheimnissen (§ 203 StGB). Wenn auch die Mitwirkung an einer funktionierenden Strafrechtspflege formal keine belastenden Pflichten für den Strafverteidiger mit sich bringt, bedeutet dies auf der anderen Seite aber nicht, dass der Verteidiger die prozessualen Vorgaben desavouieren und die materiellen Strafnormen missachten dürfte. Nur ein Strafverteidiger, der die Rechtsordnung und die Notwendigkeit ihrer Funktionsfähigkeit anerkennt und der auf Basis dieser Rechtsordnung für den Beschuldigten kämpft, kann letztlich dessen Rechte wahren.[206] Daher hat der Satz »*Die Mitwirkung des Verteidigers ist kein Luxus, der bei richtigem Funktionieren des Gerichts auch entbehrt werden könnte, sondern ein echtes Erfordernis wirklicher Rechtspflege*«[207] nach wie vor seine Berechtigung. Letztendlich muss es darum gehen, einen gerechten Ausgleich zwischen Beistandsfunktion und der gleichzeitig ausgeübten öffentlichen Funktion herzustellen.[208]

B. Ergebnis

Die Tätigkeit des Strafverteidigers im Strafverfahren ist janusköpfig. Treffend hat dies bereits im Jahr 1901 *von Liszt* beschrieben: »*Wie dieser* [scil.: der Staatsanwalt] *die Anklage erhebt und durchführt im Interesse der Rechtsordnung, so führt auch der Verteidiger die Verteidigung im Interesse der Rechtsordnung*«.[209] Die Verteidigung hat sowohl eine subjektiv-private als auch eine objektiv-öffentliche Komponente, wobei dem Beistandsaspekt die maßgebende Rolle zukommt. Es ist gerade kein Widerspruch, dem Verteidiger insoweit eine Doppelfunktion zu attestieren.[210] Die ganz herrschende Auffassung in Rechtsprechung und Wissenschaft hat sich letztlich mit guten Gründen der Argumentation angeschlossen, dass die Aufgabe und Funktion des Strafverteidigers nicht auf eine reine Beistandstätigkeit beschränkt ist.

Eine über diese Doppelfunktion noch hinausgehende Verpflichtung etwa im Sinne einer Kontrolle der Gerichte hat der Verteidiger nicht. Ihm obliegt insbe-

---

[206] Ebenso *Pfeiffer*, DRiZ 1984, 341 [342 f.].
[207] *Sarstedt*, Die Revision in Strafsachen, S. 107 f.
[208] Vgl. *Brei*, Grenzen zulässigen Verteidigerhandelns, S. 247; *Krekeler*, NStZ 1989, 146 [147]; *Zeifang*, Die eigene Strafbarkeit des Strafverteidigers, S. 137.
[209] *von Liszt*, DJZ 1901, 179 (Nachdruck in StV 2001, 137 [139]).
[210] Ebenso *Peters*, Strafprozess, § 29 I, S. 213; *Vehling*, StV 1992, 86 [87]; *von Stetten*, StV 1995, 607 [609].

sondere keine umfassende Schutzverpflichtung für die Rechtspflege. Er stellt lediglich durch eine den verfassungsrechtlichen Vorgaben entsprechende Mitwirkung ihr Funktionieren im Kern sicher. Der damit umschriebenen janusköpfigen Funktion des Verteidigers wird die Organtheorie am besten gerecht. Diese wird den folgenden Überlegungen zugrunde gelegt.

Teil 2: Bislang diskutierte Lösungsansätze zur Behandlung strafrechtlich relevanten Verhaltens von Strafverteidigern

A. Übersicht

Nach der Umschreibung der Stellung des Verteidigers sind die daraus resultierenden Folgen für seine Strafbarkeit zu untersuchen. Bevor allerdings ein eigenständiges Konzept erarbeitet wird, soll zunächst auf bisherige Versuche eingegangen werden, das Verteidigerhandeln systematisch strafrechtlich zu erfassen. An konkreten tatbestandsspezifischen Vorschlägen, die für einen Vergleich geeignet wären, mangelt es nicht. So kommen bei jeder Strafnorm vor allem die anerkannten Auslegungsmethoden der verfassungskonformen Auslegung und teleologischen Reduktion des Tatbestands in Betracht. Ebenfalls auf Tatbestandsebene können Argumentationsmuster wie Sozialadäquanz, professionelle Adäquanz oder die objektive Zurechnung als Problemlöser bemüht werden. Im subjektiven Tatbestand liegt im Einklang mit der Rechtsprechung ein möglicher Lösungsansatz in der Erhöhung der Nachweisanforderungen an den Vorsatz oder in der Übertragung höherer Vorsatzanforderungen anderer tateinheitlich verwirklichter Delikte. Systematisch kommen als dritte Möglichkeit Rechtfertigungskonstruktionen in Betracht. Hierbei soll sowohl ein Rückgriff auf allgemeine als auch auf spezielle Vorschriften untersucht werden. Darüber hinaus werden aber auch nicht normierte Rechtfertigungsgründe zur Diskussion gestellt, deren Grundlage in Struktur und Zweck der Verteidigung zu finden ist.

Abgesehen von den Ansätzen auf Rechtfertigungsebene sind jedoch nur wenige explizit tatbestandsübergreifende Lösungsvorschläge angedacht worden. Ein erfolgversprechender Ansatz für eine solche grundsätzlichere Betrachtung kann vor allem im Vergleich mit der Behandlung der Strafvereitelung durch Verteidiger liegen. Parallel zur oder in Kombination mit der Frage des Verteidigerleitbilds stellt dies eines der meist diskutierten Themen an der Schnittstelle von materiellem Strafrecht und Strafprozessrecht dar und ist daher für einen Vergleich prädestiniert.

B. Der Vergleich mit bisherigen Lösungsansätzen

Schon bei unbefangener Betrachtung markiert die Strafdrohung des § 258 StGB den auffälligsten Gegensatz zur Tätigkeit eines Verteidigers. Theoretisch könnte sich ein beruflich vehement und leidenschaftlich agierender Strafverteidiger täglich wegen Strafvereitelung strafbar machen, wenn nicht Rechtsprechung und Literatur mit der Zeit Kriterien entwickelt hätten, die seine Strafbarkeit verhinderten. Umfang und Ableitung dieser Kriterien sind allerdings nach wie vor zum Teil heftig umstritten. Die dazu vertretenen Ansichten unterscheiden sich zum Teil fundamental in Begründung und Ergebnis. Es lassen sich zwei grundsätzliche Argumentationslinien unterscheiden. Eine Strömung sieht die Strafvereitelung als prozessakzessorischen Tatbestand an, da § 258 StGB selbst keine Aussage über die zulässige Verteidigung treffe. Nach dieser Ansicht werden die Grenzen der Strafvereitelung maßgeblich vom Strafprozessrecht definiert. Die Gegner dieser Argumentation vertreten die genau umgekehrte Auffassung. Danach werden die prozessualen Möglichkeiten autonom durch die materielle Strafdrohung des § 258 StGB begrenzt.

Die folgende Darstellung orientiert sich neben der Frage der Prozessakzessorietät systematisch vor allem an der materiell-rechtlichen Behandlung der Strafbarkeit im Deliktsaufbau.

I. Prozessuale Rechtfertigungsgründe

Für das berufliche Verhalten eines Verteidigers, vor allem im Prozess, sehen weder das materielle Strafrecht noch das Strafprozessrecht *expressis verbis* einen speziellen Rechtfertigungsgrund vor. Dennoch werden immer wieder Versuche unternommen, einen berufs- oder handlungsbezogenen Rechtfertigungsgrund für einen Strafverteidiger nachzuweisen oder zu konstruieren,[211] wobei ein besonderer öffentlich-rechtlicher Rechtfertigungsgrund aus der Strafprozessordnung,[212] eine Rechtfertigung aus dem anwaltlichen Berufsrecht

---

[211] Vgl. *Ackermann*, NJW 1954, 1385 [1386]; *Ernesti*, JR 1982, 221 [223]; *Haferland*, Die strafrechtliche Verantwortlichkeit des Verteidigers, S. 23; KK-*Laufhütte*, Vor § 137 Rn. 10; *Waldhorn*, Das Verhältnis von Strafverteidigung und Begünstigung, S. 77.
[212] *Ackermann*, NJW 1954, 1385 [1386]; *Waldhorn*, Das Verhältnis von Strafverteidigung und Begünstigung, S. 84.

(§ 43 BRAO)[213] oder dem einer Verteidigung zugrunde liegenden Geschäftsbesorgungsvertrag i.V.m. § 137 Abs. 1 StPO[214] hergeleitet wird. Auch eine Analogie zum ärztlichen Heileingriff wird von einigen Verfassern[215] argumentativ für eine Rechtfertigungslösung herangezogen. Jede dieser Rechtfertigungslösungen ließe sich zwar mit Blick auf die grundgesetzlichen Implikationen denken. Allerdings wird dieser Weg zu Recht seit langem von der Rechtsprechung versperrt, die mehrfach apodiktisch festgestellt hat, dass die Rechtsordnung einen Rechtfertigungsgrund »Strafverteidigung« nicht kenne und dass ein solcher auch von der Rechtsprechung nicht anerkannt sei.[216]

1. Rechtfertigungsgrund Strafverteidigung nach *Ingo Müller*

Eine weitgehende Freistellung von Strafbarkeit würde bewirkt, wenn man dem Ansatz von *I. Müller* folgte, der von der im Grundsatz zutreffenden Prämisse ausgeht, dass eine strafprozessual vorgeschriebene oder auch nur erlaubte Handlung nicht gesetzwidrig sein könne. Ein Unterlaufen der in Art. 6 Abs. 3 EMRK niedergelegten Verteidigung mittels tatsächlicher oder auch nur angedrohter Strafverfolgung des Verteidigers könne in Bezug auf § 258 StGB nur dadurch unterbunden werden, dass die Strafverteidigung eines Beschuldigten formal für versuchte oder vollendete Strafvereitelung als Rechtfertigungsgrund anerkannt werde. Nur diese formale Sichtweise könne das Damokles-Schwert über dem Haupt des Strafverteidigers beseitigen.[217] Parallel zur Indemnität von Richtern und Staatsanwälten im Prozess, die durch Ausgestaltung und Auslegung der sie betreffenden Tatbestände garantiert werde, müsse auch dem Strafverteidiger ein entsprechender benötigter Freiraum zugestanden werden.[218] § 336 StGB a.F. (jetzt § 339) StGB entfalte für die Rechtsbeugung und § 344 StGB für die Verfolgung Unschuldiger insoweit ebenso eine Sperrwirkung wie § 258 StGB für das Handeln des Strafverteidigers. Die Strafverteidigung rechtfertige danach alle

---

[213] *Laufhütte*, in: Pfeiffer-FS, S. 959 [970].
[214] LR-*Lüderssen*, § 138a Rn. 76, 104.
[215] *I. Müller*, StV 1981, 90 [96]; *Ostendorf*, NJW 1978, 1345 [1356]; *Scheffler*, StV 1992, 299 [300]; *Vogt*, Berufstypisches Verhalten und Grenzen der Strafbarkeit, S. 158 ff.
[216] Vgl. z.B. BGHSt 38, 345 [349] = JR 1994, 114 ff. (m. Anm. *Beulke*, JR 1994, 116 ff.); zust. LK-*Gribbohm*, § 267 Rn. 247; *J. Schmidt*, JR 2001, 448 [450]; vgl. auch *Krekeler*, NStZ 1989, 146 [151].
[217] *I. Müller*, StV 1981, 90 [97].
[218] *I. Müller*, StV 1981, 90 [99].

Handlungen, die ein Verteidiger in Ausübung der Strafverteidigung unternehme, solange nicht andere Straftatbestände als § 258 StGB verletzt würden.[219]

2. Akzessorische Rechtfertigungslösung nach *Lüderssen*

Auch *Lüderssen*[220] steht einer Rechtfertigungsmöglichkeit für die Tätigkeit des Strafverteidigers positiv gegenüber, macht sie allerdings akzessorisch an den Möglichkeiten des Beschuldigten fest. In der Konsequenz seines auf weitgehende Autonomie des Beschuldigten abstellenden Vertragsprinzips[221] grenzt *Lüderssen* die Frage der Strafbarkeit des Verteidigers gem. § 258 StGB nach den allgemeinen materiell-rechtlichen Kriterien von Täterschaft und Teilnahme ab.[222] Danach sei die eigenverantwortliche Verhinderung seiner Bestrafung durch den Beschuldigten straflos. Überlasse daher der Verteidiger dem Beschuldigten die Verantwortung oder zumindest ein Minimum an Eigenverantwortlichkeit, bleibe ersterer nach allgemeinen Grundsätzen der Beteiligung wie auch im Fall Beteiligung an der Selbsttötung straflos.[223] In diesem Fall wirke sich das mit der Unschuldsvermutung verbundene Privileg des Beschuldigten akzessorisch auch auf die Tätigkeit des Verteidigers aus. § 258 StGB schütze eben nur die materiell richtige Entscheidung, was eine *ex-post*-Betrachtung notwendig mache.[224] Sonderregelungen für den Verteidiger gebe es insoweit nicht.[225]
Nach den allgemeinen Regeln zum Täter werden könne der Strafverteidiger nur dann, wenn er die Handlungsherrschaft im Sinne eines »Alleintäters« übernehme.[226] In diesem Fall komme dann eine Rechtfertigung durch § 137 Abs. 1 S. 1 StPO in Verbindung mit dem der Verteidigung zugrunde liegenden Geschäftsbesorgungsvertrag (§§ 675, 662 ff., 611 ff. BGB) in Betracht.[227] Fehle ein Vertrag oder seien die Handlungen nicht vom Vertrag gedeckt, könne nur noch eine Lösung über die subjektive Tatseite oder die Schuld erfolgen.[228] In der Frage

---
[219] *I. Müller*, StV 1981, 90 [97].
[220] LR-*Lüderssen*, Vor § 137 Rn. 103 ff.; § 138a Rn. 38 ff.
[221] LR-*Lüderssen*, Vor § 137 Rn. 33 ff.
[222] LR-*Lüderssen*, Vor § 137 Rn. 103.
[223] LR-*Lüderssen*, Vor § 137 Rn. 104, 111.
[224] LR-*Lüderssen*, Vor § 137 Rn. 111.
[225] LR-*Lüderssen*, § 138a Rn. 104.
[226] LR-*Lüderssen*, § 138a Rn. 103 f.
[227] LR-*Lüderssen*, § 138a Rn. 104.
[228] LR-*Lüderssen*, § 138a Rn. 105.

nach einem Lügeverbot will *Lüderssen* die Diskussion allerdings von der Ebene der Strafbarkeit hin zu einer berufsrechtlichen Lösung verschieben,[229] nachdem er zunächst davon ausging, dass das Standesrecht das allgemeine Recht nicht korrigieren könne.[230]

3. Berufs- und Standesrecht als Rechtfertigungsgrund nach *Ernesti* und *Volk*

Für einen mit dem Berufsrecht verbundenen Rechtfertigungsgrund der Strafverteidigung plädieren *Ernesti* und *Volk*. So hat *Ernesti* einen Rechtfertigungsgrund des üblichen Verteidigerhandelns entwickelt, dessen Grenzen er anhand des Standesrechts ausloten möchte. Verteidigerhandeln könne grundsätzlich eine objektiv tatbestandliche Strafvereitelung sein. Man dürfe aber davon ausgehen, dass das übliche vom Verteidigungswillen getragene Verteidigerhandeln eine derartige Tathandlung rechtfertige. Wie ein Vergleich mit den Regeln über die guten Sitten bei der Einwilligung nach § 226a (§ 228 n.F.) StGB zeige, liege die Üblichkeit dann vor, wenn sich der Verteidiger innerhalb der Grenzen des Berufsrechts bewege, sei es in Gestalt der Strafprozessordnung oder den Grundsätzen des anwaltlichen Standesrechts.[231] Das Standesrecht sei kein abstrakter Verhaltenskodex, sondern binde den Rechtsanwalt persönlich unmittelbar und bestimme sein Verhalten auf allen Rechtsgebieten, auch im Strafprozess. Standesrechtlich wie strafprozessual liege die Verbotsschwelle für den Verteidiger also nicht erst beim »Kernbereich« der Effektivität der Rechtspflege.[232]

Im Rahmen einer Untersuchung zu den Strafbarkeitsrisiken des (zivilrechtlich agierenden) Rechtsanwalts bei Rechtsrat und Vertragsgestaltung hat auch *Volk*[233] einen im Berufsrecht wurzelnden vorsatzabhängigen Rechtfertigungsgrund zur Diskussion gestellt. Leiste der Rechtsanwalt Rechtsrat, gehöre es zu seinen Pflichten, den sichersten Weg zu empfehlen. Wolle sein Mandant einen risikobehafteten Weg dennoch beschreiten, ergebe sich aus § 45 BRAO, dass die Tä-

---

[229] *Lüderssen*, StV 1999, 537 [537].
[230] Vgl. *Lüderssen*, in: Sarstedt-FS, S. 145 [157].
[231] *Ernesti*, JR 1982, 221 [225].
[232] *Ernesti*, JR 1982, 221 [226].
[233] *Volk*, BB 1987, 139 [144].

tigkeit des Rechtsanwalts nur bei der Verletzung von Berufspflichten untersagt sei. Die Berufspflichten ergäben sich dabei aus dem Standesrecht und anderen zumindest entsprechend anwendbaren Vorschriften. Standeswidrig sei aber lediglich bewusst wahrheitswidriges, bewusst rechtswidriges Handeln. Das Berufsrecht wirke daher für den Rechtsanwalt als Rechtfertigungsgrund. Dieser Rechtfertigungsgrund sei allerdings insoweit eigentümlich strukturiert, als er bei direktem Vorsatz versage und nur dann eingreife, wenn der Rechtsanwalt ein Risiko sehe und dennoch mit bedingtem Vorsatz tätig werde.

Auch *Tiedemann*[234] hat sich für die Straflosigkeit des Rechtsanwalts bei einem Handeln aufgrund beruflicher Stellung ausgesprochen, solange dieser nicht mit unlauteren Mitteln in den Strafprozess eingreife. Diesem stehe ein Rechtfertigungsgrund beruflichen Handelns zur Seite, der selbst dann gelte, wenn er nicht als Verteidiger agiere.

4. Stellungnahme

Zur Ansicht von *I. Müller* ist zunächst anzumerken, dass ein von ihm vorausgesetztes Akzessorietätsverhältnis des Strafvereitelungstatbestands zu anderen Tatbeständen, die von einem Verteidiger im Verlaufe einer Verteidigung verwirklicht werden können, in dieser Form nicht besteht.[235] Zwar kann es zu tatbestandlichen Überschneidungen kommen. Diese haben jedoch im Zusammenhang mit der Beurteilung der Strafbarkeit wegen Strafvereitelung keinen relevanten Aussagewert. Zudem sind auch die Grenzen der Strafbarkeit des Verteidigers hinsichtlich anderer Delikte in der Verteidigung genauso unklar wie die bei § 258 StGB. In der Konsequenz wird daher eine Problemlösung – bzw. das ungelöste Problem – nur auf andere Tatbestände verlagert. Zudem ist bereits der Gedanke zu verwerfen, dass der Gesetzgeber den Strafvereitelungstatbestand

---

[234] *Tiedemann*, Jura 1981, 24 [29 f.].
[235] Krit. zur Indemnitätstheorie auch *Beulke*, Die Strafbarkeit des Verteidigers, Rn. 1; *ders.*, JR 1994, 116 [117]; *Heinicke*, Der Beschuldigte und sein Verteidiger, S. 472; *Jahn*, »Konfliktverteidigung« und Inquisitionsmaxime, S. 306 f.; *Lamberti*, Strafvereitelung durch Strafverteidiger, S. 82 ff.; *Stumpf*, Die Strafbarkeit des Strafverteidigers wegen Strafvereitelung (§ 258 StGB), S. 38 f.; *Wünsch*, StV 1997, 45 [49].

von der Verwirklichung anderer Delikte hat abhängig machen wollen. Dies würde den Sinn des § 258 StGB nur unzutreffend erfassen.[236]

Der Ansatz von *Lüderssen* ermöglicht eine umfassende und damit sehr verteidigerfreundliche Freistellung von im Idealfall (fast) jeglicher Strafbarkeit wegen Strafvereitelung. Allerdings lässt auch seine Lösung Fragen offen. So ist an seinem Vorschlag zu kritisieren, dass es für die Beurteilung eines Ausschlusses nach § 138a StPO nicht auf die *ex-post*-Perspektive, sondern auf eine sofortige Entscheidung ankommt. Eine solche wäre aber in konsequenter Anwendung seiner Lösung nicht möglich. Auch die Konturen des Täterschaftsbegriffs bleiben unscharf. So wird nicht klar, nach welchen Kriterien die Beurteilung eines »Dominierens« des Strafverteidigers zu erfolgen hat, um damit dessen Strafbarkeit abzugrenzen. Geht man dabei von der Bestimmung der Verteidigungstaktik aus, wird in der Praxis selbst bei einschlägig »erfahrenen« Beschuldigten fast immer der Verteidiger das Heft in der Hand haben. Auch der Vergleich mit der Beteiligung an der Selbsttötung ist materiell-rechtlich ungenau. Beteiligt sich der Täter an einer eigenverantwortlichen Selbsttötung, scheidet seine Strafbarkeit unter Teilnahme-Gesichtspunkten mangels vorsätzlicher rechtswidriger Haupttat aus, weil der Täter sich nicht an der Tötung eines Fremden beteiligt. Er verwirklicht daher kein Fremdverletzungsunrecht. Im Unterschied dazu hat der Beschuldigte aber kein Recht zur Verletzung des § 258 StGB, da das Rechtsgut der Strafvereitelung dem Beschuldigten nicht zur ausschließlichen Verfügung steht. Er hat kein Recht zur Verteidigung um jeden Preis, so dass er sich durchaus wegen anderer Vorschriften strafbar machen kann. Folglich würde bei der Teilnahme des Verteidigers Fremdverletzungsunrecht verwirklicht. Die Konstruktion ist daher nicht überzeugend.[237]

Grundsätzlich zweifelhaft ist ferner, ob allein der Vertragsschluss Grundlage einer Rechtfertigung für Handlungen des Verteidigers sein kann. Insbesondere der Gedanke einer Übertragung von Beschuldigtenrechten auf den Verteidiger ist dabei systematischer Kritik ausgesetzt. Rechte des Beschuldigten und Befugnis-

---

[236] Vgl. *Beulke*, NStZ 1983, 504 [504]: »unsinnige These«; insow. abl. auch *Seiler*, Die Sperrwirkung im Strafrecht, S. 215.
[237] Ebenso *Stumpf*, Die Strafbarkeit des Strafverteidigers wegen Strafvereitelung (§ 258 StGB), S. 44.

se des Verteidigers sind in der Strafprozessordnung zum Teil nebeneinander geregelt (z.B. §§ 53 Abs. 1 Nr. 2, 79 Abs. 1 S. 2, 147, 239 Abs. 1, 240 Abs. 2, 249 Abs. 2 S. 2, 251 Abs. 1 Nr. 4 StPO). Insoweit gibt es weder ein Bedürfnis noch einen Sinn für eine Übertragung. Auch ist der Verteidiger nach § 137 StPO nur im Rahmen seiner Befugnisse verpflichtet, dem Beschuldigten beizustehen. Für eine Übertragung von Beschuldigtenrechten auf den Verteidiger besteht folglich auch aus dogmatischen Erwägungen kein Raum. Auch der Ansatz, die Diskussion um das Lügeverbot unter berufsrechtlichen Aspekten abzuhandeln, leuchtet nicht ein, da nicht jeder Verteidiger automatisch Rechtsanwalt sein muss und damit der Berufsordnung unterfällt.

Die Lösungsversuche, das Verhalten eines Rechtsanwalts bzw. Verteidigers über einen im Berufs- oder Standesrecht wurzelnden Rechtfertigungsgrund zu lösen, sind ebenfalls nicht interessengerecht. So lässt *Tiedemann* eine Begründung vermissen, weshalb er einen Rechtsanwalt (sogar außerhalb der Verteidigerrolle) von einer Strafbarkeit freistellen will. Auch die Annahme von *Volk*, dass das Standesrecht als Rechtfertigungsgrund wirken könne, überzeugt nicht. Denn das Standesrecht enthält keine materiellen Rechtfertigungstatbestände. Dazu ist es weder geschaffen, noch geeignet. Wenn sich nach seiner Ansicht – wie auch *Ernesti* vertritt – eine Straflosigkeit allein daraus ergeben soll, dass nicht verboten sein kann, was strafprozessual erlaubt ist, folgt dies nicht aus standesrechtlichen Erwägungen, sondern aus einem tatbestandlichen Widerspruch der verfassungsrechtlich geschützten Strafverteidigung mit materiellen Strafnormen. Es handelt sich daher nicht um ein Rechtswidrigkeits-, sondern bereits um ein Tatbestandsproblem.

II.   Tatbestandslösungen

1.   Lösungsansätze im subjektiven Tatbestand

Vor allem die Rechtsprechung tendiert dazu, den Konflikt einer möglichen Strafbarkeit des Verteidigers bei Wahrnehmung seines Mandats auf Ebene des subjektiven Tatbestands aufzulösen. Daneben haben sich aber auch einige Stimmen in der Wissenschaft für eine subjektive Lösung stark gemacht.

a. Erhöhte Anforderungen an den Nachweis des voluntativen Elements

Der Bundesgerichtshof geht in seinen Judikaten regelmäßig von der Prämisse aus, dass die Stellung des Verteidigers in einem Strafprozess und das damit verbundene Spannungsverhältnis zwischen Organstellung und Beistandsfunktion eine besondere Abgrenzung zwischen noch erlaubtem und bereits verbotenem Verhalten erfordere.[238] Dies gelte insbesondere beim Straftatbestand der Strafvereitelung.[239] Handele der Strafverteidiger prozessual zulässig, sei dieses Verhalten bereits nicht tatbestandsmäßig im Sinne des § 258 StGB und nicht nur gerechtfertigt.[240] Einzelne Formulierungen in früheren Entscheidungen, könnten zwar auch im Sinne eines Scheitern der Strafbarkeit erst auf Ebene der Rechtswidrigkeit verstanden werden,[241] bei den überwiegenden Entscheidungen sei aber bereits der Tatbestand des § 258 StGB ausgeschlossen worden.[242] So entschied der Bundesgerichtshof in einem Judikat zur Volksverhetzung (§ 130 Abs. 3 StGB), dass der besonderen Situation eines Verteidigers grundsätzlich durch Auslegung des jeweiligen Straftatbestands hinreichend Rechnung getragen werden könne.[243]

Systematisch lässt der Bundesgerichtshof die Strafbarkeit des Verteidigers zumeist im subjektiven Tatbestand scheitern. Für das Wissenselement der Absicht reiche grundsätzlich ein Fürmöglichhalten des Erfolgs aus. Beim Verteidigerhandeln seien an das voluntative Element der Vereitelungsabsicht jedoch besondere, erhöhte Nachweisanforderungen zu stellen.[244] Die gleichen strengen Nachweisanforderungen verlangt die Rechtsprechung bei verteidigungsspezifischem Handeln im Rahmen der §§ 153 ff., 267 ff. StGB.[245] Der Bundesgerichtshof geht beispielsweise davon aus, dass der Verteidiger regelmäßig mit dem inneren Vorbehalt handele, das Gericht werde ein von ihm vorgelegtes Schrift-

---

[238] Vgl. nur BGHSt 46, 53 [54]; 38, 345 [347]; BGH NJW 2000, 2217 [2218] jew. m.w.N.
[239] BGHSt 46, 53 [54].
[240] So jetzt ganz eindeutig BGHSt 46, 53 [54]; zuvor schon KG NStZ 1988, 178 [178]; OLG Düsseldorf, StV 1994, 472 [472]; StV 1998, 552 [552].
[241] Etwa BGHSt 10, 393 [394]: »...handelt nur rechtswidrig, wenn er dabei unerlaubte Mittel anwendet«; BGH NStZ 1982, 465 [465]: »...durch die Verteidigungsfunktion gedeckt und deshalb rechtmäßig«.
[242] BGHSt 2, 375 [377]; 38, 345 [347]; BGH NStZ 1999, 188 [189].
[243] BGHSt 46, 36 [44].
[244] BGHSt 46, 53 [59].
[245] BGHSt 38, 345 [350]; 46, 53 [59].

stück oder einen Zeugenbeweis einer besonders kritischen Prüfung unterziehen.[246] Bei § 258 StGB entstehe die Ausnahmeregelung für Strafverteidiger durch eine Zusammenschau des Strafvereitelungstatbestands in Verbindung mit dem Prozessrecht und dem Standesrecht. § 258 StGB verweise auf das Prozessrecht. Für dessen Auslegung könne auch Standesrecht von Bedeutung sein.[247] Standesrechtlich zulässiges Verhalten sei in der Regel prozessual nicht zu beanstanden. Umgekehrt führe standesrechtlich unzulässiges Verhalten aber nicht ohne weiteres zur Strafbarkeit.[248]

b. Stellungnahme

Die Argumentation der Rechtsprechung mit einer erhöhten Anforderung an den Nachweis des bedingten Vorsatzes erinnert an die bei Tötungsdelikten herrschende Hemmschwellentheorie. Danach besteht nach Auffassung der Rechtsprechung bei der Tötung eines Menschen eine besonders hohe Hemmschwelle, so dass an den Nachweis des Vorsatzes besondere Anforderungen zu stellen sind.[249] Der Hemmschwellentheorie ist sowohl bei den Tötungsdelikten als auch bei der Strafvereitelung entgegen gehalten worden, dass ein solcher Ansatz schon wegen seiner Beliebigkeit nicht einleuchte.[250] Zudem zeige sich in der besonderen Sorgfalt, mit der die Voraussetzungen des subjektiven Tatbestands überprüft werden sollen, eine Tendenz der Praxis, Vagheiten des objektiven Tatbestands zu kompensieren.[251] Richtig an dieser Kritik ist, dass jeder Ansatz einer notwendigen Korrektur auf subjektiver Ebene die Gefahr birgt, einem Gesinnungsstrafrecht Vorschub zu leisten. Allerdings greift dieser Einwand bei näherer Betrachtung nicht durch. Denn letztendlich könnte man diesen Kritikpunkt ganz allgemein bei jedem Tatbestand ins Feld führen. Nicht verfangen kann auch die von *Scheffler*[252] und *Jahn*[253] geäußerte Kritik, dass diese Konstruktion bei Hochschullehrern, EU-Dienstleistungsanwälten und Referendaren nicht

---

[246] Vgl. BGHSt 46, 53 [58 ff.].
[247] BGHSt 46, 53 [54].
[248] BGHSt 2, 375 [377]; 10, 393 [395]; 46, 53 [54].
[249] Vgl. BGHSt 35, 308 [317]; 36, 1 [15]; 37, 231 [235]; BGH NStZ 2001, 475 [475].
[250] *Jahn*, »Konfliktverteidigung« und Inquisitionsmaxime, S. 312.
[251] LR-*Lüderssen*, § 138a Rn. 49; *Jahn*, »Konfliktverteidigung« und Inquisitionsmaxime, S. 311.
[252] *Scheffler*, StV 1993, 470 [472].
[253] *Jahn*, »Konfliktverteidigung« und Inquisitionsmaxime, S. 312.

überzeuge, weil bei ihnen die aus § 1 BRAO folgende Regelvermutung (»Organ der Rechtspflege«) nicht greife. Diese Kritik verkennt die bereits angesprochene Bedeutung des § 1 BRAO als lediglich deskriptive Norm ohne konstitutive Funktion. Dennoch bleibt zu fragen, warum der Bundesgerichtshof sich nicht dem eigentlichen Konflikt einer Abgrenzung im objektiven Tatbestand stellt und vorschnell auf den subjektiven Tatbestand ausweicht. So ist die Entscheidung BGHSt 46, 53 nur auf den ersten Blick eine Fortführung von BGHSt 38, 345. Denn die Erhöhung der Beweisanforderungen an das voluntative Element waren in letzterer nur ein Hilfsargument. Das eigentliche Abgrenzungsproblem hat der Bundesgerichtshof bereits im objektiven Tatbestand gesehen. Dies wird zwischen den Zeilen in BGHSt 46, 53 sichtbar. Dort heißt es: *»Teilweise wurde die Strafbarkeit auch erst im subjektiven Bereich ausgeschlossen [...]. Überwiegend hat der Bundesgerichtshof aber bei einem zulässigen Verteidigerverhalten bereits den Tatbestand des § 258 StGB ausgeschlossen ([...] ähnlich BGHSt 38, 345, 347 [...]).«*[254] Wenn im weiteren Verlauf der zitierten Entscheidung dann eine Lösung im objektiven Tatbestand übergangen wird (*»Der Senat braucht nicht zu entscheiden, ob die Angeklagten [...] den objektiven Tatbestand der Strafvereitelung erfüllt hat.«*), bedeutet dies letztlich, dass der Bundesgerichtshof sich nicht dem Problem einer von ihm scheinbar selbst favorisierten Abgrenzung im objektiven Tatbestand gestellt hat.

c. **Beachtung des Erfolgsdelikt-Charakters des § 258 StGB**

Auf den Charakter des § 258 StGB als Erfolgsdelikt zielt maßgeblich ein von *Seier*[255] vertretener Standpunkt ab. Danach könne die fehlende Tatbestandsmäßigkeit allein daraus abgeleitet werden, dass infolge des Einsatzes rechtmäßiger Mittel kein dem Recht zuwiderlaufender Vereitelungserfolg geschaffen werde. Das Rechtsgut des § 258 StGB werde durch einen auf justizförmigem Wege zustande gekommenen und daher prozessordnungsgemäßen Richterspruch nicht verletzt. Ein isoliert gesehen erlaubtes Handeln des Verteidigers werde erst durch Auslösung eines schädigenden Erfolgs zu einem objektiv unerlaubten Tun. Der Erfolgsunwert entzünde dabei den Handlungsunwert. Die Frage der Straf-

---
[254] BGHSt 46, 53 [54] unter Verweis auf BGHSt 38, 345 [347].
[255] *Seier*, JuS 1981, 806 [808].

barkeit will *Seier* daher im subjektiven Tatbestand abgrenzen. Konkret komme eine Strafbarkeit nach § 258 StGB nur dann in Betracht, wenn der Verteidiger mit seiner Tätigkeit den Sachverhalt verschleiere und damit ein dem staatlichen Strafanspruch entsprechendes Urteil verhindere bzw. dies als sichere Folge seines Handelns (*dolus directus* zweiten Grades) voraussehe.[256]

d. Stellungnahme

Den bei subjektiven Ansätzen gern gebräuchlichen Kritikpunkt, man leiste einem Gesinnungsstrafrecht Vorschub, hat *Seier* selbst dadurch als entkräftet angesehen, dass nicht die Gesinnung, sondern der verwerfliche Erfolg maßgebend für die Strafbarkeit sei.[257] Allerdings birgt ein solcher Ansatz schon deshalb Probleme, weil in den meisten Fällen nicht ersichtlich ist, wie ein dem staatlichen Strafanspruch voll entsprechendes Urteil im konkreten Fall beschaffen ist. Da § 258 StGB eine Verzögerung für geraume Zeit genügen lässt, wären durch diese Abgrenzung zudem viele verzögernde Tätigkeiten des Verteidigers erfasst, die für sich genommen prozessual zulässig sind, wie ein Blick auf § 229 StPO zeigt.[258] Die Ansicht von *Seier* ist danach für eine Strafbarkeit gem. § 258 StGB abzulehnen.[259] Da dieser Lösungsansatz primär auf die Strafvereitelung zugeschnitten ist, wäre er zudem nicht für eine generalisierende Lösung tauglich.

e. Ablehnung einer Lösung im subjektiven Tatbestand

Der Bundesgerichtshof hat im Bewusstsein des Spannungsverhältnisses von Verteidigeraufgabe und materiellem Strafrecht klargestellt, dass ein Verteidiger in der Regel strafbares Handeln nicht billigen werde. Davon sei selbst bei erheblichen Zweifeln an der Richtigkeit oder Zuverlässigkeit in das gerichtliche Verfahren eingeführter Beweismittel auszugehen, die ihm von seinem Mandanten zur Verfügung gestellt wurden.[260] Eine institutionelle Vorsatzlösung sowie die Übertragung der zu § 258 StGB geltenden Grundsätze auf andere

---

[256] *Seier*, JuS 1981, 806 [808].
[257] Vgl. *Seier*, JuS 1981, 806 [809].
[258] Krit. ebenso *Jahn*, »Konfliktverteidigung« und Inquisitionsmaxime, S. 311.
[259] So auch *Frisch*, JuS 1983, 915 [924]; *Heinicke*, Der Beschuldigte und sein Verteidiger, S. 473; *Jahn*, »Konfliktverteidigung« und Inquisitionsmaxime, S. 310 f.; *Lamberti*, Strafvereitelung durch Strafverteidiger, S. 103; *Wassmann*, Strafverteidigung und Strafvereitelung, S. 127.
[260] BGHSt 38, 345 [348 ff., 350].

verteidigerspezifischen Delikte wurde allerdings in der zitierten Entscheidung abgelehnt. Selbst eine solche umfassende subjektive Lösung würde aber im Ergebnis bedeuten, dass ein Verteidiger bei vielen Delikten zunächst den objektiven Tatbestand erfüllt. Zu Problemen führen kann indes auch schon die Indizwirkung des objektiven Tatbestands. Bei der Verlagerung der Abgrenzung des noch vom nicht mehr zulässigen Verteidigerhandeln in den subjektiven Tatbestand würde der »schwammige Grund«[261] der Beweisbarkeit der subjektiven Befindlichkeit betreten.[262] Dagegen würde eine Lösung im objektiven Tatbestand auch systematisch die gesetzlichen Wertungen und damit die verfassungsrechtlichen Vorgaben besser umsetzen. Wenn erst das unsichere Terrain des Vorsatzes betreten werden müsste, um den Strafverteidiger von einer Strafbarkeit freizustellen, könnte dies bereits zur sprichwörtlichen »Schere im Kopf« des Verteidigers und damit gleichzeitig zu einer nicht hinzunehmenden Schwächung der Beschuldigtenrechte führen.

2. Lösungsansätze im objektiven Tatbestand

Grundsätzlich steht außer Frage, dass auch eine engagierte Strafverteidigung, wie sie in der Strafprozessordnung vorgesehen und im Fall der notwendigen Verteidigung sogar vorgeschrieben ist, nicht strafbar sein kann und darf. Das Prinzip der Einheit der Rechtsordnung, das zumindest für den öffentlichen Rechtsbereich Gültigkeit beanspruchen kann, würde durchbrochen, wenn Gebot und Verbot sich in unmittelbarer Diktion gegenüber stünden und wenn Strafvereitelung nur ausnahmsweise gerechtfertigt wäre.[263] Für die Strafvereitelung heißt dies, dass das Schutzgut des § 258 StGB nur insoweit beeinträchtigt werden kann, wie der nach materiellem Recht entstandene staatliche Sanktionsanspruch existiert (*nulla poena sine processu*).[264] Dies spricht entscheidend für eine Abgrenzung im objektiven Tatbestand.

---

[261] *von Stetten*, StV 1995, 606 [607].
[262] *Wohlers*, StV 2001, 420 [422].
[263] So auch *Ostendorf*, NJW 1978, 1344 [1346]; a.A. *Müller-Dietz*, Jura 1979, 242 [255].
[264] SK/StGB-*Hoyer*, § 258 Rn. 4; *Seier*, JuS 1981, 806 [808].

a. Lösung über Sozialadäquanz und professionelle Adäquanz

aa. Anwendungsbereich

Einen nicht nur für strafverteidigerspezifische Delikte gültigen Lösungsansatz stellt die maßgeblich von *Welzel*[265] begründete Lehre von der Sozialadäquanz dar.[266] Danach sind Handlungen, die vom Wortlaut einer Vorschrift her einen Straftatbestand erfüllen, nicht tatbestandsmäßig, wenn sie sich völlig im Rahmen der normalen, geschichtlich gewordenen sozialen Ordnung des Lebens bewegen.[267] Strafsystematisch kann dabei als herrschende Ansicht in Rechtsprechung und Schrifttum bezeichnet werden, dass der Tatbestand[268] und nicht erst die Rechtswidrigkeit[269] oder gar erst die Schuld[270] ausgeschlossen wird. Dieser für übliche Gefährdungshandlungen entwickelte und heute besonders im Bereich der Technik angewendete Ansatz bietet auch im Zusammenhang mit verteidigungsspezifischen Delikten eine interessante Argumentationsgrundlage.

Im Laufe der Zeit sind mehrere Versuche unternommen worden, die Konturen der Lehre von der Sozialadäquanz noch zu schärfen. Besonders hervorzuheben ist die von *Hassemer* entwickelte Theorie der professionellen Adäquanz.[271] Diese stellt nicht auf die allgemeinen gesamtgesellschaftlichen Wertvorstellungen ab, sondern auf die konkreten Regeln, die dem Geschäftsgebaren in bestimmten Berufskreisen zugrunde liegen. Unter einem professionell adäquaten Verhalten versteht *Hassemer* das normale, neutrale, sozial akzeptierte und regelgeleitete berufliche Handeln, das sich vor strafrechtlicher Analyse und Beurteilung nicht zu verstecken braucht, weil es Strafrechtsnormen nicht neutralisiert, sondern er-

---

[265] Vgl. *Welzel*, Das deutsche Strafrecht, S. 55 ff.; *ders.*, ZStW 58 [1938], 491 [516 f.].
[266] Vgl. dazu OLG München, NStZ 85, 549 [549]; *Hillenkamp*, Vorsatztat und Opferverhalten, S. 155; Sch/Sch-*Lenckner*, Vor §§ 13 ff. Rn. 69 m.w.N.; *Otto*, Strafrecht AT, § 22 Rn. 67 f.; *Roxin*, Strafrecht AT/1, § 10 Rn. 33 ff.; *Tröndle/Fischer*, Vor § 32 Rn. 12.
[267] *Welzel*, ZStW 58 [1938], 491 [517]; vgl. auch *dens.*, Das deutsche Strafrecht, S. 55 ff.
[268] Vgl. LK-*Hirsch*, Vor § 32 Rn. 31; Sch/Sch-*Lenckner*, Vor §§ 13 ff. Rn. 69; *Otto*, Strafrecht BT, § 96 Rn. 8; *Rengier*, BT/1, § 21 Rn. 19; *Tröndle/Fischer*, Vor § 32 Rn. 12; *Wessels/Beulke*, AT Rn. 57; *Wessels/Hettinger*, BT/1 Rn. 724; *Welzel*, Das deutsche Strafrecht, S. 57.
[269] So *Klug*, in: Eb. Schmidt-FS, S. 249 ff.; *Röttger*, Unrechtsbegründung und Unrechtsausschluss, S. 287 ff.; *Zipf*, ZStW 82 [1970], 633 ff.
[270] So *Roeder*, Die Einhaltung des sozialadäquaten Risikos und ihr Standort im Verbrechensaufbau, S. 77 f.
[271] *Hassemer*, wistra 1995, 41 ff., 81 ff.

gänzt, konturiert, konkretisiert und auf bestimmte soziale Handlungsfelder bezieht, ohne dabei strafrechtlichen Verboten zu widersprechen.[272] Ein Verhalten, das sich innerhalb der für das jeweilige Berufsbild geltenden professionellen Regeln bewegt, wäre danach nicht strafbar.

bb. Stellungnahme

Die Sozialadäquanzlehre sieht sich vielerlei grundsätzlicher Kritik ausgesetzt. Sie wird zum Teil als vorrechtlich[273] oder – was eher zutrifft – als vage[274] oder bedenklich unbestimmt[275] bezeichnet. Bei Anwendung der Adäquanzlehre bleibt fraglich, wer die justiziable Bestimmung des sozial üblichen Verhaltens übernimmt. Letztlich würde die Frage der Strafbarkeit den wechselnden Anschauungen der Gesellschaft unterliegen. Für die Rechtssicherheit des Strafverteidigers wäre damit wenig gewonnen. Zudem würden schon rein faktisch die von Person zu Person variierenden Maßstäbe und daraus folgenden Wertungen ganz unterschiedliche Strafbarkeitseinschätzungen mit sich bringen.[276] Aber auch aus dogmatischer Sicht wäre es äußerst zweifelhaft, wenn die Frage der Strafbarkeit von den jeweiligen – auch aktiv veränderbaren – Wertvorstellungen der jeweils betroffenen Verteidiger bzw. Berufsstände abhinge. Allein die variablen Möglichkeiten einer Einteilung der Tätigkeiten in sozial bzw. professionell üblich macht deutlich, dass eine trennscharfe Einteilung *de facto* nicht möglich ist. Nur der Normbefehl des Gesetzgebers darf bestimmen, was sozialadäquat ist, nicht umgekehrt.[277] Im Grunde können die Fallgestaltungen der Sozialadäquanz auch mit den allgemein gültigen Grundsätzen der hypothetischen Kausalverläufe und objektiven Zurechnung gelöst werden.[278]

---

[272] *Hassemer*, wistra 1995, 81 [85].
[273] *Frisch*, Tatbestandsmäßiges Verhalten und Zurechnung des Erfolgs, S. 113; zust. *Barton*, StV 1993, 156 [158]; *Mehlhorn*, Der Strafverteidiger als Geldwäscher, S. 118.
[274] LK-*Hirsch*, Vor § 32 Rn. 29.
[275] Vgl. Sch/Sch-*Lenckner*, Vor §§ 13 ff. Rn. 69 m.w.N.; krit. auch *Barton*, StV 1993, 156 [158]; *Eser*, in: Roxin-FS, S. 199 [205 ff.]; *Knorz*, Der Unrechtsgehalt des § 261 StGB, S. 169.
[276] Vgl. *Hombrecher*, Geldwäsche (§ 261 StGB) durch Strafverteidiger?, S. 106.
[277] *Grüner/Wasserburg*, GA 2000, 430 [439]; *Mehlhorn*, Der Strafverteidiger als Geldwäscher, S. 117 f.
[278] So etwa *Löwe-Krahl*, wistra 1995, 201 [205] hinsichtlich Bankangestellten und Steuerhinterziehung.

b. Teleologische Auslegung des Tatbestands

aa. Das von § 258 StGB geschützte Rechtsgut

Ein weiterer für alle verteidigerspezifischen Delikte anwendbarer Ansatz im Rahmen des § 258 StGB ist die teleologische Auslegung. Danach kann die Grenze zwischen zulässigem und unzulässigem Verteidigerverhalten im Idealfall vom Rechtsgut des § 258 StGB her bestimmt werden.[279] Allerdings ist schon dieses nicht unumstritten.[280] Nach zutreffender herrschender Meinung richtet sich die Strafvereitelung als Erfolgsdelikt[281] gegen den Strafanspruch des Staates[282] oder konkreter gegen die staatliche Rechtspflege in ihrer Aufgabe, den Täter einer rechtswidrigen Tat zu bestrafen oder einer Maßnahme zu unterwerfen[283] (Sanktionenanspruch).[284] Der Staat verbietet es durch § 258 StGB jedem Dritten, sich in die Verfolgung oder Vollstreckung dieses Anspruchs einzumischen.[285] Darüber hinaus soll nach Ansicht einiger Autoren die Strafdrohung erweiternd aber auch eine Unterstützung des Täters nach der Tat verhindern. Mit der Vorschrift werde zugleich eine Intensivierung der generalpräventiven Wirkung des Strafrechts angestrebt, indem der Täter mit geringerer Wahrscheinlichkeit auf Hilfe nach der Tatbegehung zählen könne und damit das Risiko der Straftat

---

[279] Vgl. *Krekeler*, NStZ 1989, 146 [146]; *Lenckner*, in: Schröder-GS, S. 339 [343]; zum Rechtsgut des § 258 StGB vgl. *Müller-Dietz*, Jura 1979, 242 [245]; Sch/Sch-*Stree*, Vor §§ 257 ff. Rn. 2; *Stumpf*, Die Strafbarkeit des Strafverteidigers wegen Strafvereitelung (§ 258 StGB), S. 50 ff., 54; *Tröndle/Fischer*, Vor § 257, Rn. 2.

[280] Vgl. Sch/Sch-*Stree*, Vor § 257 ff. Rn. 2; *Tröndle/Fischer*, Vor § 257 ff. Rn. 2.

[281] Zur Auslegung des § 258 StGB als Erfolgsdelikt vgl. *Ferber*, Strafvereitelung – Zur dogmatischen Korrektur einer missglückten Vorschrift, S. 22 ff.

[282] *Cramer*, NStZ 2000, 246 [247].

[283] Vgl. BGHSt 30, 77 [78]; 43, 82 [84]; 45, 97 [101]; *Grüner*, Über den Missbrauch von Mitwirkungsrechten, S. 128 f.; SK/StGB-*Hoyer*, § 258 Rn. 3; *Jahn*, »Konfliktverteidigung« und Inquisitionsmaxime, S. 313; *Krekeler*, NStZ 1989, 146 [146]; *Küpper*, GA 1987, 385 [390]; *Lamberti*, Strafvereitelung durch Strafverteidiger, S. 29; *Müller-Dietz*, Jura 1979, 242 [245]; *Ostendorf*, NJW 1978, 1345 [1346]; *ders.*, JZ 1979, 252 [252]; *Otto*, Strafrecht BT, § 96 Rn. 1; *ders.*, Jura 1987, 329 [330]; LK-*Ruß*, § 258 Rn. 1; KMR-*Sax*, Einl. IV Rn. 46; *Strzyz*, Die Abgrenzung von Strafverteidigung und Strafvereitelung, S. 58 f.; *Tröndle/Fischer*, Vor § 257 Rn. 2; *Wessels/Hettinger*, BT/1 Rn. 719; *Zeifang*, Die eigene Strafbarkeit des Strafverteidigers, S. 53.

[284] Vgl. *Jahn*, »Konfliktverteidigung« und Inquisitionsmaxime, S. 313 m. Fn. 239; *Müller-Dietz*, Jura 1979, 242 [245]; *Ostendorf*, NJW 1978, 1344 [1346].

[285] RGSt 67, 29 [31].

womöglich gar nicht erst eingehe.[286] Eine solche Erweiterung der Rechtsgutsdefinition ist allerdings weder notwendig noch zutreffend, da auf diese Weise letztlich jeder Tatbestand zum mittelbaren Schutz der unmittelbar geschützten Rechtsgüter beiträgt.

bb. Anwendung der teleologischen Auslegung

Betrachtet man die Tätigkeit des Verteidigers daraufhin genauer, handelt er letztlich im Einklang mit dem von § 258 StGB geschützten Rechtsgut. Er ist etwa im Fall der Pflichtverteidigung sogar gesetzlich verpflichtet, sich zugunsten seines Mandanten in den Strafverfolgungsanspruch einzumischen. Der so entstehende Konflikt zwischen berufsmäßiger Verteidigung und Sanktionenrecht des Staates lässt sich daher im Wege praktischer Konkordanz lösen. Die Institutionalisierung der Verteidigung in den §§ 137 ff. StPO verdeutlicht allerdings, dass das Rechtsgut des § 258 StGB noch weiter präzisiert werden muss.[287] Es ist von der Prämisse auszugehen, dass auf der einen Seite der staatliche Sanktionenanspruch durch das Erfordernis der Verteidigung eingeschränkt wird,[288] umgekehrt aber wiederum die berufsmäßige Verteidigung durch die ordnungsgemäße Verteidigung beschränkt ist, weil nur sie die Legitimation hat, in den Sanktionenanspruch einzugreifen. Für eine Auslegung im Wege teleologischer Reduktion heißt das nichts anderes, als dass Handlungen, die sich als ordnungsgemäße Strafverteidigung darstellen, schon objektiv nicht den Tatbestand der Strafvereitelung erfüllen[289] oder umgekehrt nur prozessordnungswidriges Verteidigerhandeln strafrechtlich verboten sein kann.[290] Strafverteidigung und Strafvereitelung stehen in einem Exklusivitätsverhältnis.[291]

---

[286] *Küpper*, GA 1987, 385 [390]; *Lenckner*, in: Schröder-GS, S. 339 [344, 353]; *Maurach/Schroeder/Maiwald*, BT/2, § 100 Rn. 5; *Siepmann*, Abgrenzung zwischen Täterschaft und Teilnahme im Rahmen der Strafvereitelung, S. 79 f.; Sch/Sch-*Stree*, § 258 Rn. 1; *Wessels/Hillenkamp*, BT/2 Rn. 802.
[287] *Krekeler*, NStZ 1989, 146 [146].
[288] Ebenso *Jahn*, »Konfliktverteidigung« und Inquisitionsmaxime, S. 314; *Ostendorf*, NJW 1978, 1344 [1346].
[289] Ebenso *Krekeler*, NStZ 1989, 146 [146]; *Müller-Dietz*, Jura 1979, 242 [254]; *Ostendorf*, NJW 1978, 1345 [1349]; *Pfeiffer*, DRiZ 1984, 341 [348].
[290] *Gallas*, ZStW 53 [1934], 256 [257].
[291] *Scheffler*, StV 1992, 299 [300].

cc. Ansichten im Schrifttum

Im Schrifttum hat die Abgrenzung strafbaren Handelns im Rahmen des § 258 StGB viele Befürworter. So habe nach Ansicht von *Ostendorf*[292] der Verteidiger Handlungen zu unterlassen, die ein aktives Eingreifen in die Strafverfolgungstätigkeit bedeuteten, da diese Handlungen nicht als Verteidigungshandlungen zu verstehen seien. Geistig-verbale Verteidigungshandlungen erfüllten dabei nicht den Tatbestand des § 258 StGB. Eine Verteidigung sei nach § 258 StGB grundsätzlich straflos, solange nicht weitere Strafgesetze verletzt würden. Auch *Frisch* sieht in der Erfüllung anderer Tatbestände ein Indiz für eine Strafbarkeit wegen Strafvereitelung. Damit werde eine unmittelbare Gefahr für die Realisierung des staatlichen Strafanspruchs geschaffen (Theorie des Sonderverhaltens). Diese sei dann nicht mehr tolerabel, wenn schon das mit der Handlung verfolgte Interesse nicht als berechtigtes Interesse qualifiziert werden könne. Handlungen, die aus anderen Gründen schon durch andere Vorschriften verboten seien, wie die Falschaussage oder die Nötigung eines anderen hierzu, die Fälschung von Pässen oder Dokumenten oder die Vernichtung oder Unterdrückung von Urkunden, die als Beweismittel in Betracht kämen, stellten das Paradebeispiel für die Schaffung eines Risikos hinsichtlich § 258 StGB dar. Eine schon anderweitig missbilligte Handlung, die das zusätzliche Risiko einer Strafvereitelung in sich trage, müsse auch unter diesem Aspekt missbilligt werden.[293] Tatbestandsmäßiges Verhalten i.S.v. § 258 StGB sei ein mit dem Risiko der Strafvereitelung behaftetes Sonderverhalten in Ansehung der Straftätereigenschaft. Damit käme den Sonderverhaltensordnungen – wie der Strafprozessordnung für Verteidiger – in ihrer Konkretisierung durch die Rechtsprechung konturierende Wirkung hinsichtlich des tatbestandsmäßigen Verhaltens zu.[294] Bewege man sich in den Grenzen einer solchen Sonderverhaltensordnung, werde kein *sub specie* des § 258 StGB missbilligtes Risiko geschaffen. Folge sei die Tatbestandslosigkeit des Verhaltens.[295]

Diesem Ansatz von *Frisch* wird allerdings zutreffend entgegengehalten, dass er zu unvertretbaren Ausweitungen der Tatbestandslosigkeit führt. Wer zweckge-

---

[292] *Ostendorf*, NJW 1978, 1344 [1349]; ders., JZ 1979, 252 [252].
[293] *Frisch*, JuS 1983, 915 [922].
[294] *Frisch*, JuS 1983, 915 [923].
[295] *Frisch*, JuS 1983, 915 [924].

richtet die Strafrechtspflege sabotiert, kann nicht nach § 258 StGB straflos sein, nur weil der Täter ein entsprechendes Handeln auch gegenüber einem Nichtstraftäter vornehmen kann.[296] Umgekehrt könnte letztlich jede Vereitelungshandlung ein Sonderverhalten darstellen, weil ihr Inhalt dahin geht, jemanden der Strafverfolgung zu entziehen.[297] Da sich viele Handlungsweisen somit vielmehr indifferent darstellen, hat *Küpper*[298] vorgeschlagen, »Vereiteln« i.S.d. § 258 StGB als Betätigung des Vereitelungswillens in objektiv erkennbarer Weise zu definieren, um so derartigen Abgrenzungsschwierigkeiten aus dem Wege zu gehen.[299] Aber auch mit dieser Definition ist im Hinblick auf die Tätigkeit eines Strafverteidigers noch kein Schritt in Richtung einer Problemlösung getan.

dd. Die Ansicht von *Stumpf*

Eine überzeugende und maßgeblich am Tatbestand des § 258 StGB orientierte Abgrenzung hat *Stumpf* vorgenommen, der Kriterien zur Strafbarkeit eines Verteidigers wegen Strafvereitelung vor allem mittels Auslegung gewinnen will. Nach seiner Auffassung könnten schon aus § 258 StGB und dessen Zielsetzung selbst viele Fallkonstellationen strittigen Verhaltens eines Verteidigers entschieden werden.[300] Allerdings komme dem Strafprozessrecht insofern ergänzend Gewicht zu, als bei prozessualer Zulässigkeit eines Verteidigerhandelns die materielle Strafbarkeit ausgeschlossen sei.[301] Was prozessual erlaubt sei, könne weder nach § 258 StGB noch nach einer anderen Norm strafbar sein. Bedeutung habe dabei, dass dem Gericht eine Prüfungs- und Kontrollpflicht zukomme. Der Strafprozess diene erst der Wahrheitsermittlung und setze nicht bereits deren Kenntnis voraus. Insofern bestehe ein systemimmanentes Interesse auch an solchen Beweismitteln, die nur möglicherweise der Wahrheitsfindung dienlich seien.[302] Der Verteidiger dürfe sich nicht daran gehindert sehen, bestehende rechtli-

---

[296] So Sch/Sch-*Stree*, § 258 Rn. 21a.
[297] Ebenso *Küpper*, GA 1987, 385 [396].
[298] *Küpper*, GA 1987, 385 ff.
[299] *Küpper*, GA 1987, 385 [401].
[300] *Stumpf*, Die Strafbarkeit des Strafverteidigers wegen Strafvereitelung (§ 258 StGB), S. 176, 211.
[301] *Stumpf*, NStZ 1997, 7 [11]; vgl. auch ders., Die Strafbarkeit des Strafverteidigers wegen Strafvereitelung (§ 258 StGB), S. 176 ff.
[302] *Stumpf*, NStZ 1997, 7 [11].

che Möglichkeiten umfänglich zu nutzen.[303] Durch die Möglichkeiten prozessrechtlicher Missbrauchsabwehr und dem Vertrauen auf das Interesse der Verteidigung an der Sympathie des Gerichts sei eine zusätzliche Pönalisierung prozessordnungswidrigen Verteidigerhandelns nur als *ultima ratio* zulässig und sinnvoll.[304] Die von der Rechtsprechung unter Zustimmung der herrschenden Lehre erfolgte Grenzziehung sei als Richterrecht selbst definiert. Dies sei unter dem Blickpunkt des Gesetzesvorbehalts und des Bestimmtheitsgrundsatzes des Art. 103 Abs. 2 GG problematisch und bedeutete zudem eine Schwächung des aus Art. 6 Abs. 3 lit. c EMRK bestehenden Anspruchs des Beschuldigten auf konkrete und wirkliche Verteidigung.[305]

c. Prozessakzessorische Lösungen

Im Gegensatz zu den vornehmlich materiell-rechtlich orientierten Ansätzen fallen nach wohl herrschender Meinung »die Würfel im Prozessrecht«[306], wenn es um die Grenzen der Straflosigkeit eines Verteidigers im Rahmen des § 258 StGB geht.[307] Allerdings sind die Wege zu diesem Ergebnis durchaus unterschiedlich.

---

[303] *Stumpf*, wistra 2001, 123 [125].
[304] *Stumpf*, Die Strafbarkeit des Strafverteidigers wegen Strafvereitelung (§ 258 StGB), S. 213.
[305] *Stumpf*, wistra 2001, 123 [125].
[306] *Beulke*, Die Strafbarkeit des Verteidigers, Rn. 2.
[307] Stellvertretend: BGHSt 38, 345 [347 f.]; *Beulke*, JR 1994, 116 [117]; BGH NStZ 1999, 188 [189]; OLG Köln, StraFo 1999, 233 [234]; *Arapidou*, Die Rechtsstellung des Strafverteidigers, S. 7; *Beulke*, Die Strafbarkeit des Verteidigers, S. 6; *ders.*, Der Verteidiger im Strafverfahren, S. 98 f.; *ders.*, StPO Rn. 174; *Brei*, Grenzen zulässigen Verteidigerhandelns, S. 267; *Eschen*, StV 1981, 365 [367]; *Fezer*, Strafprozessrecht, Fall 4 Rn. 21; *Frisch*, JuS 1983, 915 [923 f.]; *Grabenweger*, Die Grenzen rechtmäßiger Strafverteidigung, S. 115 (für das österreichische Recht); *Hassemer*, JuS 1980, 455 [456]; *Heinicke*, Der Beschuldigte und sein Verteidiger, S. 469; *Ignor*, in: Schlüchter-FS, S. 39 [42 f.]; *Malmendier*, NJW 1997, 227 [232]; *Mehle*, in: Peters-FS, S. 201 [205 f.]; *ders.*, in: Koch-FG, S. 179 [180]; *Otto*, Jura 1987, 329 [329]; *Pfeiffer*, DRiZ 1984, 341 [348]; *Ranft*, Strafprozessrecht, Rn. 387; *Rückel*, Strafverteidigung und Zeugenbeweis, S. 26; LK-*Ruß*, § 258 Rn. 19; KMR-*Sax*, Einl. IV Rn. 46; Sch/Sch-*Stree*, § 258 Rn. 20; *Waldhorn*, Strafverteidigung und Begünstigung, S. 5 (noch zu § 257 StGB); *Wassmann*, Strafverteidigung und Strafvereitelung, S. 15, 216; *Welp*, ZStW 90 [1978], 804 [818].

aa. Die Ansichten von *Beulke, Dornach* und *Roxin*

(1) Die (eingeschränkte) Organtheorie

Abweichend von rein oder vorwiegend materiell-rechtlichen Ansätzen haben sich *Beulke*[308] und ihm folgend *Dornach*[309] mit der eingeschränkten Organtheorie für eine prozessakzessorische Lösung ausgesprochen. Danach könne grundsätzlich nur einer unzulässigen Verteidigung das Etikett der Vereitelungshandlung aufgedrückt werden.[310] Prozessual pflichtgemäßes Verhalten sei dagegen nicht strafbar, da es bereits am objektiven Tatbestand des § 258 StGB fehle.[311] Da allerdings der Strafvereitelungstatbestand nicht sage, was zulässig oder unzulässig ist, sei man auf das Prozessrecht verwiesen. § 258 StGB müsse daher als offener Tatbestand durch die Regelungen der Strafprozessordnung ausgefüllt werden.[312] Der Strafvereitelungstatbestand stehe damit in einem Akzessorietätsverhältnis zum Prozessrecht.[313] Zunächst werde dadurch das Abgrenzungsproblem allerdings lediglich auf eine andere Ebene verschoben, denn die Strafprozessordnung schweige sich zum großen Teil darüber aus, was prozessual zulässig oder unzulässig sei.[314] Als Ausweg bleibe aber, die Bestimmung dessen, was der Verteidiger dürfe und was ihm verboten sei, durch eine Gesamtschau seiner Aufgaben und Befugnisse zu entwickeln.[315] Als Ergebnis dieser Analyse zeichnet *Beulke* das Leitbild des Verteidigers als Organ der Rechtspflege. Als solches habe der Verteidiger eine Art Wächteramt hinsichtlich der Verfahrensgarantien im Straf-

---

[308] *Beulke*, Der Verteidiger im Strafverfahren,1980; *ders.*, Die Strafbarkeit des Verteidigers, 1989.
[309] *Dornach*, Der Verteidiger als Garant eines justizförmigen Verfahrens, 121 f.; *ders.*, NStZ 1995, 57 ff.
[310] *Beulke, in: Roxin*-FS, S. 1173 [1178]; *ders.*, Die Strafbarkeit des Verteidigers, Rn. 1 ff.
[311] *Krekeler*, NStZ 1989, 146 [146]; unklar *Tondorf*, StV 1983, 257 [259]: »Tatbestandlich stellt beinahe jedes Verteidigerhandeln eine Strafvereitelung dar.« *Tondorf* möchte den Verteidiger jedoch strafrechtlich privilegieren, solange sich dieser im Rahmen der gesetzlichen Möglichkeiten bewegt.
[312] *Beulke*, in: Roxin-FS, S. 1173 [1178]; *ders.*, Die Strafbarkeit des Verteidigers, Rn. 1 ff.; *Bottke*, ZStW 96 [1984], 726 [728 f.]; *Mehle*, in: Koch-FG, S 179 [180]; vgl. auch *Lüderssen*, in: Sarstedt-FS, S. 145 [157].
[313] *Beulke*, Der Verteidiger im Strafverfahren, S. 98; *ders.*, JR 1994, 116 [117]; *Müller-Dietz*, Jura 1979, 242 [247]; *Pfeiffer*, StPO, Vor § 137 Rn. 1.
[314] *Beulke*, in: Roxin-FS, S. 1173 [1179]; *Krekeler*, NStZ 1989, 146 [146]; *Mehle*, in: Koch-FG, S. 179 [180].
[315] *Beulke*, in: Roxin-FS, S. 1173 [1179]; *ders.*, Die Strafbarkeit des Verteidigers, Rn. 1; *ders.*, JR 1994, 116 [117].

verfahren inne, die für die Aufrechterhaltung des Rechtsstaats so bedeutend seien, dass ihre Kontrolle nicht allein dem Beschuldigten überlassen werden dürfe. Der Verteidiger habe daher zum einen für die Wirksamkeit und Effektivität der Verteidigung zu sorgen und dabei gleichzeitig einen Kernbereich der Rechtspflege zu respektieren.[316] Um die Unabhängigkeit des Verteidigers zu gewährleisten, sei eine Strafbarkeit wegen § 258 StGB jedoch auf extreme Missbräuche zu begrenzen.[317]

Einen ähnlichen Weg wie *Beulke* geht auch *Roxin*. Er leitet aus der Stellung des Verteidigers als Organ der Rechtspflege ein Lüge-, Sabotage- und Obstruktionsverbot sowie das Verbot der Beweismittelfälschung her.[318] Auch für ihn kommt eine Strafbarkeit des Verteidigers erst beim Überschreiten einer Missbrauchsgrenze in Betracht.[319]

(2) Stellungnahme

Die Kernbereichsthese von *Beulke* ist mittlerweile ein »Klassiker« bei der Beurteilung einer Verteidigerstrafbarkeit wegen Strafvereitelung. Er geht vom zutreffenden methodischen Ansatz aus, bei § 258 StGB vom Prozessrecht auf die strafrechtliche Wertung zu schließen. Allerdings erweist sich vor allem die Beschränkung einer Strafbarkeit auf extreme Missbräuche hinsichtlich des Bestimmtheitsgrundsatzes (Art. 103 Abs. 2 GG) als problematisch. Den Vorwurf zu großer Unbestimmtheit kann auch er nicht entkräften.[320]

Auch die Ansicht von *Roxin* sieht sich Kritik ausgesetzt. Er sieht die öffentliche Funktion des Verteidigers allein darin, dass dieser die Beschuldigtenrechte im öffentlichen Interesse geltend macht. Allerdings bleibt unklar, inwiefern daraus die von ihm propagierten Verbote folgen sollen.

---

[316] *Beulke,* Der Verteidiger im Strafverfahren, S. 146.
[317] *Beulke,* Der Verteidiger im Strafverfahren, S. 218 ff.
[318] *Roxin,* in: Hanack-FS, S. 1 [11 f.].
[319] *Roxin,* in: Hanack-FS, S. 1 [12, 14 f.].
[320] Vgl. *Beulke,* Der Verteidiger im Strafverfahren, S. 146; *ders.,* Die Strafbarkeit des Verteidigers, Rn. 14.

bb. Die Ansicht von *Brei*

(1) Der integre und seriöse Verteidiger

Auch *Brei* geht vom Grundsatz aus, dass das Strafprozessrecht den Strafbarkeitsrahmen bei § 258 StGB näher ausgestaltet. Aufgrund der Lückenhaftigkeit des Prozessrechts könne ein aus der Zusammenschau prozessualer Regelungen gewonnenes Verteidigerleitbild bei der Auslegung des Tatbestands des § 258 StGB helfen.[321] *Brei* zeichnet dabei das Leitbild eines integren und seriösen Verteidigers.[322] Die zahlreichen besonderen Verfahrensrechte würden dem Verteidiger eingeräumt, damit dieser ein effektiver Beistand für seinen Mandanten sein könne. Überschreite der Strafverteidiger die ihm gewährten Befugnisse, insbesondere das Verbot der Lüge und Verdunkelung, gerate er in den Bereich strafbarer Strafvereitelung.[323] Nur eine verantwortungsbewusste und maßvolle Anwendung der Verteidigungsrechte könne den durch die eingeräumten Befugnisse gewährten Freiraum erhalten.[324]

(2) Stellungnahme

Der Ansatz von *Brei* stellt zunächst zutreffend ein Lügeverbot des Verteidigers heraus. Kritisch anzumerken ist jedoch, dass sich bei genauerer Betrachtung die von der Strafprozessordnung gewährten Rechte für einen Strafverteidiger nicht als gesetzgeberisches Zugeständnis, sondern als verfassungsrechtliche Notwendigkeit erweisen, um rechtsstaatlichen Grundsätzen gerecht zu werden. Diese Rechte können daher nicht als Argumentationsgrundlage für eine *do-ut-des*-Konstruktion herangezogen werden, nach der sich ein Verteidiger als Dank für die gewährten Rechte durch maßvolles Gebrauchmachen derselben kasteien muss. Problematisch ist auch die Vagheit seines zugrunde liegenden Leitbilds eines seriösen und integren Verteidigers. Letztlich vermag der Verweis auf dieses Leitbild und das Verbot von Lüge und Verdunkelung keine neuen Impulse

---

[321] *Brei*, Grenzen zulässigen Verteidigerhandelns, S. 267.
[322] *Brei*, Grenzen zulässigen Verteidigerhandelns, S. 246.
[323] *Brei*, Grenzen zulässigen Verteidigerhandelns, S. 266.
[324] *Brei*, Grenzen zulässigen Verteidigerhandelns, S. 299.

auf dem Weg zu einer Abgrenzung von Strafvereitelung und Strafverteidigung zu geben.[325]

cc. Die Ansicht von *Paulus* und *Grüner*

(1) Abgrenzungskriterium Prozesshandlung

Eine von der prozessualen Zulässigkeit abgekoppelte Lösung wird von *Paulus* vorgeschlagen. Vertreter-, Interessenvertretungs- und Organtheorie werden im Ergebnis von ihm als zur Abgrenzung von Prozessverteidigung und Strafvereitelung untaugliche Ansätze verworfen.[326] Das alleinige rechtliche Trennungskriterium sei vielmehr aus der Struktur des Strafprozesses abzuleiten. Ziel des Strafverfahrens sei die prozessuale Wahrheit und die Widerlegung der Unschuldsvermutung. Beides werde in prozessförmiger, also materielle und formelle Verteidigung einschließender Weise ermittelt.[327] Verteidigung könne daher niemals Vereitelung im Sinne von § 258 StGB sein. Die Abgrenzung von strafbarem und nicht strafbarem Verhalten bei § 258 StGB sei vielmehr anhand des Begriffs der Prozesshandlung vorzunehmen. Darunter sei die Konkretisierung von Verfahrensnormen zu verstehen, namentlich die Ausübung von Antrags-, Rüge-, Frage-, Erklärungs- und Anfechtungsrechten. Auch wenn eine Verteidigung prozessual unzulässig sei, geschehe sie dennoch in statthafter Weise. Darin eine (versuchte) Strafvereitelung zu sehen, würde die Grenze zwischen prozessual Zulässigem und Strafbarkeit nach § 258 StGB oft »hauchdünn« erscheinen lassen.[328] Prozesshandlungen seien daher als solche niemals tatbestandsmäßig. Nur ein Verhalten, das außerhalb des prozessualen Raumes liege und nicht Prozesshandlung sei, könne strafbar sein.[329] Die Richtigkeit dieser Trennung von prozessualem und nicht prozessualem Handeln komme schon dadurch zum Ausdruck, dass das

---

[325] Krit. auch *Stumpf*, Die Strafbarkeit des Strafverteidigers wegen Strafvereitelung (§ 258 StGB), S. 26 f.; *Zeifang*, Die eigene Strafbarkeit des Strafverteidigers, S. 145.
[326] *Paulus*, NStZ 1992, 305 [306 ff.].
[327] *Paulus*, NStZ 1992, 305 [309 f., 311].
[328] *Paulus*, NStZ 1992, 305 [310].
[329] *Paulus*, NStZ 1992, 305 [310, 311].

Strafprozessrecht verfahrensimmanente Reaktionsmöglichkeiten bereit halte, um prozessordnungswidrigem, aber noch prozessualem Verhalten zu begegnen.[330]

Auch *Grüner* sieht in der Prozesshandlung das entscheidende Abgrenzungskriterium bei den Verteidigerdelikten (§§ 258, 129, 129a, 84 Abs. 2, 85 Abs. 2 StGB). Handele der Verteidiger prozessual, sei bei diesen Delikten bereits der Tatbestand und damit eine Strafbarkeit ausgeschlossen. Außerprozessuales Verhalten sei dagegen an § 258 StGB zu messen.[331]

(2) Stellungnahme

Die Ansicht von *Paulus* erscheint wie die von *Grüner* auf den ersten Blick geeignet, eine bislang fehlende Klarheit in die Abgrenzung von strafbarem von nicht strafbarem Verhalten zu bringen. Auch der von *Paulus* genannte Hinweis auf ausreichende innerprozessuale Mechanismen für eine Zurückweisung scheint für diese Sichtweise zu sprechen. Allerdings ist die Auffassung, jede Prozesshandlung sei automatisch straflos, nicht haltbar. Prozessrecht und materielles Strafrecht stehen nicht in einem Exklusivitätsverhältnis zueinander, sondern ergänzen sich.[332] § 258 StGB ist vom Gesetzgeber nicht nur für außerprozessuales Verhalten geschaffen worden. Innerprozessuales Handeln wird weder vom Wortlaut noch vom Schutzzweck ausgeklammert. Es muss auch einen Zwischenbereich geben,[333] denn nicht jedes prozessordnungswidrige Verhalten zieht automatisch strafrechtliche Konsequenzen nach sich.[334] Beispielsweise kann die Prozesshandlung der Einleitung eines Ermittlungsverfahrens gegen einen Unschuldigen durch den Staatsanwalt

---

[330] *Paulus*, NStZ 1992, 305 [310]; vgl. auch *Bernsmann*, StraFo 1999, 226 [230]: »Es gibt kein Sonderstrafrecht für Verteidiger – was nach der StPO zulässig ist, kann keine Strafbarkeit nach § 258 StGB nach sich ziehen«.
[331] *Grüner*, Über den Missbrauch von Mitwirkungsrechten, S. 122 ff.
[332] Ebenso *Stumpf*, Die Strafbarkeit des Strafverteidigers wegen Strafvereitelung (§ 258 StGB), S. 34.
[333] *Scheffler*, StV 1992, 299 [300]; *ders.*, StV 1993, 470 [471]; vgl. auch *Pfeiffer*, DRiZ 1984, 341 [348].
[334] Zum diesbezüglich einschlägigen Rechtsmissbrauch und seinen Ahndungsmöglichkeiten vgl. *Fahl*, Rechtsmissbrauch im Strafrecht, *passim*; *Jahn*, ZRP 1998, 103 ff.; *Kudlich*, Strafprozess und allgemeines Missbrauchsverbot, *passim*; *ders.*, in: Schlüchter-FS, S. 13 ff.; *Kühne*, NJW 1998, 3027 f.; *Kröpil*, DRiZ 2001, 335 ff.; *Malmendier*, NJW 1997, 227 ff.; *Stankewitz*, in: Schlüchter-FS, S. 25 ff.

als Verfolgung Unschuldiger gem. § 344 StGB strafbar sein. Gleiches gilt für die Rechtsbeugung gem. § 339 StGB. Auch ein Strafverteidiger kann sich durch eine Prozesshandlung nach materiellem Strafrecht strafbar machen. Die in einer Prozesshandlung enthaltene falsche Verdächtigung kann sich als strafbar gem. § 164 StGB erweisen, wenn die betreffende Person die Straftat nicht begangen hat. Eine vom Verteidiger absichtlich und im Wissen ihrer Unechtheit zum Beweis vorgelegte falsche Urkunde kann eine Strafbarkeit nach § 267 StGB nach sich ziehen. Ebenso kann prozessuales Verhalten die Tatbestände der §§ 185 ff. und 203 StGB erfüllen.[335] Das Abgrenzungsmerkmal der Prozesshandlung ist letztlich auch methodisch angreifbar, weil dem Begriff selbst die Konturen fehlen. Eine Strafbarkeit sollte nicht von der Streitfrage abhängen, was eine Prozesshandlung ist und was nicht.[336]

dd. Die Ansichten von *Lamberti* und *Strzyz*

(1) Anwendung der Theorie doppelfunktioneller Prozesshandlungen

Sowohl *Lamberti*[337] als auch *Strzyz*[338] möchten sich von streng prozessakzessorischen Ansätzen lösen und den Anwendungsbereich des § 258 StGB über die Lehre von den doppelfunktionellen Prozesshandlungen[339] bestimmen. Nach dieser Lehre betreffen das Prozessrecht und das materielle Recht unterschiedliche soziale Wirklichkeitsräume. Das materielle Recht bezieht sich dabei mit seinen Wertungen auf die Lebenswirklichkeit außerhalb des prozessualen Raums, während das Prozessrecht ganz auf das Internum des innerprozessualen Raums zugeschnitten ist und dort Regeln für die Gewinnung des richterlichen Urteils aufstellt. Basierend auf dieser Grundlage kommen *Lamberti* und *Strzyz* übereinstimmend zum Ergebnis, dass die verfahrensrechtliche Bewertung einer Prozesshandlung grundsätzlich noch keine Aussage über eine Strafbarkeit nach ma-

---

[335] Krit. ebenso *Stumpf*, Die Strafbarkeit des Strafverteidigers wegen Strafvereitelung (§ 258 StGB), S. 33 f.
[336] *Haas*, NStZ 1993, 173; *Zeifang*, Die eigene Strafbarkeit des Strafverteidigers, S. 46.
[337] *Lamberti*, Strafvereitelung durch Strafverteidiger, S. 99 ff.
[338] *Strzyz*, Die Abgrenzung von Strafverteidigung und Strafvereitelung, S. 178 ff.
[339] Dazu eingehend *Niese*, Doppelfunktionelle Prozesshandlungen, *passim*; *Eb. Schmidt*, Lehrkommentar I, Rn. 37 mit Fn. 74.

teriellem Recht treffe.[340] Grundsätzlich sei der Theorie der doppelfunktionellen Prozesshandlungen zu folgen. Eine Ausnahme sei jedoch bei doppelfunktionellen Prozesshandlungen zu machen, welche beide Wirklichkeitsräume berührten.[341] Bei diesen schlage die prozessuale Zulässigkeit auf die materielle Rechtmäßigkeit durch. Gerade die Tätigkeiten des Verteidigers seien jedoch nicht doppelfunktionell.[342] Diese gingen den Urteil voraus und hätten damit ausschließlich eine prozessuale Funktion, da sich erst durch das Urteil das materielle Recht verwirkliche. Da folglich auch die Prozesshandlungen der Parteien erst zu diesem Zeitpunkt Wirkung entfalteten, liege keine unmittelbare Einwirkung auf Rechtsgüter des Strafvereitelungstatbestands vor.[343] Bei der Abgrenzung von Strafverteidigung und Strafvereitelung setzt *Strzyz* auf die dialektische Struktur des Strafverfahrens. Solange der Verteidiger als Gegenspieler der Strafverfolgungsorgane handele, indem er die Unterlegenheit des Beschuldigten ausgleiche, sei seine Tätigkeit nicht strafbar.[344] Dagegen schlägt *Lamberti* ein Acht-Ordnungsprinzipien-Modell vor, um den Gerichten eine objektivierbare Behandlung von Verteidigerhandeln zu ermöglichen.[345] Die darin enthaltenen Leitlinien seien aus verschiedenen Erkenntnisquellen zu entwickeln, zu denen die Grundrechte, andere Rechtsnormen, Rechtsgrundsätze, die Verkehrssitte, Rechtsprechung und Verwaltung zählten.[346] Allerdings müssten die Ordnungsprinzipien dem Bestimmtheitsgebot gerecht werden.[347]

(2) Stellungnahme

Die Lösungsansätze von *Lamberti* und *Strzyz* können nicht überzeugen. Zunächst kann unter Verweis auf die Lehre von den doppelfunktionellen Prozesshandlungen keine eindeutige Abgrenzung von rein prozessualen und außerpro-

---

[340] *Lamberti*, Strafvereitelung durch Strafverteidiger, S. 99; *Strzyz*, Die Abgrenzung von Strafverteidigung und Strafvereitelung, S. 178.
[341] *Lamberti*, Strafvereitelung durch Strafverteidiger, S. 100 f.; *Strzyz*, Die Abgrenzung von Strafverteidigung und Strafvereitelung, S. 179 f.
[342] *Lamberti*, Strafvereitelung durch Strafverteidiger, S. 101; *Strzyz*, Die Abgrenzung von Strafverteidigung und Strafvereitelung, S. 182 ff.
[343] *Strzyz*, Die Abgrenzung von Strafverteidigung und Strafvereitelung, S. 182.
[344] *Strzyz*, Die Abgrenzung von Strafverteidigung und Strafvereitelung, S. 232.
[345] *Lamberti*, Strafvereitelung durch Strafverteidiger, S. 141 ff.
[346] *Lamberti*, Strafvereitelung durch Strafverteidiger, S. 143.
[347] *Lamberti*, Strafvereitelung durch Strafverteidiger, S. 141.

zessualen Wirkungen vorgenommen werden. Die von *Lamberti* und *Strzyz* behauptete Trennung existiert in dieser Form nicht. Vielmehr geht diese Lehre davon aus, dass jede Prozesshandlung sowohl in den innerprozessualen als auch in den außerprozessualen Wirkungskreis ausstrahlt.[348] Letztlich handelt es sich dabei nur um einen Ausschnitt aus dem Grundsatz der Einheit der Rechtsordnung.[349]

Auch der grundsätzlichen Aussage, dass das Prozessrecht keinen Einfluss auf die Beurteilung der Strafbarkeit von Verteidigerhandeln hat, kann nicht zugestimmt werden. Denn wie bereits dargestellt wurde, hat die Auslegung des § 258 StGB mit Hilfe des Strafprozessrechts zu erfolgen. Was prozessual erlaubt ist, kann nicht zur Strafbarkeit gem. § 258 StGB führen. Die Ansätze von *Lamberti* und *Strzyz* sind daher abzulehnen.[350]

ee. Die Ansicht von *Jahn*

(1) Die Entkriminalisierung »kompensatorischer« Verteidigung

Auf der Grundlage der von *Lüderssen* entwickelten Vertragstheorie hat dessen Schüler *Jahn* einen Vorschlag entwickelt, der aus teleologischen Erwägungen strafsystematisch bereits im objektiven Tatbestand für eine vollständige Entkriminalisierung der Verteidigung sorgen soll.[351] *Jahn* kommt zu dem Ergebnis, dass die Verfassung wegen des Grundrechtsschutzes der Verteidigung vom einfachen Gesetzesrecht (und damit auch von § 258 StGB) Abstriche bei der Verfolgung und Bestrafung von Verteidigern fordert.[352] Das Konzept von *Jahn* beruht auf der Auffassung, dass die Verteidigung im deutschen Strafprozess gegenüber Gericht und Staatsanwaltschaft eine schlechtere Rechtsposition habe als

---

[348] Zutr. *Stumpf*, Die Strafbarkeit des Strafverteidigers wegen Strafvereitelung (§ 258 StGB), S. 35 unter Bezug auf *Eb. Schmidt*, Lehrkommentar I, Rn. 36.

[349] Vgl. *Grabenweger*, Grenzen rechtmäßiger Strafverteidigung, S. 108; *Heeb*, Grundsätze und Grenzen der anwaltlichen Strafverteidigung und ihre Anwendung auf den Fall der Mandatsübernahme, S. 2; *Müller-Dietz*, Jura 1979, 242 [255]; *Stumpf*, Die Strafbarkeit des Strafverteidigers wegen Strafvereitelung (§ 258 StGB), S. 36; *Waldhorn*, Das Verhältnis von Strafverteidigung und Begünstigung, S. 58 ff.; *Wassmann*, Strafverteidigung und Strafvereitelung, S. 216 f.

[350] I.Erg. ebenso *Jahn*, »Konfliktverteidigung« und Inquisitionsmaxime, S. 319 f.; *Stumpf*, Die Strafbarkeit des Strafverteidigers wegen Strafvereitelung (§ 258 StGB), S. 34 ff.

[351] Vgl. *Jahn*, »Konfliktverteidigung« und Inquisitionsmaxime, 1998; *ders.*, ZRP 1998, 103 ff.

[352] *Jahn*, »Konfliktverteidigung« und Inquisitionsmaxime, S. 314.

in anderen Rechtskreisen.[353] Diese gelte es durch Ausnutzung der von der Strafprozessordnung gewährten Rechte und Freiräume zu kompensieren[354] Daher sollte der zunächst negativ besetzte Begriff der »Konfliktverteidigung« eher als »kompensatorische Verteidigung« verstanden werden, die auf eine Wiederherstellung der Gewaltenteilung im Strafprozess hinwirke.[355] Hinsichtlich der Grenzen der Strafverteidigung müsse die Fremdkontrolle missbräuchlicher Strafverteidigung allein auf die in der Strafprozessordnung geregelten Fälle beschränkt werden. Die prozessuale Zulässigkeit eines Verteidigerverhaltens könne dabei kein Abgrenzungskriterium für die Strafbarkeit wegen Strafvereitelung im Sinne des § 258 StGB darstellen.[356] Eine richtig verstandene kompensatorische Verteidigung, soweit sie das Strafverfahren und dessen Abschluss behindere, erschwere oder vereitele, dürfe daher schon tatbestandlich nicht als Strafvereitelung strafbar sein. Nur wenn eine Handlung des Verteidigers einen Straftatbestand außerhalb der Normen verwirkliche, die gerade den staatlichen Sanktionenanspruch sichern wollten, komme ausnahmsweise eine Strafbarkeit in Betracht.[357] Bei einer verfassungskonformen Auslegung des § 258 StGB könne aber Strafjustizvereitelung grundsätzlich keine Strafvereitelung darstellen.[358] Einer darauf abzielenden Handlung dürfe nur mit Mitteln begegnet werden, die das Prozessrecht vorsehe. Werde eine Abwehr durch prozessuale Mittel unterlassen und realisiere sich das Risiko, dürfe der Erfolg nicht dem Verteidiger zugerechnet werden.[359]

(2) Stellungnahme

Der Ansatz von *Jahn* verdient schon deshalb eine genauere Bewertung, weil er die Tätigkeit des Verteidigers zutreffend nicht losgelöst vom grundgesetzlichen, insbesondere grundrechtlichen Hintergrund betrachtet. So ist auch die von ihm geforderte Entkriminalisierung der Verteidigung als Ergebnis einer verfassungs-

---

[353] *Jahn*, »Konfliktverteidigung« und Inquisitionsmaxime, S. 145.
[354] *Jahn*, »Konfliktverteidigung« und Inquisitionsmaxime, S. 94.
[355] *Jahn*, »Konfliktverteidigung« und Inquisitionsmaxime, S. 146; zum Begriff der Kompensation in diesem Zusammenhang bereits *Lüderssen*, in: Sarstedt-FS, S. 145 [159].
[356] *Jahn*, »Konfliktverteidigung« und Inquisitionsmaxime, S. 314 ff.
[357] *Jahn*, »Konfliktverteidigung« und Inquisitionsmaxime, S. 273, 352.
[358] *Jahn*, »Konfliktverteidigung« und Inquisitionsmaxime, S. 341, 352; vgl. auch *ders.*, ZRP 1998, 103 ff.
[359] *Jahn*, »Konfliktverteidigung« und Inquisitionsmaxime, S. 349.

konformen Auslegung des § 258 StGB zu begrüßen. Allerdings erscheint es befremdlich, die Verteidigung als eine Art Widerstandsrecht gegen ein fehlerhaftes und defizitäres Strafprozessrecht zu sehen.[360] Noch befremdlicher ist es, selbst mit dem Hinweis auf die Gewaltenteilung als System von *checks and balances* ein von anderen Verfahrensbeteiligten als Verfahrensblockade empfundenes Verhalten als Aufgabe des Verteidigers zu bezeichnen.[361] Wer die provokante These vertritt, dass es den Beruf des Verteidigers mitunter ausmache, für die Tätigkeit der Justiz ein »Ärgernis« zu sein,[362] mag damit einen Effekt in der Praxis abbilden. Als Leitlinie für ein Verteidigerhandeln ist dies dagegen unbrauchbar. Viele Strafverteidiger werden sich in dieser Beschreibung zudem nicht wiederfinden.

Ebenso fragwürdig ist die Annahme, dass für das Verfahrensziel der Wahrheit und Gerechtigkeit jenseits der sachlichen Beweismittel *de facto* nur das Gericht zuständig sein soll.[363] Fehler bei der Wahrheitsfindung würden in der Konsequenz nur dem Gericht, nicht aber den anderen Prozessbeteiligten zugeordnet.[364] Die damit einhergehende Bedeutungseinbuße des Verteidigers würde nicht nur dem Selbstverständnis vieler Strafverteidiger widersprechen. Ein solches Konzept würde auch in der Praxis nicht funktionieren. *Beulke*[365] führt als Gegenargument zutreffend den Fall eines durch Lüge erwirkten Freispruchs an, der nicht durch die Prozessleitung des Gerichts erkannt und abgewehrt werden kann. Der Strafprozess ist gerade kein (straf-)rechtsfreier Raum, in dem der Verteidiger jedes Mittel zur Strafjustizvereitelung einsetzen darf, solange er nicht durch das Gericht über prozessuale Eingriffsbefugnisse daran gehindert wird.

Dem Ansatz von *Jahn* sollte daher nicht in Absolutheit gefolgt werden, wenn auch die grundsätzliche Idee einer auf verfassungskonformer Auslegung beruhenden Entkriminalisierung der Strafverteidigung einem argumentativen Ausbau hinsichtlich weiterer Tatbestände jenseits von § 258 StGB offen steht.

---

[360] So aber *Jahn*, »Konfliktverteidigung« und Inquisitionsmaxime, S. 149; krit. auch *Grüner*, Über den Missbrauch von Mitwirkungsrechten, S. 128; *Scheffler*, Rezension von *Jahn*, »Konfliktverteidigung« und Inquisitionsmaxime, NJ 2000, 191.

[361] So aber *Jahn*, »Konfliktverteidigung« und Inquisitionsmaxime, S. 149.

[362] So *Jahn*, »Konfliktverteidigung« und Inquisitionsmaxime, S. 149.

[363] In diese Richtung tendierend aber auch *Ostendorf*, NJW 1978, 1345 [1348]; zust. *Mehle*, in: Koch-FG, S. 179 [187].

[364] *Beulke*, in: Roxin-FS, S. 1173 [1186].

[365] *Beulke*, in: Roxin-FS, S. 1173 [1187].

3. Lösungsmodelle auf Grundlage berufsrechtlicher Wertungen

a. Die Ansicht von *Schautz*

Schautz[366] möchte gesetzwidriges und gegen die staatliche Rechtspflege gerichtetes Verteidigerhandeln als unzulässig im Sinne des § 258 StGB bewerten. Die konkreten Abgrenzungskriterien möchte er dabei aus dem Standesrecht ableiten, das insoweit auch Maßstab für die Beurteilung der Verteidigertätigkeit in strafrechtlicher Hinsicht sein könne.[367] In Betracht komme konkret die Verletzung der Generalklausel des § 43 BRAO.[368] Sei eine Verteidigerhandlung in standesrechtlicher Hinsicht nicht zu beanstanden, scheide *per se* eine Gesetzeswidrigkeit aus.[369] Umgekehrt ziehe aber nicht jede Standesrechtsverletzung auch strafrechtliche Folgen nach sich. Vielmehr sei nur die Verletzung derjenigen Standesregeln strafrechtlich relevant, die den Schutz der Funktionsfähigkeit der Rechtspflege bezweckten.[370]

b. Die Ansicht von *Vogt*

Ebenso wie *Schautz* spricht sich auch *Vogt*[371] für eine Lösung unter Zuhilfenahme des anwaltlichen Berufsrechts aus. Aus der Tatsache, dass der Verteidiger primär rechtlicher Beistand sei, folge, dass er grundsätzlich alle rechtlichen Befugnisse wahrnehmen und ausschöpfen dürfe.[372] Berufstypische Verhaltensweisen könnten dabei aus dem Tatbestand des § 258 StGB ausgeschlossen werden, wenn man die objektiv erkennbare Manifestation des Vereitelungswillens nicht nur mittels des Prozessrechts, sondern auch anhand der engeren Standesregeln bewerte.[373] Die Abgrenzung zwischen legalem und illegalem Verhalten richte sich dabei grundsätzlich nach der jeweiligen gesetzlichen Legitimation für das

---

[366] *Schautz*, Strafrechtliche Grenzen des Verteidigerhandelns, S. 138.
[367] *Schautz*, Strafrechtliche Grenzen des Verteidigerhandelns, S. 142.
[368] *Schautz*, Strafrechtliche Grenzen des Verteidigerhandelns, S. 143 f.
[369] *Schautz*, Strafrechtliche Grenzen des Verteidigerhandelns, S. 143.
[370] *Schautz*, Strafrechtliche Grenzen des Verteidigerhandelns, S. 156.
[371] *Vogt*, Berufstypisches Verhalten und Grenzen der Strafbarkeit, S. 239.
[372] *Vogt*, Berufstypisches Verhalten und Grenzen der Strafbarkeit, S. 239.
[373] *Vogt*, Berufstypisches Verhalten und Grenzen der Strafbarkeit, S. 232 f.

konkrete berufstypische Verhalten.[374] Die Standesregeln könnten jedoch insoweit als »Parameter« für die strafrechtliche Relevanz herangezogen werden.[375]

c. Stellungnahme

Obwohl sich die rechtlichen Rahmenbedingungen seit den Untersuchungen von *Schautz* und *Vogt* geändert haben,[376] hat ihr Lösungsvorschlag dennoch weiterhin aktuelle Relevanz. Denn nach wie vor statuiert § 43 BRAO die allgemeinen Berufspflichten eines Rechtsanwalts, zu denen die gewissenhafte Ausübung des Berufs gehören. Hinzu gekommen sind mit § 43a BRAO erweiterte anwaltliche Grundpflichten, wie ein Verbot der bewussten Lüge.

Der Ansatz kann allerdings sowohl aus systematischen als auch dogmatischen Gründen nicht überzeugen. Gegen eine allein im Berufsrecht radizierte Abgrenzung strafbarer von nicht strafbaren Verhaltensweisen bei Verteidigern spricht das gerne gegen die Organstellung ins Feld geführte Argument, dass nicht jeder Verteidiger zwingend Rechtsanwalt sein muss. Im Unterschied zu dort hat es hier seine Berechtigung. Wollte man die Ansicht von *Schautz* und *Vogt* auf alle, auch nicht anwaltlich gebundene Verteidiger anwenden, stünde man vor dem Problem einer analogen Anwendung. Eine solche hat *Schautz*[377] bereits in Betracht gezogen. Die dann analog angewendete berufsrechtliche Regelung würde strafbarkeitsbegründenden Charakter haben und damit eine verbotene Analogie (Art. 103 Abs. 2 GG) zu Lasten des Normadressaten darstellen. Sie ist daher aus dogmatischen Gründen abzulehnen.[378] Auch hinsichtlich der Entstehungszeit von Strafgesetzbuch und Bundesrechtsanwaltsordnung begegnet eine Abgrenzung strafbaren Verhaltens durch das später normierte Berufsrecht Bedenken. Nicht zuletzt ist auch materiell-rechtlich Kritik anzubringen. Strafrecht und Standesrecht sind zwei verschiedene Normenkomplexe. Die Berufsordnung hat ein eigenes Sanktionenregime für Verletzungen der dort geregelten Standesvorschriften. Würde jede auf die Rechtspflege abzielende Verletzung von Standes-

---

[374] *Vogt*, Berufstypisches Verhalten und Grenzen der Strafbarkeit, S. 153.
[375] *Vogt*, Berufstypisches Verhalten und Grenzen der Strafbarkeit, S. 232.
[376] Vgl. Gesetz zur Neuordnung des Berufsrechts der Rechtsanwälte und Patentanwälte vom 02.09.1994 (BGBl. I 1994, S. 2278 ff.) und die gem. § 191a Abs. 2 i.V.m. §§ 43 ff., 59b BRAO beschlossene Berufsordnung, BRAK-Mitteilungen 1996, 241 ff.
[377] *Schautz*, Strafrechtliche Grenzen des Verteidigerhandelns, S. 14 ff.
[378] Ebenso *Stumpf*, Die Strafbarkeit des Strafverteidigers wegen Strafvereitelung (§ 258 StGB), S. 41.

regeln automatisch zur Strafbarkeit führen, wären die speziell geregelten Sanktionen überflüssig. Eine Verletzung des Standesrechts kann daher zwar Auslegungskriterium bei der Abgrenzung der strafbaren von den nicht strafbaren Verhaltensweisen des Verteidigers sein. Ein taugliches Alleinkriterium stellen sie aber nicht dar.[379]

Es gilt nach wie vor der von *Gallas*[380] bereits 1934 geprägte Satz, dass nicht jede standeswidrig geführte Verteidigung auch prozessordnungswidrig ist, wenn auch die prozessordnungswidrig geführte regelmäßig standeswidrig sein wird. Dass berufsrechtliche Verstöße nicht zwingend auch strafrechtliche Konsequenzen nach sich ziehen, zeigt folgender Fall: In einem Verfahren waren Ausführungen des Vorsitzenden von einem Verteidiger als »bescheuert« und »peinlich« kommentiert worden. Das AnwG Hamburg stellte explizit fest, dass diese Äußerungen auch dann mit den berufsrechtlichen Verhaltenspflichten nicht in Einklang stehen, wenn sie einen Straftatbestand nicht erfüllen.[381]

III. Tatbestandsübergreifende Lösungsansätze

1. Direkte oder analoge Anwendung allgemeiner Rechtfertigungsgründe

Der Beschuldigte bietet sich als Paradebeispiel eines Opfers staatlicher Angriffe an: Er ist *de facto* von Verfahrensbeginn an verschiedensten Angriffen von Seiten der staatlichen Strafverfolgungsorgane ausgesetzt. Letztlich stellt jede strafprozessuale Eingriffsbefugnis die Kehrseite eines potentiellen Angriffs auf den Beschuldigten dar. Exemplarisch genannt seien Angriffe auf die körperliche Unversehrtheit (§§ 223, 224 StGB, gewährt durch §§ 81a, 127 Abs. 2 StPO), auf die Fortbewegungsfreiheit (§ 239 StGB, gewährt durch § 112 StPO i.V.m. § 121 StPO) oder auf den persönlichen Lebens- und Geheimbereich (§§ 201, 201

---

[379] Gegen eine Lösung über das Berufsrecht auch *Beulke*, Der Verteidiger im Strafverfahren, S. 218; *Bottke*, ZStW 96 [1984], 726 [742 ff.]; *Brei*, Grenzen zulässigen Verteidigerhandelns, S. 213; *Dornach*, Der Strafverteidiger als Mitgarant eines justizförmigen Strafverfahrens, S. 45 ff.; *Eisenberg*, NJW 1991, 1257 [1258]; *Krekeler*, NStZ 1989, 146 [146 f.]; *Lamberti*, Strafvereitelung durch Strafverteidiger, S. 15; *Ostendorf*, NJW 1978, 1345 [1346]; *Paulus*, NStZ 1992, 305 [309]; *Strzyz*, Die Abgrenzung von Strafverteidigung und Strafvereitelung, S. 202 f.; *Wassmann*, Strafverteidigung und Strafvereitelung, S. 96 f.
[380] *Gallas*, ZStW 53 [1934], 256 [267 f.].
[381] AnwG Hamburg, StraFo 1998, 175 [175].

StGB, gewährt durch §§ 100a, 100c, 102, 103 StPO).[382] Insofern liegt es nahe, in den bekannten Rechtfertigungsgründen wie Notwehr in der Form der Nothilfe oder Notstand(shilfe) nach einer Problemlösung zu suchen. Auch eine Einwilligungskonstruktion über die Üblichkeit oder die guten Sitten wäre ein möglicher Anknüpfungspunkt für eine Rechtfertigungslösung.

2. Strafverteidigung als Wahrnehmung berechtigter Interessen gem. § 193 StGB

Über die allgemeinen Rechtfertigungsgründe hinaus könnte eine generelle Rechtfertigung durch analoge Heranziehung der Wahrnehmung berechtigter Interessen nach § 193 StGB angedacht werden. In § 193 StGB sind nach herrschender Meinung vom Gesetzgeber besondere Rechtfertigungsgründe für die in den §§ 185 ff. StGB geregelten Ehrverletzungsdelikte installiert worden. Dies ist allerdings systematisch nicht unumstritten. Während insbesondere die Wahrnehmung berechtigter Interessen früher zum Teil als Schuld-[383] oder Strafunrechtsausschließungsgrund[384] eingeordnet wurde, sehen heute sowohl die ganz herrschende Ansicht in der Wissenschaft als auch die Rechtsprechung übereinstimmend darin einen speziellen Rechtfertigungsgrund für die §§ 185 ff. StGB,[385] wobei die Auffassungen in der genaueren Einstufung zwischen einem Anwendungsfall der Interessenabwägung[386] und einem Fall des erlaubten Risi-

---

[382] Weitere Beispiele bei *Bernsmann*, StV 2000, 40 [43 f.].

[383] So noch RGSt 64, 134 [135]; *Erdsiek*, JZ 1969, 311 [315, 316]; *ders.*, NJW 1966, 1385 [1388]; *Roeder*, in: Heinitz-FS, S. 229 [240]; in diese Richtung auch *E. Schmidt*, JZ 1970, 8 [11].

[384] *Günther*, in: Spendel-FS, S. 189 [196].

[385] BVerfGE 12, 113 [125]; BGHSt 12, 287 [293]; 18, 182 [184]; BGHZ 3, 270 [280]; 31, 308 [313]; RGSt 59, 414 [415]; OLG Jena, NJW 2002, 1890 [1891]; *Cloeren*, Strafbarkeit durch Beweisantragstellung?, S. 130; *Eser*, Wahrnehmung berechtigter Interessen als allgemeiner Rechtfertigungsgrund, S. 18 ff.; *Geppert*, Jura 1985, 25 [26]; *Helle*, NJW 1961, 1896 [1896]; LK-*Herdegen*, § 193 Rn. 1; *Hirsch*, Ehre und Beleidigung, S. 202 Anm. 141; *Ignor*, Der Straftatbestand der Beleidigung, S. 94; *Krekeler*, AnwBl. 1976, 190 [190]; *Lackner/Kühl*, § 193 Rn. 1, 4; Sch/Sch-*Lenckner*, § 193 Rn. 1; *ders.*, JuS 1988, 349 [352]; *Maurach/Schroeder/Maiwald*, BT/1, § 26 Rn. 28; *Merz*, Strafrechtlicher Ehrenschutz und Meinungsfreiheit, S. 87 ff.; *Noll*, ZStW 77 [1965], 1 [31]; *Roxin*, Strafrecht AT/1, § 18 Rn. 35; SK/StGB-*Rudolphi*, § 193 Rn. 1; *Schaffstein*, NJW 1951, 691 [691]; *Tenckhoff*, JuS 1989, 198 [198]; *Tröndle/Fischer*, § 193 Rn. 1; *Welzel*, Das deutsche Strafrecht, S. 320; *Wessels/Beulke*, AT Rn. 282; NK-*Zaczyk*, § 193 Rn. 2, 3; *ders.*, in: Hirsch-FS, S. 819 [819].

[386] Vgl. RGSt 59, 414 [415]; BGHSt 12, 287 [293]; 18, 182 [184]; BGHZ 3, 270 [281]; *Geppert*, Jura 1985, 25 [25 f.]; *Helle*, NJW 1961, 1896 [1896]; LK-*Herdegen*, § 193 Rn. 1 ff., 17;

kos [387] sowie Kombinationen variieren. Teilweise wird § 193 StGB auch schlechthin als Ausprägung des Grundrechts der freien Meinungsäußerung nach Art. 5 Abs. 1 GG verstanden.[388] Übereinstimmend wird die Beurteilung dessen, was unter Wahrnehmung berechtigter Interessen zu verstehen ist, unter besonderer Berücksichtigung des Grundrechts der freien Meinungsäußerung aus Art. 5 Abs. 1 GG ermittelt. § 193 StGB stellt damit ein Vehikel zum Ausgleich widerstreitender Interessen zwischen der verfassungsrechtlich garantierten Meinungsfreiheit und dem in den §§ 185 ff. StGB bezweckten Ehrenschutz her. Durch den Charakter des § 193 StGB als Medium zum Ausgleich widerstreitender allgemeiner Interessen entfiele jedenfalls das bei den allgemeinen Rechtfertigungsgründen angebrachte Gegenargument, dass diese lediglich auf einen individuellen Interessenausgleich zugeschnitten sind.

a. § 193 StGB als Anwendungsfall einer Interessenabwägung

Mit der Wahrnehmung berechtigter Interessen ist die gewichtigste Fallgruppe innerhalb des § 193 StGB angesprochen. Ihrer verfassungsrechtlichen Bedeutung wird am ehesten die Einordnung als ein Fall der Güter- und Interessenabwägung gerecht. Denn das darin zum Ausdruck kommende Prinzip der Wahrung des höherrangigen Interesses stellt das Grundprinzip einer jeden Rechtfertigung dar.[389] Eine Bestätigung dieses Grundsatzes lässt sich heute in § 34 StGB und den §§ 228, 904 BGB finden. Der Abwägungsgedanke hat allerdings eine schon

---

Ignor, Der Straftatbestand der Beleidigung, S. 94; *Krekeler*, AnwBl. 1976, 190 [190]; *Lackner/Kühl*, § 193 Rn. 1, 10; *Maurach/Schroeder/Maiwald*, BT/1, § 26 Rn. 35; *Rengier*, BT/2, § 29 Rn. 37; SK/StGB-*Rudolphi*, § 193 Rn. 1, 9.

[387] *Hirsch*, Ehre und Beleidigung, S. 201 f.; Sch/Sch-*Lenckner*, § 193 Rn. 8; *ders.*, in: Mayer-FS, S. 165 [179 f., 181]; *Maurach/Schroeder/Maiwald*, BT/1, § 26 Rn. 35; *Tröndle/Fischer*, § 193 Rn. 1; *Welzel*, Das deutsche Strafrecht, S. 320; NK-*Zaczyk*, § 193 Rn. 3; vgl. auch *Noll*, ZStW 77 [1965], 1 [30 f.].

[388] BVerfGE 42, 143 [152]; BGHSt 12, 287 [293]; BVerwG NJW 1982, 1008 [1010]; *Lackner/Kühl*, § 193 Rn. 1; vgl. auch *Roxin*, Strafrecht AT/1, § 18 Rn. 37, der das erlaubte Risiko und die Interessenabwägung nicht als einander ausschließende Gesichtspunkte betrachtet.

[389] Vgl. *Eser*, Wahrnehmung berechtigter Interessen als allgemeiner Rechtfertigungsgrund, S. 17, 40 f., 58 ff.; *Lenckner*, GA 1985, 295 [295 ff.]; *Noll*, ZStW 77 [1965], 1 [14]; *Otto*, JK 2001, StGB § 203/1; Übersicht bei *Otto*, Strafrecht AT, § 8 Rn. 5 ff.; *Wessels/Beulke*, AT Rn. 270 ff.

weit längere Tradition.[390] Letztlich lässt sich jede Rechtfertigungssituation in dieser Weise auf eine Kollision zweier Grundrechte zurückführen.

b. Übertragbarkeit des § 193 StGB auf andere Tatbestände

Durch eine breit gefächerte Auswahl berechtigter Interessen wäre im Fall einer Analogie ein potentiell weiter Anwendungsspielraum gegeben. Besonders in der Zeit der Studentenbewegung in den 60er Jahren war das Befürworten einer analogen Anwendung des § 193 StGB auf andere Delikte *en vogue*. Aufgrund des spezifisch auf die Meinungsfreiheit zugeschnittenen Anwendungsbereichs bleibt aber zu fragen, ob das § 193 StGB zugrunde liegende Prinzip dem Grunde nach auch auf andere Grundrechtskollisionen anwendbar ist, die über den Schutzbereich des Art. 5 Abs. 1 GG hinaus gehen.

In der Literatur sind wiederholt Stimmen in diese Richtung laut geworden, die § 193 StGB in den Kanon der allgemeinen Rechtfertigungsgründe aufnehmen wollen.[391] Vor allem *Eser* hat eine vorsichtige Erstreckung des § 193 StGB auf weitere Tatbestände zur Diskussion gestellt. Die Wahrnehmung berechtigter Interessen habe eine evolutive Funktion bei Schutzgütern mit besonders starker Sozialverflochtenheit. Sie fördere die Entfaltungsmöglichkeit, die darauf beruhende Fortentwicklung der Gesellschaft und schaffe dadurch neue Werte. Beschränkt auf Tatbestände mit gemeinschaftsbezogenen Rechtsgütern sei sie daher über den Ehrenschutz hinaus generalisierungsfähig.[392] Tatbestände mit besonders gemeinschaftsbezogenen Rechtsgütern seien beispielsweise die §§ 201 ff., 240 StGB, die so tief in das zwischenmenschliche und gesellschaftliche Leben hineinverwoben seien, dass sich ihr Gebrauch in besonders starkem Maße an den Interessen anderer stoße.[393] Im Gegensatz zu dem beim rechtfertigenden Notstand geforderten wesentlichen Überwiegen eines rechtlich geschützten Interesses reiche bei den genannten Tatbeständen bereits eine billigenswerte und

---

[390] Vgl. RGSt 62, 83 [92 f.]; *Ignor*, Der Straftatbestand der Beleidigung, S. 94 f.; *Schwinge*, Ehrenschutz heute, S. 48, hat den Abwägungsgedanken bereits in der Erstauflage des Kommentars von Frank aus dem Jahr 1897 nachgewiesen.

[391] Vgl. *Eser*, Wahrnehmung berechtigter Interessen als allgemeiner Rechtfertigungsgrund, *passim*; Sch/Sch-*Schröder,* 17. Aufl., Vor § 52 Rn. 62a; ähnlich *Noll*, ZStW 77 [1965], 1 [31]; *Tiedemann*, JZ 1969, 717 [721].

[392] *Eser*, Wahrnehmung berechtigter Interessen als allgemeiner Rechtfertigungsgrund, S. 67.

[393] *Eser*, Wahrnehmung berechtigter Interessen als allgemeiner Rechtfertigungsgrund, S. 46.

erst auf Verhältnismäßigkeitsebene abzugrenzende Vorzugstendenz aus.[394] Danach sei eine Tat nicht rechtswidrig, wenn sie nach gehöriger Prüfung in erforderlicher und geeigneter Weise zur Wahrung oder Durchsetzung berechtigter Privat- oder Allgemeininteressen erfolge, welche den Täter selbst angehen müssten und nicht außer Verhältnis zu dem verletzten Rechtsgut stehen dürften.[395]

Eine derartige Erstreckung des § 193 StGB auf einige weitere Tatbestände mit besonders gemeinschaftsbezogenen Rechtsgütern wie § 201 Abs. 1, 2 Nr. 1, § 203 StGB hat in der Wissenschaft zum Teil Zustimmung gefunden.[396] Von der herrschenden Ansicht wie auch der Rechtsprechung wird sie dagegen nach wie vor vehement abgelehnt.[397] § 193 StGB soll danach jedenfalls nicht anwendbar sein, wenn § 123 StGB,[398] § 164 StGB,[399] § 267 StGB[400] oder § 303 StGB[401] verletzt sind.

aa. Grammatikalische und systematische Auslegung

Zwar spricht schon die Stellung des § 193 StGB im 14. Abschnitt des Strafgesetzbuchs sowie die explizite Nennung der Beleidigung in § 193 StGB für einen

---

[394] *Eser*, Wahrnehmung berechtigter Interessen als allgemeiner Rechtfertigungsgrund, S. 51, 56 ff.

[395] *Eser*, Wahrnehmung berechtigter Interessen als allgemeiner Rechtfertigungsgrund, S. 68.

[396] Hierzu *Eser*, Wahrnehmung berechtigter Interessen als allgemeiner Rechtfertigungsgrund, S. 12, 48 ff.; *Geppert*, Jura 1985, 25 [28]; LK-*Jähnke*, § 203 Rn. 82; *Noll*, ZStW 77 [1965], 1 [31 f.]; *Rogall*, NStZ 1983, 1 [6]; *Tiedemann*, JZ 1969, 717 [721].

[397] *Cloeren*, Strafbarkeit durch Beweisantragstellung?, S. 222; *Geppert*, Jura 1985, 25 [28]; *Hardt*, Grenzen zulässiger Interessenwahrnehmung unter dem Gesichtspunkt des erlaubten Risikos, S. 74 ff.; LK-*Herdegen*, § 193 Rn. 11; LK-*Hirsch*, Vor § 32 Rn. 179; SK/StGB-*Hoyer*, Vor § 201 Rn. 15 f.; NK-*Jung*, § 201 Rn. 18; Sch/Sch-*Lenckner*, Vor §§ 32 ff. Rn. 79 f.; *ders.*, in: Noll-GS, S. 243 [243]; *ders.*, JuS 1988, 349 [353]; *Otto*, Strafrecht BT, § 32 Rn. 36; *Rengier*, BT/2, § 29 Rn. 36; *Roxin*, Strafrecht AT/1 § 18 Rn. 39; SK/StGB-*Rudolphi*, § 193 Rn. 3; LK-*Schünemann*, § 201 Rn. 39; *Tenckhoff*, JuS 1989, 198 [198 f.]; *Tröndle/Fischer*, § 193 Rn. 4; gegen eine Anwendung auf § 303 StGB OLG Stuttgart, NStZ 1987, 121 [122].

[398] OLG Stuttgart, NStZ 1987, 121 [121] (m. Anm. *Lenckner*, JuS 1988, 349 ff.); *Rengier*, BT/2, § 29 Rn. 36.

[399] RGSt 10, 274 [275]; 71, 34 [37]; 72, 96 [98]; *Cloeren*, Strafbarkeit durch Beweisantragstellung?, S. 222 f.; LK-*Ruß*, § 164 Rn. 33; *Tröndle/Fischer*, § 164 Rn. 14; NK-*Vormbaum*, § 164 Rn. 67.

[400] RGSt 50, 55 [56].

[401] OLG Stuttgart, NStZ 1987, 121 [121] m. Bespr. *Lenckner*, JuS 1988, 349 ff.

rein auf die Ehrenschutzdelikte zugeschnittenen Rechtfertigungsgrund.[402] Dies ist bei genauerer Betrachtung jedoch nicht zwingend. Während es sich beim ersten Teil des § 193 StGB bis zum Passus »und ähnliche Fälle« um eine Aufzählung der Situationen handelt, in denen der Strafbarkeitsausschluss eingreift, wird durch einen Vergleich des darauf folgenden Schlussteils mit der Formulierung des § 192 StGB deutlich, dass es sich bei diesem lediglich um eine Unterausnahme für den Fall der Beleidigung trotz Wahrheitsbeweises (§ 192 StGB) handelt. Es spricht daher zwar vieles dafür, § 193 StGB nur auf die §§ 185 ff. StGB anzuwenden, zwingend ist diese Annahme hingegen nicht.

Bedenken ergeben sich allerdings bei der weiteren systematischen Untersuchung. Bei der Frage einer etwaigen Analogie müssen die Grundprinzipien im Vordergrund stehen, die einer Rechtfertigungsnorm zugrunde liegen. Darauf beruhend ist die Generalisierbarkeit auf den Prüfstand zu stellen. Bezogen auf § 193 StGB bedeutet dies, dass eine Ausdehnung der Wahrnehmung berechtigter Interessen lediglich einen formalen Ansatz darstellt, der einer materiellen Konkretisierung bedarf. Denn die Grenzen dieses Rechtfertigungsgrundes sind nach wie vor offen. Zuerst ist daher nach dem Eigengehalt der Vorschrift zu fragen.

(1) Das objektive Merkmal des berechtigten Interesses

Der Begriff des »Interesses« ist weder in § 193 StGB noch sonst im Strafgesetzbuch legal definiert. Jedoch verwendet das Strafrecht den Begriff in einigen anderen Vorschriften, so dass sich eine vergleichende Auslegung anbietet. Beim allgemeinen Notstand in § 34 StGB spricht der Gesetzgeber von »widerstreitenden Interessen«, die er mit den vom Notstand »betroffenen Rechtsgütern« gleich setzt. Folglich zählen Rechtsgüter wie Leben, Leib, Freiheit, Ehre, Eigentum oder andere Rechtsgüter zu den Positionen, die die Rechtsordnung für schützenswert hält. Mit »Interesse« ist daher in § 34 StGB jedes Rechtsgut gemeint, das einen mit den genannten Schutzgütern vergleichbaren Stellenwert hat und ähnlich schützenswert ist.[403] Wie bei der in § 32 StGB geregelten Notwehr kann im Grunde jedes Rechtsgut potentiell durch Notstand verteidigt werden. Ob eine derart weite Auslegung auch für § 193 StGB Geltung beanspruchen kann, ist fraglich. Denn dort kann als Auslegungshilfe nicht auf eine benachbarte Vor-

---

[402] Vgl. *Cloeren*, Strafbarkeit durch Beweisantragstellung?, S. 222.
[403] Vgl. *Merz*, Strafrechtlicher Ehrenschutz und Meinungsfreiheit, S. 103.

schrift verwiesen werden. Weder das Verhältnis des Interesses zum Täter noch das Verhältnis zum verletzten Rechtsgut ist definiert.[404] In Anlehnung an § 34 StGB sollte allerdings jedes öffentliche oder private, ideelle oder vermögensrechtliche Interesse in Frage kommen, das nicht dem Recht oder dem Sittengesetz zuwiderläuft.[405] An dieser Auslegung ändert auch die Tatsache nichts, dass das Interesse »berechtigt« sein muss. Zwar werden dadurch rechts- und sittenwidrige Interessen als rechtfertigende Motive ausgeschlossen.[406] Eine Abgrenzung in den wirklich problematischen Bereichen der Strafverteidigung kann dadurch jedoch nicht bewirkt werden. Fraglich bleibt beispielsweise, ob es berechtigte Anliegen des Täters oder einer dritten Person oder sogar Interessen der Öffentlichkeit sein können, deren Verfolgung eine rechtfertigende Kraft zukommen kann. Schon dieser Befund macht klar, dass eine ausdehnende Anwendung des § 193 StGB auf einem unsicheren Fundament stünde.

(2) **Die subjektive Seite: Das Merkmal »zur Wahrnehmung«**

Wie bei jedem Rechtfertigungsgrund bedarf es auch bei § 193 StGB einer bewussten Handlung zur Bewahrung rechtlicher Interessen.[407] Der Täter muss mit dem Willen zur Rechtfertigung gehandelt haben. Ein Handeln »zur Wahrnehmung« eines berechtigten Interesses filtert lediglich »gelegentliche« Handlungen aus, die nicht unmittelbar zur Wahrung rechtlicher Interessen dienen. Nicht ersichtlich ist in subjektiver Hinsicht jedoch, ob der Täter seine Rechtfertigungsstrategie nur defensiv oder auch offensiv durchführen darf.[408] Auch die insoweit offenen Grenzen des § 193 StGB sprechen gegen ein analoge Anwendung.

bb. **Verallgemeinerungsfähigkeit des Abwägungsprinzips**

Weiter müsste aus systematischer Sicht das hinter § 193 StGB stehende Abwägungsprinzip verallgemeinerungsfähig sein. Dieses stellt zunächst jedenfalls keinen Fremdkörper im Strafrecht dar, sondern ist ein grundlegendes Prinzip je-

---

[404] So auch *Eser*, Wahrnehmung berechtigter Interessen als allgemeiner Rechtfertigungsgrund, S. 24.
[405] RGSt 15, 15 [17]; *Tenckhoff*, JuS 1989, 198 [200].
[406] *Eser*, Wahrnehmung berechtigter Interessen als allgemeiner Rechtfertigungsgrund, S. 24.
[407] Vgl. allgemein *Geppert*, Jura 1995, 103 [104].
[408] So auch *Eser*, Wahrnehmung berechtigter Interessen als allgemeiner Rechtfertigungsgrund, S. 26.

der strafrechtlichen Rechtfertigung, wie schon die Formulierungen der §§ 34 f. StGB beweisen. Besonders die »Äußerungen, welche zur Ausführung oder Verteidigung von Rechten oder zur Wahrnehmung berechtigter Interessen gemacht werden«, verdienen dabei im Kontext der Verteidigung eine nähere Betrachtung. Die Anerkennung des § 193 StGB als Rechtfertigungsgrund führt zu einem Freiraum, in dem, nicht zuletzt um des allgemein gesellschaftlichen, kulturellen oder politischen Fortschritts Willen, in der Auseinandersetzung mit anderen auch deren Geltungswert in der Gesellschaft und der daraus folgende Achtungsanspruch in gewissen Grenzen angetastet werden dürfen.[409] Bei der Anerkennung einer allgemeinen Rechtfertigung analog § 193 StGB würden allerdings schon »berechtigte« Interessen für eine Rechtfertigung ausreichen. Dies stellte einen systematischen Bruch gegenüber den sonstigen allgemeinen Rechtfertigungsgründen dar, deren Anwendung nicht schon bei berechtigten, sondern erst bei »überwiegenden« Interessen in Betracht kommt. Durch eine extensive Anwendung des § 193 StGB würde generell eigenen Interessen ein rechtlicher Vorrang gegenüber rechtlich geschützten Interessen anderer eingeräumt. Ein solcher Grundsatz ist dem deutschen Strafrecht jedoch fremd und hat auch nicht in dieser Form in § 193 StGB seinen Niederschlag gefunden.[410]

c. **Stellungnahme**

Was eine Übertragbarkeit des § 193 StGB angeht, geht schon der Begriff »Äußerungen« grammatikalisch ersichtlich davon aus, dass die Wahrnehmung berechtigter Interessen allein auf die geistige Auseinandersetzung mit der Welt zugeschnitten ist und Akte anderer Art nicht rechtfertigen kann.[411] Dies wäre auch

---

[409] *Lenckner*, JuS 1988, 349 [352].
[410] Ebenso *Otto*, JK 2001, StGB § 203/1; OLG Stuttgart, NStZ 1987, 121 [121]; *Lenckner*, in: Noll-GS, S. 243 [256]; *Roxin*, Strafrecht AT/1, § 18 Rn. 37. Folgte man der Ansicht von SK/StGB-*Günther*, Vor § 32 Rn. 39 ff., 41; *ders.*, in: Spendel-FS, S. 189 [193 ff., 196 f.], der § 193 StGB als tatbestandsspezifischen Strafunrechtsausschließungsgrund klassifiziert, spräche neben diesen systematischen Argumenten zudem ein praktischer Nachteil gegen eine ausdehnende analoge Anwendung des § 193 StGB. Denn nach seiner Ansicht erschöpft sich dessen rechtfertigende Kraft darin, nur das im Straftatbestand vertypte Unrecht und damit die Strafbarkeit zu beseitigen, ohne allerdings die Rechtswidrigkeit der Tat an sich zu tangieren. Mit anderen Worten präjudizierte die strafrechtliche Wertung nicht die zivilrechtlichen Ansprüche des Beleidigten. Eine Rechtfertigung nach § 193 StGB hätte damit keinen Einfluss auf etwaige zivilrechtliche Unterlassungs-, Widerrufs- und Schmerzensgeldansprüche.
[411] Ebenso *Lenckner*, JuS 1988, 349 [352].

nicht angemessen. Denn § 193 StGB bezieht als besondere Ausprägung der Meinungsfreiheit (Art. 5 Abs. 1 GG) seine Legitimation aus der verfassungsrechtlichen Bedeutung, die der freien Meinungsäußerung in der freien Gesellschaft zukommt. Eine analoge Anwendung des § 193 StGB auf andere Tatbestände ohne Meinungsbezug ist aber auch aus systematischen Gründen abzulehnen.[412] Eine solche Übertragung würde die Grenzen der anerkannten Rechtfertigungsgründe verwischen[413] und ist letztlich auch weder sachgerecht noch notwendig.[414] Dies ergibt sich daraus, dass Tatbestände mit einem besonders sozialbezogenen Rechtsgüterschutz von vornherein auf Tatbestandsebene durch ebenfalls schutzwürdige Gegeninteressen anderer relativiert werden.[415] Systematisch kann hier eine Strafbarkeitseinschränkung bereits im Tatbestand vorgenommen werden. Die Frage der Rechtswidrigkeit stellt sich mithin nicht mehr. Zu Recht sind daher nach wie vor diejenigen Stimmen in der absoluten Mehrheit, die in § 193 StGB einen allein auf den Ehrenschutz zugeschnittenen Rechtfertigungsgrund sehen und eine ausdehnende Anwendung auf andere Delikte ablehnen.

Unabhängig von der Frage einer Übertragbarkeit der Wertungen des § 193 StGB spricht jedoch viel gegen eine Rechtfertigungslösung. Trotz der auf den ersten Blick naheliegenden Rechtfertigungssituation ist jede auf dieser Argumentation aufbauende Lösung von vornherein starken Bedenken ausgesetzt. Sobald der Staat aufgrund und in den Grenzen einer strafprozessualen Befugnis handelt, ist die Rechtswidrigkeit eines Angriffs auf den Beschuldigten ausgeschlossen. Für eine Rechtfertigungssituation müsste man entweder einen Angriff des Staates oder eine von den Strafverfolgungsbehörden ausgehende Gefahr nachweisen, die beide in dieser Form nicht gegeben sind. So besteht für eine Rechtfertigung wegen Notwehr in Form der Nothilfe (§§ 32 StGB, 227 BGB) bei Einhaltung der formell rechtmäßigen Verfahrensvorschriften bereits kein rechtswidriger Angriff seitens der Strafverfolgungsorgane,[416] da die strafprozessualen Vor-

---

[412] Ebenso OLG Stuttgart, NStZ 1987, 121 [122]; *Geppert*, Jura 1985, 25 [28]; *Lenckner*, JuS 1988, 349 [353]; *Tenckhoff*, JuS 1989, 198 [199]; *Tröndle/Fischer*, § 193 Rn. 4.
[413] NK-*Jung*, § 203 Rn. 25; *Tenckhoff*, JuS 1989, 198 [198 f.].
[414] *Lenckner*, JuS 1988, 349 [353].
[415] Ebenso *Lenckner*, JuS 1988, 349 [353].
[416] So auch *Bernsmann*, StV 2000, 40 [43]; zu den Voraussetzungen der Notwehr vgl. nur *Wessels/Beulke*, AT Rn. 325 ff.; *Tröndle/Fischer*, § 32 Rn. 3 ff.

schriften ihrerseits Eingriffsbefugnisse in die Freiheit des Einzelnen normieren. Prozessuale Befugnisse der Strafverfolgungsbehörden beziehen ihre materiellrechtliche Rechtfertigung aus einem begründeten Tatverdacht und damit aus der Vermutung rechtmäßigen Handelns.[417] Auch ein Notstand (§§ 34 StGB, 228, 904 BGB) scheidet mangels allgemeiner (Dauer-) Gefahr durch die Strafverfolgungsbehörden aus. An diesem Ergebnis ändert sich aufgrund der gesetzgeberischen Entscheidung sogar dann nichts, wenn es aufgrund der Einstellung der Ermittlungen der Staatsanwaltschaft gem. § 170 Abs. 2 StPO gar nicht erst zum Prozess gegen den Beschuldigten kommt oder er zwar angeklagt, dann aber rechtskräftig freigesprochen wird.[418]

Auch der Weg, über einen Angriff direkt auf den Verteidiger zu einer durch Notwehr gerechtfertigten Handlung zu kommen, ist aus dem gleichen Grund zum Scheitern verurteilt. Rechtswidrige Angriffe des Staates auf notwehrgeschützte Güter des Verteidigers sind im Verlaufe einer Verteidigung äußerst selten. Diesbezüglich kann sich allenfalls in Einzelfällen ein Notwehrrecht des Verteidigers ergeben, etwa dann, wenn Verteidigungsunterlagen in rechtswidriger Weise beschlagnahmt werden. Gerade in den »strafverteidigerspezifischen« Fallkonstellationen wird der Verteidiger aber in der Regel gerade keiner eine Rechtfertigung auslösenden Sachlage ausgesetzt sein. Die Heranziehung von Notwehr und Notstandsgesichtspunkten zur Problemlösung wäre daher unfruchtbar.

Ebenso dogmatisch zum Scheitern verurteilt sind Überlegungen, eine mutmaßliche oder in der Regelung des § 137 StPO liegende ausdrückliche »Einwilligung des Staates« zu konstruieren, die die Mitwirkung eines Verteidigers strafprozessual und letztlich auch verfassungsrechtlich gutheißt. Denn wie erwähnt enthält die Strafprozessordnung hinsichtlich einer materiellen Strafdrohung keinen Katalog »bewilligter« Verteidigungshandlungen. Auch die Straftatbestände tragen nicht zur Aufklärung der Grenzen dieses Rechtfertigungsgrundes bei. Ebenso wenig kommt eine Orientierung an der Üblichkeit oder den guten Sitten analog

---

[417] Zutr. *Grüner/Wasserburg*, GA 2000, 430 [436].
[418] Vgl. *Bernsmann*, StV 2000, 40 [43]; dies übersieht *Jahn*, »Konfliktverteidigung« und Inquisitionsmaxime, S. 310.

§ 228 StGB in Betracht. Zwar hat der Bundesgerichtshof entschieden, dass ein Verteidigungshandeln objektiv tatbestandsmäßig sein kann und damit einer Rechtfertigung offen stehe, wobei diese in dem üblichen, vom Verteidigungswillen getragenen Verteidigerhandeln zu finden sei.[419] Die Konsequenz daraus wäre allerdings überspitzt formuliert die Relativierung des Erlaubten durch das Übliche.[420] Zwangsläufig wäre die Frage zu stellen, welcher Maßstab für die Üblichkeit angelegt werden sollte. Ein Blick auf § 228 StGB zeigt zwar, dass eine Berücksichtigung verobjektivierter Wertungen bei der Begrenzung rechtfertigenden Verhaltens dem deutschen Strafrecht nicht fremd wäre. Allerdings unterliegen die für den Strafverteidiger »berufsspezifischen« Delikte zumeist aufgrund ihrer allgemeinschützenden Zielrichtung im Unterschied zu § 223 StGB grundsätzlich keinem »Einwilligungsvorbehalt« dergestalt, dass sie durch eine Einwilligung gerechtfertigt werden könnten.

Gegen eine Freistellung des Verteidigers durch allgemeine Rechtfertigungsgründe spricht aus systematischer Sicht zudem, dass diese maßgeblich auf widerstreitende Individualinteressen zugeschnitten sind, während es bei der Strafverteidigungsproblematik um einen programmierten Widerstreit von Allgemeininteressen unter Einbeziehung von Grundrechten, grundlegenden Institutsgarantien und Rechtsstaatsprinzipien geht.[421] Allenfalls dann, wenn auf eine rechtswidrige Handlung eines anderen Prozessbeteiligten reagiert wird, kann eine Rechtfertigungslage konstruiert werden. Hier wird aber zumeist die Gegenwärtigkeit fehlen.[422] Zudem existiert in unserer Rechtsordnung kein Rechtsgrundsatz, dass der Zweck die Mittel heiligt.[423] Spielraum für eine Nothilfe seitens des Strafverteidigers bliebe beispielsweise nur für den äußerst schmalen Bereich, in dem der Staat befugnislos oder unter Missachtung der Grenzen eingeräumter Befugnisse in strafrechtlich geschützte Rechte des Beschuldigten eingriffe.

---

[419] Vgl. BGHSt 29, 99 [105].
[420] *Ernesti*, JR 1982, 221 [225].
[421] Zutr. *Gotzens/Schneider*, wistra 2002, 121 [129] für die Geldwäsche.
[422] Zutr. *Jahn*, »Konfliktverteidigung« und Inquisitionsmaxime, S. 310.
[423] *Barton*, StV 1995, 290 [292].

3. Die grundsätzliche Ablehnung einer generellen Rechtswidrigkeitslösung

a. Indizfunktion des Tatbestands und Irrtumsprobleme

Neben den vorab dargestellten Problemen der Konstruktion einer Rechtfertigungslage ist jede Behandlung einer Verteidigerstrafbarkeit auf Ebene der Rechtswidrigkeit zudem aus praktischer Sicht mit dem Makel behaftet, dass die Indizfunktion des Tatbestands den Verteidiger zumindest psychologisch belastet.[424] Aber auch dogmatisch hat eine derartige Lösung eklatante Nachteile. Zum einen wird dadurch das Verhalten des Verteidigers nur aus der Strafbarkeit, nicht aber aus der Verfolgbarkeit herausgenommen,[425] da die Tatbestandserfüllung für die Strafverfolgungsbehörden Anlass zu Ermittlungen geben darf. Zum anderen ergeben sich im Bereich der Irrtumsproblematik Schwierigkeiten für die Strafbarkeit von Teilnehmern im Bereich des Erlaubnistatbestandsirrtums.[426] Auch wenn vertreten wird, dass letztlich Tatbestands- und Rechtswidrigkeitsausschluss ohnehin ineinander übergehen,[427] sollte dennoch zumindest der Versuch einer trennscharfen Unterscheidung vorgenommen werden.

b. Verkehrung des Regel-Ausnahme-Verhältnisses

Entscheidend gegen eine generelle Rechtfertigungslösung bei prozessual zulässigem Handeln spricht das Regel-Ausnahme-Verhältnis von grundsätzlich erlaubter und nur ausnahmsweise verbotener Strafverteidigung. Eine Rechtfertigung beruht formal gesehen auf der Kollision eines Verbots mit einem Gebot oder einer Erlaubnis.[428] Dem aus einzelnen Unrechtselementen gebildeten Unrechtstatbestand steht der aus einzelnen Rechtfertigungselementen gebildete Rechtfertigungstatbestand gegenüber.[429] Das allgemeine Rechtfertigungsprinzip zeigt sich daher in materieller Hinsicht darin, dass es zwischen einem Straftatbe-

---

[424] Zutr. *Beulke*, in: Rudolphi-FS, S. 391 [398]; ähnl. *Vogt*, Berufstypisches Verhalten und Grenzen der Strafbarkeit, S. 160.
[425] *Jahn*, »Konfliktverteidigung« und Inquisitionsmaxime, S. 309.
[426] Ebenso *Jahn*, »Konfliktverteidigung« und Inquisitionsmaxime, S. 309 f.; *Müller-Dietz*, Jura 1979, 242 [253].
[427] So *Widmaier*, in: BGH-FS IV, 1043 [1046].
[428] *Noll*, ZStW 77 [1965], 1 [8].
[429] *Noll*, ZStW 77 [1965], 1 [8].

stand und einem Rechtfertigungsgrund eine Wertkollision gibt, die durch eine daraufhin anzustellende Wertabwägung gelöst wird.[430] Durch diese Normen- und Wertekollision unterscheidet sich die Rechtfertigung vom nicht erfüllten Tatbestand. Bei diesem sind die zur Strafbarkeit erforderlichen Unrechtselemente nicht oder nicht in vollem Maße gegeben, die strafrechtlich geschützten Werte nicht oder nicht im erforderlichen Maße oder der erforderlichen Anzahl verletzt. Umgekehrt sind bei der Rechtfertigung zwar sämtliche zur Strafbarkeit erforderlichen Unrechtselemente gegeben. Sie werden aber durch gewichtigere Rechtfertigungselemente aufgehoben. Den verletzten Werten stehen gewichtigere geschützte oder geschaffene Werte gegenüber.[431] In einigen Tatbeständen enthalten sogar einzelne Merkmale schon eine Werteabwägung, beispielsweise das Merkmal der Gesundheitsbeschädigung in § 223 StGB, wenn es um ärztliche Heileingriffe geht.[432] Betrachtet man daraufhin die Strafverteidigung im System von Tatbestand und Rechtswidrigkeit, muss ein zulässiges Handeln in der Regel bereits grundsätzlich aus dem Tatbestand ausgeschlossen sein. Die Tatbestandserfüllung muss ebenso wie eine Rechtfertigung die Ausnahme bleiben. Die Erfüllung eines Straftatbestands durch prozessual gebilligtes Verhalten eines Verteidigers würde daher eine veritable Schwächung der Strafverteidigung bedeuten. Die Strafverteidigung würde gehemmt, wenn die Freistellung von einer bereits tatbestandlich eingetretenen Strafbarkeit erst im Rahmen einer Rechtfertigung erfolgte. Würde man systematisch die Strafverteidigungs-Tätigkeit durch eine Rechtfertigungskonstruktion von der Strafbarkeit freistellen, bedeutete dies die Umkehrung des Regel-Ausnahme-Verhältnisses von grundsätzlich erlaubter und nur ausnahmsweise unzulässiger Verteidigung. Strafverteidigung muss daher grundsätzlich zulässig und nicht nur ausnahmsweise gerechtfertigt sein.[433] Eine undifferenzierte Umkehrung dieses Verhältnisses widerspräche diametral dem hohen verfassungsrechtlichen Stellenwert der institutionellen Strafverteidigung. Sie ginge daher sowohl an den Bedürfnissen der Praxis als auch am Selbstverständnis der Verteidiger im Rahmen ihrer Tätigkeit vorbei.

---

[430] *Noll*, ZStW 77 [1965], 1 [9].
[431] *Noll*, ZStW 77 [1965], 1 [10].
[432] *Noll*, ZStW 77 [1965], 1 [11].
[433] So auch *Müller-Dietz*, Jura 1979, 242 [254]; *ders.*, JR 1981, 76 [77]; *Ostendorf*, NJW 1978, 1344 [1346].

c. Zusammenfassung

Die Ablehnung einer Rechtfertigungslösung beruht daher letztlich nicht auf der Frage der Anwendbarkeit einzelner Rechtfertigungsgründe. Gegen eine Rechtfertigungslösung bei prozessual zulässigem Tätigwerden des Verteidigers sprechen bereits grundsätzliche systematische Erwägungen. Der Bedeutung der Strafverteidigung muss so weit wie möglich bereits auf Tatbestandsebene ausreichend Rechnung getragen werden. Zu Recht wird daher die Anwendung eines allgemeinen oder besonderen Rechtfertigungsgrundes der »Strafverteidigung« aus generellen Erwägungen abgelehnt.[434]

4. Die Sperrwirkung des § 258 StGB für tateinheitlich begangene Delikte

Auf den ersten Blick sehr reizvoll ist der im Schrifttum verbreitete Vorschlag, dem Tatbestand des § 258 StGB eine Art Sperrwirkung für tateinheitlich verwirklichte Delikte wie etwa einer Urkundenfälschung zuzuschreiben.[435] Konstruktiv erreicht wird dies durch eine Übertragung der Vorsatz-Anforderungen des § 258 StGB, namentlich die Erfordernisse des *dolus directus* ersten und zweiten Grades (Absicht und Wissentlichkeit), auf alle in Tateinheit mit der Strafvereitelung tatbestandlich verwirklichten Delikte. Die Berechtigung einer Sperrwirkung entsteht mit der Überlegung, dass Wortverteidigung und Verteidigung mit Urkunden als Beweismittel vergleichbar behandelt werden müssten. Unterstützt ein Verteidiger seinen Mandanten verbal, bedarf es einer Vereitelungsabsicht (bzw. Wissentlichkeit bzgl. des Vereitelungserfolgs), um den Tatbestand des § 258 StGB zu erfüllen. Unterlegt der Verteidiger dagegen seine Argumente mit Urkunden, reicht bereits *dolus eventualis* hinsichtlich der Unechtheit der Urkunde aus, um in die Gefahr einer Strafbarkeit zu geraten.

---

[434] Vgl. *Hassemer*, in: Beck'sches Formularbuch für den Strafverteidiger, S. 17.
[435] Dazu *Alber*, Das Verteidigerprivileg, S. 122 ff.; *Scheffler*, StV 1993, 470 [472]; *von Stetten*, StV 1995, 606 [609 ff.]; *Wünsch*, StV 1997, 45 [50]; vgl. auch *Hamm*, NJW 1993, 289 [294]; vgl. auch *Köllner*, in: *Bockemühl*, Handbuch des Fachanwalts Strafrecht, Rn. 49; *Seiler*, Die Sperrwirkung im Strafrecht, S. 219 ff.; für *Jahn*, »Konfliktverteidigung« und Inquisitionsmaxime, S. 312 ist die Sperrwirkung ein »dogmatisch überzeugender Ausweg«, auch wenn er diesen Gedanken letztlich verwirft.

a. Vergleich mit anderen Sperrwirkungs-Konstruktionen

Zur Begründung dieses Lösungsansatzes verweisen seine Vertreter vornehmlich auf die parallel anerkannte Sperrwirkung des Rechtsbeugungstatbestands (§ 336 StGB a.F., heute § 339 StGB)[436] sowie eine Entscheidung des Bundesgerichtshofs zum Zeugnisverweigerungsrecht des Verteidigers gem. § 53 Abs. 1 Nr. 2 und 3 StPO, in der ebenfalls der Gedanke einer Sperrwirkung anklang.[437] Zusätzlich wird zur Herleitung der Sperrwirkung auf die Geltung eines allgemeinen Justizprivilegs[438] und den Grundsatz der Waffengleichheit[439] verwiesen. Der Bundesgerichtshof hatte festgestellt, dass sich ein Verteidiger nicht auf ein Zeugnisverweigerungsrecht gem. § 53 Abs. 1 Nr. 2 und 3 StPO berufen könne, wenn er im Zusammenwirken mit dem Beschuldigten eine strafbare Handlung begehe, die nicht mit einem denkbaren Ziel der Strafverteidigung sachlich zusammen hänge.[440] Daraus wird gefolgert, dass ein Zeugnisverweigerungsrecht umgekehrt bejaht werden kann, wenn die Handlungen des Verteidigers mit den sachlichen Zielen der Strafverteidigung im Einklang stehen. Da die Verteidigungshandlungen ihrer Natur nach auf den Schutz des Beschuldigten vor Anklage, Verhaftung und Verurteilung ausgerichtet seien, könne diese Argumentation wegen des gleichen Ziels auch für die Strafvereitelung herangezogen werden.[441] Begehe ein Verteidiger im Rahmen seiner Verteidigung Straftaten, entfalte sich daher eine Sperrwirkung des § 258 StGB, solange diese Verteidigungshandlung im sachlichen Zusammenhang mit den Verteidigungszielen stehe und nicht nur »nebenbei« erfolge.[442] Begründet wird diese Argumentation mit dem Erfordernis, die bestehende (Rest-) Unabhängigkeit des Verteidigers zu stärken, wenn dieser als Beistand und Wächter auf der Beschuldigtenseite öffentlichen Funktionen unterworfen sei und Pflichten auferlegt bekomme, die seiner Beistandsfunktion

---

[436] *Alber*, Das Verteidigerprivileg, S. 112 f., 133; *I. Müller*, StV 1981, 90 [98]; *Hamm*, NJW 1993, 470 [472]; *Seiler*, Die Sperrwirkung im Strafrecht, S. 222; *von Stetten*, StV 1995, 606 [609]; vgl. auch *Wünsch*, StV 1997, 45 [46 ff.].
[437] *Alber*, Das Verteidigerprivileg, S. 125 ff.; *Scheffler*, StV 1992, 299 [300 f.]; *ders.*, StV 1993, 470 [472]; *Seiler*, Die Sperrwirkung im Strafrecht, S. 223 f.; *von Stetten*, StV 1995, 606 [608]; *Wünsch*, StV 1997, 45 [50].
[438] *Alber*, Das Verteidigerprivileg, S. 140 f.
[439] *Alber*, Das Verteidigerprivileg, S. 135 ff.; *Seiler*, Die Sperrwirkung im Strafrecht, S. 222 f.
[440] BGHSt 38, 7 [11].
[441] *von Stetten*, StV 1995, 606 [610 f.]; *Seiler*, Die Sperrwirkung im Strafrecht, S. 222, 227 f.; *Wünsch*, StV 1997, 45 [50]; vgl. auch *Alber*, Das Verteidigerprivileg, S. 125 ff.
[442] *von Stetten*, StV 1995, 606 [608].

entgegen stünden.[443] Auch die Entwicklung des Rechtsbeugungs-Tatbestands (§ 336 a.F. StGB, heute § 339 StGB) verdeutliche, dass der Gedanke einer Sperrwirkung für tateinheitliche Delikte dem deutschen Strafrecht nicht fremd sei. Für einen umfassenden Schutz der richterlichen Unabhängigkeit wurden erhöhte Vorsatz-Anforderungen bei § 336 StGB a.F. nach herrschender Lehre auch auf tateinheitlich verwirklichte Delikte wie Freiheitsberaubung (§ 239 StGB) oder Aussageerpressung (§ 343 StGB) erstreckt. Auch wenn die neue Fassung des § 339 StGB keine Absicht oder Wissentlichkeit mehr verlange, gelte die Sperrwirkung nach wie vor in dem Sinne, dass eine Verurteilung wegen einer Tätigkeit bei der Leitung einer Rechtssache nach anderen Vorschriften nur unter den Voraussetzungen des Rechtsbeugungstatbestands gegeben sei. Gleiches gelte für die Strafvereitelung und den Verteidiger.[444]

b. Stellungnahme

Offenkundiger Vorteil dieses Ansatzes ist die leichte Handhabbarkeit sowie die Herstellung einer gewissen Rechtssicherheit für den Strafverteidiger. Insbesondere die prozessuale Konfliktsituation, entweder ein Beweismittel nicht voll auszuschöpfen oder andererseits möglicherweise eine falsche Urkunde einzureichen, könnte durch diese Idee entschärft werden. Der Gedanke der grundsätzlichen Etablierung einer solchen Sperrwirkung hat jedoch hauptsächlich Kritik erfahren.[445]

So würde mit der Anerkennung einer Sperrwirkung des § 258 StGB bei Verteidigungshandlungen ein Präzedenzfall geschaffen, der die Gefahr einer unerwünschten Parallelentwicklung in weiteren Bereichen, etwa durch die Ausweitung der Sonderregelung auf andere Berufsgruppen wie Ärzte, Pfarrer und Sozialarbeiter, begründen könnte.[446] Jedoch kann derartigen Bedenken bereits durch

---

[443] *Alber*, Das Verteidigerprivileg, S. 123 ff.; *von Stetten*, StV 1995, 606 [609, 610].
[444] *von Stetten*, StV 1995, 606 [609 ff.].
[445] *Beulke*, JR 1994, 116 [119, 121]; *Lackner/Kühl*, § 258 Rn. 14; *Pfeiffer*, DRiZ 1984, 341 [347]; *Rengier*, BT/1, § 21 Rn. 22; *Stumpf*, NStZ 1997, 7 [9]; *Zeifang*, Die eigene Strafbarkeit des Strafverteidigers, S. 330 ff.; vgl. auch *Tröndle/Fischer*, § 258 Rn. 13b, der i.Erg. zwischen Sperrwirkung und der vom BGH verfolgten neuen Linie des Tatbestandsausschlusses keinen Unterschied sieht.
[446] *Beulke*, JR 1994, 116 [119], der von der Gefahr eines »Dammbruchs« spricht; *Pfeiffer*, DRiZ 1984, 341 [347]; *Stumpf*, NStZ 1997, 7 [7]; *Otto*, in: Lenckner-FS, S. 193 [211], jew. m.w.N.

einen Vergleich der genannten Berufsgruppen unter Hervorhebung der besonderen Stellung des Verteidigers entgegengetreten werden. Dessen aus dem Schnittpunkt von Beistands- und Garantiefunktion resultierende Stellung ist schon strafrechtssystematisch nicht mit den genannten Berufsgruppen vergleichbar. Jene haben nicht *per se* Teil an öffentlichen Funktionen. Sie können allenfalls als Zeugen oder Sachverständige in einem Strafverfahren in eine Lage kommen, die eine besondere Behandlung rechtfertigen würde. Aber auch dann sind sie nur als Beweismittel beteiligt und stehen nicht in einer mit der Verteidigerstellung vergleichbaren Lage.[447] Die Gefahr einer Ausdehnung ist daher richtigerweise nicht sehr groß.

Gegen die Sperrwirkungs-Lösung sind aber Einwände anderer Art zu erheben. Im Grunde handelt es sich schon begrifflich nicht um eine Sperrwirkung im eigentlichen Sinne. Dieser Begriff würde formal eine Abgrenzung im objektiven Tatbestand nahe legen. Es handelt sich vielmehr um eine schlichte Übertragung der Vorsatzanforderungen der Strafvereitelung auf tateinheitliche Delikte. Denn entscheidend für das Eingreifen der Ausnahmeregelung soll es auf die gleichbleibende Motivation des Verteidigers in Bezug auf die Verteidigungsziele ankommen, die eine Handlung bewirke und verschiedene Rechtsgutsverletzungen verklammere.[448] Eine solche Betonung eines subjektiven Moments wie der Motivation ist allerdings abzulehnen.

Mit der Forderung nach einem wie auch immer gearteten Verteidigerprivileg *de lege lata* durch Veränderung der Vorsatz-Anforderungen begibt man sich daher argumentativ sehr schnell auf dünnes Eis. Denn bei den meisten Tatbeständen, denen »verteidigungsspezifisches« Handeln zugrunde liegt, genügt für die Begehung bereits ein Handeln mit *dolus eventualis*.[449] Eine Erhöhung der Vorsatz-Anforderungen findet im Strafgesetzbuch keine Stütze und lässt sich gesetzessystematisch auch nicht allein mit dem Argument der Notwendigkeit begründen. Weiter ist anzumerken, dass die Anzahl potentiell »strafverteidigerspezifischer« Delikte, die tateinheitlich mit einer Strafvereitelung begangen werden können,

---

[447] Ebenso *von Stetten*, StV 1995, 606 [610].
[448] *Alber*, Das Verteidigerprivileg, S. 125 f.; *von Stetten*, StV 1995, 606 [610, 611]; *Wünsch*, StV 1997, 45 [50].
[449] So auch BGHSt 38, 345 [348].

sehr groß ist. Eine klare Abgrenzung nach Tatbeständen wäre daher für eine Ausnahmebehandlung wünschenswert, ist aber *de facto* nicht möglich.[450] Auch die Realisierung unterschiedlicher Rechtsgutsgefährdungen bei den unter Umständen mitverwirklichten Delikten verdeutlicht, dass ein Transfer des subjektiven Tatbestands auf andere Delikte nicht in Betracht kommt. Wer zugleich mit einer Strafvereitelung eine Urkundenfälschung begeht, weiß, dass er ein zusätzliches Rechtsgut gefährdet.[451] Dies gilt beispielsweise auch für die Aussagedelikte, §§ 153 ff. StGB, und den Prozessbetrug, § 263 StGB. Ebenfalls nicht verfangen kann der Hinweis, dass die Ablehnung einer Sperrwirkung einer Ungleichbehandlung zwischen Wortverteidigung und der Verteidigung unter Vorlage von Urkunden gleich käme.[452] Denn durch eine Strafdrohung findet keine Bewertung der einen oder anderen Form der Verteidigung statt. Eine Gewichtung wird nur insofern vorgenommen, als die Verletzung zweier verschiedener Rechtsgüter eine andere Wertigkeit hat als die Verletzung lediglich eines einzigen Rechtsguts. Der Vorsatz der Verletzung des einen umfasst nicht zwingend auch den Vorsatz hinsichtlich der Verletzung des anderen Schutzguts.

Kritisch anzumerken ist auch, dass bei der Übertragung der Bundesgerichtshof-Entscheidung zum Zeugnisverweigerungsrecht auf die Strafvereitelung von den Befürwortern einer Sperrwirkung übersehen wird, aus welchem Grund Ausnahmen für den Verteidiger beim Zeugnisverweigerungsrecht gemacht wurden. Zum einen ist die Situation einer prozessualen Sperrwirkung in einem Verfahren gegen Dritte schon nicht mit einer materiell-rechtlichen Sperrwirkung hinsichtlich der eigenen Strafbarkeit vergleichbar.[453] Zudem ist Ziel des Zeugnisverweigerungsrechts nach § 53 StPO maßgeblich der Schutz des Vertrauensverhältnisses zwischen bestimmten Berufsangehörigen und denen, die ihre Hilfe und Sachkunde in Anspruch nehmen.[454] Es besteht folglich primär zum Schutz privater Interessen. Schutzgut des Strafvereitelungstatbestands ist dagegen die staatliche Rechtspflege und damit ein öffentliches Rechtsgut, bei dem nicht ohne weiteres Ausnahmen zugunsten des Einzelnen gemacht werden können. Der Bundesgerichtshof hat durch die Ausnahmeregelung zugunsten des Strafverteidigers

---

[450] So auch BGHSt 38, 345 [348].
[451] Vgl. *Beulke*, JR 1994, 116 [119].
[452] So *von Stetten*, StV 1995, 606 [610].
[453] Zutr. *Zeifang*, Die eigene Strafbarkeit des Strafverteidigers, S. 330.
[454] Vgl. nur *Meyer-Goßner*, § 53 Rn. 1 m.w.N.

beim Zeugnisverweigerungsrecht letztlich der privaten Schutzrichtung des § 53 StPO Rechnung getragen. Einer Übertragung dieser Rechtsprechung auf die Strafvereitelung steht aber dessen allgemeine Schutzrichtung entgegen. Ebenso wenig eindeutig ist die Herleitung mittels Vergleichs mit § 336 StGB a.F. Weder Wortlaut noch Gesetzessystematik indizieren ein »Richterprivileg«. Nach allgemeinen Grundregeln führt die Straflosigkeit nach einer Norm nicht automatisch zur Straflosigkeit auch nach einer anderen Norm, selbst wenn es sich um ein Sonderdelikt handelt.[455] Zudem wird im Gegensatz zur alten Fassung in der Neufassung des Rechtsbeugungstatbestands (§ 339 StGB) bewusst kein *dolus directus* mehr verlangt.[456]

Eine wie auch immer geartete Sperrwirkung ist damit abzulehnen.[457]

5. Die Ansicht von *Rietmann*

a. Die verfahrenssystematische Auslegung prozessualer Rechte und Pflichten

Eine intrasystematische Inhaltsbestimmung des jeweiligen Verfahrensrechts möchte *Rietmann* vornehmen.[458] Die Strafprozessordnung enthalte für die Verfahrensbeteiligten eine große Anzahl von Rechten und Pflichten. Deren Inhalt sei jedoch nicht näher bestimmt, so dass dieser durch eine Auslegung der rechtsgewährenden bzw. pflichtbegründenden Norm gewonnen werden müsse.[459] Als Abgrenzungsmodell schlägt er eine verfahrenssystematische Auslegung prozessualer Rechte und Pflichten unter Nutzung der Theorie des institutionellen Rechtsmissbrauchs auch für die strafrechtliche Bewertung von Prozesshandlungen vor.[460] Ergebe die Auslegung einer prozessualen Verhaltensnorm, dass das Prozessverhalten missbräuchlich sei, handele der Verfahrensbeteiligte ohne korrespondierendes Recht. Bei gleichzeitiger Subsumtionsmöglichkeit unter einen Straftatbestand sei ein solches Verhalten

---

[455] Krit. *Stumpf*, NStZ 1997, 7 [8 f.], der das Richterprivileg aus systematischen und historischen Gründen ablehnt.
[456] Vgl. Sch/Sch-*Cramer*, § 339 Rn. 7 m.w.N.; *Scheffler*, StV 1993, 470 [472]; *Wünsch*, StV 1997, 45 [47]; a.A. *Alber*, Das Verteidigerprivileg, S. 110 f. m.w.N.
[457] Ebenso *Zeifang*, Die eigene Strafbarkeit des Strafverteidigers, S. 330 ff.
[458] *Rietmann*, Zur Strafbarkeit von Verfahrenshandlungen, S. 77.
[459] *Rietmann*, Zur Strafbarkeit von Verfahrenshandlungen, S. 80 ff., 83.
[460] *Rietmann*, Zur Strafbarkeit von Verfahrenshandlungen, S. 83 ff., 88

strafbar.⁴⁶¹ Eine im Ergebnis prozessual erlaubte Handlung gebe jedoch noch nicht Auskunft darüber, ob sie rechtmäßig oder rechtswidrig hinsichtlich der materiellen Strafbarkeit sei. Dies sei erst durch einen Blick auf die geschützten Rechtsgüter der Strafnorm zu ersehen. Treffe die Strafprozessordnung selbst Vorkehrungen gegen Risiken für geschützte Rechtsgüter, die mit prozessual erlaubten Verfahrenshandlungen (typischerweise) verbunden seien, habe diese bereichsspezifische Regelung Vorrang vor dem generelleren materiell-rechtlichen Verbot, diese Rechtsgüter zu beeinträchtigen. Habe der Gesetzgeber dagegen in Kenntnis der prozessualen Erlaubnis ein materielles Verbot aufgestellt, sei das von einer prozessualen Befugnis gedeckte Verhalten aufgrund der dann spezielleren materiell-rechtlichen Wertung strafbar.⁴⁶²

b. Stellungnahme

Zunächst ist beim Ansatz von *Rietmann* zu kritisieren, dass die ihrerseits als Abgrenzungskriterium heillos umstrittene Lehre vom institutionellen Rechtsmissbrauch nur wenig zur Klärung der Strafbarkeit nach materiellem Recht beitragen kann. Letztlich handelt es sich bei der von ihm favorisierten Auslegungsmethode nur um eine reine teleologische Reduktion der Strafprozessordnung.⁴⁶³ Zudem fällt auf, dass *Rietmann* die von ihm befürwortete strikte Trennung von Strafprozessordnung und materieller Strafbarkeit im Verlauf seiner Arbeit selbst aufweicht, indem er die Reichweite der prozessualen Befugnisse anhand der geschützten Rechtsgüter der materiell-rechtlichen Strafnormen definiert. Es erscheint zudem nur schwer vermittelbar, dass sich der Gesetzgeber bei Schaffung des Strafgesetzbuchs von der prozessualen Zulässigkeit verschiedener Handlungen hat leiten lassen und so eine Abgrenzung der strafbaren Verhaltensweisen vorgenommen hat. Im Kern läuft die Ansicht von *Rietmann* damit auf die wenig hilfreiche Aussage hinaus, dass eine Verfahrenshandlung strafbar ist, wenn sie einem Straftatbestand im Strafgesetzbuch unterfällt. Der Ansatz von *Rietmann* ist daher abzulehnen.

---

⁴⁶¹ *Rietmann*, Zur Strafbarkeit von Verfahrenshandlungen, S. 88.
⁴⁶² *Rietmann*, Zur Strafbarkeit von Verfahrenshandlungen, S. 128 f.
⁴⁶³ Wie er selbst einräumt, vgl. *Rietmann*, Zur Strafbarkeit von Verfahrenshandlungen, S. 87 f.

6. Die Ansicht von *Wohlers*

Die Untersuchung von *Wohlers* stellt bereits eine echte tatbestandsübergreifende Betrachtung der Strafbarkeit eines Verteidigers dar. Er verwirft im Ergebnis sowohl die Anerkennung eines pauschalen »Verteidigerprivilegs« als auch die Anerkennung besonderer Rechtfertigungsgründe und steht auch der Anhebung der Beweisanforderungen im subjektiven Tatbestand ablehnend gegenüber.[464] Statt dessen betrachtet er eine restriktive Interpretation des objektiven Tatbestands im Sinne einer teleologischen Reduktion als vorrangigen methodischen Ansatz zur Beschränkung des Bereichs strafbaren Verteidigerhandelns. Im Ergebnis dürfe prozessual zulässiges Verhalten eines Strafverteidigers keine Strafbarkeit nach sich ziehen.[465] Den Vorteil dieses Ansatzes sieht er darin, dass bei der Bestimmung der Grenze des strafrechtlich relevanten Verhaltens dem Normzweck des jeweils in Frage stehenden Straftatbestands Rechnung getragen werden könne. Zudem müssten die der Abgrenzung notwendigerweise zugrundeliegenden normativen Maßstäbe als solche offengelegt werden, was im Ergebnis der kritischen Auseinandersetzung überhaupt erst eine Basis gebe.[466]

Daher plädiert er für einen gespaltenen Lösungsweg in Form einer Trennung zwischen der Beurteilung des Verteidigungsverhaltens an sich und der Art und Weise seiner Ausübung. Zu den Normen, die an die Verteidigungshandlung an sich anknüpfen, gehören seiner Ansicht nach neben der Strafvereitelung (§ 258 StGB) auch die Urkundenfälschung (in der Variante der Vorlage gefälschter Urkunden i.S.d. § 267 Abs. 1 Var. 3 StGB), die Benennung von Zeugen als Beweismittel (§§ 153 ff. i.V.m. §§ 26, 27 StGB) sowie die Geldwäsche durch Annahme von Verteidigerhonorar (§ 261 Abs. 2 Nr. 1 StGB). Zur Gruppe derjenigen Normen, die auf die Art und Weise der Ausübung von Verteidigungshandlungen rekurrieren, zählt er insbesondere die Beleidigungsdelikte (§§ 185 ff. StGB) sowie die Nötigung (§ 240 StGB) durch Äußerungen im Verfahren.[467]

---

[464] *Wohlers*, StV 2001, 420 [429].
[465] *Wohlers*, StV 2001, 420 [421, 426].
[466] *Wohlers*, StV 2001, 420 [425].
[467] *Wohlers*, StV 2001, 420 [425].

a. Verteidigungsverhalten als solches

Prozessual zulässige Handlungen der Verteidigung, die auf eine erfolgreiche Abwehr des staatlichen Strafanspruchs abzielten, müssten im Wege einer teleologischen Reduktion des objektiven Tatbestands aus dem Anwendungsbereich der in Betracht kommenden Strafnorm ausgeschlossen werden. Die Vorwertungen des Prozessrechts seien zu beachten. Damit ergebe sich zwangsläufig, dass bei prozessual befugter Verteidigung die Einführung eines Beweismittels materiell-rechtlich weder als Strafvereitelungshandlung noch als Urkundsdelikt noch als Teilnahme an einem Aussagedelikt geahndet werden könne. Auch bei der Strafbarkeit wegen Geldwäsche, bei der es zwar nicht um die Verteidigungshandlung an sich, sondern bereits darum ginge, ob ein Verteidiger überhaupt tätig werde, sei die Lage ähnlich zu beurteilen. Auch hier komme methodisch eine teleologische Reduktion des Tatbestands in Betracht. Wer sich den dafür sprechenden Gründen verschließe, solle offen zugeben, dass damit für bestimmte Deliktsbereiche das Institut der Wahlverteidigung verabschiedet werde.[468]

b. Art und Weise des Verteidigungshandelns

Den Gegensatz dazu sieht *Wohlers* in den Fallgestaltungen, in denen die inhaltliche Begründung von Anträgen bzw. der Inhalt von Erklärungen andere Verfahrensbeteiligte oder dritte Personen in ihrem durch die §§ 185 StGB geschützten Ehranspruch beeinträchtigt oder aber der von einem Verhalten der Verteidigung ausgehende Druck die Grenzen einer strafrechtlich relevanten Nötigung, § 240 StGB, erreicht. *Wohlers* möchte bei einer im Raum stehenden Nötigung zwischen einerseits prozessual zulässigem und andererseits prozessordnungswidrigem Druck unterscheiden. Eine Drohung mit zulässigen Rechtsmitteln wie Dienstaufsichtsbeschwerden oder Amtshaftungsklagen könne nicht zur Anwendung des § 240 StGB führen.[469] Stelle sich die Drucksituation damit als Ergebnis prozessual zulässigen Verteidigungsverhalten dar, scheide die Annahme einer strafrechtlich relevanten Nötigung von vornherein aus. Wenn das einschlägige Verfahrensrecht einem Verfahrensbeteiligten die Möglichkeit eröffne, Einfluss auf den verfahrenstragenden Entscheidungsträger auszuüben, dann müsse not-

---

[468] *Wohlers*, StV 2001, 420 [426].
[469] *Wohlers*, StV 2001, 420 [427].

wendigerweise angenommen werden, dass von dem Entscheidungsträger erwartet werden könne, dem Druck standzuhalten. Werde § 240 StGB im Ergebnis angewendet, sei dies nichts anderes als ein materiell-rechtliches Äquivalent für die im geltenden Strafverfahrensrecht nicht vorhandene allgemeine Missbrauchsklausel.[470] Denn der Versuch von Verfahrensbeteiligten, Einfluss auf das verfahrenstragende Organ auszuüben, gehöre zum »Berufsrisiko«. Der Funktionsträger sei daher zunächst auf die prozessual zur Verfügung stehenden Mechanismen bei der Abwehr beschränkt. Fehlten solche Mechanismen, komme es auf die Intensität des Drucks an. Erreiche er eine Intensität, dass von dem entscheidungstragenden Organ auch unter Berücksichtigung seiner Stellung nicht erwartet werden könne, dem Druck in besonnener Selbstbehauptung standzuhalten, spreche dies für eine inadäquate Drucksituation. Bei objektiv-normativer Betrachtung wäre hier der Weg für § 240 StGB frei.

Im Fall der Auslegung des § 185 StGB sei zu beachten, dass der ehrenrührige Charakter einer Äußerung stets auch unter Berücksichtigung der Begleitumstände zu bewerten sei. Tatsachenbehauptungen in Form von prozessualen Erklärungen oder Begründungen von Anträgen seien daher von vornherein aus dem Anwendungsbereich der §§ 185 ff. StGB ausgeschlossen. Mache der Verteidiger dagegen nur die Berechtigung der von ihm vertretenen Rechtsposition deutlich, könne der Tatbestand der §§ 185 ff. StGB erfüllt sein und es komme auf eine Rechtfertigung nach § 193 StGB an.

c. Stellungnahme

Fraglos ermöglicht die von *Wohlers* vorgeschlagene Unterscheidung eine systematische Handhabung mit »griffigeren« Maßstäben. Sie ist auch insofern zu begrüßen, als durch sie bei vielen Tatbeständen eine Lösung im objektiven Tatbestand ermöglicht würde. Andererseits ist nicht zu übersehen, dass die Zuordnung der Handlungen zu den beiden Kategorien mitunter Schwierigkeiten bereiten kann. Ein bestimmtes Verteidigungsverhalten kann sich als januskömpfig erweisen. Eine Beleidigung in einem Schriftsatz zur Benennung eines Zeugen kann einerseits das »Ob«, andererseits aber auch das »Wie« betreffen. Es gibt durchaus Prozesshandlungen, die sich nicht eindeutig der einen oder anderen Katego-

---

[470] *Wohlers*, StV 2001, 420 [426] unter Hinweis auf *Fezer*, JZ 1996, 655 [658].

rie zuordnen lassen. Diese doppelfunktionalen Handlungen würden je nach Schwerpunkt einmal zur Strafbarkeit und einmal zur Straflosigkeit führen. Auch wird bei *Wohlers'* Ansatz nicht klar ersichtlich, aus welchem Grund er die vorgeschlagene Trennung vornimmt und warum eine unterschiedliche Behandlung geboten sein soll. Schließlich ist an seinem Konzept zu kritisieren, dass er nicht auf die geschützten Rechtsgüter der betroffenen Delikte eingeht. Seine teleologische Reduktion hängt damit ein wenig in der Luft.

7. Die Ansicht von *Wolf*

a. Gesetzesauslegung und das ungeschriebene Merkmal »unbefugt«

Über die Auslegung als systematischen Ansatzpunkt möchte *Wolf* zur Problemlösung strafrechtlicher Beschränkungen der Verteidigung gelangen. Ob eine bestimmte Ausübung eines prozessualen Rechts strafbar sei oder ob das prozessuale Recht zur Verneinung der Strafbarkeit führe, sei durch methodische Auslegung und Anwendung der verfahrens- und der strafrechtlichen Bestimmungen auf den Einzelfall zu ermitteln.[471] Danach ergebe sich für die §§ 258, 129, 129a StGB, dass dort ein ungeschriebenes Tatbestandsmerkmal der »Unbefugtheit« mit hineinzulesen sei, da der Verteidiger bei Ausübung prozessualer Rechte ohne Beeinträchtigung von Rechten anderer bereits den Tatbestand nicht erfülle.[472] Führe eine Gesetzesauslegung dagegen zu dem Ergebnis, dass eine Prozesshandlung keine Befugnis zur Vornahme einer Handlung der Verteidigung enthalte, mache sich der Verteidiger strafbar, solange ihm nicht ein Rechtfertigungsgrund aus prozessualem Recht zur Seite stehe. Dies entscheide sich danach, ob eine entsprechende Prozesshandlung zwangsläufig zur Tatbestandsverwirklichung führe oder ob das prozessuale Recht auch in nicht strafbarer Weise ausgeübt werden könne.[473]

b. Stellungnahme

Zunächst ist dem Strafbarkeitsausschluss auf Tatbestandsebene in den genannten Fällen zuzustimmen. Allerdings ist die von *Wolf* für seine Auslegung verwende-

---

[471] *Wolf*, Das System des Rechts der Strafverteidigung, S. 272.
[472] *Wolf*, Das System des Rechts der Strafverteidigung, S. 273, 275.
[473] *Wolf*, Das System des Rechts der Strafverteidigung, S. 276.

te Rechtsgrundlage zu eingeschränkt. Wie bereits dargelegt wurde, reicht das Heranziehen von Strafrecht und Strafprozessrecht allein noch nicht aus, um die Stellung des Verteidigers oder die Grundlage für seine Privilegierung auszuloten. Zwar mag der Ansatz, eine Befugnis des Verteidigers im Prozessrecht zu suchen, durchaus seine Berechtigung haben. Allerdings ist diese Befugnis nicht allein auf die Zulässigkeit oder die Existenz einer Prozesshandlung zurückzuführen. Entscheidend sind vielmehr die dahinter stehenden verfassungsrechtlichen Implikationen, die in der Strafprozessordnung zum Teil ihre einfachrechtliche Ausformung gefunden haben. Eines ungeschriebenen Tatbestandsmerkmals bedarf es in den von *Wolf* genannten Fällen jedoch nicht. Wenn man wie er durch Auslegung zu einer Einschränkung des Anwendungsbereichs eines Tatbestands kommt, kann den prozessualen Vorwirkungen auf auch Tatbestandsebene bereits durch eine reine Abwägung Rechnung getragen werden.

8. Die Ansicht von *Widmaier*

a. Die Übertragung der Tatbestandslösung zu § 258 StGB

Einen zaghaften Schritt in Richtung auf eine tatbestandsübergreifende Betrachtung hat auch *Widmaier* unter Verweis auf Formulierungen in der Entscheidung BGHSt 46, 53 unternommen. Dort hatte der Bundesgerichtshof festgestellt, dass der besonderen Situation des Verteidigers durch Auslegung des jeweiligen Straftatbestands hinreichend Rechnung getragen werden könne, wenn die Struktur bestimmter Tatbestände für den Verteidiger selbst das Risiko berge, dass ein prozessual erlaubtes, im Rahmen wirksamer Verteidigung liegendes Verhalten in den Anwendungsbereich eines Straftatbestands fallen könne. Damit sei die Tatbestandslösung vorgezeichnet. Diese könne darüber hinaus zwanglos auch auf sämtliche Begleittatbestände erstreckt werden, die untrennbar mit pflichtgemäßem Verteidigerhandeln verbunden seien. Es bedürfe daher weder eines Rückgriffs auf die Sperrwirkung des § 258 StGB noch auf das vielzitierte »Verteidigerprivileg«.[474]

---

[474] *Widmaier*, in: BGH-FS IV, S. 1043 [1055].

b. Stellungnahme

Eine von *Widmaier* favorisierte Tatbestandslösung auch für Delikte jenseits von § 258 StGB ist grundsätzlich zu begrüßen. Allerdings fällt diese bei den verschiedenen Delikten unterschiedlich aus. So vertritt *Widmaier* bei § 267 StGB eine Lösung im subjektiven Tatbestand, während er mit der Rechtsprechung den Verteidiger bei § 130 Abs. 3 StGB und §§ 129, 129a StGB im objektiven Tatbestand entlasten möchte. Bei den Beteiligungsdelikten sieht er bereits die objektive Zurechnung einer Beteiligung an einer Falschaussage im objektiven Tatbestand als nicht gegeben an. Damit stellt *Widmaier* jedoch im Grunde nur die Gemeinsamkeit einer Privilegierung auf Tatbestandsebene heraus, ohne grundsätzlich einen eigenen tatbestandsübergreifenden Lösungsansatz zu verfolgen.

9. Die Ansicht von *Zeifang*

a. Prozessordnungswidrigkeit und fünf übergeordnete Prinzipien

Ein weiterer Versuch einer tatbestandsübergreifenden Betrachtung wurde von *Zeifang* vorgenommen. Bei der Abgrenzung des zulässigen vom strafbaren Verhalten komme es im Rahmen von § 258 StGB zunächst maßgeblich auf die Prozessordnungsgemäßheit bzw. Prozessordnungswidrigkeit an. Einen dahin gehenden Automatismus, dass ein prozessordnungswidriges Handeln einen Verstoß gegen § 258 StGB enthalte, sei jedoch abzulehnen.[475] Insofern seien bisherige Eingrenzungsmodelle zum Teil im Hinblick auf Art. 103 Abs. 2 GG bedenklich und unklar.[476] Grundsätzlich auf die Aussagen der Organtheorie aufbauend entwickelt *Zeifang* aus der Stellung des Verteidigers übergeordnete Prinzipien, die eine bessere Beurteilung der Strafbarkeit ermöglichen sollen.[477] Dazu zählt er ein Lüge-[478] und Verdunkelungsverbot,[479] das Verbot der Entziehungshilfe,[480] das Verbot der Anwendung unlauterer Mittel[481] sowie ein Rechts-

---

[475] *Zeifang*, Die eigene Strafbarkeit des Strafverteidigers, S. 41 ff., 49 f.
[476] *Zeifang*, Die eigene Strafbarkeit des Strafverteidigers, S. 144 ff.
[477] *Zeifang*, Die eigene Strafbarkeit des Strafverteidigers, S. 147 ff.
[478] *Zeifang*, Die eigene Strafbarkeit des Strafverteidigers, S. 157 ff.
[479] *Zeifang*, Die eigene Strafbarkeit des Strafverteidigers, S. 172 ff.
[480] *Zeifang*, Die eigene Strafbarkeit des Strafverteidigers, S. 212.
[481] *Zeifang*, Die eigene Strafbarkeit des Strafverteidigers, S. 215 ff.

missbrauchsverbot.[482] Außer bei einem Verstoß gegen das letzte Verbot könne sich der Verteidiger jeweils bei einem verbotswidrigen Handeln der Strafvereitelung strafbar machen.

In subjektiver Hinsicht könne ein prozessordnungswidriges Verhalten nur dann angenommen werden, wenn der Verteidiger positives Wissen hinsichtlich der die Prozessordnungswidrigkeit begründenden Umstände habe. Die Beistandsfunktion und die damit verbundene Pflicht zur bestmöglichen Verteidigung des Mandanten bewirke, dass nur sichere Kenntnis der tatsächlichen Umstände eine Strafbarkeit nach sich ziehen könne. Rein objektive Kriterien könnten dagegen keine interessengerechten Ausgleich herbeiführen.[483] Dabei sei zwischen einem materiell-rechtlichen Vorsatz (bezogen auf die Tatbestandsmerkmale) und einem prozessualen Vorsatz (bezogen auf die Prozessordnungswidrigkeitsvoraussetzungen) zu unterscheiden.[484] Dieser bei § 258 StGB beschrittene Weg sei jedoch ebenso auf andere Delikte zu übertragen. Grundsätzlich schließe die Prozessordnungsmäßigkeit eines Handelns des Verteidigers dessen Strafbarkeit bei verteidigungsspezifischen Delikten aus.[485]

Im Deliktsaufbau sei etwa bei § 258 StGB dem Regel-Ausnahmeverhältnis folgend bereits der objektive Tatbestand nicht erfüllt, was sich aus einer teleologischen Reduktion des objektiven Tatbestands ergebe.[486] Gleiches gelte für eine Strafbarkeit wegen Geldwäsche gem. § 261 Abs. 2 Nr. 1 StGB. Dort führt eine von ihm als »funktionsadäquate Tatbestandsreduzierung« benannte Auslegung dazu, dass der Verteidiger bemakeltes Geld annehmen dürfe, solange er keine positive Kenntnis von der Bemakelung habe. Dies sei bereits im objektiven Tatbestand zu berücksichtigen.[487] Solange von einem betreffenden Delikt jedoch nicht (zumindest auch) die Rechtspflege als Rechtsgut geschützt sei, führe eine teleologische Auslegung nicht zum Ziel. Vielmehr sei in solchen Fällen, wie etwa den Urkundsdelikten, ein subjektiv determinierter Rechtfertigungsgrund pro-

---

[482] *Zeifang*, Die eigene Strafbarkeit des Strafverteidigers, S. 220 ff.
[483] *Zeifang*, Die eigene Strafbarkeit des Strafverteidigers, S. 153, 156.
[484] *Zeifang*, Die eigene Strafbarkeit des Strafverteidigers, S. 156 f.
[485] *Zeifang*, Die eigene Strafbarkeit des Strafverteidigers, S. 285.
[486] *Zeifang*, Die eigene Strafbarkeit des Strafverteidigers, S. 239.
[487] *Zeifang*, Die eigene Strafbarkeit des Strafverteidigers, S. 364 ff., 378.

zessordnungsgemäßen Verhaltens zu beachten, der der Beistandsfunktion des Verteidigers Rechnung trage.[488]

b. Stellungnahme

Die Idee, die Strafbarkeit des Verteidigers über das Aufstellen verschiedener Prinzipien oder Ge- bzw. Verbote zu kanalisieren, ist zwar nicht neu. Positiv ist jedoch, dass *Zeifang* das Verhältnis von generell zulässiger Verteidigung und nur ausnahmsweise verbotenem Handeln dabei in seinem Konzept maßgeblich auf Tatbestandsebene umsetzt. Auch die Tatsache, dass erst die positive Kenntnis des Verteidigers von der Prozessordnungswidrigkeit eine Strafbarkeit bei § 258 StGB begründen kann, spiegelt in zutreffender Weise die Bedeutung der Strafverteidigung für den Rechtsstaat wider. Jede zu detaillierte Lösung trägt allerdings auch die Gefahr in sich, viele Ausnahmen zulassen zu müssen. Es ist daher fraglich, ob die von ihm dargestellten konkreten Verbote nicht letztlich auf weniger Funktionen des Verteidigers begrenzt werden können und müssen, so dass es gerade keiner so feinen Unterteilung bedarf. Für die Strafvereitelung mag ein solcher Verbotskatalog notwendig sein. Für das hier interessierende Problem der Strafbarkeit jenseits der Strafvereitelung bedeuten die von ihm entwickelten Verbote jedoch keinen vertieften Erkenntnisgewinn. Konsequent wäre es gewesen, wenn er die bei der Geldwäsche vertretene funktionsadäquate Tatbestandsreduktion auch auf § 258 StGB angewendet hätte. Auch seine Unterscheidung von Rechtspflegedelikten mit der Folge einer Tatbestandslösung und sonstigen Delikten mit anderer Schutzrichtung erscheint nicht folgerichtig. Wenn nach seiner Argumentation beispielsweise auch § 267 StGB in der Variante des Gebrauchmachens einer unechten Urkunde ein verteidigerspezifisches Delikt darstellt, hätte auch dort die von ihm für § 258 StGB vertretene Beachtung des Regel-Ausnahme-Verhältnisses greifen müssen.[489] Die Strafbarkeit des Verteidigers würde dann bereits im objektiven Tatbestand ausgeschlossen und nicht erst auf Rechtswidrigkeitsebene, wie er vorschlägt. Eine solche Auslegung wäre durch die Staatsgerichtetheit des geschützten Rechtsguts der Sicherheit und Zuverlässigkeit des Rechtsverkehrs auch ohne weiteres möglich gewesen. Insge-

---

[488] *Zeifang*, Die eigene Strafbarkeit des Strafverteidigers, S. 335 ff.
[489] Vgl. *Zeifang*, Die eigene Strafbarkeit des Strafverteidigers, S. 239.

samt hat *Zeifang* jedoch brauchbare Überlegungen angestellt, die unter Vermeidung ihrer Schwächen einem argumentativen Ausbau offen stehen.

C. Zusammenfassendes Ergebnis

Die bisherige Untersuchung hat gezeigt, dass aus dem Kanon der zu § 258 StGB entwickelten Lösungen vor allem eine Tatbestandslösung und dort insbesondere die teleologische Auslegung einer Übertragung auf andere Delikte offen steht. Eine generelle Rechtswidrigkeitslösung ist dagegen ebenso abzulehnen wie eine reine Vorsatzlösung. Bei den tatbestandsübergreifenden Lösungsansätzen überwiegen ebenfalls Auslegungstendenzen, deren Auswirkungen sich zumeist anhand der prozessualen Zulässigkeit der betreffenden Verteidigungshandlung ergeben. Im Folgenden sollen daher die Wirkungen der prozessualen und vor allem verfassungsrechtlichen Grundlagen der Strafverteidigung auf die Strafbarkeit nach materiellem Recht näher dargestellt werden, bevor in einem weiteren Schritt ein eigenständiges tatbestandsübergreifendes Konzept entwickelt wird.

Teil 3: Die verfassungsrechtlichen Grundlagen der Strafverteidigung und ihre Bedeutung für die Strafbarkeit des Verteidigers

A. Die Ausstrahlungswirkung des Grundgesetzes auf die Verteidigung

Das gesamte Strafprozessrecht ist letztlich angewandtes Verfassungsrecht,[490] so dass schon aus Gründen der Normenhierarchie der Einfluss des Grundgesetzes auf das Institut der Verteidigung vorgezeichnet ist. Genau genommen stellen die verfahrensrechtlichen Normen der Strafprozessordnung nur konkretisiertes Verfassungsrecht dar, das den Weg zu einem gerechten Urteil unter der Ägide des Rechtsstaatsprinzips verfassungsrechtlich konturiert. Die Vorschriften der Strafprozessordnung dürfen Verfassungsrecht nicht verletzen und müssen in ihrer Auslegung mit dem Grundgesetz konform sein.[491] Die Verfassung selbst fungiert dabei als wesentlicher Impulsgeber für Grundlagen und Ziele der Strafverteidigung. In diesem Sinne werden sowohl Mindeststandards[492] als auch Grenzen der Strafverteidigung durch das Grundgesetz determiniert. Besonders deutlich wird der grundrechtliche Bezug im Strafprozess als dem Paradebeispiel[493] für ein Aufeinanderprallen von Eingriffsinteressen des Staates einerseits und Abwehrinteressen des Bürgers andererseits. Die Strafverteidigung bewegt sich dabei ständig in einem Spannungsfeld zwischen der Verwirklichung des staatlichen Anspruchs auf Strafverfolgung und den grundrechtlichen Abwehransprüchen des Beschuldigten, der die Abwendung des gegen ihn gerichteten staatlichen Strafanspruchs betreibt.

So spiegelt sich das eingangs entworfene Leitbild eines vom Beschuldigten ungebundenen Verteidigers grundrechtlich in der Berufsfreiheit wider, die nur un-

---

[490] BVerfGE 32, 373 [383]; BGHSt 19, 325 [330]; 31, 304 [307]; 38, 214 [219]; *Bottke*, ZStW 96 [1984], 726 [747]; *Meyer-Goßner*, Einl. Rn. 5; *Paulus*, NStZ 1992, 305 [306].
[491] BVerfGE 12, 113 [124].
[492] Vgl. dazu *Barton*, Mindeststandards der Strafverteidigung, S. 293 ff. *et passim*.
[493] *Barton*, Mindeststandards der Strafverteidigung, S. 51.

ter strengen Auflagen eingeschränkt werden darf. Neben dem Berufsgrundrecht haben auf verfassungsrechtlicher Ebene jedoch auch die Beschuldigtenrechte für den Verteidiger Relevanz, denen er im Mandanteninteresse und zugleich öffentlichen Interesse eines rechtsstaatlichen Strafverfahrens zur Durchsetzung verhilft. Die für die Strafbarkeit des Verteidigers einschlägigen materiellen Strafgesetze können in einem verfassungsrechtlichen Denkmodell als Beschränkungen der Berufsfreiheit bzw. zumindest der allgemeinen Handlungsfreiheit des Verteidigers bezeichnet werden, da sich dieser bei wörtlicher Auslegung mancher Strafgesetze im Rahmen seiner Berufsausübung strafbar machen kann. Zugleich werden durch diese strafrechtlichen Beschränkungen jedoch auch die Beschuldigtenrechte auf ungehinderte Strafverteidigung tangiert. Denkt man das grundrechtliche Denkmodell weiter, wird dementsprechend auf Verhältnismäßigkeitsebene eine besondere Abwägung erforderlich, um solche Eingriffe zu rechtfertigen. Wollte man vor diesem Hintergrund einen Mindeststandard für die Strafverteidigung definieren, müsste sich dieser folglich aus den Grundrechten als primär staatsgerichteten Abwehrrechten in Abwägung mit dem staatlichen Strafanspruch ergeben.

Ebenso wie ein Mindeststandard werden auf der anderen Seite aber auch die äußeren Grenzen der Verteidigung durch das Verfassungsrecht determiniert. Denn ein Verteidiger bewegt sich nur solange im Rahmen der verfassungsmäßig gebotenen Strafverteidigung, wie er objektiv erkennbar auf die Wahrung der Beschuldigtenrechte ausgerichtete Handlungen vornimmt. Sobald ein Verteidigerhandeln dagegen bei wörtlicher Anwendung einem Straftatbestand unterfällt und zugleich nicht mehr objektiv mit den Zielen der Strafverteidigung in Verbindung gebracht werden kann, spricht dies für die Strafbarkeit der betreffenden Handlung. Insbesondere die Unschuldsvermutung kann sich – wie noch genauer zu zeigen sein wird – in dieser Hinsicht für den Verteidiger in vielen Fällen als Begrenzungsfaktor erweisen, indem sie zunächst den Handlungsspielraum der Verteidigung überhaupt grundlegend erst eröffnet, bei ihrer Widerlegung jedoch zu Einschränkungen zwingt.

B. Die relevanten Grundrechte des Verteidigers: Freie Berufsausübung und allgemeine Handlungsfreiheit

Vor allem das Grundrecht der Berufsfreiheit gem. Art. 12 Abs. 1 GG hat zentrale Bedeutung für die verfassungsrechtliche Verbürgung der Verteidigertätigkeit. Eingriffe in die Strafverteidigung müssen sich damit letztlich am Maßstab von Art. 12 Abs. 1 GG messen lassen. In diesem Kontext können auch die Strafdrohungen des materiellen Strafrechts die prozessual vorgesehene und verfassungsrechtlich gebotene Verteidigung hemmen und damit eingriffsrelevante Beschränkungen darstellen, die mit Art. 12 Abs. 1 GG abzugleichen sind. In den meisten Fällen ist die Anwendung von Strafnormen jedoch wegen mangelnder Eingriffsqualität am Maßstab der allgemeinen Handlungsfreiheit des Art. 2 Abs. 1 GG zu messen.

I. Die Tätigkeit des Strafverteidigers als freier Beruf

Geht es um die Tätigkeit eines Rechtsanwalts oder Strafverteidigers, ist Art. 12 Abs. 1 GG der zutreffende grundrechtliche Anlaufpunkt. Denn ebenso wie nach ganz einhelliger Auffassung die Ausübung der freien Berufe vom Schutzbereich des Art. 12 GG erfasst ist,[494] gehört die Übernahme von Mandaten der Strafverteidigung seit jeher zu den wesentlichen Berufsaufgaben eines Rechtsanwalts[495] und ist damit über den Grundsatz der freien Advokatur durch Art. 12 Abs. 1 GG geschützt.[496] Desgleichen unterfällt selbst die forensische Tätigkeit eines nicht als Rechtsanwalt zugelassenen Verteidigers dem Schutzbereich des Art. 12 Abs. 1 GG.

Die Geltung der Berufsfreiheit für den Verteidiger entspricht rechtsstaatlicher Tradition und steht einer staatlichen Kontrolle oder Bevormundung entgegen.[497] Denn entgegen einiger zweifelhafter Passagen in Bundesverfassungsgerichts-

---

[494] BVerfGE 10, 354 [364 ff.]; 50, 16 [29]; 63, 266 [285]; M/D/H/S-*Scholz*, Art. 12 Rn. 7, 255 ff.
[495] BVerfGE 15, 226 [231]; 22, 114 [119 f.]; 34, 293 [299]; 39, 238 [242]; BVerfG NJW 2004, 1305 [1307].
[496] BVerfGE 34, 293 [299]; 39, 238 [242]; 76, 171 [178]; BVerfG NJW 2004, 1305 [1307]; HansOLG Hamburg, NJW 2000, 673 [677 f.].
[497] Vgl. BVerfGE 15, 226 [234]; 22, 114 [122]; 34, 293 [302 f.]; 50, 16 [29]; BVerfG NJW 2004, 1305 [1307]; BVerfG NJW 1996, 3267; 2001, 3325 [3326]; Sachs-*Tettinger*, Art. 12 Rn. 54 f.

Entscheidungen hat der Verteidiger weder eine »amtsähnliche« Stellung[498] noch einen anderweitig staatlich gebundenen Beruf, bei dem eine Anwendung des Art. 12 GG problematisch wäre.[499] Derartige Tendenzen in der Rechtsprechung sind zu Recht scharf kritisiert worden.[500] Die anwaltliche Berufsausübung unterliegt unter der Herrschaft des Grundgesetzes der freien und unreglementierten Selbstbestimmung des einzelnen Rechtsanwalts.[501] Sie wird durch den Grundsatz der freien Advokatur gekennzeichnet, der eine fundamentale Voraussetzung für den Strafprozess darstellt[502] und die anwaltliche Berufsausübung bereits seit mehr als einem Jahrhundert prägt.[503] Er ist zu Recht seit der RAO von 1878, abgesehen von der Unrechtszeit des NS-Staats, niemals in Frage gestellt worden.[504] Eine verfassungsrechtliche Verankerung findet dieser Grundsatz zusätzlich mittelbar im Rechtsstaatsprinzip (Art. 20 Abs. 2 und 3, Art. 79 Abs. 3 GG). Der Schutz der anwaltlichen Berufsausübung vor staatlicher Kontrolle und Bevormundung liegt dabei nicht allein im individuellen Interesse des einzelnen Rechtsanwalts oder des einzelnen Rechtsuchenden, sondern zudem im Interesse der Allgemeinheit an einer wirksamen und rechtsstaatlich geordneten Rechtspflege.[505] Dem Bürger müssen aus Gründen der Chancen- und Waffengleichheit Rechtskundige zur Verfügung stehen, denen er vertrauen und von denen er erwarten kann, dass sie seine Interessen unabhängig, frei und uneigennützig von staatlicher Einflussnahme wahrnehmen können.[506]

---

[498] So *obiter dictum* BVerfGE 38, 105 [119] m. abl. Bespr. *Krämer*, NJW 1975, 849 ff.; krit. *Jaeger*, NJW 2004, 1 [6].
[499] Dazu *Bethge*, Der verfassungsrechtliche Standort der »staatlich gebundenen« Berufe, S. 9 f., 15 f.
[500] Vgl. *Jahn*, »Konfliktverteidigung« und Inquisitionsmaxime, S. 183 ff.; *Krämer*, NJW 1975, 849 [849 ff.].
[501] Vgl. BVerfGE 15, 226 [234]; 50, 16 [29]; 63, 266 [284]; BVerfG NJW 2004, 1305 [1307].
[502] Stdg. Rspr., vgl. BVerfGE 15, 226 [234]; 34, 293 [302 f.]; 50, 16 [29]; 63, 266 [284]; BVerfG NJW 2004, 1305 [1307].
[503] Vgl. BVerfGE 15, 226 [234]; 22, 114 [122]; 34, 293 [302]; 37, 67 [78]; 50, 16 [29]; vgl. auch den historischen Exkurs in BVerfGE 23, 266 ff.; vgl. ferner *Pfeiffer*, DRiZ 1984, 340 [341]; *Laufhütte*, in: Pfeiffer-FS, S. 959 [959]; zur Geschichte der Verteidigung an sich vgl. *Beulke*, Der Verteidiger im Strafverfahren, S. 23 ff.; *Konrad*, Die Beschlagnahme von Verteidigungsunterlagen, S. 5 ff.
[504] *Schier*, AnwBl. 1984, 410 [415].
[505] BVerfGE 15, 226 [234]; 34, 293 [302]; 37, 67 [77 ff.]; 72, 51 [63 ff.]; BVerfG NJW 2004, 1305 [1307].
[506] BVerfGE 63, 266 [284]; 87, 287 [320]; BVerfG NJW 2004, 1305 [1307]; *Laufhütte*, in: Pfeiffer-FS, S. 959 [959].

Vom Umfang her gewährleistet Art. 12 Abs. 1 GG dem Einzelnen die Freiheit der Berufsausübung als Grundlage seiner persönlichen und wirtschaftlichen Lebensführung. Ausgehend von einem denkbar weit verstandenen Berufsbegriff[507] konkretisiert die Norm das Grundrecht auf freie Entfaltung der Persönlichkeit im Bereich individueller beruflicher Leistung und Existenzerhaltung[508] und zielt auf eine möglichst unreglementierte berufliche Betätigung ab.[509]

II. Die Schrankensystematik des Art. 12 Abs. 1 S. 2 GG

Mit der verfassungsrechtlichen Verortung der Strafverteidigung und der Klarstellung ihrer Bedeutung für den Rechtsstaat ist zugleich der Prüfungsmaßstab festgelegt, an dem sich eingreifende Gesetze messen lassen müssen. Jeder Tatbestand des materiellen Strafrechts ist daher im Einzelfall daraufhin zu überprüfen, inwieweit er die verfassungsmäßigen Rechte der Strafverteidigung zumutbar und verhältnismäßig einschränkt. Wirksame Beschränkungen der Berufsfreiheit können sich damit nur dann ergeben, wenn sie durch das Verfassungsrecht vorgezeichnet oder zugelassen sind. Stellung, Rechte und Pflichten des Rechtsanwalts werden zwar durch das Berufsrecht bestimmt, was vom Bundesverfassungsgericht in ständiger Rechtsprechung als zulässig angesehen wurde.[510] Des Weiteren wird die Berufsausübung des Rechtsanwalts durch das Prozessrecht, für den Strafverteidiger explizit durch die Strafprozessordnung, reglementiert. Schließlich setzt das materielle Strafrecht der Tätigkeit eines Strafverteidigers wie jedem Bürger allgemeine Schranken. Zu beachten ist jedoch, dass die Rechtsprechung Art. 12 Abs. 1 GG zu einem Quasi-Nichteingriffstatbestand gemacht hat. Da der Anwalt Organ der Rechtspflege, seine Berufsausübung für eine funktionierende Rechtspflege also nach ständiger Rechtsprechung von großer Bedeutung ist,[511] müssen an Einschränkungen seiner Berufsfreiheit grundsätzlich strenge Anforderungen gestellt werden.[512]

---

[507] Dazu BVerfGE 14, 19 [22]; 68, 272 [281]; 97, 12 [25, 33 f.]; *Jarass/Pieroth*, Art. 12 Rn. 4; *Pieroth/Schlink*, Staatsrecht II, Rn. 810; Sachs-*Tettinger*, Art. 12 Rn. 27 ff., insbes. Rn. 29.
[508] Vgl. BVerfGE 54, 301 [313]; 75, 284 [292]; 101, 331 [346 ff.]; BVerfG NJW 2004, 1305 [1307]; M/D/H/S-*Scholz*, Art. 12 Rn. 9.
[509] Vgl. BVerfGE 59, 302 [315].
[510] Vgl. BVerfGE 10, 89 [102]; 10, 354 [361]; 15, 235 [239].
[511] Vgl. BayVerfGHE 4, 30 [40]; 7, 40 [48].
[512] BVerfGE 48, 118 [124].

Der damit angesprochene Regelungsvorbehalt des Art. 12 Abs. 1 S. 2 GG ist entgegen seinem Wortlaut nicht so zu verstehen, dass er sich nur auf die Berufsausübung bezieht. Vielmehr schützt Art. 12 Abs. 1 GG ein einheitliches Grundrecht der Berufsfreiheit, auf das sich der Regelungsvorbehalt vollumfänglich erstreckt.[513] Grundlegend für das Verständnis der Schrankensystematik des Art. 12 Abs. 1 S. 2 GG ist das »Apothekenurteil«[514] des Bundesverfassungsgerichts. Ausweislich der darin entwickelten »Stufenlehre« werden bei der Frage nach Erforderlichkeit und Angemessenheit einer Regelung Regelungen der Berufsausübung, subjektiver Zulassungsvoraussetzungen und objektiver Zulassungsschranken und damit drei Stufen zunehmender Eingriffsintensität unterschieden. Die Stufenlehre ist letztlich das Ergebnis einer strikten Anwendung des Verhältnismäßigkeitsprinzips. Dementsprechend setzt eine Rechtfertigung nach den Kriterien des Apothekenurteils zunächst voraus, dass der Eingriff in die Berufsfreiheit einen legitimen Zweck verfolgt und zur Erreichung dieses Zwecks geeignet und notwendig ist. Bei der Verhältnismäßigkeit im engeren Sinn wird dann in einem zweiten Schritt nach den einzelnen Eingriffsstufen unterschieden. Auf der ersten Stufe steht das »Wie« und damit die Berufsausübung in Frage. Gerechtfertigte Einschränkungsmöglichkeiten ergeben sich auf dieser Ebene, wenn die betreffende Regelung durch vernünftige Erwägungen des Allgemeinwohls als zweckmäßig erscheint. Subjektive Zulassungsvoraussetzungen sind dann gerechtfertigt, wenn die Ausübung des Berufs ohne Erfüllung der Voraussetzungen unmöglich oder unsachgemäß wäre oder Gefahren oder Schäden für die Allgemeinheit mit sich brächte. Objektive Zulassungsschranken schließlich unterliegen den stärksten Kautelen. Sie können nur dann gerechtfertigt werden, wenn sie zur Abwehr nachweisbarer oder höchstwahrscheinlicher schwerer Gefahren für ein überragend wichtiges Gemeinschaftsgut notwendig sind.[515]

---

[513] BVerfGE 50, 290 [362]; *Jarass/Pieroth*, Art. 12 Rn. 19; M/D/H/S-*Scholz*, Art. 12 Rn. 14 f., 295 f.; *Pieroth/Schlink*, Staatsrecht II, Rn. 808.
[514] BVerfGE 7, 377 [400 ff.].
[515] Vgl. zum Ganzen BVerfGE 7, 377 [400 ff.]; *Jarass/Pieroth*, Art. 12 Rn. 23 ff.; *Pieroth/Schlink*, Staatsrecht II, Rn. 846 ff., 855.

III. Die materiell-rechtlichen Strafnormen unter Eingriffsgesichtspunkten

Die Strafdrohungen des materiellen Strafrechts sind nach den im Apothekenurteil entwickelten Kriterien allenfalls auf Berufsausübungsebene anzusiedeln. Eingriffe in die Tätigkeit des Verteidigers können insoweit bereits durch vernünftige Allgemeinwohlerwägungen gerechtfertigt werden. Bereits diese Voraussetzungen verdeutlichen die Schwierigkeit, zu vorhersehbaren Lösungen zu gelangen.[516] Denn weder die Bedeutung des Begriffs »vernünftig« noch der Begriff des »Allgemeinwohl« erschließen sich dem Rechtsanwender auf den ersten Blick. Auch ist nicht klar, anhand welchen Maßstabs eine Regelung als »zweckmäßig« bezeichnet werden kann. Folglich ist die Beurteilung jeder Einschränkung der Verteidigertätigkeit letztlich auf eine Abwägungsentscheidung unter Zugrundelegung ihrerseits ausfüllungsfähiger und -bedürftiger Begriffe zurückzuführen, die im Konfliktfall eine schematische Lösung verbieten. Es kann daher im Wesentlichen nur darum gehen, grobe Leitlinien für die Strafbarkeit eines Verteidigerhandelns zu entwickeln.

Ein weiteres grundrechtliches Problem erschließt sich durch die Tatsache, dass die meisten materiell-strafrechtlichen Normen aufgrund ihrer allgemein wirkenden Ausrichtung genau genommen keine unmittelbaren und damit »klassischen« Eingriffe in die Berufsfreiheit eines Strafverteidigers darstellen können. Da letztlich viele gesetzliche Regelungen unter den gegebenen Voraussetzungen spürbare Rückwirkungen auf die Berufstätigkeit Einzelner haben können, würde der Gehalt des Art. 12 GG weitgehend entleert und drohte ein Konturverlust dieses Grundrechts, wenn jede Art von Beschränkung einen Eingriff in die Berufsfreiheit darstellen würde.[517] Umgekehrt bedarf es nicht zwingend eines unmittelbaren Eingriffs. Es genügt, dass eine Regelung aufgrund ihrer tatsächlichen Auswirkungen mittelbar in die durch Art. 12 Abs. 1 GG geschützte berufliche Betätigung eingreift.[518] Voraussetzung hierfür ist jedoch, dass die eingreifende Norm bei engem Zusammenhang mit der Ausübung des Berufs eine objektiv

---
[516] Vgl. *Pieroth/Schlink*, Staatsrecht II, Rn. 856: »Formeln sind blass«.
[517] BVerfGE 97, 228 [253].
[518] BVerfGE 85, 121 [137].

berufsregelnde Tendenz erkennen lässt.[519] Dies kann auch dann der Fall sein, wenn die betreffende Norm die Rahmenbedingungen verändert, unter denen der Beruf ausgeübt werden kann.[520]

Für die Fälle, in denen die Eingriffsvoraussetzungen für Art. 12 GG auch nach diesen Kriterien nicht erfüllt sind, bliebe hilfsweise ein Eingriff in das »Auffanggrundrecht« des Art. 2 Abs. 1 GG, die allgemeine Handlungsfreiheit.[521] Diese als »Blankettgrundrecht« fungierende Norm erfasst zwar einerseits eine größere Anzahl von Eingriffen. Andererseits steht Art. 2 Abs. 1 GG unter einfachem Gesetzesvorbehalt, was die Voraussetzungen einer Rechtfertigung vereinfacht.[522]

Im Verteidigerkontext bedeutet dies, dass dieser schon durch die bloße Existenz bestimmter Strafnormen wie Strafvereitelung, Urkundenfälschung oder Beleidigung im Einzelfall an der Wahrnehmung von Verteidigungsmöglichkeiten gehindert sein kann. Er kann beispielsweise nicht einfach die Glaubwürdigkeit eines Zeugen durch die (ungeprüfte) Behauptung erschüttern, dieser habe die Unwahrheit gesagt. Tatbestände wie Beleidigung oder Falschverdächtigung können hier schnell erfüllt sein. Auch Zweifel über die Echtheit einer als Beweismittel einzureichenden Urkunde können beim Verteidiger bereits im Vorfeld zur berühmten »Schere im Kopf« und damit zur Einschränkung der Verteidigung führen. In solchen Situationen der Kollision von Verteidigung und Strafbarkeit bei wörtlicher Anwendung einer materiellen Strafnorm ist es daher sinnvoll, von einem Eingriff in die allgemeine Handlungsfreiheit bzw. sogar der Berufsausübungsfreiheit auszugehen, der jeweils dementsprechend gerechtfertigt werden muss.

---

[519] BVerfGE 47, 1 [21]; 70, 191 [214]; 96, 375 [397]; 97, 228 [253 f.]; *Jarass/Pieroth*, Art. 12 Rn. 12; *Pieroth/Schlink*, Staatsrecht II, Rn. 823; Sachs-*Tettinger*, Art. 12 Rn. 317.
[520] BVerfGE 95, 267 [302].
[521] Vgl. BVerfGE 37, 1 [18]; 55, 7 [25 ff]; Sachs-*Tettinger*, Art. 12 Rn. 75; zur Auffangfunktion *Pieroth/Schlink*, Staatsrecht II, Rn. 339, 341, 369.
[522] Vgl. *Pieroth/Schlink*, Staatsrecht II, Rn. 379, 382 ff.

IV. Die »Funktionstüchtigkeit der Rechtspflege« in der Schrankensystematik

Eingriffe in die anwaltliche Berufsausübung sind wiederholt Gegenstand verfassungsrechtlicher Entscheidungen gewesen.[523] Dabei hat das Bundesverfassungsgericht in ständiger Rechtsprechung die Bedeutung der freien Advokatur für eine funktionstüchtige Strafrechtspflege hervorgehoben.[524] Wenn es um ein möglicherweise strafbares Verhalten eines Verteidigers im Rahmen von § 258 StGB ging, wurde die funktionstüchtige Strafrechtspflege bzw. der damit korrelierende Begriff des Organs der Rechtspflege umgekehrt jedoch teilweise auch als wesentliches Argument für eine Einschränkung der freien Advokatur verwendet.[525] Daher muss die Frage erlaubt sein, was inhaltlich unter einer funktionstüchtigen oder effektiven Strafrechtspflege zu verstehen ist und inwieweit diese systematisch zur Einschränkung der freien Advokatur herangezogen werden darf.

1. Die funktionstüchtige Rechtspflege als »Schranke«

Solange die Funktionsfähigkeit der Strafrechtspflege argumentativ zur Beschränkung der durch Art. 12 Abs. 1 GG geschützten freien Advokatur (bzw. der über Art. 2 Abs. 1 GG geschützten allgemeinen Handlungsfreiheit) herangezogen wird, stellt sie terminologisch eine verfassungsrechtliche Schranke dar. Sachlich geht es bei der Schrankenfunktion um Aspekte der staatlichen Strafverfolgung, die gefährdet wäre, wenn ein Verteidiger ungehindert Straftatbestände verwirklichen könnte, um auf diese Weise eine mildere Bestrafung seines Mandanten zu erreichen. Inhaltlich kann die Funktionsfähigkeit der Strafrechtspflege mit der ordnungsgemäßen und fairen Durchführung und Beendigung des Strafprozesses unter Einschluss der Vollstreckung des Urteils gleichgesetzt werden. Unter dem Begriff des Strafprozesses wird gemeinhin ein rechtlich geordneter, von Lage zu Lage sich entwickelnder Vorgang zur Gewinnung einer richterlichen Entscheidung (jedenfalls innerhalb der ordentlichen Gerichtsbarkeit,

---

[523] Vgl. nur BVerfGE 33, 367 ff.; 38, 105 ff.; 65, 171 ff.; BVerfG NJW 2004, 1305 ff.
[524] Vgl. BVerfGE 19, 342 [347]; 20, 45 [49]; 20, 144 [147]; 29, 183 [194]; 32, 373 [381]; 33, 367 [383]; 34, 238 [248 f.]; 36, 174 [186]; 38, 105 [115 f.]; 38, 312 [321]; 39, 156 [163]; 41, 246 [250]; 44, 353 [374]; 46, 214 [222]; 47, 239 [247 f.]; 51, 324 [343]; 53, 152 [160]; 77, 65 [76]; 80, 367 [375 f.].
[525] Vgl. BVerfGE 33, 367 [383]; 38, 105 [119]; 65, 171 [178].

Art. 95 Abs. 1 GG) über ein materielles Rechtsverhältnis verstanden.[526] Im Gegensatz zum gemeinrechtlichen Inquisitionsprozess ist Ziel des modernen Strafprozesses allerdings nicht mehr die Überführung des Angeklagten, sondern ein objektiver Ausspruch über Schuld, Strafe oder sonstige strafrechtliche Maßnahmen,[527] wobei Hauptaufgabe die Feststellung und Durchsetzung eines im Einzelfall legitimen staatlichen Strafanspruchs[528] unter den Leitprinzipien von Wahrheit und Gerechtigkeit[529] auf der Grundlage bestmöglicher Sachaufklärung[530] ist. Da es Gerechtigkeit nicht um jeden Preis geben darf,[531] sichert erst das förmlich korrekte Verfahren das Bestehen und Funktionieren rechtsstaatlicher Garantien und Prinzipien ab.[532]

2. Inhaltliche Kritik

Gerade der Topos der effektiven, funktionstüchtigen Rechtspflege ist in der Literatur jedoch Ausgangspunkt zum Teil weitreichender Kritik.[533] Der Begriff sei ein Gespenst[534] und schon insofern in sich widersprüchlich, als die Rechtspflege aufgrund ihrer Zielsetzung von Wahrheit und gerechtem Urteils sowie dem quasi unbegrenzten Einsatz von Zeit und Personal gerade nicht effektiv sein könne.[535] Die Funktionstüchtigkeit solle vom Verteidiger ja gerade gehemmt werden.[536] Daher müsse zunächst eher von einer Aufrechterhaltung der Funktions*fä-*

---

[526] *Meyer-Goßner*, Einl. Rn. 2; LR-*Rieß*, Einl. Abschn. B Rn. 8; KMR-*Sax*, Einl. I Rn. 2 ff.; *Eb. Schmidt*, Lehrkommentar I, Rn. 56.
[527] *Meyer-Goßner*, Einl. Rn. 2; vgl. ausf. *Vormbaum*, Der strafrechtliche Schutz des Strafurteils, S. 119 ff.
[528] Vgl. BGHSt 20, 45 [47]; BerlVerfGH, NJW 1993, 515 [517].
[529] Vgl. BVerfGE 33, 367 [383]; 77, 65 [76]; *Beulke*, StPO Rn. 3.
[530] Vgl. BVerfGE 38, 105 [116]; 86, 288 [317].
[531] BGHSt 38, 215 [219 f.].
[532] *Meyer-Goßner*, Einl. Rn. 3.
[533] Vgl. *Hassemer*, StV 1982, 275 [277 ff.]; *Jahn*, »Konfliktverteidigung« und Inquisitionsmaxime, S. 189 ff.; *Kniemeyer*, Das Verhältnis des Strafverteidigers zu seinem Mandanten, S. 40 ff., 155 ff.; *Lamberti*, Strafvereitelung durch Strafverteidiger, S. 118 ff.; *Strzyz*, Die Abgrenzung von Strafverteidigung und Strafvereitelung, S. 198 ff.; *Wassmann*, Strafverteidigung und Strafvereitelung, S. 51 ff., 91 ff.
[534] *Hassemer*, StV 1982, 275 [275].
[535] *Jahn*, »Konfliktverteidigung« und Inquisitionsmaxime, S. 190.
[536] *Beulke*, Die Strafbarkeit des Verteidigers, Rn. 14; *ders.*, Der Verteidiger im Strafverfahren, S. 109; *Jahn*, »Konfliktverteidigung« und Inquisitionsmaxime, S. 149, *Ostendorf*, NJW 1978, 1345 [1348]; *Lamberti*, Strafvereitelung durch Strafverteidiger, S. 9, 154 f.

higkeit der Strafrechtspflege gesprochen werden.[537] Auch sei der Wahrheitsbegriff im Prozess Wandlungen unterworfen. Die Wahrheit werde erst im Prozess hergestellt.[538] Die Rechtsfigur einer funktionsfähigen Strafrechtspflege sei folglich beliebig disponibel, was Anlass zu Bedenken hinsichtlich des Bestimmtheitsgebots (Art. 103 Abs. 2 GG) und der Wesentlichkeitstheorie geben könnte, soweit durch ihre begriffliche Verwendung Grundrechtseingriffe vorgenommen würden.[539] Wenngleich der Begriff der Funktionsfähigkeit der Rechtspflege als objektiv-institutionelles Element des Rechtsstaats angesehen werden könne, das mit Verfassungsrang ausgestattet sei,[540] so scheine er durch seine inhaltliche Unbestimmtheit in der Anwendung gleichzeitig ein hohes Risikopotential für den Rechtsstaat in sich zu tragen.[541]

3. Stellungnahme

Vorab ist zutreffend, terminologisch von »Funktionsfähigkeit« zu sprechen, um die damit gerade nicht kontrastierende Aufgabe des Verteidigers besser herauszustellen.

Jedoch greift zu kurz, wer »Effektivität« und »Funktionsfähigkeit« der Rechtspflege mit wirtschaftlichen Maßstäben misst und den darin zum Ausdruck kommenden Leitgedanken aufgrund terminologischer Unbestimmtheit und Widersprüchlichkeit jegliche Bedeutung abspricht. Im funktionierenden Rechtsstaat geht es gerade nicht um den schnellsten Weg zu einem Urteil, auch wenn dies die Strafrechtsreformdebatte mit den Forderungen nach kürzerer Verfahrensdauer möglicherweise impliziert. Vielmehr zeigt der Rechtsstaat seine Funktionsfähigkeit gerade darin, dass genügend Zeit und Personal auf dem Weg zum gerechten Urteil zur Verfügung steht.

Problematischer als die vorgenannten zumeist terminologischen Argumente erweist sich der Begriff der Funktionsfähigkeit jedoch im grundrechtsdogmatischen Kontext. Ein beachtliches Argument ist bereits, dass »Funktionstüchtigkeit« an sich ein unscharfer Terminus ist, dessen Tauglichkeit als Vehikel für

---

[537] *Wassmann*, Strafverteidigung und Strafvereitelung, S. 93; *Zeifang*, Die eigene Strafbarkeit des Strafverteidigers, S. 129.
[538] *Jahn*, »Konfliktverteidigung« und Inquisitionsmaxime, S. 191.
[539] *Jahn*, »Konfliktverteidigung« und Inquisitionsmaxime, S. 192 ff.
[540] So *Kröpil*, JuS 1999, 681 [682].
[541] Ebenso *Abdallah*, Die Problematik des Rechtsmissbrauchs im Strafverfahren, S. 152.

die Einschränkung von Grundrechten schon aus diesem Grund zweifelhaft erscheint. Allerdings erweisen sich die damit verbundenen Bedenken hinsichtlich des Bestimmtheitsgebots und der beliebigen Disponibilität eines angenommenen Rechtsguts »Funktionsfähigkeit« zunächst nicht als schlagkräftig. Die Grundrechtsausübung eines Strafverteidigers wird nicht durch den Begriff selbst, sondern die diesem zugrunde liegenden verfassungsrechtlichen Grundsätze eingeschränkt.

Die Funktionsfähigkeit könnte damit nur dann eine taugliche Schranke darstellen, wenn sie als Synonym für normierte strafprozessuale und materiellrechtliche Grenzen der Verteidigertätigkeit aufgefasst würde. Dies ist jedoch wie zuvor beschrieben nicht der Fall. Vielmehr wird Funktionsfähigkeit mit dem funktionierenden Strafprozess an sich gleichgesetzt. Dabei wird übersehen, dass es grundrechtsdogmatisch unzulässig ist, der Funktionsfähigkeit einen Eigenwert oder Selbstzweck zuzuerkennen. Der Begriff hat nur insofern eine eigenständige Bedeutung und damit auch eine Daseinsberechtigung, als der damit umschriebene Inhalt einer funktionierenden Rechtspflege eine Garantie für die Durchsetzung der jeweils durch das Strafrecht geschützten materiellen Rechtsgüter und des staatlichen Gewaltmonopols ist, auf das der auf Selbsthilfe verzichtende Bürger zur Wahrung des Rechtsfriedens vertraut. Der Strafanspruch des Staates ist dagegen kein subjektives Recht, mit dem dieser nach Belieben verfahren kann.[542]

Bezogen auf die Grundrechte des Strafverteidigers, insbesondere die Berufsfreiheit, bedeutet dies, dass diese allenfalls von den prozessualen und materiellen Regelungen von Strafprozessordnung und Strafgesetzbuch eingeschränkt werden. Sollte der Gesetzgeber weitere Beschränkungen für notwendig erachten, müsste er entsprechende Regelungen erlassen. Es ist hingegen dogmatisch unzulässig, mittels eines auf verfassungsrechtlichen Garantien aufbauenden ungeschriebenen Prinzips in Grundrechte einzugreifen. Will man der Funktionsfähigkeit der Rechtspflege auf Schrankenebene einen sinnvollen und zugleich verfassungsrechtlich zulässigen Gehalt zuweisen, dürfen darunter nur explizite einfachgesetzliche Rechtsnormen aus der Strafprozessordnung und dem Strafge-

---

[542] *Malmendier*, NJW 1997, 227 [228].

setzbuch verstanden werden, die als allgemeine Gesetze den Anforderungen an einen Gesetzesvorbehalt genügen. Da der Begriff »Funktionsfähigkeit der Rechtspflege« jedoch wie zuvor beschrieben einen anderen Inhalt aufweist, kann und darf es sich dabei nicht um eine Schranke im verfassungsrechtlichen Sinne handeln.

V. Die Funktionsfähigkeit der Rechtspflege als Abwägungsbelang

Die kritisierten Schwierigkeiten werden sowohl hinsichtlich des Bestimmtheitsgebots als auch in dogmatischer Sicht umgangen, wenn man die Funktionsfähigkeit der Strafrechtspflege korrekt in den grundrechtlichen Kontext einordnet. Die Besonderheit dieses Argumentationstopos liegt richtig verstanden in der Tatsache, dass die dem Begriff zugrunde liegenden Prinzipien als Abwägungsbelang auf Ebene der Verhältnismäßigkeit ihren Wirkungsort finden. Denn erst dort kommt es im Einzelfall zu einer Abwägung des Strafverfolgungsinteresses mit den Grundsätzen der Verteidigung und damit der beiden Antipoden, die den Inhalt der Funktionsfähigkeit ausmachen.

Bezogen auf die Frage der Strafbarkeit von Verteidigerhandlungen stellen in einer grundrechtlichen Gleichung zunächst die materiellen Strafnormen eine Begrenzung der Verteidigertätigkeit auf Schranken-Ebene dar. Die Funktionsfähigkeit der Strafrechtspflege mit ihren sowohl beschuldigtenschützenden als auch strafverfolgenden Komponenten fungieren dagegen erst auf Verhältnismäßigkeitsebene als Begrenzungen der Grundrechtseingriffe und damit als sog. Schranken-Schranken. Jede in die Tätigkeit eines Verteidigers ausstrahlende Strafrechtsnorm muss sich daher vor allem daran messen lassen, ob ihre Anwendung mit den Regelungen zugunsten des Beschuldigten vereinbar ist. Denn wäre die Verteidigung grenzenlos durch materielle Strafnormen beschränkbar, wäre die Durchsetzung vieler verfassungsrechtlicher Prinzipien wie des *nemo tenetur-* und *fair trial*-Grundsatzes sowie der Unschuldsvermutung gefährdet und würde der Rechtsstaat schweren Schaden erleiden. Daher bedürfen die Beschränkungen der Verteidigung ihrerseits einer Einschränkung, um den Strafprozess nicht zu einer Farce verkommen zu lassen. Dies umschreibt den Abwägungsprozess zwischen Beschuldigteninteressen und allgemeinen staatlichen Strafverfolgungsinteressen, den es im grundrechtlichen Kontext auf Verhältnismäßigkeitsebene zu bewältigen gilt. Bei der Schranken-Schranken-Funktion dominieren daher die auf den Beschuldigten abzielenden Schutzaspekte einer funktionsfähigen Rechtspflege. Damit sind insbesondere rechtsstaatliche Garantien angesprochen, für deren Durchsetzung eine Begrenzung der Einschränkungsmöglichkeiten verfassungsrechtlich geboten erscheint.

VI. Ergebnis zu den Beschränkungsmöglichkeiten von Art. 12 Abs. 1 GG und Art. 2 Abs. 1 GG

In den Situationen, in denen allgemeine Strafgesetze potentiell ein Verteidigerhandeln pönalisieren, das zur verfassungsrechtlich gebotenen Verteidigung und damit zum ureigensten Wirkungsbereich der Tätigkeit eines Verteidigers gehört, schränken sie das Grundrecht der Berufsausübungsfreiheit bzw. subsidiär die allgemeine Handlungsfreiheit des Verteidigers ein. Die Funktionsfähigkeit der Rechtspflege fungiert hierbei nicht als Grundrechtsschranke, sondern als Schranken-Schranke auf Verhältnismäßigkeitsebene. Sieht man die materiellen Strafnormen bei wörtlicher Auslegung als Beschränkungen einer ungestörten Strafverteidigung an, muss ihre Anwendung demnach sowohl als Beschränkung der Berufsfreiheit als auch als Einschränkung der rechtsstaatlich verbürgten Strafverteidigung angesehen werden. Als Zwischenergebnis bedeutet dies, dass ihre Anwendung und Auslegung im Lichte der Bedeutung der Strafverteidigung zu erfolgen hat. Inwieweit hierbei die Beschuldigtenrechte konkret auf die Frage der Strafbarkeit eines Verteidigers ausstrahlen, ist im Folgenden zu untersuchen.

C. Die Bedeutung der Beschuldigtenrechte auf Verhältnismäßigkeitsebene

Bei der Frage, wann sich ein Verteidiger bei einem Verteidigerhandeln strafbar macht, kommt es damit bezogen auf Art. 12 Abs. 1 GG auf einen gerechten Ausgleich der strafverfolgenden und beschuldigtenschützenden Aspekte an. Das durch materielle Strafrechtsnormen manifestierte Strafverfolgungsinteresse des Staates kann dogmatisch gesehen als Allgemeininteresse die dem Verteidiger originär zustehende Berufsfreiheit nur soweit begrenzen, wie andererseits die verfassungsrechtlich verbürgten Rechte des vom Verteidiger betreuten Beschuldigten auf Verhältnismäßigkeitsebene gewahrt bleiben. Daher sollen die Beschuldigtenrechte im Folgenden genauer auf ihre Funktion im Abwägungsvorgang durchleuchtet werden.

Es ist dabei vor allem das Recht des Beschuldigten auf formelle Verteidigung, das dem Verteidiger in Kombination mit der ihm originär zustehenden Berufsfreiheit überhaupt erst eine sinnvolle Strafverteidigung ermöglicht. Darüber hinaus wird die Situation des Beschuldigten und damit zugleich die Grundlage der Strafverteidigung aus verfassungsrechtlicher Sicht maßgeblich durch die Unschuldsvermutung und den Grundsatz des *nemo tenetur se ipsum accusare* geprägt,[543] die ebenfalls einen hohen Stellenwert auf Abwägungsebene haben und damit für die Strafbarkeit des Verteidigers maßgeblich sein können.

I. Das Recht des Beschuldigten auf Verteidigerbeistand und die Institutsgarantie der Strafverteidigung

Trotz eigener Befugnisse und eigenen Antragsrechten ist die Tätigkeit des Strafverteidigers zusätzlich vom Recht des Beschuldigten abhängig, sich in jeder Lage des Verfahrens der Hilfe eines Verteidigers vergewissern zu können.[544] Gerade dieses Beistandsrecht ist mit Grundlage dafür, dass ein Verteidiger im Gegensatz zu anderen Berufsträgern bei seiner Arbeit privilegiert werden muss.

1. Inhaltliche Konturierung

Der auf die Ermittlung des Sachverhalts hin angelegte Strafprozess mit seiner Aufgabe, den staatlichen Strafanspruch im Interesse des Rechtsgüterschutzes Einzelner und um der Allgemeinheit Willen durchzusetzen, muss aufgrund der erheblichen Belastungen und möglichen weit reichenden Folgen für den Betroffenen fair ausgestaltet sein. Der Beschuldigte darf daher im Regelungsbereich des rechtsstaatlichen Gefüges des Grundgesetzes nicht nur Objekt des Verfahrens sein. Er hat vielmehr als Verfahrenssubjekt das Recht, auf den Gang und

---

[543] Vgl. BVerfGE 56, 37 [43 ff.]; BGHSt 38, 214 [220]; *Beulke*, StPO Rn. 125; eingehend *Bosch*, Aspekte des nemo tenetur-Prinzips, *passim*; *Verrel*, NStZ 1997, 361 ff., 415 ff.; zur verfassungsgeschichtlichen Entwicklung vgl. SK/StPO-*Rogall*, Vor § 133 Rn. 130 ff.; *Schneider*, Grund und Grenzen des strafrechtlichen Selbstbegünstigungsprinzips, S. 37 ff.
[544] *Ernesti*, JR 1982, 221 [223]; *Spendel*, JZ 1959, 737 [737]; *Welp*, ZStW 90 [1978], 804 [817]; ähnlich *Grüner/Wasserburg*, GA 2000, 430 [435].

das Ergebnis des Strafverfahrens wirkungsvoll Einfluss zu nehmen.[545] Ein rechtsstaatliches und faires Verfahren erfordert dafür eine Waffengleichheit zwischen den Strafverfolgungsbehörden und dem Beschuldigten. Konkret umfasst dieses Recht den möglichst frühzeitigen und umfassenden Zugang zu Beweismitteln und Ermittlungsergebnissen und die Vermittlung der erforderlichen materiell- und prozessrechtlichen Informationen.[546] Seine Rechte kann der Beschuldigte aufgrund seiner Involvierung in den Prozess und der damit fehlenden Objektivität aber zumeist nicht selbst effektiv wahrnehmen. Er hat daher das Recht, sich eines Verteidigers zu bedienen, um entlastendes Material vorzubringen. Erst die effektive Verteidigung eröffnet dem »Handlungswert« des Gehört-Werdens die Chance darauf, auch einen »Erfolgswert« zu haben und nicht bloß symbolische Interaktion zwischen den Verfahrensbeteiligten zu bleiben.[547] Der Verteidiger ist dadurch, dass er beratend zur Seite steht und für den Beschuldigten die ihn entlastenden Umstände zu Gehör bringt, für die Herstellung prozessualer Waffengleichheit in den meisten Situationen unentbehrlich.[548]

2. Einfachgesetzliche Ausformung

Das Beistandsrecht ist einfachrechtlich in § 137 Abs. 1 S. 1 StPO verbrieft, nach dem sich jeder Beschuldigte »in jeder Lage des Verfahrens des Beistands eines Verteidigers bedienen« kann. International proklamiert auch Art. 6 Abs. 3 lit. c EMRK das Recht eines Beschuldigten auf den Beistand eines Verteidigers seiner Wahl und damit auf eine konkrete und wirkliche Verteidigung.[549] Die Europäische Menschenrechtskonvention hat infolge einfachrechtlicher Transformation des völkerrechtlichen Grundlagenvertrags[550] keinen Verfassungsrang in der Bundesrepublik. Nach zutreffender herrschender Ansicht hat sie vielmehr den

---

[545] Vgl. BVerfGE 63, 380 [390 f.]; 65, 171 [174 f.]; 66, 313 [318]; BVerfG StV 2000, 416 [417]; NJW 2004, 1305 [1308]; BVerfG StV 2000, 416 [417]; *Pfeiffer*, DRiZ 1984, 341 [343]; *ders.*, StPO, Vor § 137 Rn. 1.
[546] Vgl. BVerfG NJW 2004, 1305 [1308].
[547] Vgl. *Jahn*, »Konfliktverteidigung« und Inquisitionsmaxime, S. 214 f.; *Haffke*, StV 1981, 471 [476 f.].
[548] Vgl. *Rzepka*, Zur Fairness im deutschen Strafverfahren, S. 397 ff.; krit. zum Topos Waffengleichheit *Safferling*, NStZ 2001, 181 ff.
[549] BGHSt 46, 36 [44]; *Meyer-Goßner*, MRK A4 Art. 6 Rn. 20; LR-*Rieß*, Einl. Abschn. I, Rn. 101.
[550] Vgl. Art. II des Zustimmungsgesetzes vom 7. August 1952; zur Entstehung der EMRK vgl. *Konrad*, Die Beschlagnahme von Verteidigungsunterlagen, S. 27 ff. m.w.N:

Rang eines einfachen Bundesgesetzes.[551] Inkorporationsnorm ist folglich Art. 59 Abs. 2 GG. Will Deutschland seinen damit eingegangenen völkerrechtlichen Verpflichtungen entsprechen, müssen deutsche Gesetze auch im Einklang mit diesen ausgelegt werden. Dementsprechend sind sowohl die Wertentscheidungen der EMRK selbst[552] als auch die Rechtsprechung des Europäischen Gerichtshofs für Menschenrechte über die EMRK[553] von deutschen Gerichten als wichtige Auslegungshilfe für Inhalt und Reichweite der Grundrechte heranzuziehen.

Das Recht auf Verteidigung erschöpft sich schon aus diesem Grund nicht nur in einer einfachrechtlichen Dimension. Vielmehr ist es Ausdruck des zugrunde liegenden und verfassungsrechtlich begründeten Instituts der Strafverteidigung. Spiegelbildlich ist auch die Tätigkeit des Strafverteidigers nicht nur über das Grundrecht der Berufsfreiheit geschützt und garantiert. Grundsätzlich folgt aus dem Recht des Beschuldigten auf Verteidigerbeistand die Institutsgarantie der Verteidigung.[554] Über die verfassungsrechtlichen Grundlagen des Beistandsrecht und der formellen Verteidigung sind dadurch indes noch keine Aussagen getroffen. Vielmehr sind sich Literatur und Rechtsprechung uneins über dessen grundgesetzliche Fundierung.

---

[551] Vgl. BVerfGE 10, 271 [274]; 19, 342 [347]; 74, 358 [370]; 82, 106 [114]; BGHSt 21, 81 [84]; *Bosch*, Aspekte des nemo tenetur-Prinzips, S. 93 Fn. 317; *Burger/Peglau*, wistra 2000, 161 [164]; *Bussenius*, Geldwäsche und Strafverteidigerhonorar, S. 87; Sachs-*Degenhart*, Art. 103 Rn. 3b; LR-*Gollwitzer*, Einl. MRK/IPBPR, Rn. 21; Art. 6 MRK/14 IPBPR Rn. 67; M/D/H/S-*Dürig*, Art. 1 Abs. 2 Rn. 59 ff. m.w.N.; *Meyer-Goßner*, MRK A4 Vor Art. 1 Rn. 3; *E. Müller*, in: Koch-FG, S. 191 [195]; *Spaniol*, Das Recht auf Verteidigerbeistand im Grundgesetz und in der Europäischen Menschenrechtskonvention, S. 181 ff.; a.A. *Konrad*, Die Beschlagnahme von Verteidigungsunterlagen, S. 35 ff., 53 f., die den Normen der Europäischen Menschenrechtskonvention über die einfachgesetzliche Transformation hinaus sogar supranationale Geltung – d.h. sogar einen Rang über dem Verfassungsrecht zusprechen will; dafür wohl auch *Bleckmann*, EuGRZ 1994, 149 [153]; weitere abw. Auffassungen bei *Spaniol*, a.a.O., S. 181 ff.
[552] Vgl. BGHSt 38, 345 [349]; 38, 372 [374]; 39, 310 [314]; BGHSt 8, 59 [64]; *Meyer-Goßner*, MRK A4 Vor Art. 1 Rn. 4.
[553] BVerfGE 74, 358 [370].
[554] *Dahs*, NJW 1975, 1385 [1386]; *Ostendorf*, NJW 1978, 1345 [1348]; *Hassemer*, ZRP 1980, 326 [331]; *Jahn*, »Konfliktverteidigung« und Inquisitionsmaxime, S. 216; LR-*Lüderssen*, Vor § 137 Rn. 35; *Strzyz*, Die Abgrenzung von Strafverteidigung und Strafvereitelung, S. 52; *Lukanow*, Der Missbrauch der Verteidigerstellung im englischen und deutschen Strafprozess, S. 22; vgl. auch *E. Müller*, NJW 1981, 1801 [1804].

3. Verfassungsrechtliche Grundlage

Als Prinzipal der für die Strafverteidigung maßgeblichen Verfassungsprinzipien erweist sich nach überwiegender Ansicht das in Art. 20 Abs. 3 GG verankerte Rechtsstaatsprinzip mit seinen verfassungsrechtlichen Ausprägungen und einfachrechtlichen Ausformungen.

a. Ableitung aus dem Rechtsstaatsprinzip (*fair trial*-Grundsatz)

Nach Ansicht der Rechtsprechung sind die verfassungsrechtlichen Wurzeln des Rechts auf Verteidigerbeistand vor allem im *fair trial*-Grundsatz (Gebot eines fairen Verfahrens) beheimatet.[555] Dieses Prinzip, das sich als Sammelbegriff aus einer Vielzahl von Einzelelementen konstituiert, leitet das Bundesverfassungsgericht in ständiger Rechtsprechung aus dem Rechtsstaatsprinzip (Art. 20 Abs. 3 GG) in Verbindung mit dem Recht auf freie Entfaltung der Persönlichkeit (Art. 2 Abs. 1 GG) ab.[556] Daneben wird der Grundsatz eines fairen Verfahrens einfachrechtlich durch den bereits genannten Art. 6 Abs. 3 lit. c EMRK ergänzt.[557] Die Wissenschaft leitet den *fair trial*-Grundsatz teilweise auch aus dem Sozialstaatsprinzip oder einer Zusammenschau der Art. 1, 2, 19 Abs. 4, 20, 28, 103 GG i.V.m. Art. 6 Abs. 1 S. 1 EMRK ab.[558] Mit einer nach jeder Ansicht maßgeblichen Ableitung aus Art. 20 GG folgt bereits, dass das Beistandsrecht zu denjenigen Grundsätzen zählt, die über Art. 79 Abs. 3 GG Bestandteil der Ewigkeitsgarantie des Grundgesetzes sind und insofern nicht ohne weiteres durch ein einfaches Bundesgesetz ausgehebelt werden können.

---

[555] Vgl. BVerfGE 26, 66 [71]; 34, 293 [302]; 38, 105 [111]; 39, 156 [163]; 39, 238 [243]; 57, 250 [275 ff.]; 63, 380 [390]; 64, 135 [149]; 66, 313 [318 f.]; 68, 237 [255]; stdg.Rspr.; vgl. LR-*Rieß*, Einl. Abschn. H, Rn. 99 ff. m.w.N.; krit. *Bosch*, Aspekte des nemo tenetur-Prinzips, S. 75 (»konkretisierungsbedürftig«); das *fair trial*-Prinzip ablehnend *Heubel*, Der »*fair trial*« – ein Grundsatz des Strafverfahrens?, S. 73 ff., 95 ff.; gegen ihn v.a. *Bottke*, ZStW 96 [1984], 726 [753].

[556] Vgl. BVerfGE 26, 66 [71]; 34, 293 [302]; 38, 105 [111]; 39, 156 [163]; 39, 238 [243]; 46, 202 [210]; 57, 250 [274]; 63, 380 [390]; 64, 135 [149]; 65, 171 [174 f.]; 66, 313 [318 f.]; 68, 237 [255]; 70, 297 [322 f.]; BVerfG NJW 2004, 1305 [1308]; Sachs-*Degenhart*, Art. 103 Rn. 46; vgl. auch *Meyer-Goßner*, Einl. Rn. 19.

[557] Dazu *E. Müller*, in: Koch-FG, S. 191 [194, 195 ff.].

[558] Ausführlich LR-*Rieß*, Einl. Abschn. H, Rn. 99 ff.; SK/StPO-*Rogall*, Vor § 133 Rn. 101 ff.; gegen eine eigenständige Bedeutung des Art. 6 Abs. 1 S. 1 EMRK *Meyer Goßner*, Einl. Rn. 19.

Auch das mit der wirkungsvollen Verteidigung verbundene Erfordernis der Waffengleichheit wird als selbständiger Teilaspekt wirkungsvoller Strafverteidigung verstanden. Dieses nicht ausdrücklich gesetzlich normierte Prinzip wird von der Rechtsprechung wahlweise als Unterfall des *fair trial*-Prinzips angesehen[559] oder aus dem allgemeinen Gleichheitsgrundrecht des Art. 3 Abs. 1 GG (i.V.m. dem Sozialstaatsprinzip) abgeleitet.[560] In der Literatur reichen die Stimmen von Ablehnung[561] bis zur Ansicht, die Waffengleichheit als Oberbegriff sämtlicher Fairnessaspekte zu verstehen.[562] Nach herrschender Meinung kommt der Waffengleichheit die Stellung eines Strukturprinzips zu, das ein wesentliches Merkmal eines fairen Verfahrens ist,[563] ohne allerdings originäre und einklagbare Rechte zu verleihen.[564] Die Waffengleichheit wird verwirklicht, indem den professionellen Juristen auf Seiten der Staatsanwaltschaft ebenfalls professionelle Juristen auf Beschuldigtenseite gegenübergestellt werden.

b. Stellungnahme

Mit der Verankerung des Rechts auf Verteidigung im Verfassungsprinzip des rechtsstaatlichen Strafverfahrens hat das Bundesverfassungsgericht immer wieder die freie Wahl eines Verteidigers und das Vertrauen als Voraussetzungen einer effektiven Strafverteidigung hervorgehoben.[565] Auch nach allgemeiner Meinung verwirkliche der Verteidiger besonders in Fällen notwendiger Verteidigung mit der Einhaltung eines fairen Verfahrens einen wesentlichen Bestandteil des Rechtsstaatsprinzips.[566] Denn erst durch die Mitwirkung des Verteidigers erhalte der Beschuldigte die Möglichkeit, seine prozessualen Rechte mit der erforderlichen Sachkunde selbstständig wahrzunehmen und so auf den Gang und das Ergebnis des Strafverfahrens Einfluss zu nehmen.[567] Wenn das Bundesverfassungsgericht konstatiert, dass der Anspruch auf ein faires Verfahren von dem

---

[559] Vgl. BVerfGE 38, 105 [111]; 63, 45 [67]; BGHSt 36, 305 [309]; 42, 46 [49].
[560] BVerfGE 36, 380 [393 f.]; 52, 131 [144].
[561] Den Begriff der Waffengleichheit ablehnend *Roxin*, Strafverfahrensrecht, § 11 Rn. 13; das Prinzip ignorierend KK-*Pfeiffer*, Einl. Rn. 26 ff.
[562] Vgl. *Satzger*, StV 2003, 137 [139].
[563] Sachs-*Degenhart*, Art. 103 Rn. 46; *Rzepka*, Zur Fairness im deutschen Strafverfahren, S. 347, 455; *Safferling*, NStZ 2004, 181 [184]; *Satzger*, StV 2003, 137 [139].
[564] *Safferling*, NStZ 2004, 181 [184].
[565] Stdg.Rspr., vgl. nur BVerfGE 66, 313 [318 f.]; BGHSt 36, 305 [309].
[566] *Pfeiffer*, DRiZ 1984, 341 [343].
[567] *Pfeiffer*, DRiZ 1984, 341 [343]; BVerfG NJW 2004, 1305 [1308]; stdg.Rspr.

Verlangen nach verfahrensrechtlicher Waffengleichheit von Ankläger und Beschuldigtem gekennzeichnet sei,[568] wird hierdurch nur der Kern des Problems umrissen.

Andererseits erscheint es jedoch unzulässig, dem *fair trial*-Gedanken bedarfsweise beliebige Regelungsgedanken zu entnehmen, um diese dann in die Strafprozessordnung zu implantieren. Mittlerweile lässt auch die Rechtsprechung erkennen, dass sie zurückhaltender mit einer Ableitung prozessualer Konsequenzen aus einem derart vagen Prinzip ist.[569] Die unbestimmte Weite des Rechtsstaatsprinzips und die zwangsläufig unklare Begründung des *fair trial*-Grundsatzes lassen daher auch Zweifel an der verfassungsrechtlichen Fundierung der formellen Verteidigung im Rechtsstaatsprinzip aufkommen. Würde die Verteidigung auf das Prinzip eines fairen Strafverfahrens gestützt, bestünde die Gefahr, dass der Umfang zulässiger Verteidigung mit den wechselnden Anschauungen kontinuierlich verändert würde. Eine derartige Ableitung würde daher einem Zirkelschluss unterliegen. Einleuchtender und zutreffend dürfte daher der umgekehrte Weg sein. Danach bildet erst die effektive Verteidigung eine der Grundlagen für ein faires Strafverfahren. Erst durch die Möglichkeit der Verteidigung wird ein Teil des Rechtsstaats definiert. Dies bedeutet letztlich, dass die Strafverteidigung nicht aus dem *fair trial*-Grundsatz abgeleitet werden kann. Das Rechtsstaatsprinzip in seiner Ausprägung als *fair trial*-Prinzip dient vielmehr dazu, das Strafprozessrecht im Wege der Auslegung zu konkretisieren bzw. positiv-rechtliche Regelungslücken im Wege der Rechtsfortbildung zu schließen.[570]

c. **Ableitung aus dem Justizgrundrecht auf Gewährung rechtlichen Gehörs**

Gegen die alleinige Herleitung der formellen Verteidigung direkt aus dem *fair trial*-Grundsatz bzw. aus dem zugrunde liegenden Rechtsstaatsprinzip spricht neben dem Argument der Handhabbarkeit und Rechtsklarheit jedoch auch ein weiterer dogmatischer Aspekt. Im Allgemeinen hat die Einordnung verfassungs-

---

[568] BVerfGE 38, 105 [111].
[569] Vgl. BGHSt 40, 211 [217 f.]; 42, 191 [193].
[570] So auch *Schneider*, Jura 1989, 343 [347]; vgl. eingehend KK-*Pfeiffer*, Einl. Rn. 28 m.w.N.

rechtlicher Verbürgungen dem Grundsatz der Sachnähe zu folgen. Dementsprechend gilt beispielsweise nach allgemeiner Grundrechtsdogmatik das Auffanggrundrecht des Art. 2 Abs. 1 GG als thematisch verbraucht, wenn der Schutzbereich eines spezielleren Grundrechts einschlägig ist[571] – *lex specialis derogat legi generali*. Vergleicht man die Herleitung des Rechts auf formelle Verteidigung aus dem *fair trial*-Grundsatz des selbst konturlosen Rechtsstaatsprinzip mit der Möglichkeit, eine tragfähige Begründung über ein konkretes Justizgrundrecht zu bewerkstelligen, muss letzterer Möglichkeit der Vorzug gegeben werden.[572] Dementsprechend wurzelt nach zutreffender Ansicht einiger Stimmen in der Literatur[573] das Recht auf formelle Verteidigung wie auch das damit verbundene Erfordernis der Waffengleichheit im verfassungsrechtlichen Gebot der Gewährung rechtlichen Gehörs, Art. 103 Abs. 1 GG. Ergänzend folgt der Grundsatz der formellen Verteidigung aus der Menschenwürde, Art. 1 Abs. 1 GG. Dieser Ansatz wurde bislang jedoch noch nicht vom Bundesverfassungsgericht aufgegriffen.[574] Anzeichen für eine diesbezügliche Wende können allerdings in zwei Entscheidungen des Bundesverwaltungsgerichts gesehen werden, die das Recht auf Vertretung durch einen rechtskundigen Prozessbevollmächtigten in der mündlichen Verhandlung aus Art. 103 Abs. 1 GG anerkannt haben.[575]

---

[571] BVerfGE 22, 114 [119 f.] m.w.N.; *Pieroth/Schlink*, Staatsrecht II, Rn. 339, 341, 369.
[572] Vgl. *Jahn*, »Konfliktverteidigung« und Inquisitionsmaxime, S. 209 ff.; *Spaniol*, Das Recht auf Verteidigerbeistand im Grundgesetz und in der Europäischen Menschenrechtskonvention, S. 220 ff.
[573] *Eschen*, StV 1981, 365 [367]; *Gusy*, AnwBl. 1984, 225 [226]; *Jahn*, »Konfliktverteidigung« und Inquisitionsmaxime, S. 209 ff.; *Jarass/Pieroth*, Art. 103 Rn. 32; von Mangoldt/Klein/Starck-*Nolte*, Art. 103 Rn. 67; *Pieroth/Schlink*, Staatsrecht II, Rn. 1078; *Rissel*, Die verfassungsrechtliche Stellung des Rechtsanwalts, S. 74 ff.; M/D/H/S-*Schmidt-Aßmann*, Art. 103 Abs. 1 Rn. 103; *Spaniol*, Das Recht auf Verteidigerbeistand im Grundgesetz und in der Europäischen Menschenrechtskonvention, S. 220 ff.; wohl auch *Safferling*, NStZ 2001, 181 [188]; ähnl. Sachs-*Degenhart*, Art. 103 Rn. 44a (*fair trial* und Art. 103 Abs. 1 GG).
[574] Vgl. BVerfGE 39, 238 [243]; 39, 156 [168]; 38, 105 [118]; 34, 293 [302]; 31, 297 [301]; 9, 124 [132]; BGHSt 38, 372 [374]; 42, 15 [20 f.]; explizit hat das Bundesverfassungsgericht in BVerfGE 9, 124 [132] und BVerfGE 39, 156 [168] festgestellt, dass aus Art. 103 Abs. 1 GG das rechtliche Gehör an sich, nicht jedoch das rechtliche Gehör mittels eines Anwalts folge.
[575] Vgl. BVerwG NVwZ 1989, 857 [858]; NJW 1995, 1231 (dort aber falsch mit Art. 103 Abs. 2 GG zitiert).

4. Die Möglichkeit wirkungsvoller Strafverteidigung als Institutsgarantie

Vom Ergebnis her wirken sich die Meinungsverschiedenheiten jedoch nicht gravierend aus.[576] Gemeinsam ist allen Ansätzen, dass die Strafverteidigung jedenfalls verfassungsrechtlich verbürgt[577] und damit Bedingung eines effektiven Rechtsschutzes ist. Denn nur dadurch können auch die verfassungsmäßig garantierten Rechte des Beschuldigten im Sinne des Justizgewährungsanspruchs des Art. 19 Abs. 4 GG gewahrt werden. In jeder Herleitung ist die Möglichkeit der Verteidigung auch (entweder über Art. 1 GG oder Art. 20 GG) Bestandteil der Ewigkeitsgarantie, Art. 79 Abs. 3 GG. Überdies ist durch die damit belegte Ausgestaltung der Strafverteidigung als Institutsgarantie zugleich ein öffentlich-rechtliches Interesse des Staates bzw. des Gemeinwesens an der Ausübung dieses Grundrechts bezeugt.[578]

Eine ausdrückliche und verfassungsrechtlich zulässige[579] Begrenzung findet das Recht auf Verteidigung zunächst nur in § 137 Abs. 1 S. 2 StPO, wonach die Anzahl von drei Verteidigern nicht überschritten werden darf. Auch durch weitere Verfahrensvorschriften der Strafprozessordnung wird die Strafverteidigung inhaltlich ausgestaltet und damit auch begrenzt. Diese Begrenzungen sind jeweils damit begründbar, dass in einer Abwägung des Beschuldigteninteresses eines fairen Verfahrens mit dem Strafverfolgungsinteresse und dem Interesse des Staates an einer wirkungsvollen Strafverteidigung letzterer der Vorrang eingeräumt wird.[580]

II. Die Unschuldsvermutung als verfassungsrechtliche Garantie

Die vielleicht wichtigste verfassungsrechtliche Voraussetzung wirkungsvoller Strafverteidigung stellt die Unschuldsvermutung dar. Dass kein Unschuldiger

---

[576] Zutr. *Beulke*, Der Verteidiger im Strafverfahren, S. 86; *Haffke*, StV 1981, 471 [476].
[577] So etwa *Haffke*, StV 1981, 471 [476].
[578] Vgl. zum öffentlich-rechtlichen Interesse bei Institutsgarantien BVerfGE 50, 290 [339] (zur Eigentumsgarantie); BVerfGE 20, 162 [175]; 50, 234 [249] (zum Institut der freien Presse).
[579] BVerfGE 39, 156 [162 f.]; *Meyer-Goßner*, MRK A4 Art. 6 Rn. 20; M/D/H/S-*Schmidt-Aßmann*, Art. 103 Abs. 1 Rn. 104.
[580] Vgl. *Beulke*, Der Verteidiger im Strafverfahren, S. 92.

und auch der Schuldige nur unter Wahrung aller seiner Persönlichkeits- und Verteidigungsrechte verurteilt wird, ist eine für die Rechtskultur eines Landes entscheidende, seine Rechtsstaatlichkeit mitkonstituierende gesetzliche Forderung[581] und hat sich zu einem universell anerkannten Rechtssatz entwickelt.[582]

1. Verfassungsrechtliche Grundlage

a. Rechtsstaatsprinzip und *fair trial*-Prinzip

Ebenso wie die formelle Verteidigung wird auch die Unschuldsvermutung zumeist als Ausdruck des aus dem Rechtsstaatsprinzip fließenden *fair trial*-Grundsatzes angesehen.[583] Neben dieser verfassungsrechtlichen Verankerung ist die Unschuldsvermutung auch als fundamentaler Grundsatz in der Europäischen Menschenrechtskonvention (Art. 6 Abs. 2 EMRK) niedergelegt.[584] Das Bundesverfassungsgericht verbindet beide Aspekte und betont unter ausdrücklicher Bezugnahme auf Art. 6 Abs. 2 EMRK, dass die Unschuldsvermutung eine besondere Ausprägung des Rechtsstaatsprinzips sei und damit Verfassungsrang habe.[585] Diese auf den ersten Blick befremdliche Aussage lässt sich damit erklären, dass mit Inkrafttreten der Europäischen Menschenrechtskonvention die darin verankerten Menschenrechte in ihrem jeweiligen Entwicklungsstand bei der Auslegung des Grundgesetzes zu beachten sind, sofern dies nicht zu einer Einschränkung oder Minderung seines Grundrechtsstandards führt.

b. Stellungnahme

Auch gegen die Ableitung der Unschuldsvermutung aus dem *fair trial*-Grundsatz spricht bereits eine formale Überlegung. Die Frage fairen Verhaltens

---

[581] So auch *Roxin*, in: Hanack-FS, S. 1 [3].
[582] *Stuckenberg*, ZStW 111 [1999], 422 [423].
[583] Vgl. BVerfGE 22, 254 [265]; Sachs-*Degenhart*, Art. 103 Rn. 93; *Meyer-Goßner*, MRK A4 Art. 6 Rn. 12; KK-*Pfeiffer*, Einl. Rn. 28; *ders.*, StPO, Einl. Rn. 21; LR-*Rieß*, Einl. Abschn. H, Rn. 105; *Stuckenberg*, Untersuchungen zur Unschuldsvermutung, S. 547; krit. *Fezer*, Strafprozessrecht, Fall 10 Rn. 41.
[584] Einige Landesverfassungen sehen die Unschuldsvermutung ausdrücklich vor, vgl. dazu *Nothelfer*, Die Freiheit von Selbstbezichtigungszwang, S. 37 f.; LR-*Gollwitzer*, Art. 6 MRK/14 IPBPR Rn. 103 ff.; zu weiteren Gewährleistungen aus der EMRK vgl. *Beulke*, StPO Rn. 11 m.w.N.
[585] BVerfGE 35, 311 [320], 74, 358 [370]; 82, 106 [114]; vgl. LR-*Gollwitzer*, Art. 6 MRK/14 IPBPR Rn. 105.

bedarf eines Bezugsrahmens. Der Fairnessgrundsatz ist – wie der Verhältnismäßigkeitsgrundsatz auch – eine Relation der Gerechtigkeit, die nicht selbst über die Berechtigung der Relata entscheiden kann.[586] Wie die Verteidigung führt auch die Unschuldsvermutung überhaupt erst zu einem fairen Prozess, so dass erst durch sie das *fair trial*-Prinzip konturiert wird. Ähnlich wie die grundrechtliche Verankerung der Verteidigung in Art. 103 Abs. 1 GG wurzelt auch die Unschuldsvermutung nicht primär im Rechtsstaatsgebot, sondern ist bereits in den Grundrechten angelegt. Sie entspringt aufgrund ihres Menschenwürdebezugs allein dem grundrechtlichen Postulat der Unantastbarkeit der Menschenwürde, Art. 1 Abs. 1 GG und ist insoweit durch die Ewigkeitsgarantie des Art. 79 Abs. 3 GG geschützt.

2. Wirkungsweise der Unschuldsvermutung

Es besteht Einigkeit, dass sich der Wert der Unschuldsvermutung nicht in einer reinen Beweisregel erschöpft. Vielmehr hat sie für den Beschuldigten den Rang eines subjektiven Rechts.[587] Dessen konkrete Ausformung ist jedoch im Einzelnen umstritten.

Zunächst hat die Unschuldsvermutung im Strafverfahren primär Einfluss auf verfahrensrechtliche Normen der Strafprozessordnung. Dabei sind die prozessualen Rechte des Beschuldigten maßgeblich aus der Strafprozessordnung als angewandtem Verfassungsrecht und nur ergänzend direkt aus der Verfassung abzuleiten. Das Prozessrechtsverhältnis wird aber durch die Unschuldsvermutung zumindest am Rande durch das Verbot der Strafantizipation mitgestaltet.[588] Im Gegensatz zu der wechselnden Rechtsstellung des Beschuldigten im Verfahren bleibt die Unschuldsvermutung als normatives Kontinuum auch bei wechselnden Verdachtslagen über das gesamte Verfahren hin konstant betroffen.[589] Vor rechtskräftiger Feststellung der Schuld verbietet die Unschuldsvermutung Eingriffe auf Grundlage nur vermuteter Schuld.[590]

---

[586] Zutr. *Schulz*, GA 2001, 226 [240]; vgl. auch BVerfGE 57, 250 [275 f.]; BVerfG NJW 1996, 448 [449].
[587] *Stuckenberg*, ZStW 111 [1999], 423 [431].
[588] Vgl. *Stuckenberg*, Untersuchungen zur Unschuldsvermutung, S. 67 ff., 578.
[589] *Schulz*, GA 2001, 226 [239].
[590] SK/StPO-*Paeffgen*, Vor § 112 Rn. 26; *Rogall*, Der Beschuldigte als Beweismittel gegen sich selbst, S. 111.

Unklar ist jedoch, inwieweit auch der Verteidiger von der Unschuldsvermutung zugunsten seines Mandanten profitieren kann. So hat der Bundesgerichtshof festgestellt, dass eine prozessuale Vermutung zugunsten des Beschuldigten nicht unmittelbar materiell zugunsten des Verteidigers wirken könne.[591] Die Unschuldsvermutung sei lediglich auf die Abwehr bestimmter staatlicher Eingriffe gerichtet, eröffne jedoch umgekehrt keine Handlungsfreiräume.[592] In seiner Geldwäsche-Entscheidung ist der Bundesgerichtshof zudem davon ausgegangen, dass der Unschuldsvermutung im Zusammenhang mit der Honorarannahme durch einen Verteidiger keine »Fernwirkung« dergestalt zukommt, dass ihre Geltung im Verfahren gegen den Mandanten auch auf den Verteidiger »durchschlägt«.[593] Dies liegt auf einer Linie mit seiner bisherigen Rechtsprechung, in der sinngemäß judiziert wurde, dass andere noch nicht abgeurteilte Taten des Beschuldigten zu seinen Lasten Berücksichtigung finden könnten. So verpflichte die Unschuldsvermutung nicht zu der Unterstellung, dass sich der Sachverhalt einer strafbaren Handlung nicht zugetragen habe, bevor er rechtskräftig festgestellt sei.[594] Wenn die Unschuldsvermutung insofern nur (passiven) Schutz vor staatlichen Maßnahmen gewähre, die an eine noch nicht erwiesene Schuld anknüpften, könne daraus im Umkehrschluss erst recht kein Handlungsfreiraum für einen Verteidiger abgeleitet werden.[595]

Dieser Schluss ist jedoch nicht zwingend. Denn es wäre widersinnig, wenn der Staat nur bei Eingriffen in Grundrechte des Beschuldigten von dessen Unschuld ausgehen müsste, der eigene Verteidiger jedoch umgekehrt die Unschuld seines Mandanten nicht zur Grundlage seiner Verteidigung machen dürfte. Die Unschuldsvermutung ist zumindest mittelbar auch für die Tätigkeit des Verteidigers – und damit auch für die etwaige Strafbarkeit entsprechender Handlungen – relevant. Ihr Wert erschöpft sich für die Berufsausübung des Strafverteidigers

---

[591] BGHSt 47, 68 [77].
[592] Vgl. *Stuckenberg*, Untersuchungen zur Unschuldsvermutung, S. 67 ff.; *Weigend*, ZStW 113 [2001], 271 [291].
[593] Vgl. BGHSt 47, 68 [77].
[594] BGHSt 34, 209 [209].
[595] So *Bussenius*, Geldwäsche und Strafverteidigerhonorar, S. 123 f.

gerade nicht in einem reinen Optimierungsgebot.[596] Vielmehr bildet auch sie im Verhältnis zwischen Beschuldigtem und Verteidiger einen Teil der Geschäftsgrundlage für die Strafverteidigung. Dies bedeutet jedoch, dass wie das Gericht auch der Verteidiger vor rechtskräftiger Feststellung der Schuld seines Mandanten von dessen Unschuld ausgehen darf und ihm ein entsprechender Handlungsspielraum einzuräumen ist.

III. Das *nemo tenetur*-Prinzip

Parallel zur Unschuldsvermutung wird die Situation des Beschuldigten verfassungsrechtlich zugleich durch den Grundsatz des *nemo tenetur se ipsum accusare* bestimmt.[597] Im deutschen Recht hat dieser vor allem in der Belehrungsvorschrift des § 136 Abs. 1 S. 2 StPO seinen Niederschlag gefunden. Er wird darüber hinaus aber auch in vielen Regelungen des Strafprozessrechts vorausgesetzt, etwa in den §§ 55, 115 Abs. 3 S. 1, 128 Abs. 1 S. 2, 136 Abs. 1 S. 2, 163a Abs. 3, Abs. 4 S. 2, 243 Abs. 4 S. 1 StPO. Das damit verbundene Recht zur Passivität kommt ebenso in den Beweisvorschriften der §§ 81, 81a, 81b, 58 Abs. 2, 94 ff. StPO sowie den §§ 102, 112 ff., 127 StPO zum Ausdruck. Die einzige positive einfachgesetzliche Regelung findet sich in Art. 14 Abs. 3 lit. g des Internationalen Pakts über bürgerliche und politische Rechte (IPbpR[598]).

1. Verfassungsrechtliche Grundlage

Wenn auch die Existenz des *nemo tenetur*-Grundsatzes als Ausfluss althergebrachter Überzeugungen[599] grundsätzlich unbestritten sein mag, hinsichtlich seiner Grundlage und insbesondere der grundrechtlichen Verortung wird ein »bun-

---

[596] Ebenso *Stuckenberg*, Untersuchungen zur Unschuldsvermutung, S. 543; für die Aufgabe des übergeordneten *fair trial* als größtmögliche Optimierung dagegen *Roxin*, Strafverfahrensrecht, § 11 Rn. 11.
[597] Vgl. BVerfGE 56, 37 [43 ff.]; BGHSt 38, 214 [220]; *Beulke*, StPO Rn. 125; eingehend *Bosch*, Aspekte des nemo tenetur-Prinzips, *passim*; *Meyer-Goßner*, Einl. Rn. 29a; *Torka*, Nachtatverhalten und Nemo tenetur, *passim*; *Verrel*, NStZ 1997, 361 ff., 415 ff.; zur verfassungsgeschichtlichen Entwicklung vgl. SK/StPO-*Rogall*, Vor § 133 Rn. 131 ff.; *Schneider*, Grund und Grenzen des strafrechtlichen Selbstbegünstigungsprinzips, S. 37 ff.
[598] Internationaler Pakt über bürgerliche und politische Rechte (IPbpR) vom 19. Dezember 1966, BGBl. 1973, II S. 1534; 1976, II S. 1068; 1979, II S. 1218; 1986, II S. 746; dazu *Bosch*, Aspekte des nemo tenetur-Prinzips, S. 24 ff.; LR-*Gollwitzer*, Art. 6 MRK/14 IPBPR Rn. 248 ff.
[599] *Schneider*, Grund und Grenzen des strafrechtlichen Selbstbegünstigungsprinzips, S. 40.

ter Strauß«[600] verfassungsrechtlicher Ableitungen vertreten.[601] Eine Strömung verankert den Grundsatz direkt im Rechtsstaatsprinzip oder im *fair trial*-Grundsatz,[602] während andere ihn als Ausfluss der Menschenwürde und des allgemeinen Persönlichkeitsrechts sehen.[603] Parallel zum Recht der Verteidigung dürfte aber auch der *nemo tenetur*-Grundsatz seine Wurzeln im Justizgrundrecht des rechtlichen Gehörs gem. Art. 103 Abs. 1 GG haben.[604] Für die hier interessierenden Fragestellungen genügt jedoch die Feststellung, dass der Grundsatz jedenfalls normenhierarchisch im Verfassungsrecht abgesichert und über Art. 79 Abs. 3 GG Teil der Ewigkeitsgarantie des Grundgesetzes ist.

2. Inhaltliche Ausgestaltung

a. Strafprozessuale Gewährleistungen

Aus dem *nemo tenetur*-Prinzip folgt die Freiheit des Beschuldigten, selbst darüber zu befinden, ob er an der Aufklärung der ihm vorgeworfenen Tat mitwirken will oder nicht.[605] Er hat ein Recht zur Passivität.[606] Ihm steht es frei, nicht zur Sache auszusagen. Die Ausgestaltung des *nemo tenetur*-Grundsatzes ist in der Strafprozessordnung konsequent durchgeführt. Dies zeigt sich u.a. darin, dass die Einlassung des Beschuldigten von der Strafprozessordnung im Gegen-

---

[600] *Lorenz*, StV 1996, 172 [[173 Fn. 3]; ebenso *Verrel*, NStZ 1997, 361 [364].
[601] Eingehend dazu *Bosch*, Aspekte des nemo tenetur-Prinzips, S. 27 ff.; SK/StPO-*Rogall*, Vor § 133 Rn. 132.
[602] *Bosch*, Aspekte des nemo tenetur-Prinzips, S. 69; *Bringewat*, JZ 1981, 289 [294]; LR-*Gollwitzer*, Art. 6 MRK/14 IPBPR Rn. 249; *Schneider*, Grund und Grenzen des strafrechtlichen Selbstbegünstigungsprinzips, S. 29; weitere Nachweise bei *Nothelfer*, Die Freiheit von Selbstbezichtigungszwang, S. 11 Fn. 16; dagegen *Rogall*, Der Beschuldigte als Beweismittel gegen sich selbst, S. 137.
[603] Vgl. KK-*Pfeiffer*, Einl. Rn. 28 f.; *Rogall*, Der Beschuldigte als Beweismittel gegen sich selbst, S. 148; SK/StPO-*Rogall*, Vor § 133 Rn. 132 m.w.N.; *Rüping*, JR 1974, 135 [136]; *Torka*, Nachtatverhalten und Nemo tenetur, S. 117, 128.
[604] So wohl auch *Meyer-Goßner*, Einl. Rn. 23 i.V.m. 29a; dezidiert dagegen *Rogall*, Der Beschuldigte als Beweismittel gegen sich selbst, S. 125; nach *Schneider*, Grund und Grenzen des strafrechtlichen Selbstbegünstigungsprinzips, S. 38, hat der *nemo tenetur*-Grundsatz aber den »Charakter eines Justizgrundrechts«.
[605] Dazu ausführlich *Bosch*, Aspekte des nemo tenetur-Prinzips, S. 277 ff.; *Verrel*, NStZ 1997, 361 ff., 415 ff.
[606] *Hamm*, NJW 1993, 289 [295]; *Rogall*, Der Beschuldigte als Beweismittel gegen sich selbst, S. 137; *Schneider*, Grund und Grenzen des strafrechtlichen Selbstbegünstigungsprinzips, S. 28 ff.; *Stumpf*, Die Strafbarkeit des Strafverteidigers wegen Strafvereitelung (§ 258 StGB), S. 132; *Torka*, Nachtatverhalten und Nemo tenetur, S. 117.

satz zu Zeugen (§§ 48 ff. StPO), Sachverständigen (§§ 72 ff. StPO) sowie Urkunden und anderen Schriftstücken (§§ 249 ff. StPO) gerade nicht als Beweismittel im förmlichen Sinn vorgesehen ist. Die Einlassung des Beschuldigten (§§ 136, 163a Abs. 1, 243 Abs. 3 StPO) kann zwar als Beweismittel eingeführt werden. Dies steht aber zur freien Entscheidung des Beschuldigten.

b. Die Frage eines Lügerechts für den Beschuldigten

Im Zusammenhang mit der Frage der Stellung eines Verteidigers wird zum Teil kritisiert, dass der unverteidigte Beschuldigte besser gestellt sei, da er konsequenzenlos lügen dürfe. Letztlich müsse daher der Verteidiger zumindest die gleichen Rechte wie der Beschuldigte haben, damit eine Gleichstellung des verteidigten Beschuldigten erreicht werde.[607] Dass der Beschuldigte eine Wahrheitspflicht hat, wird heute – soweit ersichtlich – zu Recht nicht mehr vertreten.[608] Streng davon zu trennen und nicht nur terminologische Feinheit[609] ist jedoch die Frage, ob aus dem *nemo tenetur*-Prinzip für den Beschuldigten tatsächlich ein Recht zur Lüge folgt.

aa. Die beweisrechtliche Indifferenz einer Einlassung

Um der besonderen Situation des Beschuldigten und der Bedeutung des *nemo tenetur*-Grundsatzes Rechnung zu tragen, muss lediglich bei den förmlichen Beweismitteln sichergestellt sein, dass eine Aussage ihre Funktion als Beitrag zur Wahrheitsfindung zuverlässig erfüllt. Dementsprechend sind dort Verstöße gegen die Wahrheitspflicht auch materiell-strafrechtlich sanktioniert (vgl. beispielsweise die Aussagedelikte der §§ 153 ff. StGB sowie die §§ 145d, 164 StGB). Nach zutreffender Auffassung ist die Aussage des Beschuldigten dagegen im Strafprozess zunächst beweisrechtlich indifferent.[610] Seine Lüge bleibt infolge eines Selbstbegünstigungsprivilegs wegen strafausschließender Exkulpation auf Tatbestandsebene[611] bzw. prozessualer Indifferentheit[612] sanktionslos.

---

[607] Vgl. *Grüner*, Über den Missbrauch von Mitwirkungsrechten, S. 141.
[608] *Stumpf*, Die Strafbarkeit des Strafverteidigers wegen Strafvereitelung (§ 258 StGB), S. 134 in Fn. 522; vgl. zu dieser überkommenen Ansicht die Nachweise bei *Fezer*, in: Stree/Wessels-FS, S. 663 [663 m. Fn. 1].
[609] In diesem Sinne aber *Beulke*, StPO Rn. 125.
[610] *Fezer*, in: Stree/Wessels-FS, S. 663 [671].
[611] *Roxin*, Strafverfahrensrecht, § 19 Rn. 11; *ders.*, in: Hanack-FS, S. 1 [12].

Dass eine Lüge des Beschuldigten hinsichtlich des eigenen Schuldvorwurfs keine Strafbarkeit wegen Strafvereitelung nach sich zieht, liegt indes zunächst in der Struktur des § 258 StGB begründet, der verlangt, dass »ein anderer« einer Bestrafung oder einer Maßnahme entzogen wird. Abgesehen von diesem schlagenden Argument ist jedoch systematisch nicht überzeugend nachweisbar, dass das Rechtsgut des § 258 StGB nicht vor Angriffen des Beschuldigten geschützt sein sollte.[613] Der Beschuldigte hat zwar keine Wahrheitspflicht.[614] Aus der Tatsache fehlender Sanktion folgt allerdings noch nicht denknotwendig ein Recht zur Lüge, das sogar argumentativ übertragbar sein soll.[615] Ein solches hat der Beschuldigte nicht.[616] Hätte der Beschuldigte ein solches Recht, müsste er darüber auch konsequenterweise von den Strafverfolgungsorganen gem. §§ 136 Abs. 1 S. 2, 163a Abs. 3 S. 2, Abs. 4 S. 2, 243 Abs. 4 S. 1 StPO aufgeklärt werden.[617] Wohl niemand vertritt auch die Ansicht, dass ein Verteidiger dem Beschuldigten straflos zur Flucht verhelfen darf, nur weil auch die Flucht des Beschuldigten straflos bleibt.[618] Der dagegen erhobene Einwand, es gebe viele Rechte, über die der Beschuldigte nach der Strafprozessordnung nicht aufgeklärt werden müsse,[619] ist indes nicht überzeugend.[620] Denn ein Recht zur Lüge hätte den gleichen Stellenwert wie das Recht, sich nicht selbst belasten zu müssen, so dass eine Belehrung darüber zwingend wäre. Die meisten anderen Rechte reichen dagegen in ihrer Bedeutung nicht an dieses heran. Eine nicht vorgeschriebene Aufklärung ist daher kein schlagendes Argument für ein Lügerecht.

---

[612] *Fezer*, in: Stree/Wessels-FS, S. 663 [669]; *Krekeler*, in: Friebertshäuser-FG, S. 53 [60].
[613] So aber *Lüderssen*, StV 1999, 537 [538].
[614] BGHSt 3, 149 [152]; KK-*Boujong*, § 136 Rn. 20; *Meyer-Goßner*, § 136 Rn. 18; KK-*Pfeiffer*, Einl. Rn. 89; LK-*Ruß*, § 154 Rn. 16.
[615] *Torka*, Nachtatverhalten und Nemo tenetur, S. 138, der dann letztendlich zur Lügefreiheit tendiert.
[616] Ebenso KK-*Boujong*, § 136 Rn. 20; *Brei*, Grenzen zulässigen Verteidigerhandelns, S. 330; *Krekeler*, in: Friebertshäuser-FG, S. 53 [60]; LR-*Hanack*, § 136 Rn. 41; *Meyer-Goßner*, § 136 Rn. 18; *Roxin*, in: Hanack-FS, S. 1 [12]; SK/StGB-*Rudolphi/Rogall*, § 164 Rn. 14; *Stumpf*, Die Strafbarkeit des Strafverteidigers wegen Strafvereitelung (§ 258 StGB), S. 134 m.w.N.; a.A. *Fezer*, in: Stree/Wessels-FS, S. 663 [678].
[617] So auch *Bottke*, ZStW 96 [1984], 726 [758]; LR-*Hanack*, § 136 Rn. 41; *Roxin*, Strafverfahrensrecht, § 19 Rn. 11; *ders.*, in: Hanack-FS, S. 1 [12].
[618] Ebenso *Roxin*, in: Hanack-FS, S. 1 [12].
[619] So *Fezer*, in: Stree/Wessels-FS, S. 663 [680].
[620] Vgl. *Stumpf*, Die Strafbarkeit des Strafverteidigers wegen Strafvereitelung (§ 258 StGB), S. 134.

bb. Die strukturelle Bedeutung des *nemo tenetur*-Grundsatzes

Die eigentliche Begründung für ein fehlendes Lügerecht des Beschuldigten ist jedoch weder in § 258 StGB noch in einer »prozessualen Indifferentheit« oder »prozessualen Autonomie«[621] zu finden. Vielmehr folgt sie denklogisch bereits aus dem *nemo tenetur*-Grundsatz. Grundsätzlich hat nur der Richter die Aufgabe, die materielle Wahrheit zu finden. Dem Angeklagten obliegt nach allgemeiner Auffassung neben der unstreitig bestehenden Pflicht zu erscheinen und Angaben zu seiner Person zu machen grundsätzlich keine Pflicht, aktiv an einem justizförmigen Verfahren gegen ihn mitzuwirken.[622] Ihn trifft insoweit nur eine Duldungspflicht,[623] was sich etwa darin zeigt, dass er als Objekt einer Augenscheinseinnahme (§ 86 StPO) zum Beweismittel gemacht, körperlich untersucht (§ 81a StPO) oder Zeugen gegenüber gestellt werden kann (§ 58 Abs. 2 StPO).[624] Aus dem *nemo tenetur*-Grundsatz folgt, dass er dabei ein Schweigerecht, bzw. genauer: ein Recht zur Passivität hat.[625] Ein Geständniszwang etwa ist dem Strafrecht fremd.[626] Daher ist der Beschuldigte auch nicht verpflichtet, an Tests, Tatortrekonstruktionen, Schriftproben oder zur Schaffung ähnlicher für die Erstattung eines Gutachtens notwendiger Anknüpfungstatsachen mitzuwirken.[627] Dieses Ergebnis impliziert aber weder eine Wahrheitspflicht noch ein Lügerecht, was auch gängiger Meinung entspricht.[628] Der Beschuldigte darf allerdings den Tatvorwurf pauschal abstreiten oder in einer Situation, in der nur zwei Personen als Täter in Betracht kommen, durch sein Leugnen einen anderen

---

[621] So aber *Grüner*, Über den Missbrauch von Mitwirkungsrechten, S. 139.
[622] *Dornach*, NStZ 1995, 57 [57]; *Kindhäuser*, NStZ 1987, 529 [531]; *Lüderssen*, StV 1999, 537 [538]; *Stumpf*, Die Strafbarkeit des Strafverteidigers wegen Strafvereitelung (§ 258 StGB), S. 132.
[623] *Kindhäuser*, NStZ 1987, 529 [531].
[624] Dazu *Rogall*, Der Beschuldigte als Beweismittel gegen sich selbst, S. 54 ff.
[625] *Hamm*, NJW 1993, 289 [295]; *Rogall*, Der Beschuldigte als Beweismittel gegen sich selbst, S. 137; *Schneider*, Grund und Grenzen des strafrechtlichen Selbstbegünstigungsprinzips, S. 28 ff.; *Stumpf*, Die Strafbarkeit des Strafverteidigers wegen Strafvereitelung (§ 258 StGB), S. 132; *Torka*, Nachtatverhalten und Nemo tenetur, S. 117.
[626] SK/StGB-*Rudolphi/Rogall*, § 164 Rn. 14; ausführlich *Rogall*, Der Beschuldigte als Beweismittel gegen sich selbst, S. 42 ff., 52 ff., 54 ff.; *Torka*, Nachtatverhalten und Nemo tenetur, S. 133 ff., 156 ff., 186 ff.
[627] BGHSt 34, 39 [46].
[628] Vgl. *Brei*, Grenzen zulässigen Verteidigerhandelns, S. 330; LR-*Hanack*, § 136 Rn. 41; *Meyer-Goßner*, § 136 Rn. 18.

verdächtigen[629] oder einen Mitangeklagten[630] indirekt beschuldigen (modifiziertes Leugnen).[631] Das Bayerische Oberste Landesgericht hat sogar die aktive Aussage eines Angeklagten, ein Zeuge habe seine Anwesenheit am Tatort unter Eid falsch bezeugt, als mit dem Recht auf Verweigerung der Mitwirkung vereinbar beurteilt und eine Strafbarkeit wegen falscher Verdächtigung ausgeschlossen. Es sei irrelevant, ob der Angeklagte wider besseres Wissen einen Zeugen durch bloßes Leugnen oder eine positive Behauptung der Falschaussage verdächtige. Erst bei einer Verfälschung der Beweislage, beim Stellen eines Strafantrags im weiteren Sinne oder einer Strafanzeige gem. § 158 StPO sei die Grenze zur Strafbarkeit überschritten.[632] Der *nemo tenetur*-Grundsatz erlaubt daher *de facto* auch unwahre Behauptungen,[633] was bei wörtlicher Auffassung dem Lügen gleich käme.[634] Im Hinblick auf den Schutzzweck und die Reichweite dieses Prinzips besteht allerdings der Sache nach ein entscheidender Unterschied zur Lüge.[635] Denn normativ betrachtet ist eine solche Aussage qualitativ mit dem bloßen Leugnen der Tat und damit dem Recht zum pauschalen Abstreiten der Tat gleichzusetzen. Der Lügebegriff muss folglich einschränkend verstanden werden.

Da an die Aussage des Beschuldigten nicht der Maßstab der Wahrheit angelegt wird, weil seine Einlassung im Strafprozess nicht als formelles Instrument zur Wahrheitssuche vorgesehen ist, ergeben sich zwangsläufig Unterschiede im Vergleich zu den förmlichen Beweismitteln. Der Bereich straflosen Leugnens wird danach konsequenterweise erst dann verlassen, wenn der Beschuldigte aktiv in die Wahrheitsfindung eingreift und damit weitere Rechtsgüter verletzt.[636] Dies kann etwa dann der Fall sein, wenn durch seine Aussage die Ermittlungen

---

[629] Vgl. BGH StV 1999, 536 [536 f.].
[630] Vgl. BGH StV 1995, 633 [633].
[631] Vgl. BayObLG JR 1986, 28; *Lackner/Kühl*, § 164 Rn. 4; Sch/Sch-*Lenckner*, § 164 Rn. 5; SK/StGB-*Rudolphi/Rogall*, § 164 Rn. 15; LK-*Ruß*, § 164 Rn. 6; NK-*Vormbaum*, § 164 Rn. 27; *Wessels/Hettinger*, BT/1 Rn. 697; zw. *Tröndle/Fischer*, § 164 Rn. 3a.
[632] BayObLG JR 1986, 28.
[633] Grundsätzlich zust. *Torka*, Nachtatverhalten und Nemo tenetur, S. 116; einschränkend *Bosch*, Aspekte des nemo tenetur-Prinzips, S. 195.
[634] So auch *Brei*, Grenzen zulässigen Verteidigerhandelns, S. 279.
[635] Dagegen *Fezer*, in: Stree/Wessels-FS, S. 663 [679 f.]; *Stumpf*, Die Strafbarkeit des Strafverteidigers wegen Strafvereitelung (§ 258 StGB), S. 135.
[636] *Beulke*, StPO Rn. 125; KK-*Boujong*, § 136 Rn. 20; *Torka*, Nachtatverhalten und Nemo tenetur, S. 135; dass der *nemo tenetur*-Grundsatz keine Rechtfertigung für eine substantiierte Lüge ist, wird auch von *Bosch*, Aspekte des nemo tenetur-Prinzips, S. 192, vertreten.

in eine neue, falsche Richtung gelenkt und unbeteiligte Dritte ungerechtfertigt einer Strafverfolgung ausgesetzt werden. Lässt sich der Beschuldigte folglich qualifiziert zum Tatvorwurf ein, kann seine Aussage dann nach allgemeinen Grundsätzen auch strafrechtliche Folgen nach sich ziehen. Der Beschuldigte kann sich folglich grundsätzlich durch eine Einlassung wegen falscher Verdächtigung (§ 164 StGB) oder Vortäuschens einer Straftat (§ 145d StGB) strafbar machen. Auf diese Weise wird von § 145d StGB die Rechtspflege durch Verhinderung ungerechtfertigter Inanspruchnahme der Strafverfolgungsorgane und das dadurch verursachte Ablenken von der Erfüllung ihrer eigentlichen Aufgaben geschützt.[637] Einen ähnlichen Zweck verfolgt auch § 164 StGB. Hinzu kommt dort noch der Schutz Dritter vor ungerechtfertigten Strafverfolgungsmaßnahmen.[638] Allerdings erfüllt in der Konsequenz des *nemo tenetur*-Prinzips allein das Leugnen einer dem Bestreitenden zur Last gelegten Tat noch nicht den Tatbestand des § 164 StGB, selbst wenn der Verdacht damit automatisch auf einen zweiten Verdächtigen fällt.[639] Denn solange sich eine Einlassung des Beschuldigten bei normativer Wertung als einfaches Leugnen des Tatvorwurfs erweist, ist eine derartige Aussage für ihn strafrechtlich folgenlos. Ebenso ohne Konsequenzen ist das einfache Behindern der Strafverfolgungsorgane im gegen ihn geführten Verfahren, so dass Nachforschungen hinsichtlich des Beschuldigten lediglich verhindert werden,[640] etwa durch die Aussage, ein Unbekannter habe die Tat verübt.[641] Die dadurch verursachten Ermittlungen unterscheiden sich nicht von denjenigen, die von den Strafverfolgungsbehörden im Idealfall ohnehin durchgeführt werden müssten, um ihrer umfassenden Ermittlungspflicht nachzukommen. Die Grenze wird erst überschritten, wenn der Verdacht auf einen unbeteiligten Dritten gelenkt wird und dies umfangreiche neue und nutzlose Ermittlungen auslöst.[642] Man kann daraus den (Zirkel-)Schluss ziehen, dass der

---

[637] BGHSt 6, 251 [255]; 19, 305 [307 f.]; *Fezer*, in: Stree/Wessels-FS, S. 663 [673]; Sch/Sch-*Stree*, § 145d Rn. 1; *Tröndle/Fischer*, § 145d Rn. 2.
[638] Zum Rechtsgut des § 164 StGB vgl. BGHSt 5, 66 [68]; 14, 240 [244]; Sch/Sch-*Lenckner*, § 164 Rn. 1, 2; *Tröndle/Fischer*, § 164 Rn. 2.
[639] Sch/Sch-*Lenckner*, § 164 Rn. 5; SK/StGB-*Rudolphi/Rogall*, § 164 Rn. 1; *Tröndle/Fischer*, § 164 Rn. 3a.
[640] Dazu BGHSt 19, 305 [308].
[641] Dazu OLG Celle, NJW 1961, 1416 [1417].
[642] Vgl. *Fezer*, in: Stree/Wessels-FS, S. 663 [677].

Beschuldigte lügen darf, soweit er sich nicht strafbar macht.[643] Zutreffend dürfte aber bei einer normativ-rechtlichen Betrachtung, die das verfassungsrechtlich fundierte *nemo tenetur*-Prinzip und rechtsgutsbezogene Wertungen mit einbezieht, eher der gegenläufige Schluss sein. Danach hat der Beschuldigte gerade kein Recht zur Lüge, sondern in seinem Verfahren nur ein Recht zum neutralen Leugnen. Da mit einem strafrechtlichen Lügeverbot in den gezeigten Grenzen demnach auch kein prozessuales Recht zur Lüge korrespondiert, steht es einem Verteidiger auch nicht zu, den Beschuldigten zur Lüge anzustiften.[644] Dies ist – entgegen der Ansicht von *Lüderssen*[645] – dem Beschuldigten auch zumutbar. Denn die rechtsstaatlichen Garantien des *nemo tenetur*-Grundsatzes wie auch die Unschuldsvermutung sind für den Beschuldigten als Abwehrrechte konzipiert. Sie als Angriffsrechte gegen die Rechtspflege auslegen zu wollen, wäre verfassungsrechtlich nicht tragbar.

c. Ergebnis zur Frage des Lügerechts für den Beschuldigten

Festzuhalten bleibt daher, dass weder die Strafprozessordnung noch das Verfassungsrecht dem Beschuldigten ein Recht zu Lüge einräumen, sondern nur ein Recht zum neutralen Leugnen, dessen Umfang sich anhand normativ-rechtlicher Wertung bemisst.

IV. Ergebnis zur strafbarkeitsbeschränkenden Funktion der Beschuldigtenrechte

Die Stellung des Beschuldigten wird verfassungsrechtlich maßgeblich durch die Unschuldsvermutung und die damit verbundenen Grundsätze des *nemo tenetur*- und *fair trial*-Prinzips bestimmt. Diese haben für den Rechtsstaat existielle Bedeutung, was daran abzulesen ist, dass sie durch die Ewigkeitsgarantie des Art. 79 Abs. 3 GG abgesichert sind. Da es Aufgabe des Verteidigers ist, diesen grundgesetzlichen Garantien zur Durchsetzung zu verhelfen, ist die im Allgemeininteresse liegende Strafverfolgung auf ihn bezogen einzuschränken, wenn diese verfassungsrechtlichen Grundsätze sonst unangemessen beschränkt würden. Versteht man die Strafgesetze als Beschränkung der Strafverteidigungstä-

---

[643] So *Fezer*, in: Stree/Wessels-FS, S. 663 [678].
[644] So aber *Fezer*, in: Stree/Wessels-FS, S. 663 [681, 682].
[645] *Lüderssen*, StV 1999, 537 [540].

tigkeit, haben die Beschuldigtenrechte damit letztlich auf Ebene der Verhältnismäßigkeit die Wirkung einer Schranken-Schranke und begrenzen die Reichweite der materiell-rechtlichen Strafnormen. Der Verteidiger kann sich in der Konsequenz nur dann strafbar machen, wenn sich der Eingriff in die Strafverteidigung unter verfassungsrechtlichen Gesichtspunkten rechtfertigen lässt. Dies ist nur dann der Fall, wenn die inkriminierte Handlung nichts zur Durchsetzung der Beschuldigtenrechte und damit zu einer rechtsstaatlich gebotenen Verteidigung beitragen kann.

Vor dem aufgezeigten verfassungsrechtlichen Hintergrund der Arbeit eines Strafverteidigers müsste der zur Grenzziehung eingangs zitierte Satz daher genauer heißen: »Bei der Abgrenzung von strafbarem und nicht strafbarem Verhalten fallen die Würfel zunächst im Verfassungsrecht«. Anders gewendet kann und darf nach dem Grundsatz der Einheit der Rechtsordnung nicht durch Strafgesetze verboten sein, was rechtsstaatlich durch das Grundgesetz als Handlung im Rahmen der Strafverteidigung erlaubt ist.[646] In einem weiteren Schritt ist nun das Prozessrecht in das verfassungsrechtliche Denkmodell einzufügen. Hierbei ist insbesondere der Einfluss der Strafprozessordnung auf das Strafgesetzbuch bzw. das Verhältnis der beiden Normen von Interesse.

D. Konsequenzen für die Verteidigerstrafbarkeit: Die verteidigungsspezifische Auslegung

Mit der Anerkennung der Beschuldigtenrechte als spiegelbildliche Begrenzungsfaktoren für eine Verteidigerstrafbarkeit ist der Weg frei für die konkrete tatbestandliche Ausformung einer möglichen Privilegierung.

I. Die Gültigkeit des materiellen Strafrechts für die Verteidigung

Am Ausgangspunkt eines eigenständigen Lösungsansatzes muss zunächst die Prämisse stehen, dass die materiellen Strafgesetze für den Verteidiger auch im Strafprozess ebenso Geltung beanspruchen wie für die übrigen Verfahrensbetei-

---

[646] Vgl. BVerfGE 12, 296 [307].

ligten.⁶⁴⁷ Handlungen und Erklärungen im Prozess sind nicht allein deshalb strafrechtlicher Würdigung entzogen, weil sie im Rahmen der Verteidigung abgegeben werden.⁶⁴⁸ Dies kann als unstrittiges Faktum vorausgeschickt werden.⁶⁴⁹ Ähnlich wie im öffentlichen Recht mit der Anerkennung von Innenrechtsstreitigkeiten nach Überwindung der Impermeabilitätstheorie gilt auch für den Strafprozess, dass dieser kein rechtsfreies Vakuum ist, in dem der Verteidiger unbehelligt vom materiellen Strafrecht schalten und walten könnte, ohne dass dies für ihn strafrechtliche Konsequenzen haben könnte.

II. Das Verhältnis von Prozessrecht und materiellem Strafrecht

Die zentrale Fragestellung ist, welche Rolle das Prozessrecht im geschilderten verfassungsrechtlich geprägten Denkmodell einnimmt. Mit anderen Worten geht es um die Streitfrage, ob die Reichweite der Tatbestände des materiellen Strafrechts durch prozessuale Wertungen beeinflusst wird. Vom Ausgangspunkt her stellen sowohl Strafprozessordnung als auch Strafgesetzbuch zunächst einfache Gesetze dar, so dass sie normenhierarchisch formell gleichrangig sind. Eine explizite Regelung, die auf das Verhältnis von materiell-rechtlichen Normen zur Strafprozessordnung Bezug nimmt, findet sich in § 138a StPO. Der dort normierte Ausschluss eines Verteidigers von der Mitwirkung im Verfahren kann allerdings keinen Beitrag zur Abgrenzung leisten. So verweist § 138a StPO in seinem Abs. 1 Nr. 3 auf die Delikte der Begünstigung, Strafvereitelung und Hehlerei und setzt deren tatbestandliches Vorliegen bereits voraus, ohne selbst eine Abgrenzung vorzunehmen. Durch den Verweis auf ihrerseits konturenlose Tatbestände aus dem Strafgesetzbuch wird das eigentliche Abgrenzungsproblem jedoch nur auf die materiell-rechtliche Ebene verlagert. Dasselbe gilt für die Ausschlussregelung des § 138b StPO und seine Bezugnahme auf eine Gefährdung der Sicherheit der Bundesrepublik Deutschland bei weiterer Mitwirkung des Verteidigers. Darin offenbart sich einmal mehr der Konflikt, den es in der vorliegenden Untersuchung zu lösen gilt. Will ein Strafverteidiger alle rechtlichen Möglichkeiten für seinen Mandanten ausschöpfen, muss er an die Grenzen des

---

[647] Vgl. für diese § 344 StGB (Verfolgung Unschuldiger); § 339 StGB (Rechtsbeugung); BGH NJW 1998, 751 ff.; NJW 2000, 2672 ff. (jew. zu einer Amtspflichtverletzung durch pflichtwidrige Anklageerhebung).
[648] Vgl. nur BGHSt 46, 36 [43 f.].
[649] So auch *Grüner*, Über den Missbrauch von Mitwirkungsrechten, S. 119.

rechtlich Zulässigen gehen. Und dabei ist seine Situation umso unsicherer und unbefriedigender, je mehr er sich in der materiell-strafrechtlichen Grauzone bewegt, die aufgrund der marginalen und unscharfen gesetzlichen Regelung trotz vielerlei Bemühungen einer trennscharfen Klärung seitens der Rechtsprechung und des Schrifttums leider immer noch besteht. Dass dies nicht nur für die beispielhaft angesprochenen Ausschlussregelungen der §§ 138a, 138b StPO gilt, sondern darüber hinaus grundsätzlich für alle den Strafverteidiger potentiell gefährdenden Tatbestände des Strafgesetzbuchs, bedarf keiner besonderen Erwähnung. Angesichts dieser Tatsache muss man zu der Einsicht gelangen, dass es ein bedenklicher, wenn nicht unhaltbarer Zustand ist, wenn Probleme am Schnittpunkt von materiellem und prozessualem Strafrecht zu Lasten des Rechtsuchenden von einer zur anderen Seite hin- und hergeschoben werden.[650]

1. Diskussionsansätze

Zum Teil wird daher vertreten, dass materiell-rechtliche und prozessuale Wertungen grundsätzlich voneinander zu unterscheiden seien. Nach Auffassung von *H.E.Müller* könne die materiell-rechtliche Strafbarkeit nur dann aus der prozessualen Zulässigkeit eines Verhaltens geschlossen werden, wenn der materielle Schutzbereich teleologisch betrachtet auf die prozessuale Ordnung begrenzt sei.[651] Zudem müsse dafür der Begriff der »Prozessordnungsgemäßheit« unabhängig von der materiellen Rechtmäßigkeit bestimmt werden können. Eine derart herausgearbeitete Prozessordnungsgemäßheit habe dann jedoch nur prozessrechtliche Auswirkungen und sei für die materielle Bewertung ohne Relevanz.[652] In eine ähnliche Richtung weist die Ansicht von *Krischer*, der auf bestehende funktionale Unterschiede zwischen Prozessrecht und materiellem Recht hinweist. Diese hätten zur Folge, dass die materiell-rechtlichen Wertkategorien rechtmäßig bzw. rechtswidrig nicht auf das Prozessrecht übertragbar seien. In der Konsequenz sei die Frage der Strafbarkeit allein nach dem materiellen Recht zu beantworten.[653] Auch nach Einschätzung von *Wolf* schränken die Strafgesetze als

---

[650] *Wolf*, Das System des Rechts der Strafverteidigung, S. 259, spricht von einem *circulus vitiosus* und einem unzulässigen Versuch, den »Schwarzen Peter« loszuwerden.
[651] *Müller*, Falsche Zeugenaussage und Beteiligungslehre, S. 199.
[652] *Müller*, Falsche Zeugenaussage und Beteiligungslehre, S. 200.
[653] *Krischer*, Die innerprozessuale Teilnahme an der uneidlichen Falschaussage und am Meineid, S. 206 ff., 214.

allgemeine Gesetze die prozessualen Rechte des Beschuldigten wie auch des Strafverteidigers ein, wobei er offensichtlich von einem natürlichen Nebeneinander der beiden Normen ausgeht. Dies ergebe sich schon als zwingende Konsequenz aus der fehlenden Gesetzeskonkurrenz von Strafprozessordnung und Strafgesetzbuch.[654] Dieser logische Vorrang des materiellen Rechts werde nur dort durchbrochen, wo die Wahrnehmung prozessualer Rechte zwangsläufig tatbestandsmäßig sei. Dies sei dann bei Auslegung und Anwendung der betreffenden Tatbestände §§ 258 Abs. 1, 129 Abs. 1 Var. 4, 129a Abs. 3 Var. 1 StGB zu beachten.[655] Unter Ablehnung eines generellen Vorrangs des Prozessrechts wird das Verhältnis von materiellem und prozessualem Recht zum Teil auch von einer Einzelfallbetrachtung abhängig gemacht.[656] So plädieren *Prittwitz*[657] und *Rietmann*[658] statt für einen generellen Vorrang des Prozessrechts für eine rechtsgutsabhängige Untersuchung, ob eine prozessuale Erlaubnisnorm gerade das Risiko einer Rechtsgutsverletzung legitimiere. Nach Ansicht von *Rietmann* gehe in einem solchen Fall diese prozessuale Erlaubnis dem materiellen Recht vor. Sei ein prozessual zulässiges Verhalten dagegen vom Gesetzgeber in Kenntnis einer offensichtlichen Kollision materiell-rechtlich unter Strafe gestellt worden, sei die gesetzgeberische Entscheidung zugunsten einer Strafbarkeit zu beachten.[659] Für einen absoluten Geltungsvorrang des Prozessrechts (zumindest im Bereich der Strafvereitelung) plädiert dagegen *Jahn*[660]. Dies ergebe sich schon aus dem *ultima ratio*-Charakter des Strafrechts unter Beachtung des rechtsstaatlichen Verhältnismäßigkeitsprinzips. Gebe es (wie im Prozessrecht) mildere, ebenso wirksame außerstrafrechtliche Sanktionsmöglichkeiten, fehle die Legitimation zur Bestrafung nach materiellem Recht. Der Vorrang des Prozessrechts sei auch Folge der Beachtung des Gesetzesvorbehalts. Es sei nach der Wesentlichkeitstheorie allein Aufgabe des parlamentarischen Gesetzgebers, Eingriffsgrundlagen bereitzustellen. Fehlten diese im Prozessrecht im grundrechtsrelevanten Bereich

---

[654] *Wolf*, Das System des Rechts der Strafverteidigung, S. 269 f.
[655] *Wolf*, Das System des Rechts der Strafverteidigung, S. 270 ff.
[656] *Rietmann*, Zur Strafbarkeit von Verfahrenshandlungen, S. 125 ff.
[657] *Prittwitz*, StV 1995, 270 [273].
[658] *Rietmann*, Zur Strafbarkeit von Verfahrenshandlungen, S. 127 ff., 129.
[659] *Rietmann*, Zur Strafbarkeit von Verfahrenshandlungen, S. 129.
[660] *Jahn*, »Konfliktverteidigung« und Inquisitionsmaxime, S. 349 ff.

der Strafverteidigung, dürften diese Lücken nicht durch materielle Normen ausgefüllt werden.[661]

2. Die Strafprozessordnung als *lex specialis*

Eine Lösung des scheinbaren Widerspruchs von strafrechtlichem Verbot bei prozessualer Erlaubnis ergibt sich, wenn man die Strafprozessordnung in den verfassungsrechtlichen Kontext einbindet und nach dem Grundsatz *lex specialis derogat legi generali* grundsätzlich als sachnäheres Gesetz im Verhältnis zu den Normen des Strafgesetzbuchs begreift. Während das Strafgesetzbuch von Sondertatbeständen abgesehen jeden Bürger als Teil der Allgemeinheit betrifft, kann die Strafprozessordnung untechnisch als spezifisches Sonderrecht bezeichnet werden, das maßgeblich auf die Prozessbeteiligten zugeschnitten ist. In der Situation eines Strafverfahrens hat sie daher gegenüber dem Strafgesetzbuch den Rang des sachnäheren Gesetzes. Auf den damit angesprochenen Aspekt der Spezialität hat unlängst auch *Sieber* in einer normtheoretischen Untersuchung hingewiesen, der die Strafprozessordnung als die »inhaltsreichere« Norm betrachtet, die im Einzelfall ähnlich der materiell-rechtlichen Konkurrenzlehre die weniger inhaltsreiche Norm des Strafgesetzbuchs verdränge.[662] In der logischen Konsequenz bejaht er darüber hinaus einen Vorrang des Strafgesetzbuchs nur in den Fällen, in denen das materielle Recht einen Sachverhalt spezieller regelt als das Prozessrecht, etwa im Fall der §§ 138, 139 StGB.[663]

Ein weiteres Argument für einen Vorrang des Prozessrechts wird aus der dem Strafprozess innewohnenden Wahrheitsfindung gewonnen. Auch wenn der Strafprozess im Idealfall auf die Ermittlung des wahren Sachverhalts[664] in geordneter justizförmiger Weise[665] abziele, sei die Wahrheitsermittlung durch prozessuale Besonderheiten relativiert. Im Ergebnis könne es daher nur um eine im höchstmöglichen Maße an Wahrheit und Gerechtigkeit orientierte prozessord-

---

[661] *Jahn*, »Konfliktverteidigung« und Inquisitionsmaxime, S. 350 f.
[662] *Sieber*, in: Roxin-FS, S. 1113 [1126 ff.]; zust. *Zeifang*, Die eigene Strafbarkeit des Strafverteidigers, S. 285.
[663] *Sieber*, in: Roxin-FS, S. 1113 [1129, 1136, 1138]; vgl. auch *Rietmann*, Zur Strafbarkeit von Verfahrenshandlungen, S. 136 ff.
[664] BVerfGE 57, 250 [275]; 63, 45 [61].
[665] BVerfGE 5, 332 [333].

nungsgemäße Entscheidung gehen. Das Prozessrecht sei damit letztlich sowohl Instrument als auch Hemmnis der Wahrheitsfindung.[666] Kurz gefasst stehe nach dem Konzept des Strafprozesses vor dem rechtskräftigen Abschluss des Verfahrens die strafrechtlich relevante Wahrheit noch gar nicht fest. Daher könne das Verfahrensergebnis materielle Richtigkeit nur dann beanspruchen, wenn sich jeder Verfahrensbeteiligte ungehindert innerhalb des prozessual Zulässigen bewegen dürfe, ohne von strafrechtlichen Bewertungen abhängig zu sein. Auch bei anderen Tatbeständen, die verteidigungsspezifisches Handeln beträfen, müsse folglich der Vorrang des Prozessrechts vor dem materiellen Recht gelten.[667]

Darüber hinaus streitet auch der Grundsatz des *lex superior derogat legi inferiori* maßgeblich für einen Vorrang des Prozessrechts. So bestehe aus verfassungsrechtlicher Sicht allenfalls eine begrenzte Verpflichtung des Gesetzgebers zur Schaffung von Strafnormen, während die Regelungen der Strafprozessordnung zumeist selbst Ausdruck verfassungsrechtlicher Grundsätze seien, was für die Geltung des Strafprozessrechts im Konfliktfall spreche.[668] Um den Verteidiger aus dem »Verteidigerdilemma«[669] des Strafbarkeitsrisikos zu befreien, wird von der herrschenden Ansicht daher zu Recht für § 258 StGB ein generelles Akzessorietätsverhältnis aufgestellt, das besagt, dass die prozessuale Zulässigkeit einer Verteidigungshandlung die materielle Strafbarkeit ausschließt.[670] Danach sind jedenfalls bei § 258 StGB, nach hier vertretener Ansicht aber auch bei allen weiteren Delikten, die potentiell ein formell zulässiges Verteidigungshandeln pönalisieren, Normwidersprüche zwischen materiellem und prozessualem Strafrecht durch einen grundsätzlichen Vorrang des Prozessrechts aufzulösen.[671]

---

[666] *Vormbaum*, Der strafrechtliche Schutz des Strafurteils, S. 126.
[667] *Ignor*, in: Schlüchter-FS, S. 39 [43].
[668] *Sieber*, in: Roxin-FS, S. 1113 [1124].
[669] *Beulke*, JR 1994, 116 [118].
[670] BGHSt 46, 53 [54 f.]; *Beulke*, Die Strafbarkeit des Verteidigers, Rn. 2; ders., in: Roxin-FS, S. 1173 [1178]; ders., JR 1994, 116 [117]; *Fahl*, Rechtsmissbrauch im Strafrecht, S. 74; SK/StGB-*Hoyer*, § 258 Rn. 25; *Ignor*, in: Schlüchter-FS, S. 39 [44]; *Lackner/Kühl*, § 258 Rn. 8; *Müller-Dietz*, JR 1981, 76 [76]; *Ostendorf*, NJW 1978, 1345 [1346]; *Pfeiffer*, DRiZ 1984, 341 [348]; LK-*Ruß*, § 258 Rn. 19; *Stumpf*, NStZ 1997, 7 [11 f.]; *Tröndle/Fischer*, § 258 Rn. 8a; *Wohlers*, StV 2001, 420 [426]; *Zeifang*, Die eigene Strafbarkeit des Strafverteidigers, S. 285.
[671] *Meyer-Goßner*, Einl. Rn. 4; *Sieber*, in: Roxin-FS, S. 1113 [1138]; vgl. auch *Zeifang*, Die eigene Strafbarkeit des Strafverteidigers, S. 285: »alle verteidigungsspezifischen Delikte«;

Ein grundsätzlicher Vorrang des Prozessrechts ist jedoch nicht gleichbedeutend mit der Aussage, dass die prozessuale Zulässigkeit einer Verteidigungshandlung eine materielle Strafbarkeit schlechthin ausschließt.[672] Eine solche Sichtweise würde den unterschiedlichen Schutzcharakter der einzelnen Straftatbestände nicht ausreichend berücksichtigen. So mag das Argument von *Jahn*, das Fehlen prozessualer Eingriffsgrundlage streite gegen die Anwendung der materiellrechtlichen Norm des § 258 StGB, zwar im konkreten Fall der Strafvereitelung passen. Ein Beleg für einen generellen Vorrang des Prozessrechts im Rahmen der Verteidigerstrafbarkeit ist dies noch nicht. Wie das Beispiel eines prozessual zulässigen Beweisantrags zeigt, der gespickt ist mit Beleidigungen und volksverhetzenden Parolen, können auch zulässige Prozesshandlungen strafbare Inhalte haben. Aber auch wenn man statt auf den Inhalt auf die Prozesshandlung an sich abstellt, ist nicht einzusehen, weshalb die Vorlage einer erkannt unechten Urkunde vor Gericht nicht strafbar sein sollte, nur weil die Vorlage im Rahmen der Verteidigung erfolgt. Andererseits ist zu bezweifeln, dass eine prozessual zulässige Verteidigungshandlung, die *per definitionem* auf die Verhinderung einer Bestrafung gerichtet ist, wegen Strafvereitelung strafbar sein sollte. Als offensichtliches Beispiel diene die gem. § 137 Abs. 1 StPO zulässige Verteidigung eines schuldigen Angeklagten, die theoretisch den Tatbestand der Unterstützung einer kriminellen Vereinigung nach § 129 StGB oder auch der Strafvereitelung gem. § 258 StGB erfüllen könnte. Neben der formellen prozessualen Zulässigkeit einer Verteidigungshandlung muss es daher weitere Kriterien geben, die eine Freistellung von der Strafbarkeit begründen. Richtig verstanden bilden diesbezüglich insbesondere die Justizgrundrechte des Beschuldigten sowie das Rechtsstaatsprinzip das äußere Korsett, in das sich jedes Handeln eines Strafverteidigers im Idealfall zwanglos einfügen lässt.

---

a.A. *Wolf*, Das System des Rechts der Strafverteidigung, S. 127, der materielles und prozessuales Recht streng trennen will.
[672] Zutr. *Fahl*, Rechtsmissbrauch im Strafrecht, S. 74; *Prittwitz*, StV 1995, 270 [273 f.]; vgl. aber *Wohlers*, StV 2001, 420 [421, 426].

III. Die »verteidigungsspezifische Auslegung« im Deliktsaufbau

In systematischer Hinsicht ist allerdings die Frage zu klären, wie der Einfluss des Verfassungsrechts auf die Verteidigerstrafbarkeit im Deliktsaufbau umgesetzt werden muss. Die genaue Einordnung einer möglichen Freistellung in Tatbestand oder Rechtswidrigkeit ist im Hinblick auf große Diskrepanzen im Bereich der Irrtumsfälle notwendig[673] und kann daher nicht offen bleiben.[674] Bei einem Irrtum über ein Tatbestandsmerkmal entfällt der Vorsatz. Irrt sich der Verteidiger dagegen über das Vorliegen eines Rechtfertigungsgrundes oder glaubt er an einen von der Rechtsordnung gar nicht existenten Rechtfertigungsgrund, kommt man dogmatisch entweder zu einem Erlaubnistatbestands- oder Verbotsirrtum, der nur unter schwierigeren Voraussetzungen zur Straflosigkeit führt. Noch transparenter werden die Unterschiede, wenn man an Teilnahmekonstellationen auf Seiten des Strafverteidigers denkt: Bei einem Tatbestandsirrtum entfällt der Vorsatz, so dass eine Teilnahmestrafbarkeit nicht mehr in Betracht kommt. Demgegenüber kommt man bei einem Irrtum über die Rechtswidrigkeit des Verhaltens nach der herrschenden rechtsfolgenverweisenden eingeschränkten Schuldtheorie sehr wohl zu einer Teilnehmerstrafbarkeit.[675] Dass dies auch durchaus praxisnahe Auswirkungen haben kann, zeigt bereits der Verweis auf Sozien, Rechtsreferendare oder andere Mitarbeiter in einer Kanzlei.

1. Die Vorteile der Tatbestandsauslegung

Als eine der effektivsten Ausgleichsmöglichkeiten bei einem Konflikt zwischen wörtlicher Anwendung und dem Zweck einer Strafnorm hat sich die Auslegung des objektiven Tatbestands in Form einer rechtsgutsbezogenen Einschränkung seiner materiellen Strafdrohung erwiesen. Bei der Auslegung eines Gesetzes wird der Kern des Gesetzesbefehls bloßgelegt. Auslegung ist die Klarstellung von Sinn und Zweck eines Gesetzes, mag auch der Gesetzgeber selbst nur eine

---

[673] *Jahn*, »Konfliktverteidigung« und Inquisitionsmaxime, S. 309; *Wolf*, Das System des Rechts der Strafverteidigung, S. 263; *Zeifang*, Die eigene Strafbarkeit des Strafverteidigers, S. 223.
[674] Vgl. aber *Bottke*, ZStW 96 [1984], 726 [729]; *Rietmann*, Zur Strafbarkeit von Verfahrenshandlungen, S. 80; Sch/Sch-*Stree*, § 258 Rn. 20; *Stumpf*, NStZ 1997, 1 [11].
[675] Darauf weist zutreffend auch *Jahn*, »Konfliktverteidigung« und Inquisitionsmaxime, S. 309 hin.

dunkle oder verworrene Vorstellung davon gehabt haben.[676] Zu einer Einschränkung des Gesetzesbefehls kommt es dabei, wenn Sinn und Zweck eines Gesetzes zwar eindeutig ermittelt werden können, das Auslegungsergebnis aber durchgreifenden sachlichen Bedenken ausgesetzt ist. Behandelt das Gesetz Sachverhalte gleich, die gerechterweise verschieden behandelt gehören, bedarf das Gesetz der Einschränkung.[677]

2. Der notwendige Rechtsgutsbezug

Da materieller Kern und Bezugspunkt rechtlicher Verbote und Gebote irgendwelche zu schützenden Güter oder Werte sind,[678] muss sich eine Strafvorschrift an diesen Werten orientieren. Die Herausarbeitung des geschützten Rechtsguts[679] einer Vorschrift dient damit wesentlichen Zwecken der Auslegung. Neben einer authentischen, systematischen und insgesamt damit angemessenen Interpretation einzelner Tatbestandsmerkmale oder des gesamten Tatbestands kann das geschützte Rechtsgut auch Aufschluss über die Disponibilität einer Vorschrift bringen und Anhaltspunkte in einer zu treffenden Abwägung bieten.

Der Rechtsgutsbezug steht auch im Rahmen einer verfassungsrechtlichen Betrachtung regelmäßig im Blickpunkt, wenn es um die Fragestellung geht, ob zum Schutz des jeweiligen Rechtsguts eine bestimmte Verhaltensweise unter Strafe gestellt werden darf und ob die dabei angedrohte Strafe der Art und Höhe nach verfassungskonform ist.[680] Es kommt hier folglich zu einer einheitlichen Betrachtung von Verhaltens- und Sanktionsnorm als Ausgangspunkt einer strafrechtlichen Analyse von Rechtsgütern.[681] Zwar wird zum Teil bestritten, dass die Notwendigkeit eines Rechtsguts selbst – anders als der Schutzrechtscharakter

---

[676] *Schneider*, MDR 1963, 646 [646].
[677] *Schneider*, MDR 1963, 646 [646].
[678] *Arzt/Weber*, Strafrecht BT, § 1 Rn. 3; Sch/Sch-*Lenckner*, Vor §§ 13 ff. Rn. 9; vgl. auch *Lagodny*, Strafrecht vor den Schranken der Grundrechte, S. 145.
[679] Der Begriff »Rechtsgut« wurde erstmals geprägt von *Birnbaum*, Archiv des Criminalrechts, Neue Folge, 15 [1834], S. 149 ff.; zur neueren Rechtsgutsdiskussion vgl. *Lagodny*, Strafrecht vor den Schranken der Grundrechte, S. 21 ff.; *Stratenwerth*, in: Lenckner-FS, S. 377 ff., jew. m.w.N.
[680] Vgl. BVerfGE 90, 145 [199 f.].
[681] Vgl. BVerfGE 90, 145 [199 f.]; *Hefendehl*, in: Roxin-FS, S. 145 [160]; dagegen *Lagodny*, Strafrecht vor den Schranken der Grundrechte, S. 137, der für eine getrennte Beurteilung von Verhaltens- und Sanktionsnorm plädiert.

des Strafrechts –aus der Verfassung ableitbar sein soll.[682] Auch die Entwicklung insbesondere im Bereich der zukunftsbezogenen Delikte zeige augenfällig, dass das Dogma einer Beschränkung des Strafrechts auf den Schutz von Rechtsgütern mehr und mehr in Frage gestellt werde.[683] Andererseits sind Straftatbestände ohne geschütztes Rechtsgut nicht denkbar.[684] Je diffuser das geschützte Rechtsgut ist, desto suspekter ist hinsichtlich des *ultima ratio*-Charakters des Strafrechts ein Tatbestand.[685] Ein kriminalpolitisch verbindlicher Rechtsgutsbegriff kann sich nur aus den im Grundgesetz niedergelegten Aufgaben des auf die Freiheit des Einzelnen gegründeten Rechtsstaats ergeben, durch die der staatlichen Strafgewalt ihre Grenzen zugewiesen werden. Rechtsgüter in diesem Sinne sind damit Gegebenheiten oder Zwecksetzungen, die dem Einzelnen und seiner freien Entfaltung im Rahmen eines auf dieser Zielvorstellung aufbauenden sozialen Gesamtsystems oder dem Funktionieren dieses Systems selbst nützlich sind.[686] Ihr Schutz manifestiert die originäre Aufgabe des Strafrechts, elementare Grundwerte des Gemeinschaftslebens zu sichern, die Erhaltung des Rechtsfriedens im Rahmen der sozialen Ordnung zu gewährleisten und das Recht im Konfliktfall gegenüber dem Unrecht durchzusetzen.[687] Eine rechtsgutsbezogene Auslegung kann daher nach wie vor Aufschlüsse über die Zulässigkeit eines strafrechtlich relevanten Verhaltens geben.

Untersucht man daraufhin die für einen Verteidiger potentiell kritischen Tatbestände, lassen sich diese von ihrer Schutzrichtung in zwei Gruppen einteilen: Tatbeständen mit vorwiegend sozialbezogener Schutzwirkung (Schutz von Universalrechtsgütern, z.B. die Rechtspflege, die öffentliche Sicherheit, die Zuverlässigkeit von Urkunden im Rechtsverkehr) stehen Tatbestände mit Individualschutzrichtung (z.B. Ehre, Freiheit, Eigentum) gegenüber, welche sich durch die Absicherung der Grundrechte, vor allem des allgemeinen Persönlichkeitsgrundrechts und der Menschenwürde auszeichnen.

---

[682] *Hefendehl*, in: Roxin-FS, S. 145 [158]; *Vogel*, StV 1996, 110 [111].
[683] Vgl. dazu *Stratenwerth*, ZStW 105 [1993], 679 [692 f.]; *ders.*, in: Lenckner-FS, S. 377 [377] m.w.N.
[684] Ebenso Sch/Sch-*Lenckner*, Vor §§ 13 ff. Rn. 9; *Roxin*, Strafrecht AT/1, § 2 Rn. 7.
[685] *Arzt/Weber*, Strafrecht BT, § 1 Rn. 8.
[686] *Roxin*, Strafrecht AT/1, § 2 Rn. 9.
[687] Vgl. BVerfGE 51, 324 [343]; *Torka*, Nachtatverhalten und nemo tenetur, S. 28; *Wessels/Beulke*, AT Rn. 6.

3. Die Lösung bei sozialbezogenen Rechtsgütern

Im Rahmen der von einem Verteidiger verletzten Straftatbestände kommt es zu einem Vergleich des jeweils geschützten Rechtsguts mit der Funktion des Strafverteidigers in seiner privaten und gleichzeitig allgemeinwohlbezogenen Wirkung. Beschränkungen der Rechte des Strafverteidigers und Eingriffe in seine verfassungsrechtlich abgesicherte Stellung bedürfen einer gesetzlichen Legitimation, die klar zu erkennen und zweifelsfrei festzustellen sein muss.[688] Insofern erscheint es nur folgerichtig, ihn von einer Strafbarkeit freizustellen, soweit er innerhalb der Grenzen dieser Funktion handelt. Die herausgearbeitete Aufgabe des Strafverteidigers als Bestandteil einer effektiven Strafrechtspflege erfordert die ungestörte Wahrnehmung der damit verbundenen prozessualen Mitwirkungsrechte. Wird ihm dazu eine prozessual mögliche oder sogar notwendige Verhaltensweise durch das materielle Strafrecht untersagt, würde dies einen Wertungskonflikt zwischen Strafrecht und Strafprozessrecht bedeuten, den es aufzulösen gilt. Betrifft dieser Wertungskonflikt einen Straftatbestand mit vornehmlich sozialgerichteter Schutzrichtung, d.h. ist maßgebliches Schutzgut der betreffenden Norm ein Universalrechtsgut, führt bereits eine teleologische Auslegung mit Blick auf die Bedeutung der Strafverteidigung zum Ergebnis, dass das Verteidigungsverhalten erlaubt ist. Denn die Strafverteidigung sichert als Institution die Durchsetzung der Beschuldigtenrechte und damit eine funktionierende Rechtspflege im Rechtsstaat. Der Konflikt der Rechtspflege als Universalrechtsgut mit dem Schutz eines anderen Universalrechtsguts kann daher bereits auf der Ebene des objektiven Tatbestands entschärft werden.

Um einen damit angesprochenen vorprogrammierten Konflikt zwischen kriminalpolitischen Interessen des Staates und der Verteidigung geht es neben der Strafvereitelung gem. § 258 StGB auch bei der Strafdrohung durch Geldwäsche gem. § 261 Abs. 2 Nr. 1 StGB. Dem Schutz sozialbezogener Rechtsgüter dienen auch die Aussagedelikte, §§ 153 ff. StGB, die falsche Verdächtigung gem. § 164 StGB, die Urkundsdelikte gem. §§ 267 ff. StGB sowie die Organisationsdelikte der §§ 84 Abs. 2, 85 Abs. 2, 129, 129a StGB.

---

[688] BVerfGE 34, 293 [302 f.].

Mit der grundsätzlichen Verortung der Abgrenzung von strafrechtlich zulässigem und strafbarem Verhalten bereits im objektiven Tatbestand werden auch Folgeprobleme der praktischen Verfolgbarkeit vermieden. Nur ein Ausschluss des objektiven Tatbestands gewährleistet, dass die Strafverfolgungsbehörden mit der Feststellung eines Anfangsverdachts zurückhaltend sind. Der Tatbestand hat als gesetzestechnisches Mittel zunächst zwei Funktionen: Er dient erstens zur Umschreibung des verbotenen Verhaltens und damit zur Selbstorientierung der Bürger an dem von ihnen geschaffenen und getragenen Recht. Zweitens umgrenzt er für die Organe der Staatsgewalt verbindlich die Voraussetzungen, unter denen die strafrechtlichen Sanktionen verhängt werden sollen und dürfen.[689] Die Indizfunktion des Tatbestands ist daher nicht zu unterschätzen.

4. Die Lösung bei Individualrechtsgütern

Eine derartige Auslegung auf Tatbestandsebene kann allerdings keinen Erfolg haben, wenn der Verteidiger einen Tatbestand verwirklicht, der auf ein vor allem individualschützendes Rechtsgut ausgerichtet ist. Denn der Schutz von individuellen Rechtsgütern und der Schutz von Universalrechtgütern haben eine tendenziell gegenläufige Wirkung. So sind die Grundrechte maßgeblich als Abwehrrechte gegen den Staat konzipiert. Konflikte von Individualrechtsgütern mit Universalrechtgütern lassen sich daher nicht miteinander messen, sondern nur in einer Abwägung auflösen. Für eine Privilegierung auf Tatbestandsebene ist dann kein Raum.

Die dargestellten Nachteile einer Privilegierung auf Rechtswidrigkeitsebene sind dann hinzunehmen. Denn im Gegensatz zur Verletzung von sozialbezogenen Rechtsgütern durch die ebenfalls zum Schutz der Allgemeinheit existierenden Strafverteidigung stellt die Verletzung eines Individualrechtsguts gerade nicht die Regel, sondern die Ausnahme dar. Folglich besteht hier nicht das angesprochene Missverhältnis von Gebot und Verbot, das eine Lösung auf Rechtswidrigkeitsebene verhindern würde. Diese Konstellationen sind vielmehr ein Paradebeispiel für den Ausgleich widerstreitender Interessen, der auf Rechtswidrigkeitsebene vorzunehmen ist. Dabei hat eine besonders sorgfältige Abwägung stattzufinden, die sowohl auf die individuellen Bedürfnisse des Rechtsgutsinha-

---

[689] *Noll*, ZStW 77 [1965], 1 [7].

bers als auch auf die verfassungsrechtliche Bedeutung der Strafverteidigung unter dem bestimmenden Einfluss der Unschuldsvermutung Rücksicht zu nehmen hat. Zu den insoweit angesprochenen Delikten zählen neben den Ehrschutzdelikten der §§ 185 ff. StGB auch die Nötigung von Prozessbeteiligten, § 240 StGB.

Eine Sonderstellung nimmt (ebenso wie der hier nicht besprochene § 356 StGB) § 203 StGB (mit seinen Bezügen zu § 138 StGB) ein, der zwar individualschützend, jedoch als Sonderdelikt gerade auf die Beziehung zwischen Verteidiger und Mandant zugeschnitten ist. Einschränkungen der Strafbarkeit eines Verteidigers können sich hier auf Rechtswidrigkeitsebene allenfalls durch die Anwendung allgemeiner Rechtfertigungsgründe, nicht jedoch durch die besondere Verteidigerstellung ergeben.

5. Zur dogmatischen Einordnung

Da insoweit der Bedeutung der Strafverteidigung bei jedem materiellen Straftatbestand bereits durch Auslegung ausreichend Rechnung getragen werden kann, wird im Folgenden nur noch von einer »verteidigungsspezifischen Auslegung« gesprochen, die sowohl Elemente einer teleologischen als auch verfassungskonformen Auslegung in sich vereint. Die Zusammenfassung beider Auslegungsmethoden ist insofern unschädlich, als deren Übergänge ohnehin fließend und im Einzelnen umstritten sind. Es handelt sich daher nicht um eine neue Auslegungsform, sondern nur um eine Umschreibung der zugrunde liegenden Zielsetzung. Eine derartige Auslegungsmethode, die die verfassungsrechtliche Bedeutung der Strafverteidigung hervorhebt, ermöglicht eine am Rechtsgüterschutz orientierte einheitliche Anwendung und dennoch im Einzelfall flexible Lösungen.

IV. Die Grenzen der verteidigungsspezifischen Auslegung

1. Objektiv erkennbares Handeln zur Durchsetzung der Unschuldsvermutung

Auch wenn insbesondere bei Delikten mit sozialbezogener Schutzrichtung die Bedeutung der Strafverteidigung für eine weitgehende Entkriminalisierung der Verteidiger-Tätigkeit spricht, verdient nicht jedes Handeln eine Privilegierung. Damit einerseits gewährleistet ist, dass die gesonderte Bewertung des Verteidigerhandelns nur bei einem echten Konflikt von Strafverteidigung und sonstigen geschützten Rechtsgütern eingreift und zugleich andererseits nicht nur subjektive Befindlichkeiten über eine mögliche Strafbarkeit entscheiden, bedarf es eines objektiven Korrektivs. Mit anderen Worten ist auf Verhältnismäßigkeitsebene eine Abwägung zwischen der Bedeutung der Strafverteidigung und der Funktionsfähigkeit der Rechtspflege notwendig. Die Aufrechterhaltung der Rechtspflege wird allerdings nur dann in Zweifel stehen, wenn der Verteidiger Handlungen vornimmt, die offensichtlich verteidigungsfremd sind und in keiner Weise zur verfassungsrechtlich geschützten Strafverteidigung beitragen können. Dies wird der Fall sein, wenn ein Verhalten keinen Aspekt der Strafverteidigung betrifft, also weder einen Beitrag zur Wahrheitsermittlung noch zur Beleuchtung der Umstände von Tat und Täter beitragen kann. Zu fordern ist daher ein objektiv erkennbares Handeln zur Durchsetzung der Unschuldsvermutung. Zwar mag dieses Kriterium auf den ersten Blick sehr weit und unscharf wirken. Aber nur, wenn man einen derart großzügigen Maßstab an ein Verteidigerhandeln anlegt, wird man sowohl der besonderen Bedeutung der Strafverteidigung als auch dem *ultima ratio*-Charakter der materiellen Strafdrohung gerecht.

2. Das Verbot der Lüge als Fundament gesteigerten Vertrauens

Die Anlehnung an die Unschuldsvermutung bringt ein weiteres Korrektiv mit sich. Denn allein mit einem objektiven Handeln zur Wahrung der Unschuldsvermutung könnte das Einreichen einer in Täuschungsabsicht hergestellten Urkunde in Kenntnis ihrer Unechtheit nicht zu einer Strafbarkeit führen, da die Urkundenvorlage prozessual generell als Verteidigungshandlung zulässig wäre. Zu Recht hat daher die Frage einer Wahrheitspflicht schon immer eine entscheidende Rolle bei den Grenzen der Straflosigkeit eines Verteidigers gespielt. Die Verpflichtung zur Wahrheit oder anders gewendet das Verbot der Lüge hat vor allem im Bereich der Strafvereitelung, aber auch bei anderen Tatbeständen, die maßgeblich auf ein Kenntnismoment abstellen, besondere Bedeutung. Im Gegensatz zu sonstigen subjektiven Merkmalen wie dem Vorsatz stellt das Verbot der Lüge aber letztendlich keine »echte« subjektive Eingrenzung dar. Denn entgegen der nur schwer beweisbaren subjektiven Einstellung, ob ein Verteidiger im Sinne des *dolus eventualis* die Tatbestandsverwirklichung gewollt oder nicht gewollt hat, unterläge eine vorherige Kenntnis des Verteidigers von bestimmten

Tatsachen und damit ein Handeln entgegen dieser Kenntnis (= Lüge) der theoretischen Beweisbarkeit.

a. Die »Gretchenfrage« der Strafverteidigung

>*»Der Beste muss mitunter lügen. Zuweilen tut er's mit Vergnügen.«*[690]
>*Wilhelm Busch*

Iustitiae soror nudaque veritas – die ungeschminkte Wahrheit ist die Schwester der Gerechtigkeit.[691] Wahrheit und Gerechtigkeit gelten als die untrennbaren Fundamente der Rechtspflege.[692] Wenn auf das Wort eines Rechtsanwalts kein Verlass mehr ist, leidet die Rechtspflege schweren Schaden.[693] Es ist daher allgemeine Meinung, dass die Wahrheitspflicht eine der tragenden Grundlagen jeder anwaltlichen Tätigkeit ist.[694] Den Spagat, den ein Verteidiger mitunter hinsichtlich der Wahrheit meistern muss, zeigt sich im von *Dahs sen.* geprägten Satz, dass alles, was der Verteidiger sagt, wahr sein müsse, er aber nicht alles sagen dürfe, was wahr ist.[695] Die Zuordnung des Verteidigers zur Rechtspflege schließe jede Unwahrhaftigkeit absolut aus.[696] Insofern ist *Beulke* zuzustimmen, wenn er die Frage »Wie hältst Du es mit der Wahrheit?« als eigentliche Gretchenfrage der Strafverteidigung einstuft.[697] Die wohl herrschende Meinung bejaht sie mit sehr unterschiedlichen Begründungen.[698] Einige stützen sie auf die

---

[690] *Wilhelm Busch*, Aphorismen und Reime: »Dummheit die man bei anderen sieht...«.
[691] *Schlosser*, Semiotices advocatorum specimen, 1769, S. 31, zit. nach *Fuchs*, AnwBl. 1989, 353 [353].
[692] *Fuchs*, AnwBl. 1989, 353 [353]; einen geschichtlichen Überblick über die Behandlung der Wahrheitsfrage gibt *Fezer*, in: Stree/Wessels-FS, S. 663 [666 ff.].
[693] *Dahs*, Handbuch des Strafverteidigers, Rn. 28, 117 f.
[694] H.M., vgl. *Beulke*, Die Strafbarkeit des Verteidigers, Rn. 17; *ders.*, Der Verteidiger im Strafverfahren, S. 145; *Brei*, Grenzen zulässigen Verteidigerhandelns, S. 294, 321 ff.; *Dahs*, Handbuch des Strafverteidigers, Rn. 39; *Pfeiffer*, DRiZ 1984, 341 [343].
[695] *Dahs*, Handbuch des Strafverteidigers, Rn. 48; vgl. auch *Arapidou*, Die Rechtsstellung des Strafverteidigers, S. 175; *Beulke*, Die Strafbarkeit des Verteidigers, Rn. 17; *ders.*, Der Verteidiger im Strafverfahren, S. 149; *Pfeiffer*, DRiZ 1984, 341 [343 f.].
[696] *Dahs*, Handbuch des Strafverteidigers, Rn. 39; *Liemersdorf*, MDR 1989, [204 f.].
[697] *Beulke*, in: Roxin-FS, S. 1173 [1180]; eingehend zur Wahrheitspflicht *Bottke*, ZStW 96 [1984], 726 ff.; aus philosophischer und rechtshistorischer Sicht lehrreich zur Wahrheitspflicht *Fuchs*, AnwBl. 1989, 353 ff.
[698] vgl. *Arapidou*, Die Rechtsstellung des Verteidigers, S. 94 ff., 120 ff., 155; *Beulke*, Die Strafbarkeit des Verteidigers, Rn. 12, 17 ff.; *ders.*, Der Verteidiger im Strafverfahren, S. 69 f., 149 f.; *ders.*, StPO Rn. 176; *Bottke*, ZStW 96 [1984], 726 [731] m.w.N.; *Brei*, Grenzen zulässigen Verteidigerhandelns, S. 294, 321 ff.; *Dahs*, Handbuch des Strafverteidigers, Rn. 39; *Ernesti*, JR 1982, 221 [228]; *Grabenweger*, Die Grenzen rechtmäßiger Strafverteidigung, S. 94

Organeigenschaft des Verteidigers[699] und die daran anschließende Bindung an das Verfahrensziel der materiellen Wahrheit.[700] Andere lesen sie aus einer Zusammenschau der §§ 137 Abs. 1 S. 2, 138a ff., 140 ff., 146 f. StPO[701] oder aus § 244 Abs. 2 StPO i.V.m. §§ 57 S. 1, 66c Abs. 1, 81c, 168c Abs. 3, 244 Abs. 5, 247 StPO heraus, wieder andere verweisen auf das *fair trial*-Prinzip.[702] Allerdings ist in jüngerer Vergangenheit einhergehend mit neuen Verteidigerkonzepten ein gegenläufiger Trend erkennbar. Ein liberaler Staat sei gut beraten, wenn er gar nicht erst versuche, die Strafverteidigung auf eine Konzeption von Wahrheit und Richtigkeit festzulegen, sondern bereit sei, sich mit Alternativen auseinander zu setzen.[703] In diesem Sinne ist die Fraktion derjenigen größer geworden, die eine Aufweichung der Wahrheitspflicht im Sinne einer Übernahme unwahrer Behauptungen des Mandanten[704] bis hin zu einer Erlaubnis der Anstiftung zur oder Beratung bei der Lüge fordern.[705] Mittlerweile wird darüber hinaus teilweise sogar offen für ein Lügerecht des Verteidigers plädiert.[706] Fast zynisch mutet in diesem Zusammenhang die Empfehlung *Lüderssen*s an, dass es zu-

---

ff.; *Hammerstein*, NStZ 1997, 12 [14]; *Heinicke*, Der Beschuldigte und sein Verteidiger, S. 482 ff.; *Krekeler*, in: Friebertshäuser-FG, S. 53 [59]; KK-*Laufhütte*, § 137 Rn. 6; *ders.*, in: Pfeiffer-FS, S. 959 [970]; *Liemersdorf*, MDR 1989, 204 [206]; *Meyer-Goßner*, § 137 Rn. 2; *Müller-Dietz*, Jura 1979, 242 [249 f.]; *Otto*, Jura 1987, 329 [329]; *Pfeiffer*, StPO Vor § 137 Rn. 1; *ders.*, DRiZ 1984, 341 [343]; *Ranft*, Strafprozessrecht, Rn. 384 f.; *Roxin*, Strafverfahrensrecht, § 19 Rn. 11; *ders.*, in: Hanack-FS, S. 1 [12]; *Rückel*, Strafverteidigung und Zeugenbeweis, Rn. 26; LK-*Ruß*, § 258 Rn. 20a; *Schautz*, Strafrechtliche Grenzen des Verteidigerhandelns, S. 82 ff.; *Seier*, JuS 1981, 806 [808]; Sch/Sch-*Stree*, § 258 Rn. 20; *Welp*, ZStW 90 [1978], 804 [818].
[699] BGHSt 9, 20 [22]; *Anschütz*, Die Entwicklung der Verteidigerbefugnis, S. 68; KK-*Laufhütte*, Vor § 137 Rn. 6; *Meyer-Goßner*, Vor § 137 Rn. 2; *Müller-Dietz*, Jura 1979, 242 [249]; *Roxin*, Strafverfahrensrecht, § 19 Rn. 11; *ders.*, in: Hanack-FS, S. 1 [12]; *Waldhorn*, Das Verhältnis von Strafverteidigung und Begünstigung, S. 30, 36 f.; *Welp*, ZStW 90 [1978], 804 [818]; krit. *Cloeren*, Strafbarkeit durch Beweisantragstellung?, S. 147.
[700] *Zeifang*, Die eigene Strafbarkeit des Strafverteidigers, S. 163.
[701] *Beulke*, Der Verteidiger im Strafverfahren, S. 69 f., 149 f.; *ders.*, Die Strafbarkeit des Verteidigers, Rn. 17.
[702] *Bottke*, ZStW 96 [1984], 726 [750ff.]; *Rieß*, in: Schäfer-FS, S. 155 [155 ff.].
[703] So *Lüderssen*, in: Dünnebier-FS, S. 263 [265].
[704] *Ostendorf*, NJW 1978, 1345 [1349]; *Rzepka*, Zur Fairness im deutschen Strafverfahren, S. 400 f.; *Vormbaum*, Der strafrechtliche Schutz des Strafurteils, S. 425; AK/StPO-*Stern*, Vor § 137 Rn. 4; vgl. auch *Krekeler*, NStZ 1989, 146 [153].
[705] Vgl. *Bernsmann*, StraFo 1999, 226 [230]; *Fezer*, in: Stree/Wessels-FS, S. 663 [681]; *Grüner*, Über den Missbrauch von Mitwirkungsrechten, S. 137 ff.; *Ostendorf*, NJW 1978, 1345 [1349]; *Strzyz*, Die Abgrenzung von Strafverteidigung und Strafvereitelung, S. 304; *Wassmann*, Strafverteidigung und Strafvereitelung, S. 139; dagegen *Pfeiffer*, StPO Vor § 137 Rn. 1.
[706] *Strzyz*, Die Abgrenzung von Strafverteidigung und Strafvereitelung, S. 304.

nächst nicht zweckmäßig sei, wenn der Verteidiger aktiv die Unwahrheit behaupte. Denn der damit eröffnete Vertrauensvorschuss gebe den Richtern einen plausiblen Grund, dem Verteidiger zu glauben. Wenn er dann gleichwohl die Unwahrheit sage, bestehe für ihn eine größere Aussicht, damit durchzukommen.[707]
Zwar ist der Verteidiger ein zur Vertretung *fremder* Interessen berufenes Organ der Rechtspflege. Seine Ausführungen im Prozess gelten somit primär für den Beschuldigten, so dass der Vorwurf der Lüge in vielen Fällen daran geknüpft werden müsste, dass sich der Verteidiger die Argumentation des Beschuldigten zu eigen gemacht hat. Hinsichtlich tatsächlicher Behauptungen kann es um eine strafrechtlich relevante selbstständige Verletzung des Lügeverbots daher nur gehen, wenn der Verteidiger selbst bewusst falsche Behauptungen tatsächlicher Art in den Prozess einbringt. Gibt er dagegen nur fremde Auffassungen oder Meinungen wider oder vermittelt er eigene Überzeugungen, steht eine Verletzung des Lügeverbots nicht im Raum. Es wird aber zumeist so sein, dass der Verteidiger eine Argumentationslinie vorgibt und der Beschuldigte diese absegnet. Insofern ist das Problem in der Praxis dennoch virulent.

b. Argumente der Gegner einer Wahrheitspflicht

Die Gegner der Wahrheitspflicht argumentieren vor allem mit der Gegenspielerrolle, die der Verteidiger im Dienste seines Mandanten gegenüber Gericht und Staatsanwaltschaft einnehme.[708] Hieraus ergebe sich, dass jede defensive wie auch offensive Verteidigungsstrategie erlaubt sein müsse.[709] Zum Teil wird danach differenziert, dass eine Lüge jedenfalls dann erlaubt sein müsse, wenn der Verteidiger sich auf bereits eingeführte unwahre Beweismittel beziehe und nur Lügen des Angeklagten in der Hauptverhandlung wiederhole. Ohne diese Erlaubnis zur einheitlichen Verteidigung werde das Recht des Angeklagten zur Lüge ausgehöhlt.[710] Verboten sei dem Verteidiger nur, neue unwahre Tatsachen-

---

[707] *Lüderssen*, StV 1999, 537 [539 f.].
[708] *Bernsmann*, StraFo 1999, 226 [229]; *Strzyz*, Die Abgrenzung von Strafverteidigung und Strafvereitelung, S. 234; *Wassmann*, Strafverteidigung und Strafvereitelung, S. 21.
[709] Vgl. *Bernsmann*, StraFo 1999, 226 [230]; *Ostendorf*, NJW 1978, 1345 [1345 ff.]; *Strzyz*, Die Abgrenzung von Strafverteidigung und Strafvereitelung, S. 234 ff.; *Wassmann*, Strafverteidigung und Strafvereitelung, S. 21.
[710] *Ostendorf*, NJW 1978, 1345 [1349].

behauptungen in den Prozess einzubringen.[711] Andere argumentieren mit der bestimmenden Rolle des Gerichts im Strafprozess. Die Strafprozessordnung verpflichte nur Gericht und Staatsanwaltschaft zur Objektivität und Wahrheit.[712] Letztlich sei es Sache des Gerichts, an der Glaubwürdigkeit eines die Unwahrheit sagenden Zeugen zu zweifeln. Tue es das nicht, begehe das Gericht einen Fehler, nicht der Verteidiger.[713] Die Strafprozessordnung habe darauf verzichtet, die Wahrheit mit Hilfe der Aussage des Beschuldigten zu finden.[714] Seine Aussage habe keine strukturelle Relevanz für die Wahrheitsfindung im Strafprozess, sondern sei beweisrechtlich indifferent.[715] Sie löse lediglich eine Untersuchungs-, Überzeugungsbildungs- und Würdigungstätigkeit des Gerichts aus.[716] Da die Lüge des Beschuldigten damit prozessordnungsgemäß sei, dürfe der Verteidiger diesen auch zur Lüge anstiften.[717] Der ehrliche Beschuldigte sei schließlich der Dumme, weil der Verteidiger nicht mehr nach der Wahrheit fragen dürfte, um sich den Weg zu einer erfolgreichen Verteidigung nicht selbst zu verbauen. Der unverteidigte Angeklagte wäre insoweit besser gestellt, weil er ungestraft lügen könnte, während der Anwalt dies nicht dürfe.[718] Die Bedeutung der Frage, ob der Verteidiger eine Lüge einsetzen solle, sei nicht im standesrechtlichen oder strafrechtlichen Bereich, sondern eher im taktischen Bereich zu verorten. Letztlich entscheide die Prozesstaktik, ob der Verteidiger das Ergebnis des Verfahrens mit oder ohne Lüge günstiger beeinflussen könne.[719] Es gehe dabei nicht um den Schaden, den die Rechtspflege erleide, wenn auf das Wort des Rechtsanwalts kein Verlass mehr sei, sondern einzig und allein um den Schaden des Angeklagten und des Verteidigers, in dessen prozesstaktische Erwägungen auch die Sorge um seinen guten Ruf mit einfließe.[720] Werde eine Wahrheitspflicht aus der Stellung des Verteidigers als Organ der Rechtspflege hergeleitet, sei dadurch ein

---

[711] *Wassmann*, Strafverteidigung und Strafvereitelung, S. 116 f., 186.
[712] *Mehle*, in: Koch-FG, S. 179 [185] m.w.N.
[713] *Ostendorf*, NJW 1978, 1345 [1348]; vgl. auch *Strzyz*, Die Abgrenzung von Strafverteidigung und Strafvereitelung, S. 266 ff.
[714] *Fezer*, in: Stree/Wessels-FS, S. 663 [677].
[715] *Fezer*, in: Stree/Wessels-FS, S. 663 [671].
[716] *Fezer*, in: Stree/Wessels-FS, S. 663 [669].
[717] *Fezer*, in: Stree/Wessels-FS, S. 663 [681, 682, 683].
[718] *Grüner*, Über den Missbrauch von Mitwirkungsrechten, S. 141.
[719] *Grüner*, Über den Missbrauch von Mitwirkungsrechten, S. 142.
[720] *Grüner*, Über den Missbrauch von Mitwirkungsrechten, S. 142.

Zweiklassenrecht der Verteidigung geschaffen, da diejenigen Verteidiger, die nicht an § 1 BRAO gebunden seien, nicht einer derartigen Pflicht unterlägen.[721]

Dementsprechend wird der Vorschlag gemacht, den Beitrag des Verteidigers zur Wahrheitsfindung auf eine Wahrheit und Gerechtigkeit im höchst subjektiven Sinne des Beschuldigten zu reduzieren[722] und den Verteidiger nur nach den allgemeinen Regeln von Täterschaft und Teilnahme zur Verantwortung zu ziehen. Da der Beschuldigte keiner Wahrheitspflicht unterliege, bliebe damit teilnehmendes Verhalten des Verteidigers bezüglich unwahrer Behauptungen des Beschuldigten straflos.[723]

c. Stellungnahme

Zutreffend ist die in diesem Zusammenhang oft getroffene Feststellung, dass bei der Neuordnung des anwaltlichen Berufsrechts ein explizites anwaltliches Lügeverbot abgesehen von § 43a Abs. 3 S. 2 BRAO nicht mehr enthalten ist. Da der Verteidiger aber nicht zwangsläufig Rechtsanwalt zu sein hat, ist dies auch nicht schädlich. Nicht zu übersehen ist, dass die Bejahung eines Lügerechts weitgehend mit der abzulehnenden Einstufung des Verteidigers als Interessenvertreter einhergeht. Zwar kann die damit verbundene Forderung, dass der verteidigte Beschuldigte keine Nachteile gegenüber einem unverteidigten Beschuldigten haben darf, uneingeschränkt unterstützt werden. Bei genauerer Betrachtung ist allerdings fraglich, ob der verteidigte Beschuldigte tatsächlich schlechter steht. Dies wäre hinsichtlich der Lüge nur dann der Fall, wenn er unverteidigt ein Recht zur Lüge hätte, das er bei Interessenwahrnehmung durch einen Verteidiger nicht geltend machen könnte. Daher kommt es auch für die Beantwortung der Frage, ob der Verteidiger ein Recht auf Lüge hat, maßgeblich auf ein entsprechendes Recht des Beschuldigten an. Dieser hat aber wie dargelegt nur ein Recht zum Leugnen, dessen Reichweite sich nach normativen Wertungsmaßstäben bestimmt.

---

[721] *Mehle*, in: Koch-FG, S. 179 [183].
[722] *Lüderssen*, in: Sarstedt-FS, S. 145 [159].
[723] LR-*Lüderssen*, Vor § 137 Rn. 141; ebenso *Kempf*, in: *Brüssow/Gatzweiler/Krekeler/Mehle*, § 1 Rn. 65.

d. Die Begründung eines »normativen Lügeverbots« für den Strafverteidiger

Wenn nachgewiesen ist, dass der Beschuldigte kein Recht zur Lüge, sondern nur ein Recht zum »normativen Leugnen« hat, sind bereits diejenigen widerlegt, die spiegelbildlich aus übertragenem Recht des Beschuldigten über die Beistandsfunktion ein Lügerecht auch des Verteidigers ableiten wollen. Wenn man den verteidigten Beschuldigten dem unverteidigten gleich stellen will, ergibt sich basierend auf diesem Argumentationsweg genau das Gegenteil: Hat sogar der unverteidigte Beschuldigte über das Recht zum normativ auszulegenden Leugnen hinaus kein Recht zur Lüge, bleibt auch dem Verteidiger ein solches Recht verwehrt. Isoliert betrachtet erweist sich allerdings sowohl der Begriff »Wahrheitspflicht« als auch der Begriff des »Lügeverbots« als terminologisch ungenau. So darf selbst nach der höchstgerichtlichen Rechtsprechung ein Verteidiger beispielsweise gegen sein Wissen bei einem schuldigen Angeklagten auf Freispruch plädieren.[724] Dies dürfte er weder unter der Geltung einer Wahrheitspflicht noch unter der eines Lügeverbots. Da der Verteidiger in jedem Fall nicht zur Darstellung der ganzen Wahrheit verpflichtet ist, wird der Ausdruck »Lügeverbot« der Situation des Verteidigers am ehesten gerecht.[725] Dies verdeutlicht auch die Existenz des Tatbestands § 203 StGB, der klarstellt, dass eine mögliche Wahrheitspflicht durch die Schweigepflicht begrenzt ist.

Allerdings ergibt sich das Lügeverbot nicht nur spiegelbildlich aus einem entsprechenden nicht vorhandenen Beschuldigtenrecht. Die eigentliche Lösung liegt wiederum in der Reichweite der Unschuldsvermutung begründet, deren Wahrnehmung den Verteidiger privilegiert, aber zugleich auch die Grenzen seiner Strafbarkeit festlegt. Wie jede widerlegbare Vermutung kann auch die Unschuldsvermutung durch den Beweis des Gegenteils entkräftet werden. Daher kann sich die Unschuldsvermutung nicht gegen besseres Wissen des Verteidigers durchsetzen. Dies bedeutet, dass der Verteidiger bei Tatbeständen, die ein

---

[724] Vgl. schon RGSt 66, 316 [325].
[725] Vgl. *Dornach*, Der Strafverteidiger als Mitgarant eines justizförmigen Strafverfahrens, S. 68 m. Fn. 15; *Beulke*, Die Strafbarkeit des Verteidigers, Rn. 17 m. Fn. 5; *Bottke*, ZStW 96 [1984], 726 [731]; *Roxin*, in: Hanack-FS, S. 1 [12 f.]; *Stumpf*, Die Strafbarkeit des Strafverteidigers wegen Strafvereitelung (§ 258 StGB), S. 179; *Widmaier*, in: BGH-FS IV, S. 1043 [1047 f.]; *Wolf*, Das System des Rechts der Strafverteidigung, S. 193 ff.; *Zeifang*, Die eigene Strafbarkeit des Strafverteidigers, S. 162 f.

Kenntnismoment enthalten (wie z.B. die Urkundsdelikte bzgl. der Falschheit der Urkunde, die Geldwäsche bzgl. der odiösen Herkunft eines Vermögensgegenstands oder die Aussagedelikte bzgl. der Wahrheit der Aussage), ein Handeln mit *dolus eventualis* zur Tatbestandserfüllung nicht ausreichen darf. Der Bereich strafbaren Verhaltens ist vielmehr erst erreicht, wenn der Verteidiger entgegen positivem Wissen und damit zumindest mit *dolus directus* zweiten Grades (direktem Vorsatz) handelt.

3. Die Einordnung des normativen Lügeverbots in den Deliktsaufbau

Noch nicht entschieden ist allerdings, auf welcher Stufe des Deliktsaufbaus die Kenntnis bzw. die Verletzung des Lügeverbots zu prüfen ist. Zwar scheint vordergründig schon die Tatsache, dass der Begriff »Kenntnis« auf die subjektive Sicht des Verteidigers rekurriert, für eine Behandlung im subjektiven Tatbestand zu sprechen. Zwingend ist dies jedoch nicht. Aus dem bislang Gesagten folgt vielmehr, dass die Kenntnis als Teil der zulässigen Verteidigung bereits im objektiven Tatbestand zu prüfen ist. Denn solange der Verteidiger ohne positives Wissen handelt, ist die gesamte Verteidigung schon nicht objektiv tatbestandsmäßig, so dass die Prüfung des subjektiven Tatbestands entfällt. Zu begründen ist dies damit, dass sich das Lügeverbot und die Grenze zur Strafbarkeit vor allem parallel zu den Grenzen der Unschuldsvermutung ergeben. Deren Beachtung beruht für den Verteidiger aber auf seiner verfassungsrechtlichen geprägten Beistandsfunktion und hat daher einen völlig anderen Hintergrund als der beim jeweiligen Delikt zu prüfende Vorsatz im Sinne von Wissen und Wollen der Tatbestandsverwirklichung. Die Beachtung des Lügeverbots und seiner Grenzen ist daher bereits Bestandteil des objektiven Tatbestands.

4. Ergebnis

Das Handeln eines Verteidigers wird durch die materiellen Strafgesetze begrenzt, die ihrerseits verteidigungsspezifisch auszulegen sind. Die verfassungsrechtlichen Vorwirkungen der Beschuldigtenrechte, die sich auch in der Strafprozessordnung widerspiegeln, bedingen hierbei auf Verhältnismäßigkeitsebene eine weitgehende Entkriminalisierung der Verteidigung. Die Tätigkeit eines Verteidigers stößt objektiv erst dann an ihre Grenzen, wenn sie in keiner Weise etwas zur Durchsetzung der Beschuldigtenrechte, vor allem der Unschuldsvermutung beitragen kann. Des Weiteren hat der Verteidiger bei zutreffender Anwendung des *nemo tenetur*-Grundsatzes wie der Beschuldigte nur das Recht zum »normativen Leugnen«. Er ist darüber hinaus weder zum Lügen befugt, noch hat er sogar ein eigenes Recht zur Lüge. Terminologisch sollte daher beim Verteidiger statt der oft zitierten Wahrheitspflicht von einem Lügeverbot gesprochen werden, dessen Reichweite normativ zu bestimmen ist. Im Prüfungsaufbau stellt das Lügeverbot einen Bestandteil des objektiven Tatbestands dar.

Exkurs: Auswirkungen für die Anwendung des § 258 StGB

Im Folgenden soll die Tauglichkeit der entwickelten Lösung kurz anhand einiger im Rahmen der Strafvereitelung diskutierten Problemfälle überprüft werden. Da der Schwerpunkt dieser Untersuchung jenseits von § 258 StGB liegt, soll aufgrund der Komplexität der auftretenden Fragestellungen (etwa Täterschafts-/ Teilnahmelösung, Versuchsbeginn etc.) nicht vertieft auf Einzelprobleme eingegangen werden.

1. Das Freispruch-Plädoyer für den schuldigen Angeklagten

Mit der Anerkennung eines normativ zu begrenzenden Lügeverbots lässt sich beispielsweise der Fall des Plädoyers für einen Freispruch des schuldigen Angeklagten zufriedenstellend und ohne logischen Bruch lösen.

Nach herrschender Meinung darf der Verteidiger sowohl bei nicht nachgewiesener Schuld[726] als auch dann, wenn er selbst nicht von der Unschuld des Angeklagten ausgeht und glaubt, dass dieser überführt ist,[727] auf Freispruch plädieren.

---

[726] Vgl. RGSt 66, 316 [325]; BGHSt 2, 375 [377]; 29, 99 [107]; *Ackermann*, NJW 1954, 1385 [1386 f.]; *Beulke*, Der Verteidiger im Strafverfahren, S. 152 f.; *ders.*, Die Strafbarkeit des Verteidigers, Rn. 109; *ders.*, StPO Rn. 176; *Bottke*, ZStW 96 [1984], 726 [758]; *Dahs sen.*, NJW 1959, 1158 [1158]; *Dahs*, Handbuch des Strafverteidigers, Rn. 69; *Gallas*, ZStW 53 [1934], 256 [268]; *Grabenweger*, Die Grenzen rechtmäßiger Strafverteidigung, S. 221 (zum österreichischen Recht); SK/StGB-*Hoyer*, § 258 Rn. 26; *Krekeler*, NStZ 1989, 146 [152 f.]; *Lackner/Kühl*, § 258 Rn. 9; KK-*Laufhütte*, Vor § 137 Rn. 6; *Maurach/Schröder/Maiwald*, BT/2, § 100 Rn. 20; *Müller-Dietz*, Jura 1979, 242 [251]; *Ostendorf*, NJW 1978, 1345 [1349]; *Roxin*, Strafverfahrensrecht, § 19 Rn. 13; Sch/Sch-*Stree*, §258 Rn. 20; *Tröndle/Fischer*, § 258 Rn. 10; *Zeifang*, Die eigene Strafbarkeit des Strafverteidigers, S. 167.
[727] Vgl. *Bottke*, ZStW 96 [1984], 726 [759 bei theoretischen Zweifeln]; *Gatzweiler, Hassemer*, in: Beck'sches Formularbuch für den Strafverteidiger, S. 19; KK-*Laufhütte*, Vor § 137 Rn. 5; *Lüderssen*, in: Sarstedt-FS, S. 145 [158]; *Stryz*, Die Abgrenzung von Strafverteidigung und Strafvereitelung, S. 159; *Wassmann*, Strafverteidigung und Strafvereitelung, S. 188; a.A. *Beulke*, Der Verteidiger im Strafverfahren, S. 150; *ders.*, Die Strafbarkeit des Verteidigers,

Dies ist auch sachgerecht, weil der Angeklagte für sich selbst Freispruch beantragen dürfte, da dies unter normativen Gesichtspunkten dem einfachen Leugnen des Schuldvorwurfs gleich käme. Gleiches muss folglich auch für den Strafverteidiger gelten, wenn er von der Schuld seines Mandanten überzeugt ist, ja sogar, wenn dieser ihm gegenüber ein glaubwürdiges Geständnis abgegeben hat. Das Geständnis könnte ja auch falsch sein. Hier wird erneut sichtbar, dass der Verteidiger den Gegenpart zur Staatsanwaltschaft übernimmt und so auch zur objektiven Klärung der Wahrheit beiträgt. Selbstverständlich ist er nicht verpflichtet, in einem solchen Fall auf nicht schuldig zu plädieren, zumal dann nicht, wenn die Beweislage im Übrigen für den Angeklagten spricht.

2. Grenzen der Beratung des Beschuldigten

Aus der parallelen Behandlung des zulässigen Aussageverhaltens des Beschuldigten ergibt sich, dass der Verteidiger selbst keine Lügengebäude errichten[728] und auch nicht beratend zur Seite stehen darf, wenn es um die Verfeinerung einer vom Beschuldigten aufgestellten unwahren Einlassung geht.[729] Die verfassungsrechtliche Vorgabe des *nemo tenetur*-Prinzips gewährleistet nur das Abstreiten und Leugnen, nicht das aktive Verzerren des wahren Sachverhalts. Auch der Verteidiger darf für seinen Mandanten insoweit nicht positiv störend in die Wahrheitsermittlung eingreifen.[730] Im Unterschied dazu gehört es aber zu den wesentlichen Aufgaben des Verteidigers, den Beschuldigten umfassend zu beraten und zu informieren. Das schließt auch die Folgen seiner Aussage mit ein. Daher darf er dem Beschuldigten fördernd zur Seite stehen, indem er ihn darüber aufklärt, dass das Leugnen in einer bestimmten Prozesssituation günstig oder ungünstig ist. Die zulässige Verteidigung umfasst daher die vielzitierte »stimulationsneutrale« Information des Beschuldigten,[731] solange dem Beschul-

---

Rn. 112; *von Liszt*, DJZ 1901, 179 (Nachdruck in StV 2001, 137 [139]); *Waldhorn*, Das Verhältnis von Strafverteidigung und Begünstigung, S. 46; differenzierend *Roxin*, Strafverfahrensrecht, § 19 Rn. 13; *Zeifang*, Die eigene Strafbarkeit des Strafverteidigers, S. 168 f.
[728] *Eck. Müller*, StV 2001, 649 [653]; *Pfeiffer*, DRiZ 1984, 341 [345].
[729] Ebenso *Beulke*, in: Roxin-FS, S. 1173 [1180 f.]; *Liemersdorf*, MDR 1989, 204 [206, 207]; *Pfeiffer*, DRiZ 1984, 341 [344]; *Widmaier*, in: BGH-FS IV, S. 1043 [1050].
[730] So schon *Gallas*, ZStW 53 [1934], 256 [268].
[731] Ebenso *Beulke*, Die Strafbarkeit des Verteidigers, Rn. 31; *Krekeler*, NStZ 1989, 146 [148]; *Lackner/Kühl*, § 258 Rn. 9; *Roxin*, in: Hanack-FS, S. 1 [13]; *ders.*, Strafverfahrensrecht, § 19 Rn. 11; *Krekeler*, in: Friebertshäuser-FG, S. 53 [60]; *Zeifang*, Die eigene Strafbarkeit des

digten die Letztentscheidung für eine daraus resultierende Einlassung bleibt. Der Verteidiger ist schon aufgrund seiner Beistandspflicht gehalten, seinen Mandanten auf die strafmildernden Effekte eines Geständnisses in der Verhandlung hinweisen.[732] Zuzugeben ist in diesem Zusammenhang allerdings, dass die Trennlinie von zulässigem und unzulässigem Handeln recht schmal ist. Theoretisch kann sie mitunter an der Art und Weise einer Formulierung hängen. Den Unterschied macht die Wertung als Unterstützung eines aktiven oder passiven Verhaltens beim Beschuldigten im Hinblick auf dessen Lügeverbot.

Aus der besonderen Vertrauensbeziehung, die mit der Beistandspflicht einhergeht, folgt, dass der Verteidiger auch etwaige Lügen des Beschuldigten nicht aufdecken darf.[733] Er hat damit grundsätzlich keine Garantenpflicht für wahrheitsgemäße Aussagen im Prozess. Plädiert der Verteidiger auf Freispruch, darf er daher auch Belastungsmaterial verschweigen. Seine Beistandsstellung verpflichtet ihn sogar dazu. Die Strafbarkeit ist erst erreicht, wenn der Verteidiger korrumpierend auf den Willen des Beschuldigten einwirkt, um ihn zur Nutzung von Lügen oder ähnlichen Mitteln zu überreden.[734] Die Grenze ist ferner dann überschritten, wenn sich der Verteidiger unwahre Tatsachen zu eigen macht und diese aufgrund angeblich eigenen Wissens als wahr und richtig hinstellt.[735] Dafür muss er aber zunächst die Wahrheit kennen und trotz dieser Kenntnis Maßnahmen ergreifen, die darauf abzielen, die Wahrheit zu verdunkeln oder zu verdrehen.[736]

3. Rat zur Flucht

Parallel gelagert ist auch die Antwort auf die Frage, ob der Beschuldigte ein Recht zur Flucht hat und ob der Verteidiger zur Flucht raten darf. Der Beschuldigte ist bezogen auf die Schuldfrage auf sein Recht zum pauschalen Leugnen beschränkt. Aktive Rechte umfassen eine Verteidigung durch Befragung etc. im Prozess. Über diese prozessualen Einwirkungsmöglichkeiten hinaus steht ihm

---

Strafverteidigers, S. 178 f.; vgl. auch *Heinicke*, Der Beschuldigte und sein Verteidiger, S. 492 f.; *Lamberti*, Strafvereitelung durch Strafverteidiger, S. 157; *Otto*, Jura 1987, 329 [330].
[732] *von Liszt*, DJZ 1901, 179 (Nachdruck in StV 2001, 137 [138]).
[733] *Roxin*, in: Hanack-FS, S. 1 [13].
[734] Vgl. *Otto*, Jura 1987, 329 [330].
[735] Ebenso *Liemersdorf*, MDR 1989, 204 [207]; *Pfeiffer*, DRiZ 1984, 341 [344].
[736] *Eck. Müller*, StV 2001, 649 [653].

nach einem Inkulpationsakt aber kein Recht zu, sich auf anderem Wege aktiv dem Prozess zu entziehen.[737] Eine Flucht wäre daher aus prozessualer Sicht unzulässig, wenngleich der Beschuldigte materiell-rechtlich durch den Wortlaut des § 258 StGB (»ein anderer«) bzw. § 120 StGB (»Wer einen [*scil.: anderen*] Gefangenen befreit«) privilegiert wird. Dieses Ergebnis wird strafprozessual von der Existenz des Festnahmerechts gem. § 127 StPO sowie den in § 112 Abs. 2 Nr. 1 und 2 StPO geregelten Haftgründen gestützt.[738] Für den Verteidiger muss demnach gelten, dass der Rat zur Flucht an einen Mandanten nur zulässig ist, solange er noch nicht durch einen Inkulpationsakt der Strafverfolgungsbehörden die Stellung eines Beschuldigten erlangt hat. Dieses auf den ersten Blick befremdliche Ergebnis, dass dem Beschuldigten gegenüber dem noch nicht beschuldigten Mandanten *de facto* weniger Rechte einräumt, ist aus rechtsstaatlicher Sicht hinzunehmen. Denn erst mit der Inkulpation und der Einnahme der Beschuldigtenstellung gelangt der Mandant umgekehrt auch in den Genuss der damit verbundenen weiter gehenden verfassungsrechtlichen Garantien.

4. Rat zum Widerruf eines wahren Geständnisses

Auch das Beispiel, bei dem ein Verteidiger seinem Mandanten zum Widerruf eines wahren[739] Geständnisses rät, kann über die Reichweite des *nemo tenetur*-Grundsatzes gelöst werden. Dieser Fall wird in der Literatur konträr diskutiert,[740] wobei die herrschende Auffassung wohl von einem Verbot des Rats zum Widerruf ausgeht[741] und nur eine Mindermeinung für dessen Zulässigkeit plädiert.[742] Betrachtet man den Widerruf eines Geständnisses – gleich ob wahr oder unwahr – unter normativen Aspekten, ist dieser Willensakt gleichzusetzen mit dem Leugnen des Tatvorwurfs, da außer dem eigenen Verfahren keine fremden Rechtsgüter oder Interessen tangiert werden. Da ein Strafverteidiger seinen

---

[737] Dafür *Torka*, Nachtatverhalten und Nemo tenetur, S. 140.
[738] So auch *Stumpf*, Die Strafbarkeit des Strafverteidigers wegen Strafvereitelung (§ 258 StGB), S. 135.
[739] N.B.: Dies ergibt sich prozessual erst mit Rechtskraft des Urteils!
[740] Vgl. dazu *Beulke*, Die Strafbarkeit des Verteidigers, Rn. 194 m.w.N.
[741] BGHSt 2, 375 [378]; *Beulke*, Der Verteidiger im Strafverfahren, S. 155; *Bottke*, ZStW 96 [1984], 726 [757]; *Pfeiffer*, DRiZ 1984, 341 [345]; *Stumpf*, Die Strafbarkeit des Strafverteidigers wegen Strafvereitelung (§ 258 StGB), S. 135; *Tröndle/Fischer*, § 258 Rn. 12.
[742] *Heinicke*, Der Beschuldigte und sein Verteidiger, S. 493; *Lamberti*, Strafvereitelung durch Strafverteidiger, S. 157; Sch/Sch-*Stree*, § 258 Rn. 20; *Wassmann*, Strafverteidigung und Strafvereitelung, S. 137.

Mandanten zu einem prozessual zulässigen Verhalten auffordern darf, bleibt die Aufforderung unter materiell-rechtlichen Gesichtspunkten straflos. Eine derartige Aufforderung hat daher nicht die Qualität eines qualifizierten Lügens, das erst die Schwelle zur Strafbarkeit überschreiten würde. Zu bedenken ist in diesem Zusammenhang auch, dass sich die »Wahrheit« des Geständnisses für den Verteidiger im Regelfall erst mit Rechtskraft des letztinstanzlichen Urteils ergibt. Zugunsten einer wirkungsvollen Verteidigung sollte daher dem Strafverteidiger ein möglichst breiter Spielraum hinsichtlich der Einrichtung der Verteidigung belassen werden. Der Widerruf ist dem Beschuldigten daher unter Bezug auf das *nemo tenetur*-Prinzip prozessual gestattet. Gleiches gilt daher auch für einen dahin gehenden Rat des Verteidigers.

5. Die Mitteilung von Fakten nach Akteneinsicht

Nicht direkt zur Thematik des Lügeverbots gehört dagegen die umstrittene Frage, ob ein Verteidiger seinem Mandanten Informationen über bevorstehende Zwangsmaßnahmen wie Durchsuchungen etc. mitteilen darf, die er nach Akteneinsicht erhalten hat. Es geht aber auch hierbei um die Grenzen der Strafverteidigung, die mittelbar durch ein Beschuldigtenrecht gezogen werden.

Die wohl herrschende Ansicht in der Wissenschaft sieht die vollständige Information des Beschuldigten nach der Akteneinsicht als zulässig an.[743] Die Grenze einer Weitergabe- oder Unterrichtungsbefugnis wird allerdings zum Teil dort angesiedelt, wo der Verteidiger positive Kenntnis von der illegalen Absicht oder dem entsprechenden Vorhaben seines Mandanten hat.[744] Eine andere Lösung laufe auf eine sachlich schwer zu fixierende Einschränkung der Beziehung von Verteidiger und Mandant und damit auf eine Verkürzung der Verteidigungs-

---

[743] Vgl. *Bernsmann*, StraFo 1999, 226 [229]; *Danckert/Ignor*, in: Ziegert, Grundlagen der Strafverteidigung, S. 26 f.; *Fezer*, Strafprozessrecht, Fall 4 Rn. 29; *Gatzweiler*, StV 1985, 248 [250]; *Hassemer*, in: Beck'sches Formularbuch für den Strafverteidiger, S. 9 f.; *Kempf*, in: Brüssow/Gatzweiler/Krekeler/Mehle, § 1 Rn. 89 ff.; *Krekeler*, NStZ 1989, 146 [149]; *Lamberti*, Strafvereitelung durch Strafverteidiger, S. 231 f.; LR-*Lüderssen*, § 147 Rn. 127; *Mehle*, NStZ 1983, 557 [557 f.]; *Otto*, Jura 1987, 329 [330]; *Paulus*, NStZ 1992, 305 [311]; *Rietmann*, Zur Strafbarkeit von Verfahrenshandlungen, S. 113, 138 f.; *Tondorf*, StV 1983, 257 [258]; *Vormbaum*, Der strafrechtliche Schutz des Strafurteils, S. 419; *Wassmann*, Strafverteidigung und Strafvereitelung, S.151; *Wolf*, Das System des Rechts der Strafverteidigung, S. 340 f.; *Zeifang*, Die eigene Strafbarkeit des Strafverteidigers, S. 188.
[744] *Brei*, Grenzen zulässigen Verteidigerhandelns, S. 281; *Müller-Dietz*, JR 1981, 76 [78].

möglichkeiten hinaus.[745] Zum Teil wird § 147 StPO aber auch dahingehend ausgelegt, dass dem Verteidiger in jedem Fall gestattet sein müsse, den Beschuldigten über den Akteninhalt zu informieren. Begründet wird dies einerseits damit, dass § 147 StPO nur die Aktenintegrität schütze. Missbräuchlich handele der Verteidiger dementsprechend nur, wenn er dem Beschuldigten die Originalakten überlasse.[746] Nach anderer Ansicht könne selbst bei sicherem Wissen um bevorstehende Vereitelungsmaßnahmen eine allein subjektive Willensrichtung eine Prozesswidrigkeit nicht begründen, da die Informationsweitergabe objektiv zulässig sei.[747] Demgegenüber liest *Beulke*[748] aus § 147 Abs. 2 StPO heraus, dass es dem Verteidiger im Vorverfahren untersagt sei, den Untersuchungszweck durch Ausnutzung der Akteneinsicht zu gefährden. Eine derartige Auslegung lässt sich § 147 Abs. 2 StPO aber nicht entnehmen. Wenn § 147 Abs. 2 StPO statuiere, dass die Staatsanwaltschaft die Akteneinsicht verweigern dürfe, wenn diese den Untersuchungszweck gefährden kann, lasse sich eine Beschränkung des Verteidigers daraus nicht ableiten.[749] § 147 Abs. 2 StPO belässt jedoch die Entscheidung über die Mitteilung von Ermittlungsdetails in den Händen der Staatsanwaltschaft. Vor dem in § 169a StPO genannten Zeitpunkt kann die Staatsanwaltschaft jegliche Gefährdung des Untersuchungszwecks durch Verweigerung des Akteneinsichtsrechts vermeiden. Einfacher ausgedrückt: Gibt der Staat in Person des Staatsanwalts entsprechende Informationen heraus, wäre es widersprüchlich, wenn sich der Staat im Nachhinein über eine Informationsweitergabe beschweren würde. Den Verteidiger würde das partielle Ausblenden von Ermittlungsdetails zudem unnötig belasten. Letztlich wird das Problem erst von den Strafverfolgungsbehörden durch Nichtanwendung des § 147 Abs. 2 StPO kreiert.

Das Akteneinsichtsrecht ist grundsätzlich ein Recht des Beschuldigten, das nur durch den Verteidiger ausgeübt wird.[750] Erhält daher der Verteidiger Informationen aus der Akte, ist der Beschuldigte so zu stellen, als wenn er selbst die In-

---

[745] *Müller-Dietz*, JR 1981, 76 [78].
[746] *Rietmann*, Zur Strafbarkeit von Verfahrenshandlungen, S. 138 f.
[747] *Zeifang*, Die eigene Strafbarkeit des Strafverteidigers, S. 188.
[748] *Beulke*, Der Verteidiger im Strafverfahren, S. 143.
[749] Zutr. *Wolf*, Das System des Rechts der Strafverteidigung, S. 58 f., 188 ff.; *Mehle*, NStZ 1983, 557 [558].
[750] Vgl. BGHSt 38, 111 [114]; *Zeifang*, Die eigene Strafbarkeit des Strafverteidigers, S. 187.

formation erhalten hätte. Es würde den Verteidiger regelmäßig überfordern, im Einzelfall eine Entscheidung über die Weitergabe von Informationen zu treffen. Dies würde ihm eine Abwägung der Wichtigkeit der erhaltenen Information und eine antizipierte Würdigung abverlangen. Gegenüber seinem Mandanten muss der Verteidiger alles sagen können und dürfen, was er als notwendig für eine erfolgreiche Verteidigung einschätzt. Auch der Bundesgerichtshof hat zutreffend festgestellt, dass die bloße Möglichkeit, dass der Beschuldigte die an ihn weitergegebenen Informationen dazu benutzen könnte, sich dem weiteren Verfahren durch Flucht zu entziehen oder den wahren Sachverhalt etwa durch Fälschung von Beweismaterial zu verdunkeln, für sich genommen die Befugnis zur Weitergabe von Informationen und Akten nicht einschränken kann. Da eine solche Möglichkeit schlechterdings aber nicht auszuschließen ist, würde bei einem Verbot die offene Kommunikation und der ungehinderte Meinungsaustausch zwischen Verteidiger und Mandant nur auf dem Papier bestehen. Selbst ein erheblicher Verdacht könne die Weitergabe von Informationen nicht einschränken.[751] Hat die Staatsanwaltschaft offiziell Akteneinsicht gewährt, ist der Verteidiger daher befugt, die daraus gewonnenen Erkenntnisse auch an seinen Mandanten weiterzugeben.

Anders stellt sich die Situation dagegen bei zufälliger oder inoffizieller Informationsgewinnung dar. Da in einem solchen Fall der Beschuldigte nicht von Seiten der Staatsanwaltschaft Kenntnis erhalten sollte, wird der Verteidiger so gestellt, als wenn er noch nicht Akteneinsicht genommen hätte. Eine Weitergabe der Informationen wäre demnach in diesem Fall unzulässig und beim Vorliegen der weiteren Tatbestandsmerkmale nach § 258 StGB strafbar.

Exkurs Ende

E. Ergebnis des dritten Teils und weitere Vorgehensweise

Die Strafbarkeit des Verteidigers wird maßgeblich von verfassungsrechtlichen Vorwertungen beeinflusst. Seine Tätigkeit unterliegt der Berufsausübungsfreiheit. Vor allem im Strafverfahren kann im verfassungsrechtlichen Denkmodell

---

[751] BGHSt 29, 99 [103] (m. Anm. *Müller-Dietz*, JR 1981, 76 [78]); vgl. aber auch KG NStZ 1983, 556 [556 f.] (m. Anm. *Mehle*).

auch den allgemeinen Strafgesetzen die Funktion von Grundrechtsschranken zukommen. Damit diese Einschränkung verfassungsrechtlich zulässig ist, müssen die die Verteidigung einschränkenden Normen selbst im Lichte der eingeschränkten Strafverteidigung ausgelegt werden. In der vorzunehmenden Abwägung auf Verhältnismäßigkeitsebene kommt dem Institut der Strafverteidigung mit den korrelierenden Beschuldigtenrechten wie Unschuldsvermutung, *fair trial-* und *nemo tenetur*-Grundsatz, die zum Teil in der Strafprozessordnung konkretisiert sind, maßgebliche Bedeutung zu. Dies führt bei Delikten mit sozialbezogenen Schutzgütern dazu, dass aufgrund der ebenfalls zum Allgemeinwohl existierenden Strafverteidigung bereits auf Tatbestandsebene eine Strafbarkeit ausscheidet. Bei individualbezogenem Rechtsgutsschutz kann die Verteidigung dagegen allenfalls als Rechtfertigung dienen, da hier staatliche mit privaten Interessen aufeinander prallen. Die Grenzen der Verteidigung sind aufgrund des *ultima ratio*-Charakters des Strafrechts erst dann erreicht, wenn ein Verteidigerverhalten keinerlei Beitrag zur verfassungsrechtlich geschützten Strafverteidigung, d.h. weder zur Wahrheitsfindung noch zur Klärung der Umstände von Tat und Täter, zu leisten vermag. Des Weiteren überschreitet in der Konsequenz der Unschuldsvermutung ein Verteidigerverhalten dann die Schwelle zur Strafbarkeit, wenn es (bei gleichzeitigem Vorliegen der sonstigen Tatbestandsmerkmale eines Straftatbestands) gegen das normativ auszulegende Lügeverbot verstößt.

Im weiteren Verlauf der Arbeit soll das vorgestellte Konzept nun auf konkrete Delikte des Strafgesetzbuchs angewendet werden. Zunächst wird dabei der Schwerpunkt auf die Auslegung des Tatbestands von Rechtsprechung und Wissenschaft gelegt. Danach folgt jeweils die Anwendung der verteidigungsspezifischen Auslegung.

Teil 4: Delikte mit Ausrichtung auf sozialbezogene Rechtsgüter

A. Geldwäsche, § 261 StGB

»*Pecunia non olet.*«[752]
Vespasian, 9-79 n. Chr.

I. Einleitung und Problemaufriss

»Geld stinkt nicht«. Dieser Satz wird vom notorisch finanziell klammen römischen Kaiser *Vespasian* überliefert, als er seinem Sohn das erste Geld unter die Nase hielt, welches er gegen dessen Kritik aus einer neu erfundenen Steuer auf Bedürfnisanstalten erzielt hatte. Dieser seit Jahrhunderten gültige Grundsatz scheint seine Berechtigung verloren zu haben, seit auf nationaler Ebene mit der Geldwäschebekämpfung Ernst gemacht wird.

Die Geldwäsche ist einer der ertragreichsten Geschäftszweige der Organisierten Kriminalität[753] und gilt zugleich als einer der am schwierigsten zu bekämpfenden.[754] Ihre Erscheinungsformen[755] gleichen in ihrer Vielfalt den Verwandlungen eines Chamäleons. Nicht zuletzt deshalb sind in den letzten Jahren von Seiten der Gesetzgeber auf europäischer wie auch nationaler Ebene erhebliche Anstrengungen zu ihrer Eindämmung und Ahndung unternommen worden.[756] Die

---

[752] *Sueton*, Vespasian 23, zit. nach *Büchmann*, Geflügelte Worte, S. 240.
[753] Zur statistischen Erfassung der Geldwäsche *Burr*, Geldwäsche, S. 7 f.; *Kilching*, in: *Kilching*, Die Praxis der Gewinnabschöpfung in Europa, S. 19 [33 ff.]; zu empirischen Aspekten der Gewinnverwendung, insbesondere der Geldwäsche durch organisierte Straftätergruppen vgl. *Oswald*, wistra 1997, 328 ff.; *Suendorf*, Geldwäsche, 2001; zu Aspekten der Gewinnabschöpfung vgl. *Kaiser*, wistra 2000, 121 ff.; *Kilching*, in: *Kilching*, Die Praxis der Gewinnabschöpfung in Europa, S. 19 [28 ff., 69 ff.].
[754] Zu den Schwierigkeiten des Aufspürens aufgrund der vielfachen Tarnungsmöglichkeiten vgl. *Rederer*, Kriminalistik 2000, 261 ff.; zu Tendenzen des Lobbyismus bei der Geldwäsche-Gesetzgebung *Prittwitz*, StV 1993, 498 ff.
[755] Dazu umfassend *Ackermann*, Geldwäscherei – Money Laundering, S. 8 ff.; *Dionyssopoulou*, Der Tatbestand der Geldwäsche, S. 3 ff.; *Knorz*, Der Unrechtsgehalt des § 261 StGB, S. 29 ff.
[756] Rechtsvergleichend für Deutschland, Österreich, Frankreich, Italien, Niederlande, Großbritannien, Schweiz und Ungarn *Kilching*, Die Praxis der Gewinnabschöpfung in Europa, *passim*; zur Geldwäschebekämpfung in Tschechien *Melzer*, wistra 1997, 54 ff.; zu den neuen russischen Geldwäschebestimmungen *Lammich*, Kriminalistik 2002, 363 ff.; zur Umsetzung der

getroffenen Maßnahmen zeigen allerdings nicht nur bei der Organisierten Kriminalität Wirkung. Auch die Strafverteidigung ist von den Auswirkungen der neuen Gesetzgebung nicht verschont geblieben. Zum einen kommen immer häufiger Geldwäschefälle zur Anklage, was einerseits die Zahl lukrativer Verteidigungen für die Strafverteidiger steigen lässt. Aber dieser nur auf den ersten Blick vorteilhafte Effekt wird durch eine gefährliche Schattenseite überdeckt: Bei wörtlicher Anwendung des § 261 StGB unterliegt auch der Verteidiger bei der Aufnahme einer Wahlverteidigung dem latenten Risiko, selbst unter Geldwäscheverdacht zu geraten. Das größte Gefährdungspotential birgt dabei der funktionale Einsatz des »Damoklesschwerts«[757] des § 261 StGB bei Ermittlungsaktivitäten der Staatsanwaltschaften, die bereits bei der Annahme von Honorarvorschüssen beginnen können. Noch komplizierter wird die Situation durch weitreichende Probleme des Geheimnisverrats, wenn ein Verteidiger einen Geldwäscheverdacht bezüglich sich oder seinem Mandanten melden müsste, um für sich Straflosigkeit oder zumindest eine Strafmilderung zu erreichen.

II. Begriff der Geldwäsche

Wenn gemeinhin von Geldwäsche gesprochen wird, denkt man an entfernte Drogenkartelle und mafiöse Strukturen. Zumeist ruft es daher unter Laien aber auch unter vielen Kennern des Rechts Verwunderung hervor, wie leicht sich auch der einfache Bürger und sogar ein Anwalt, der Recht und Gesetz verpflichtet ist, wegen Geldwäsche nach § 261 StGB strafbar machen kann. Zur besseren Verständlichkeit des Geldwäsche-Phänomens soll daher zunächst der Begriff »Geldwäsche« erläutert werden.

Der deutsche Gesetzgeber hat die Geldwäsche in § 261 StGB nicht definiert. Gesetzestechnisch hat er sich vielmehr der Enumerations-Methode bedient und verschiedene Tatbegehungsweisen aufgelistet.[758] Wenn im Folgenden von Geldwäsche gesprochen wird, sollen darunter zusammengefasst solche Operationen verstanden werden, die darauf abzielen, Vorhandensein, Herkunft oder Zweckbestimmung von Vermögenswerten zu verschleiern, die aus Verbrechen

---

Ersten Geldwäscherichtlinie in Frankreich *Fülbier*, EuZW 1994, 52 ff.; zur Geldwäschegesetzgebung in der Schweiz *Graber*, Geldwäscherei, *passim*.
[757] *Hefendehl*, in: Roxin-FS, S. 145 [146].
[758] Vgl. ebenso Art. 1 Richtlinie 2001/97/EG, ABlEG Nr. L 344 vom 28. Dezember 2001, S. 76.

stammen, um sie dann als rechtmäßige Einkünfte erscheinen zu lassen.[759] Im Kern geht es kürzer gefasst um die Einschleusung von Vermögensgegenständen aus organisierter Kriminalität in den legalen Finanz- und Wirtschaftskreislauf zum Zwecke der Tarnung.[760]

III. Geldwäsche und Strafverteidigung

Basierend auf dieser Ausgangsdefinition können sich konkrete Kollisionsfälle von Strafverteidigung und Geldwäsche mit einem Blick auf die verschiedenen Tatbegehungsweisen innerhalb des § 261 StGB schnell ergeben. Das Spektrum reicht von Einzahlungen, die ein Strafverteidiger für seinen Mandanten auf ein Anderkonto vornimmt, bis hin zur Vereitelung des Auffindens von geldwäscherelevanten Gegenständen durch Handlungen des Verteidigers in der Zeit des Mandats.

Während eine Abschichtung strafrechtlich relevanter Bereiche bezogen auf Abs. 1 des § 261 StGB offensichtlich weniger Probleme aufwirft, bereitet dem Verteidiger speziell die Variante des § 261 Abs. 2 Nr. 1 StGB erhebliche Schwierigkeiten. Es geht dabei zumeist um die Konstellation, dass der Strafverteidiger einen Honorarvorschuss von einem Mandanten annimmt, der einer Katalogtat des § 261 Abs. 1 StGB beschuldigt wird. Vom reinen Wortlaut her führt die Annahme von »bemakeltem« Geld auf eigene Rechnung als Honorar (sich verschaffen i.S.d. § 261 Abs. 2 Nr. 1 StGB) oder fremde Rechnung als Treuhandverwahrung (verwahrt i.S.d. § 261 Abs. 2 Nr. 2 StGB) zur Strafbarkeit des Verteidigers, wenn dieser die Herkunft des Geldes gekannt (Abs. 2 Nr. 2) bzw. eine solche Herkunft für möglich gehalten hat (Abs. 2 Nr. 1). Die eigentliche Crux eröffnet sich aber im Zusammenspiel mit § 261 Abs. 5 StGB, nach dem sich auch derjenige strafbar macht, der leichtfertig nicht erkennt, dass der entgegengenommene Gegenstand aus einer der in Abs. 1 aufgeführten rechtswid-

---

[759] Vgl. *Arzt/Weber*, Strafrecht BT, § 29 Rn. 1 ff.; *Forthauser*, Geldwäscherei de lege lata et ferenda, S. 4 f.; *Graber*, Geldwäscherei, S. 56; *Großwieser*, Der Geldwäschestraftatbestand § 261 StGB, S. 16 ff.; *Körner/Dach*, Geldwäsche, Rn. 6; *Lang/Schwarz/Kipp*, S. 99, 103; zu Erscheinungsformen der Geldwäsche vgl. ferner *Graber*, Geldwäscherei, S. 59; *Körner/Dach*, Geldwäsche, Rn. 42 ff.; *Pieth*, in: Geldwäsche, S. 29 ff.
[760] Vgl. Begründung des § 261 StGB, BT-Drucks. 12/989, S. 26; vgl. auch die offizielle Definition in der Richtlinie des Rates der EG vom 10. Juni 1991 zur Verhinderung der Nutzung des Finanzsystems zum Zwecke der Geldwäsche Nr. 91/308/EWG, ABlEG Nr. L 166/77 vom 28. Juni 1991, WM 1991, 1486 ff.; ebenso *Otto*, Jura 1993, 329 [329].

rigen Katalogtaten herrührt. Und nicht nur rechtlich, sondern auch tatsächlich ergeben sich schwerwiegende Konsequenzen für den professionellen Verteidiger: Wenn die Staatsanwaltschaft Ermittlungen aufnimmt, ist sie gezwungen, aus der *ex post*-Perspektive zu beurteilen, ob der beschuldigte Verteidiger von der geldwäscherelevanten Vortat hätte Kenntnis haben können. Einem Berufsverteidiger könnte in diesem Fall seine Erfahrung zum Verhängnis werden, nachdem sich ein Neuling mangels entsprechender Kenntnisse erfahrungsgemäß weniger Gedanken über die Herkunft von Geldern bestimmter Mandanten machen kann als ein auf diesem Gebiet erfahrener Kollege. Auf die Spitze getrieben hieße dies: Strafbegründung durch Professionalität.[761] Wollte man diesem Dilemma durch eine weitgehende Freistellung des Verteidigers von der Geldwäschestrafbarkeit begegnen, wäre aber auch dies kontraproduktiv und würde einem Missbrauch der Strafverteidigung als straffreie Zone Vorschub leisten. Freie Advokatur schützt aber keine Komplizenschaft.[762]

Spätestens durch den Aufsehen erregenden Beschluss des HansOLG Hamburg vom 6. Januar 2000,[763] in dem erstmals durch ein Gericht eine verfassungskonforme Auslegung des § 261 StGB vorgeschlagen wurde, ist das Problem möglicher Geldwäsche durch »kontaminiertes« Verteidigerhonorar nicht nur für Strafverteidiger, sondern auch für die interessierte Öffentlichkeit[764] mit einem Mal ins Rampenlicht gerückt. Auf dem 24. Strafverteidigertag vom 10.-12. März 2000 in Würzburg stand die Problematik auf der Liste der Diskussionsthemen[765] und in der Literatur haben sich zahlreiche Publikationen dieses Themas unter verschiedenen Aspekten gewidmet. Mittlerweile hat auch der Bundesgerichtshof in einem Revisionsverfahren nach einer Entscheidung des Landgerichts Frank-

---

[761] So *Dombek*, ZAP 2000, 683 [692].
[762] *J. Jahn*, AnwBl. 2000, 412.
[763] HansOLG Hamburg, Beschl. vom 06.01.2000 – 2 Ws 185/99, NJW 2000, 673 ff. = StV 2000, 140 ff. = NStZ 2000, 311 ff. = StraFo 2000, 96 ff. = wistra 2000, 105 ff.
[764] Vgl. die Schlagzeile in der Frankfurter Allgemeinen Zeitung vom 13. Januar 2000: »Oberlandesgericht setzt sich über den Willen des Gesetzgebers hinweg«; weitere Kommentierungen aus der Tagespresse bei *Hombrecher*, Geldwäsche (§ 261 StGB) durch Strafverteidiger?, S. 1 Fn. 4.
[765] Vgl. Bericht von *Sya*, NJW 2000, 1628 [1629].

furt am Main[766] einen Geldwäschefall mit Beteiligung zweier Strafverteidiger entschieden.[767]
Es war daher nur eine Frage der Zeit, wann die Geldwäsche Gegenstand einer verfassungsgerichtlichen Entscheidung sein würde. Mit seiner Entscheidung vom 30. März 2004 über eine Verfassungsbeschwerde hat das Bundesverfassungsgericht § 261 StGB verfassungskonform dahingehend eingeschränkt, dass der Leichtfertigkeitstatbestand des Abs. 5 auf Strafverteidiger keine Anwendung findet und Abs. 2 Nr. 1 nur dann zu einer Strafbarkeit führt, wenn dem Strafverteidiger positives Wissen um die odiöse Herkunft des Honorars nachgewiesen werden kann.[768] Es hat sich daher für die Lösung einer weitreichenden Freistellung des Verteidigers von der Geldwäschestrafbarkeit ausgesprochen. Im Folgenden sollen sowohl die zugrunde liegenden Überlegungen nachvollzogen als auch einer kritischen Würdigung unterzogen werden.

Mit der entschiedenen Honorarthematik ist das Problemspektrum des § 261 StGB für Strafverteidiger aber noch nicht ausgereizt. Bedenkliche Situationen können sich auch dann ergeben, wenn er bereits unter Geldwäscheverdacht geraten ist. Nach § 261 Abs. 9 StGB bleibt ein Verteidiger in diesen Fällen straflos, wenn er die Tat zeitig genug den zuständigen Strafverfolgungsbehörden anzeigt. Nach § 261 Abs. 10 StGB besteht darüber hinaus eine fakultative Strafmilderungsmöglichkeit, wenn der Verteidiger – untechnisch gesprochen – mithilft, die Geldwäsche seines Mandanten aufzudecken. Beide Möglichkeiten sind aber nur durch die Preisgabe von vertraulichen Informationen über den Mandanten zu erreichen. Dies aber ist dem Verteidiger unter Androhung von Strafe durch § 203 StGB verboten. Der Strafverteidiger befindet sich in diesen Fällen in der Zwickmühle, wahlweise eine Anzeige wegen Geldwäsche oder Geheimnisverrats zu riskieren.

Im Gegensatz zu den übrigen potentiell »verteidigerspezifischen« Tatbeständen nimmt der Geldwäschetatbestand eine Sonderstellung ein. Denn aufgrund der

---
[766] LG Frankfurt am Main, Urteil vom 4. Mai 2000, Az. 5/17 KLs 92 Js 33628.7/96.
[767] BGHSt 47, 68 ff. = NJW 2001, 2891 ff. = JR 2002, 27 ff. (m. Anm. *Katholnigg*) = JZ 2002, 102 ff. = StraFo 2001, 321 ff. (m. Anm. *Leitner*, StraFo 2001, 388 ff.) = StV 2001, 506 ff. = wistra 2001, 379 ff.
[768] BVerfG NJW 2004, 1305 [1305 (Leitsatz), 1312].

europäischen Genese des Tatbestands im Zusammenhang mit einer Verstärkung der Maßnahmen gegen die internationale Kriminalität kann eine Lösung des Problems nicht allein mit Rücksicht auf deutsche Befindlichkeiten gesucht werden. Da der Geldwäschetatbestand des Strafgesetzbuchs eine Umsetzung europarechtlicher Vorgaben darstellt, ist er insofern eingebettet in ein gesamteuropäisches Konzept zur Verfolgung organisierter Kriminalität. Das führt zwangsläufig dazu, dass eine nationale Regelung nur im Einklang mit den europaweit verfolgten Zielsetzungen desavouiert werden darf.

IV. Die Entwicklung der Gesetzeslage

1. Die Einführung des § 261 StGB

Der Geldwäschetatbestand des § 261 StGB wurde nach längeren Beratungen in den Jahren 1989-1992 mit dem *Gesetz zur Bekämpfung des illegalen Rauschgifthandels und anderer Erscheinungsformen der Organisierten Kriminalität* (OrgKG) vom 15. Juli 1992[769] in das Strafgesetzbuch eingefügt.[770] Damit erfüllte Deutschland seine Verpflichtungen aus Art. 3 des *Wiener Übereinkommens der Vereinten Nationen gegen den unerlaubten Verkehr von Suchtstoffen und psychotropen Stoffen (Wiener Drogenkonvention oder Suchtstoffübereinkommen 1988)* vom 20. Dezember 1988,[771] aus Art. 6 des *Straßburger Europarat-Übereinkommens über das Waschen, Aufspüren, die Beschlagnahme und die Einziehung der Erträge aus Straftaten* vom 8. November 1990[772] und der *Richtlinie 91/308/EWG des Rates zur Verhinderung der Nutzung des Finanzsystems zum Zweck der Geldwäsche* vom 10. Juni 1991.[773] Schließlich entspricht § 261 StGB auch den Empfehlungen der *Financial Action Task Force on Money*

---

[769] BGBl. I S. 1302 ff., in Kraft getreten am 22. September 1992.
[770] Vgl. zur Entstehungsgeschichte *Großwieser*, Der Geldwäschestraftatbestand § 261 StGB, S. 34 ff.; *Körner/Dach*, Geldwäsche, Rn. 1 ff.; *Kreß*, wistra 1998, 121 ff.; *Lang/Schwarz/Kipp*, S. 151 ff.; *Leip*, Der Straftatbestand der Geldwäsche, S. 32 ff., 36 ff.; *Hetzer*, ZRP 1999, 245 ff.
[771] Von Deutschland unterzeichnet am 19. Januar 1989, ratifiziert durch G. vom 22. Juli 1993, BGBl. II 1993, S. 1136, in Kraft getreten am 28. Februar 1994; abgedr. bei *Hoyer/Klos*, Geldwäsche, S. 465 ff.
[772] Ratifiziert durch Gesetz vom 8. April 1998, BGBl. II 1998, S. 519; abgedr. bei *Hoyer/Klos*, Geldwäsche, S. 491 ff.
[773] ABlEG Nr. L 166/77 vom 28. Juni 1991, abgedr. bei *Hoyer/Klos*, Geldwäsche, S. 543 ff.

Laundering (FATF)[774] beim Gipfeltreffen der sogenannten G7-Staaten vom Juni 1989 in Paris.[775] Der Geldwäschetatbestand ist seit seinem Inkrafttreten durch mehrere Gesetze geändert worden.[776] Alle Änderungen bezogen sich auf eine Erweiterung des Katalogs der Vortaten. Daneben wurde die Strafbarkeit auf den Vortäter ausgedehnt und die Mindeststrafe in § 261 Abs. 1 S. 1 StGB erhöht.[777] Die Einführung des § 261 StGB war zur Umsetzung der internationalen Vorgaben notwendig geworden, weil die vorhandenen Tatbestände wie Begünstigung (§ 257 StGB), Strafvereitelung (§ 258 StGB) und Hehlerei (§ 259 StGB) geldwäscherelevante Handlungen nicht oder nicht effektiv genug erfassten. So knüpft der Hehlereitatbestand an eine Vermögensentziehung an und ist daher vor allem im Bereich der Drogenkriminalität ein stumpfes Schwert. Zudem erfasst § 259 StGB keine Ersatzhehlerei. Die Strafvereitelung könnte zwar im Bereich der Vereitelung einer Maßnahme des Verfalls gute Dienste leisten. Allerdings würde sich zwangsläufig das Problem ergeben, dem Täter ohne weitere Anhaltspunkte das Wissen nachzuweisen, den Vortäter vor einer Verfallsmaßnahme schützen zu wollen. Eine Begünstigung erfasst wiederum nur unmittelbar aus der Vortat erlangte Vorteile und schafft damit keine Zugriffsmöglichkeit bei einer in der Organisierten Kriminalität üblichen Surrogation des Ursprungsgegenstands. Hinzu kommt, dass ein Zugriff ausscheidet, wenn der Täter die Vorteilssicherung des Vortäters nur als Zwischenziel anstrebt, da er auf eigene Rechnung und damit für eigene Geschäftsvorteile handelt. Das bei § 257 StGB erforderliche Absichtsmoment wäre dann nicht gegeben. Insgesamt sprach daher viel für die Einführung einer diese (und weitere) Strafverfolgungslücken ausfüllenden neuen Strafnorm.[778]

---

[774] Abgedr. bei *Hoyer/Klos*, Geldwäsche, S. 551 ff.
[775] *Hoyer/Klos*, Geldwäsche, S. 293.
[776] Art. 1 *Ausführungsgesetz zum Suchtstoffübereinkommen 1988* vom 2. August 1993 (BGBl. I S. 1407 ff., in Kraft getreten am 28. Februar 1994), § 35 des *Grundstoffüberwachungsgesetz* vom 7. Oktober 1994 (BGBl. I S. 2835 ff., in Kraft getreten am 1. März 1995), Art. 1 Nr. 17 *Verbrechensbekämpfungsgesetz* vom 29. Oktober 1994 (BGBl. I S. 3186 ff., in Kraft getreten am 1. Dezember 1994) sowie Art. 1 des *Gesetzes zur Verbesserung der Bekämpfung der Organisierten Kriminalität* vom 4. Mai 1998 (BGBl. I S. 845 ff., in Kraft getreten am 9. Mai 1998, abgedr. bei *Hoyer/Klos*, Geldwäsche, S. 223 ff.).
[777] Zu den Änderungen *Hetzer*, ZRP 2001, 266 f.; *Kreß*, wistra 1998, 121 ff.
[778] Vgl. dazu ausführlich *Dionyssopoulou*, Der Tatbestand der Geldwäsche, S. 29 ff.; *Forthauser*, Geldwäscherei de lege lata et ferenda, S. 18 ff.; *Großwieser*, Der Geldwäschestraftatbestand § 261 StGB, S. 26 ff.; *Knorz*, Der Unrechtsgehalt des § 261 StGB, S. 75 ff.;

2. Die Sozialadäquanzklausel

Anders als die Thematik sozialadäquater Geschäftsvorfälle ist die Thematik der Verteidigerhonorare nicht explizit im Gesetzgebungsverfahren behandelt worden. Von vielen Stimmen wird allerdings eine Parallele zu den üblichen Geschäftsvorfällen gezogen oder darin sogar eine verdeckte Regelung der Honorarproblematik gesehen.[779]

Sozialadäquate Geschäftsvorfälle waren ursprünglich aus der Geldwäschestrafbarkeit herausgenommen. Der damalige E § 261 Abs. 3 StGB (sog. Sozialadäquanzklausel) des in der 11. Legislaturperiode vom Bundesrat eingebrachten Entwurfs des OrgKG[780] bestimmte, dass die Vorschriften des Abs. 1 Buchstaben d) und e) nicht für Handlungen gelten sollten, die sich auf die Geldmittel oder andere Vermögenswerte bezogen, mit denen

> *a) eine kraft Gesetzes geschuldete oder anfallende Leistung oder*
>
> *b) eine Gegenleistung für Sachen oder Dienstleistungen des täglichen Bedarfs, die zur Bestreitung des notdürftigen Unterhalts erforderlich seien oder den Gebrauch solcher Sachen*

bewirkt werde oder bewirkt worden sei. Mit dieser Entwurfsfassung wurde auf der Grundlage der Befugnis aus Art. 3 Abs. 11 des Übereinkommens von 1988[781] die Tatbestandsmäßigkeit für nicht strafwürdig erscheinende Verhaltensweisen ausgeschlossen.

Dies sollte dann der Fall sein, wenn die in der neuen Vorschrift des § 261 Abs. 1 lit. d) und e) StGB bezeichneten Geldmittel oder anderen Vermögensgegenstände für bestimmte Leistungen verwendet würden, an deren Erbringen die Allgemeinheit interessiert sei. Gedacht war etwa bei lit. a) an die Erfüllung gesetzli-

---

Leip, Der Straftatbestand der Geldwäsche, S. 9 ff.; *Spiske*, Pecunia olet?, S. 47 ff.; ferner *Arzt*, NStZ 1990, 1 [2 f.]; *Hombrecher*, Geldwäsche (§ 261 StGB) durch Strafverteidiger?, S. 7 ff.; *Otto*, Jura 1993, 329 [329]; *Rengier*, BT/1, § 23 Rn. 3 (jew. m.w.N.).

[779] Vgl. *Burger/Peglau*, wistra 2000, 161 [161]; *Gräfin von Galen*, StV 2000, 575 [576, 583]; *Hartung*, AnwBl. 1994, 440 [443]; *Hefendehl*, in: Roxin-FS, S. 145 [164]; *Körner/Dach*, Geldwäsche, Rn. 35 f.; *Kulisch*, StraFo 1999, 337 [338]; *Matt*, Stellungnahme, Rs-Nr. 128/99, S. 2, 12; *Schaefer/Wittig*, NJW 2000, 1387 [1388]; *J. Schmidt*, JR 2001, 448 [451]; *Schaefer/Wittig*, NJW 2000, 1387 [1388]; *Weyand*, INF 1994, 661 [661].

[780] BT-Drucks. 11/7663, S. 7 – Entwurf eines *Gesetzes zur Bekämpfung des illegalen Rauschgifthandels und anderer Erscheinungsformen der Organisierten Kriminalität* (OrgKG); vgl. auch BR-Drucks. 74/90.

[781] BT-Drucks. 11/7663, S. 7.

cher Unterhaltspflichten oder gesetzlicher Schadenersatzansprüche. Dagegen war lit. b) an die Formulierung der Bestimmungen über den Unterhalt des Gemeinschuldners im Konkursrecht (§ 129 KO a.f.) angelehnt und sollte es den Inhabern der bezeichneten Geldmittel oder Vermögensgegenstände ermöglichen, ihren eigenen lebenswichtigen Bedarf und den ihrer Familie zu decken. Der Lebensmittelhändler sollte dem kleinen Dealer auch dann Lebensmittel verkaufen dürfen, wenn er ihn und seine Dealertätigkeit kannte.

Weder diese explizite Regelung noch eine ähnliche Formulierung war aber schließlich im neu eingebrachten Entwurf des Bundesrats in der 12. Legislaturperiode zu finden. Warum dieser Passus während des Gesetzgebungsverfahrens gestrichen wurde und in der Endfassung fehlt, ist unklar. Erklärt werden könnte dies einerseits damit, dass er nur ein selbstverständliches Detail war, mit dem die Vorschrift nicht überfrachtet werden sollte.[782] Dann müsste man annehmen, dass der Gesetzgeber alltägliche Geschäfte aus dem Gesichtspunkt der Sozialadäquanz gerade nicht mehr einer Strafdrohung unterwerfen wollte. Eher gibt die Streichung der Sozialadäquanzklausel jedoch einen Hinweis auf eine bewusste Einbeziehung dieser Handlungen in den Bereich des Strafbaren.[783] Für diese Sichtweise spricht insbesondere die sehr weite Fassung des § 261 StGB, die das Anliegen des Gesetzgebers verdeutlicht, möglichst viele potentiell geldwäscherelevante Vorgänge einer Strafdrohung zu unterwerfen. Auch die Stellungnahme der Bundesregierung zum Gesetzentwurf des Bundesrats ging davon aus, dass auch Fälle des täglichen Lebens oder sonstige Bagatellfälle grundsätzlich strafwürdiges Unrecht darstellen.[784] Zudem konnten mit der Einbeziehung Spannungen im Verhältnis zu den anderen Vorschriften des

---

[782] So *Salditt*, StraFo 1992, 121 [122 mit 132], der Berichterstatter war, als sich der Strafrechtsausschuß des DAV während des Gesetzgebungsverfahrens mit dem Straftatbestand der Geldwäsche als Teil des OrgKG und mit dem geplanten Gewinnaufspürungsgesetz befasste. Er hat sich als einer der ersten mit den strafrechtlichen Konturen des § 261 StGB auseinander gesetzt; ihm folgend *Gräfin von Galen*, StV 2000, 575 [576, 583]; *Hartung*, AnwBl. 1994, 440 [443]; *Kulisch*, StraFo 1999, 337 [338]; krit. *Hefendehl*, in: Roxin-FS, S. 145 [164]: »wenig plausibel«.
[783] In diesem Sinne *Burger/Peglau*, wistra 2000, 161 [161]; *Hefendehl*, in: Roxin-FS, S. 145 [164]; *Körner/Dach*, Geldwäsche, Rn. 35 f.; *Matt*, Stellungnahme, Rs-Nr. 128/99, S. 2, 12; *Schaefer/Wittig*, NJW 2000, 1387 [1388]; *J. Schmidt*, JR 2001, 448 [451]; *Schaefer/Wittig*, NJW 2000, 1387 [1388]; *Weyand*, INF 1994, 661 [661].
[784] BT-Drucks. 11/7663, S. 50.

21. Abschnitts, die vergleichbare Regelungen nicht kennen, vermieden werden.[785] Ein weiterer Grund war die Sorge, dass es dem organisierten Verbrechen sonst gelingen würde, durch die Aufteilung größerer Geldbeträge in Teilbeträge, die unter das Mindestlimit fallen (sog. *smurfing*), auch eine niedrige Untergrenze auszunutzen und so die Geldwäschestrafbarkeit zu umgehen.[786] Man muss also davon ausgehen, dass auch die Einbeziehung der sozial üblichen, alltäglichen Geschäftstätigkeit vom Gesetzgeber gesehen und ausdrücklich gebilligt worden ist.[787]

Ob allerdings die Streichung dieser Sozialadäquanzklausel überhaupt Relevanz für die Strafbarkeit der Verteidiger hatte, darf bezweifelt werden. Denn ausweislich der Gesetzesbegründung konnten Gebühren für Leistungen freier Berufe nicht darunter fallen, weil das Gesetz nur die Höhe der Gebühr festlegt, der Gebührenanspruch als solcher aber auf Vertrag beruht.[788] Nach zutreffender Sichtweise lässt sich daher aus der Streichung nur eine allgemeine Tendenz des Gesetzgebers herauslesen, möglichst viele Sachverhalte in die Geldwäsche einzubeziehen. Diese Tendenz lässt sich allerdings auch dadurch belegen, dass der Gesetzgeber auch bei den folgenden Gesetzesänderungen nicht die Gelegenheit genutzt hat, in Kenntnis des Honorarproblems eine Sonderregelung für Verteidiger einzuführen.

V. Das Geldwäschegesetz als flankierende Maßnahme

Eine Komplementierung des Geldwäschetatbestands im Strafgesetzbuch erfolgte durch das *Geldwäschegesetz* (GwG)[789] vom 25. Oktober 1993.[790] Dieses sollte

---

[785] BT-Drucks. 11/7663, S. 50.
[786] *Körner/Dach*, Geldwäsche, Rn. 35.
[787] Ebenso *Bottke*, wistra 1995, 121 [122]; *Burger/Peglau*, wistra 2000, 161 [162]; *Fahl*, Jura 2004, 160 [162]; *Götz/Windholz*, AnwBl. 2000, 642 [645]; *Hetzer*, wistra 2000, 281 [285]; *Katholnigg*, NJW 2001, 2041 [2042]; *Körner/Dach*, Geldwäsche, Rn. 35; *Kreß*, wistra 1998, 121 [126]; *Tröndle/Fischer*, § 261 Rn. 31; *Weyand*, INF 1994, 661 [663].
[788] BT-Drucks. 12/989, S. 27, zust. *Kempf*, Referat BRAK, Rs-Nr. 61/99, S. 5; *Zeifang*, Die eigene Strafbarkeit des Strafverteidigers, S. 381.
[789] BGBl. I S. 1770; hierzu eingehend *Busch/Teichmann*, Das neue Geldwäscherecht, *passim*; *Hoyer/Klos*, Geldwäsche, S. 223 ff.; ferner *Dombek*, ZAP 2000, 683 [684 ff.].
[790] Das Geldwäschegesetz hat seit seinem Inkrafttreten mehrere Gesetzesänderungen erfahren. Die wichtigsten sind Art. 4 des *Begleitgesetzes zur Umsetzung von EG-Richtlinien zur Harmonisierung bank- und wertpapieraufsichtsrechtlicher Vorschriften* vom 22. Oktober 1997

durch die darin geregelten Identifizierungs- und Meldepflichten die Wirksamkeit des Geldwäschetatbestands noch verstärken[791] und wird deshalb bisweilen als »Ausführungsgesetz«[792] zum § 261 StGB bezeichnet. Während dem Geldwäschegesetz zunächst für den Rechtsanwalt keine größere Bedeutung zugemessen wurde,[793] hat sich dies durch die konsolidierte Fassung in der *Zweiten Geldwäscherichtlinie*[794] erheblich geändert. Allerdings wird der gewöhnliche Kanzleibetrieb eines Strafverteidigers nach wie vor nicht gravierend vom Geldwäschegesetz erfasst.

1. Adressat der Richtlinie

Als Adressaten des Geldwäschegesetzes waren in erster Linie Kredit- und Finanzinstitute im weitesten Sinne angesprochen (vgl. § 1 GwG). Nunmehr werden aber auch Rechtsanwälte als »andere Personen« gem. § 3 Abs. 1 S. 1 Nr. 1 GwG vom Anwendungsbereich des Geldwäschegesetzes voll erfasst, wenn sie in ihrer beruflichen Funktion mitwirken an

a) Kauf und Verkauf von Immobilien oder Gewerbebetrieben,

b) Verwaltung von Geld, Wertpapieren oder sonstigen Vermögenswerten ihres Mandanten,

c) Eröffnung oder Verwaltung von Bank-, Spar- oder Wertpapierkonten,

d) Beschaffung der zur Gründung, zum Betrieb oder zur Verwaltung von Gesellschaften erforderlichen Mittel,

e) Gründung, Betrieb oder Verwaltung von Treuhandgesellschaften, Gesellschaften oder ähnlichen Strukturen

---

(BGBl. I S. 2567 ff.), in Kraft getreten am 1. Januar 1998, Art. 2 des *Begleitgesetzes zum Telekommunikationsgesetz* vom 17. Dezember 1997 (BGBl. I S. 3108 ff.), in Kraft getreten am 25. Dezember 1997, Art. 3 des *Gesetzes zur Verbesserung der Bekämpfung der Organisierten Kriminalität* vom 4. Mai 1998 (BGBl. I S. 845 ff., abgedr. bei *Hoyer/Klos,* Geldwäsche, S. 223 ff.), in Kraft getreten am 9. Mai 1998 sowie Art. 1 des *Geldwäschebekämpfungsgesetzes* vom 8. August 2002 (BGBl. I, S. 3105), in Kraft getreten am 15. August 2002 in der Folge der *zweiten Geldwäscherichtlinie,* ABlEG Nr. L 344 vom 28. Dezember 2001, S. 76 ff., abgedr. in NJW 2002, 804 ff.; dazu *Busch/Teichmann,* Das neue Geldwäscherecht, Rn. 26 ff.
[791] Zu den Einzelheiten *Bottke,* wistra 1995, 121 [125 ff.]; *Großwieser,* Der Geldwäschestraftatbestand § 261 StGB, S. 191 ff.; *Hombrecher,* Geldwäsche (§ 261 StGB) durch Strafverteidiger?, S. 10 ff. *Lang/Schwarz/Kipp,* S. 289 ff., jew. m.w.N.
[792] *Dombek,* ZAP 2000, 683 [684]; *Hartung,* AnwBl. 1994, 440 [441]; *Hombrecher,* Geldwäsche (§ 261 StGB) durch Strafverteidiger?, S. 11; *Johnigk,* BRAK-Mitteilungen 1994, S. 58 [58].
[793] Vgl. etwa *Hombrecher,* Geldwäsche (§ 261 StGB) durch Strafverteidiger?, S. 10 ff., 13.
[794] Richtlinie 2001/97/EG *(Konsolidierte Fassung der ersten Geldwäscherichtlinie),* ABlEG Nr. L 344 vom 28. Dezember 2001, S. 76 ff., abgedr. in NJW 2002, 804 ff.

oder wenn sie im Namen und auf Rechnung ihrer Mandanten Finanz- oder Immobilientransaktionen durchführen.[795]

Das Geldwäschegesetz enthält damit zunächst keine wie auch immer geartete Privilegierung des Strafverteidigers. Eine im ersten Entwurf vorgesehene Klausel, wonach Strafverteidiger von der Anwendung der Norm ausgenommen sein sollten (vgl. § 3 Abs. 2 *GewinnaufspürungsG*[796]), wurde im Vermittlungsausschuss aus Gründen der Wirksamkeit des Gesetzes wieder gestrichen.[797]

2. Pflichten aus dem Geldwäschegesetz

a. Identifizierungspflicht

Als Folge der Streichung des Berufsgeheimnisträgerprivilegs sind Rechtsanwälte nun nach § 3 Abs. 1 S. 1 Nr. 1 i.V.m. § 2 Abs. 1-3 GwG zur Identifizierung eines Vertragspartners dann verpflichtet, wenn sie entgeltlich fremdes Vermögen verwalten und in diesem Zusammenhang beispielsweise Bargeld über einem Schwellenbetrag von derzeit 15.000 Euro (vgl. § 2 Abs. 2 und 3 GwG) zur Verwahrung oder Hinterlegung annehmen oder Anderkonten führen.[798] Bei Umgehung des Schwellenbetrags durch Stückelung der Zahlung, die aber insgesamt die Grenze von 15.000 Euro erreicht (sog. *»smurfing«*) trifft entgegen der alten Gesetzesfassung nun auch Rechtsanwälte gem. § 3 Abs. 1 S. 1 i.V.m. § 2 Abs. 3 GwG eine Identifizierungspflicht.

Nach § 6 S. 1 i.V.m. § 3 Abs. 1 S. 1 GwG trifft den Rechtsanwalt zudem eine Identifizierungspflicht in Verdachtsfällen einer Geldwäsche oder der Finanzierung einer terroristischen Vereinigung nach § 129a StGB, selbst wenn bei unbaren Transaktionen (vgl. § 1 Abs. 6 GwG) der Schwellenbetrag von 15.000 Euro unterschritten wird.[799] Handelt der zu identifizierende Vertragspartner nicht auf eigene Rechnung, ist die Identifizierungspflicht insofern erweitert, als nach § 8 Abs. 1 S. 1 GwG auch der wirtschaftlich Berechtigte festzustellen ist.

---

[795] Zur früheren Gesetzeslage *Großwieser*, Der Geldwäschestraftatbestand § 261 StGB, S. 195 ff., 202 ff.
[796] Ursprüngliche Bezeichnung des GwG im Gesetzgebungsverfahren.
[797] Vgl. BT-Drucks. 12/5328, S. 2.
[798] Vgl. BT-Drucks. 12/2704, S. 14; *Busch/Teichmann*, Das neue Geldwäscherecht, Rn. 54 ff., *Fülbier/Aepfelbach*, Geldwäschegesetz, § 3 Rn. 5; *Lang/Schwarz/Kipp*, S. 342 ff.
[799] *Busch/Teichmann*, Das neue Geldwäscherecht, Rn. 86 f.; zur alten Rechtslage *Dombek*, ZAP 2000, 683 [685].

b. Anzeigepflicht

Grundsätzlich besteht für Rechtsanwälte neben der internen Identifizierungspflicht auch unterhalb des Schwellenbetrags von 15.000 Euro sogar eine externe Anzeigepflicht von Geldwäscheverdachtsfällen an die zuständige Bundesberufskammer, § 11 Abs. 1 S. 1 i.V.m. Abs. 4 S. 1 GwG. Eine Ausnahme besteht dann, wenn der Geldwäscheverdacht auf Informationen beruht, die dem Rechtsanwalt im Rahmen der Rechtsberatung oder der Prozessvertretung seines Mandanten bekannt geworden sind, § 11 Abs. 3 S. 1 GwG, solange nicht Mandant und Rechtsanwalt das Mandantenverhältnis einverständlich zum Zweck der Geldwäsche missbrauchen, § 11 Abs. 3 S. 2 GwG.[800] Die zugrunde liegende Richtlinie hätte auch eine vollständige Freistellung der Rechtsanwälte ermöglicht, was der deutsche Gesetzgeber nicht ausgenutzt hat.[801] In Art. 6 Abs. 3 Unterabs. 2 der zugrunde liegenden Richtlinie heißt es, dass »*die Mitgliedstaaten nicht gehalten*« sind, die vorgesehenen Anzeigeverpflichtungen auch auf rechtsberatende Berufe auszudehnen. Umgekehrt findet sich auch die vom Bundesgesetzgeber letztlich in § 11 Abs. 3 S. 2 GwG normierte Ausnahme nur im 17. Erwägungsgrund[802] der Richtlinie. Danach soll die Rechtsberatung weiterhin der Geheimhaltungspflicht unterliegen,

> »*...es sei denn, der Rechtsberater ist an Geldwäschevorgängen beteiligt, die Rechtsberatung wird zum Zwecke der Geldwäsche erteilt oder der Rechtsanwalt weiß, dass der Klient die Rechtsberatung für Zwecke der Geldwäsche in Anspruch nimmt.*«

Der Gesetzgeber hat daher die Möglichkeit ungenutzt gelassen, den Rechtsanwalt von einer Meldepflicht freizustellen. Dieser darf seinen Vertragspartner noch nicht einmal von seiner Anzeige in Kenntnis setzen, § 11 Abs. 5 GwG. Ein Verstoß gegen dieses Verbot kann als Ordnungswidrigkeit mit Geldstrafe bis 50.000 Euro geahndet werden, § 17 Abs. 3 i.V.m. Abs. 2 Nr. 2 GwG.

---

[800] Dazu *Busch/Teichmann*, Das neue Geldwäscherecht, Rn. 116 ff.; *Lang/Schwarz/Kipp*, S. 496 ff.
[801] Vgl. dazu *Gräfin von Galen*, NJW 2003, 117 [117].
[802] *Gräfin von Galen*, NJW 2003, 117 [117] kritisiert diesbezüglich zu Recht, dass die Erwägungsgründe einer Richtlinie keine normative Verbindlichkeit haben. Allerdings können sie Hinweise auf die Ziele bei der Umsetzung geben.

c. Aufzeichnungs- und Aufbewahrungspflicht

Nach § 9 Abs. 1 GwG ist der zur Identifizierung oder Feststellung Verpflichtete gehalten, zusätzlich die getroffenen Feststellungen aufzuzeichnen und aufzubewahren.[803] Die Aufbewahrungszeit beträgt gem. § 9 Abs. 3 S. 1 GwG sechs Jahre (im Gegensatz zu fünf Jahren für Handakten, vgl. § 50 Abs. 2 BRAO).[804] Ein Verstoß gegen Aufzeichnungs- oder Aufbewahrungspflicht kann als Ordnungswidrigkeit mit bis zu 100.000 Euro geahndet werden, § 17 Abs. 1 Nr. 2, 3 GwG.

d. Auswirkungen auf den Strafverteidiger

Die geschilderten Pflichten treffen den als Rechtsanwalt zugelassenen Strafverteidiger jedoch ausdrücklich nur im Zusammenhang mit den genannten Vermögensverwaltungstätigkeiten. Die typischen Tätigkeiten des Verteidigers werden dagegen nicht vom Geldwäschegesetz erfasst. Erfolgt eine Bargeldannahme daher für eigene Zwecke (wozu insbesondere die Entgegennahme von Bargeld als Honorar zählt) und nicht im Rahmen einer Treuhandtätigkeit für Dritte, schreibt das Geldwäschegesetz nach richtiger Ansicht selbst bei Überschreiten des Schwellenbetrags keine Identifizierung vor.[805] Honorare, Gebühren oder Auslagen bleiben daher von der Identifizierungspflicht ausgenommen.[806]

Für eine systematische Auslegung des § 261 StGB bedeutet die Einbeziehung der Regelungen des Geldwäschegesetzes für den Strafverteidiger jedoch keine Besserstellung. Das zur Aufdeckung illegaler Finanztransaktionen geschaffene Geldwäschegesetz kann aufgrund seiner von einer Strafnorm wie § 261 StGB abweichenden Zielrichtung den Geldwäschetatbestand nicht einschränken. Dies gilt auch für die Sonderregelung des § 11 Abs. 3 GwG.[807]

---

[803] Zu den Einzelheiten vgl. *Busch/Teichmann*, Das neue Geldwäscherecht, Rn. 93 ff.; *Hoyer/Klos*, Geldwäsche, S. 251 ff.; *Lang/Schwarz/Kipp*, S. 476 ff.
[804] Zu Fragen der Praktikabilität vgl. *Gräfin von Galen*, NJW 2003, 117 [117].
[805] Ebenso *Dombek*, ZAP 2000, 683 [684]; *Dionyssopoulou*, Der Tatbestand der Geldwäsche, S. 137; *Götz/Windholz*, AnwBl. 2000, 642 [642]; *Hartung*, AnwBl. 1994, 440 [442]; *Hombrecher*, Geldwäsche (§ 261 StGB) durch Strafverteidiger?, S. 13; *Körner/Dach*, Geldwäsche, Rn. 39.
[806] A.A. wohl *Gräfin von Galen*, NJW 2003, 117 [117].
[807] Ebenso BVerfG NJW 2004, 1305 [1307].

VI. Ziel und geschütztes Rechtsgut des Geldwäschetatbestands

Als übergreifendes Ziel des neuen Geldwäschetatbestands ist die Bekämpfung der Organisierten Kriminalität erkennbar. Diese soll dadurch bewerkstelligt werden, dass die aus dem Rauschgifthandel oder sonstigen als besonders gefährlich angesehenen Formen organisierter Kriminalität resultierenden Profite abgeschöpft werden.[808] Das Einschleusen von Vermögenswerten aus der Kriminalität in den legalen Wirtschaftskreislauf soll verhindert[809] und damit das Gewinnstreben als »Triebfeder« der Organisierten Kriminalität durch die Entziehung seiner finanziellen Ressourcen lahmgelegt werden.[810] Schließlich soll die Effektivität der Strafverfolgung gesteigert werden.[811] Obwohl ausgehend von der eindeutigen Zielsetzung des Geldwäschetatbestands Klarheit über das geschützte Rechtsgut herrschen müsste, hat sich eine Kontroverse über dessen konkretere Bestimmung entwickelt.

1. Die deutsche Gesetzesbegründung und Ansicht der Rechtsprechung

Wenn die deutsche Gesetzesbegründung den Begriff der Geldwäsche im Sinne einer »Einschleusung von Vermögensgegenständen aus organisierter Kriminalität in den legalen Finanz- und Wirtschaftskreislauf zum Zwecke der Tarnung« versteht, müssen ausgehend vom Wortlaut des § 261 Abs. 1 StGB zunächst zwei Handlungsmodalitäten unterschieden werden: Die amtliche Begründung bezeichnet die ersten beiden Tatmodalitäten des Verbergens und Verschleierns der Herkunft, bei denen es sich um manipulative und klandestine Verhaltensweisen handelt, als »Verschleierungstatbestand«.[812] Daneben wird von § 261 Abs. 1 StGB aber auch das Vereiteln und Gefährden der Ermittlung der Herkunft, des Auffindens, des Verfalls, der Einziehung oder der Sicherstellung inkriminierter Gegenstände unter Strafe gestellt. Für diesen Teil des Tatbestands findet sich in

---

[808] Vgl. die daneben eingeführten Vorschriften über den erweiterten Verfall, § 73d StGB, und die mittlerweile vom Bundesverfassungsgericht als verfassungswidrig und nichtig erklärte Vermögensstrafe, ehemals § 43a StGB; ebenso *Barton*, StV 1993, 156 [157].
[809] *Barton*, StV 1993, 156 [157].
[810] BT-Drucks. 12/989, S. 1; vgl. auch *Remmers*, Die Entwicklung der Gesetzgebung zur Geldwäsche, S. 69; zu Aspekten der Gewinnverwendung und organisierten Straftätergruppen *Suendorf*, Geldwäsche, *passim*.
[811] BT-Drucks. 12/2720, S. 43.
[812] BR-Drucks. 507/92, S. 23.

der amtlichen Begründung der Begriff des »Erwerbs-, Besitz- und Verwendungstatbestands«.[813] Treffender erscheint die hierzu von *Barton* vorgenommene Charakterisierung als »Isolierungstatbestand«.[814] Hält man sich allein an die Gesetzesbegründung, schützt § 261 Abs. 1 StGB damit die inländische staatliche Rechtspflege in ihrer Aufgabe, die Wirkungen von Straftaten zu beseitigen.[815] Dagegen soll nach der amtlichen Gesetzesbegründung durch § 261 Abs. 2 StGB neben der Rechtspflege auch der Schutz des durch die Vortat verletzten Rechtsguts bewerkstelligt werden.[816] Die Vorschrift wird insoweit als Beitrag zum Schutz der Bevölkerung gegen jegliche Form organisierter Kriminalität verstanden.[817]

2. Ansichten in der Literatur

Die Passagen zum geschützten Rechtsgut in der Gesetzesbegründung haben schon früh Kritik erfahren.[818] So ließen die Ausführungen letztlich unklar, welches Rechtsgut geschützt werden solle.[819] Folgerichtig ist das Meinungsspektrum zur Schutzgutfrage bei § 261 StGB in der Literatur breit gefächert.[820] Trotz aller Kritik hat sich die Wissenschaft mehrheitlich sowohl bei § 261 Abs. 1 StGB als auch bei § 261 Abs. 2 StGB den Erwägungen der Gesetzesbegründung angeschlossen.[821]

---

[813] BR-Drucks. 507/92, S. 23.
[814] *Barton*, StV 1993, 156 [159]; ihm folgend *Leip*, Der Straftatbestand der Geldwäsche, S. 45.
[815] BT-Drucks. 12/989, S. 27; 12/3533, S. 11; BR-Drucks. 219/91, S. 86; dem folgend die Rspr., vgl. etwa HansOLG Hamburg, NJW 2000, 673 [674, 680].
[816] BT-Drucks. 12/989, S. 27; 12/3533, S. 13; BR-Drucks. 219/91, S. 88.
[817] Vgl. etwa HansOLG Hamburg, NJW 2000, 673 [674].
[818] *Salditt*, StraFo 1992, 121 [122]; vgl. auch *Barton*, StV 1993, 156 [160].
[819] *Salditt*, StraFo 1992, 121 [122].
[820] *Kreß*, wistra 1998, 121 [126]: Rechtsgutsdiskussion »uneinheitlich«; *Schittenhelm*, in: Lenckner-FS, S. 519 [522]: Rechtsgut ein »Rätsel«; Überblick bei *Dionyssopoulou*, Der Tatbestand der Geldwäsche, S. 49 ff.; BGHSt 43, 158 [167]: »Rechtsgut eigener Art«; unentschieden *Rengier*, BT/1, § 23 Rn. 4; offen gelassen auch von BVerfG NJW 2004, 1305 [1307].
[821] Vgl. LK-*Ruß*, § 261 Rn. 4; wohl auch *Bussenius*, Geldwäsche und Strafverteidigerhonorar, S. 51, 64 sowie die Nachweise bei NK-*Altenhain*, § 261 Rn. 11; *Dionyssopoulou*, Der Tatbestand der Geldwäsche, S. 57 ff.; *Hombrecher*, Geldwäsche (§ 261 StGB) durch Strafverteidiger?, S. 118 f., 123.

a. **Präventiver Schutz der durch den Vortatenkatalog geschützten Rechtsgüter oder Aspekt des mangelnden eigenständigen Schutzguts**

Nach Ansicht einiger Stimmen in der Wissenschaft sei Schutzgut des § 261 StGB der Schutz des individuellen Opferinteresses an der Wiederherstellung einer durch die Vortat geschaffenen Situation.[822] Dies folge auch aus einem Hinweis des Gesetzgebers in der Gesetzesbegründung zu § 261 Abs. 2 StGB, in dem auf einen mit § 257 StGB ähnlichen[823] Rechtsgüterschutz[824] verwiesen wird. Die beliebige Konstruktion eines (Super-) Rechtsguts sei zudem mit Blick auf Art. 103 Abs. 2 GG problematisch. Schutzgut sei vielmehr der präventive Schutz der Rechtsgüter der Vortaten.[825]

Zu einer im Ergebnis ähnlichen Einschätzung gelangt (allerdings ohne nähere Begründung) *Burr*. Nach seiner Ansicht habe der Geldwäschetatbestand kein eigenes Schutzgut, sondern diene in allen seinen Modalitäten ausschließlich der Intensivierung des durch die Katalogtatbestände angestrebten Rechtsgüterschutzes.[826]

Auch nach Auffassung von *Fahl* fehle ein benennbares Rechtsgut oder es sei so weit gefasst, dass es keinen Gehalt mehr habe. Vielmehr werde mit Vorschriften wie § 261 StGB in Wahrheit ein Abschied vom fragmentarischen Charakter des Strafrechts und vom rechtsgüterschutzorientierten Tatstrafrecht betrieben.[827]

---

[822] So *Salditt*, StraFo 1992, 121 [122].
[823] Für einen identischen Rechtsgüterschutz plädieren *Hetzer*, wistra 2000, 281 [283]; *Lackner/Kühl*, § 261 Rn. 1; vgl. auch *Wessels/Hillenkamp*, BT/2 Rn. 894, der im Übrigen für die Rechtspflege als Schutzgut plädiert.
[824] Zum Schutzgut des § 257 StGB vgl. *Lackner/Kühl*, § 257 Rn. 1; *Maurach/Schroeder/Maiwald*, BT/2, § 101 Rn. 2; *Sch/Sch-Stree*, Vor §§ 257 ff. Rn. 2; *Tröndle/Fischer*, Vor § 257 Rn. 2; *Wessels/Hillenkamp*, BT/2 Rn. 802.
[825] *Salditt*, StraFo 1992, 121 [122]; ebenso SK/StGB-*Hoyer*, § 261 Rn. 2; *Kargl*, NJ 2001, 57 [61]; *Maurach/Schroeder/Maiwald*, BT/2, § 101 Rn. 18; *Tröndle/Fischer*, § 261 Rn. 3; krit. *Bottke*, wistra 1995, 121 [124].
[826] *Burr*, Geldwäsche, S. 27.
[827] *Fahl*, Jura 2004, 160 [167].

b. Die Rechtspflege als Schutzgut

Trotz kritischer Stimmen[828] vertritt die überwiegende Mehrheit in der Wissenschaft, dass insbesondere § 261 Abs. 1 StGB mit der Rechtspflege ein eigenständiges Rechtsgut schützt.[829] Sie geht damit sowohl mit der Gesetzesbegründung als auch mit der europaweit zur Geldwäsche im Vordringen befindlichen Ansicht konform.[830] Allerdings werden Unterschiede im Detail sichtbar. Nach *Arzt,* der grundsätzlich auch für die Rechtspflege als Schutzgut plädiert, ist die Schutzfunktion des § 261 StGB auf die materiell-rechtlichen Aufgaben der Strafverfolgungsorgane – Einziehung und Verfall – und damit im Ergebnis auf die auch nach Ansicht der Gesetzesbegründung entscheidende Funktion, die Wirkungen bestimmter Straftaten zu beseitigen, beschränkt.[831] Dagegen sieht *Leip* den Sinn des § 261 StGB maßgeblich als Stärkung der Ermittlungsbehörden durch Aufrechterhalten der sogenannten »Papierspur« (*paper trail*).[832] Dies verdeutliche vor allem die Gesetzesbegründung, in der die Rekonstruktion der finanziellen Abläufe und der Zugriff auf die Vortäter, insbesondere die Zentren krimineller Organisationen, als Mittel zur Verwirklichung des Rechtsgutsschutzes genannt würden.[833] Der Tatbestand des § 261 StGB erfülle damit die Forderung eines rechtsstaatlichen Gemeinwesens nach Aufklärung schwerer Straftaten, was das Bundesverfassungsgericht wiederholt als Bedürfnis

---

[828] Vgl. *Bernsmann,* StV 2000, 40 [43]; *Findeisen,* wistra 1997, 121 [121]; *Maurach/Schroeder/Maiwald,* BT/2, § 101 Rn. 18; *Mehlhorn,* Der Strafverteidiger als Geldwäscher, S. 39 ff.

[829] *Arzt,* JZ 1993, 913 [913]; *Arzt/Weber,* Strafrecht BT, § 29 Rn. 5; *Großwieser,* Der Geldwäschestraftatbestand § 261 StGB, S. 46 f.; *Kargl,* NJ 2001, 57 [61]; *Kern,* Geldwäsche und organisierte Kriminalität, S. 155; *Kilching,* in: *Kilching,* Die Praxis der Gewinnabschöpfung in Europa, S. 19 [25 f.]; *Kreß,* wistra 1998, 121 [126]; *Lackner/Kühl,* § 261 Rn. 1; *Leip,* Der Straftatbestand der Geldwäsche, S. 56; *Matt,* GA 2002, 137 [145]; *Oswald,* Die Implementation gesetzlicher Maßnahmen zur Bekämpfung der Geldwäsche, S. 62 f.; *Otto,* Strafrecht BT, § 96 Rn. 28; *ders.,* Jura 1993, 329 [330]; LK-*Ruß,* § 261 Rn. 4; *Wessels/Hillenkamp,* BT/2 Rn. 894; *Zeifang,* Die eigene Strafbarkeit des Strafverteidigers, S. 377.

[830] Darauf weist insbesondere *Vogel,* ZStW 109 [1997], 335 [350] hin; zu weiteren Ansichten im europäischen Kontext vgl. *Vogel,* ebenda, mit Fn. 67-71.

[831] *Arzt,* JZ 1993, 913 [913 f.]; gegen eine Ausrichtung auf die Sicherung des staatlichen Verfallsanspruchs *Hefendehl,* in: Roxin-FS, S. 145 [151].

[832] *Leip,* Der Straftatbestand der Geldwäsche, S. 51; ebenso *Bernsmann,* StV 2000, 40 [42]; *Kargl,* NJ 2001, 57 [61].

[833] *Leip,* Der Straftatbestand der Geldwäsche, S. 52 unter Verweis auf BT-Drucks. 507/92, S. 24.

einer wirksamen Strafverfolgung anerkannt habe.[834] Letztlich bezwecke § 261 Abs. 1 StGB damit allein den Schutz der inländischen Strafrechtspflege, während § 261 Abs. 2 StGB eine Doppelfunktion erfülle, indem neben der Rechtspflege auch die Rechtsgüter der Vortaten geschützt würden.[835] Der Schutz der Rechtsgüter der Vortaten sei aber nicht im Hinblick auf bereits verletzte Individualinteressen zu verstehen, sondern unter dem präventiven Aspekt des Dienens der Vermeidung von Katalogtaten.[836]

Nach Ansicht von *Dionyssopoulou*[837] werden verschiedene Aspekte des Universalrechtsguts »Rechtspflege« durch § 261 StGB geschützt. Der Geldwäschetatbestand ziele dabei vor allem auf eine Intensivierung der Generalprävention. § 261 StGB sei als Lückenfüller geschaffen worden, weil der Gesetzgeber jedes Verhalten in der Grauzone des Anwendungsbereichs der Anschlussdelikte wie Hehlerei oder Begünstigung pönalisieren wollte. Daher sei die zu Delikten wie Hehlerei, Begünstigung und Strafvereitelung entwickelte Rechtsgutslehre im Rahmen der Geldwäsche zur Bestimmung der strafrechtlichen Konturen des § 261 StGB mit heranzuziehen, um einer drohenden Ausdehnung der Strafbarkeit auf weite Lebensbereiche entgegenzuwirken.[838]

Mit Blick auf die europarechtlichen Vorgaben des Geldwäschetatbestands kommt auch *Vogel*[839] zu dem Schluss, dass im Wege einer richtlinienkonformen Rechtsgutsbestimmung § 261 StGB im weitesten Sinne ein Rechtspflegedelikt darstelle. Dieses diene zur materiell-strafrechtlichen Sicherung des staatlichen Zugriffs auf Vermögensgegenstände, die aus krimineller Tätigkeit herrühren und nehme insoweit jedermann, der sich an wirtschaftlichen und finanziellen Vorgängen beteiligt, in die Pflicht. Ein Vortatbezug sei indessen nicht ersichtlich. Hinsichtlich der Unterscheidung zwischen (Absichts-) Geldwäsche einerseits und Vermögens- und Nutzhehlerei andererseits bezweifelt *Vogel* eine einheitliche Rechtsgutsbestimmung. Letztlich gehe es beim Geldwäscheverbot um ein

---

[834] *Leip*, Der Straftatbestand der Geldwäsche, S. 52 f. unter Verweis auf BVerfGE 37, 367 [383]; 38, 105 [115 f.]; 38, 312 [321]; 39, 156 [163]; 41, 246 [250].
[835] *Leip*, Der Straftatbestand der Geldwäsche, S. 51 ff., 56; zust. *Kargl*, NJ 2001, 57 [61]; *Neuheuser*, NStZ 2001, 647 [648]; *Spiske*, Pecunia olet?, S. 97 f.; *Zeifang*, Die eigene Strafbarkeit des Strafverteidigers, S. 377.
[836] *Leip*, Der Straftatbestand der Geldwäsche, S. 56.
[837] *Dionyssopoulou*, Der Tatbestand der Geldwäsche, S. 78 f.
[838] *Dionyssopoulou*, Der Tatbestand der Geldwäsche, S. 79.
[839] *Vogel*, ZStW 109 [1997], 335 [352].

jedermann treffendes, gegenständlich auf illegale Vermögensvorteile bezogenes Solidarisierungsverbot oder umgekehrt ein Entsolidarisierungsgebot.[840]

c. Aspekt der inneren Sicherheit

Als weiteres Schutzgut des § 261 StGB wird bei kritischer Betrachtung der Gesetzesbegründung von manchen Autoren die innere Sicherheit genannt.[841] So betonen *Körner/Dach*[842] und *Knorz*[843] besonders die gesellschaftspolitische Zielrichtung des Geldwäschetatbestands, indem sie § 261 StGB vom geschützten Rechtsgut her mit § 129 StGB vergleichen. Bei beiden Delikten stehe die innere Sicherheit und der Schutz der Gesellschaft vor einer Unterwanderung der freiheitlich-demokratischen Grundordnung des liberalen Rechts- und Sozialstaats durch die Organisierte Kriminalität im Vordergrund. *Barton*[844] ist der Auffassung, dass bei § 261 StGB zunächst die Rechtspflege als zumindest vom Vereitelungstatbestand geschütztes Rechtsgut im Vordergrund stehe, da es dort um den staatlichen Verfalls-, Einziehungs- und Sicherstellungsanspruch sowie die Ermittlung der Aufklärung und damit Aufgaben der Strafrechtspflege gehe. Dabei sei die aus der Gesetzesbegründung hervorgehende Trennung zwischen Abs. 1 und Abs. 2 des § 261 StGB in dieser Form jedoch unzutreffend. Schon § 261 Abs. 1 StGB enthalte bei systematischer Betrachtung zwei völlig unterschiedliche Tathandlungen. Zu unterscheiden seien ein »Verschleierungstatbestand« (bezüglich der ersten beiden Tatmodalitäten des § 261 StGB – Verbergen und Verschleiern) und die inhaltlich weiter gehenden Tatmodalitäten des Abs. 1, zu denen in der amtlichen Begründung kaum Stellung genommen werde. § 261 Abs. 1 StGB sei ein »Vereitelungs- und Gefährdungstatbestand«, Abs. 2 dagegen ein »Isolierungstatbestand«.[845] Zweck der Kriminalisierung sei nach dem Willen des Gesetzgebers bei § 261 Abs. 1 StGB das Unterbinden eines tarnenden Eindringens von illegalen Profiten in den legalen Wirtschaftskreislauf, indem der Straftäter in finanzieller Hinsicht gegenüber der Umwelt isoliert wer-

---

[840] *Vogel*, ZStW 109 [1997], 335 [352] unter Verweis auf *Arzt*, JZ 1993, 913 [913].
[841] *Barton*, StV 1993, 156 [159 f.]; *Hartung*, AnwBl. 1994, 440 [443]; *Knorz*, Der Unrechtsgehalt des § 261 StGB, S. 131 ff.; *Körner/Dach*, Geldwäsche, Rn. 5; dagegen *Bottke*, wistra 1995, 121 [124].
[842] *Körner/Dach*, Geldwäsche, Rn. 5.
[843] *Knorz*, Der Unrechtsgehalt des § 261 StGB, S. 132.
[844] *Barton*, StV 1993, 156 [159 f.].
[845] *Barton*, StV 1993, 156 [159 mit Fn. 50].

de.[846] Im Übrigen stehe § 261 StGB jedoch ganz unter den Vorzeichen eines vorverlagerten, präventiven Rechtsgüterschutzes, der den Gefahren einer Unterwanderung der Gesellschaft durch organisierte Kriminalität begegnen solle. Geschützt würden daher auch potentiell gefährdete Rechtsgüter in der Zukunft. Aus diesem Grund sei durch beide Absätze des § 261 StGB nicht nur das durch die Vortat verletzte Rechtsgut, sondern vor allem die innere Sicherheit der Bundesrepublik Deutschland und die anderer Staaten geschützt. Die innere Sicherheit sei durch ihren Charakter als Universalrechtsgut zwar ein unscharfer Begriff. Dieser könne aber dahingehend präzisiert werden, dass es nicht um Sicherheit um jeden Preis gehe, sondern nur um eine solche, die Rechtsfrieden stifte.[847] § 261 StGB ziele damit primär auf die Verhinderung solcher Verhaltensweisen ab, die durch organisiertes, arbeitsteiliges und auf Gewinn ausgerichtetes Wirken die Strukturen der freiheitlich-demokratischen Grundordnung beeinträchtigen könnten.[848]

d. Wirtschaftliche Aspekte

Andere Autoren legen den Schwerpunkt auf wirtschaftliche Aspekte.[849] § 261 StGB schütze grundsätzlich den legalen Finanz- und Wirtschaftsverkehr und sei Schutznorm gegen diejenigen Unternehmen, die sich aus illegalen Quellen finanzieren und so in unlauterer Weise Wettbewerbsverzerrungen hervorrufen. Schutzgut seien insofern *de constitutione lata* die Essentialia der sozialen Marktwirtschaft und die Freiheit des entgeltlichen Wirtschaftsverkehrs von Straftaterlösen als eine wesentliche Funktionsbedingung für den Erhalt und das Gedeihen dieser Marktwirtschaft.[850] Die Erfassung der Geldwäsche lasse sich nur über ein eigenständiges Rechtsgut des Schutzes der Volkswirtschaft ermöglichen.[851] Diese werde insbesondere vor einer Korruption der Finanzinstitute als Folge organisierter Waschvorgänge geschützt.[852] Letztlich gehe es um Verhinde-

---

[846] *Barton*, StV 1993, 156 [159] unter Bezugnahme auf BR-Drucks. 507/92, S. 24.
[847] *Hartung*, AnwBl. 1994, 440 [443].
[848] *Barton*, StV 1993, 156 [160]; *Hartung*, AnwBl. 1994, 440 [443].
[849] Vgl. *Bottke*, wistra 1995, 121 [124]; *Lampe*, JZ 1994, 123 [125 f.]; *Mehlhorn*, Der Strafverteidiger als Geldwäscher, S. 61 ff., 69; *Schittenhelm*, in: Lenckner-FS, S. 519 [526, 528]; *de lege ferenda* auch *Forthauser*, Geldwäscherei de lege lata et ferenda, S. 146 ff., 159.
[850] *Bottke*, wistra 1995, 121 [124].
[851] *Forthauser*, Geldwäscherei de lege lata et ferenda, S. 159.
[852] *Findeisen*, wistra 1997, 121 [121]; *Lampe*, JZ 1994, 123 [126].

rung einer Rückführung von Verbrechensgewinnen in den legalen Finanz- und Wirtschaftsverkehr.[853] Der Aspekt der staatlichen Strafrechtspflege in Form ihrer Aufgabe einer Entziehung von Tatvorteilen sei dagegen lediglich von sekundärer Bedeutung.[854]

e. Kritik

Hinsichtlich der inneren Sicherheit als Schutzgut lässt sich bereits kein expliziter Hinweis in den Gesetzesmaterialien finden, der diese als Schutzgut des § 261 StGB ausweisen würde. Zwar wird die innere Sicherheit grundsätzlich von einigen Tatbeständen des Strafgesetzbuchs, etwa den Staatsschutzdelikten der §§ 129 ff. StGB, als taugliches Rechtsgut geschützt. Der Vergleich von § 261 StGB mit § 129 StGB hinsichtlich des Schutzguts kann jedoch nicht überzeugen. Jede Anbindung eines Tatbestands an ein beliebig konkretisierbares Universalrechtsgut steht methodisch auf unsicherem Boden.[855] So ist auch die innere Sicherheit ein konturloser Begriff, der ausfüllungsfähig und -bedürftig ist. Sollte ein Straftatbestand maßgeblich auf den Schutz der inneren Sicherheit ausgerichtet sein, müsste dies auch klar in den Materialien oder seiner Formulierung zum Ausdruck kommen. Dies ist bei § 261 StGB – im Gegensatz zu den §§ 129 ff. StGB – jedoch nicht der Fall. Ein Ausdruck wie »vorverlagerter Rechtsgutsschutz« weist im Gegenteil nicht auf den Schutz kollektiver, sondern eher individueller Rechtsgüter hin.[856] Ersichtlich handelt es sich bei der Geldwäsche im Gegensatz zu § 129 StGB nicht maßgeblich um ein Organisationsdelikt, das die Gefährlichkeit seiner Begehungsweise aus der organisierten Durchführung krimineller Aktionen bezieht. Zwar wird der Hauptanwendungsbereich des Geldwäschetatbestands typischerweise im Bereich der Organisierten Kriminalität liegen. Dies hat auch der Gesetzgeber gesehen, für den ihre Bekämpfung eine der Hauptmotivationen für die Einführung des Geldwäschetatbestands gewesen ist.[857] Ausweislich der Gesetzesmaterialien sollte aber der Bereich schwerwie-

---

[853] *Findeisen*, wistra 1997, 121 [121]; *Lampe*, JZ 1994, 123 [125 f.]; *de lege ferenda* auch *Forthauser*, Geldwäscherei de lege lata et ferenda, S. 146 ff., 159.
[854] *Lampe*, JZ 1994, 123 [126].
[855] *Bernsmann*, StV 2000, 40 [43]; krit. auch *Burr*, Geldwäsche, S. 20; *Höreth*, Die Bekämpfung der Geldwäsche, S. 54 f.; *Mehlhorn*, Der Strafverteidiger als Geldwäscher, S. 55.
[856] Krit. auch *Hefendehl*, in: Roxin-FS, S. 145 [152].
[857] Vgl. BT-Drucks. 12/989, S. 1; BR-Drucks. 507/92, S. 23 f.

gender Kriminalität grundsätzlich und unabhängig von einer organisierten Begehungsweise erfasst werden.[858] Auch der Versuch einer Konturierung des Begriffs innere Sicherheit durch eine Begrenzung auf solche kriminellen Handlungen, die die freiheitlich-demokratische Grundordnung in ihren Grundfesten erschüttern, verfängt mit Blick auf den breit gefächerten Vortatenkatalog nicht.[859]

Auch für die Auffassung, die maßgeblich auf wirtschaftliche Aspekte im Sinne des legalen Wirtschafts- und Finanzkreislaufs abstellt, kann ein entsprechender gesetzgeberischer Wille weder aus dem Normtext noch aus der Gesetzesbegründung entnommen werden.[860] Durch die bewusst weite Fassung des Geldwäschetatbestands, der nach Streichung der Sozialadäquanzklausel auch Geschäfte des täglichen Bedarfs erfasst, kann nicht von einer primär auf die Wirtschaft abzielenden Schutzrichtung gesprochen werden. Letztlich wird der Finanzkreislauf durch alle vermögensbezogenen Straftatbestände geschützt. Der Wirtschaftskreislauf als Teil des menschlichen Zusammenlebens steht nicht im Zentrum einzelner Normen des Strafrechts, sondern wird durch die Gesamtheit der Strafnormen geschützt. Er stellt kein eigenständiges Rechtsgut dar. So dienen die entsprechenden Passagen in den Materialien, die für eine solche wirtschaftsorientierte Sichtweise sprechen würden, vielmehr der Beschreibung des Phänomens der Geldwäsche an sich als der Bestimmung des durch diese Norm geschützten Rechtsguts.[861] Auch bleibt schon im Ansatz unklar, weshalb die Einschleusung illegalen Vermögens in das legale Finanzsystem das Vertrauen in dieses erschüttern sollte.[862]

Aber auch ein alleiniges Abstellen auf den Schutz der durch die Vortaten geschützten Rechtsgüter erscheint angesichts der gesetzgeberischen Zielvorstel-

---

[858] BT-Drucks. 12/989, S. 27.
[859] Ebenso *Kargl*, NJ 2001, 57 [60]; *Leip*, Der Straftatbestand der Geldwäsche, S. 49.
[860] Ebenso *Burr*, Geldwäsche, S. 27; *Höreth*, Die Bekämpfung der Geldwäsche, S. 46; *Hombrecher*, Geldwäsche (§ 261 StGB) durch Strafverteidiger?, S. 118 f.; *Kargl*, NJ 2001, 57 [60]; *Leip*, Der Straftatbestand der Geldwäsche, S. 46.
[861] *Dionyssopoulou*, Der Tatbestand der Geldwäsche, S. 54; ebenso *Hombrecher*, Geldwäsche (§ 261 StGB) durch Strafverteidiger?, S. 119.
[862] Ebenso *Fahl*, Jura 2004, 160 [167]; *Hefendehl*, in: Roxin-FS, S. 145 [151].

lung zu kurz gegriffen.⁸⁶³ Es ist systematisch zumindest fragwürdig, wie der Schutz der durch die Vortat verletzten individuellen Rechtsgüter durch die Geldwäschenorm logisch möglich sein soll, wenn deren Tatbestand eine Verletzung der angeblich geschützten Individualrechtsgüter durch eine entsprechende Vortat gerade zur Voraussetzung hat.⁸⁶⁴ Ein insoweit lediglich indirekter Effekt vermag die Geldwäschestrafbarkeit nicht zu begründen. Problematisch ist ein diesbezüglicher Schutz auch deshalb, weil § 261 StGB auch solche Gegenstände als taugliche Geldwäscheobjekte erfasst, an denen gutgläubig Eigentum erworben wurde. Dann müssten aber die zivilrechtlichen Wertungen des Eigentums beachtet werden.⁸⁶⁵ Auch dies verdeutlicht, dass § 261 StGB nicht primär den Schutz der durch die Vortat geschützten Rechtsgüter bezwecken kann. Daneben spricht auch die Tatsache, dass es sich bei der Geldwäsche im Gegensatz zur Begünstigung meist um eine opferlose Tat handelt, gegen einen Gleichlauf der Rechtsgüter von § 257 StGB und § 261 StGB.

Als nicht haltbar erweist sich ebenso die in diesem Zusammenhang vertretene Ansicht, dass § 261 StGB kein eigenständiges Rechtsgut schützt. In diesem Fall wäre der Geldwäschetatbestand als Annex ohne selbstständigen Unrechtsgehalt aufzufassen, was angesichts der weitreichenden Zielsetzungen sowie der mehrfachen Erweiterungen etwa des Vortatenkatalogs durch den Bundesgesetzgeber weder sinnvoll noch zutreffend erscheint.⁸⁶⁶

Gegen die in der Gesetzesbegründung genannte Rechtspflege als eigenständiges Schutzgut des § 261 StGB ist von *Salditt* eingewandt worden, dass jeder Straftatbestand die Verfolgung von Gesetzesbrechern zum Ziel habe. Hätte der Gesetzgeber ganz allgemein die »Zerschlagung« der als organisiert bezeichneten Kriminalität im Auge gehabt, reiche dies allein nicht aus, um die »Rechtspflege« im Sinne einer Aufgabe von Polizei und Kriminaljustiz zum Rechtsgut zu erhe-

---

⁸⁶³ Krit. auch *Hassemer*, WM 1995 (Sonderbeilage Nr. 3), 1 [14]; *Kilching*, in: *Kilching*, Die Praxis der Gewinnabschöpfung in Europa, S. 19 [23]; *Otto*, Jura 1993, 329 [331].
⁸⁶⁴ Zutr. *Kilching*, in: *Kilching*, Die Praxis der Gewinnabschöpfung in Europa, S. 19 [24].
⁸⁶⁵ Ebenso *Hefendehl*, in: Roxin-FS, S. 145 [151]; *Mehlhorn*, Der Strafverteidiger als Geldwäscher, S. 48 f.
⁸⁶⁶ Auch der Bundesgerichtshof geht von einem eigenständigen Unrechtsgehalt des § 261 StGB aus, vgl. BGH NJW 1997, 3322 [3323].

ben. Dies komme einem Zirkelschluss gleich.[867] Auch die Tatsache, dass nach § 261 Abs. 8 StGB hinsichtlich der Vortaten keine inländische Strafgewalt vorausgesetzt wird, spreche gegen die inländische Rechtspflege als Schutzgut.[868] Durch ein konturloses Rechtsgut der Rechtspflege wird zudem eine Aufweichung der Legitimations- wie auch der Beschränkungsfunktion der Strafnorm vor dem Hintergrund des Bestimmtheitsgebots des Art. 103 Abs. 2 GG befürchtet.[869] Ferner werde mit Anerkennung eines Rechtsguts »Rechtspflege« ein Instrument zum Rechtsgutschutz zum eigenständigen Rechtsgut erhoben.[870] Zugleich sei damit jede Erweiterung der Katalogstraftaten bis hin zu einem völligen Verzicht des Vortatenkatalogs denkbar. § 261 StGB sei lediglich ein verfahrensrechtlicher Einstieg zur Aufdeckung weiterer Taten der Organisierten Kriminalität.[871]

f. Stellungnahme

Neben dem expliziten Regelungswillen des Gesetzgebers sind auch die tatsächlichen Auswirkungen in der Praxis bei der Bestimmung des geschützten Rechtsguts einer Norm zu beachten.

Bei der Auslegung des Schutzzwecks kommt infolge der europarechtlichen Genese der deutschen Norm den Zielen der Geldwäscherichtlinie vom 10. Juni 1991[872] ausschlaggebende Bedeutung zu. Vor diesem europäischen Entstehungshintergrund erscheint eine rein nationale Sichtweise bei der Auslegung zu kurzsichtig. Wie bei jeder Richtlinie sind auch die Ziele der Geldwäscherichtlinie in den Erwägungsgründen enthalten und damit im Sinne des Art. 249 Unterabs. 3 EG sogar Bestandteil des Normtextes. Es handelt sich daher nicht nur um eine amtliche Entwurfs-Begründung und damit um eine unverbindliche Auslegungshilfe, sondern um eine rechtlich verbindliche Zielsetzung.[873] Aus der

---

[867] *Salditt*, StraFo 1992, 121 [122].
[868] *Salditt*, StraFo 1992, 121 [122]; vgl. auch *Lütke*, wistra 2001, 85 [85 ff.]; *Tröndle/Fischer*, § 258 Rn. 2.
[869] *Mehlhorn*, Der Strafverteidiger als Geldwäscher, S. 43.
[870] *Mehlhorn*, Der Strafverteidiger als Geldwäscher, S. 44.
[871] *Mehlhorn*, Der Strafverteidiger als Geldwäscher, S. 45.
[872] Richtlinie des Rates der EG vom 10. Juni 1991 zur Verhinderung der Nutzung des Finanzsystems zum Zwecke der Geldwäsche Nr. 91/308/EWG, ABlEG Nr. L 166/77 vom 28. Juni 1991, WM 1991, 1486 ff.
[873] Darauf weist auch *Vogel*, ZStW 109 [1997], 335 [351] zutreffend hin.

Formulierung dieser Zielsetzung ist bei der ersten Geldwäscherichtlinie zu entnehmen, dass es dem Rat der Europäischen Gemeinschaften übergreifend um die Solidität, Integrität und Stabilität des Finanzsystems insgesamt gegangen ist. Diese Anliegen sollten von Maßnahmen zur Verbesserung der Koordination bei der Bekämpfung der Organisierten Kriminalität durch Verhinderung der Nutzbarmachung illegaler Vermögensvorteile flankiert werden. Konkret sollte der erste Absatz die Verschleierung der Herkunft von inkriminierten Gegenständen verhindern. Er dient so primär Zwecken der Strafverfolgung und damit der Rechtspflege im weitesten Sinne. Der zweite Absatz war vom Gesetzgeber als Auffangtatbestand im Sinne einer Beweiserleichterung gedacht, der über die Fälle des Abs. 1 hinaus weitere Verhaltensweisen erfasst. Über die Strafverfolgung hinaus hat der europäische Gesetzgeber hier zusätzlich den Schutz der katalogmäßig aufgelisteten Rechtsgüter bezweckt. Allerdings geht es hierbei nicht um einen konkreten Individualschutz, sondern der Schwerpunkt liegt auf einer im Allgemeininteresse liegenden Verhinderung von Katalogtaten, so dass sich auch bzgl. Abs. 2 die Rechtspflege im weitesten Sinne als Schutzgut herauskristallisiert.

Das Argument, dass durch die Erweiterung des Vortatenkatalogs um Auslandstaten in § 261 Abs. 8 StGB die innerstaatliche Rechtspflege in keinster Weise geschützt werde, kann nicht überzeugen. Diese Regelung trägt der internationalen Ausrichtung des Geldwäschetatbestands Rechnung und verstärkt noch dessen Anwendungsbereich. Versteht man unter dem Schutz der Rechtspflege auch die Schaffung möglichst vieler Ermittlungsansätze, kann auch das Schließen strafrechtlicher Schlupflöcher die Attraktivität der Geldwäsche verringern und so zum Schutz der innerstaatlichen Rechtspflege beitragen. Es ist insofern unschädlich, dass ein Instrument zum Rechtsgutschutz zum eigenständigen Rechtsgut erhoben wird. Bei § 261 StGB handelt es sich insgesamt um einen im höchsten Maße komplexen und funktional ausgerichteten Straftatbestand. Mit seiner Hilfe sollen die Strukturen der Organisierten Kriminalität zerschlagen werden, indem der Täter mit seinen Gewinnen isoliert und eine materiellstrafrechtliche Absicherung des staatlichen Zugriffs auf Vermögensgegenstände aus krimineller Tätigkeit bewirkt wird. Mittel dazu ist, wie die Gesetzesbegründung verdeutlicht, die Aufrechterhaltung der Papierspur. Dass daneben auch der Schutz des Wirtschaftskreislaufs sowie ein präventiver Schutz der Rechtsgüter der Vortaten bezweckt ist, verdeutlicht die Komplexität des Tatbestands. Will man alle diese Aspekte auf einen Nenner bringen, bietet sich als alleiniges übergreifendes Rechtsgut dieses durch die Mitgliedstaaten der Europäischen Gemeinschaft umgesetzten Geldwäschetatbestands nur die Rechtspflege im weitesten Sinne an, die sowohl von Abs. 1 als auch Abs. 2 des § 261 StGB geschützt wird.

VII. Die strafrechtliche Bedrohung des Verteidigers durch uneingeschränkte Anwendung des § 261 StGB

Nachdem die Rahmenbedingungen für die Entstehung des Geldwäschetatbestands dargestellt sind, sollen im Folgenden kurz die wichtigsten Tatbestandsmerkmale und ihre konkrete Relevanz für die strafrechtliche Bedrohung des Verteidigers dargestellt werden.[874] Dabei wird auch verschiedentlich auf Auslegungsprobleme einzugehen sein.[875]

1. Der objektive Tatbestand

Allzu leicht kann ein Verteidiger in den Verdacht einer Geldwäschestrafbarkeit geraten. Am auffälligsten besteht eine solche Möglichkeit jedoch durch die Annahme seines Honorars, sei es als Vorschuss oder nach Beendigung des Mandats. Dieser Fall steht daher im Mittelpunkt der Darstellung.

a. Taugliche Tatobjekte

Taugliches Tatobjekt i.S.d. § 261 Abs. 1 S. 1 i.V.m. S. 2 StGB ist ein Gegenstand, der einen Vermögenswert besitzt.[876] Es muss sich daher nicht zwangsläufig um Geld handeln. Beispielsweise wäre Geldwäsche ebenso denkbar bei der Zahlung mit einem gestohlenen Gemälde o.ä., mit dem ein Mandant den Verteidiger honoriert. Zu weit geht der zur ersten Fassung des § 261 StGB gemachte Vor-

---

[874] Zur Auslegung der Tatbestandsmerkmale ausführlich *Großwieser*, Der Geldwäschestraftatbestand § 261 StGB, S. 47 ff.; *Tröndle/Fischer*, § 261 Rn. 5 ff.
[875] Vgl. zu Auslegungsproblemen bei § 261 StGB auch *Maiwald*, in: Hirsch-FS, S. 631 ff.
[876] *Burr*, Geldwäsche, S. 56; SK/StGB-*Hoyer*, § 261 Rn. 5; *Lackner/Kühl*, § 261 Rn. 3; *Lampe*, JZ 1994, 123 [126]; *Lang/Schwarz/Kipp*, S. 176; *Maurach/Schroeder/Maiwald*, BT/2, § 101 Rn. 26; *Rengier*, BT/1, § 23 Rn. 5; LK-*Ruß*, § 261 Rn. 7; Sch/Sch-*Stree*, § 261 Rn. 3; *Tröndle/Fischer*, § 261 Rn. 6.

schlag von *Knorz*,[877] sämtliche Gegenstände ohne Begrenzung auf Vermögensgegenstände als taugliche Tatobjekte im Sinne des § 261 StGB anzuerkennen. Eine derartige Auslegung stünde nicht mehr im Einklang mit dem Willen des Gesetzgebers.[878]

b. Geldwäscherelevante Vortaten

Der Gesetzgeber hat hinsichtlich der in Frage kommenden Vortaten die Technik der Enumeration gewählt. Ein in dieser Form verfasster Tatbestand hat allerdings stets etwas Fragmentarisches und trägt den Keim zur Erweiterung in sich.[879] Wesentlich schwieriger als das Identifizieren eines grundsätzlich geldwäschetauglichen Gegenstands dürfte es dem Verteidiger daher fallen, diesen Gegenstand einer tauglichen konkreten[880] Vortat i.S.d. § 261 Abs. 1 S. 2 StGB zuzuordnen.[881] Dies positiv festzustellen kommt für den Strafverteidiger einer fast unlösbaren Aufgabe gleich. Erschwerend kommt hinzu, dass nicht nur inländische Taten als taugliche Vortaten in Betracht kommen. Im Zuge der Internationalisierung der Verbrechensbekämpfung auf dem Gebiet der Geldwäsche sowie der steigenden Zahl grenzüberschreitender Delikte findet nach § 261 Abs. 8 StGB eine Erstreckung des Anwendungsbereichs auf solche Gegenstände statt, die aus einer im Ausland begangenen Tat herrühren.[882] Voraussetzung ist allerdings, dass die Tat auch am Tatort mit Strafe bedroht ist. Zwar genügt nach dem Wortlaut jede beliebige Straftat im Ausland. Nach der *ratio legis* bedarf § 261 Abs. 8 StGB jedoch einer einschränkenden Auslegung dahingehend, dass auch hier der Vortatenkatalog des § 261 Abs. 1 StGB gilt. In der Praxis hat dies

---

[877] *Knorz*, Der Unrechtsgehalt des § 261 StGB, S. 113.
[878] Ebenso *Bottermann*, Untersuchungen zu den grundlegenden Problematiken des Geldwäschetatbestandes, S. 14 ff.; *Großwieser*, Der Geldwäschestraftatbestand § 261 StGB, S. 47 f.; *Lampe*, JZ 1994, 123 [126]; *Leip*, Der Straftatbestand der Geldwäsche, S. 65.
[879] *Maiwald*, in: Hirsch-FS, S. 631 [634].
[880] *Bernsmann*, StV 1998, 46 [50]; *Gotzens/Schneider*, wistra 121 [121]; a.A. Sch/Sch-*Stree*, § 261 Rn. 4a.
[881] Näher dazu *Hombrecher*, Geldwäsche (§ 261 StGB) durch Strafverteidiger?, S. 15 ff.; *Tröndle/Fischer*, § 261 Rn. 9 ff.
[882] Vgl. dazu eingehend *Burr*, wistra 1995, 255 f.; *Leip*, Der Straftatbestand der Geldwäsche, S. 59 ff.; *Lütke*, wistra 2001, 85 ff.

zur Folge, dass die Auslandstat vom Unrechtskern her einem der in § 261 Abs. 1 S. 2 StGB aufgezählten Delikte entsprechen muss.[883]
Weiter muss es sich bei der Vortat um eine rechtswidrige, seit einer Gesetzesänderung 1998[884] jedoch nicht mehr notwendig um die Tat eines anderen handeln. Dies hat – da die Selbstbeteiligung an der Vortat gem. § 261 Abs. 9 S. 2 StGB straflos ist – vor allem Auswirkungen bei Fällen zweifelhafter Vortatbeteiligung.[885]

c. Herrühren aus der Vortat

Eine weitere große Schwierigkeit ergibt sich für den Verteidiger durch die Tatsache, dass der fragliche Gegenstand nur aus der Vortat »herrühren« muss. Wann dies der Fall ist, konnte bislang noch nicht zufriedenstellend geklärt werden.[886] Nur dass sich der Gegenstand im Sinne eines Kausalzusammenhangs auf die Vortat zurückführen lassen muss, dürfte nach dem Wortlaut außer Frage stehen.[887] In der Praxis hat sich der Nachweis des Zusammenhangs zwischen konkreter Vortat und abschöpfungsverdächtigen Geldern als Kernproblem der Strafverfolgung erwiesen.[888]

aa. Definition des Merkmals »Herrühren«

Der Gesetzgeber hat mit dem Ziel einer möglichst breiten Anwendbarkeit des Tatbestands die Grenzen dieses Merkmals bewusst unscharf formuliert[889] und

---

[883] *Burr*, wistra 1995, 255 [255]; *Körner/Dach*, Geldwäsche, Rn. 20; *Körner*, NStZ 1996, 64 [65]; *Lackner/Kühl*, § 261 Rn. 4; *Lang/Schwarz/Kipp*, S. 179 f.; *Tröndle/Fischer*, § 261 Rn. 17; *Ungnade*, WM 1993, 2069 [2071 f.].
[884] Gesetz zur Verbesserung der Bekämpfung der Organisierten Kriminalität vom 04.05.1998, BGBl. I, S. 845.
[885] Vgl. BT-Drucks. 13/8651, S. 10 f.; *Kreß*, wistra 1998, 121 [125]; *Tröndle/Fischer*, § 261 Rn. 18.
[886] Vgl. zur Diskussion *Barton*, NStZ 1993, 159 [159]; *Bottke*, wistra 1995, 87 [90]; *Burr*, Geldwäsche, S. 66; *Großwieser*, Der Geldwäschestraftatbestand § 261 StGB, S. 56 ff.; *Lampe*, JZ 1994, 123 [127]; *Leip*, Der Straftatbestand der Geldwäsche, S. 66 ff.; *Maiwald*, in: Hirsch-FS, S. 631 [636 ff.]; *Otto*, wistra 1995, 323 [327]; *Salditt*, StraFo 1992, 121 [123 f.].
[887] So auch *Barton*, NStZ 1993, 159 [160]; *Burr*, Geldwäsche, S. 68; *Flatten*, Zur Strafbarkeit von Bankangestellten bei der Geldwäsche, S. 72; *Leip*, Der Straftatbestand der Geldwäsche, S. 71; *Weyand*, INF 1994, 661 [662].
[888] Vgl. *Gradowski/Ziegler*, Geldwäsche, Gewinnabschöpfung, S. 25 ff.; *Kaiser*, wistra 2000, 121 [122]; *Kreß*, wistra 1998, 121 [124].
[889] Vgl. BT-Drucks. 12/989, S. 27; BT-Drucks. 12/3533, S. 12; BR-Drucks. 219/91, S. 13; dazu *Krey/Dierlamm*, JR 1992, 353 [359].

muss sich daher den Vorwurf einer Verletzung des Bestimmtheitsgebots (Art. 103 Abs. 2 GG) gefallen lassen.[890] Denn nach zutreffender Ansicht lässt sich das Tatbestandsmerkmal des »Herrührens« nicht allein mittels wörtlicher Auslegung anhand des »üblichen Sprachgebrauchs«[891] eingrenzen.[892] Auf eine zufriedenstellende Auslegung des Begriffs »Herrühren« konnte sich die Wissenschaft bislang nicht einigen.[893] Aus dem Gesetzgebungsverfahren ist zu entnehmen, dass ein mittelbarer Zusammenhang ausreichen soll.[894] Zudem braucht der Gegenstand, auf den sich die Tathandlung des § 261 StGB bezieht, nicht identisch mit dem Gegenstand zu sein, der aus der Vortat stammt.[895] Aus den erweiterten Voraussetzungen im Vergleich zu den Tatbestandsmerkmalen der Hehlerei folgt, dass »Herrühren« jedenfalls etwas anderes als »Erlangen« i.S.d. § 259 StGB sein muss. Daher hat sich die Ansicht durchgesetzt, dass »Herrühren« nach dem gesetzgeberischen Willen extensiv auszulegen ist.[896] Damit können neben den unmittelbar kontaminierten Gegenständen, die der Täter für die Tat oder aus derselben erlangt (z.B. Lohn, Entgelt, unmittelbare Gewinne, sog. *scelere quaesita*)[897] auch die Gegenstände, die durch die Tat hervorgebracht wurden (sog. *producta sceleris*)[898] und der Einziehung unterliegende Beziehungsgegen-

---

[890] Vgl. *Leip*, Der Straftatbestand der Geldwäsche, S. 68; *Lampe*, JZ 1994, 123 [128]; krit. auch *Krey/Dierlamm*, JR 1992, 353 [359].
[891] So die Hoffnung des Gesetzgebers, vgl. BT-Drucks. 12/989, S. 27.
[892] *Barton*, NStZ 1993, 159 [160]; *Großwieser*, Der Geldwäschestraftatbestand § 261 StGB, S. 61; *Leip*, Der Straftatbestand der Geldwäsche, S. 72; *Salditt*, StraFo 1992, 121 [124].
[893] Vgl. zum Meinungsstand ausführlich *Burr*, Geldwäsche, S. 66 ff.; *Dionyssopoulou*, Der Tatbestand der Geldwäsche, S. 104 ff.; *Großwieser*, Der Geldwäschestraftatbestand § 261 StGB, S. 56 ff.; ferner *Hombrecher*, Geldwäsche (§ 261 StGB) durch Strafverteidiger?, S. 20 f.; *Otto*, Jura 1993, 329 [330 f.]; *Salditt*, StraFo 1992, 121 [123]; Sch/Sch-*Stree*, § 261 Rn. 8; zu grammatischen, systematischen, teleologischen und historischen Auslegungsversuchen vgl. *Leip*, Der Straftatbestand der Geldwäsche, S. 70 ff.
[894] Vgl. BT-Drucks. 11/7663, S. 25.
[895] *Maiwald*, in: Hirsch-FS, S. 631 [636].
[896] Vgl. *Lackner/Kühl*, § 261 Rn. 5; *Leip*, Der Straftatbestand der Geldwäsche, S. 67; *Mehlhorn*, Der Strafverteidiger als Geldwäscher, S. 75; *Otto*, Jura 1987, 329 [330 ff.]; LK-*Ruß*, § 261 Rn. 8; *Salditt*, StraFo 1992, 121 [123]; *Tröndle/Fischer*, § 261 Rn. 6; *Weyand*, INF 1994, 661 [662].
[897] BT-Drucks. 12/989, S. 26; NK-*Altenhain*, § 261 Rn. 63; *Arzt*, JZ 1993, 913 [914]; *Bottke*, wistra 1995, 87 [91]; *Burr*, Geldwäsche, S. 68; *Hetzer*, wistra 2000, 281 [283]; *Höreth*, Die Bekämpfung der Geldwäsche, S. 125; *Lackner/Kühl*, § 261 Rn. 5; *Leip*, Der Straftatbestand der Geldwäsche, S. 93 f.; LK-*Ruß*, § 261 Rn. 8; *Salditt*, StraFo 1992, 121 [123]; *Spiske*, Pecunia olet?, S. 112; *Tröndle/Fischer*, § 261 Rn. 7.
[898] NK-*Altenhain*, § 261 Rn. 64; *Arzt*, JZ 1993, 913 [914]; *Bottke*, wistra 1995, 87 [91]; *Burr*, Geldwäsche, S. 68; *Lackner/Kühl*, § 261 Rn. 5; LK-*Ruß*, § 261 Rn. 8; *Spiske*, Pecunia olet?,

stände[899] unter den Begriff des »Herrührens« i.S.d. § 261 StGB subsumiert werden.[900] Nicht aus der Vortat rühren die benutzten Tatwerkzeuge (sog. *instrumenta sceleris*) her.[901] Allein in ihrer Benutzung ist ein Herrühren im Sinne von »aus der Vortat stammen« nicht zu sehen. Stellt man auf das von § 261 StGB geschützte Rechtsgut ab, würde eine gegenteilige Ansicht auch Sinn und Zweck des § 261 StGB widersprechen. Eine Verschleierung der Herkunft wäre bei diesen Gegenständen weder bei wirtschaftlicher noch teleologischer Betrachtungsweise hinsichtlich des Schutzes der Rechtspflege sinnvoll.[902]

In Anbetracht der Weite dieses Tatbestandsmerkmals wird zu Recht die Frage erhoben, ob § 261 StGB in diesem Punkt hinsichtlich des Grundsatzes *nulla poena sine lege* (Art. 103 Abs. 2 GG) noch als verfassungsgemäß zu bezeichnen ist.[903] § 261 StGB wurde erkennbar als »Lückenfüller« eingeführt und stellt Geldwäsche jeglichen Ausmaßes unter Strafe. Im Gegensatz zum Merkmal des *»durch eine [...] rechtswidrige Tat erlangt«* im Tatbestand der Hehlerei, bei dem die Herkunft durch Auslegung zu ermitteln ist, kann der Gesetzesanwender bei § 261 Abs. 1 S. 1 StGB die Grenzen des Merkmals »Herrühren« nicht mehr sicher anhand des Tatbestands bestimmen. Denn dieser Begriff umfasst ohne erkennbare Einschränkung jeglichen Gegenstand, der in irgendeiner Form kausal mit einer Katalogtat in Verbindung steht. Damit ist zwar theoretisch Klarheit bezüglich des Umfangs der Strafdrohung nach oben erreicht, da jegliche Geldwäsche unter Strafe gestellt wird. Allerdings fehlt eine untere Begrenzung. Gerade im Strafrecht soll jedoch der Bürger soll schon anhand der Gesetzesfassung

---

S. 112; dagegen *Dionyssopoulou*, Der Tatbestand der Geldwäsche, S. 107; *Leip*, Der Straftatbestand der Geldwäsche, S. 98.

[899] *Dionyssopoulou*, Der Tatbestand der Geldwäsche, S. 107; *Hetzer*, wistra 2000, 281 [283]; *Leip*, Der Straftatbestand der Geldwäsche, S. 97 f.; *Spiske*, Pecunia olet?, S. 112; *Tröndle/Fischer*, § 261 Rn. 7; dagegen NK-*Altenhain*, § 261 Rn. 66; *Burr*, Geldwäsche, S. 68; *Höreth*, Die Bekämpfung der Geldwäsche, S. 125.

[900] Vgl. näher *Bottke*, wistra 1995, 87 [90 f.]; *Lackner/Kühl*, § 261 Rn. 5; *Otto*, Jura 1993, 329 [330]; LK-*Ruß*, § 261 Rn. 8; *Salditt*, StraFo 1992, 121 [123]; *Tröndle/Fischer*, § 261 Rn. 7.

[901] Ebenso NK-*Altenhain*, § 261 Rn. 65; *Burr*, Geldwäsche, S.68; *Dionyssopoulou*, Der Tatbestand der Geldwäsche, S. 106 f.; *Fahl*, Jura 2004, 160 [161]; *Leip*, Der Straftatbestand der Geldwäsche, S. 94 f.; dagegen *Körner/Dach*, Geldwäsche, Rn. 26, vgl. auch SK/StGB-*Hoyer*, § 261 Rn. 11.

[902] Ebenso *Leip*, Der Straftatbestand der Geldwäsche, S. 94 f.

[903] *Barton*, NStZ 1993, 159 [165]; *Knorz*, Der Unrechtsgehalt des § 261 StGB, S. 174 f.; *Spiske*, Pecunia olet?, S. 111.

Klarheit über die Grenzen des straflosen Verhaltens erhalten. Daher müssen die einzelnen Merkmale eines Straftatbestands so konkret umschrieben werden, dass Sinn- und Bedeutungsgehalt sich durch Auslegung ermitteln lassen.[904] Es wird daher kritisiert, dass mit dieser tatbestandlichen Weite weder die Appell- noch die Garantie- und Begrenzungsfunktion des Tatbestands erreicht wird.[905] Aus systematischer Sicht habe das Strafrecht mit der Auffangfunktion des § 261 StGB seinen fragmentarischen Charakter verloren. Eine Kriminalisierung auch sozialadäquater Handlungen verstoße daher gegen das Verhältnismäßigkeitsprinzip.[906]

Dieser Kritik ist zuzugeben, dass § 261 StGB aufgrund seiner weitgehenden Fassung aus verfassungsrechtlicher Sicht zwar bedenklich ist. Allerdings verdeutlicht die Existenz auch anderer Auffangtatbestände im Strafgesetzbuch (z.B. § 259 StGB: *»oder sonst sich oder einem Dritten verschafft«*; § 263a StGB: *»oder sonst durch unbefugte Einwirkung auf den Ablauf«*), dass dieser Aspekt dem deutschen Strafrecht nicht fremd ist. Einer bei wörtlicher Anwendung drohenden Verfassungswidrigkeit kann zudem in Bagatellfällen durch eine verfassungskonforme oder telelogische Auslegung begegnet werden,[907] so dass § 261 StGB aus diesem Grund noch nicht verfassungswidrig ist.

bb. Probleme der Vermischung von Vermögensgegenständen

Besondere Probleme wirft die Konstellation der Vermischung von bemakelten und unbemakelten Vermögensgegenständen (Verdünnung) auf. Wird bemakeltes Geld auf ein Bankkonto eingezahlt, das bereits unbemakeltes Geld enthält, stellt sich die Frage nach den Konsequenzen, wenn danach das Verteidigerhonorar von diesem Konto überwiesen wird. Diese »Verdünnungs«-Problematik ist im Gesetzgebungsverfahren offensichtlich nicht für besonders relevant gehalten oder sogar übersehen worden.[908] Jedenfalls finden sich in den Materialien kaum Ausführungen zu dieser Frage.[909] Ebenso problembehaftet sind die Auswirkun-

---

[904] *Wessels/Beulke*, AT Rn. 47 m.w.N.
[905] Vgl. *Knorz*, Der Unrechtsgehalt des § 261 StGB, S. 174 f.
[906] *Knorz*, Der Unrechtsgehalt des § 261 StGB, S. 179 ff., 182.
[907] Ebenso *Spiske*, Pecunia olet?, S. 116 ff.
[908] So *Salditt*, StraFo 1992, 121 [124].
[909] Vgl. allenfalls BR-Drucks. 507/92, S. 27.

gen der Vermischung bei einer Surrogation. Hier stehen sich praktische Durchführbarkeit und Gesetzeszweck unversöhnlich gegenüber.

Beispiel 1: Das Bankvermögen eines Täters beläuft sich auf 10.000 Euro. Es setzt sich in Höhe von 9.000 Euro aus unbemakeltem Vermögen und in Höhe von 1.000 Euro aus bemakeltem Vermögen zusammen. Der Täter überweist 5.000 Euro als Honorarvorschuss an seinen Strafverteidiger.

Beispiel 2: Nun setzt sich das Bankvermögen des Täters aus 1.000 Euro unbemakeltem und 9.000 Euro bemakeltem Geld zusammen. Wieder gibt der Täter 5.000 Euro für eine Strafverteidigung aus.

Es geht konkret um die Frage, welcher Anteil an bemakeltem Vermögen zur Bemakelung des gesamten Vermögensgegenstands, hier der Forderung gegen die Bank, führt. Vom Gesetzeszweck, den Vortäter einerseits zu isolieren und andererseits die »Papierspur« (*paper trail*) so lang wie möglich aufrecht zu erhalten, wäre der effektivste Weg, jeglichen Anteil für ein »Infizieren« des gesamten Kontos genügen zu lassen.[910] Dies erweist sich in der Praxis jedoch als undurchführbar.[911] Es führte zu weit, wenn eine Summe, die sich zu 99% aus legalen Finanzmitteln zusammen setzt, durch eine Quote von 1% bemakeltem Vermögen insgesamt illegal würde. Umgekehrt ist ebenso einsichtig, dass eine Quote von 1% unbemakeltem Vermögen die Bemakelung der restlichen 99% nicht aufheben darf. Der Gesetzgeber hat ausweislich der Gesetzesberatungen wohl einen Anteil von 10% für ausreichend gehalten, die restlichen 90% zu kontaminieren.[912] Aus der Wissenschaft kommen ganz unterschiedliche Vorschläge. *Weyand*[913] lässt offenbar jeden Anteil genügen, um die Bemakelung aufrecht zu erhalten. *Barton*[914] will bereits ab einem Anteil zwischen 0,1% - 5% eine Bemakelung annehmen. *Mehlhorn*[915] schlägt eine Mischbetrachtung vor. Eine Bemakelung liege selbst bei einem prozentualen Anteil von über 5% nicht vor, wenn ein Deckelungsbetrag von 1.000 Euro nicht überschritten werde. Andererseits führe das Überschreiten von 1.000 Euro jedenfalls zur Bemakelung, selbst wenn die prozentuale Grenze von 0,1% - 5% nicht überschritten werde. Zu einer 10%-

---

[910] So offenbar *Weyand*, INF 1994, 661 [662].
[911] Ebenso *Leip*, Der Straftatbestand der Geldwäsche, S. 106 f.
[912] BR-Drucks. 507/92, S. 27.
[913] *Weyand*, INF 1994, 661 [662].
[914] *Barton*, NStZ 1993, 159 [163].
[915] *Mehlhorn*, Der Strafverteidiger als Geldwäscher, S. 83.

Grenze tendieren dagegen *Hombrecher*[916] und *Körner/Dach.*[917] Letztere wollen erst in der Strafzumessung den geringfügigen Anteil bemakelten Geldes berücksichtigen. Analog zum (mittlerweile überholten) § 74 Abs. 2 AO kommen *Leip*,[918] *Hardtke*[919] und ihnen folgend *Dionyssopoulou*[920] zu einem Anteil von 25%, wobei sie zwischen horizontaler (Besitzwechsel des unmittelbar aus der Katalogtat stammenden Gegenstands) und vertikaler (Transformation des Ursprungsgegenstands durch Surrogation, Vermischung etc.) Kontamination unterscheiden. *Ambos*[921] operiert mit einer Wertsummenlösung, wobei eine Strafbarkeit erst dann eintreten soll, wenn der Täter mehr Geld erhält als überhaupt sauberes vorhanden ist. Zuvor haben schon *Salditt*[922] und *Burr*[923] für ein Abgrenzungsmerkmal des »wesentlichen Überwiegens« des bemakelten Anteils plädiert, wobei sie aber offen gelassen haben, ab welchem Prozentsatz dieses wesentliche Überwiegen vorliegen soll.

Wenn die Möglichkeit erwogen wird, dass das Bankkonto nur teilweise infiziert wird, stellt sich das Folgeproblem, ob der Täter bei der Zahlung an den Verteidiger über den bemakelten oder unbemakelten Teil des Vermögens verfügt. Denn bei jeder Überweisung könnte theoretisch *in dubio pro reo* angenommen werden, dass der Täter über den nicht inkriminierten Geldbetrag verfügt hat. Zur Vermeidung der Anwendung des *in dubio*-Grundsatzes wird hier vor allem das »*lifo*«-Prinzip vertreten (*last in, first out*),[924] nach dem das zuletzt eingezahlte Geld hypothetisch als erstes wieder ausgegeben wird.

cc. Eigene Ansicht

Nach hier vertretener Ansicht ist zu differenzieren. Bei Mischfinanzierungen hätte es wenig Sinn, eine Be- oder Entmakelung nach fixer Quotierung vorzunehmen. Jede wirtschaftlich geprägte Lösung über ein starres Signifikanzniveau

---

[916] *Hombrecher*, Geldwäsche (§ 261 StGB) durch Strafverteidiger?, S. 23.
[917] *Körner/Dach*, Geldwäsche, Rn. 27; ähnlich *Ackermann*, Geldwäscherei – Money Laundering, S. 248.
[918] *Leip*, Der Straftatbestand der Geldwäsche, S. 109.
[919] *Leip/Hardtke*, wistra 1997, 281 [283]; vgl. auch *Leip*, Der Straftatbestand der Geldwäsche, S. 110; zust. *Großwieser*, Der Geldwäschestraftatbestand § 261 StGB, S. 77 f.
[920] *Dionyssopoulou*, Der Tatbestand der Geldwäsche, S. 108.
[921] *Ambos*, JZ 2002, 70 [71].
[922] *Salditt*, StraFo 1992, 121 [124].
[923] *Burr*, Geldwäsche, S. 78.
[924] Vertreten etwa von *Leip/Hardtke*, wistra 1997, 281 [284].

würde das Risiko in sich bergen, durch entsprechende Stückelung umgangen zu werden. Um dies zu vermeiden, sollte bei entsprechender Teilbarkeit eines Vermögensgegenstands eine Teilung in dem Verhältnis vorgenommen werden, in dem eine Bemakelung vorliegt. Im Falle eines Geldbetrags bedeutet dies, dass dem Täter zumindest der anteilige Geldbetrag unbemakelt zur Verfügung steht, über den er auch ohne Vortat im Zeitpunkt der Vermögensverschiebung hätte verfügen können.[925] Eine »Ansteckung« des restlichen (Geld-) Vermögens findet nicht statt. Diese Lösung wird im Übrigen auch am besten der angestrebten Zielrichtung im Gesetzgebungsverfahren gerecht. Dort heißt es: »Herrühren« liegt vor, *soweit* ein Gegenstand mit inkriminiertem Vermögen erworben wurde[926] (Hervorhebung durch Verfasser).

Im Beispiel 1 verfügt der Täter daher in voller Höhe über unbemakeltes Vermögen, da ihm auch nach Abzug der 5.000 Euro noch 4.000 Euro an unbemakeltem Geld verbleiben.

Nach hier vertretener Auffassung gilt diesbezüglich der Grundsatz des *last in, last out (»lilo«).* Danach soll ein bemakelter Vermögensgegenstand zur besseren Verfolgbarkeit (Stichwort: *»paper trail«*) im Vermögen des Geldwäschers verbleiben, solange er wertmäßig nicht angetastet wird (das zuletzt erlangte Geld bleibt bei ihm haften und wird hypothetisch auch zuletzt ausgegeben). Der umgekehrte *»lifo«*-Grundsatz *(last in, first out)* wäre zwar als Abschreckung gegenüber weiteren Tätern dienlich. Er würde aber die Entstehung unangemessen langer Geldwäscheketten begünstigen und damit die Nachvollziehbarkeit und letztendlich auch die Strafverfolgung ohne Not erschweren.

Im Beispiel 2 hat der Verteidiger jedenfalls bemakeltes Vermögen in Höhe von 4.000 Euro erlangt.

Im Fall der Teilkontamination eines Bankguthabens setzt sich die Bemakelung in entsprechendem Verhältnis auch in der nächsten Hand fort.[927] Ob es sich zivilrechtlich um genau das Geld handelt, das aus der Vortat herrührt, ist nach den gezeigten Beispielen ohne Belang. Eine solche summenmäßige Betrachtungsweise trägt noch nicht die Gefahr einer Verschleierung der Herkunft in sich.

---

[925] Ebenso *Salditt,* StraFo 1992, 121 [124]; ähnl. *Burr,* Geldwäsche, S. 76; *Maiwald,* in: Hirsch-FS, S. 631 [637], die im Beispielsfall auf den *in dubio pro reo*-Grundsatz abstellen würden.
[926] BT-Drucks. 12/3533, S. 12.
[927] *Leip/Hardtke,* wistra 1997, 281 [284] (die allerdings auf das *»lifo«*-Prinzip abstellen).

Dies ist auch nicht vom Gesetzgeber intendiert. Denn der Gesetzeszweck fordert lediglich eine Isolierung des Vortäters, nicht aber des Geldwäschers.

dd. Ausnahme bei gutgläubigem Vorerwerb durch § 261 Abs. 6 StGB

Besonders verwirrend gestaltet sich in diesem Zusammenhang der Anwendungsbereich der Ausnahmevorschrift des § 261 Abs. 6 StGB, die kurz näher dargestellt werden soll.

(1) »Straftat« im Sinne des § 261 Abs. 6 StGB

Nach § 261 Abs. 6 StGB ist im Interesse des allgemeinen Rechtsverkehrs die Tat nicht nach Abs. 2 strafbar, wenn zuvor ein Dritter den Gegenstand erlangt hat, ohne hierdurch eine Straftat zu begehen. Mit dem Begriff der »Straftat« soll hierbei nur die Geldwäsche selbst gemeint sein, da die Verlängerung der Strafbarkeitskette bei Erlangung durch andere Delikte keinen Sinn mache.[928] Dies lässt sich zwar nicht aus dem Wortlaut des Geldwäschetatbestands rechtfertigen,[929] ergibt sich aber aus der Zielsetzung der Ausnahmeregelung. § 261 Abs. 6 StGB soll unangemessen lange Geldwäscheketten verhindern. Die Unterbrechung einer solchen Kette ist demnach nur sinnvoll, wenn auf einen Zwischenerwerb im Wege der Geldwäsche abgestellt wird.[930]

Hinzu kommen Friktionen mit § 261 Abs. 1 StGB, der nicht von der Ausnahmeregelung des § 261 Abs. 6 StGB erfasst wird. Auch wenn der Zwischenbesitzer gutgläubig war, kommt folglich eine Strafbarkeit nach Abs. 1 in Betracht. Abgrenzungsschwierigkeiten bereitet insbesondere die Gefährdungs-Variante, da der bösgläubige Täter letztlich auch die Ermittlung der Herkunft gefährdet, wenn er sich einen Gegenstand von einem gutgläubigen Dritten verschafft.[931] Um den Anwendungsbereich der Ausnahmeregelung sinnvoll zu erweitern,

---

[928] So die h.M., vgl. *Flatten*, Zur Strafbarkeit von Bankangestellten bei der Geldwäsche, S. 82; *Hombrecher*, Geldwäsche (§ 261 StGB) durch Strafverteidiger?, S. 26; *Lackner/Kühl*, § 261 Rn. 6; *Maiwald*, in: Hirsch-FS, S. 631 [646]; *Spiske*, Pecunia olet?, S. 157; Sch/Sch-*Stree*, § 261 Rn. 14.
[929] Krit. *Tröndle/Fischer*, § 261 Rn. 27. Konkret sind die Fälle strittig, in denen ein Dritter sich auf deliktischem Wege die Verfügungsgewalt über einen Gegenstand verschafft, ohne hinsichtlich der geldwäscherelevanten Herkunft bösgläubig zu sein.
[930] Zutr. *Maiwald*, in: Hirsch-FS, S. 631 [646].
[931] So auch *Maiwald*, in: Hirsch-FS, S. 631 [642].

werden verschiedene Wege vorgeschlagen: *Maiwald*[932] argumentiert mit dem unklaren Verhältnis von Abs. 1 zu Abs. 2. Nach einem gutgläubigen Erwerb enthalte Abs. 1 gegenüber dem Sich-Verschaffen keinen eigenen Unrechtsgehalt. Eine entsprechende Tathandlung bleibe daher straflos. Andere wollen einmal gutgläubig erworbene Gegenstände grundsätzlich vom Anwendungsbereich des § 261 StGB auszunehmen.[933] Ebenfalls wird zur Abgrenzung vorgeschlagen, dass man bei § 261 Abs. 1 StGB finales, zielgerichtetes Handeln voraussetzen müsse.[934] Letztlich vermag keiner der Vorschläge mit Blick auf die Vereinbarkeit mit dem gesetzgeberischen Ziel und dem Wortlaut vollauf zu überzeugen.[935] Die Regelung ist vielmehr nur als Ausnahmeregelung für besondere Fälle vorgesehen. Nicht zuletzt deshalb läuft sie in der Praxis in der Mehrzahl der Fälle leer.[936]

(2) Einsatz von Bankinstituten zu Zahlungszwecken

Insbesondere blieb im Laufe des Gesetzgebungsverfahrens ungeklärt, ob bei Geldgeschäften die zwischenzeitliche Einzahlung auf Bankkonten eine Bemakelung aufhebt. Erlangt die Bank gutgläubig den betreffenden Vermögensgegenstand, kommt die Anwendung des § 261 Abs. 6 StGB in Betracht.

Betrachtet man die Lösung dieser Frage allein von der zivilrechtlichen Seite, wird durch die Einzahlung bemakelten Geldes bei einem Geldinstitut ein unregelmäßiger Verwahrungsvertrag i.S.d. § 700 BGB geschlossen. Aus zivilrechtlicher Sicht erlangt die Bank sogar Eigentum am Geld. Bei einer Überweisung führt sie aus eigenen Mitteln einen Auftrag aus und beansprucht hinterher Aufwendungsersatz.[937] § 261 Abs. 6 StGB wäre damit in wörtlicher Anwendung bei Gutgläubigkeit des zuständigen Bankangestellten anwendbar. In der Konsequenz bedeutete bereits dies für den Verteidiger, der sich durch Überweisungen oder Schecks honorieren lässt, im Regelfall die Ausnahme von der Geldwäsche-

---

[932] *Maiwald*, in: Hirsch-FS, S. 631 [645].
[933] Vgl. *Lackner/Kühl*, § 261 Rn. 5; *Rengier*, BT/1, § 23 Rn. 14 f.; NK-*Altenhain*, § 261 Rn. 68; *Wessels/Hillenkamp*, BT/2 Rn. 901; krit. *Tröndle/Fischer*, § 261 Rn. 28.
[934] Vgl. *Leip*, Der Straftatbestand der Geldwäsche, S. 127.
[935] Krit. auch Sch/Sch-*Stree*, § 261 Rn. 14; *Tröndle/Fischer*, § 261 Rn. 28.
[936] *Tröndle/Fischer*, § 261 Rn. 28; zust. W. *Schmidt*, StraFo 2003, 2 [3].
[937] Zutr. *Sauer*, wistra 2004, 89 [90].

strafbarkeit.[938] Kehrseite der Medaille wäre jedoch entgegen der gesetzgeberischen Vorstellung[939] die Gefahr eines ausufernden Missbrauchs der Banken als Geldwaschinstitute.[940]

Aus dieser Überlegung heraus wird zum Teil eine Lösung nicht nach zivilrechtlichen Maßstäben, sondern nach dem Sinn der Norm und damit durch teleologische Auslegung gesucht. Entscheidender Gedanke sei hier, dass die Bank primär nur als abhängiger Verwahrer des Geldes auftrete. Man solle daher den Begriff des »Erlangens« im Sinne des § 261 Abs. 6 StGB nicht anders auslegen als bei der benachbarten Hehlerei[941] und ihn daher als »Erlangen der tatsächlichen Gewalt zum Zwecke eigenmächtiger Verfügung« verstehen. Die Bank erlange aus wirtschaftlicher Sicht die tatsächliche Gewalt aber gerade nicht zum Zwecke eigenmächtiger, sondern vornehmlich fremdnütziger Verfügung, indem sie von den Weisungen des Kontoinhabers abhängig sei. Das vorübergehende »Parken« des Geldes reiche nicht, um die Ausnahmeregelung des § 261 Abs. 6 StGB in Anspruch nehmen zu können.[942] Würde man dagegen – wie etwa *Maiwald* – eine Anwendung des Abs. 6 befürworten, würden letztlich Strafbarkeit oder Straflosigkeit des Verteidigers vom Zufall der Art der Honorierung abhängen. Ein merkwürdiges und abzulehnendes Ergebnis.[943]

Zum Teil wird die Nichtanwendbarkeit des § 261 Abs. 6 StGB damit begründet, dass nur solche Handlungen i.S.v. § 261 Abs. 2 StGB straflos gestellt werden sollten, die sich genau auf den Gegenstand bezögen, welchen zuvor ein Gut-

---

[938] Dafür *Bernsmann*, StV 2000, 40 [43]; *Hamm*, NJW 2000, 636 [638]; *Maurach/Schroeder/Maiwald*, BT/2, § 101 Rn. 28; *Sauer*, wistra 2004, 89 [90]; ebenso *Dombek*, ZAP 2000, 683 [694]: »Praxistipp«; bzgl. § 261 Abs. 2 StGB ebenso *Mehlhorn*, Der Strafverteidiger als Geldwäscher, S. 84 ff., 86, der jedoch auf die bleibende Gefährdung nach Abs. 1 hinweist.
[939] BT-Drucks. 12/989, S. 26; BR-Drucks. 597/92, S. 23; vgl. auch *Hombrecher*, Geldwäsche (§ 261 StGB) durch Strafverteidiger?, S. 28.
[940] *Sauer*, wistra 2004, 89 [90 Fn. 7].
[941] So auch *Bernsmann*, StV 2000, 40 [43], der allerdings entgegen der hier vertretenen Auffassung zum Ergebnis kommt, dass die Nutzung von Bankinstituten zur Anwendung des § 261 Abs. 6 StGB führt.
[942] *Hombrecher*, Geldwäsche (§ 261 StGB) durch Strafverteidiger?, S. 29 ff.; für die Anwendung des § 261 Abs. 6 StGB *Bernsmann*, StV 2000, 40 [43]; *Maiwald*, in: Hirsch-FS, S. 631 [639 f.]; ablehnend *Lüderssen*, StV 2000, 205 [208].
[943] Ebenso *Ambos*, JZ 2002, 70 [72]; *Bernsmann*, StV 2000, 40 [43]; ablehnend auch *Hombrecher*, Geldwäsche (§ 261 StGB) durch Strafverteidiger?, S. 32; *Lüderssen*, StV 2000, 205 [208].

gläubiger erlangt habe. Surrogate wie die wieder ausgezahlten Geldmittel als Ersatz der Forderung gegen die Bank seien dagegen nur erfasst, wenn darauf gerichtete Handlungen unabhängig vom Vortäter erfolgten und diesem nicht die wirtschaftliche Nutzung der Straftatgewinne ermöglichten. Dies sei beim Verteidiger aber nicht der Fall, § 261 Abs. 6 StGB folglich auf ihn nicht anwendbar.[944]

Ein weiteres Argument gegen die Anwendung des § 261 Abs. 6 StGB ist der kriminalpolitische Sinn des Gesetzes, das wesentlich auch auf die Geldinstitute als potentielle Geldwaschanlagen zugeschnitten ist. Dieses Ziel würde bei einer Interpretation zugunsten der Anwendung auf Geldinstitute in diesem Fall verfälscht werden. Dies ergibt sich nicht zuletzt auch im Zusammenhang mit dem Geldwäschegesetz, das den Geldinstituten umfangreiche Identifikationspflichten auferlegt. Daher ist der Auffassung von *Maiwald* nicht zu folgen, der mit einem ähnlichen Gedankengang gerade für eine Anwendung des § 261 Abs. 6 StGB auf Geldinstitute argumentiert. Seiner Ansicht nach entspräche es nicht dem Sinn des Gesetzes, würde man für die Frage der Entstehung unangemessen langer Ketten von Straftaten gerade die wichtigsten Kettenglieder – die Geldinstitute – aus der Anwendung des § 261 Abs. 6 StGB ausschließen.[945] Er stellt allerdings selbst zutreffend fest, dass seine Lösung kriminalpolitisch wenig befriedigt.[946]

Die Honorierung über den »Umweg« eines Geldinstituts hält darüber hinaus aber auch noch weitere Fallstricke bereit. Rät ein Verteidiger seinem Mandanten zur Einzahlung bemakelten Geldes auf ein Girokonto, um auf diese Weise ein Geldinstitut für eine Honorarüberweisung zu benutzen, macht sich der Einzahler gem. § 261 Abs. 1 StGB strafbar.[947] Sicher sein könnte der Verteidiger ohnehin nicht, ob sich nicht die Bankangestellten bei der Einzahlung oder einem anderen Bankvorgang bezüglich des gezahlten Honorars strafbar gemacht haben.[948] Schließlich kann sich der Verteidiger bei Vorliegen der Voraussetzungen der

---

[944] *Bussenius*, Geldwäsche und Strafverteidigerhonorar, S. 28 ff., 33.
[945] *Maiwald*, in: Hirsch-FS, S. 631 [639].
[946] *Maiwald*, in: Hirsch-FS, S. 631 [640].
[947] Mehlhorn, Der Strafverteidiger als Geldwäscher, S. 85; *Sauer*, wistra 2004, 89 [90].
[948] Zur Strafbarkeit von Bankangestellten, auch in diesem Zusammenhang, vgl. *Gallandi*, wistra 1988, 295 ff.; *Löwe-Krahl*, wistra 1993, 123 ff.; *ders.*, in: Geldwäsche, S. 111 ff.

§§ 25 ff. StGB möglicherweise selbst einer mittäterschaftlichen Begehung des § 261 Abs. 1 StGB oder zumindest einer Teilnahme in Form der Anstiftung schuldig machen,[949] so dass eine Straflosigkeit über die Ausnahmevorschrift des § 261 Abs. 6 StGB im Regelfall gerade nicht zu erreichen ist.[950] Entscheidend gegen die Anwendung des Abs. 6 spricht zudem, dass der Kontoinhaber bei der Überweisung (oder Scheckzahlung) an den Verteidiger über eine Forderung verfügt, die bei vorheriger Einzahlung bemakelter Gelder als Surrogat im Zweifel abhängig vom Restguthaben ebenfalls bemakelt bleibt.[951] Eine Anwendung des § 261 Abs. 6 StGB bei der Nutzung von Bankkonten (oder auch Schecks) ist daher nach alldem abzulehnen.[952]

ee. Probleme der Transformation, Surrogation und Vervielfachung

Ein weiteres Problemfeld bei der Auslegung des Merkmals »Herrühren« eröffnet sich beim mischfinanzierten Erwerb von unteilbaren Gegenständen (Surrogaten) oder der Weitergabe des Ursprungsgegenstands an einen Dritten.[953] Anders als beim Tatbestand der Hehlerei (§ 259 StGB), der keine strafbare Ersatzhehlerei kennt, kann sich der Strafverteidiger auch mit umgewandelten Gegenständen wegen Geldwäsche strafbar machen.[954] Aus einer Vortat herrühren können damit auch Gegenstände, die erst aufgrund einer Kette von Verwertungshandlungen (»Waschvorgängen«) unter Beibehaltung des Werts an die Stelle des ursprünglichen Gegenstands treten und an denen die Bemakelung fortbesteht (Surrogation).[955] Im Gegensatz zu Delikten wie der sachlichen Begünstigung in § 257 StGB, bei der solche Transformationen durch das Merkmal

---

[949] Darauf weist *Lüderssen*, StV 2000, 205 [208] zutreffend hin.
[950] *Mehlhorn*, Der Strafverteidiger als Geldwäscher, S. 86; dafür aber *Bernsmann*, StV 2000, 40 [43]; *Hamm*, NJW 2000, 636 [638]; ebenso *Dombek*, ZAP 2000, 683 [694]: »Praxistipp«.
[951] Vgl. NK-*Altenhain*, § 261 Rn. 42; *Gotzens/Schneider*, wistra 2002, 121 [123]; SK/StGB-*Hoyer*, § 261 Rn. 24; *Neuheuser*, NStZ 2001, 647 [649], *Otto*, JZ 2001, 436 [439]; Sch/Sch-*Stree*, § 261 Rn. 14; *Zeifang*, Die eigene Strafbarkeit des Strafverteidigers, S. 351.
[952] Ebenso *Bernsmann*, StV 2000, 40 [43]; *Hombrecher*, Geldwäsche (§ 261 StGB) durch Strafverteidiger?, S. 31; *Katholnigg*, NJW 2001, 2041 [2045]; *Lüderssen*, StV 2000, 205 [208]; *Neuheuser*, NStZ 2001, 647 [649]; *Otto*, JZ 2001, 436 [439]; *Zeifang*, Die eigene Strafbarkeit des Strafverteidigers, S. 351 f.
[953] Hierzu und zu weiteren Grenzfällen ausführlich *Leip*, Der Straftatbestand der Geldwäsche, S. 100. ff.
[954] Zum Unterschied gegenüber § 259 StGB vgl. *Arzt*, NStZ 1990, 1 [2 ff.].
[955] BT-Drucks. 12/989, S. 27; BT-Drucks. 12/3533, S. 12.

des »nachvollziehbaren Vorhandenseins des erlangten Vorteils im Vermögen des Vortäters« begrenzt ist, geht § 261 StGB sogar noch weiter. Er erfasst sowohl sachliche (horizontale) als auch persönliche (vertikale) Umwandlungen, also sowohl die Transformation als auch das »Weiterwandern« eines Gegenstands. Das Geldwäscheobjekt kann sich damit »vervielfältigen«.

Aus § 261 Abs. 6 StGB wird ersichtlich, dass der ursprüngliche Gegenstand zum Zweck der Aufrechterhaltung der »Papierspur« dem Grundsatz nach auch in den Händen eines Dritten bemakelt bleibt. Die Bemakelung erfasst daher konsequenterweise auch das Surrogat.[956] Erst durch geldwäscheneutralen[957] Erwerb endet die Kontamination. Hiermit wird der Wille des Gesetzgebers deutlich, Surrogate verkehrsunfähig zu machen und so den Vortäter wirtschaftlich zu isolieren. Bei erneuter Surrogation des Surrogats soll nach Ansicht von *Leip*[958] die Bemakelung enden, da dem Sicherungsbedürfnis Genüge getan werde, wenn der Makel vom Verbleib des Gegenstands im Vermögen des Katalogtäters abhängig gemacht werde. Dies ist einsichtig, zumal möglicherweise durch den Umgang mit dem Surrogat eine neue Geldwäschekette in Gang gesetzt wird.[959]

Äußerst problematisch wird der Fall bei einer Kombination von Surrogation und Vermischung, etwa wenn der Täter unteilbare Vermögensgegenstände mischfinanziert und auf diese Weise ein Surrogat erlangt.

Beispiel 3: Ein kunstsinniger Täter honoriert seinen Verteidiger mit einer schönen Grafik im Wert von 5.000 Euro, für deren Erwerb er zuvor bemakeltes Geld in Höhe von 4.000 Euro eingesetzt hat.

Die Aufhebung der Bemakelung durch eine fixe Quote würde hier den Geldwäscher ohne Grund begünstigen, ein sukzessives Geldwaschen ermöglichen und wäre daher vom Gesetzeszweck gesehen kontraproduktiv. Hätte der Täter vormals nicht die Mittel gehabt, das Surrogat zu erwerben, darf sich an diesem Befund infolge der Verwendung bemakelter Mittel nichts ändern. Folglich reicht

---

[956] Zu Grenzfällen und Fragen der Beendigung der Surrogation vgl. *Leip*, Der Straftatbestand der Geldwäsche, S. 102 ff., z.B. dem Fall, dass ein Gegenstand sicherungsübereignet wird.
[957] Die Verwirklichung einer Variante des § 261 Abs. 1 StGB würde die Bemakelung aber wieder aufleben lassen.
[958] *Leip*, Der Straftatbestand der Geldwäsche, S. 110; zust. *Großwieser*, Der Geldwäschestraftatbestand § 261 StGB, S. 78.
[959] Krit. dazu *Leip*, Der Straftatbestand der Geldwäsche, S. 115 ff.

in diesen Fällen zunächst jeder Anteil aus, um eine Bemakelung herbeizuführen.[960] Diese besteht aber nur im Verhältnis des aufgewendeten bemakelten und unbemakelten Vermögens. Wird das teilbemakelte Surrogat später wieder verkauft, zerfällt der Erlös wieder in einen makellosen und einen bemakelten Anteil im früheren Verhältnis.

Im Beispiel 3 hat der Verteidiger daher eine zumindest teilbemakelte Grafik erhalten.

Bei einer Transformation (z.B. Verarbeitung) eines geldwäscherelevanten Vermögensgegenstands durch Weiterverarbeitung stellen sich die gleichen Probleme wie bei der Vermischung. Hier wird zum Teil vertreten, dass eine Verarbeitung die Bemakelung nicht aufheben kann.[961] Teilweise wird ähnlich wie bei der Vermischung von einer Quote von 25% eigener Transformationsleistung ausgegangen, um die Bemakelung aufzuheben.[962] Nach dem Willen des Gesetzgebers soll die Grenze erst dann überschritten und eine Dekontamination eingetreten sein, wenn der Wert des fraglichen Gegenstands durch »Weiterverarbeitung« auf die selbstständige Leistung eines Dritten (also nicht des Täters selbst) zurückgeführt werden kann.[963] Die hiermit verbundenen Probleme (insbes. der Einbeziehung von mittelbaren oder unmittelbaren Gewinnen sowie Kontaminationsmöglichkeiten unter Kausal- und Zurechnungsgesichtspunkten) sind äußerst weitläufig und haben Auswirkungen in verschiedenen Rechtsfeldern. Neben zivilrechtlichen und strafrechtlichen Folgen stellt sich hier auch die Frage der Einheit der Rechtsordnung, wenn das Strafrecht einen gutgläubigen Eigentumserwerb nicht als rechtmäßig anerkennt. Auf die damit verbundenen Probleme soll hier nicht im Einzelnen eingegangen werden.[964] Für die hier untersuchte Thematik genügt

---

[960] Anders *Hombrecher*, Geldwäsche (§ 261 StGB) durch Strafverteidiger?, S. 23 (Quote von 10%); *Leip*, Der Straftatbestand der Geldwäsche, S. 110 (Quote von 25%).
[961] *Weyand*, INF 1994, 661 [662].
[962] *Leip*, Der Straftatbestand der Geldwäsche, S. 121 ff.
[963] Vgl. BT-Drucks. 12/989, S. 27; näher dazu *Barton*, NStZ 1993, 159 [163]; *Großwieser*, Der Geldwäschestraftatbestand § 261 StGB, S. 73 ff. *Leip*, Der Straftatbestand der Geldwäsche, S. 122 ff., will dagegen eine Dekontamination analog § 74 Abs. 2 AO bei einem Prozentsatz des bemakelten Anteils von unter 25% oder bei Verjährung zivilrechtlicher Rückgewähransprüche (§§ 195 ff. BGB) eintreten lassen; ihm folgend *Dionyssopoulou*, Der Tatbestand der Geldwäsche, S. 108 f., 115.
[964] Vgl. dazu NK-*Altenhain*, § 261 Rn. 76 ff.; *Barton*, NStZ 1993, 159 [162]; *Burr*, Geldwäsche, S. 72 ff.; *Fahl*, Jura 2004, 160 [164 f.]; SK/StGB-*Hoyer*, § 261 Rn. 13; *Krey/Dierlamm*, JR 1992, 353 [359]; *Lackner/Kühl*, § 261 Rn. 5; *Leip*, Der Straftatbestand der Geldwäsche, S. 100. ff.

es vielmehr, auf die bestehende Problematik im Zusammenhang mit der Verteidigerhonorierung hinzuweisen.

d. Tathandlungen

Bei den Tathandlungen ist formal zwischen denjenigen des § 261 Abs. 1 StGB und denen des § 261 Abs. 2 StGB zu trennen.[965] Durch die zum Teil unscharfe Formulierung kommt es zwischen Abs. 1 und Abs. 2 jedoch zu Überschneidungen, so dass eine eindeutige Zuordnung eines Verhaltens zu einer Tatvariante nicht immer zweifelsfrei zu bewerkstelligen ist.[966]

aa. § 261 Abs. 1 StGB

Tathandlungen des Abs. 1 zielen darauf ab, einen inkriminierten Vermögensgegenstand unter Verdeckung seiner Herkunft in den legalen Finanz- und Wirtschaftskreislauf einzuschleusen.

Für einen rechtstreuen Verteidiger kommt hier besonders die Variante des Gefährdens der Ermittlung der Herkunft, des Auffindens, des Verfalls (§§ 73 ff. StGB), der Einziehung (§§ 74 ff. StGB) oder der Sicherstellung (§§ 111b ff. StPO) eines geldwäscherelevanten Gegenstands in Betracht. Bei diesem konkreten Gefährdungsdelikt führt bereits der Eintritt der konkreten[967] Gefahr des Scheiterns der Ermittlungen zur Tatbestandserfüllung. Allerdings muss das Tun des Täters auch konkret geeignet sein, den Vereitelungserfolg herbeizuführen. So ist für die Variante des »Gefährdens« beispielsweise erforderlich, dass der tatsächliche Zugriff auf den Gegenstand konkret erschwert wird.[968]

bb. § 261 Abs. 2 StGB

Weit wichtiger sind für einen Strafverteidiger demgegenüber die Tathandlungen des § 261 Abs. 2 StGB. Hierbei geht es primär um die Isolierung des Vortäters, indem der bemakelte Gegenstand *de facto* verkehrsunfähig gemacht wird. Der Gesetzgeber hat Abs. 2 dabei auch als Auffangtatbestand für solche Konstellati-

---

[965] Zu den Tathandlungen des § 261 StGB vgl. *Bottke*, wistra 1995, 121 ff.; *Salditt*, StraFo 1992, 121 [125 ff.].
[966] Krit. *Salditt*, StraFo 1992, 121 [126]: »komplizierter Tatbestand«; vgl. auch *Lampe*, JZ 1994, 123 [128].
[967] *Lackner/Kühl*, § 261 Rn. 7; *Tröndle/Fischer*, § 261 Rn. 22.
[968] Vgl. BGH NJW 1999, 436 [436].

onen gestaltet, in denen die Strafverfolgungsbehörden bei Anwendung des Abs. 1 Schwierigkeiten mit der Beweisführung haben würden. Die Effektivität der Geldwäscheverfolgung sollte durch bewusst niedrige Anforderungen an die Beweisführung sichergestellt werden.[969]
Als Tathandlung des Abs. 2 genügt es, dass der Täter sich oder einem Dritten einen inkriminierten Gegenstand verschafft (Nr. 1) oder einen solchen Gegenstand verwahrt (Nr. 2). Für den Verteidiger heißt dies konkret, dass auch die Annahme von bemakeltem Honorar als zeitlich vorausgehender Akt vor dem Verwenden jedenfalls das Merkmal des Sich-Verschaffens erfüllt.[970] Dabei bedarf es nicht zwingend, wie ein Blick auf Abs. 5 zeigt, eines kollusiven Zusammenwirkens mit dem Vortäter. Leichtfertigkeit hinsichtlich der Kenntnis der odiösen Herkunft und kollusives Handeln schließen sich aus.[971]
Aber auch durch das reine Verwahren (im Sinne der Ingewahrsamnahme) z.B. eines Beweisstücks kann sich der Verteidiger strafrechtlich in Gefahr bringen. Schließlich kann ein strafrechtliches Risiko vor allem bei Geldgeschäften darin liegen, einen Gegenstand durch den bestimmungsgemäßen Gebrauch für sich oder einen Dritten zu verwenden (Nr. 2).

2. Der subjektive Tatbestand

a. Das Vorsatzelement

Im subjektiven Tatbestand genügt sowohl bei § 261 Abs. 1 StGB als auch bei § 261 Abs. 2 StGB hinsichtlich der Kenntnis ein Fürmöglichhalten der bemakelnden Herkunft eines Gegenstands, was als Vorsatzform dem einfachen *dolus eventualis* entspricht.[972] Die Kenntnis muss bei Abs. 2 im Zeitpunkt der Erlan-

---

[969] Vgl. BT-Drucks. 12/989, S. 27; BR-Drucks. 507/92, S. 30; krit. *Maurach/Schroeder/Maiwald*, BT/2, § 101 Rn. 45.
[970] Allg. Meinung, vgl. BVerfG NJW 2004, 1305 [1306]; HansOLG Hamburg, NJW 2000, 673 [673]; *Baier*, JA-R 2000, 112 [114]; *Bernsmann*, StV 2000, 40 [41]; *Dombek*, ZAP 2000, 683 [692]; *Fad*, JA 2002, 14 [15]; *Gräfin von Galen*, StV 2000, 575 [575]; *Hombrecher*, Geldwäsche (§ 261 StGB) durch Strafverteidiger?, S. 25 f.; *Nestler*, StV 2001, 641 [641]; *Spiske*, Pecunia olet?, S. 134; *Zeifang*, Die eigene Strafbarkeit des Strafverteidigers, S. 350 Fn. 3;
[971] *Fahl*, Jura 2004, 160 [162]; *Leip*, Der Straftatbestand der Geldwäsche, S. 141; *Otto*, Jura 1993, 329 [331].
[972] *Körner/Dach*, Geldwäsche, Rn. 60; *Körner*, NStZ 1996, 64 [65 f.]; LK-*Ruß*, § 261 Rn. 16; *Salditt*, StraFo 1992, 121 [128]; Sch/Sch-*Stree*, § 261 Rn. 18; *Tröndle/Fischer*, § 261 Rn. 40;

gung der Verfügungsgewalt über den Gegenstand vorliegen. Spätere Kenntnis (*dolus subsequens*) ist unschädlich.[973] Geht ein Verteidiger irrtümlich von der legalen Herkunft eines Gegenstands aus oder irrt er hinsichtlich der Tatumstände des Abs. 1 S. 2 Nr. 1-3, unterliegt er einem Tatbestandsirrtum (§ 16 StGB), der den Vorsatz entfallen lässt.[974]

b. Der Leichtfertigkeitstatbestand des § 261 Abs. 5 StGB

Eigentliches Hauptproblem des § 261 StGB war allerdings der in Abs. 5 geregelte Leichtfertigkeitstatbestand. Nach dem Wortlaut würde einen Strafverteidiger bei konsequenter Anwendung auch seine Unkenntnis nicht schützen, wenn er leichtfertig nicht erkennt, dass ein Gegenstand aus einer in § 261 Abs. 1 S. 2 StGB aufgelisteten Straftat stammt. »Leichtfertigkeit« soll dabei vorliegen, wenn sich die illegale Herkunft nach der gegebenen Sachlage aufdrängt und der Täter dies aus Gleichgültigkeit oder grober Unachtsamkeit außer Acht lässt.[975] Dies wird im Regelfall einer bewussten (groben) Fahrlässigkeit im Zivilrecht entsprechen, wobei individuelle Kenntnisse und Fähigkeiten des Täters zu berücksichtigen sind.[976] Es gab sogar Bestrebungen, die Fahrlässigkeitsschwelle auf die einfache Fahrlässigkeit herabzusenken.[977] Gegen diese vom Gesetzgeber aus kriminalpolitischen Gründen bewusst zur Vermeidung von Beweisschwierigkeiten[978] eingefügte Strafbarkeitsausdehnung sind auch unabhängig von der

---

a.A. *Bottke*, wistra 1995, 121 [121], der bzgl. § 261 Abs. 2 Nr. 2 Alt. 1 und 2 StGB sicheres Wissen verlangt und diesbezüglich eine Auslegung i.S.v. *dolus eventualis* mit Blick auf den *nullum-crimen-nulla-poena*-Grundsatz nicht ausreichen lässt.
[973] Vgl. BT-Drucks. 12/989, S. 26; *Leip*, Der Straftatbestand der Geldwäsche, S. 152; *Körner/Dach*, Geldwäsche, Rn. 65.
[974] LK-*Ruß*, § 261 Rn. 16; *Tröndle/Fischer*, § 261 Rn. 40; krit. *Lackner/Kühl*, § 261 Rn. 9.
[975] So BT-Drucks. 12/989, S. 28; BGHSt 33, 66 [67]; 43, 158 [168]; LG Berlin, NJW 2003, 2694 [2694 f.]; *Bottke*, wistra 1995, 121 [121]; *Körner/Dach*, Geldwäsche, Rn. 60, 68; *Leip*, Der Straftatbestand der Geldwäsche, S. 151; Sch/Sch-*Stree*, § 261 Rn. 19; *Tröndle/Fischer*, § 261 Rn. 42; ausführlich zur Leichtfertigkeit bei § 261 StGB *Dionysopoulou*, Der Tatbestand der Geldwäsche, S. 142 ff.
[976] Vgl. *Götz/Windholz*, AnwBl. 2000, 642 [643]; *Neuheuser*, NStZ 2001, 647 [649]; *J.Schmidt*, JR 2001, 448 [450]; *Salditt*, StraFo 1992, 121 [130]; *Weyand*, INF 1994, 661 [663]; für ein durchgängiges *dolus eventualis*-Erfordernis plädiert *Bottermann*, Untersuchungen zu den grundlegenden Problematiken des Geldwäschetatbestandes, S. 130 ff.
[977] Vgl. SPD-Entwurf eines 2. OrgKG, BT-Drucks. 12/6784; zust. *Kreß*, wistra 1998, 121 [127]; vgl. auch *Hetzer*, NJW 1993, 3298 [3299].
[978] BT-Drucks. 12/989, S. 27; vgl. auch BGHSt 43, 158 [165]; *Maurach/Schroeder/Maiwald*, BT/2, § 101 Rn. 36; LK-*Ruß*, § 261 Rn. 18; krit. *Lampe*, JZ 1994, 123 [129].

Verteidiger-Problematik grundsätzliche Bedenken angemeldet worden. Aus verfassungsrechtlicher Sicht wurde bemängelt, dass es sich um eine verdeckte Beweisregel handele, die sowohl das Schuldprinzip als auch das Bestimmtheitsgebot verletze.[979] Die Intention des Gesetzgebers, auftretende Beweisschwierigkeiten zu vermeiden, führt aber für sich genommen noch nicht zwangsläufig zu einer unzulässigen Beweislastregel.[980] Kriminalpolitisch und systematisch wird die Leichtfertigkeitsregel als Fremdkörper angesehen, der den bislang vom Gesetzgeber verfolgten Grundsatz der Nichtverfolgung einfach fahrlässigen Verhaltens zugunsten des freien Wirtschaftsverkehrs im Bereich der Vermögensdelikte durchbreche.[981] Berechtigt ist die Kritik insoweit, als der Leichtfertigkeitstatbestand entgegen der Vorgabe der Geldwäscherichtlinie eingeführt worden ist, die lediglich vorsätzlich begangene Handlungen als Geldwäsche bezeichnet.[982] Praktische Auswirkungen hat diese als Auffangregelung konzipierte Bestimmung insbesondere in den Fällen des § 261 Abs. 2 StGB, so dass sich speziell im Geld- und Kreditverkehr besondere Probleme ergeben.[983]

aa. Die grundsätzlich fehlende Erkundigungspflicht

Der Strafverteidiger ist grundsätzlich Vertrauensperson seines Mandanten und nicht zu grundlosem Misstrauen verpflichtet. Rechtsanwälte dürfen daher in der Regel auf die Richtigkeit tatsächlicher Informationen ihrer Mandanten vertrauen.[984] Für sie besteht weder spezialgesetzlich noch allgemein eine Verpflichtung,

---

[979] Näher *Bottermann*, Untersuchungen zu den grundlegenden Problematiken des Geldwäschetatbestandes, S. 130 ff.; *Dionyssopoulou*, Der Tatbestand der Geldwäsche, S. 155 ff.; *Flatten*, Zur Strafbarkeit von Bankangestellten bei der Geldwäsche, S. 111 ff.; *Knorz*, Der Unrechtsgehalt des § 261 StGB, S. 169 ff.; *Leip*, Der Straftatbestand der Geldwäsche, S. 146 ff.; *Salditt*, StraFo 1992, 121 [130 f.]; dagegen BGH NJW 1997, 3323 ff.; *Kreß*, wistra 1998, 121 [127].

[980] Ebenso *Salditt*, StraFo 1992, 121 [131]; *Krey/Dierlamm*, JR 1992, 353 [359]; *Spiske*, Pecunia olet?, S. 156;

[981] *Hetzer*, NJW 1993, 3298 [3299]; vgl. aber auch die Verweisregelung des § 264 Abs. 3 StGB.

[982] Ebenso *Salditt*, StraFo 1992, 121 [130].

[983] *Bottke*, wistra 1995, 121 [123]; *Löwe-Krahl*, wistra 1993, 123 [125]; *Salditt*, StraFo 1992, 121 [132]; *Tröndle/Fischer*, § 261 Rn. 43.

[984] LG Berlin, NJW 2003, 2694 [2695]; ebenso *Krekeler*, NStZ 1989, 146 [152]; *Sauer*, wistra 2004, 89 [94].

eigene Ermittlungen anzustellen.[985] Dennoch scheint es eine durch die weite Fassung des § 261 Abs. 2 StGB im Sinne einer Beweiserleichterung dokumentierte Tendenz des Gesetzgebers zu dieser Ansicht zu geben.[986] Abweichend von der Regel kann sich allerdings eine Erkundigungspflicht ergeben, wenn sich die odiöse Herkunft eines Vermögensgegenstands dem Rechtsanwalt aufdrängt oder er mit unlauteren Machenschaften rechnet. In diesen Fällen ist er gehalten, sich durch Nachfrage und Plausibilitätsprüfung[987] davon zu überzeugen, dass er sein Vorgehen verantworten kann.[988] Dabei hängt das Maß der Erkundigungspflicht vom Grad objektiver Auffälligkeit des Vorgangs ab.[989] Eine über eine Plausibilitätskontrolle hinausgehende Nachforschung würde die Pflichten des Strafverteidigers dagegen überspannen. Zumeist werden dem Anwalt dazu auch die Mittel fehlen. Das Unterlassen weiterer Nachforschungen stellt daher keine Verletzung des Sorgfaltsmaßstabs dar.[990] In Anbetracht der Tatsache, dass die Beschuldigung durch die Strafverfolgungsorgane nur ein Indiz für die tatsächliche Schuld ist, darf ein Verteidiger zunächst von der Unschuld des Mandanten ausgehen, so dass sich die Fälle einer Erkundigungspflicht nochmals reduzieren. Letztendlich kann sich damit schon bei wörtlicher Anwendung des § 261 Abs. 5 StGB eine Strafbarkeit nur bei einem hohen Geldwäscheverdacht ergeben.[991]

bb. Vermeidung des Geldwäscheverdachts

Das eigentliche Problem für den Verteidiger besteht aber bereits in der Gefahr, nur in den Verdacht der Geldwäsche und damit ins Visier der Strafverfolgungsbehörden zu geraten. Schon die Tatsache, dass wegen einer Katalogtat gegen einen Mandanten ermittelt wird, reicht nach der Gesetzeslage zur Verdachtsbe-

---

[985] LG Berlin, NJW 2003, 2694 [2695]; für das Zivilrecht bereits BGH NJW 1985, 1154 [1155]; zust. *Salditt*, StraFo 1992, 121 [132]; *J. Schmidt*, JR 2001, 448 [451].
[986] Kritisch dazu *Matt*, Stellungnahme, Rs-Nr. 128/99, S. 8 ff.; *Kempf*, Referat BRAK, Rs-Nr. 61/92, S. 30; *Hartung*, AnwBl. 1994, 440 [440]; *Hamm*, NJW 1993, 289 [295]; *Barton*, StV 1993, 156 [158].
[987] *J. Schmidt*, JR 2001, 448 [451].
[988] *Salditt*, StraFo 1992, 121 [132] unter Bezug auf AnwSt (R) 12/82 vom 20. Dezember 1982 – EAS 1982, 55 (Asylverfahren); ebenso *Weyand*, INF 1994, 661 [663].
[989] LG Berlin, NJW 2003, 2694 [2695].
[990] Ebenso *J. Schmidt*, JR 2001, 448 [451].
[991] Ebenso *Sauer*, wistra 2004, 89 [94].

gründung seitens des Verteidigers aus.[992] Prozessuale Zwangsmaßnahmen wie Durchsuchungen sind dann nur noch eine Frage der Zeit. Ein weiterer Problembereich eröffnet sich im Zusammenhang mit Telefonüberwachungsmaßnahmen. § 100a StPO erlaubt die Telefonüberwachung bei jedem Geldwäscheverdacht, was schon *per se* zu Friktionen führt, wenn es sich bei der Geldwäsche-Vortat nicht um eine Katalogtat des § 100a StPO handelt. Auch hier zeigt sich, dass § 261 StGB ein noch nicht harmonisierter Fremdkörper im Strafrechtssystem darstellt, was durch eine restriktive Interpretation des § 100a StPO aufgefangen werden muss.[993]

Es kann aber nicht sein, dass einem Verteidiger allein aufgrund seiner langjähriger Berufserfahrung die Kenntnis unterstellt wird, dass Gelder eines Mandanten aus Betäubungsmitteldelikten stammen, wenn sich dieser bereits früher auf diesem Gebiet hervorgetan hat.[994] Eine »Strafbarkeit durch Professionalität«[995] gibt es nicht und darf es nicht geben. Die Schwierigkeiten zeigen sich exemplarisch an einem vom LG Berlin entschiedenen Fall.

In dem Verfahren ging es um den Verdacht der Geldwäsche bei einem Rechtsanwalt, weil dieser in einem Betäubungsmittelverfahren einen Honorarvorschuss in Höhe von 2000,- € angenommen hatte. Es kam daraufhin zu einer Durchsuchung der Kanzleiräume inkl. Sichtung der Computer und zur Beschlagnahme umfangreichen Aktenmaterials.

Das LG Berlin sah allein aufgrund der Zahlung von 2000,- € Honorarvorschuss noch keinen Anfangsverdacht der Geldwäsche, da sich dieser Betrag im üblichen Gebührenrahmen bewegt habe. Durchsuchung und Beschlagnahme wurden vom LG Berlin mit Blick auf Art. 12 GG als unverhältnismäßig angesehen, weil sie durch Übergabe geeigneter Belege hätten abgewendet werden können.

Auch nach der Entscheidung des Bundesverfassungsgerichts ist nicht vollständig geklärt, wann sich ein Anfangsverdacht für die Strafverfolgungsbehörden ergibt. Allerdings wurde die Situation für Verteidiger zumindest insoweit entschärft, dass allein die Verteidigung eines Mandanten, der einer Katalogtat i.S.v. § 261

---

[992] Vgl. den Fall LG Berlin, NJW 2003, 2694 f.; *Burr*, Geldwäsche, S. 53; *Hombrecher*, Geldwäsche (§ 261 StGB) durch Strafverteidiger?, S. 34 f.
[993] Vgl. zu diesem Problemfeld BGH wistra 2003, 305 (m. Bespr. *Roßmüller/Scheinfeld*, wistra 2004, 52 ff.); ferner OLG Hamburg, StV 2002, 590 ff.; LG Hildesheim, NStZ 2003, 326 (m. zust. Anm. *Mahnkopf*).
[994] LG Hamburg, Beschl. vom 28.09.1999 (629 KLS 4/99), S. 4, zit. bei *Hombrecher*, Geldwäsche (§ 261 StGB) durch Strafverteidiger?, S. 35.
[995] *Dombek*, ZAP 2000, 683 [692].

StGB verdächtigt wird, noch nicht zu einem Anfangsverdacht ausreiche. Dies ergebe sich aus der strengen Einhaltung des Verhältnismäßigkeitsprinzips.[996] In einem frühen Stadium des Ermittlungsverfahrens sei nicht sicher, ob der Nachweis der notwendigen Schuldform gelingen wird, zumal der Geldwäschetatbestand im Falle der Honorarannahme ein sozial unauffälliges Verhalten pönalisiere und die Erfüllung des objektiven Tatbestands daher wenig Aussagekraft habe.[997] Für einen Anfangsverdacht bedürfe es daher zureichender weiterer tatsächlicher Anhaltspunkte,[998] die greifbare Anhaltspunkte für das Vorliegen der Bösgläubigkeit böten.[999] Nach Auffassung des Bundesverfassungsgerichts könne die subjektive Tatseite durch die außergewöhnliche Höhe des Honorars oder durch die Art und Weise der Erfüllung der Honorarforderung indiziert werden. Dabei hat es aber offen gelassen, welche Höhe bzw. welche Art und Weise ein Anzeichen für eine Böswilligkeit des Verteidigers darstellen kann. Die letztendliche Entscheidung zur Durchführung eines Ermittlungsverfahrens habe sich zudem auch im Interesse des Mandanten am Grundsatz der Verhältnismäßigkeit zu orientieren.

Wie sich ein Strafverteidiger in der Praxis vor einem Geldwäscheverdacht schützen kann, ist schwer zu beantworten. Neben der Vermeidung des Leichtfertigkeitsvorwurfs an sich ergeben sich für den Verteidiger vor allem Schwierigkeiten bei der Frage, ob ein entgegengenommener Gegenstand aus einer Katalogtat des § 261 StGB herrührt. Auch von Fachverbänden herausgegebene Leitlinien, die das Erkennen von Geldwäschefällen erleichtern sollen, haben sich als nicht geeignet für den alltäglichen Kanzleibetrieb des Verteidigers erwiesen. So sind die »Anhaltspunkte, die auf Geldwäsche gemäß § 261 StGB hindeuten können«[1000] aufgrund ihrer einseitigen Ausrichtung auf die Massengeschäfte der Kreditinstitute ungeeignet, für Rechtssicherheit bei den Strafverteidigern zu sor-

---

[996] So auch schon LG Berlin, NJW 2003, 2694 ff.
[997] BVerfG NJW 2004, 1305 [1312].
[998] So schon vor der BVerfG-Entscheidung *Kleinknecht/Meyer-Goßner*, (46. Aufl.), § 152 Rn. 4 m.w.N.
[999] BVerfG NJW 2004, 1305 [1312].
[1000] Herausgegeben vom Zentralen Kreditausschuss der Banken in Abstimmung mit dem Bundeskriminalamt und dem Bundesaufsichtsamt für das Kreditwesen, abgedr. bei *Hoyer/Klos*, Geldwäsche, S. 414.

gen. Aus dem gleichen Grund ist auch das »Geldwäsche-Typologienpapier«[1001] für einen Verteidiger zur Information nicht ausreichend.

Eine nahe liegende (aber im Ergebnis zu verwerfende) Lösung wäre eine für alle Mandanten obligatorische Erklärung, dass ihre angebotenen Zahlungsmittel nicht aus einer Katalogtat im Sinne des § 261 Abs. 1 StGB stammen.[1002] Allerdings ist das in diesem Zusammenhang vorgebrachte Argument, wer sich als Verteidiger ein solches Schriftstück ausstellen lasse, habe bereits ein schlechtes Gewissen,[1003] nicht von der Hand zu weisen. Eine derartige Erklärung würde zwangsläufig die Frage provozieren, welchen Anlass der Anwalt gehabt hat, sich eine solche Versicherung geben zu lassen.[1004] Das Motto »schlechtes Gewissen ist gleich Wissen«[1005] würde dann die angestrebte Wirkung in ihr Gegenteil verkehren und zu einer Pervertierung der Unschuldsvermutung beitragen. Zu verhindern wäre dies allenfalls durch ein formalisiertes Verfahren, in dem deutschlandweit ausnahmslos jeder Mandant ohne Ansehen seiner Person eine solche Erklärung abgeben müsste. Eine solche Unterschrift wäre aber dann das Papier nicht wert, auf dem sie geschrieben wurde.

In der Praxis werden die Verteidiger hoffen müssen, dass die Strafverfolgungsbehörden die vom Bundesverfassungsgericht gemachten Vorgaben schonend umsetzen und nur in Ausnahmefällen mit prozessualen Maßnahmen gegen einen Verteidiger vorgehen werden.

3. Die Sondervorschriften § 261 Abs. 9 StGB und § 261 Abs. 10 StGB

Selbst wenn ein Straftäter den Geldwäsche-Tatbestand verwirklicht haben sollte, bestünde für ihn theoretisch noch Hoffnung. Denn der Gesetzgeber wollte jedem Geldwäscher mit den Vorschriften des § 261 Abs. 9 und 10 StGB goldene Brücken bauen. Systematisch gesehen enthalten die Absätze 9 und 10 Regelungen

---

[1001] Herausgegeben vom Bundesaufsichtsamt für das Kreditwesen, abgedr. bei *Lang/Schwarz/Kipp*, S. 874 ff.
[1002] So *Matt*, Referat BRAK, Rs-Nr. 62/99, S. 18.
[1003] *Hombrecher*, Geldwäsche (§ 261 StGB) durch Strafverteidiger?, S. 36.
[1004] So auch *Dombek*, ZAP 2000, 683 [693].
[1005] *Matt*, Stellungnahme, Rs-Nr. 128/99, S. 9.

zur tätigen Reue.[1006] Der Gesetzgeber verfolgte das Ziel, zur wirksameren Bekämpfung der Organisierten Kriminalität Anreize für die Anzeige strafbarer Geldwaschvorgänge schaffen. Eine solche Anzeige sollte dabei sowohl zur Eindämmung der Geldwäsche als auch zur Sicherstellung der gewaschenen Gegenstände beitragen.[1007]

a. § 261 Abs. 9 StGB

Der Strafaufhebungsgrund des § 261 Abs. 9 StGB ist ausweislich der Gesetzesbegründung an § 371 Abs. 2 Nr. 2 AO angelehnt.[1008] Nach Abs. 9 S. 1 Nr. 1 tritt daher zum Erfordernis, dass der Täter seine Tat bei der zuständigen Behörde (§ 158 Abs. 1 S. 1 StPO) anzeigt oder auch nur eine solche Anzeige veranlasst, hinzu, dass die Geldwäsche noch nicht entdeckt gewesen sein darf und der Täter dies entweder wusste oder damit rechnen musste. Im Gegensatz zum Wortlaut des Vorbilds § 371 Abs. 2 Nr. 2 AO wird bei § 261 Abs. 9 S. 1 Nr. 1 StGB jedoch subjektiv auf die Kenntnis von der Nichtentdeckung und nicht die Unkenntnis von der Entdeckung abgestellt. Eine Strafaufhebung wird bei § 261 StGB damit an schärfere Voraussetzungen geknüpft.[1009] In Anbetracht der Gesetzesmaterialien entspricht eine wörtliche Auslegung aber nicht dem gesetzgeberischen Willen. § 261 Abs. 9 S. 1 Nr. 1 StGB ist daher wie § 371 Abs. 2 Nr. 2 AO auszulegen.

Bei jeder Art von vorsätzlicher Begehung bedarf es nach Abs. 9 S. 1 Nr. 2 für seine Straflosigkeit zusätzlich der Bewirkung der Sicherstellung (§§ 111b ff. StPO) des inkriminierten Gegenstands. Bei vorangegangener leichtfertiger Begehung hat der Gesetzgeber allerdings auf das Sicherstellungs-Erfordernis verzichtet. Er wollte damit der Tatsache Rechnung tragen, dass es insbesondere im Bereich von Bankgeschäften bei längerfristigen Geschäftsbeziehungen entweder durch Zeitablauf oder durch Verfügungen des Kontoinhabers zu Schwierigkeiten bei der Sicherstellung inkriminierter (Vermögens-) Gegenstände kommen

---

[1006] *Tröndle/Fischer*, § 261 Rn. 50; eingehend dazu *Fabel*, Geldwäsche und tätige Reue, *passim*.
[1007] Vgl. BT-Drucks. 12/989, S. 28; *Burr*, Geldwäsche, S. 95, 101; *Fabel*, Geldwäsche und tätige Reue, S. 66.
[1008] *Tröndle/Fischer*, § 261 Rn. 51.
[1009] Zur den Folgen bei wörtlicher Anwendung des missglückten Wortlauts vgl. *Gräfin von Galen*, StV 2000, 575 [578]; *Koch/Baum*, Abgabenordnung, § 371 Rn. 35.

kann.[1010] In leichteren Fällen sollte daher für den kooperierenden Täter eine weitere Straferleichterung geschaffen werden. Da aber viele typische Geldwaschvorgänge mittels Bankkonten erfolgen, hat der Gesetzgeber mit der Ausnahmeregelung des Abs. 9 S. 1 Nr. 2 die Geldwäscheverfolgung für weite Bereiche entwertet.[1011]

Die Anzeige muss freiwillig erfolgen. Die Freiwilligkeit wird dabei nicht durch die im Geldwäschegesetz normierte Anzeigepflicht von Geldwäscheverdachtsfällen ausgeschlossen, § 11 Abs. 6 GwG. Insoweit ist an eine Harmonisierung mit § 11 GwG gedacht worden.

Von einem persönlichen Strafaufhebungsgrund profitiert nach § 261 Abs. 9 S. 2 StGB auch derjenige, der wegen feststehender[1012] Beteiligung an der Vortat strafbar ist. Dieser Passus wurde erst im Nachhinein[1013] in Anlehnung an die Selbstbegünstigungsregelung des § 257 Abs. 3 StGB in das Gesetz aufgenommen.[1014]

b.   § 261 Abs. 10 StGB

Mit § 261 Abs. 10 StGB hat der Gesetzgeber eine § 31 Nr. 1 BtMG nachgebildete[1015] »kleine Kronzeugenregelung«[1016] eingeführt. Die Ermessens-Regelung erfasst die Abs. 1-5. Hier reicht dem Täter für ein Absehen von Strafe oder zumindest eine Strafmilderung (§ 49 Abs. 2 StGB) bereits das freiwillige Offenbaren seines Wissens hinsichtlich einer Geldwäschestraftat, solange dieses Offenbaren einen Beitrag zur Aufdeckung einer rechtswidrigen Tat eines anderen oder seiner eigenen Tat über seinen Tatbeitrag hinaus geführt hat.

[1010] Vgl. BT-Drucks. 12/989, S. 28.
[1011] Krit. auch *Löwe-Krahl*, wistra 1993, 123 [126].
[1012] Sch/Sch-*Stree*, § 261 Rn. 5.
[1013] Durch das *Gesetz zur Verbesserung der Bekämpfung der Organisierten Kriminalität* vom 4. Mai 1998 (BGBl. I S. 845 ff., in Kraft getreten am 9. Mai 1998, abgedr. bei *Hoyer/Klos*, Geldwäsche, S. 223 ff.).
[1014] Krit. zu dieser Regelung *Schittenhelm*, in: Lenckner-FS, S. 519 [537 f.].
[1015] Dazu LK-*Ruß*, § 261 Rn. 25 mit Rechtsprechungsübersicht.
[1016] *Tröndle/Fischer*, § 261 Rn. 52.

c. **Strafrechtliche Probleme des Gebrauchmachens von § 261 Abs. 9 und 10 StGB**

Im Gegensatz zum »typischen« Geldwäscher ergeben sich für einen Verteidiger allerdings durch die Regelungen des § 261 Abs. 9 und 10 StGB mehr Probleme als Chancen. Denn ebenso wie andere Geheimnisträger ist auch er verpflichtet, im Rahmen des Mandatsverhältnis erworbene Kenntnisse nicht zu offenbaren.[1017] Im Unterschied zu anderen Geheimnisträgern gilt die Verschwiegenheitspflicht als tragende Stütze des Anwaltsberufs schlechthin und genießt insoweit einen herausragenden Stellenwert.[1018]

aa. **Friktionen mit § 203 StGB**

Neben einem gravierenden Einschnitt in das Vertrauensverhältnis zwischen Verteidiger und Mandant kann ein Verstoß gegen diese Verschwiegenheitspflicht sogar berufsrechtliche und strafrechtliche Konsequenzen nach sich ziehen. Nach § 203 Abs. 1 Nr. 3 StGB macht sich ein Verteidiger des Geheimnisverrats strafbar, wenn er im Rahmen des Mandats erlangtes Wissen offenbart. Zudem hat er berufsrechtliche Konsequenzen gem. §§ 43a Abs. 2, 74, 113 Abs. 1 und 114 BRAO zu gewärtigen. Zu fragen ist daher, ob – und wenn ja: wie – ein Strafverteidiger dennoch von diesen Sondervorschriften Gebrauch machen kann.[1019]
Kern des Problems ist die Auslegung des Merkmals »unbefugt« in § 203 StGB. In Frage steht folglich, wann ein Verteidiger mit einer Befugnis im Sinne des § 203 StGB handelt, die ihn vor strafrechtlicher Verfolgung wegen Geheimnisverrats schützt. Dabei wird das Merkmal »unbefugt« von der herrschenden Ansicht in Anlehnung an vergleichbare Formulierungen[1020] als Element der Rechtswidrigkeit angesehen,[1021] so dass systematisch ein Einverständnis auf Tatbestandsebene ausscheidet und nach einer Rechtfertigungsnorm zu suchen ist.

[1017] Vgl. zu Bankmitarbeitern *Otto*, wistra 1995, 323 [327].
[1018] BVerfGE 76, 171 [190]; 76, 196 [209 f.]; BVerfG NJW 2004, 1305 [1307, 1309]; vgl. auch *Feuerich/Braun*, BRAO, § 43a Rn. 12.
[1019] Zu Problemen des Geldwäschegesetzes in diesem Zusammenhang *Dombek*, in: Geldwäsche, S. 103 ff.
[1020] Vgl. §§ 127, 168, 201, 202a, 204, 206, 324, 326, 353b, 353d, 355 StGB.
[1021] Vgl. *Tröndle/Fischer*, § 203 Rn. 31 m.w.N.; a.A. (auch tatbestandsausschließendes Einverständnis möglich) *Gräfin von Galen*, StV 2000, 575 [577]; *Sch/Sch-Lenckner*, § 203 Rn. 21; wohl auch *Hombrecher*, Geldwäsche (§ 261 StGB) durch Strafverteidiger?, S. 41 ff.

(1) § 261 Abs. 9 und 10 StGB als Rechtfertigungsgrundlagen

Die Absätze 9 und 10 des § 261 StGB selbst kommen dabei nicht als Rechtfertigungsgrundlagen in Betracht. Sie sind, wie ausgeführt, nur persönliche Strafaufhebungsgründe, die ihre Wirkung erst entfalten können, wenn Tatbestand, Rechtswidrigkeit und Schuld bereits feststehen.[1022] Zum anderen stellen sie eine speziell für § 261 StGB eingeführte Regelung dar, die nicht auf andere Tatbestände übertragbar ist.

(2) § 12 GwG als Rechtfertigungsnorm

Auf den ersten Blick stellt die Regelung des § 12 GwG eine mögliche Rechtfertigungsnorm dar. Danach kann u.a. derjenige, der Tatsachen anzeigt, die auf eine Straftat nach § 261 StGB schließen lassen, nicht wegen dieser Anzeige verantwortlich gemacht werden. Er darf die Anzeige allerdings nicht vorsätzlich oder grob fahrlässig erstatten. Allerdings geht es hier nicht um den Tatbestand der Geldwäsche. Bereits die systemfremde Beschränkung auf Anwendungsfälle leichter Fahrlässigkeit lässt eine Einordnung als strafrechtlichen Rechtfertigungsgrund jedoch zweifelhaft erscheinen.[1023] Diesen Befund bestätigen die europäischen und deutschen Grundlagen der Norm. So beschränkt Art. 9 der ersten Geldwäscherichtlinie[1024] die Anwendung der zugrunde liegenden Regelung auf die zivilrechtliche Ebene.[1025] Dem hat sich der deutsche Gesetzgeber bei der Umsetzung angeschlossen. Nach den Erwägungen in den Materialien zur alten Fassung gilt § 12 GwG[1026] zwar für jedermann.[1027] Die intendierte umfassende Verantwortlichkeitsfreistellung erstreckt sich dabei auf alle denkbaren zivilrechtlichen Ansprüche einschließlich dienst- und arbeitsrechtlicher Schadenser-

---

[1022] Ebenso *Bussenius*, Geldwäsche und Strafverteidigerhonorar, S. 78; *Dombek*, ZAP 2000, 683 [689]; *Gräfin von Galen*, StV 2000, 575 [577]; *Johnigk*, BRAK-Mitteilungen 1994, S. 58 [64], der dem Verteidiger aber letztlich ein Anzeigerecht einräumen will.
[1023] *Dombek*, ZAP 2000, 683 [689]; *Johnigk*, BRAK-Mitteilungen 1994, S. 58 [64].
[1024] Richtlinie des Rates der EG vom 10. Juni 1991 zur Verhinderung der Nutzung des Finanzsystems zum Zwecke der Geldwäsche Nr. 91/308/EWG, ABlEG Nr. L 166/77 vom 28. Juni 1991, WM 1991, 1486 ff.
[1025] vgl. dazu *Johnigk*, BRAK-Mitteilungen 1994, S. 58 [64]; ferner *Dombek*, ZAP 2000, 683 [689].
[1026] § 13 GwG a.F.
[1027] BT-Drucks. 12/2704, S. 18 zu Nr. 13.

satz-, Unterlassungs- oder sonstiger Ansprüche sowie Disziplinartatbestände.[1028] Die Begründung zeigt aber auch, dass eine Auswirkung auf strafrechtliche Tatbestände wie Verschwiegenheitspflichtverstöße durch einen anzeigenden Rechtsanwalt nicht geregelt wurde und auch nicht beabsichtigt gewesen ist. Der Bezug auf zivilrechtliche Verschuldensformen offenbart vielmehr den rein zivilrechtlichen Charakter der Freistellung. Auch die Neufassung des § 12 GwG infolge der zweiten Geldwäscherichtlinie hat an diesen grundsätzlichen Erwägungen nichts geändert. Eine strafrechtliche Rechtfertigung durch § 12 GwG scheidet damit aus.[1029]

(3) Rechtfertigung durch Güter- und Interessenabwägung

Ob eine Anzeige nach § 261 Abs. 9 oder 10 StGB möglich ist, entscheidet sich vielmehr allein nach den Grundsätzen der Pflichtenkollision.[1030] Denn ein Recht zur Offenbarung fremder Geheimnisse kann nur aufgrund einer Güter- und Interessenabwägung bestehen, wenn dies ein angemessenes Mittel zur Wahrung eigener Interessen ist. Bei der Anwendung der Absätze 9 und 10 steht das Interesse des Verteidigers an der Anwendbarkeit der Strafaufhebung bzw. -milderung zwei Interessen des Mandanten gegenüber: Neben dem primären Geheimhaltungsinteresse steht auch noch sein Interesse an einer Vermeidung der Verwirklichung des staatlichen Strafanspruchs im Hintergrund.

Vorgeschlagen wird, dem Verteidiger ein Anzeigerecht zuzubilligen, wenn er »entgegenstehende berechtigte Interessen« wahrt.[1031] Das berechtigte Interesse bestehe darin, dass der Verteidiger sich selbst vor Strafe für ein Handeln schütze, das vom angezeigten Mandanten veranlasst worden sei.[1032] An anderer Stelle wird für eine Abgrenzung zwischen Abs. 9 und Abs. 10 plädiert. Während der Verteidiger zu einer Anzeige nach Abs. 9 jederzeit befugt sei, könne ein Beitrag

---

[1028] BT-Drucks. 12/2704, S. 19.
[1029] I.Erg. ebenso *Bussenius*, Geldwäsche und Strafverteidigerhonorar, S. 79; *Dombek*, ZAP 2000, 683 [689]; *Hombrecher*, Geldwäsche (§ 261 StGB) durch Strafverteidiger?, S. 40 f.; *Johnigk*, BRAK-Mitteilungen 1994, S. 58 [64]; a.A. *Großwieser*, Der Geldwäschestraftatbestand § 261 StGB, S. 206; *Vahle*, DNP 1994, 3 [9]; *Lütke*, wistra 2001, 85 [88].
[1030] So i.Erg. auch *Gräfin von Galen*, StV 2000, 575 [579]; *Hombrecher*, Geldwäsche (§ 261 StGB) durch Strafverteidiger?, S. 41 f.; *Tröndle/Fischer*, § 203 Rn. 45.
[1031] *Körner/Dach*, Geldwäsche, Rn. 39; *Fülbier/Aepfelbach*, Geldwäschegesetz, § 12 Rn. 16; *Weyand*, INF 1994, 661 [664].
[1032] *Fülbier/Aepfelbach*, Geldwäschegesetz, § 12 Rn. 16; *Weyand*, INF 1994, 661 [664].

im Sinne des Abs. 10 nicht hingenommen werden, da hiermit das Vertrauensverhältnis zwischen Anwalt und Mandant endgültig ausgehöhlt werde.[1033] Dies scheint auf einer Linie mit der Rechtsprechung des Bundesgerichtshofs zu liegen. Dieser hatte entschieden, dass ein Anwalt in einem gegen ihn gerichteten Strafverfahren anvertraute Privatgeheimnisse offenbaren dürfe, wenn er sich ohne die Offenbarung nicht sachgemäß verteidigen könne. Er handele dann nicht unbefugt.[1034] Das Interesse des Mandanten am Entgehen der Bestrafung sei in einem solchen Fall nicht höher einzuschätzen als das Interesse des Verteidigers an der Vermeidung eigener Bestrafung.[1035] Zudem komme ein Offenbaren auch nur dann in Betracht, wenn der Verteidiger seine eigenen Belange ansonsten nicht sachgemäß wahren könnte.[1036] Das Bundesverfassungsgericht hat in seiner Entscheidung zur Geldwäschestrafbarkeit von Verteidigern bereits das Vorliegen der tatsächlichen Voraussetzungen des § 261 Abs. 9 StGB im zugrunde liegenden Fall verneint.[1037]

Nach zutreffender Ansicht geht in Fällen, in denen lediglich der Verrat von Privatgeheimnissen einer möglichen Strafbarkeit des Verteidigers gegenübersteht, eine Güter- und Interessenabwägung zugunsten des Verteidigerinteresses auf Vermeidung seiner Bestrafung aus.[1038] So soll die Verschwiegenheitspflicht des Rechtsanwalts insbesondere dann entfallen, wenn der Verteidiger durch ein Verhalten seines Mandanten zu einer Verteidigung in eigener Sache veranlasst wird.[1039] In diesen Fällen geht die Schaffung eines Risikos von Seiten des Mandanten aus. Man kann insofern argumentieren, dieser sei weniger schutzbedürftig, weil er die Rechtfertigungslage vorsätzlich schuldhaft herbeigeführt hat (*actio illicita in causa*-Gedanke[1040]). Steht dagegen zusätzlich zur Offenbarung von Geheimnissen auch die Bestrafung des Mandanten auf dem Spiel, der im Zweifel eine wesentlich höhere Straferwartung zu gewärtigen hat als der Verteidiger,

---

[1033] *Deutsches Anwaltsinstitut*, BRAK-Mitteilungen 1994, S. 92 [98].
[1034] Vgl. BGHSt 1, 366 [368].
[1035] BGH MDR 1956, 625 [626].
[1036] BGH MDR 1956, 625 [626].
[1037] BVerfG NJW 2004, 1305 [1313].
[1038] In diesem Sinne wohl auch BVerfG NJW 2004, 1305 [1309].
[1039] Vgl. *Feuerich/Braun*, BRAO, § 43a BRAO, Rn. 27; *Fülbier/Aepfelbach*, Geldwäschegesetz, § 12 Rn. 16; weiter gehend noch *Kleine-Cosack*, BRAO, § 43a, Rn. 28 ff.
[1040] Vgl. dazu *Wessels/Beulke*, AT Rn. 312 m.w.N.

kann auch das Interesse des Mandanten überwiegen. Eine Rechtfertigung nach dem Grundsatz der Pflichten- oder Interessenkollision (§ 34 StGB) käme dann nicht in Betracht.[1041] Das Bundesverfassungsgericht hat hierzu in der Geldwäsche-Entscheidung nicht eindeutig Stellung bezogen und eine Entscheidung offen gelassen.[1042]

Aber selbst mit der vom Bundesgerichtshof entschiedenen Lösung wäre für § 261 Abs. 9 und 10 StGB noch nichts gewonnen. Das Gegenteil ist der Fall. Denn ein Strafverteidiger wird nur dann in die vorausgesetzte bedrohliche Zwangslage kommen, wenn über einen Anfangsverdacht hinaus gegen ihn ermittelt wird und die Geldwäsche bereits entdeckt ist.[1043] Kann ein Strafverteidiger aber von § 261 Abs. 9 StGB nur sinnvoll Gebrauch machen, solange die Tat noch nicht entdeckt ist, heißt dies umgekehrt, dass ein Berufen auf die persönlichen Vergünstigungen von § 261 Abs. 9 und 10 StGB *de facto* unmöglich gemacht wird.[1044] Dies gilt vor allem für die Vergünstigungen des § 261 Abs. 10 StGB, bei dem es noch weitergehend auf die Offenlegung möglichst unentdeckter Straftaten ankommt. In der Praxis wird ein Verteidiger daher in keinem Fall die Vergünstigungen von Abs. 9 oder 10 nutzen können.[1045]

bb. Ergebnis

Will der Strafverteidiger von den persönlichen Begünstigungen des § 261 Abs. 9 und 10 StGB Gebrauch machen, erfüllt er den Tatbestand des Geheimnisverrats, § 203 Abs. 1 Nr. 3 StGB. Eine Rechtfertigung seines Handelns scheidet in den praktisch bedeutsamen Fällen der Anzeige einer Honorarannahme aus.

[1041] Zur Pflichtenkollision im Falle des § 203 StGB vgl. auch *Beulke*, Der Verteidiger im Strafverfahren, S. 120 ff.
[1042] BVerfG NJW 2004, 1305 [1309].
[1043] Zum – umstrittenen – Begriff der Entdeckung i.S.d. § 371 AO parallel zu § 261 Abs. 9 StGB vgl. BGH NStZ 1983, 415 [415]; Brockmeyer/Klein/Rüsken-*Gast-de Haan*, Abgabenordnung, § 371 Rn. 8.
[1044] Ebenso *Bussenius*, Geldwäsche und Strafverteidigerhonorar, S. 81 ff.; *Gräfin von Galen*, StV 2000, 575 [579].
[1045] Dafür aber *Körner/Dach*, Geldwäsche, Rn. 39; *Tröndle/Fischer*, § 203 Rn. 46; § 261 Rn. 53; krit. *Bernsmann*, StV 2000, 40 [41 Fn. 16]; *Fahl*, Jura 2004, 160 [163].

d. Ergebnis zur uneingeschränkten Anwendung des § 261 StGB

Bei wörtlicher, grammatikalischer und systematischer Auslegung des § 261 StGB ist dieser uneingeschränkt auf Strafverteidiger anwendbar. Damit liefe ein Verteidiger Gefahr, sich bei Annahme eines Honorars der Geldwäsche schon dann strafbar zu machen, wenn er bei der Annahme leichtfertig hinsichtlich dessen dubioser Herkunft handelt, § 261 Abs. 2 Nr. 1 i.V.m. Abs. 5 StGB. Er wäre damit in einer ausweglosen Situation. Denn wollte er daraufhin von den besonderen Strafbefreiungsvorschriften der § 261 Abs. 9 und 10 StGB Gebrauch machen, würde er zwar möglicherweise einer Geldwäschestrafbarkeit entgehen. Als Preis dafür müsste er aber in Kauf nehmen, sich wegen Geheimnisverrats gem. § 203 Abs. 1 Nr. 3 StGB strafbar zu machen.

VIII. Strafverteidigung und Geldwäsche – ein verfassungsrechtliches Problem

Die damit drohende Strafbarkeit eines Verteidigers wegen Geldwäsche steht seit dem Erlass der Geldwäsche-Richtlinie europaweit in der Diskussion. Dies liegt nicht zuletzt auch an den durch den nationalen Umsetzungsspielraum unterschiedlichen Strafbarkeitsvoraussetzungen in den einzelnen Staaten.[1046] Schon früh sind die geplanten Geldwäscheregelungen und ihre möglichen Auswirkungen sowohl auf Rechtsanwälte, insbesondere Verteidiger, als auch auf andere potentiell betroffene Berufsgruppen wie Steuerberater oder Bankangestellte auf publizistische Aufmerksamkeit gestoßen und haben Änderungsvorschläge zur Gesetzgebung provoziert.[1047] Zu Recht billigt die wohl herrschende Auffassung in Wissenschaft und Praxis jedenfalls im Ergebnis eine weitgehende Straflosigkeit des Verteidigers.[1048] In Anbetracht der Formulierung des § 261 StGB ist als

---

[1046] Zu den europaweit unterschiedlichen Umsetzungen vgl. *Ambos*, JZ 2002, 70 ff.; *Gentzik*, Die Europäisierung des deutschen und englischen Geldwäschestrafrechts, *passim*; *Vogel*, ZStW 109 [1997], 335 ff.; zur Situation in Österreich vgl. *Burgstaller*, ÖAnwBl. 2001, 547 ff.

[1047] Vgl. bzgl. Rechtsanwälten *Starke*, BRAK-Mitteilungen 1992, S. 178 ff.; *Aden*, WiB 1994, 93 ff.; *Deutsches Anwaltsinstitut* (o.V.), BRAK-Mitteilungen 1994, S. 92 ff.; *Henssler*, NJW 1994, 1817 [1820 f.]; *Johnigk*, BRAK-Mitteilungen 1994, S. 58 ff.; *Wenzel*, ZAP 1994, 95 ff.; bzgl. Steuerberatern *Weyand*, INF 1994, 661 ff.; bzgl. Bankangestellten *Flatten*, Zur Strafbarkeit von Bankangestellten bei der Geldwäsche, 1996; *Löwe-Krahl*, wistra 1993, 123 ff.; *Keidel*, Kriminalistik 1996, 406 ff.

[1048] Vgl. *Bernsmann*, StV 2000, 40 ff.; *Geppert*, JK 2000, StGB § 261/3; *Götz*, AnwBl. 2000, 642 ff.; *Gräfin von Galen*, StV 2000, 575 ff.; *Grüner/Wasserburg*, GA 2000, 430 ff.; *Hamm*,

Grundtendenz vieler Ansichten jedoch auch die Aufforderung an den Gesetzgeber erkennbar, den Tatbestand der Geldwäsche möglicherweise noch einmal neu zu regeln.[1049]

Im Kern geht es aber nicht nur um den Zielkonflikt zwischen Verteidiger und staatlichem Strafanspruch. Vielmehr steht bei einer extensiven Strafdrohung durch § 261 Abs. 2 Nr. 1 StGB die Strafverteidigung an sich auf dem Prüfstand.[1050] Die uneingeschränkte Anwendung des § 261 Abs. 2 Nr. 1 StGB führt schon bei ordnungsgemäßer Tätigkeit des Verteidigers zu einer strafrechtlichen Gefährdung. Damit gewinnt die Strafdrohung des § 261 StGB auch eine verfassungsrechtliche Dimension. Als insoweit bedenklich erweist sich § 261 StGB in verschiedener Hinsicht. Für den Verteidiger stehen Grundrechtseingriffe in die Freiheit seiner Berufsausübung (Art. 12 Abs. 1 GG) im Raum, ferner kann das Gleichheitsgrundrecht (Art. 3 Abs. 1 GG) verletzt sein, wenn aufgrund der strafrechtlichen Hindernisse in § 203 StGB faktisch nur Strafverteidigern, nicht aber anderen Berufsträgern die Berufung auf § 261 Abs. 9 und 10 StGB verwehrt ist. Neben dem Verteidiger muss aber auch der Mandant einen Eingriff in seine Beschuldigtenrechte befürchten. Zu erwähnen ist hier besonders das Recht auf die freie Wahl eines Verteidigers seines Vertrauens.

1. Verstoß gegen das Gleichheitsgebot, Art. 3 Abs. 1 GG

Zum Teil wird in der Literatur vertreten, dass speziell die Regelungen der § 261 Abs. 9 und 10 StGB in Bezug auf den Strafverteidiger gegen das Gleichheitsgebot des Art. 3 Abs. 1 GG verstoßen.[1051] Werde es den Strafverteidigern faktisch unmöglich gemacht, sich auf § 261 Abs. 9 und 10 StGB zu berufen, laufe dies auf eine Ungleichbehandlung gegenüber anderen Berufsträgern hinaus, die nicht den Grenzen der §§ 43 Abs. 2 BRAO, 203 StGB unterworfen seien.[1052] Das Gleichheitsgebot verbiete es jedoch dem Gesetzgeber, wesentlich Gleiches ungleich zu behandeln. Angesichts der Stellung des Verteidigers, die er in der

---

NJW 2000, 636 ff.; *Lüderssen*, StV 2000, 205 ff.; *Müther*, Jura 2001, 318 ff.; vgl. auch *Barton*, StV 1993, 156 ff.;
[1049] So z.B. *Gotzens*, PStR 2001, 66 [67]; *Hetzer*, wistra 2000, 281 [288].
[1050] Ebenso *Katholnigg*, NJW 2001, 2041 [2041].
[1051] Vgl. *Gräfin von Galen*, StV 2000, 575 [580].
[1052] *Gräfin von Galen*, StV 2000, 575 [580]; wohl auch *Bussenius*, Geldwäsche und Strafverteidigerhonorar, S. 83 f.

Strafrechtspflege einnehme, sei eine ungleiche Behandlung nicht angemessen. Der Verteidiger diene als Organ der Rechtspflege der Verwirklichung einer funktionstüchtigen Strafrechtspflege. Sein Beruf sei verfassungsrechtlich geschützt und seine Ausübung durch das Institut der notwendigen Verteidigung (§ 140 StPO) für die Mehrzahl der in § 261 Abs. 1 StGB genannten Katalogtaten sogar zwingend vorgeschrieben.[1053]

Dieser Ansatz ist bereits deshalb zum Scheitern verurteilt, weil von unzutreffenden Vergleichsgruppen ausgegangen wird. Zunächst ergibt sich eine Ungleichbehandlung genau genommen nicht durch die Anwendung des § 261 Abs. 9 und 10 StGB. Diese Normen stellen als Strafaufhebungsvorschriften lediglich eine für alle Adressaten gleiche vorteilhafte Regelung dar. Die für eine behauptete Ungleichbehandlung herangezogene Vergleichsgruppe ist daher nicht die Gesamtheit aller von § 261 Abs. 9 und 10 StGB erfassten Personen, sondern in Bezug auf den Verteidiger nur diejenigen Personen, die ebenfalls einer Schweigepflicht i.S.d. § 203 StGB unterliegen. Diesbezüglich ist aber keine Ungleichbehandlung zu erkennen. Zwar kommt der Verteidiger im Gegensatz zu anderen einer Schweigepflicht unterliegenden Berufen wie z.B. Ärzten sozusagen »bestimmungsgemäß« und zwangsläufig mit Straftätern in Kontakt. Dies allein zieht jedoch noch nicht zwingend einen Verstoß gegen Art. 3 Abs. 1 GG nach sich.

Selbst wenn man von einer einheitlichen Vergleichsgruppe aller Normadressaten ausginge, wäre eine dann vorliegende (mittelbare) Ungleichbehandlung gerechtfertigt. Die Geheimhaltungsvorschriften, zu denen auch § 203 StGB zählt, sind vom Gesetzgeber zum Schutz des Geheimhaltungsinteresses und des Vertrauens der Allgemeinheit in die Verschwiegenheit der Berufsangehörigen konzipiert. § 261 Abs. 9 und 10 StGB sollen eine effektivere Geldwäscheverfolgung ermöglichen. Beide Ziele sind legitim. Bezüglich der Umsetzung hat der Gesetzgeber grundsätzlich einen weiten Ermessens- oder Gestaltungsspielraum, auf welchem Weg er ein legitimes gesetzgeberisches Ziel verfolgt.[1054] Das Bundesverfassungsgericht beanstandet nur die Überschreitung äußerster Grenzen des

---

[1053] Vgl. *Gräfin von Galen*, StV 2000, 575 [580].
[1054] BVerfGE 90, 145 [195] m.w.N.; vgl. ferner *Pieroth/Schlink*, Staatsrecht II, Rn. 444.

Spielraums und stellt nicht darauf ab, ob der Gesetzgeber die jeweils gerechteste und zweckmäßigste Regelung getroffen hat.[1055] So hat der Gesetzgeber im Bewusstsein der Strafverteidigerdiskussion auch bei den nachfolgenden Gesetzesänderungen einerseits gerade diese Schnittstelle zur Kriminalität in die Geldwäscheverfolgung einbeziehen wollen, andererseits jedoch das Geheimhaltungsinteresse des Beschuldigten als höherrangig betrachtet und daher keine Sonderregelung für Verteidiger eingeführt.

Ein milderes Mittel ist zur Erreichung dieses legitimen Ziels auch nicht ersichtlich. So würde etwa die Abschaffung der § 261 Abs. 9 und 10 StGB die Situation für Verteidiger nicht verändern. Im Grunde handelt es sich um lediglich vorteilhafte Regelungen, auf die sich selbst ein Strafverteidiger zumindest dann berufen kann, wenn es nicht um geheimhaltungsrelevante Informationen geht. Auch eine Herausnahme von Verteidigerhonoraren aus dem Kanon verschwiegenheitsrelevanter Informationen würde das gesetzgeberische Ziel des Schutzes der Verschwiegenheit und in der Folge das Vertrauensverhältnis zwischen Beschuldigtem und Verteidiger verfehlen bzw. zerstören. Die Regelungen sind daher sowohl zur Erreichung eines legitimen Ziels geeignet und erforderlich als auch im Hinblick auf die geschützten Interessen angemessen. Ein Verstoß gegen Art. 3 Abs. 1 GG liegt damit nicht vor.[1056]

2. Eingriff in das Grundrecht der freien Berufsausübung, Art. 12 Abs. 1 GG

Verfassungsrechtlich bedeutsamer ist dagegen der Eingriff in die Berufsausübungsfreiheit des Strafverteidigers, der in vielen Fällen faktisch an der Annahme von Wahlverteidigungen gehindert ist.

a. Schutzbereich des Art. 12 Abs. 1 GG

Der Schutzbereich des Art. 12 Abs. 1 GG wurde bereits im dritten Teil der Untersuchung eingehend dargestellt. Ergänzend soll hier im Zusammenhang mit der Geldwäsche-Diskussion erwähnt werden, dass die Berufsfreiheit auch das

---

[1055] Stdg.Rspr., vgl. BVerfGE 64, 158 [168 f.]; 66, 84 [95]; vgl. Sachs-*Osterloh*, Art. 3 Rn. 9.
[1056] I.Erg. ebenso *Bussenius*, Geldwäsche und Strafverteidigerhonorar, S. 85.

Recht verbürgt, für die berufliche Leistung eine angemessene Vergütung zu fordern.[1057]

b. Eingriff in Art. 12 Abs. 1 GG

aa. Die fehlende berufsregelnde Tendenz des § 261 StGB

Wie die gefestigte Rechtsprechung des Bundesverfassungsgerichts bei Eingriffen durch behördliche Informationen zeigt, kann der Schutzbereich des Art. 12 Abs. 1 GG auch durch Vorschriften ohne primär berufsregelnde Zielrichtung berührt sein. Dies ist bei Regelungen der Fall, deren faktische Auswirkungen zu einer spürbaren Beeinträchtigung der freien Berufsausübung führen, auch wenn sie nur auf deren Rahmenbedingungen einwirken.[1058] Sie müssen dann einen konkreten Kreis von Personen in ihrer Berufsfreiheit betreffen[1059] und subjektiv oder objektiv eine berufsregelnde Tendenz erkennen lassen.[1060] Eine zumindest objektiv berufsregelnde Tendenz haben Normen, die nach Entstehungsgeschichte und Inhalt im Schwerpunkt Tätigkeiten betreffen, die typischerweise beruflich ausgeübt werden.[1061] In diesen Fällen wird das sonst als Auffanggrundrecht einschlägige allgemeine Persönlichkeitsrecht des Art. 2 Abs. 1 GG als Maßstab grundrechtlicher Prüfung verdrängt.[1062] Zumutbare Beschränkungen bleiben dabei ebenso außer Betracht[1063] wie Rechtsnormen, durch deren Anwendung sich unter bestimmten Umständen Rückwirkungen auf die Berufsfreiheit entfalten.[1064]

Eine solche berufsregelnde Tendenz erscheint bei § 261 StGB zweifelhaft. In der Konsequenz wird ein Eingriff in Art. 12 GG auch von zahlreichen Stimmen

---

[1057] BVerfGE 54, 251 [271]; 68, 193 [216]; 88, 145 [159]; 101, 331 [347]; BVerfG NJW 2004, 1305 [1308].
[1058] Vgl. BVerfGE 13, 181 [185 f.]; 36, 47 [58]; 55, 7 [25 f.]; 61, 291 [308 f.]; 70, 191 [214]; BVerfGE 95, 267 [302]; *Jarass/Pieroth*, Art. 12 Rn. 12; *Sachs-Tettinger*, Art. 12 Rn. 72 ff.
[1059] BVerfGE 41, 1 [21].
[1060] BVerfGE 70, 191 [214]; 96, 375 [397]; 97, 228 [253 f.]; *Jarass/Pieroth*, Art. 12 Rn. 12; *Pieroth/Schlink*, Staatsrecht II, Rn. 823; *Schier*, AnwBl. 1984, 410 [415].
[1061] BVerfGE 97, 228 [251]; *Sachs-Tettinger*, Art. 12 Rn. 73.
[1062] Vgl. BVerfGE 22, 114 [119 f.] m.w.N.; *Jarass/Pieroth*, Art. 12 Rn. 12; *Pieroth/Schlink*, Staatsrecht II, Rn. 339, 341.
[1063] Vgl. BVerfGE 81, 108 [122]; *Jarass/Pieroth*, Art. 12 Rn. 12; *Pieroth/Schlink*, Staatsrecht II, Rn. 823; *Schier*, AnwBl. 1984, 410 [416].
[1064] BVerfGE 95, 267 [302]; *Sachs-Tettinger*, Art. 12 Rn. 74.

abgelehnt.[1065] So ist nach Ansicht von *Bussenius*[1066] das Auffanggrundrecht der allgemeinen Handlungsfreiheit aus Art. 2 Abs. 1 GG der richtige Standort einer verfassungsrechtlichen Überprüfung des § 261 StGB. *Burger/Peglau*,[1067] die diese Ansicht bereits zuvor vertreten haben, führen zur Untermauerung dieser Ansicht einen interessanten Vergleich mit einer verfassungsgerichtlichen Entscheidung zum kommunalen Vertretungsverbot an. Darin hat das Bundesverfassungsgericht einen Eingriff in Art. 12 GG gerade mangels objektiv berufsregelnder Tendenz abgelehnt. Eine bloß reflexartige Betroffenheit genüge gerade nicht, um einen Eingriff in Art. 12 GG auszulösen.[1068] Der Vergleich ist insofern berechtigt, als durch das kommunale Vertretungsverbot gerade und zuvörderst Rechtsanwälte betroffen sind, da eine juristische Vertretung durch Private in diesem Bereich äußerst selten ist. Der Geldwäschetatbestand dagegen betrifft grundsätzlich alle, nicht speziell rechtsberatende Berufe, auch wenn sicher potentiell mehr Verteidiger als Handwerker oder Lehrer von der Geldwäschestrafbarkeit bedroht sind. Letztlich ist aber jeder Bürger als potentieller Anbieter von Gütern oder Dienstleistungen betroffen.[1069]

Im Ergebnis kann dieser Vergleich mit dem kommunalen Vertretungsverbot aber nicht überzeugen. Nicht nur, dass das Bundesverfassungsgericht die zitierte Entscheidung mittlerweile in einer weiteren Entscheidung relativiert und das kommunale Vertretungsverbot an Art. 12 Abs. 1 GG gemessen hat,[1070] sondern auch, weil es in seinen Auswirkungen nicht mit § 261 StGB vergleichbar ist.[1071] Während das kommunale Vertretungsverbot nur auf die wenigen Fälle zugeschnitten ist, in denen ein Mitglied des Gemeinderats Ansprüche gegen die eigene Gemeinde geltend macht, betrifft § 261 StGB regelmäßig weite Teile des Berufsstands der Strafverteidiger. Dies gilt umso mehr, als es schon länger den Fachanwalt für Strafrecht gibt, der in den meisten Fällen sein Einkommen ausschließlich aus strafrechtlichen Mandaten erzielt, von denen nun eine erhebliche

---

[1065] Vgl. BGHSt 47, 68 [73]; *Burger/Peglau*, wistra 2000, 161 [162]; *Bussenius*, Geldwäsche und Strafverteidigerhonorar, S. 73 ff., 77; *Hefendehl*, in: Roxin-FS, S. 145 [165]; *Otto*, JK § 261 StGB, 4; *Reichert*, NStZ 2000, 316 [317].
[1066] *Bussenius*, Geldwäsche und Strafverteidigerhonorar, S. 77 ff., 127.
[1067] *Burger/Peglau*, wistra 2000, 161 [162].
[1068] BVerfGE 52, 42 [54].
[1069] *Bottke*, wistra 1995, 121 [123 f.].
[1070] Vgl. BVerfG DVBl. 1988, 54 [55].
[1071] Ebenso *Müther*, Jura 2001, 318 [321].

Anzahl zur Minimierung des strafrechtlichen Risikos faktisch nicht mehr durch Wahlverteidigung abgewickelt werden kann.

bb. Spürbare Beeinträchtigungen durch faktische Beschränkungen

Nach Ansicht des Bundesverfassungsgerichts genügt es in bestimmten Fällen für einen Eingriff bereits, dass zwar die Berufstätigkeit unberührt gelassen wird, zugleich aber die Rahmenbedingungen geändert werden, unter denen der Beruf ausgeübt werden kann.[1072] Gerade der Geldwäschetatbestand betrifft einen solchen Fall, in dem der Schutzbereich des Art. 12 Abs. 1 GG ohne primär berufsregelnde Zielrichtung berührt ist. Die faktischen Auswirkungen führen jedoch zu einer spürbaren Beeinträchtigung der freien Berufsausübung, auch wenn sie nur auf die Rahmenbedingungen der Berufsausübung einwirken. Mit dem Geldwäschetatbestand werden die Bedingungen neu reglementiert, unter denen sich die berufliche Tätigkeit eines Strafverteidigers vollzieht. Er hat damit den Charakter einer Berufsausübungsregelung.[1073]

(1) Gefahr des Verlusts der Vergütung

Mit einer uneingeschränkten Anwendung des § 261 Abs. 2 Nr. 1 StGB sind weitreichende Risiken für den Strafverteidiger verbunden. So gefährdet die Entgegennahme eines Honorars oder Honorarvorschusses im Rahmen eines Wahlmandats das Recht des Strafverteidigers auf Vergütung. Besonders kritisch ist insoweit der Leichtfertigkeitstatbestand des § 261 Abs. 2 Nr. 1 i.V.m. Abs. 5 StGB. Die Berufsausübung des Verteidigers bringt es typischerweise mit sich, dass er mit Mandanten in Kontakt kommt, die einer Geldwäsche-Katalogtat verdächtigt werden. Er befindet sich insoweit in einer besonderen Gefährdungslage. Es muss dem Verteidiger im Interesse einer effektiven Verteidigung aber möglich sein, auch mit diesen Mandanten die Hintergründe einer Tat durchzusprechen, ohne davor Angst zu haben, durch zuviel Informationen selbst in die Gefahr eines Anfangsverdachts wegen Geldwäsche zu geraten. Die mit der weiten Fassung der subjektiven Voraussetzungen verbundenen unkalkulierbaren Risi-

---

[1072] Vgl. BVerfGE 95, 267 [302].
[1073] BVerfG NJW 2004, 1305 [1308]; ebenso zuvor *Hombrecher*, Geldwäsche (§ 261 StGB) durch Strafverteidiger?, S. 66; *Matt*, GA 2002, 137 [147]; *Müther*, Jura 2001, 318 [230].

ken können einen Verteidiger jedoch dazu bewegen, ein Mandat erst gar nicht anzunehmen.[1074]

(2) Die Beiordnung als Pflichtverteidiger als Ausweg

Der Anwalt übt einen freien Beruf aus, der staatlicher Kontrolle prinzipiell entzogen ist.[1075] In der Diskussion über die Folgen einer extensiven Handhabung des § 261 StGB wird aber nun oft das Ende[1076] oder der Ausschluss[1077] der Wahlverteidigung in den Fällen einer Katalogtat des § 261 Abs. 1 StGB befürchtet. Nach dem Willen des Gesetzgebers soll dem Strafverteidiger die Annahme eines Honorars verwehrt werden, von dem er – ohne es sicher zu wissen – nur annimmt, es stamme aus einer geldwäscherelevanten Katalogvortat i.S.v. § 261 Abs. 1 StGB. In diesen Fällen soll er so bald wie möglich seine Beiordnung als Pflichtverteidiger beantragen, so dass dann kein Eingriff in Art. 12 Abs. 1 GG vorliege.[1078] Zum Teil wird kritisiert, dass es im Ansatzpunkt falsch sei, die Pflichtverteidigung als ein Minus[1079] oder als Rechtsschutz zweiter Klasse[1080] im Vergleich zur Wahlverteidigung zu begreifen.[1081] Man müsse vielmehr versuchen, die Pflichtverteidigung im Verhältnis zur Wahlverteidigung aufzuwerten.[1082] Dem Wunsch des Beschuldigten auf Beiordnung eines Anwalts seines Vertrauens sei schließlich weitgehend zu entsprechen[1083] (§ 142 Abs. 1 S. 2 und 3 StPO), so dass nur geringe Unterschiede zu einer echten Wahlverteidigung blieben.[1084] Hinzu komme, dass nicht einzusehen sei, weshalb ein über illegale

---

[1074] Vgl. BVerfG NJW 2004, 1305 [1308].
[1075] BVerfGE 35, 293 [299].
[1076] *Hamm*, NJW 2000, 636 [636].
[1077] *Gräfin von Galen*, StV 2000, 575 [581].
[1078] In diesem Sinne BGHSt 47, 68 ff.; *Burger/Peglau*, wistra 2000, 161 [163 f.]; *Katholnigg*, NJW 2001, 2041 [2044]; *Reichert*, NStZ 2000, 316 [318].
[1079] *Katholnigg*, NJW 2001, 2041 [2045].
[1080] *Barton*, StV 1993, 156 [158]; *Hartung*, AnwBl. 1994, 440 [440, 444]; zust. *Gotzens/Schneider*, wistra 2002, 121 [125].
[1081] So auch BGH StV 2001, 506 [508]; vgl. dazu auch *Hagmann*, in: Pflichtverteidigung und Rechtsstaat, S. 17 ff.; *Jungfer*, in: Pflichtverteidigung und Rechtsstaat, S. 24 ff.; zur Pflichtverteidigung grundsätzlich vgl. *Eisenberg*, NJW 1991, 1257 [1260 ff.].
[1082] *Katholnigg*, NJW 2001, 2041 [2045]; vgl. dazu auch *Lüderssen*, in: Pflichtverteidigung und Rechtsstaat, S. 36 [37].
[1083] Zu Aspekten der Praxis *Danckert/Ignor*, in: *Ziegert*, Grundlagen der Strafverteidigung, S. 35 ff.; *Hagmann*, in: Pflichtverteidigung und Rechtsstaat, S. 17 ff.; *Jungfer*, in: Pflichtverteidigung und Rechtsstaat, S. 24 ff.
[1084] BGH StV 2001, 506 [508].

Mittel verfügender Beschuldigter besser gestellt sein sollte als ein mittelloser. Es gebe keinen Anspruch auf Wahlverteidigung unter Einsatz illegal erworbener Mittel.[1085]

Der Verweis auf die Möglichkeit einer Pflichtverteidigung kann allerdings einen Eingriff nicht ausschließen. Der faktische Zwang zur Beiordnung stellt an sich schon eine massive Reglementierung dar. Die staatlich veranlasste und stärker beeinflussbare Pflichtverteidigung ist von der Systematik der Strafprozessordnung als Ausnahme, die Wahlverteidigung als die Regel vorgesehen. Mit der Übernahme einer Pflichtverteidigung wird gem. § 140 StPO bei schwer wiegenden Fällen im öffentlichen Interesse ein ordnungsgemäßer Verfahrensablauf gewährleistet, wenn sich der Beschuldigte aufgrund Unkundigkeit oder mangelnder Objektivität nicht selbst verteidigen kann.

Dass die Pflichtverteidigung gerade nicht mit der Wahlverteidigung gleichzusetzen ist, zeigen folgende Überlegungen: Ein Verteidiger ist zur Übernahme der Pflichtverteidigung verpflichtet (§ 49 i.V.m. § 48 Abs. 2 BRAO). Durch die dann aber gezwungenermaßen häufige Beiordnung eines Strafverteidigers als Pflichtverteidiger in möglichen Geldwäsche-Fällen würde das Regel-Ausnahme-Verhältnis ohne Not auf den Kopf gestellt.[1086] Wenn Rechtsanwälte in der Konsequenz einer wörtlichen Anwendung des § 261 StGB vermehrt auf die staatliche Beiordnung als Pflichtverteidiger angewiesen sind, besteht die Gefahr einer verstärkten Abhängigkeit von staatlicher Seite nach dem Motto »*wes Brot ich ess', des Lied ich sing'*«.[1087] Dies würde einen schleichenden Abschied von der Freiheit der Advokatur bedeuten. Gerade Verteidiger, die als Fachanwalt für Strafrecht ihr Einkommen zum überwiegenden Teil aus Strafmandaten erzielen, werden durch die dann notwendige Beschränkung auf Pflichtverteidigungen in vielen Fällen hart getroffen.[1088]

[1085] In diesem Sinne BGHSt 47, 68 [75 f.]; *Burger/Peglau*, wistra 2000, 161 [164]; *Grüner/Wasserburg*, GA 2000, 430 [437]; *Katholnigg*, NJW 2001, 2041 [2045]; *Neuheuser*, NStZ 2002, 647 [648]; *Reichert*, NStZ 2000, 316 [316]; *Schaefer/Wittig*, NJW 2000, 1387 [1388]; *Scherp*, NJW 2001, 3242 [3243].
[1086] *Hamm*, NJW 2000, 636 [637]; zust. *Gotzens/Schneider*, wistra 2002, 121 [127].
[1087] *Gotzens/Schneider*, wistra 2002, 121 [128].
[1088] Gerade umgekehrt auf die Verteidiger insgesamt abstellend und daher einen Eingriff (konkret in Art. 2 Abs. 1 GG) verneinend *Burger/Peglau*, wistra 2000, 161 [163].

Es ist zudem in der Praxis lebensfremd und unrichtig, die Pflichtverteidigung mit den Möglichkeiten einer Wahlverteidigung gleichzusetzen. In diesem Sinne hat auch das Bundesverfassungsgericht klar gestellt, dass es sich bei Wahrnehmung einer Pflichtverteidigung nicht um einen Bestandteil der Berufsausübungsfreiheit handele, sondern um ein Sonderopfer, das Verteidigern im öffentlichen Interesse auferlegt werde und dem Rechtsanwalt keine wirtschaftlich tragfähige Existenzgrundlage gebe.[1089] Die Pflichtverteidigung sei eine besondere Form der Indienstnahme Privater im öffentlichen Interesse.[1090]

Würde ein Verteidiger Mandate wegen drohender Strafverfolgung ablehnen müssen, bestünde die Gefahr, dass er damit nicht nur Beschuldigte mit inkriminierten Finanzmitteln, sondern auch Beschuldigte mit legal erworbenem Vermögen aus Verdachtsgründen abgelehnt würden. Die damit einhergehende Gleichstellung von illegalem mit verdächtigem Vermögen widerspricht jedoch der gesetzlichen Regelung.

Die zahlreichen mit der Pflichtverteidigung verbundenen Nachteile wie Abhängigkeit vom Gericht und die geringere und gesetzlich fixierte Vergütung machten den Verlust der Berufsausübungsfreiheit nicht wett, sondern sinnfällig.[1091] Eine ungehinderte und wirksame Strafverteidigung liegt dabei nicht nur im Interesse des Beschuldigten, sondern zugleich im Interesse einer am Rechtsstaatsgedanken ausgerichteten Strafrechtspflege.[1092] Die freie Wahlverteidigung ist nach alldem aus guten Gründen nicht durch die Pflichtverteidigung zu ersetzen.[1093]

(3) Gefahr einer ineffektiven Strafverteidigung

Die vermehrte Beiordnung als Pflichtverteidiger in ehemals lukrativen Mandaten begründet ferner die Gefahr einer Verschleppung von Strafverfahren. Denn die (mangelhafte) Honorierung der Pflichtverteidigung bemisst sich vor allem nach Anwesenheit, nicht nach Leistung. Sie ist zumeist so niedrig, dass allein

---

[1089] Vgl. BVerfGE 39, 238 [241]; 68, 237 [253].
[1090] BVerfGE 39, 238 [241 ff.]; 68, 237 [253 ff.]; BVerfG NJW 2004, 1305 [1310].
[1091] BVerfG NJW 2004, 1305 [1310].
[1092] BGHSt 29, 99 [106].
[1093] *Gräfin von Galen*, StV 2000, 575 [581]; vgl. auch BVerfG NJW 2004, 1305 [1310].

mit Pflichtverteidigungen nicht kostendeckend gearbeitet werden kann.[1094] Damit ist vorgezeichnet, dass ein Verteidiger außerhalb des Prozesses das Verfahren möglicherweise nicht mit der notwendigen Gründlichkeit betreiben wird und umgekehrt im Prozess dem Verfahrensziel der Beschleunigung nicht nachkommt, indem er versucht, möglichst weitere Verhandlungstage und damit eine höhere Bezahlung zu erreichen.[1095]

cc. Ergebnis

Die uneingeschränkte Anwendung des § 261 Abs. 2 Nr. 1 StGB stellt einen gravierenden Eingriff in die Berufsausübungsfreiheit des Strafverteidigers gem. Art. 12 Abs. 1 GG dar.

c. Verfassungsrechtliche Rechtfertigung

Das Grundrecht der freien Berufsausübung kann durch Gesetz oder aufgrund eines Gesetzes eingeschränkt werden, Art. 12 Abs. 1 S. 2 GG. Ein Eingriff muss dabei materiellrechtlich den Anforderungen an Berufsausübungsregelungen genügen.[1096] Er muss einen legitimen Zweck verfolgen und zur Erreichung des Zwecks geeignet und erforderlich sein.[1097] In der Verhältnismäßigkeit im engeren Sinn ist eine abgestufte Güterabwägung vorzunehmen. Seit der Begründung der »Stufentheorie« im »Apothekenurteil«[1098] des Bundesverfassungsgerichts wird hier zwischen objektiven und subjektiven Berufswahlregelungen (»ob«) sowie Berufsausübungsschranken (»wie«) unterschieden. Eine Berufsausübungsregelung ist danach gerechtfertigt, wenn vernünftige Gründe des Gemeinwohls sie verlangen.[1099] Bei der vorzunehmenden Abwägung muss zudem der Bedeutung des betroffenen Berufs hinreichend Rechnung getragen werden.

[1094] Vgl. *Barton*, Mindeststandards der Verteidigung, S. 256 ff.; *Beulke*, in: Rudolphi-FS, S. 391 [399 f.]; *Bussenius*, Geldwäsche und Strafverteidigerhonorar, S. 102; *Hombrecher*, Geldwäsche (§ 261 StGB) durch Strafverteidiger?, S. 65.
[1095] Diese Befürchtung haben *Gotzens/Schneider*, wistra 2002, 121 [127].
[1096] BVerfGE 63, 266 [284 f.].
[1097] BVerfGE 94, 372 [390]; 101, 331 [347].
[1098] BVerfGE 7, 377 ff.
[1099] Vgl. BVerfGE 94, 372 [390]; 101, 331 [347].

aa. Geeignetheit

Auf der Ebene der Geeignetheit als erster Stufe der Verhältnismäßigkeitsprüfung sind nach Ansicht des Bundesverfassungsgerichts lediglich evident ungeeignete und damit vollkommen wirkungslose Gesetze als verfassungswidrig einzustufen. Die objektive Untauglichkeit eines Gesetzes wird sich daher zumeist nicht bzw. nur in besonders eindeutigen Fällen der Zweckuntauglichkeit feststellen lassen.[1100] Darüber hinaus hat das Bundesverfassungsgericht speziell zu den insoweit problematischen abstrakten Gefährdungsdelikten mehrfach auf die generalpräventive Funktion des Strafrechts hingewiesen, die Legitimationswirkung entfalte.[1101] Eine Strafnorm ist geeignet, wenn der erstrebte Erfolg mit ihrer Hilfe gefördert werden kann.[1102] Sowohl bei der Beurteilung der Eignung als auch der Erforderlichkeit eines gewählten Mittels hat der Gesetzgeber eine Einschätzungsprärogative, die nur eingeschränkt verfassungsgerichtlich überprüfbar ist.[1103]

Der Geldwäschetatbestand ist nicht schlechthin ungeeignet, das Ziel des Geldwäschetatbestands – durch die Bekämpfung der Organisierten Kriminalität mögliche Tatanreize für Täter mittels wirtschaftlicher Isolierung zu bekämpfen und dadurch den Schutz der durch die Vortat Geschädigten zu bewirken – zu erreichen.[1104] Die wirkungsvolle Bekämpfung der Organisierten Kriminalität stellt auch ein wichtiges Gemeinschaftsanliegen dar.[1105]

bb. Erforderlichkeit

Auf der zweiten Stufe der Erforderlichkeit kommt die Einschätzungsprärogative des Gesetzgebers voll zum Tragen. Es gibt insoweit keinen allgemein anerkann-

---

[1100] Speziell zu Straftatbeständen BVerfGE 47, 109 [117 ff.] (Pornografische Filme); 50, 142 [163] (Unterhaltspflichtverletzung); 61, 291 [313 f.] (Tierpräparator); 71, 206 [215 f.] (Strafverfahrens-Berichterstattung); grundlegend BVerfGE 30, 250 [263 f.]; 39, 210 [230 f.].
[1101] Vgl. BVerfGE 39, 1 [57]; 90, 145 [184].
[1102] Vgl. BVerfGE 30, 292 [316]; 63, 88 [115]; 67, 157 [173 ff.].
[1103] BVerfGE 77, 170 [215]; 88, 203 [262]; 90, 145 [173 ff.]; BVerfG NJW 2004, 1305 [1310].
[1104] BVerfG NJW 2004, 1305 [1310]; ebenso schon HansOLG Hamburg, NJW 2000, 673 [678]; *Gotzens/Schneider*, wistra 2002, 121 [125]; *Hefendehl*, in: Roxin-FS, S. 145 [165].
[1105] BVerfG NJW 2004, 1305 [1310]; so schon *Gotzens/Schneider*, wistra 2002, 121 [125].

ten Grundsatz, dass das Strafrecht als *ultima ratio* erst dann zum Einsatz kommen darf, wenn Maßnahmen und Maßregeln des sonstigen Rechts versagen.[1106] Eine Strafnorm ist daher erforderlich, wenn der Gesetzgeber kein anderes gleich wirksames Mittel hätte wählen können, das die durch die Strafnorm berührten Interessen nicht oder doch weniger fühlbar einschränkt.[1107] Mit § 261 Abs. 2 Nr. 1 StGB sollten die Vortäter umfassend isoliert und der Kontakt zu Unbeteiligten erschwert werden. Alternative wäre hier gewesen, dass Strafverteidiger bei Erlass der Norm vom Geltungsbereich der Geldwäschestrafbarkeit ausgenommen worden wären. Dies hätte aber eine Lücke in der Geldwäschebekämpfung bedeutet. Zu Recht hat das Bundesverfassungsgericht angenommen, dass es für diesen Zweck grundsätzlich kein gleich wirksames und dabei weniger belastendes Mittel gegeben hätte.[1108]

cc. Verhältnismäßigkeit im engeren Sinne

Schließlich hat das Übermaßverbot als Verhältnismäßigkeit im engeren Sinne auf der dritten Stufe die Aufgabe, grundsätzlich geeignete und erforderliche Regelungen auf ihre Anwendbarkeit im konkreten Fall hin zu überprüfen. Dabei sind die dadurch bedingten Grundrechtseinschränkungen auf der einen und der erzielte Rechtsgüterschutz auf der anderen Seite zueinander in Beziehung zu setzen.[1109] Eingriffszweck und Eingriffsintensität müssen dafür in einem angemessenen Verhältnis zueinander stehen. Die gesetzliche Regelung darf schließlich auch keine übermäßige und unzumutbare Belastung für die Betroffenen darstellen.[1110]

Bezüglich § 261 StGB bedeutet dies, dass die Tätigkeit des Verteidigers essentiell für die Umsetzung des *fair trial*-Grundsatzes und des Rechtsstaatsprinzips ist. Der Verteidiger ist Garant für die Geltendmachung der Unschuldsvermutung. Der Beschuldigte ist zur Durchsetzung dieser verfassungsmäßigen Rechte auf den Verteidiger angewiesen. Eine Einschränkung der Verteidigertätigkeit hätte unweigerlich auch Auswirkungen auf den Grundrechtsschutz des Beschuldigten.

[1106] BVerfGE 39, 1 [47]; 57, 250 [270]; 73, 206 [253]; 80, 182 [185]; vgl. auch *Roxin*, Strafrecht AT/1, § 2 Rn. 31, 38 ff.; *Wandres*, Die Strafbarkeit des Auschwitz-Leugnens, S. 171.
[1107] Vgl. BVerfGE 30, 292 [316]; 63, 88 [115]; 67, 157 [173 ff.].
[1108] BVerfG NJW 2004, 1305 [1310]; ebenso i.Erg. *Hefendehl*, in: Roxin-FS, S. 145 [165].
[1109] BVerfGE 90, 145 [185].
[1110] BVerfGE 65, 1 [54]; 80, 297 [312]; 102, 197 [200]; *Dreier*-Dreier, Vorb. Rn. 149.

Insofern erscheint es sachgerecht, besonders hohe Anforderungen an die vernünftigen Gründe des Allgemeinwohls zu stellen.

In einer Abwägung erweist sich der Geldwäschetatbestand für den Adressatenkreis der Strafverteidiger zunächst als relativ wenig geeignet, das beabsichtigte Ziel einer Isolierung des Vortäters sinnvoll zu erreichen. Einerseits erscheint es wenig wahrscheinlich, dass die organisierte Kriminalität in größerem Umfang Strafverteidiger durch Mandatierung und Honorarzahlung als Geldwaschinstitutionen missbrauchen könnten.[1111] Zum anderen bietet der Strafverteidiger als Rechtsanwalt aufgrund seiner besonderen Treuepflichten, des Zulassungsverfahrens und der Überwachung durch spezielle Anwaltsgerichte eine gegenüber anderen Tätern erhöhte Gewähr für Rechtstreue.[1112]

Auf der anderen Seite sind die Gefahren für die Berufsausübung des Strafverteidigers und nicht zuletzt auch für die Strafverteidigung als Institution gravierend. Wenn ein Verteidiger schon bei leichtfertiger Nichtkenntnis der odiösen Herkunft seines Honorars der latenten Gefahr unterläge, dass die Staatsanwaltschaft einen Anfangsverdacht bejahen könnte, hätte dies Auswirkungen sowohl auf die Annahme bzw. Fortführung des Mandats als auch auf die berufliche Reputation des Verteidigers. Auf lange Sicht wäre damit das Institut der Wahlverteidigung gefährdet, weil es eine effektive Strafverteidigung unter dem Schutz eines uneingeschränkten Vertrauensverhältnisses zwischen Mandant und Verteidiger nicht mehr geben würde.[1113] Es wäre zu bedauern, wenn die Geldwäsche, die als abstraktes Gefährdungsdelikt im Nachfeld von Rechtsgüterverletzungen ergänzenden Rechtsschutz bezweckt, zur völligen Umgestaltung eines über hundert Jahre etablierten und als sozial nützlich angesehenen Berufsstands führen würde.[1114]

[1111] Auf das dennoch bestehende Risiko des Missbrauchs der Verteidiger als »legale Geldwäscheinstitution« weisen *Burger/Peglau*, wistra 2000, 161 [163]; *Schaefer/Wittig*, NJW 2000, 1387 [1388] hin; vgl. auch HansOLG Hamburg, NJW 2000, 673 [682] und BVerfG NJW 2004, 1305 [1311].
[1112] So BVerfG NJW 2004, 1305 [1311].
[1113] BVerfG NJW 2004, 1305 [1311].
[1114] Vgl. *Gotzens/Schneider*, wistra 2002, 121 [126], die die »Auslöschung« des Berufsstands befürchten.

d. Ergebnis

Wendete man § 261 Abs. 2 Nr. 1 StGB in wörtlicher Auslegung auf den Strafverteidiger an, verstieße er gegen das Übermaßverbot.[1115] Es ergeben sich damit zusammenfassend für den Verteidiger nicht nur mittelbare Folgen in Form von wirtschaftlichen Beschneidungen.[1116] Die weite Erstreckung der Geldwäsche auf Strafverteidigerhonorare stellt vielmehr durch die Beeinträchtigung des Instituts der freien Advokatur einen Eingriff in das Berufsgrundrecht aus Art. 12 Abs. 1 GG dar.[1117]

3. Eingriff in die Eigentumsgarantie, Art. 14 Abs. 1 GG

a. Eingriff in den Schutzbereich

Zum Teil wird in der Literatur auch die Vereinbarkeit des § 261 Abs. 2 StGB mit der Eigentumsgarantie des Grundgesetzes, Art. 14 Abs. 1 GG, angezweifelt.[1118] Zivilrechtlich gehe beim gesetzlichen Eigentumserwerb grundsätzlich das Eigentum an einer Sache durch Vermischung oder Verarbeitung unter, §§ 857 ff. BGB. Dies müsse auch im Strafrecht für die Fälle der Vermischung von Vermögensgegenständen beim Vortäter der Geldwäsche gelten. Habe der Straftäter sein Vermögen mit inkriminierten Vermögensgegenständen verarbeitet, gebe es nur noch einen Schadensersatzanspruch der Geschädigten, nicht jedoch mehr den Eigentumsanspruch auf die untergegangene Sache. § 261 Abs. 2 StGB enthalte ein Verbot, vom dann rechtmäßigen Eigentümer (= Vortäter) Vermögensgegenstände im Rahmen eines gültigen Vertrags anzunehmen. Für den Vortäter stelle dieses Verbot, mit seinem Eigentum nach eigenem Belieben zu verfahren, einen Eingriff in die Eigentumsgarantie dar. Bei der Entziehung der Eigentümerbefugnisse an der umgearbeiteten Sache müsse die Strafverfolgungsbehörde daher zunächst die Eigentümerstellung mit einer rechtsmittelfähi-

---

[1115] BVerfG NJW 2004, 1305 [1311]; ebenso *Gotzens/Schneider*, wistra 2002, 121 [126]; z.T. a.A. *Bussenius*, Geldwäsche und Strafverteidigerhonorar, S. 77 ff., die von einem Eingriff in Art. 2 Abs. 1 GG ausgeht; diesbezüglich wiederum a.A. *Burger/Peglau*, wistra 2000, 161 [162 f.].
[1116] So aber *Reichert*, NStZ 2000, 316 [317].
[1117] I.Erg. ebenso BVerfG NJW 2004, 1305 [1311]; *Gotzens/Schneider*, wistra 2002, 121 [126]; *Hombrecher*, Geldwäsche (§ 261 StGB) durch Strafverteidiger?, S. 66 f.
[1118] *Götz/Windholz*, AnwBl. 2000, 642 [646] (der dortige Verweis auf Art. 12 Abs. 1 GG ist wohl ein reiner Rechtschreibfehler).

gen Maßnahme beseitigen. Hierfür gebe es mit dem Verfall nach § 73 StGB auch grundsätzlich ein taugliches Instrumentarium. Dies sei allerdings nur bei § 261 StGB, nicht aber bei den meisten Katalogtaten möglich.[1119]

b. Stellungnahme

Tatsächlich soll es dem Vortäter durch die Regelung des § 261 Abs. 2 Nr. 1 StGB unmöglich gemacht werden, unter Zuhilfenahme inkriminierter Vermögensgegenstände weiter am Wirtschaftsleben teilzunehmen. Insofern läge aus verfassungsrechtlicher Sicht tatsächlich ein Eingriff in das Eigentumsgrundrecht nahe. Allerdings ist zweifelhaft, ob der Vortäter aufgrund des zwar gesetzlichen, aber dennoch kriminogenen Erwerbs des Eigentums überhaupt schutzwürdig ist. Ein gewichtiges Argument gegen einen Eingriff in Art. 14 GG ist zudem die Tatsache, dass § 261 StGB in seinen Wirkungen für den Verteidiger vornehmlich auf den Erwerb abzielt, so dass die Berufsfreiheit des Art. 12 Abs. 1 GG das sachnähere und damit speziellere Gesetz darstellt. Hinzu kommt, dass ein eventueller Eingriff in ein zwar zivilrechtlich wirksames, aber doch auf strafrechtlich relevantem Wege erlangtes Eigentum aufgrund des Interesses an wirksamer Strafverfolgung gerechtfertigt wäre. Ein Verstoß gegen die Eigentumsgarantie des Art. 14 Abs. 1 GG ist damit nicht gegeben.

4. Verletzung verfassungsmäßig garantierter Beschuldigtenrechte

Mit der Verletzung der Berufsfreiheit des Verteidigers einher gehen weitere Bedenken hinsichtlich verfassungsmäßig garantierter Beschuldigtenrechte. Deren Verletzung resultiert aus der nachhaltigen Einschränkung der Verteidigung an sich, die mit der latenten Bedrohung der Arbeitsmöglichkeiten eines Verteidigers einhergeht. Der Beschuldigte kann konkret in seinem Recht, sich in jeder Lage des Verfahrens des Beistands eines Verteidigers seiner Wahl zu bedienen, verletzt sein. Darüber hinaus steht auch eine Gefährdung der Unschuldsvermutung im Raum.

[1119] *Götz/Windholz*, AnwBl. 2000, 642 [646].

a. Missachtung der Unschuldsvermutung

Gerade hinsichtlich der Unschuldsvermutung wirft der Zwang zur Pflichtverteidigung Probleme auf. Bis zum rechtskräftigen Abschluss des Verfahrens steht die Schuld des Mandanten regelmäßig noch nicht fest, so dass der Beschuldigte, der vermutlich nur über bemakeltes Vermögen verfügt, einem unbemittelten nicht gleichgestellt werden darf.[1120] Solange dem Beschuldigten eine Straftat nicht nachgewiesen wurde, ist es den Strafverfolgungsbehörden daher verwehrt, allein aus dem Vorwurf Schlussfolgerungen auch hinsichtlich des Verteidigers zu ziehen. Die Unschuldsvermutung würde bei uneingeschränkter Anwendung des § 261 Abs. 2 Nr. 1 StGB faktisch gegenüber dem Beschuldigten (und gleichzeitig auch zu Lasten des Verteidigers) in ihr Gegenteil verkehrt.[1121]

b. Recht auf freie Wahl eines Verteidigers

Neben der Verletzung der Unschuldsvermutung wird im Zusammenhang mit dem Geldwäschetatbestand zudem das Recht des Beschuldigten auf freie Wahl eines Verteidigers als verletzt angesehen.[1122]
Zwar liegt allein in der Tatsache, dass Beschuldigte bei uneingeschränkter Anwendung des § 261 StGB in großem Umfang auf die Pflichtverteidigung angewiesen wären, noch keine Verkürzung der Beschuldigtenrechte. Denn § 140 StPO wie auch Art. 6 Abs. 3 lit. c EMRK haben vom Grundsatz her die gleichen Zielvorgaben.[1123] Zum Teil wird ein Eingriff in Grundrechte des Mandanten auch grundsätzlich abgelehnt.[1124] Wäge man das Recht auf ein faires Verfahren mit den Zielsetzungen des Geldwäschetatbestands ab, ergebe sich, dass die geschützten Rechtsgüter, Schutz von Staat und Bevölkerung vor Organisierter Kriminalität und Bekämpfung der Organisierten Kriminalität, nicht im Range

---

[1120] Ebenso BVerfG NJW 2004, 1305 [1312].
[1121] *Gotzens/Schneider*, wistra 2002, 121 [127]; *Mehlhorn*, Der Strafverteidiger als Geldwäscher, S. 156.
[1122] Vgl. HansOLG Hamburg, NJW 2000, 673 [677]; *Barton*, StV 1993, 156 [158]; *Bussenius*, Geldwäsche und Strafverteidigerhonorar, S. 86 ff., 100; *Gräfin von Galen*, StV 2000, 575 [581]; *Hartung*, AnwBl. 1994, 440 [444]; *Hombrecher*, Geldwäsche (§ 261 StGB) durch Strafverteidiger?, S. 53 ff.; *Kulisch*, StraFo 1999, 337 [339]; *Oberloskamp*, StV 2002, 611 [612]; *Wohlers*, StV 2001, 420 [426].
[1123] Hierzu *Löwe/Rosenberg-Gollwitzer*, Art. 6 EMRK (Art. 14 IPbpR), Rn. 203 f.
[1124] *Burger/Peglau*, wistra 2000, 161 [163 f.].

hinter einem geringen Eingriff in das *fair trial*-Prinzip zurücktreten müssten.[1125] Das Recht auf einen Verteidiger seiner Wahl bzw. seines Vertrauens bestehe für den Beschuldigten nur innerhalb der gesetzlich zulässigen Grenzen. Es sei hier zwischen dem Recht und der Möglichkeit der Ausübung dieses Rechts zu unterscheiden.[1126] Wer keine unbemakelten finanziellen Mittel habe, könne sich nun einmal nicht durch einen Wunschverteidiger verteidigen lassen.[1127] Einen Rechtsanspruch auf (finanzielle) Gewährleistung eines Verteidigers seiner Wahl schreibe weder § 137 StPO noch das *fair trial*-Prinzip vor.[1128] Es sei ein rechtsstaatlich gesehen merkwürdiges Ergebnis, wenn sich ein Beschuldigter, der nur durch eine strafbare Handlung zu finanziellen Mitteln gekommen ist, auf die Verletzung des *fair trial*-Grundsatzes berufen könnte. Eine verfassungsrechtliche Gleichstellung mit einem Beschuldigten, der sein Geld auf legalem Wege erlangt habe, komme nicht in Betracht.[1129]

Diese Argumente können im Ergebnis jedoch nicht durchdringen. Zu gravierend sind die Probleme, die durch den Verweis auf die Pflichtverteidigung ausgelöst werden. Dass eine derartige Sichtweise den noch nicht verurteilten Beschuldigten entgegen der Unschuldsvermutung einem mittellosen gleichstellen würde, wurde bereits ausgeführt. Aus rein praktischer Sicht ergeben sich für den Beschuldigten aber auch deshalb Rechtsschutzlücken, weil die Pflichtverteidigung nicht bei allen Katalogtaten des § 261 Abs. 1 StGB vorgesehen ist. Es gibt eine Reihe von Verfahren, in denen eine Pflichtverteidigerbestellung gem. § 140 StPO nicht in Betracht kommt, weil die Voraussetzungen des Abs. 1 Nr. 1-8 nicht erfüllt sind, etwa weil es sich bei den Vortaten des § 261 StGB nicht zwingend um Verbrechen handeln muss (vgl. § 29 BtmG, § 129 StGB, §§ 373, 374 AO) oder weder wegen der Schwere der Tat noch der Schwierigkeit der Sach-

---

[1125] *Burger/Peglau*, wistra 2000, 161 [164].
[1126] *Burger/Peglau*, wistra 2000, 161 [164]; *Katholnigg*, NJW 2001, 2041 [2045]; *Reichert*, NStZ 2000, 316 [317]; *Schaefer/Wittig*, NJW 2000, 1387 [1388]; zu Art. 6 EMRK vgl. *Frowein/Peukert*, EMRK, Art. 6 Rn. 192.
[1127] *Burger/Peglau*, wistra 2000, 161 [164]; *Frowein/Peukert*, EMRK, Art. 6 Rn. 92; *Kulisch*, StraFo 1999, 337 [338]; *Reichert*, NStZ 2000, 316 [317]; *Schaefer/Wittig*, NJW 2000, 1387 [1388].
[1128] Vgl. BVerfGE 9, 36 [38]; OLG Stuttgart, NJW 1970, 1466 [1467]; *Burger/Peglau*, wistra 2000, 161 [164]; *Katholnigg*, NJW 2001, 2041 [2045].
[1129] *Reichert*, NStZ 2000, 316 [317].

oder Rechtslage die Mitwirkung eines Verteidigers gem. § 140 Abs. 2 StPO geboten erscheint.[1130] Damit offenbart sich ein Verstoß gegen Art. 6 Abs. 3 lit. c EMRK, der auch einem mittellosen Beschuldigten das Recht einräumt, unentgeltlich den Beistand eines Pflichtverteidigers in Anspruch nehmen zu können, solange dies im Interesse der Rechtspflege erforderlich ist. Zwar zieht aufgrund des Rangs der EMRK dogmatisch und denklogisch ein diesbezüglicher Verstoß noch nicht *per se* die Nichtigkeit oder Unanwendbarkeit des § 261 StGB nach sich.[1131] Die Unvereinbarkeit einer späteren gleichwertigen Norm zwingt aber zumindest zu einer widerspruchsfreien Auslegung.

c. **Störung des Vertrauensverhältnisses**

Gravierender für die Verteidigung ist jedoch, dass eine Geldwäsche-Strafdrohung das Risiko birgt, das Entstehen eines Vertrauensverhältnisses zwischen Strafverteidiger und Mandant, das unverzichtbare Grundlage einer effektiven Verteidigung ist, massiv zu stören oder sogar auszuschließen.[1132]

Da der Vortatenkatalog des § 261 Abs. 1 StGB sehr umfangreich ist und tendenziell noch ausgeweitet werden soll, wäre eine erzwungene Beiordnung bei vielen Verteidigungen der Fall, wenn der Anwalt dem ungeschriebenen berufsrechtlichen Grundsatz des sichersten Weges nachkommen wollte. Ermittlungstaktisch könnte aus der dann konsequenten Ablehnung einer Wahlverteidigung oder möglicherweise bereits aus dem Antrag zur Beiordnung als Pflichtverteidiger an sich seitens der Strafverfolgungsbehörden der Schluss gezogen werden, dass sich der Verteidiger mit bemakeltem Geld honorieren lässt. Würde der Verteidiger sein Mandat niederlegen, offenbarte er automatisch Zweifel an der Schuld seines Mandanten.[1133] Die Auswirkungen kämen mit Blick auf § 203 StGB einem Verrat insbesondere des vermögenden Beschuldigten an die Strafverfol-

---

[1130] Hierauf weist *Kulisch*, StraFo 1999, 337 [338] hin.
[1131] So auch *Burger/Peglau*, wistra 2000, 161 [164].
[1132] Vgl. BVerfG NJW 2004, 1305 [1308]; HansOLG Hamburg, NJW 2000, 673 [676; *Bernsmann*, StV 2000, 40 [41]; *Gotzens/Schneider*, wistra 2002, 121 [128]; *Gräfin von Galen*, StV 2000, 575 [581]; *Hamm*, NJW 2000, 636 [636]; *Hombrecher*, Geldwäsche (§ 261 StGB) durch Strafverteidiger?, S. 53 f., 60; *Kargl*, NJ 2001, 57 [62]; gegen diese Argumentation noch BGHSt 47, 68 [76 f.].
[1133] *Hamm*, NJW 2000, 636 [636]; dennoch für eine Niederlegung stimmen *Burger/Peglau*, wistra 2000, 161 [164]; *Katholnigg*, NJW 2001, 2041 [2044].

gungsbehörden gleich.[1134] Die Folge wäre bei Anwendung des Legalitätsprinzips ein begründbarer Anfangsverdacht und regelmäßig ein Ermittlungsverfahren gegen den Mandanten, das dann schnell gegen den Verteidiger als Mitbeschuldigten ausgedehnt werden könnte.[1135] Der Durchgriff auf Verteidigungsunterlagen wäre wegen der Ausnahmeregelung des § 97 Abs. 2 S. 3 StPO geradezu vorprogrammiert.[1136] Strafverfolgungsbehörden könnten beim Anfangsverdacht einer Geldwäsche strafprozessuale Ermittlungsmaßnahmen wie z.B. Durchsuchungen oder Beschlagnahmen beim Verteidiger durchführen (vgl. §§ 94, 100a S. 1 Nr. 2, 100c Abs. 1 Nr. 3 lit. a, 102, 103 StPO). Da es sich bei der Geldwäsche nach § 261 StGB um eine Katalogtat im Sinne des § 100a S. 1 Nr. 2 StPO handelt, bestünde für den Verteidiger vor allem die Gefahr, dass die Strafverfolgungsbehörden eine Telefonüberwachung beantragen und so an Informationen zu weiteren Verfahren und zum gesamten Kanzleibetrieb gelangen könnten.[1137] Ein Ermittlungsverfahren mit strafprozessualen Maßnahmen gegen den Strafverteidiger ließe sich insoweit nicht auf einen bestimmten Vorgang beschränken.[1138]

Solche strafprozessualen Maßnahmen bedeuteten ein Eindringen in das besonders geschützte Verhältnis zwischen Mandant und Verteidiger. Die dafür vorgesehenen Schutznormen der §§ 53 Abs. 1 Nr. 2, 97 Abs. 1 Nr. 1, 100d Abs. 3 und 148 StPO könnten zunächst nicht eingreifen, da sie auf den Mandanten, nicht aber auf den Verteidiger abstellen. Das Verteidigungsverhältnis, speziell die Rechte des Beschuldigten wären verletzt. Daher muss auch hier dem rechtsstaatlichen Gebot, dem Beschuldigten jederzeit die verfassungsrechtlich garantierte Möglichkeit einer geordneten und effektiven Verteidigung zu geben, Vorrang in Abwägung mit dem staatlichen Interesse an einer funktionierenden Strafrechtspflege eingeräumt werden.[1139] Eine verfassungskonforme Lösung dieses Problems kann nur darin bestehen, zunächst ein Urteil über die Katalogtat des Be-

---

[1134] So *Hamm*, NJW 2000, 636 [636]; *J.Jahn*, AnwBl. 2000, 412.
[1135] Ebenso *Barton*, StV 1993, 156 [157]; *Hamm*, NJW 2000, 636 [636]; *Kargl*, NJ 2001, 57 [62]; *Kulisch*, StraFo 1999, 337 [339]; zust. *Gotzens/Schneider*, wistra 2002, 121 [125].
[1136] So auch HansOLG Hamburg, NJW 2000, 673 [677]; *Barton*, StV 1993, 156 [157]; *Kargl*, NJ 2001, 57 [62]; *Kulisch*, StraFo 1999, 337 [339].
[1137] So auch *Burger/Peglau*, wistra 2000, 161 [163].
[1138] Ebenso *Gotzens/Schneider*, wistra 2002, 121 [128].
[1139] Vgl. erneut BVerfGE 32, 373 [381]; 33, 367 [382]; 34, 238 [249]; 51, 324 [343].

schuldigten abzuwarten, bevor gegen den Verteidiger strafprozessuale Maßnahmen ergriffen werden können.

Ein Verteidiger hätte in der Konsequenz einer wörtlichen Anwendung des § 261 StGB zwei entgegengesetzten Zielen zu dienen. Zum einen müsste er seiner primären Funktion als Beistand des Beschuldigten genügen. Hierzu gehört, dass er sich vom Beschuldigten die Tat- und Begleitumstände möglichst detailliert darlegen lässt, um anhand der gewonnenen Erkenntnisse eine effektive Verteidigung einrichten zu können. Zum anderen wäre er aber gleichzeitig gehalten, vom Mandanten möglichst wenig Informationen über die Tathintergründe und damit möglicherweise über die Herkunft des Honorars zu erfahren. Sobald ein Mandant einer Katalogtat i.S.d. § 261 Abs. 1 StGB beschuldigt würde, müsste der Verteidiger damit rechnen, dass dieselben Argumente, die von der Staatsanwaltschaft zu Lasten des Beschuldigten herangezogen werden und denen er kraft seines verfassungsrechtlichen Auftrags entgegenwirken muss, auch für eine Verdachtsbegründung gegen ihn selbst dienen könnten. Damit wäre der nötige Abstand zum Beschuldigten und dessen Tat nicht mehr gewahrt. Eine gesunde Distanz zum Beschuldigten ist aber eine der wichtigsten Voraussetzungen für eine effektive Verteidigung.[1140]

Nicht umsonst hat die Rechtsprechung festgestellt, dass die Rolle eines Verteidigers mit der eines teilnahmeverdächtigen Mitbeschuldigten unvereinbar sei,[1141] da der Anwalt in diesem Fall seine Aufgabe nicht so erfüllen könne, wie es seine Stellung als Organ der Rechtspflege und Beistand des Beschuldigten erfordere.[1142] Der Mandant hätte dann zu befürchten, dass der Verteidiger ihn im schlimmsten Fall sogar anzeigen könnte, um für sich selbst den persönlichen Strafaufhebungsgrund des § 261 Abs. 9 StGB in Anspruch zu nehmen. Der Verteidiger müsste sein Handeln nicht nur als Beistand des Beschuldigten verstehen,

---

[1140] Vgl. BVerfG NJW 2004, 1305 [1309]; *Dahs*, Handbuch des Strafverteidigers, Rn. 117 ff.; *Liemersdorf*, MDR 1989, 204 [205]; *Wessing*, NJW 2003, 2265 [2271] für den Parallelfall des zivilrechtlichen Beraters, der ebenfalls Distanz zum Mandanten wahren sollte, wenn es um seine Eigeninteressen geht. Ein gegenteiliges Verhalten trage den Keim eines später auch gegen ihn geführten Strafverfahrens in sich.
[1141] BGH wistra 2000, 55 [59].
[1142] BVerfGE 34, 293 [300].

sondern gleichzeitig versuchen, im eigenen Interesse den Anklagevorwurf zu entkräften. Obwohl die dafür notwendigen Anstrengungen auf den ersten Blick gleichgerichtet zu sein scheinen, liegt ein erheblicher Unterschied schon darin, dass der Verteidiger nicht nur entlastende Beweise für den Beschuldigten, sondern auch für sich selbst suchen müsste. Dies lässt eine Interessenkollision dergestalt befürchten, dass der Verteidiger die Wahrheitsfindung im Interesse seines Mandanten und auch der Allgemeinheit nicht mit der gebotenen Sorgfalt vorantreiben könnte.[1143] Diese Vermischung von eigenen Interessen mit denen des Beschuldigten würde einerseits eine Schwächung der Beschuldigtenrechte bedeuten,[1144] gleichzeitig aber auch die Berufsausübung des Verteidigers umgestalten.

Gleichzeitig liefe ein Verteidiger Gefahr, sich bei einer Anzeige nach § 261 Abs. 9 StGB selbst vom laufenden Verfahren auszuschließen. Zwar ist in diesen Fällen von § 138a StPO ein Ausschluss nicht vorgesehen. Ein Blick auf § 43a Abs. 4 BRAO zeigt aber, dass das Vertreten widerstreitender Interessen ebenfalls zu einem Ausschluss führt.[1145] Eine Norm, die den Strafverteidiger dem nicht hinreichend kalkulierbaren Risiko aussetzt, selbst beschuldigt zu werden, begründet insofern auch eine für den Strafverteidiger kaum beherrschbare Gefahr, dass die Strafverfolgungsbehörden mittelbar Einfluss auf das Verteidigungsverhältnis nehmen könnten.[1146]

d. Ergebnis

§ 261 StGB verletzt bei uneingeschränkter Anwendung elementare verfassungsrechtlich verbürgte Beschuldigtenrechte wie die Unschuldsvermutung, das Recht auf einen Verteidiger seiner Wahl und das Recht auf ein ungestörtes Vertrauensverhältnis zwischen Verteidiger und Mandant.

[1143] Vgl. BVerfGE 34, 293 [300 f.].
[1144] Vgl. *Gotzens/Schneider*, wistra 2002, 121 [127]; ähnlich *Müther*, Jura 2001, 318 [320].
[1145] Ebenso *Gräfin von Galen*, StV 2000, 575 [581].
[1146] Ebenso *Amelung*, AnwBl. 2002, 347 [347 ff.]; *Leitner*, StraFo 2001, 388 [388 ff.].

IX. Fälle aus der Rechtsprechung

Vor der Entscheidung des Bundesverfassungsgerichts haben vor allem zwei Judikate die Diskussion um die Geldwäsche begleitet.

1. Die Entscheidung HansOLG Hamburg, NJW 2000, 673

a. Lösungsweg über verfassungskonforme Auslegung

Mit der ersten obergerichtlichen Entscheidung zur Geldwäschestrafbarkeit von Verteidigern hat im Jahr 2000 das HansOLG Hamburg für Aufsehen und eine rege Diskussion unter Wissenschaftlern und Praktikern gesorgt.

Ein Hamburger Strafverteidiger sollte sich durch die Annahme eines Honorarvorschusses in Höhe von 5000,- DM von seiner inhaftierten Mandantin, einer Drogenkurierin, der Geldwäsche i.S.d. § 261 Abs. 2 Nr. 1 StGB schuldig gemacht haben. Das Landgericht Hamburg hatte die Eröffnung des Hauptverfahrens gegen den Strafverteidiger aus tatsächlichen Gründen mangels hinreichenden Tatverdachts hinsichtlich des subjektiven Tatbestands abgelehnt. Die Staatsanwaltschaft war jedoch aufgrund von Erkenntnissen aus einer Telefonüberwachung der Überzeugung, dass der Angeschuldigte bei der Annahme des Honorarvorschusses zumindest leichtfertig gehandelt habe und hatte sofortige Beschwerde erhoben.

In einem ungewöhnlich sorgfältig begründeten Beschluss ist das Gericht aufgrund einer verfassungskonformen Auslegung[1147] des § 261 StGB zu dem Schluss gekommen, dass bereits aus Rechtsgründen der objektive Tatbestand (konkret des § 261 Abs. 2 Nr. 1 StGB) nicht erfüllt sei. Unter Einbeziehung umfangreichen Schriftmaterials gelangte es zu der Erkenntnis, dass der Gesetzgeber Strafverteidigerhonorare der Strafbarkeit des § 261 StGB unterwerfen wollte.[1148] Dieser habe sich bewusst über das bekannte Honorarproblem hinweggesetzt und die zunächst im ersten Gesetzesentwurf enthaltene Sozialadäquanzklausel wieder verworfen. Der Tatbestand der Geldwäsche stelle bei wörtlicher Anwendung sowohl einen Eingriff in die freie Berufsausübung des Rechtsanwalts (Art. 12 Abs. 1 GG) als auch in das Recht des Beschuldigten dar, sich in jeder Lage des

---

[1147] Bei genauer Betrachtung handelt es sich um den methodischen »Zwitter« einer verfassungskonformen Tatbestandsreduzierung, HansOLG Hamburg, NJW 2000, 673 [680]; zutr. *Hefendehl*, in: Roxin-FS, S. 145 [163].
[1148] HansOLG Hamburg, NJW 2000, 673 [674, 676].

Verfahrens des Beistands eines Verteidigers zu bedienen (§ 137 Abs. 1 StPO i.V.m. Art. 2 Abs. 1, 20 Abs. 3 GG, Art. 6 Abs. 3 lit. c EMRK).[1149]

Zur weiteren Begründung führte das HansOLG aus, dass § 261 Abs. 2 Nr. 1 StGB nicht in die Liste der Verteidigerausschlussgründe des § 138a Abs. 1 Nr. 3 StPO aufgenommen worden sei. Würde das Verbot aus § 261 Abs. 2 Nr. 1 StGB regelmäßig Verteidigerhonorare erfassen, wären nicht nur vereinzelte Verteidiger von einem Ausschluss betroffen. Vielmehr führe ein so verstandenes strafrechtliches Verbot zu einer grundlegenden Umstrukturierung des bisherigen Strafverfahrens. Das in den §§ 137, 140 StPO niedergelegte Prinzip, nach dem mit der Schwere des Tatvorwurfs auch die Frage der Notwendigkeit eines frei wählbaren Verteidigers korrespondiere, werde auf den Kopf gestellt, wenn dieses Wahlrecht durch die Anbindung an die Katalogtaten gerade in Fällen schwerer Kriminalität einer faktisch weitgehend obligatorischen Pflichtverteidigung weichen müsste. Das Verbot des § 261 Abs. 2 Nr. 1 StGB führe ebenso wie die staatliche Vermögensentziehung durch Strafverfolgungsmaßnahmen im Ergebnis zur Entreicherung des Täters. Das Verteidigerhonorar sei ausschließlich verfahrensbezogen und biete daher für den Täter allenfalls geringe Tatanreize.[1150]

Die Privilegierung von Verteidigern infolge verfassungskonformer Auslegung versage jedoch dann, wenn es um Zahlungen gehe, deren Höhe die eines angemessenen Honorars überstiegen. Zum anderen sei die Grenze zur Strafbarkeit bei einer Verfahrensmanipulation im Sinne des § 261 Abs. 1 StGB überschritten. Das Honorarprivileg des Strafverteidigers finde auch dort Schranken, wo Mittel angefasst würden, die an ein Tatopfer zurückzugewähren oder ihm als Schadensersatz zu überstellen seien. Für eine Privilegierung des Verteidigers zu Lasten von Tatopfern bestehe kein Anlass.[1151]

b. Reaktionen und Kritik

In der Literatur hat das Ergebnis der verfassungskonformen Auslegung – speziell auch mit Blick auf § 261 Abs. 9 und 10 StGB[1152] – einige Zustimmung ge-

---

[1149] HansOLG Hamburg, NJW 2000, 673 [677 f.].
[1150] HansOLG Hamburg, NJW 2000, 673 [681].
[1151] HansOLG Hamburg, NJW 2000, 673 [682]; zust. *Müther*, Jura 2001, 318 [322].
[1152] Vgl. *Gräfin von Galen*, StV 2000, 575 [583]: »zwingen [...] zu einer verfassungskonformen Auslegung«, »nur so macht die Vorschrift mit ihren Absätzen 9 und 10 überhaupt einen Sinn.«

funden.[1153] Die Entscheidung des HansOLG Hamburg ist aber darüber hinaus zum Teil harsch kritisiert worden.[1154]

Inhaltlich richtet sich die Kritik vor allem gegen den Widerspruch zwischen gesetzgeberischem Ziel und der getroffenen Auslegung. Eine verfassungskonforme Auslegung finde allgemein dort ihre Grenze, wo sie mit dem Wortlaut und dem klar erkennbaren Willen des Gesetzgebers in Widerspruch treten würde.[1155] Dieser Wille sei im Fall des Geldwäschetatbestands dokumentiert und klar und eindeutig nachvollziehbar. Verteidigerhonorare sollten ohne Einschränkung unter § 261 StGB fallen.[1156] Der Gesetzgeber habe sich im Bewusstsein des Strafverteidigerhonorar-Problems einer Ausnahmeregelung durch die Streichung der Sozialadäquanzklausel aus dem Gesetzesentwurf verschlossen. Dies sei auch vom HansOLG gesehen worden, ohne daraus die Konsequenz zu ziehen, dass die vorgenommene Auslegung mit dieser Methode nicht erreicht werden könne.

Maßstab einer verfassungskonformen Auslegung ist zum einen das Gebot der Verfassungskonformität und zum anderen das Ziel, inhaltlich das Maximum der Norm aufrechtzuerhalten.[1157] Nach Auffassung einiger Entscheidungs-Kommentatoren hat das HansOLG der Vorschrift des § 261 StGB jedoch einen vom Gesetzgeber nicht mehr intendierten Inhalt zugewiesen. Entstehe durch eine verfassungskonforme Auslegung eine inhaltlich andere Vorschrift, sei jedoch die Grenze der Gerichtsbarkeit überschritten und werde ein Akt der Rechtset-

---

[1153] *Burhoff*, ZAP 2000, Fach 22 R, S. 120; *Gräfin von Galen*, StV 2000, 575 [583]; *Müther*, Jura 2001, 318 [325]; *Wohlers*, StV 2001, 420 [426]; *ders.*, JZ 2004, 678 [678].
[1154] Vgl. *Burger/Peglau*, wistra 2000, 161 ff.; *Hefendehl*, in: Roxin-FS, S. 145 [161 ff.]; *Hetzer*, wistra 2000, 281 ff.; *Kargl*, NJ 2001, 57 [63]; *Keppeler*, DRiZ 2003, 97 [103]; *Reichert*, NStZ 2000, 316 ff.; *Schaefer/Wittig*, NJW 2000, 1387 ff.; krit. auch *Götz/Windholz*, AnwBl. 2000, 642 [645]; *Otto*, Strafrecht BT, § 96 Rn. 42; *Nestler*, StV 2001, 641 [648]; *J. Schmidt*, JR 2001, 448 [450]; *Sch/Sch-Stree*, § 261 Rn. 17; *Tröndle/Fischer*, 50. Aufl., § 261 Rn. 31 f.; *Zeifang*, Die eigene Strafbarkeit des Strafverteidigers, S. 368 f.; vgl. bereits *Barton*, StV 1993, 159 ff.; *Bottke*, wistra 1995, 122, Fn. 80.
[1155] Vgl. BVerfGE 18, 97 [111]; 67, 382 [390]; 71, 81 [105]; *Burger/Peglau*, wistra 2000, 161 [161 f.]; *Jarass/Pieroth*, Art. 20 Rn. 34; Sachs-*Sachs*, Einl. Rn. 55; *Schaefer/Wittig*, NJW 2000, 1387 [1388].
[1156] So auch *Burger/Peglau*, wistra 2000, 161 [162]; *Götz/Windholz*, AnwBl. 2000, 642 [645]; *Kargl*, NJ 2001, 57 [63]; *Keppeler*, DRiZ 2003, 97 [103].
[1157] *Larenz/Canaris*, Methodenlehre der Rechtswissenschaft, S. 161; vgl. auch BVerfGE 86, 288 [320].

zung vorgenommen.[1158] Die Grenze richterlicher Rechtsfortbildung liege jedoch dort, wo die geforderte Entscheidung nicht mehr allein mit rechtlichen Erwägungen begründet werden könne, sondern eine an Zweckmäßigkeitsgesichtspunkten orientierte politische Entscheidung verlange. Diese sei im demokratischen Staat aber grundsätzlich Sache des Gesetzgebers.[1159] Auch habe das HansOLG Hamburg bei der Angemessenheitsprüfung (die es bei Art. 12 GG anstellt) den Prüfungsmaßstab verkannt, indem es sich nicht auf die Unangemessenheit schlechthin beschränkt, sondern eine eigene Güterabwägung an die Stelle der gesetzgeberischen gestellt habe.[1160]

Nachfragen müssen auch hinsichtlich der vom HansOLG Hamburg vorgenommenen Einschränkungen erlaubt sein. Von diesen betrifft die erste den Fall eines *kick-back*-Effekts, bei dem ein Teil des überhöhten Honorars an den Beschuldigten zurückfließen soll. Ein derartiger Fall stellt keine echte Honorarannahme dar, sondern eine klare Geldwäsche, die lediglich mit dem Deckmäntelchen der Honorierung getarnt ist. Ein solches Verhalten unterfällt bereits § 261 Abs. 1 StGB, so dass die Einschränkung zur Thematik des § 261 Abs. 2 Nr. 1 StGB nichts beitragen kann.

Unklar bleibt bei der Lösung des HansOLG Hamburg auch, ob die Herausnahme der Ansprüche des durch die Vortat Verletzten zur Verfassungskonformität führen würde.[1161] Bei § 261 Abs. 1 StGB lassen sich Konstellationen mit Verletzten bilden, denen ihrerseits Ansprüche gegen den Vortäter zustehen. Dies wird aber nicht immer mit Sicherheit zu bejahen sein, beispielsweise wenn der Vortäter im Auftrag eines Dritten gehandelt hat und dafür entlohnt wurde, aber nach einem vorzeitigen Abbruch der Tat nicht genau weiß, ob der Erfolg eingetreten ist, der einen Schadensersatz auslösen würde.

Problematisch wird es auch in den Konstellationen, in denen ein Vortäter dem Strafverteidiger nicht die Wahrheit sagt. So könnte ein solcher Mandant den

---

[1158] *Schaefer/Wittig*, NJW 2000, 1387 [1388]; zust. *Keppeler*, DRiZ 2003, 97 [103]; *Reichert*, NStZ 2000, 316 [317]; *J. Schmidt*, JR 2001, 448 [450].
[1159] *Hetzer*, wistra 2000, 281 [288]; *Mehlhorn*, Der Strafverteidiger als Geldwäscher, S. 165.
[1160] So auch *Burger/Peglau*, wistra 2000, 161 [162].
[1161] Krit. *Hamm*, NJW 2000, 636 [638]; *Katholnigg*, NJW 2001, 2041 [2044]; krit. auch *Dombek*, ZAP 2000, 683 [693]: »Ausnahme dogmatisch schwerlich zu begründen«; *Schaefer/Wittig*, NJW 2000, 1387 [1388]: »inkonsequent«, »macht die Rechtslage nicht klarer«.

Verteidiger aus seinem Verbrechenslohn bezahlt und dabei angegeben haben, dass es beim Versuch geblieben sei. In Wirklichkeit wurde die Tat aber vollendet und es sind Verletztenansprüche entstanden. Nimmt der Verteidiger im guten Glauben an die Aussagen des Vortäters und unter Berufung auf die vom HansOLG angedeutete Verfassungswidrigkeit des § 261 Abs. 2 StGB hier das Honorar an, erfährt aber später, dass die Angaben des Vortäters gelogen waren, stünde er im Regen. Denn er könnte sich gerade nicht auf die Verfassungswidrigkeit berufen, nachdem ihm wahrscheinlich zwar kein Vorsatz, aber möglicherweise Leichtfertigkeit im Sinne des Abs. 5 vorgeworfen würde.[1162] Allein schon dieser konstruierte Fall lässt die zweite Ausnahme des HansOLG Hamburg zweifelhaft erscheinen.[1163]

Ferner ist das Angemessenheitskriterium kaum als strafbarkeitsbegründendes Element geeignet, da es den Anforderungen an das Bestimmtheitsgebot nicht genügen kann.[1164] Die Konsequenzen für eine Angemessenheitsprüfung wären auch problematisch. Das HansOLG stellt selbst fest, dass die Rechtsprechung noch Kriterien erarbeiten müsste, um Fälle des Missbrauchs von anderen Fällen unterscheiden zu können.[1165] Der Versuch, ein Indiz über die Bestimmung einer prozentualen Grenze in Anlehnung an die Gebühren in der BRAGO zu gewinnen, ist bei den in der Praxis stark variierenden tatsächlich verlangten Honoraren schnell zum Scheitern verurteilt. Es bliebe eine Unsicherheit und zugleich die Gefahr, dass Strafverteidiger aufgrund ihrer Privilegierung bezüglich der Honorarzahlungen künftig als legale Geldwäscheinstitutionen missbraucht werden könnten.[1166]

Aber nicht nur inhaltlich, sondern auch hinsichtlich des Procedere ist Kritik angebracht. Das Gericht kommt bei seiner Tatbestandsauslegung zum Ergebnis, dass alle sich bietenden Auslegungsmöglichkeiten auf eine Verfassungswidrigkeit der Vorschrift hinauslaufen würden und insofern eine Korrektur nötig sei. Eine verfassungskonforme Auslegung einer Gesetzesvorschrift kommt jedoch

---

[1162] Auf diesen Fall stellt *Katholnigg*, NJW 2000, 2041 [2044] ab.
[1163] Ebenso *Katholnigg*, NJW 2000, 2041 [2044].
[1164] *Reichert*, NStZ 2000, 316 [317]; dafür aber *Hamm*, NJW 2000, 636 [637].
[1165] HansOLG Hamburg, NJW 2000, 673 [682].
[1166] Vgl. selbst HansOLG Hamburg, NJW 2000, 673 [682].

grundsätzlich nur dann in Betracht, wenn verschiedene Auslegungen möglich sind, von denen aber zumindest eine verfassungsmäßig, die anderen verfassungswidrig sind.[1167] Dies ist aber – selbst nach der Argumentation des HansOLG – nicht der Fall.[1168] Führt danach keine der vom Gericht vertretenen Auslegungsvarianten zu einem verfassungskonformen Ergebnis, hätte nach ständiger Rechtsprechung des Bundesverfassungsgerichts eine Vorlagepflicht bestanden.[1169] Nur im ersten Fall wäre eine Vorlage zum Bundesverfassungsgericht nicht geboten gewesen, worauf auch in ständiger verfassungsgerichtlicher Rechtsprechung hingewiesen wird.[1170] Vorliegend wäre jedoch nach dem Auslegungsergebnis des HansOLG Hamburg eine konkrete Normenkontrolle gem. Art. 100 GG zum Bundesverfassungsgericht das einzig korrekte Vorgehen gewesen.[1171]

2. Die Entscheidung BGHSt 47, 68

a. Uneingeschränkte Anwendung des § 261 Abs. 2 Nr. 1 StGB

Im Gegensatz zur Entscheidung des HansOLG Hamburg hat der Bundesgerichtshof in einem Revisionsverfahren die Verurteilung eines Wahlverteidiger-Ehepaares wegen Geldwäsche gem. § 261 Abs. 2 Nr. 1 StGB bestätigt.[1172]

Die Eheleute hatten zwei Mandanten verteidigt, die als Führungsmitglieder eines sogenannten »Schneeballsystems« dazu beigetragen hatten, Geldanleger um 500 Millionen DM zu betrügen. Jeder der beiden angeklagten Eheleute hatte im Rahmen ihrer

---

[1167] BVerfGE 2, 266 [267]; 35, 263 [280]; 88, 145 [166]; 95, 64 [81]; *Jarass/Pieroth*, Art. 20 Rn. 34; Sachs-*Sachs*, Einl. Rn. 52.

[1168] HansOLG Hamburg, NJW 2000, 673 [676]; *Mehlhorn*, Der Strafverteidiger als Geldwäscher, S. 165; a.A. *Gräfin von Galen*, StV 2000, 575 [583].

[1169] Vgl. BVerfGE 84, 212 [266 f.]; 88, 103 [116]; *Burger/Peglau*, wistra 2000, 161 [161]; *Götz/Windholz*, AnwBl. 2000, 642 [645]; SK/StGB-*Hoyer*, § 261 Rn. 20 f.; *Jarass/Pieroth*, Art. 20 Rn. 42; *Kargl*, NJ 2000, 57 [63]; *Katholnigg*, NJW 2001, 2041 [2044]; *Reichert*, NStZ 2000, 316 [317]; Sachs-*Sachs*, Art. 20 Rn. 96; *Schaefer/Wittig*, NJW 2000, 1387 [1388]; *Zeifang*, Die eigene Strafbarkeit des Strafverteidigers, S. 369.

[1170] Vgl. BVerfGE 22, 373 [377]; 80, 54 [58 f.].

[1171] Übereinstimmend *Burger/Peglau*, wistra 2000, 161 [161]; *Götz/Windholz*, AnwBl. 2000, 642 [645]; *Kargl*, NJ 2000, 57 [63]; *Keppeler*, DRiZ 2003, 97 [103]; *Mehlhorn*, Der Strafverteidiger als Geldwäscher, S. 165; *Reichert*, NStZ 2000, 316 [317]; *Schaefer/Wittig*, NJW 2000, 1387 [1388]; *J. Schmidt*, JR 2001, 448 [450]; i.Erg. auch *Tröndle/Fischer*, 50. Aufl., § 261 Rn. 32.

[1172] BGHSt 47, 68 ff. = NJW 2001, 2891 ff. = JR 2002, 27 ff. (m. Anm. *Katholnigg*) = JZ 2002, 102 ff. = StraFo 2001, 321 ff. (m. Anm. *Leitner*, StraFo 2001, 388 ff.) = StV 2001, 506 ff. = wistra 2001, 379 ff.

Tätigkeit als Wahlverteidiger Bargeld in Höhe von 200.000 DM als Honorarvorschuss entgegengenommen, obwohl beide wussten und billigten, dass das Geld aus dem Schneeballsystem stammte und dass sich die Verantwortlichen dieses Systems auf Dauer zusammengeschlossen hatten, um sich eine fortwährende Einnahmequelle zu verschaffen.

Der Bundesgerichtshof hat in dieser Entscheidung die Ansicht vertreten, dass der Gesetzgeber auch Strafverteidigerhonorare bewusst unter die Strafdrohung des Geldwäschetatbestands stellen wollte.[1173] Dafür streite schon die Streichung der Ausnahmeregelung während der Entstehung des Gesetzes. Auch die Tatsache, dass § 3 Abs. 1 GwG keine Ausnahme für Rechtsanwälte bei der Führung von Anderkonten vorsehe, spreche gegen eine Sonderstellung der rechtsberatenden Berufe. Eine Verletzung von höherrangigem Recht oder Art. 6 EMRK sei zudem nicht ersichtlich. Insbesondere sei eine Verletzung von Art. 12 GG nicht gegeben, da die Berufsausübung nur mittelbar beeinträchtigt werde und ein Eingriff nur dann gegeben sei, wenn die Regelung neben einem engen Zusammenhang mit der Berufsausübung auch objektiv eine berufsregelnde Tendenz deutlich erkennen lasse. Dies sei nicht der Fall.[1174] Die Entgegennahme eines Honorars, vom dem man wisse, dass es aus schwerwiegenden Straftaten stamme, entspreche nicht dem Berufsbild eines Strafverteidigers als Organ der Rechtspflege, § 1 BRAO.[1175] Der Verteidiger könne sich in diesen Fällen als Pflichtverteidiger beiordnen lassen. Die Freiheit der Advokatur sei dadurch nicht bedroht. Wäre die Anwaltschaft auf bemakelte Honorare angewiesen, läge die Gefährdung vielmehr in der wirtschaftlichen Abhängigkeit vom organisierten Verbrechen. Dem Beschuldigten stehe kein Recht auf Wahlverteidigung unter Einsatz illegal erworbener Mittel zu. Wer als Beschuldigter nur über bemakelte Vermögenswerte verfüge, sei einem mittellosen Beschuldigten gleichzustellen und nicht ihm gegenüber zu privilegieren. Die Pflichtverteidigung sei auch keine Verteidigung minderer Güte.[1176] Da dem Wunsch des Beschuldigten auf Beiordnung eines Anwalts seines Vertrauens weitgehend zu entsprechen sei, könne das verfassungsrechtlich geschützte Vertrauensverhältnis zwischen Mandant und Verteidiger nicht durch die Ablehnung der Wahlverteidigung und Fortführung als

---

[1173] BGHSt 47, 68 [72].
[1174] BGHSt 47, 68 [73].
[1175] BGHSt 47, 68 [74].
[1176] BGHSt 47, 68 [75].

Pflichtverteidigung ausgehöhlt werden. Ein derartiger Wechsel habe auch keine »Signalwirkung«.[1177] Schließlich wirke die verfassungsrechtlich garantierte und in Art. 6 Abs. 2 EMRK niedergelegte Unschuldsvermutung prozessual nur zugunsten des Beschuldigten, nicht dagegen unmittelbar materiell zugunsten seines Verteidigers. Der Bundesgerichtshof hat jedoch eingeräumt, dass das Verteidigungsverhältnis dann gestört sein könne, wenn gegen den Verteidiger strafprozessual wegen des Verdachts der Annahme inkriminierter Honorargelder ermittelt werde.[1178] Dies sei jedoch hinzunehmen, eine Ermittlungsimmunität für das laufende Verfahren angesichts der Wirksamkeit ermittlungstaktischer Maßnahmen nicht angebracht. Im Ergebnis führe daher kein Weg an einer wörtlichen Anwendung des § 261 Abs. 2 Nr. 1 StGB vorbei. Einer Sonderregelung für Strafverteidiger sei von vornherein der Boden entzogen.[1179]

b. Reaktionen und Kritik

Die uneingeschränkte Anwendung des § 261 StGB hat vor allem unter Strafverfolgern, daneben aber auch in der Wissenschaft einige Zustimmung gefunden.[1180] Vor allem wird auf die zahlreichen Fälle des Missbrauchs von Anwälten als Geldwaschinstitutionen hingewiesen. Der deutsche Gesetzgeber habe nach negativen Erfahrungen, insbesondere in den Vereinigten Staaten, die Konsequenzen gezogen und Sonderrechte für Rechtsanwälte weitgehend fallen gelassen. Übrig geblieben sei nur noch die Ausnahme von der Meldepflicht von Geldwäscheverdachtsfällen an die zuständigen Strafverfolgungsbehörden (§ 11 GwG).[1181] Zum Teil wurde auf der Grundlage der Bundesgerichtshofs-Entscheidung für eine uneingeschränkte Übertragung der dortigen Argumentation auf die Fälle leichtfer-

---

[1177] BGHSt 47, 68 [76].
[1178] BGHSt 47, 68 [77].
[1179] BGHSt 47, 68 [78].
[1180] *Fad*, JA 2002, 14 [17]; *Burger*, wistra 2002, 1 [6]; *Burger/Peglau*, wistra 2000, 161 ff.; LR-*Gollwitzer*, Art. 6 MRK/14 IPBPR, Rn. 198; *Katholnigg*, NJW 2001, 2041 ff.; ders., JR 2002, 30 ff.; *Keppeler*, DRiZ 2003, 97 ff.; *Körner/Dach*, Geldwäsche, Rn. 38 f.; *Neuheuser*, NStZ 2001, 647 ff.; *Otto*, JK 02 StGB, § 261/4; *Peglau*, wistra 2001, 461 ff.; *Reichert*, NStZ 2000, 316 [317]; *Scherp*, NJW 2001, 3242 ff.; *Wessels/Hillenkamp*, BT/1 Rn. 902; wohl auch NK-*Altenhain*, § 261 Rn. 126 :»auf Tatbestands- und Rechtfertigungsebene nicht zu korrigieren«; für eine wörtliche Anwendung wohl auch *Arzt/Weber*, Strafrecht BT, § 29 Rn. 49; *Lang/Schwarz/Kipp*, S. 205.
[1181] *Körner/Dach*, Geldwäsche, Rn. 39.

tiger Geldwäsche plädiert.[1182] Ein potentieller Eingriff in die Berufsausübung sei nicht schlechthin unangemessen, da der Eingriff – weil nur in einen Teil der Strafverteidigungsmandate – zum Schutz der Bevölkerung vergleichsweise gering und die Schwellen für die Leichtfertigkeit relativ hoch angesetzt seien.[1183]

Vor allem bei den praktizierenden Strafverteidigern, aber auch in Teilen der Wissenschaft ist die Entscheidung des Bundesgerichtshofs dagegen auf Unverständnis oder Ablehnung gestoßen.[1184] Zunächst müsse bei einer Bewertung einschränkend berücksichtigt werden, dass sie tatsächlich lediglich den Fall betreffe, in dem Verteidiger ihr Honorar im Wissen (*dolus eventualis* oder sogar *dolus directus*) um die illegale Herkunft angenommen haben. Für die Fälle einer leichtfertigen Annahme (§ 261 Abs. 5 StGB) bemakelter Vermögenswerte werde dagegen keine Aussage getroffen.[1185] So kritisiert *Nestler*, dass schon die zwei Ausgangspunkte der Entscheidung falsch gewesen seien. Zum einen beruhe die Annahme, für den Beschuldigten gebe es »kein Recht auf Wahlverteidigung unter Einsatz illegal erworbener Mittel«, lediglich auf einem Verdacht, der sich im Laufe des Verfahrens auch als falsch erweisen könne. In Konsequenz der Unschuldsvermutung stehe die Schuld des Beschuldigten und damit die Bemakelung der Vermögenswerte im Zeitpunkt der Honorierung regelmäßig noch gar nicht fest.[1186] Zum anderen sei es absurd, dass das Gericht bestreite, dass die allein über Pflichtverteidigung finanzierte Verteidigung im Vergleich zur Wahlverteidigung eine Verteidigung minderer Güte sei.[1187] Die vom Bundesgerichtshof vorgeschlagenen Wege für einen Strafverteidiger, nicht selbst in den Verdacht der Geldwäsche zu kommen, würden diesem einen mentalen Spagat zwischen seiner Funktion als Prozesssubjektsgehilfe des Beschuldigten und gleichzeitig als selbstständigem Strafadressaten abverlangen. Auch eine Niederlegung des Mandats könne insoweit nicht weiterhelfen. Dies sei weder dem Verteidiger

---

[1182] *Peglau*, wistra 2001, 461 [462]; *Katholnigg*, JR 2002, 30 [32]; *Scherp*, NJW 2001, 3242 [3244].
[1183] *Peglau*, wistra 2001, 461 [462].
[1184] Vgl. *Beulke*, in: Rudolphi-FS, S. 391 [399 f.]; *Gotzens/Schneider*, wistra 2002, 121 ff.; *Leitner*, StraFo 2001, 388 ff.; *Mehlhorn*, Der Strafverteidiger als Geldwäscher, S. 154 ff., 160; *Nestler*, StV 2001, 641 [641 ff.]; *W. Schmidt*, StraFo 2003, 2 [4 f.].
[1185] So zutr. *Gotzens/Schneider*, wistra 2002, 121 [125].
[1186] *Nestler*, StV 2001, 641 [643].
[1187] *Nestler*, StV 2001, 641 [644].

noch dem Beschuldigten zuzumuten.[1188] Der Bundesgerichtshof habe daher die bestehende höchstrichterliche Rechtsprechung zur Verteidigerstrafbarkeit verkannt.[1189] Auch die Behauptung, dass ein Wechsel von der Wahlverteidiger- in die Pflichtverteidigerstellung keine Signalwirkung habe, wird vom Bundesgerichtshof ohne nähere Begründung aufgestellt und ist nach allgemeiner Lebenserfahrung unzutreffend.[1190] Schließlich würde es bei konsequenter Verfolgung der Linie des Bundesgerichtshofs zu einem Wettlauf zwischen Hase (Beiordnungsantrag) und Igel (Anfangsverdacht) kommen: Wenn der Verteidiger den Beiordnungsantrag stelle, liege der Anfangsverdacht in den meisten Fällen bereits vor.[1191] Als schwach erweist sich ferner auch die vom Bundesgerichtshof vorgenommene Argumentation mit dem Geldwäschegesetz. Zwar ist es richtig, dass Rechtsanwälte bei der Führung von Anderkonten nicht von der Identifizierungspflicht ausgenommen sind. Viel entscheidender, vom Bundesgerichtshof jedoch nicht erwähnt, ist aber, dass Verteidigerhonorare in den weitaus meisten Fällen vom Anwendungsbereich des Geldwäschegesetzes ausgeschlossen sind.

X. Vorgeschlagene Lösungen zur Eingrenzung der Verteidigerstrafbarkeit

Um die verfassungsrechtlichen Probleme einer wörtlichen und uneingeschränkten Anwendung abzufedern und insbesondere den Eingriff in das Berufsgrundrecht der Strafverteidiger rechtfertigen zu können, sind in Rechtsprechung und Wissenschaft schon seit der Schaffung des § 261 StGB verschiedene Lösungsansätze entwickelt worden. Sie divergieren erheblich in Ansatz und Ergebnis. Das Spektrum reicht systematisch von Korrekturmöglichkeiten im objektiven und subjektiven Tatbestand über die Installation eines neuen Rechtfertigungsgrundes. Oft werden auch verschiedene dogmatische Auslegungsfiguren vermischt. Daneben sind prozessuale Lösungen auf Rechtsfolgenseite diskutiert worden.

[1188] *Nestler*, StV 2001, 641 [645]; ebenso *Müther*, Jura 2001, 318 [320].
[1189] *Matt*, GA 2002, 137 [141].
[1190] Ebenso *Gotzens/Schneider*, wistra 2002, 121 [127 f.].
[1191] *Leitner*, StraFo 2001, 388 [390].

1. Strafausschlusslösung und Lösung auf Rechtsfolgenseite

a. Lösung über einen Strafausschließungsgrund

Mit Blick auf zivilrechtliche Schadensersatzansprüche des Vortatopfers wird von *Bussenius* eine Verteidigerprivilegierung durch Strafausschluss angeregt. Tatbestands- und reine Rechtfertigungslösungen würden den Zugriff des Vortatopfers auf beim Verteidiger befindliche Honorargelder ausschließen, weil die in Frage kommende Anspruchsgrundlage des § 823 Abs. 2 BGB die Verletzung eines Schutzgesetzes und damit zumindest ein tatbestandsmäßiges und rechtswidriges, wenn auch nicht notwendig strafbares Verhalten voraussetze.[1192] Eine derartige Lösung würde die Rechtswidrigkeit unberührt lassen und gleichzeitig das Ziel des § 261 StGB, die bereits verletzten Rechtsgüter zu schützen, in größerem Umfang verwirklichen.[1193]

b. Lösung auf Rechtsfolgenseite

Nach Ansicht einiger Autoren verlange ein derart weiter Tatbestand wie § 261 StGB aus Gründen der Verhältnismäßigkeit nach einer entsprechend weitherzigen Einstellungspraxis, die an der individuellen Schuld eines Täters orientiert sein müsse.[1194] Dafür spreche auch die Tatsache, dass in der Praxis die ganz überwiegende Zahl der Geldwäscheverfahren eingestellt wurde.[1195]

c. Stellungnahme

Die von *Bussenius* vorgeschlagene Strafbefreiung ist für den Verteidiger jedoch nur bedingt attraktiv, weil er jederzeit mit Schadensersatzansprüchen eines Vortatopfers rechnen müsste. Hinzu kommt, dass ein Strafausschluss das nicht zu vernachlässigende Risiko in sich birgt, dass der Verteidiger von strafprozessualen Maßnahmen der Staatsanwaltschaft wie Durchsuchungen, Beschlagnahmen oder Telefonüberwachungen bedroht ist. So genügt für derartige Eingriffe bereits der Tatverdacht hinsichtlich des tatbestandlichen Vorliegens einer Katalog-

---

[1192] *Bussenius*, Geldwäsche und Strafverteidigerhonorar, S. 160, 162 ff.
[1193] *Bussenius*, Geldwäsche und Strafverteidigerhonorar, S. 165.
[1194] Vgl. *Großwieser*, Der Geldwäschestraftatbestand § 261 StGB, S. 109 für den Bereich sozialüblicher Geschäftstätigkeit; *Kargl*, NJ 2001, 57 [61]; *Körner/Dach*, Geldwäsche, Rn. 36.
[1195] Vgl. die Ergebnisse von *Oswald*, Die Implementation gesetzlicher Maßnahmen zur Bekämpfung der Geldwäsche, S. 279.

tat, ohne dass es auf etwaige Rechtfertigungs- oder Schuldausschlussgründe ankäme.[1196] Die Argumentation von *Bussenius* ist auch in sich nicht stringent, da sie zunächst beispielsweise die Vorsatzlösung mit dem Argument ablehnt, dass die Strafverfolgungsbehörden sogar bei mangelndem Vorsatz Ermittlungsmaßnahmen in den Büroräumen des Verteidigers durchführen können.[1197] Dann wird eine entsprechende Gefahr erst recht gegeben sein, wenn Vorsatz und Rechtswidrigkeit vorliegen.

Die gleiche Gefahr strafprozessualer Zwangsmaßnahmen ergibt sich auch bei Rechtsfolgenlösungen. Derartige Vorschläge auf Rechtsfolgenseite sind daher schon im Ansatz zu verwerfen.[1198]

2. Lösungen auf der Ebene der Rechtswidrigkeit

Ein großer Teil der Literatur sieht auf Ebene der Rechtswidrigkeit eine Möglichkeit, den Verteidiger von einer Strafbarkeit freizustellen. Vor allem ein spezifisch auf den Verteidiger bezogener und nicht ausdrücklich geregelter Rechtfertigungsgrund wird mit Blick auf die grundgesetzlichen Implikationen zur Diskussion gestellt.

a. Lösung über einen temporären prozessualen Rechtfertigungsgrund

Um einem behaupteten prozessualen Ungleichgewicht zwischen Staatsanwaltschaft und Verteidigung zu begegnen, hat sich *Bernsmann* auf die heuristische Suche nach einem neuen, besonderen Rechtfertigungsgrund begeben und ist im Prozessrecht fündig geworden. *Bernsmann* nutzt gerade den Umstand, dass der Beschuldigte durch die materielle Rechtfertigungswirkung strafprozessualer Normen keinen rechtfertigungstauglichen Angriffen seitens der Strafverfolgungsorgane ausgesetzt ist, zu einem Appell an die Fairness im Strafverfahren. Ausgangspunkt seiner Argumentation ist die Rechtslage eines laufenden Prozesses, in dem die Strafverfolgungsbehörden lediglich gestützt auf den Verdacht einer Straftat verschiedene Straftatbestände gegenüber dem Beschuldigten verwirklichen dürfen, ohne dass dies von der am Ende des Prozesses (möglicherweise) festgestellten materiellen Wahrheit abhinge. Konkret könnten beispiels-

---

[1196] *Meyer-Goßner*, § 100a Rn. 6; LR-*Schäfer*, § 100a Rn. 12.
[1197] *Bussenius*, Geldwäsche und Strafverteidigerhonorar, S. 133.
[1198] I.Erg. auch *Keppeler*, DRiZ 2003, 97 [103].

weise Körperverletzungen gemäß §§ 223, 224 StGB durch die Möglichkeiten in §§ 81a, 127 StPO, Freiheitsberaubungen gemäß § 239 Abs. 3 Nr. 1 StGB durch § 112 i.V.m. § 121 StPO, Hausfriedensbrüche nach § 123 StGB durch die §§ 102, 103 StPO, die Verletzung der Vertraulichkeit des Wortes gemäß § 201 StGB aufgrund der §§ 100a, 100c StPO und die Verwirklichung der Verletzung des Briefgeheimnisses nach § 202 StGB über § 98a StPO gerechtfertigt werden. Wenn der Staat zur Durchführung des Strafverfahrens und um die Voraussetzungen für einen Schuldspruch zu sichern Beschuldigte wie unbeteiligte Dritte in ihren Grundrechten allein deswegen verletzen dürfe, weil die bloße Möglichkeit bestünde, dass eine Person eine Straftat begangen habe, sei der »Gegenseite« zur Ermöglichung bzw. Bewahrung der Voraussetzung einer effizienten Verteidigung ein vergleichbarer, vorläufiger, ausschließlich verdachtsgestützter »Rechtfertigungsbonus« zu gewähren.[1199] Dieser ergebe sich aus dem Verteidigungsverhältnis und der Unschuldsvermutung. Jeder Beschuldigte habe ein Recht auf professionelle und effiziente Strafverteidigung. Unerlässliche Voraussetzung für die Ausschöpfung aller Verteidigungsmöglichkeiten sei jedoch der Schutz einer spezifischen Verteidigungssphäre.[1200] Weil der Verteidiger um der Abwehr aller staatlichen Eingriffe in das Verteidigungsverhältnis willen von der Unschuld seines Mandanten ausgehen könne, würde allein das Vorliegen eines Verteidigungsauftrages die Entgegennahme eines Honorars rechtfertigen und den auf dem Geld lastenden Verdacht der Kontaminierung durch eine Vortat neutralisieren. Der Beschuldigte müsse solange als unschuldig betrachtet werden, wie er umgekehrt zur Verfahrenssicherung als prognostisch schuldig behandelt werde.[1201] Die Prinzipien der Rechtfertigung blieben gewahrt, da das Interesse an der Aufrechterhaltung eines rechtsstaatlich ausgewogenen Strafprozesses das Interesse an einer ansonsten möglichen Bestrafung Einzelner überwiege. Der Rechtfertigungsgrund sei aber zeitlich auf das Mandatsverhältnis beschränkt, eben so lange, wie spiegelbildlich die Befugnisse der Strafverfolgungsbehörden gegenüber dem Beschuldigten und Dritten reichten. Würden daher in dieser Zeit und im Zusammenhang mit dem Mandatsverhältnis Zahlungen an den Strafver-

---

[1199] *Bernsmann*, StV 2000, 40 [44].
[1200] *Bernsmann*, StV 2000, 40 [40].
[1201] *Bernsmann*, StV 2000, 40 [44].

teidiger geleistet, sei der Staat gehindert, daran irgendeinen Verdacht zu knüpfen.[1202]

b. Generelle Rechtfertigungslösung

Ähnlich wie *Bernsmann* haben sich mit *Ambos*,[1203] *Hamm*[1204] und *Hombrecher*[1205] auch weitere Autoren für eine Lösung auf Ebene der Rechtswidrigkeit ausgesprochen. Auch *Hefendehl*[1206] hat seiner Sympathie für eine Rechtfertigungslösung Ausdruck verliehen, indem er ihr eine »gewisse ästhetische Spiegelbildlichkeit« bescheinigt,[1207] auch wenn er eine solche im Ergebnis ablehnt.[1208]

Nach Auffassung von *Ambos* sei eine Lösung auf Rechtfertigungsebene dogmatisch schon deshalb vorzugswürdig, weil das strafbewehrte Verbot die Regel, der Unrechtsausschluss dagegen die Ausnahme sei. Dieses Regel-Ausnahme-Verhältnis könne mit einer Rechtfertigungslösung besser abgebildet werden. Auch führe eine solche Lösung zu weniger Friktionen im Verhältnis zur sonstigen Strafbarkeit des Verteidigers. Es sei nicht einzusehen, dass sich der Verteidiger wegen Hehlerei strafbar mache, während er im gleichen Moment wegen Geldwäsche straffrei ausgehe. Dieser Wertungswiderspruch werde auf Rechtfertigungsebene wegen der besonderen Weite des Geldwäschetatbestands besser aufgelöst. Aus kriminalpolitischer Sicht spreche für diesen Ansatz, dass er die Tatbestandsmäßigkeit unberührt lasse und so die Positionen von Befürwortern und Gegnern einer ausnahmslosen Strafbarkeit versöhnen oder zumindest annähern könne.[1209] Auch *Hamm* setzt in diesem Sinne auf eine Lösung im Wege praktischer Konkordanz. Es gehe darum, eine rechtliche Gegenkraft gegen die

---

[1202] *Bernsmann*, StV 2000, 40 [45].
[1203] *Ambos*, JZ 2002, 70 [80].
[1204] *Hamm*, NJW 2000, 636 ff.
[1205] *Hombrecher*, Geldwäsche (§ 261 StGB) durch Strafverteidiger?, S. 147 ff., 151 ff.
[1206] *Hefendehl*, in: Roxin-FS, S. 145 ff.
[1207] *Hefendehl*, in: Roxin-FS, S. 145 [155].
[1208] *Hefendehl*, in: Roxin-FS, S. 145 [157]; *de lege ferenda* in Anlehnung an das englische *defences*-System auch *Vogel*, ZStW 109 [1997], 335 [346, 356].
[1209] *Ambos*, JZ 2002, 70 [80].

indizielle Wirkung der Tatbestandsmäßigkeit für die Rechtswidrigkeit zu schaffen.[1210]

Bei der Frage, ob die Kenntnis des Verteidigers von der rechtswidrigen Herkunft des Honorars die Rechtfertigung ausschließe, tendieren *Ambos* und *Hamm* zu einer subjektiven Rechtfertigungslösung. Sei der Verteidiger *ex ante* im Zeitpunkt der Honorarannahme von der Unschuld des Mandanten überzeugt bzw. müsse er dies wegen der Unschuldsvermutung sein, sei er gerechtfertigt. Eine nachträgliche Kenntnis schade mit Blick auf den Wortlaut der Norm (§ 261 Abs. 2 Nr. 2 StGB) nicht.[1211] Aufgrund ihres Charakters als widerlegbare Vermutung entfalle die Rechtfertigung jedoch, wenn die Vermutung der Unschuld gegenüber dem Verteidiger widerlegt werde. Hinsichtlich der Anforderungen an die Kenntnis sei zwischen materiellen Anforderungen und dem prozessualen Nachweis zu differenzieren.[1212] Materiell müsse der Täter sicheres Wissen von der Bemakelung haben. Dieses könne er entweder durch eine geständige Einlassung des Mandanten oder auch durch objektive Umstände erlangen. Eine allgemeine Kenntnis von der Bemakelung des Honorars reiche dabei aus. Ein Nachweis vom Vorliegen aller Tatbestandsmerkmale gehe dagegen zu weit.[1213] *Hamm* stellt eine doppelte Glaubwürdigkeitsvermutung auf. Der Verteidiger müsse seinem Mandanten vertrauen, die Strafverfolgungsbehörde dem Verteidiger. Die in der Unschuldsvermutung wurzelnde Glaubwürdigkeitsvermutung stelle damit eine rechtliche Gegenkraft dar, die die Tatbestandsmäßigkeit ausräume. Diese Vermutung zugunsten des Beschuldigten könne zum einen durch positives Wissen widerlegt werden. Zum anderen könne die Rechtfertigung außerhalb der äußersten Vertretbarkeitsgrenzen der Angemessenheit im Sinne des § 3 BRAGO oder beim Vorliegen der komplizenhaft manipulativen Handlungsvarianten des § 261 Abs. 1 StGB in Frage gestellt werden.[1214]

Im Rahmen der Interessenabwägung wird teilweise eine Beschränkung der Rechtfertigung auf solche Konstellationen gefordert, in denen ein konkreter Verletzter ausgemacht werden kann, dem aus der Vortat ein Schadensersatz- oder

---

[1210] *Hamm*, NJW 2000, 636 [637].
[1211] *Ambos*, JZ 2002, 70 [81]; *Hamm*, NJW 2000, 636 [638].
[1212] *Ambos*, JZ 2002, 70 [81].
[1213] *Ambos*, JZ 2002, 70 [82].
[1214] *Hamm*, NJW 2000, 636 [638].

Rückgewährsanspruch gegen den Vortäter erwachsen ist.[1215] Die durch Art. 14 GG geschützten Eigentums- und Vermögensinteressen des Opfers (Restitutionsinteressen) müssten in den Abwägungsvorgang einbezogen und in der Gewichtung höher angesetzt werden als die Interessen und Rechte des Beschuldigten und Verteidigers.

Mit der Beschränkung des gezahlten Honorars auf eine angemessene Höhe ist ein weiterer Versuch unternommen worden, den objektiven Rechtfertigungstatbestand einzugrenzen. *Hamm* hat diesbezüglich vorgeschlagen, die Bestimmung der Angemessenheit in Anlehnung an die Regelung der Honorarvereinbarungen in der BRAGO vorzunehmen. Als Orientierung dienen könnten hierbei die Richtlinien, die Basis für die Angemessenheitsprüfung von Honorarvereinbarungen nach § 3 Abs. 3 S. 2 BRAGO durch die Rechtsanwaltskammern sind. Im Gegensatz zu dieser relativ flexiblen Lösung könnten andererseits auch feste Prozentsätze zur Rahmenbestimmung herangezogen werden, um die der gesetzliche Höchstrahmen überschritten sein darf, um eine Rechtfertigung zu ermöglichen.[1216]

Eine noch weiter gehende Freistellung des Verteidigers von strafrechtlicher Verfolgung vertritt *Hombrecher*.[1217] Er hält einen auf dem Prinzip des Interessenvorrangs basierenden Rechtfertigungsgrund für einen überzeugenden Weg zur Beschränkung des § 261 Abs. 2 StGB in der Honorarproblematik. Eine Beschränkung zugunsten konkreter Opferinteressen lehnt *Hombrecher* ebenso ab[1218] wie die Beschränkung auf eine angemessene Honorarhöhe.[1219] Subjektiv fordert er vom Verteidiger den Willen und die Motivation, dem Beschuldigten eine effektive Verteidigung zu gewähren.[1220] Eine Rechtfertigung scheide erst bei absichtlicher manipulativer Zielsetzung aus,[1221] d.h. in Fällen, in denen der Verteidiger Zahlungen absichtlich nur entgegennehme, um sie dem Zugriff der

---

[1215] Vgl. *Müther*, Jura 2001, 318 [323].
[1216] *Hamm*, NJW 2000, 636 [637].
[1217] *Hombrecher*, Geldwäsche (§ 261 StGB) durch Strafverteidiger?, S. 147 ff., 151 ff.
[1218] *Hombrecher*, Geldwäsche (§ 261 StGB) durch Strafverteidiger?, S. 154.
[1219] *Hombrecher*, Geldwäsche (§ 261 StGB) durch Strafverteidiger?, S. 156.
[1220] *Hombrecher*, Geldwäsche (§ 261 StGB) durch Strafverteidiger?, S. 157.
[1221] *Hombrecher*, Geldwäsche (§ 261 StGB) durch Strafverteidiger?, S. 158 f.

Behörden zu entziehen und dem Täter später zurückzugewähren.[1222] Allein das positive Wissen um die kriminogene Herkunft der Gelder schade für sich jedoch noch nicht.[1223]

c. Stellungnahme

Das Problem jeder Rechtfertigungslösung im Bereich der Geldwäsche liegt in der Konstruktion einer Rechtfertigungslage. Gesetzlich geregelte Rechtfertigungsgründe scheiden insoweit bereits mit den im zweiten Teil der Untersuchung dargestellten allgemeinen Erwägungen aus. Für eine Rechtfertigung wegen Notwehr in Form der Nothilfe (§ 32 StGB) besteht bei Einhaltung der formell rechtmäßigen Verfahrensvorschriften kein rechtswidriger Angriff seitens der Strafverfolgungsorgane. Ein Notstand (§ 34 StGB) scheitert am Vorliegen einer allgemeinen Gefahr. Die allgemeinen strafrechtlichen Rechtfertigungsgründe können auch deshalb nicht zu einer adäquaten Lösung führen, da sie auf widerstreitende Individualinteressen zugeschnitten sind. Bei der Honorarproblematik geht es dagegen vornehmlich um einen programmierten Widerstreit von Allgemeininteressen unter Einbeziehung von Grundrechten, grundlegenden Institutsgarantien und Rechtsprinzipien.[1224]

Folglich muss neue Wege gehen, wer wie *Bernsmann* mit seinem »verdachtsgestützten Rechtfertigungsbonus« den Weg der Rechtfertigung beschreiten möchte. Dessen Lösung scheint auf den ersten Blick bestechend zu sein. Die mit seiner Konstruktion aufgestellte Rechnung geht auf, die Rechtfertigungsprinzipien sind gewahrt, dem *fair trial*-Grundsatz ist Genüge getan und dem Beschuldigten wie dem Verteidiger ist geholfen. Auch die Tatsache, dass der Rechtfertigungsgrund erst infolge einer heuristischen Suche nach einem passenden Ausweg für den Verteidiger gefunden wurde, spricht nicht zwingend gegen seine Zulässigkeit.

Bei näherem Hinsehen erweist sich aber auch ein prozessualer Rechtfertigungsgrund dogmatisch wie rechtspolitisch als äußerst problematisch. Wie alle Rechtfertigungslösungen krankt auch der Ansatz von *Bernsmann* an der nicht vorhan-

---

[1222] *Hombrecher*, Geldwäsche (§ 261 StGB) durch Strafverteidiger?, S. 157 f.
[1223] *Hombrecher*, Geldwäsche (§ 261 StGB) durch Strafverteidiger?, S. 158.
[1224] Zutr. *Gotzens/Schneider*, wistra 2002, 121 [129].

denen Rechtfertigungssituation. Die Kompensation dieses dogmatischen Defizits wäre letztlich nur durch die bloße Überzeugung der Richtigkeit einer spiegelbildlichen Rechtfertigungssituation zu bewerkstelligen. Ein rein prozessualer Rechtfertigungsgrund ist unserer Rechtsordnung zudem fremd. Zuzugeben ist *Bernsmann* darin, dass das Wesen der Rechtfertigungsgründe in ihrer auch später noch rechtfertigenden Wirkung liegt. Die Rechtfertigung entfällt damit nicht aus der *ex post*-Perspektive. Wenn diese temporäre Wirkung aber Rechtfertigungsgründen bereits *per se* zukommt, so ist nicht einzusehen, weshalb nicht zunächst die vorhandenen Rechtfertigungsgründe für eine Problemlösung bemüht werden. Mit dem temporären Aspekt wären die (von ihm selbst vorgebrachten) Bedenken gegen eine Nothilfelösung ausgeräumt und man könnte an eine materiell-rechtliche Rechtfertigung denken, ohne dass es eines neuen prozessualen Rechtfertigungsgrundes bedürfte. Einzuwenden ist inhaltlich vor allem der problematische Anknüpfungspunkt der Rechtfertigungssituation. § 261 Abs. 2 Nr. 1 StGB stellt gerade nicht Verteidigerhandeln im Strafprozess unter Strafe, sondern lediglich die Entgegennahme bemakelten Geldes hierfür. Die Honorarannahme selbst ist aber keine Prozesshandlung, sondern dem persönlichen Bereich des Verteidigers zuzurechnen. Die Argumentation mit einer »strafprozessualen Chancengleichheit« ist folglich nicht zwingend.[1225] Der Ansatz von *Bernsmann* ist daher neben grundsätzlichen Bedenken auch *en detail* zu verwerfen.

Hinsichtlich der Rechtfertigungslage ist vielmehr einzugestehen, dass prozessuale Befugnisse der Strafverfolger ihre materiell-rechtliche Rechtfertigung aus einem Tatverdacht und damit aus der Vermutung rechtmäßigen Handelns beziehen.[1226] Der Verteidiger kann sich zwar gegenüber den Strafverfolgungsbehörden auf die Unschuldsvermutung für seinen Mandanten berufen. Für sein eigenes Verhalten gilt dies jedoch nur begrenzt. Zumal deshalb, weil der Strafverteidiger nicht grundsätzlich von der Unschuld seines Mandanten ausgehen kann,[1227] man denke nur an Fälle von im Nachhinein zweifelhaften Geständnissen gegen-

---

[1225] Ebenso *Katholnigg*, NJW 2001, 2041 [2042 f.]; zust. *Gotzens/Schneider*, wistra 2002, 121 [129]: »rechtsdogmatisch zutreffend ist das nicht«; *Mehlhorn*, Der Strafverteidiger als Geldwäscher, S. 172; *Peglau*, wistra 2001, 461 [462].
[1226] So auch *Grüner/Wasserburg*, GA 2000, 430 [436].
[1227] So auch *Katholnigg*, NJW 2000, 2041 [2042].

über der Staatsanwaltschaft oder gegenüber dem Verteidiger. Dazu kommt auch, dass in Bezug auf die Rechtfertigungshandlung die Entgegennahme von Verteidigerhonorar nicht zu den Prozesshandlungen im engeren Sinne gehört, sondern eher im persönlichen[1228] oder zumindest im nicht unmittelbar prozessgestaltenden Bereich des Verteidigers lokalisiert werden muss. Bereits mit diesen einfachen Überlegungen steht die Rechtfertigungslage argumentativ zur Disposition.

Auch das alleinige Abstellen auf objektive Kriterien ohne Einbeziehung der Kenntnis von der rechtswidrigen Herkunft des Honorars ist zu kritisieren. Ein derart radikaler Ansatz würde zwar einerseits den Verteidigern die größte Rechtssicherheit bringen. Das gesetzgeberische Ziel würde aus kriminalpolitischer Sicht aber verfehlt. Eine Verfolgung tatsächlicher Geldwäschefälle unter dem Deckmantel der Verteidigung würde unmöglich gemacht.[1229]

Aber auch die Annahme eines versubjektivierten Rechtfertigungsgrundes ist argumentativer Kritik ausgesetzt. Wer vertritt, dass ein Wahlverteidiger gerechtfertigt ist, solange er nicht positives Wissen um die odiöse Herkunft der Gelder hat, muss ausblenden, dass der Gesetzgeber mit § 261 Abs. 5 StGB bewusst auch einen Leichtfertigkeitstatbestand aufgenommen hat, der als Lückenfüller dienen sollte. Im Ergebnis würde auch diese Ansicht darauf hinauslaufen, dass kein Strafverteidiger mehr strafbar sein könnte, weil dann regelmäßig Verteidigerhonorare nur noch im Voraus, nämlich vor Bösgläubigkeit, bezahlt werden würden, ohne dass der Verteidiger sich den aktuellen Fall überhaupt angehört hätte. Eine subjektive Rechtfertigungslösung würde sich damit sehr einer Vorsatzlösung annähern und wäre folglich auch in prozessualer Hinsicht mit der gleichen Ermittlungsunsicherheit behaftet wie letztere.[1230] Auch der dogmatische Einwand, dass die Konstruktion eines vorsatzabhängigen Rechtfertigungsgrundes *sui generis* dem deutschen Strafrecht fremd sei, ist nicht von der Hand zu weisen.

Einer generellen Rechtfertigungslösung entgegen steht neben der faktischen Außerkraftsetzung der gesetzgeberischen Entscheidung auch die Tatsache, dass ein

---

[1228] *Katholnigg*, NJW 2000, 2041 [2043].
[1229] Ebenso *Mehlhorn*, Der Strafverteidiger als Geldwäscher, S. 173.
[1230] Ebenso *Ambos*, JZ 2002, 70 [76, 82].

permanenter oder struktureller Interessenwiderstreit nicht zwangsläufig einen legitimen Gegenstand der Rechtswidrigkeitsebene darstellt.[1231] Der Gesetzgeber hat den Zielkonflikt antizipiert und nicht nur gegensätzlich gewertet, sondern auch entsprechend in eine Strafnorm umgesetzt.[1232] Grundsätzlich gegen eine Lösung auf Rechtfertigungsebene spricht ferner der bereits erwähnte psychologische Effekt, dass die damit zwangsläufig eintretende Indizfunktion der Tatbestandsverwirklichung den Verteidiger einem unnötigen zusätzlichen Makel aussetzt. Wenn man nur den ohne bewusste Kenntnis von der Bemakelung des Honorars handelnden Anwalt für straflos hielte, könnte dieses Ziel sachgerechter auf Tatbestandsebene erreicht werden. Mit der Verlagerung in die Rechtswidrigkeitsprüfung ist insofern argumentativ kein Erkenntnisgewinn verbunden.[1233] Die von *Ambos* mit Blick auf die parallele Straflosigkeit wegen Hehlerei vorgebrachten Bedenken würden greifen, wenn der Verteidiger grundsätzlich von einer Geldwäschestrafbarkeit freigestellt werden sollte und nicht nur im Einzelfall der Honorarannahme. Seine Argumentation ist daher nicht zwingend. Stellt man die Strafverteidigung zudem in den Mittelpunkt der Überlegung, muss diese die Regel und die strafbewehrte Geldwäsche die Ausnahme sein. Das Verhältnis von Gebot und Verbot sprechen damit entgegen der Auffassung von *Ambos* gerade nicht für eine Lösung auf Ebene der Rechtswidrigkeit, sondern im Tatbestand.

Vor diesem Hintergrund können auch die im Rahmen einer Rechtfertigungslösung unternommenen Einschränkungsversuche letztendlich zu keinen Erfolg führen. Zunächst ist die Beschränkung zugunsten konkreter Opferinteressen schon deshalb problematisch, weil § 261 StGB wie bereits dargestellt – im Gegensatz etwa zu § 259 StGB – nicht auf den Schutz von Individualrechtsgütern ausgerichtet ist.[1234] Aber auch grundsätzlich können für den Verteidiger unübersehbare Schwierigkeiten auftreten. Selbst in Fällen, in denen nach den Informationen des Verteidigers keine opferrelevanten Vortaten im Raum stünden, wäre dieser zur eigenen Sicherheit zu umfangreichen Ermittlungen gezwungen, um

---

[1231] Ebenso *Hefendehl*, in: Roxin-FS, S. 145 [157].
[1232] *Kargl*, NJ 2001, 57 [63].
[1233] Ebenso *Beulke*, in: Rudolphi-FS, S. 391 [398].
[1234] Vgl dazu *Hartung*, AnwBl. 1994, 440 [443].

hinsichtlich seiner Rechtfertigung sicher sein zu können. Auf Angaben seines Mandanten kann sich ein Verteidiger regelmäßig nicht verlassen, wenn seine Strafbarkeit im Raum steht. Der Verteidiger ist als Vertrauensperson zudem nicht zu grundlosem Misstrauen und etwaigen Nachforschungen verpflichtet.[1235] Solche wären für den Verteidiger auch regelmäßig unzumutbar, wenn nicht gar unmöglich. Eine Beschränkung zugunsten konkreter Opferinteressen ist daher abzulehnen.[1236] Ebenso mit unübersehbaren Nachteilen behaftet ist der Versuch einer prozentualen Festlegung einer angemessenen Honorarhöhe. Eine derart rigide Regelung kann den Erfordernissen des Einzelfalls kaum Rechnung tragen. Eine Schwierigkeit wäre beispielsweise, die unterschiedlichen Schwierigkeitsgrade und Verläufe von Strafverfahren,[1237] unterschiedliche Qualifikationen oder Erfahrungen eines Verteidigers oder weitere honorarrelevante Kriterien[1238] in einem System mit festen Prozentsätzen abzubilden. Auch eine Prüfung von Honorarvereinbarungen durch die Rechtsanwaltskammern ist für die Bestimmung der Straflosigkeitsgrenzen wohl kaum geeignet. Eine solche Prüfung leistet zwar in Streitfragen zwischen Mandant und Verteidiger gute Dienste. Die Bestimmung der Strafbarkeit demgegenüber ist aber schon mit Blick auf Bestimmtheitsgebot und Rechtsstaatsprinzip an vorher festgelegte gesetzliche Vorgaben gebunden. Eine Beschränkung auf eine angemessene Honorarhöhe ist daher sowohl aus praktischen wie auch aus dogmatischen Erwägungen zu verwerfen.[1239]

Das Problem der Honorarannahme über einen speziellen oder allgemeinen Rechtfertigungsgrund zu lösen ist daher im Ergebnis zu verwerfen.[1240]

[1235] *Dombek*, ZAP 2000, 683 [693].
[1236] Ebenso *Hombrecher,* Geldwäsche (§ 261 StGB) durch Strafverteidiger?, S. 154; *Lüderssen*, StV 2000, 205 [207]; *Reichert*, NStZ 2000, 316 [317].
[1237] *Reichert*, NStZ 2000, 316 [317].
[1238] Zu diesen Gerold/Schmidt-*Madert*, § 3 Rn. 25 ff.
[1239] Kritisch auch *Zeifang*, Die eigene Strafbarkeit des Strafverteidigers, S. 387.
[1240] I.Erg. ebenso NK-*Altenhain*, § 261 Rn. 129; *Beulke*, in: Rudolphi-FS, S. 391 [398]; *Grüner/Wasserburg*, GA 2000, 430 [436]; *Hefendehl*, in: Roxin-FS, S. 145 [157]; *Kargl*, NJ 2001, 57 [63]; *Katholnigg*, NJW 2001, 2041 [2042]; *Keppeler*, DRiZ 2003, 97 [104]; *Mehlhorn*, Der Strafverteidiger als Geldwäscher, S. 169 ff., 174; *Reichert*, NStZ 2000, 316 [318]; gegen einen Rechtfertigungsgrund »Strafverteidigung« *Hassemer*, in: Beck'sches Formularbuch für den Strafverteidiger, S. 17.

3. Lösungen auf der Ebene des subjektiven Tatbestands

a. Meinungsübersicht

In der Wissenschaft haben sich vor allem *Kempf*,[1241] *Matt*[1242] und *Grüner/Wasserburg*[1243] dezidiert für eine Vorsatzlösung stark gemacht. Vorgeschlagen wurde zum einen eine Übertragung der höchstgerichtlichen Rechtsprechung zum verteidigungsbezogenem Handeln, die eine Erhöhung der Beweisanforderungen an den Vorsatz bedeutet.[1244] Danach sei die Strafbarkeit eines Verteidigers auf Fälle des sicheren Wissens um die illegale Herkunft eines Honorars und damit auf die Vorsatzform des *dolus directus* zu reduzieren.[1245] Konstruktiv wird dieses Ergebnis durch einen Vergleich mit den §§ 257, 258, 259 StGB hergeleitet.[1246] Würde man die zu diesen Delikten vertretenen Ansichten fruchtbar machen, erfülle der Strafverteidiger den Tatbestand des § 261 Abs. 2 Nr. 1 StGB nicht, solange er nicht positiv wisse, dass die Mittel aus denen er bezahlt wird, aus einer Vortat im Sinne des § 261 Abs. 1 S. 2 StGB herrühren.[1247] Ähnlich argumentiert *Gentzik*, der eine Strafbarkeit gem. § 261 Abs. 2 Nr. 1 StGB erst bei einem bewussten Zusammenwirken mit dem Vortäter eintreten lassen will. Das Sich-Verschaffen müsse danach wie beim Hehlereitatbestand als einverständliches Zusammenwirken mit dem Vortäter ausgelegt werden. Solange der Verteidiger daher nicht mit dem Vortäter einverständlich zusammenwirke, dürfe er

---

[1241] *Kempf*, Referat BRAK, Rs-Nr. 61/99, S. 28; *ders.*, in: *Brüssow/Gatzweiler/Krekeler/Mehle*, § 1 Rn. 120.
[1242] *Matt*, GA 2002, 137 [141 ff.]; *ders.*, Referat BRAK, Rs-Nr. 62/99, S. 29, 39.
[1243] *Grüner/Wasserburg*, GA 2000, 430 [438 ff.].
[1244] Vgl. etwa *Kempf*, Referat BRAK, Rs-Nr. 61/99, S. 28; *Matt*, GA 2002, 137 [141 ff.]; *ders.*, Referat BRAK, Rs-Nr. 62/99, S. 29, 39.
[1245] Vgl. *Grüner/Wasserburg*, GA 2000, 430 [438 ff.]; *Kempf*, Referat BRAK, Rs-Nr. 61/99, S. 28; *Matt*, GA 2002, 137 [141 ff.]; *ders.*, Referat BRAK, Rs-Nr. 62/99, S. 29, 39; *W. Schmidt*, StraFo 2003, 2 [5]; vgl. auch *Gentzik*, Die Europäisierung des deutschen und englischen Geldwäschestrafrechts, S. 227 ff. (Strafbarkeit bei bewusstem Zusammenwirken) und *Beulke*, in: Rudolphi-FS, S. 391 [401 ff.], der allerdings i.Erg. einen Ausschluss des objektiven Tatbestands befürwortet.
[1246] Vgl. *Kempf*, Referat BRAK, Rs-Nr. 61/99, S. 28; *Matt*, Referat BRAK, Rs-Nr. 62/99, S. 29, 39; ähnlich *Gentzik*, Die Europäisierung des deutschen und englischen Geldwäschestrafrechts, S. 227 ff.
[1247] So *Kempf*, Referat BRAK, Rs-Nr. 61/1999, S. 28; *Matt*, GA 2002, 137 [141 ff.].

grundsätzlich darauf vertrauen, dass er nicht mit bemakeltem Geld bezahlt wird.[1248]

Zunächst hatte der Bundesgerichtshof allerdings einer Übertragung der zu § 258 StGB vertretenen graduellen Vorsatzlösung (direkter Vorsatz) auf andere verteidigertypische Delikte widersprochen.[1249] Da eine solche den Verteidiger zudem den Unsicherheiten richterlicher Beweiswürdigung unterwerfe, bedürfe es nach Ansicht von *Grüner/Wasserburg* keiner graduellen, sondern einer institutionellen Vorsatzlösung.[1250] Dafür spreche entscheidend, dass sonst der rechtsstaatliche Kerngehalt der Wahlverteidigung aus verfassungsrechtlicher Sicht entleert würde, wenn die Hinzuziehung eines Wahlverteidigers auch in Fällen blockiert werde, in denen eine Geldwäsche durch Honorarannahme gar nicht verwirklicht wird. Ein Verteidiger wisse bei der Entscheidung über die Annahme eines Wahlverteidigungs-Mandats zunächst nicht, ob ein Honorar aus illegalen Mitteln stammt.[1251] Seiner Aufgabenstellung als Organ der Rechtspflege könne der Verteidiger aber nur gerecht werden, wenn das gegenseitige Vertrauen im Innenverhältnis der Verteidigung nicht mit Recherchen über die Herkunft des Honorars oder dessen Tabuisierung belastet werde.[1252] Es gebe bewusst keine Jedermannspflicht, angebotene Entgelte auf straftatgemäßes Herrühren zu überprüfen. Auch Wahlverteidiger treffe daher keine Erkundigungspflicht, wenn sie eine marktübliche Honorierung über dem gesetzlichen Gebührenrahmen erlangten.[1253] Umgekehrt werde überspitzt betrachtet durch § 261 Abs. 5 StGB auch für den Normalbürger eine Pflicht geschaffen, als Hilfsorgane der Ermittlungsbehörden tätig zu werden.[1254] Angesichts der im Prozess notwendigen Rechtssicherheit ergebe sich damit auch unter Berücksichtigung rechtsstaatlicher Interessen an der Bekämpfung der Organisierten Kriminalität, dass leichtfertige oder

---

[1248] *Gentzik*, Die Europäisierung des deutschen und englischen Geldwäschestrafrechts, S. 227 ff.
[1249] Vgl. BGHSt 38, 345 [348 ff.].
[1250] *Grüner/Wasserburg*, GA 2000, 430 [440].
[1251] *Grüner/Wasserburg*, GA 2000, 430 [439].
[1252] *Grüner/Wasserburg*, GA 2000, 430 [438].
[1253] Vgl. *Bottke*, wistra 1995, 121 [124].
[1254] Vgl. *Kargl*, NJ 2000, 57 [60].

einfach vorsätzliche Geldwäsche durch Honorarannahme nicht strafbar sein könne.[1255]

Matt[1256] argumentiert, dass nach bisheriger Rechtsprechung bei ordnungsgemäßem prozessual zulässigem und pflichtentsprechendem Verteidigerhandeln der objektive Tatbestand nicht erfüllt gewesen sei. Eine Strafbarkeit habe erst bei einer Handlung ohne jeden Bezug zur Verteidigung bzw. bei verteidigungsfremdem Verhalten eingesetzt, so dass auch eine Verteidigung trotz besseren Wissens zulässig und erlaubt gewesen sei. Darüber hinaus habe die Rechtsprechung sogar bei Tatbeständen, die nicht im logischen Konflikt mit ordnungsgemäßem Verteidigerverhalten stehen, im subjektiven Tatbestand ein extrem hohes Beweismaß (»erhöhte Beweisanforderungen«) für das voluntative Element des Eventualvorsatzes entwickelt. Bei Tatbeständen mit dem geschilderten Konflikt erfolge die Abgrenzung im objektiven, bei den übrigen Delikten im subjektiven Tatbestand. Damit sei für § 261 StGB der Weg für eine Lösung im subjektiven Tatbestand vorgezeichnet. Hier bestehe eine Vergleichbarkeit mit Tatbeständen, in denen die Rechtsprechung zulässiges Verteidigerhandeln über besonders strenge Anforderungen an den subjektiven Tatbestand, d.h. direkter Vorsatz plus Beweisregel für das voluntative Element des Vorsatzes, von strafbarem Verhalten abgrenzt.[1257] Damit sei auch in der Honorarfrage davon auszugehen, dass ein Verteidiger strafbares Verhalten nicht billige. Gesteigerte Anforderungen an das subjektive Element weisen auch andere Tatbestände auf, bei denen es um ein besonderes Beurteilungsrisiko des betroffenen Berufsträgers gehe, z.B. § 344 StGB (Verfolgung Unschuldiger), § 352 StGB (Gebührenüberhebung) sowie § 339 StGB (§ 336 StGB a.F., Rechtsbeugung). Bezüglich des Schutzguts sei die staatliche Rechtspflege auch gleichzusetzen mit einer praktisch funktionierenden Strafverteidigung. Diese werde durch die wörtliche Anwendung des § 261 StGB und den vom Bundesgerichtshof bevorzugten Verweis auf die Pflichtverteidigung massiv gestört. Hinzu kämen verfassungsrechtliche Probleme vor dem Hintergrund der Mandatsverpflichtung der Verschwiegenheit, dem Grundsatz der freien (unüberwachten) Verteidigung sowie der Berufsfreiheit (Art. 12

[1255] *Grüner/Wasserburg*, GA 2000, 430 [440].
[1256] *Matt*, GA 2002, 137 [143 ff.].
[1257] *Matt*, GA 2002, 137 [143].

Abs. 1 GG) in Form der freien Advokatur. Folglich sei auf einem strikten Nachweis der Wissentlichkeit zu bestehen. Der Verteidiger müsse den Angaben seines Mandanten bis zu deren Widerlegung glauben dürfen.[1258]

Der erheblichen Gefahr, dass missliebige Verteidiger dem Verfolgungseifer von Staatsanwälten ausgeliefert sein könnten, will *Matt* prozessual durch die Anhebung des Verdachtsgrads auf einen dringenden oder hinreichenden Tatverdacht als Untergrenze für strafprozessuale Maßnahmen gegen den Verteidiger begegnen.[1259] *Grüner/Wasserburg* befürworten als strafprozessuale Absicherung sogar eine Ermittlungsimmunität des Verteidigers[1260] und begründen dies mit der sonst bestehenden Gefahr seines Ausschlusses. So könnten parallele Ermittlungen der Strafverfolgungsbehörden in Sachen Geldwäsche gegen einen Verteidiger diesen im Prozess faktisch ausschalten. Der selbst in die Geldwäscheproblematik verwickelte Verteidiger müsse dann auch Eigeninteressen vertreten, was mit seiner Stellung als Prozesssubjektsgehilfe in Widerspruch stehe. Denn die Verteidigerqualität erschöpfe sich nicht nur in Rechtskundigkeit, sondern werde auch durch die Distanz zur Sache geprägt. Dies zeige sich auch in den §§ 138a ff. StPO, in denen der Ausschluss eines in Tatnähe zum Beschuldigten verstrickten Verteidigers geregelt ist. Die strafprozessuale Absicherung der Vorsatzlösung gewährleiste in diesem Sinne sowohl die Immunität der Verteidigung im Innenverhältnis als auch die Verteidigerqualität nach außen.[1261]

Einen abweichenden Standpunkt vertritt *Schmidt*,[1262] der zwar grundsätzlich eine Strafbarkeit auch erst bei *dolus directus* eintreten lassen möchte, jedoch für die sonstige Straflosigkeit des Verteidigers einen Schuldaufhebungsgrund bei bedingt vorsätzlicher oder leichtfertiger Geldwäsche befürwortet. Es könne sonst bei tatbestandslosem Verhalten zu Schwierigkeiten kommen, wenn Vortatgeschädigte einen Schadensersatz gem. § 823 Abs. 2 BGB i.V.m. § 261 StGB gel-

---

[1258] *Matt*, GA 2002, 137 [142, 143].
[1259] *Matt*, GA 2002, 137 [152].
[1260] *Grüner/Wasserburg*, GA 2000, 430 [441 ff.].
[1261] *Grüner/Wasserburg*, GA 2000, 430 [443].
[1262] *W. Schmidt*, StraFo 2003, 3 ff.

tend machen wollten. Daher bedürfe es eines tatbestandsmäßigen und rechtswidrigen Verhaltens, das im Ergebnis zur Straflosigkeit des Verteidigers führe.[1263]

b. Stellungnahme

Gegen eine wie auch immer ausgestaltete Einschränkung der Strafbarkeit auf Fälle des *dolus directus* unter Desavouierung des § 261 Abs. 5 StGB spricht, dass der Gesetzgeber mit dem Leichtfertigkeitstatbestand ausdrücklich auch Handlungen unter Strafe stellen wollte, bei denen zwar kein Vorsatz, aber dafür zumindest Leichtfertigkeit nachgewiesen werden kann. Zwar könnten die Vorsatzanforderungen allein nach dem Wortlaut des § 261 Abs. 2 Nr. 2 StGB mittels Auslegung auf *dolus directus* angehoben werden. Dagegen spricht aber die Existenz des Abs. 5. Wer diesen völlig ignoriert, nimmt eine *praeter legem* vorgenommene Veränderung der Vorsatzanforderungen in Kauf. Der Wortlaut des § 261 Abs. 5 StGB ist insofern eindeutig.

Wenn sich eine Straflosigkeit ergeben sollte, dann unter Anwendung allgemeiner strafrechtlicher Grundsätze. Einer Sonderlösung für den Strafverteidiger bedürfte es insoweit nicht. Für eine Begrenzung der Strafbarkeit durch gesteigerte Anforderungen an das subjektive Element lassen sich aus materiell-rechtlichen Gesichtspunkten aber keine überzeugenden Argumente gewinnen.[1264] Selbst wenn dadurch zwar oft die Bestrafung aus der Welt geschafft würde, die Beschuldigung und die damit verbundene Störung des Mandats- und Vertrauensverhältnisses bliebe bestehen.[1265] Die Erfüllung des objektiven Tatbestands hat mit ihrer Indizwirkung auch Effekte nach Außen. Nicht zuletzt wird der Ruf eines Verteidigers geschädigt, wenn gegen ihn Ermittlungen eingeleitet werden. Insofern bedarf es eines weiteren Kunstgriffs, um das gewünschte Ergebnis strafprozessual mittels einer Ermittlungsimmunität abzusichern. Dass gegen den Verteidiger gerichtete Strafverfolgungsmaßnahmen viel gravierender als ihn selbst den Beschuldigten treffen, wurde bereits zuvor ausgeführt. Auch *Beulke*[1266] hat sich vor diesem Hintergrund gegen eine Lösung im subjektiven Tatbe-

---

[1263] *W. Schmidt*, StraFo 2003, 3 [5].
[1264] Ebenso *Barton*, StV 1993, 156 [159]; *Bernsmann*, StV 2000, 40 [42].
[1265] So auch *Hamm*, NJW 2000, 636 [636].
[1266] *Beulke*, in: Rudolphi-FS, S. 391 [397].

stand ausgesprochen. Er sympathisiert zwar mit der Idee, den Verteidiger nur bei direktem Vorsatz als strafbar anzusehen, hält aber einer »Abfederung« im subjektiven Tatbestand entgegen, dass sie psychologisch doch weniger wert sei als die von ihm favorisierte teleologische Reduktion. Dem ist im Ergebnis zuzustimmen.

Auch das Argument, es könne keine Jedermannspflicht zum Erforschen der straftatgemäßen Herkunft von Honoraren geben, kann sowohl unter den Vorzeichen der Entstehungsgeschichte als auch der sich abzeichnenden Gesetzgebungstendenzen nicht mehr verfangen. Zunächst handelt es sich bezogen auf Strafverteidiger gerade nicht um einen Ausschnitt aus der normalen Bevölkerung. Es steht außer Frage, dass sich ein Strafverteidiger schon allein durch seine berufliche Beschäftigung mit Straftätern in einer anderen, für die Geldwäsche potentiell gefährlicheren Situation als ein Angehöriger anderer Berufszweige befindet. Zum anderen greift die fehlende Jedermannspflicht auch deshalb nicht, weil sich schon aus allgemeinen strafrechtlichen Erwägungen auch für einen Normalbürger die Gefahr ergeben kann, sich bei offensichtlichen Verdachtsmomenten einer leichtfertigen Geldwäsche strafbar zu machen.[1267] Der Täterkreis ist insofern in § 261 Abs. 2 i.V.m. Abs. 5 StGB nicht auf die der Identifizierungspflicht unterlegenen Berufsgruppen beschränkt. Schließlich ist einer auf die fehlende Identifizierungspflicht gestützten Argumentation auch deshalb der Boden entzogen, nachdem diese neuerdings auch für rechtsberatende Berufe offen zur Diskussion steht.

Bei genauerer Betrachtung erweist sich die Vorsatzlösung damit lediglich als »fauler Kompromiss«. Sobald den Befürwortern der Vorsatzlösung sowohl eine Tatbestandsreduzierung als auch eine Rechtfertigungslösung ungangbar erscheint, wird der Weg des geringsten Widerstands gesucht, indem sich alle Hoffnungen auf die Nichtbeweisbarkeit des direkten Vorsatzes konzentrieren.[1268] Somit sprechen auch Praktikabilitätserwägungen gegen eine Lösung im subjek-

---

[1267] In diesem Sinne auch *Barton*, StV 1993, 156 [159]; *Peglau,* wistra 2001, 461 [463].
[1268] Vgl. *Katholnigg*, NJW 2001, 2041 [2043]: »Man hat fast den Eindruck, dass man sich für diese Lösung ausspricht, weil überzeugende Gründe für eine Tatbestandsreduzierung oder einen Rechtfertigungsgrund fehlen, man aber bei der Vorsatzlösung i.Erg. ebenfalls von der Straffreiheit des Verteidigers ausgeht, da sich der direkte Vorsatz kaum je wird nachweisen lassen.«; ähnlich *Grüner/Wasserburg*, GA 2000, 430 [441]: »Im Regelfall wird direkter Vorsatz des Verteidigers zu verneinen sein.«; kritisch auch *Kulisch*, StraFo 1999, 337 [338].

tiven Tatbestand.[1269] Fragwürdig ist in diesem Zusammenhang auch der Zeitpunkt der Kenntnis von der Bemakelung. So würde der Strafverteidiger zwangsläufig spätestens durch eine Verurteilung eines wegen einer geldwäscherelevanten Vortat angeklagten Täters von der Bemakelung des Honorars erfahren. Es stellt sich daher die Frage, ob er dann auf seine Restgeldzahlung verzichten müsste.[1270] Nach alledem ist auch eine reine Vorsatzlösung im Ergebnis zu verwerfen.[1271]

4. Lösungsansätze auf der Ebene des objektiven Tatbestands

Vor dem Hintergrund der Entstehungsgeschichte, des Gesetzeszwecks, aber auch mit einem besorgten Blick auf verfassungsrechtliche Fragestellungen wird in der Honorarproblematik vielfach schon auf Ebene des objektiven Tatbestands nach Möglichkeiten zur Einschränkung der Strafbarkeit eines Verteidigers gesucht. Nachdem speziell auf § 261 StGB zugeschnittene gesetzliche Lösungen nicht existieren, werden allgemein bekannte Grundsätze der Adäquanz sowie die teleologische und verfassungskonforme Auslegung des Tatbestands diskutiert.

a. Adäquanz- und Zurechnungs-Ansätze

aa. Sozialadäquanz und professionelle Adäquanz

Ein verbreiteter Ansatz zur strafrechtlichen Freistellung des Verteidigers im Rahmen des § 261 StGB liegt in der Anwendung der Sozialadäquanzlehre.[1272] Mit diesem Gedanken würden solche Tätigkeiten, die äußerlich zu den sozial üblichen Verhaltensweisen zählen, aus dem Tatbestand und damit aus der Strafdrohung entfallen. Angefangen beim einfachen Geldgeschäft bei Kaufverträgen

---

[1269] Ebenso HansOLG Hamburg, NJW 2000, 673 [675].
[1270] Ebenso kritisch *Kulisch*, StraFo 1999, 337 [338].
[1271] Ablehnend auch *Burr*, Geldwäsche, S. 35; *Hamm*, NJW 2000, 636 [636]; *Hombrecher*, Geldwäsche (§ 261 StGB) durch Strafverteidiger ?, S.140 ff., insbes. S. 143; *Katholnigg*, NJW 2001, 2041 [2043]; *ders.*, JR 2002, 30 [32]; *Keppeler*, DRiZ 2003, 97 [103]; *Kulisch*, StraFo 1999, 337 [339]; *Lüderssen*, in: Waltos-FS, S. 324 [332]; *Mehlhorn*, Der Strafverteidiger als Geldwäscher, S. 174 f.; *Reichert*, NStZ 2000, 316 [318]; wohl auch *Nestler*, StV 2001, 641 [647].
[1272] Vgl. *Bottermann*, Untersuchungen zu den grundlegenden Problematiken des Geldwäschetatbestandes, S. 67 f.; *Maurach/Schroeder/Maiwald*, BT/2, § 101 Rn. 37; *Salditt*, StraFo 1992, 121 [122]; bei üblicher Geschäftstätigkeit wohl auch *Forthauser*, Geldwäscherei de lege lata et ferenda, S. 78 ff., 83 f., der allerdings objektive Zurechnung und Vorsatzlösung vermischt.

bis hin zu umfangreicheren Überweisungen wären in der Konsequenz viele Handlungen an der Schnittstelle von Kriminalität und Legalität nicht strafbar. Dabei muss man gar nicht an komplizierte Finanztransfers denken. Konkret reicht bereits der tägliche Einkauf im Geschäft nebenan, das Brötchenholen beim Bäcker oder das Essen im Restaurant, um potentiellen Geldwaschvorgängen zu begegnen. Für den Strafverteidiger würde damit die Annahme seines Honorars durchaus zu den sozial üblichen Verhaltensweisen zählen und damit straflos bleiben.

Unter Zugrundelegung der *Hassemer*'schen Theorie von der professionellen Adäquanz könnte man argumentieren, dass sich der Verteidiger zumindest dann im Rahmen des professionell Üblichen hielte, wenn er unter Einhaltung der für Verteidiger geltenden Standes- und Berufsregeln ein angemessenes Honorar annähme. Auch könnte man hinsichtlich verschiedener Tätigkeiten des Strafverteidigers trennen. Würde er als Beistand tätig, bewegte er sich im Rahmen der für einen Verteidiger sozial üblichen Tätigkeiten bzw. des üblichen Berufsbilds. Bei der Beistandstätigkeit könnten sich basierend auf dem Sonderstatus der Strafverteidigung und dem verfassungsrechtlich garantierten Recht des Beschuldigten auf Beistand eines Verteidigers Strafbarkeitseinschränkungen ergeben. Betätigte sich der Verteidiger dagegen als reiner Vermögensverwalter, verließe er den Bereich des Üblichen und eine besondere Behandlung schiede aus.[1273]

bb. Erlaubtes Risiko

Einen ebenfalls letztendlich auf Professionalität abstellenden Ansatz verfolgt *Mehlhorn* mit der von ihm *de lege lata* bevorzugten Lösung über die Figur des erlaubten Risikos.[1274] Zunächst sei in Anlehnung an die Identifizierungspflicht des § 4 GWG das (von ihm als legaler Finanz- und Wirtschaftskreislauf gedeutete) Rechtsgut des § 261 StGB erst ab einer Summe von 1.000 Euro gefährdet, eine strafwürdige Geldwäsche damit erst ab diesem Signifikanzniveau anzu-

---

[1273] Ähnl. *Dionyssopoulou*, Der Tatbestand der Geldwäsche, S. 132, 135 ff., die aber konkret für den Verteidiger eine teleologische Reduktion des Tatbestands favorisiert.
[1274] Vgl. *Mehlhorn*, Der Strafverteidiger als Geldwäscher, S. 175 ff., der jedoch letztlich zu einer Lösung *de lege ferenda* neigt, a.a.O., S. 232 ff.

nehmen.[1275] Im Kern gehe es darüber hinaus aber um die Fragestellung, wie der Begriff der Leichtfertigkeit des Abs. 5 auszulegen sei. Dieser enthalte neben einer besonderen Schuldform zugleich eine gesteigerte Form der einfachen Fahrlässigkeit, die sich durch die objektive Pflichtwidrigkeit bereits auf Tatbestandsebene auswirke.[1276] Würde man eine Sorgfaltspflichtverletzung des Strafverteidigers nach dessen spezifischem Sozialkreis beurteilen, würde er zwar möglicherweise in vielen Fällen von einer Bemakelung seines Honorars ausgehen können und insoweit eine höhere soziale Verantwortung für den Rechtsgüterschutz des § 261 StGB tragen.[1277] Andererseits müsse berücksichtigt werden, dass er als Rechtspflegeorgan den Interessen des Beschuldigten verpflichtet sei. Seine Pflichten umfassten gerade nicht, sich nach der Herkunft eines Honorarvorschusses zu erkundigen. Angesichts der umfangreichen und existenziellen Rechte wie der Unschuldsvermutung auf Beschuldigtenseite müsse er zunächst auf die Aussagen des Mandanten vertrauen dürfen. Der Verteidiger sei zudem als Geldwäscheinstitution nur schwerlich zu missbrauchen, da dies von einem staatlich veranlassten Verfahren gegen den Beschuldigten abhängig sei, auf dessen Existenz der Beschuldigte keinen Einfluss habe und das von diesem auch nicht gewünscht sein könne.[1278] Der Verteidiger handele befugt und bereits nicht objektiv sorgfaltswidrig, wenn er Honorar im Vertrauen auf die Aussage des Mandanten, dieses sei nicht bemakelt, annehme. Dem Recht des Beschuldigten auf Bewahrung der Unschuldsvermutung sowie der freien Advokatur mit der unreglementierten Ausübung des Berufs sei der Vorrang einzuräumen.[1279] Die grundrechtliche Stellung des Verteidigers konkretisiere und limitiere die Anforderungen an die Bejahung der Leichtfertigkeit, so dass sich die Annahme eines Honorarvorschusses im Rahmen des erlaubten Risikos bewege.[1280] Das geltende Recht lasse darüber hinaus eine Ermittlungsimmunität nicht zu. Allerdings könne die Annahme eines Honorars ohne weitere Umstände bereits keinen auch nur einfachen Tatverdacht begründen.[1281]

[1275] *Mehlhorn*, Der Strafverteidiger als Geldwäscher, S. 83, 122, 124.
[1276] *Mehlhorn*, Der Strafverteidiger als Geldwäscher, S. 176.
[1277] *Mehlhorn*, Der Strafverteidiger als Geldwäscher, S. 176.
[1278] *Mehlhorn*, Der Strafverteidiger als Geldwäscher, S. 177 f.
[1279] *Mehlhorn*, Der Strafverteidiger als Geldwäscher, S. 178.
[1280] *Mehlhorn*, Der Strafverteidiger als Geldwäscher, S. 179.
[1281] *Mehlhorn*, Der Strafverteidiger als Geldwäscher, S. 184 f.

cc. **Parallele zur Beihilfe durch neutrale Handlungen**

In diesem Zusammenhang zu nennen ist auch die Möglichkeit, die Grundsätze der Beihilfe durch neutrale Handlungen[1282] auf den Geldwäschetatbestand zu übertragen. Gerade § 261 Abs. 2 StGB ist strukturell ähnlich wie eine Beihilfe ausgestaltet. Der Verteidiger verschafft durch die Übernahme eines inkriminierten Gegenstands dem Vortäter die Möglichkeit (im Sinne einer beihilferelevanten Hilfeleistung), seine Verbrechensgewinne in den legalen Wirtschaftskreislauf einzuschleusen. Die Grundsätze der Beihilfe durch neutrale Handlungen bestimmen sich durch eine Abgrenzung und Abwägung von Verhaltenssphären.[1283] Bei der anzustellenden Abwägung des Freiheitsraums des Gehilfen von dem des Rechtsgutsträgers kommt es maßgeblich auf das Risiko an, das dem geschützten Rechtsgut droht. Je höher der Unwert der drohenden Straftat, desto erheblicher darf die Einschränkung des Handlungsspielraums sein.[1284] Ist umgekehrt der Unwert der betreffenden Haupttat eher geringer, muss der Unwert der als Beihilfe zu wertenden Handlung umso größer sein.[1285] Die Sozialschädlichkeit eines *per se* neutralen und keineswegs rechtsgutsgefährdenden Verhaltens ergibt sich dabei erst aus der dahinter stehenden Absicht des Täters, das Verhalten deliktisch einzusetzen. Ohne ein derartiges Wissen liegt regelmäßig keine Beihilfe vor.[1286] Damit ein objektiv neutrales Verhalten nicht mehr in den Bereich grundgesetzlich geschützter Handlungsfreiheit fällt, bedarf es daher zusätzlicher Anhaltspunkte. Neben einem kollusiven Zusammenwirken mit dem Täter kommt einer Sorgfaltspflichtverletzung im Hinblick auf das zu schützende Rechtsgut oder dem Schutz überragend wichtiger Rechtsgüter besondere Bedeutung zu.[1287] Letztere können anhand gesetzlicher Vor-Wertungen, etwa der §§ 138, 323c StGB, bestimmt werden.[1288] Einen subjektiven Standpunkt vertritt

---

[1282] Dazu grdl. BGHSt 46, 107 [112]; LK-*Roxin*, § 27 Rn. 16 ff.; vgl. ferner *Amelung*, in: Grünwald-FS, S. 9 ff.; *Beckemper*, Jura 2001, 163 ff.; *Eser*, in: Roxin-FS, S. 199 ff.; SK/StGB-*Hoyer*, § 27 Rn. 24 ff.; *Lesch*, JA 2001, 986 ff.; *Meyer-Arndt*, wistra 1989, 281 ff.; *Otto*, in: Lenckner-FS, S. 193 ff.; *Samson/Schillhorn*, wistra 2001, 1 ff.; *Wessels/Beulke*, AT Rn. 582a m.w.N.
[1283] *Frisch*, Tatbestandsmäßiges Verhalten und Zurechnung des Erfolgs, S. 311, 313.
[1284] *Frisch*, Tatbestandsmäßiges Verhalten und Zurechnung des Erfolgs, S. 313.
[1285] *Hefendehl*, in: Roxin-FS, S. 145 [148].
[1286] *Hefendehl*, in: Roxin-FS, S. 145 [148].
[1287] *Hefendehl*, in: Roxin-FS, S. 145 [148].
[1288] *Frisch*, Tatbestandsmäßiges Verhalten und Zurechnung des Erfolgs, S. 313.

diesbezüglich der Bundesgerichtshof, wenn er auf die Höhe des erkannten Risikos einer strafbaren Verwendung der Unterstützungshandlung durch den Unterstützten abstellt.[1289] Wisse der Hilfeleistende nicht, wie der von ihm geleistete Beitrag vom Haupttäter verwendet werde, sondern halte er es lediglich für möglich, dass sein Tun zur Begehung einer Straftat genutzt werde, so sei sein Handeln regelmäßig nicht als strafbare Beihilfehandlung zu bewerten. Etwas anderes ergebe sich dann, wenn das von ihm erkannte Risiko strafbaren Verhaltens des von ihm Unterstützten derart hoch sei, dass er sich mit seiner Hilfeleistung die Förderung eines erkennbar tatgeneigten Täters angelegen sein lasse.

Wendet man bei Abwägung der zu harmonisierenden Freiheitssphären und mit Blick auf das geschützte Rechtsgut das geschilderte Abwägungsmodell auf die Entgegennahme des Verteidigerhonorars an, wird sichtbar, dass darin noch keine missbilligenswerte »Beihilfehandlung« zu sehen ist, die strafwürdiges Unrecht darstellen kann.[1290] Hinzu kommt, dass der Verteidiger gesetzlich durch die BRAGO zur entgeltlichen Verteidigung verpflichtet ist.[1291] Erst ein kollusives Verhalten von Mandant und Verteidiger im Sinne eines klandestinen und manipulativen Verschleierns würde die unsichtbare Grenze zur strafbaren Beihilfe überschreiten.

In diese Richtung scheint der Vorschlag von *Vogel*[1292] zu gehen. Der gemeinschaftsrechtliche Geldwäschetatbestand stelle danach eine vermögensbezogene unerlaubte Solidarisierung mit der Kriminalität dar, durch die das Vertrauen in das Finanz- und Wirtschaftssystem beeinträchtigt werde. Nehme man dies als Grundlage, überschreite aus der Perspektive der Geldwäscherichtlinie nicht jede faktische Begünstigung automatisch die Grenze der unerlaubten vertrauensschädigenden Solidarisierung mit Kriminalität. Vielmehr sei dieses Problem in Deutschland längst aus der Dogmatik der Beihilfe als unerlaubte Solidarisierung mit fremder Tat oder aus dem Bereich der Strafvereitelung bekannt. *Vogel*

[1289] Vgl. BGHSt 46, 107 [112].
[1290] *Hefendehl*, in: Roxin-FS, S. 145 [153].
[1291] Ebenso *Bernsmann*, StV 2000, 40 [41]; *Hefendehl*, in: Roxin-FS, S. 145 [150].
[1292] *Vogel*, ZStW 109 [1997], 335 ff.

spricht sich daher dafür aus, die dazu entwickelten Lösungen auch für das Problem der Geldwäsche fruchtbar zu machen.[1293]

dd. Stellungnahme

Adäquanzgedanken allein können den Verteidiger noch nicht aus dem Risikobereich des Strafbaren bringen. Nach der bewussten Streichung der ehemals existenten Sozialadäquanzklausel ist das Hineinlesen einer vergleichbaren Regelung in den aktuellen Gesetzestext nicht zulässig.[1294] Vielmehr spricht aus der Tatsache ihres Wegfalls eher der gesetzgeberische Gedanke, einen möglichst lückenlosen Schutz durch das Strafrecht zu gewährleisten, indem sämtliche Transaktionen potentieller Geldwäscher verhindert werden sollten. Ohnehin hat wie schon dargelegt die Streichung der Klausel keinen unmittelbaren Einfluss auf die Behandlung des Verteidigerhonorars. Hinzu kommt, dass es dem Gesetzgeber unbenommen bleibt, die Maßstäbe für sozial übliche Tätigkeiten zu ändern und neue Straftatbestände einzuführen. Die Installierung des Geldwäschetatbestands ist ein Beispiel dafür, dass bisher sozial geduldete Tätigkeiten einer Strafdrohung unterworfen werden sollten. Ein vorsätzlich geleisteter kausaler Beitrag zu einem verbotenen Erfolg ist grundsätzlich keine übliche und erlaubte Geschäftstätigkeit. Etwas anderes würde die Dogmatik von den Füßen auf den Kopf stellen.[1295] Im Zusammenhang mit dem Geldwäschetatbestand würde die Herausnahme aller sozialadäquater Handlungen aus dem strafbaren Bereich zwangsläufig sogar zu einem weitgehenden Leerlaufen des Geldwäschetatbestands führen. Dies folgt vor allem daraus, dass durch § 261 StGB ursprünglich ja gerade diejenigen Geschäfte erfasst werden sollten, die an der Grenze von Legalität und Illegalität stattfinden.[1296] Der Versuch einer Einschränkung über die Lehre von der Sozialadäquanz würde in seinen weitreichenden Auswirkungen dem Willen des Gesetzgebers und dem Ziel des Geldwäschetatbestands diametral widersprechen.[1297]

[1293] *Vogel*, ZStW 109 [1997], 335 [356].
[1294] Dafür aber *Salditt*, StraFo 1992, 121 [122].
[1295] *Arzt*, NStZ 1990, 1 [3].
[1296] Hierauf weist *Barton*, StV 1993, 156 [158 f.] zutreffend hin.
[1297] Vgl. *Barton*, StV 1993, 156 [158]; *Kargl*, NJ 2001, 57 [61]; *Mehlhorn*, Der Strafverteidiger als Geldwäscher, S. 118; vgl. auch *Frisch*, Tatbestandsmäßiges Verhalten und Zurechnung des Erfolgs, S. 113.

Gleiches gilt auch für die Lehre von der professionellen Adäquanz. Darüber hinaus kann sie den ihr gemachten Vorwurf der Unbestimmtheit nicht entkräften. Sie muss sich vorhalten lassen, keinen Katalog professionell zulässiger Handlungen eines Strafverteidigers zur Hand zu haben. Zwar gibt es Vorgaben aus den Berufsrichtlinien, aus dem Standesrecht und der Gebührenordnung (z.B. hinsichtlich der Üblichkeit der Gebühren §§ 83 ff. BRAGO). Diese Normen eignen sich im Zusammenhang mit der professionellen Adäquanz allerdings nicht zum Ausschluss der Strafbarkeit. Eine Lösung über die Lehre von der Sozialadäquanz bzw. der Theorie der professionellen Adäquanz ist – wenn schon nicht aufgrund einer generellen Ablehnung dieser Ansätze[1298] – dann zumindest aus konkreten Gründen der Geldwäscheverfolgung abzulehnen.[1299]

Auch die Überlegungen zur Beihilfestrafbarkeit durch neutrales Verhalten können für die Bewertung einer täterschaftlichen Begehungsweise bei der Geldwäsche nicht herangezogen werden. Zu unterschiedlich sind die Begehungsformen von Täterschaft und Teilnahme. Letztlich handelt es sich bei der Beihilfe durch neutrales Verhalten nur um ein Zurechnungsproblem innerhalb der Beihilfe,[1300] bei der Geldwäsche dagegen um eine weiter gehende, kriminalpolitisch eingefärbte Problematik, die strikt davon zu trennen ist.

Mehlhorn erkennt zutreffend, dass sich die verfassungsrechtliche Aufgabe des Verteidigers als Wahrer von Beschuldigteninteressen bereits auf Tatbestandsebene auswirken muss. Allerdings bringt allein der Ausschluss der Leichtfertigkeit und damit des § 261 Abs. 5 StGB den Verteidiger noch nicht aus dem Gefahrenbereich des Eventualvorsatzes des Abs. 2. Durch die einseitige Ausrichtung auf den Leichtfertigkeitstatbestand vermag der Ansatz von *Mehlhorn* dem-

---

[1298] Vgl. *Barton*, StV 1993, 156 [158]; *Grüner/Wasserburg*, GA 2000, 430 [438 f.]; Sch/Sch-*Lenckner*, Vor §§ 13 ff. Rn. 69 m.w.N.; *Mehlhorn*, Der Strafverteidiger als Geldwäscher, S. 118, 121.
[1299] So auch *Barton*, StV 1993, 156 [158 f.]; *Gotzens/Schneider*, wistra 121 [124]; *Hombrecher*, Geldwäsche (§ 261 StGB) durch Strafverteidiger?, S. 108; *Kargl*, NJ 2001, 57 [61]; *Katholnigg*, NJW 2000, 2041 [2042]; *Keppeler*, DRiZ 2003, 97 [102 f.]; i.Erg. ablehnend auch *Burr*, Geldwäsche, S. 35, 47; *Reichert*, NStZ 2000, 316 [317]; *Rengier*, BT/1, § 23 Rn. 16.
[1300] Zutr. *Hassemer*, wistra 1995, 41 [44]; LK-*Roxin*, § 27 Rn. 22; *Zeifang*, Die eigene Strafbarkeit des Strafverteidigers, S. 39.

entsprechend *de lege lata* nicht zu erklären, wie der Verteidiger vor der Strafdrohung des § 261 Abs. 2 StGB geschützt werden kann.

b. Teleologische und verfassungskonforme Auslegung des Tatbestands

Zahlenmäßig vielleicht am meisten wurde eine teleologische Auslegung des Geldwäschetatbestands – teilweise in Kombination mit einer verfassungskonformen Auslegung – in Betracht gezogen.[1301]

aa. Meinungsübersicht

Unter Bezug auf den präventiven Schutz der Rechtsgüter der Vortaten wurde etwa von *Salditt* argumentiert, dass bei einer notwendigen Verteidigung im Sinne des § 140 StPO eine Dienstleistung gewährt werde, die den grundlegenden Bedarf des Vortäters abdecken solle. Die Gewährung von Dienstleistungen der Strafverteidigung als »notwendig« könne aber nicht gleichzeitig als »Bruch« der von § 261 StGB angestrebten Isolierung des Vortäters eingestuft werden.[1302] *Salditt* orientiert sich darüber hinaus am Wortlaut des § 261 Abs. 2 Nr. 1 StGB (»verschafft«). Dieses Merkmal, das im Tatbestand der Hehlerei erst 1975 eingeführt wurde, erfordere ein einverständliches Zusammenwirken mit dem Vortäter. Ein derartiges kollusives Einvernehmen könne aber bei normalen Honorarzahlungen nicht festgestellt werden. Vielmehr müsse dieses Merkmal auch im Tatbestand der Geldwäsche normativ statt deskriptiv verstanden werden. Verdeutlicht werde dieser Befund anhand eines normativen Vergleichs mit § 339 StGB (Rechtsbeugung durch Richter). Auch dieser enthalte das ungeschriebene normative Element, dass nur elementare Verstöße gegen die Rechtspflege erfasst werden sollten, bei denen sich der Täter bewusst und in schwerer Weise von Recht und Gesetz entfernt habe.[1303]

[1301] Dafür *Arzt*, NStZ 1990, 1 ff.; *Barton*, StV 1993, 156 [162 f.]; *Dionyssopoulou*, Der Tatbestand der Geldwäsche, S. 139; *Gräfin von Galen*, StV 2000, 575 ff.; *Hartung*, AnwBl. 1994, 440 [443 f.]; SK/StGB-*Hoyer*, § 261 Rn. 21; LR-*Lüderssen*, Vor § 137 Rn. 116f ff.; *Löwe-Krahl*, wistra 1993, 123 ff. (zu Bankangestellten); *Salditt*, StraFo 1992, 121 [132 f.]; *ders.*, StraFo 2002, 181 [184 f.]; *Vogel*, ZStW 109 [1997], 335 ff.; *Wohlers*, StV 2001, 420 [426]; *ders.*, JZ 2004, 678 [681]; i.Erg. auch *Kulisch*, StraFo 1999, 337 [339], die die »übliche« Strafverteidigung von der Geldwäschestrafbarkeit ausnehmen will; unklar, aber wohl i.Erg. zust. *Großwieser*, Der Geldwäschestraftatbestand § 261 StGB, S. 181 ff., 188.
[1302] *Salditt*, StraFo 1992, 121 [132].
[1303] *Salditt*, StraFo 2002, 181 [184] unter Verweis auf BGH NJW 1997, 1452.

Für § 261 Abs. 2 StGB könne insofern nichts anderes gelten. Es blieben die Strafdrohungen § 261 Abs. 1 StGB und § 257 StGB. Der Tatbestand des § 261 StGB reiche von vornherein nur so weit, wie nach der Rechtsordnung die gewollte Isolation ohne inneren Widerspruch verhängt werden könne.[1304] Erst wenn das Honorar in einer verschleiernden Weise vereinnahmt werde (z.b. durch unquittierte Barzahlung, über Umwege aus dem Ausland, ohne Verbuchung etc.), »falle der Verteidiger aus der Rolle« und versage sein Schutz.[1305]

Von anderen Autoren wird auf den Sonderstatus abgestellt, der dem Verteidiger in verschiedenen Vorschriften, etwa § 203 StGB (Verschwiegenheitsgebot), § 53 Nr. 2 StPO (Zeugnisverweigerungsrecht), § 97 Abs. 1 StPO (Beschlagnahmeverbot), § 100d Abs. 3 StPO (Abhörverbot) eingeräumt werde. Dieser ziele auf den Schutz des Vertrauensverhältnisses zwischen ihm und dem Beschuldigten ab.[1306] Die Einbeziehung des (Wahl-) Verteidigers in § 261 StGB würde diesen Bereich des »Unantastbaren« rechtsstaatswidrig aushöhlen.[1307] Da § 261 StGB die Rechtspflege schütze, der Strafverteidiger aber ein Teil derselben sei (§ 1 BRAO), tangiere die Entgegennahme von schmutzigem Geld als Honorierung anwaltlicher Dienstleistungen den Schutzbereich des § 261 StGB gar nicht[1308] bzw. zumindest dann nicht, wenn sich die Honorierung innerhalb der Grenzen der Angemessenheit bewege, was anhand der Angemessenheitsgrenze der Bundesrechtsanwaltsordnung bemessen werden könnte.[1309] Kein Straftäter begehe Verbrechen, um Anwälten mehr Geld anbieten zu können.[1310] Bei ordnungsgemäßer Annahme eines Verteidigerhonorars verwirkliche sich insofern das von § 261 StGB missbilligte Risiko nicht.[1311]

[1304] *Salditt*, StraFo 1992, 121 [132].
[1305] *Salditt*, StraFo 2002, 181 [184].
[1306] *Kulisch*, StraFo 1999, 337 [339].
[1307] *Barton*, StV 1993, 156 [162]; *Hartung*, AnwBl. 1994, 440 [443]; *Kulisch*, StraFo 1999, 337 [339].
[1308] *Barton*, StV 1993, 156 [162]; *Hartung*, AnwBl. 1994, 440 [443]; *Kulisch*, StraFo 1999, 337 [339].
[1309] *Hamm*, NJW 2000, 636 [637].
[1310] *Dionyssopoulou*, Der Tatbestand der Geldwäsche, S. 137.
[1311] In diesem Sinne wohl auch *Fad*, JA 2002, 14 [16].

Barton betont, dass zu einer funktionierenden Rechtspflege auch eine funktionierende Rechtsberatung und Strafverteidigung gehöre. Solange daher die Tätigkeit des Rechtsberaters entsprechend den üblichen Gepflogenheiten erfolge, sei in der Entgegennahme von Honorar, das mit bemakeltem Geld finanziert wird, keine strafbare Geldwäsche zu sehen. Die innere Sicherheit als nach seiner Ansicht geschütztes Rechtsgut der Vorschrift brauche den Rechtsfrieden und die Verfahrensgarantien, zu denen auch die freie Advokatur und die Strafverteidigung zählten. Eine Ausnahme bestehe nur dann, wenn bemakeltes Geld an Dritte weitergeleitet oder verwahrt werde, Vermögensgegenstände umgewandelt oder Scheinverteidigungsverträge geschlossen würden.[1312] Noch weiter gehend will *Kulisch*[1313] eine Geldwäschestrafbarkeit immer schon dann ausscheiden lassen, wenn Strafverteidiger Vortätern entgeltlich berufsspezifische Dienstleistungen gewährten, und zwar unabhängig davon, ob eine Leistung aufgrund einer gesetzlichen Gebührenordnung oder einer Honorarvereinbarung erbracht werde.[1314]

Nachdem er zunächst eine am Berufsrecht orientierte Rechtfertigungslösung favorisiert hatte,[1315] hat *Lüderssen*[1316] nun eine »Derogationslösung« zur Problemlösung entwickelt. Er sieht die Gefahr, dass die Möglichkeit der Wahlverteidigung bei unbeschränkter Anwendung des Geldwäschetatbestands eine gravierende Einschränkung erfahren würde. Zurückzuführen sei dies auf eine Konkurrenzsituation zwischen dem Recht auf Wahl eines Verteidigers seines Vertrauens (§ 137 StPO) und § 261 StGB. Mit Blick auf die verfassungsrechtliche Dimension der Ziele der Wahlverteidigung sei in diesem Konflikt eine Prävalenz zugunsten von § 137 StPO festzustellen. Dieser derogiere den Geldwäschetatbestand im Falle eines Aufeinandertreffens mit § 261 StGB. Die Entgegennahme von bemakelten Finanzmitteln als Honorar werde daher nicht von § 261 Abs. 2 StGB erfasst.

[1312] *Barton*, StV 1993, 156 [162 f.]; ähnl. *Wohlers*, JZ 2004, 678 [681].
[1313] *Kulisch*, StraFo 1999, 337 ff.
[1314] *Kulisch*, StraFo 1999, 337 [339].
[1315] *Lüderssen*, StV 2000, 205 ff., explizit aufgegeben in LR-*Lüderssen*, Vor § 137 Rn. 117, 318.
[1316] LR-*Lüderssen*, Vor § 137 Rn. 116f f.; *ders.*, in: Waltos-FS, S. 324 [328].

Müther[1317] weist darauf hin, dass schon die Möglichkeit, dass eine Verteidigung im weiten Feld der Katalogtaten Ermittlungsmaßnahmen auch gegen den Verteidiger zur Folge haben kann, das Institut der Wahlverteidigung nachhaltig beeinträchtigen könne. Er tritt daher für eine Freistellung von der Strafbarkeit auch dann ein, wenn der Verteidiger mit *dolus directus* zweiten Grades gehandelt hat. Zwar lasse sich dieses Ergebnis auch durch einen prozessrechtlich verankerten Rechtfertigungsgrund erreichen. Eine Lösung im objektiven Tatbestand sei jedoch vorzuziehen, vor allem weil die Entgegennahme des Verteidigerhonorars dem mit § 261 StGB bezweckten Rechtsgüterschutz nicht nachhaltig entgegenstehe.[1318] Wie das HansOLG Hamburg möchte *Müther* die Straflosigkeit auf die Fälle beschränken, in denen kein individuell vermögensgeschädigtes Opfer gegeben ist.[1319] Darüber hinaus spricht sich *Müther* für die Anwendung der tatbestandlichen Reduktion auch im Rahmen des § 261 Abs. 1 StGB aus.[1320]

Für eine »Mischlösung« plädiert *Beulke*[1321] mit einer versubjektivierten und verfassungsrechtlich motivierten teleologischen Reduktion. Nach seiner Ansicht gebe es sowohl aus der Sicht des Verteidigers als auch aus der des Beschuldigten verfassungsrechtliche Argumente für eine restriktive Auslegung des Geldwäschetatbestands. Für den Verteidiger sei ein Eingriff in Art. 12 Abs. 1 GG denkbar. Der vom Bundesgerichtshof ausgesprochene Verweis auf die Pflichtverteidigung überzeuge nicht, zumal ein unverteidigter Bereich bliebe, denn nicht bei allen Katalogtaten sei die Verteidigung zwingend vorgeschrieben. Die Freiheit der Advokatur sei auf Dauer nur gewährleistet, wenn der Anwalt auf eine angemessene Entlohnung seiner Dienste bauen könne. Hierfür sei eine Mischkalkulation zwischen Pflicht- und Wahlverteidigung notwendig, die durch die vermehrten Pflichtverteidigungen gefährdet werde. Für den Beschuldigten streite das Recht auf ein faires Verfahren und das Recht auf einen Verteidiger seiner Wahl. Solange der Beschuldigte nicht verurteilt sei, verbiete die Unschuldsvermutung eine Isolierung vom unverzichtbaren professionellen Helfer. Der Verteidiger müsse in aller Interesse zugunsten seines Mandanten uneinge-

---

[1317] *Müther*, Jura 2001, 318 ff.
[1318] *Müther*, Jura 2001, 318 [322].
[1319] *Müther*, Jura 2001, 318 [323].
[1320] *Müther*, Jura 2001, 318 [325].
[1321] *Beulke*, in: Rudolphi-FS, S. 391 [401 ff.].

schränkt agieren dürfen. Dies sei bei der Auslegung des § 258 StGB schon lange Tradition und könne auf § 261 StGB übertragen werden. Auch der Wortlaut des § 261 StGB stehe mit seiner unbestimmten Weite einer solchen Interpretation nicht im Wege. Die größere Überzeugungskraft gehe letztlich von einer teleologischen Reduktion aus, bei der schon im objektiven Tatbestand subjektive Gesichtspunkte mit berücksichtigt würden. So kenne die Rechtsprechung einige Konstellationen, etwa die Insertationsofferte bei § 263 StGB oder das Hindernisbereiten durch äußerlich verkehrsgerechtes Verhalten bei § 315b Abs. 1 Nr. 2 StGB, bei denen der Täter mindestens mit *dolus directus* gehandelt haben muss, um strafbar zu sein. *Dolus eventualis* reiche in diesen Fällen gerade nicht aus. Gleiches gelte auch bei der Beihilfe durch neutrales oder berufstypisches Verhalten. Eine strafbare Solidarisierung mit dem Haupttäter liege dort erst vor, wenn der Helfer mit seinem Verhalten ausschließlich darauf abziele, eine strafbare Handlung zu begehen. Halte er es dagegen nur für möglich, liege keine Beihilfe vor. Auch bei § 258 StGB sei die Nennung eines meineidsbereiten Zeugen zulässig, solange der Verteidiger nicht sicher wisse, dass der Zeuge falsch aussagen werde. Erst bei positiver Kenntnis mache er sich wegen Strafvereitelung strafbar.[1322] Unter Zugrundelegung dieser Erwägungen könne auch bei § 261 StGB eine *de lege artis* durchgeführte Strafverteidigung nicht einer Strafdrohung unterfallen, solange nicht absichtlich Geld gewaschen werde oder der Verteidiger sichere Kenntnis von der odiösen Herkunft des Geldes habe. Die Bereiche *dolus eventualis* und Fahrlässigkeit würden damit ausgeklammert. Die Verortung von subjektiven Elementen bereits im objektiven Tatbestand rechtfertigt *Beulke* mit dem Respekt, den die Allgemeinheit für die Tätigkeit des Strafverteidigers empfinde, sowie mit dem Leitbild des Verteidigers als Organ der Rechtspflege, das auch der Entscheidung des HansOLG Hamburg zugrunde gelegen habe.

Zum letztendlich gleichen Ergebnis wie *Beulke* kommt auch *Zeifang* mit seiner »funktionsadäquaten Tatbestandsreduzierung«. Das geschützte Rechtsgut der Rechtspflege mache eine teleologische Reduzierung des objektiven Tatbestands

---

[1322] BGHSt 46, 53 [54]; zust. *Beulke*, in: Roxin-FS, S. 1173 [1176].

möglich und notwendig.[1323] Dabei müsse die auftretende Kollision von erlaubter Wahlverteidigung und verbotener Honorarannahme zugunsten des Prozessrechts aufgelöst werden. Eine Strafbarkeit komme aus prozessualen Gründen nur in Betracht, wenn der Verteidiger wissentlich prozessordnungswidrig handele. Erforderlich für eine Strafbarkeit gem. § 261 Abs. 2 Nr. 1 StGB sei damit das sichere Wissen um die Bemakelung.[1324] Wie zuvor schon *Beulke* befürwortet *Zeifang* jedoch, den Aspekt der Kenntnis bereits im objektiven Tatbestand anzusiedeln, da die Einschränkung auf prozessualen Erwägungen zur Beistandsfunktion des Verteidigers beruhe. Eine zulässige Honorarannahme schließe damit bereits den objektiven Tatbestand aus.[1325]

bb. Stellungnahme

Der Versuch einer teleologischen Auslegung des Geldwäsche-Tatbestands ist vor dem Entstehungshintergrund des Gesetzes mit grundsätzlichen Schwierigkeiten behaftet. Zunächst muss für eine überzeugende teleologische Reduktion eine eindeutige Schutzrichtung des Tatbestands ermittelt werden. Schon dies bereitet aufgrund der Weite und Vagheit der angebotenen Rechtsgüter bei § 261 StGB Probleme.[1326]

Dies gilt zunächst für den vorverlagerten Rechtsgüterschutz als Zielrichtung. Wer von diesem Schutzgut ausgeht, nimmt in Kauf, dass dadurch die Isolierung des Vortäters im Fall der Annahme von bemakeltem Honorar partiell aufgehoben wird. Dies würde aber dem gesetzgeberischen Anliegen widersprechen, möglichst alle geldwäscherelevanten Vorgänge zu erfassen. In diesem Sinne muss auch die Streichung der Bagatellklausel verstanden werden. Der Tatbestand kann vor diesem Hintergrund gar nicht weit genug gefasst sein.[1327]

Ebenso wenig erfolgreich ist allein der Hinweis auf die Rechtspflege als Schutzgut für eine Ausnahme bei Verteidigern. Grundsätzlich nimmt auch der Strafverteidiger als Organ der Rechtspflege Teil an deren Schutzumfang. Solange er

---

[1323] *Zeifang*, Die eigene Strafbarkeit des Strafverteidigers, S. 378.
[1324] *Zeifang*, Die eigene Strafbarkeit des Strafverteidigers, S. 372 f.
[1325] *Zeifang*, Die eigene Strafbarkeit des Strafverteidigers, S. 378.
[1326] Das sieht auch BVerfG NJW 2004, 1305 [1307].
[1327] Ebenso *Grüner/Wasserburg*, GA 2000, 430 [433].

durch die Verteidigung von Beschuldigten deren Rechte wahrnimmt, erfüllt dies sogar verfassungsrechtliche Vorgaben. Intention des § 261 StGB ist jedoch nicht eine effektive Strafabwehr, sondern der spiegelbildlich genau entgegengesetzte Aspekt der Rechtspflege. Durch § 261 StGB sollen die Strafverfolgungsmöglichkeiten gerade intensiviert werden.[1328] Der Gesetzgeber hat sich nicht umsonst für die am weitesten gehende Fassung des Tatbestands und damit für einen möglichst breiten Anwendungsbereich entschieden[1329] und auch bei den mittlerweile zahlreichen Gesetzesänderungen keine Nachbesserungen in diesem Punkt vorgenommen.[1330] Die Herausnahme der Verteidiger aus der Geldwäschestrafbarkeit in diesem typischen Punkt wäre eine gesetzgeberisch nicht gewünschte Privilegierung. Zudem könnte man spitzfindig fragen, warum das, was grundsätzlich erlaubt ist, auch dann nicht strafbar sein soll, wenn es den Tatbestand einer Straftat erfüllt.[1331]

Auch *Lüderssen*s Derogation des § 261 StGB durch § 137 StPO muss sich den Vorwurf gefallen lassen, zwar verteidigerfreundlich, aber gerade nicht im Sinne des gesetzgeberischen Leitgedankens zu sein. Schon der Blick auf die Regelung der Pflichtverteidigung verdeutlicht, dass auch die Wahlverteidigung (§ 137 StPO) Ausnahmen kennt. Bei der Abwägung der Ziele von § 261 StGB und § 137 StPO hat sich der Gesetzgeber daher bereits inzident zugunsten der Geldwäscheverfolgung und damit für § 261 StGB entschieden.

Ebenso wenig spricht der Hinweis, dass § 3 Abs. 1 GwG keine Identifizierungspflicht für Strafverteidiger begründe,[1332] für eine teleologische Reduktion des Tatbestands,[1333] zumal jetzt offen eine Meldepflicht auch für rechtsberatende Berufe diskutiert wird. Bei einem derart jungen Gesetz ist für eine korrigierende objektiv-teleologische Auslegung schlechthin kein Raum. Der eindeutige gesetzgeberische Wille kann mit Blick auf das Demokratieprinzip und die Gewal-

---

[1328] Vgl. BT-Drucks. 12/989, S. 26; BR-Drucks. 507/92, S. 23.
[1329] Ebenso *Bernsmann*, StV 2000, 40 [42]; *Götz/Windholz*, AnwBl. 2000, 642 [645]; *Grüner/Wasserburg*, GA 2000, 430 [433].
[1330] *Bernsmann*, StV 2000, 40 [42].
[1331] So *Katholnigg*, NJW 2001, 2041 [2042].
[1332] So *Hartung*, AnwBl. 1994, 440 [442].
[1333] Ebenso *Katholnigg*, NJW 2001, 2041 [2042]; *Körner/Dach*, Geldwäsche, Rn. 38.

tenteilung nicht von einem teleologisch-objektiven Normgehalt, der zudem nicht sicher ermittelt werden kann, verdrängt werden.[1334] Eine reine teleologische Reduktion des Tatbestands ist daher auf Grundlage der derzeitigen Fassung des § 261 StGB mit grundsätzlichen Schwierigkeiten behaftet.[1335]

Vom Prinzip her werden der verfassungsrechtlichen Stellung der Verteidigung am ehesten die Lösungsvorschläge von *Beulke* und *Zeifang* gerecht. Sie sind aufgrund der Verortung des Kenntnismoments im objektiven Tatbestand zwar dogmatisch sicherlich angreifbar, andererseits spiegeln sie aber am augenfälligsten den Konflikt von gebotener Verteidigung und verbotener Geldwäsche wider. *Beulke* ist zuzugeben, dass es auch andere Konstellationen gibt, in denen subjektive Befindlichkeiten Einfluss auch auf die Erfüllung des objektiven Tatbestands haben. Man denke in diesem Zusammenhang an die Aussagedelikte der §§ 153, 154 StGB. Zwar kommt es bei der Frage der Falschheit einer Aussage grundsätzlich auf einen Vergleich der Aussage mit der objektiven Wahrheit an (objektive Theorie).[1336] Falls sich aber der Aussagende ausdrücklich auf seine Überzeugung stützt und Aussagegegenstand damit eine innere Tatsache ist, kommt es maßgeblich auf das subjektive Wissen des Aussagenden an.[1337] Daher muss in diesen Fällen bei der Falschaussage zunächst bestimmt werden, ob diese nach der subjektiven Einschätzung des Aussagenden falsch ist. Gleiches könnte man auch hier vermuten, da es insoweit vergleichbar auf die subjektive Überzeugung des Verteidigers ankommt. Wenn ein Verteidiger aufgrund einer eingehenden Nachfrage beim Mandanten annehmen darf, dass das gezahlte Honorar keinen kriminogenen Hintergrund hat, handelt er nicht mehr tatbestandsmäßig, wenn er das ihm angebotene Geld annimmt.

[1334] Zutr. *Ambos*, JZ 2002, 70 [74]; *Hefendehl*, in: Roxin-FS, S. 145 [163].
[1335] Ebenso i.Erg. HansOLG Hamburg, NJW 2000, 673 [675]; *Ambos*, JZ 2002, 70 [74]; *Burger/Peglau*, wistra 2000, 161 [161]; *Geppert*, JK 2000 StGB § 261/3; *Gotzens/Schneider*, wistra 121 [124]; *Grüner/Wasserburg*, GA 2000, 430 [433]: »methodisch verfehlt«; *Hetzer*, wistra 2000, 281 [288]; *Kargl*, NJ 2000, 57 [60]; *Katholnigg*, NJW 2001, 2041 [2042]; *Kempf*, Referat BRAK, Rs-Nr. 61/99, S. 20, 22; *Knorz*, Der Unrechtsgehalt des § 261 StGB, S. 170; *Keppeler*, DRiZ 2003, 97 [103]; *Matt*, Referat BRAK, Rs-Nr. 62/99, S. 16; Sch/Sch-*Stree*, § 261 Rn. 17.
[1336] Vgl. H.M., vgl. BGHSt 7, 147 [148 f.]; *Arzt/Weber*, Strafrecht BT, § 47 Rn. 36, 40; *Lackner/Kühl*, Vor § 153 Rn. 3; *Tröndle/Fischer*, § 153 Rn. 5 f. m.w.N.; *Welzel*, Das deutsche Strafrecht, S. 526.
[1337] Sch/Sch-*Lenckner*, Vor §§ 153 ff. Rn. 7; *Tröndle/Fischer*, § 153 Rn. 6.

c. Zwischenergebnis

Als Zwischenergebnis bleibt festzuhalten, dass die breite Palette bislang angedachter Lösungsvorschläge in der Honorarthematik – angefangen von objektiven und subjektiven Tatbestandslösungen über Rechtfertigungskonstruktionen bis hin zu Konsequenzen auf Rechtsfolgenseite – die großen Schwierigkeiten abbildet, die der Geldwäschetatbestand hinsichtlich der Honorarthematik aufwirft. Angesichts dessen verwundert es nicht, dass immer wieder Stimmen laut geworden sind, die für eine Lösung *de lege ferenda* plädieren.[1338] An konkreten Vorschlägen mangelt es nicht. So sollte nach einer Ansicht zumindest die leichtfertige Begehungsweise von der Strafbarkeit des § 261 StGB ausgenommen bleiben,[1339] ein anderer Vorschlag sieht eine kombinierte Lösung mit 5.000 Euro Schwellenbetrag bei gleichzeitiger Kenntnis von der bemakelnden Herkunft vor.[1340] Auch ein Ausnahmetatbestand wie z.B. § 3 Abs. 1 GwG könnte als gesetzgeberische Korrektur eingeführt werden.[1341] Noch konsequenter sind diejenigen, die die verfassungsgerichtliche Aufhebung des § 261 Abs. 5 StGB bei gleichzeitiger verfassungskonformer Auslegung des Abs. 2 Nr. 1 für die einzig konsequente Lösung halten.[1342]

Angesichts der materiell-rechtlichen, kriminalpolitischen und verfassungsrechtlichen Dimension des Honorarproblems war es letztlich nur eine Frage der Zeit, bis der Geldwäschetatbestand einer Überprüfung durch das Bundesverfassungsgericht unterworfen werden würde.

[1338] So etwa *Hetzer*, wistra 2000, 281 [288]; *Kargl*, NJ 2001, 57 [63]; *Keppeler*, DRiZ 2003, 97 [104]; *Mehlhorn*, Der Strafverteidiger als Geldwäscher, S. 232 ff., 236 f.; *Reichert*, NStZ 2000, 316 [317 f.]; *J. Schmidt*, JR 2001, 448 [452]; wohl auch *Weyand*, INF 1994, 661 [664].
[1339] Vgl. *J. Schmidt*, JR 2001, 448 [452].
[1340] Vgl. *Mehlhorn*, Der Strafverteidiger als Geldwäscher, S. 236 f.
[1341] Vgl. *Reichert*, NStZ 2000, 316 [317].
[1342] Für eine (totale) Aufhebung und Neuregelung plädieren offensichtlich *Kargl*, NJ 2001, 57 [63] und *W. Schmidt*, StraFo 2003, 2 [6].

5. Die Entscheidung BVerfGE NJW 2004, 1305

a. Die Lösung des Bundesverfassungsgerichts

Mit seiner Entscheidung vom 30. März 2004[1343] hat das Bundesverfassungsgericht die Gefährdung eines Strafverteidigers, sich bei der Annahme eines Honorars wegen Geldwäsche strafbar zu machen, auf ein Minimum reduziert. Systematisch hat sich das Gericht dabei der verfassungskonformen Auslegung des § 261 Abs. 2 Nr. 1 StGB bedient, um die Verhältnismäßigkeit des Eingriffs in die Berufsausübungsfreiheit sicherzustellen.[1344]

Ein Eingriff sei dann gerechtfertigt, wenn der Verteidiger bei Annahme des Honorars sicher wisse, dass dieses aus einer Katalogtat herstamme.[1345] Dabei entscheide allein das sichere Wissen, nicht die Quelle des Wissens über die Strafwürdigkeit. Der Leichtfertigkeitstatbestand des § 261 Abs. 5 StGB finde daher auf die Honorarannahme eines Strafverteidiger keine Anwendung.[1346]

Das Grundgesetz verlange aber keinen strafrechtsfreien Raum, in dem ein Strafverteidiger uneingeschränkt in Abstimmung mit dem Katalogtäter oder durch Scheinhonorierung seine privilegierte Stellung als Verteidiger missbrauchen dürfe. Bei einem bewussten Zusammenwirken mit dem kriminellen Mandanten trete er aus seiner Rolle als Organ der Rechtspflege heraus. Das Verhältnis zum Mandanten sei dann nicht mehr schutzwürdig.

Die Abgrenzung über den subjektiven Tatbestand sei dabei alltagstauglich, da sowohl der Inhalt des Normbefehls als auch die Grenze zwischen strafbarer Geldwäsche und strafloser Honorarannahme deutlich und beherrschbar seien. Ein Strafverteidiger sei dabei nicht zu Nachforschungen über die Einnahmequellen des Mandanten verpflichtet.[1347] Vielmehr bestehe eine Verpflichtung der Staatsanwaltschaft, bei der Entscheidung über die Bejahung eines Anfangsverdachts oder der Durchführung eines Ermittlungsverfahrens wegen Geldwäsche auf die verfassungsrechtlichen Implikationen, insbesondere das anwaltliche Vertrauensverhältnis, Rücksicht zu nehmen. Da der objektive Tatbestand ein sozial

---

[1343] BVerfG NJW 2004, 1305 ff. = StV 2004, 254 ff. = JZ 2004, 670 ff. (m. Anm. *Wohlers*) = NStZ 2004, 259 ff. (m. Anm. *Dahs/Krause/Widmaier*).
[1344] BVerfG NJW 2004, 1305 [1311 f.].
[1345] BVerfG NJW 2004, 1305 [1311].
[1346] BVerfG NJW 2004, 1305 [1312].
[1347] BVerfG NJW 2004, 1305 [1311].

unauffälliges Verhalten pönalisiere, sei allein die Übernahme eines Wahlmandats wegen einer Katalogtat dafür noch nicht ausreichend. Vielmehr bedürfe es dafür weiterer Indikatoren wie eine außergewöhnliche Honorarhöhe oder eine besondere Art und Weise der Erfüllung der Honorarforderung. Vor den Strafgerichten müssten wie in vergleichbaren Fällen einer möglichen Strafbarkeit eines Verteidigers durch ein berufliches Verhalten besondere Anforderungen an die richterliche Beweiswürdigung gestellt werden, um dadurch der Berufsausübungsfreiheit des Strafverteidigers Rechnung zu tragen.[1348]

b. Kritik

Zweifellos sind die vom Bundesverfassungsgericht angestellten Überlegungen zum Eingriff in die Berufsfreiheit zutreffend und die zur Herstellung der Verhältnismäßigkeit vorgeschlagene Lösung praxisgerecht. Dennoch sehen sich die Auswirkungen dieser Entscheidung in ersten Stellungnahmen neben weitgehender Zustimmung[1349] auch Kritik ausgesetzt.[1350] So wird für bedauerlich gehalten, dass das Bundesverfassungsgericht in seiner Entscheidung die Beschränkung der Berufsfreiheit im Gegensatz zur Beeinträchtigung des Beschuldigtenanspruchs auf effektive Verteidigung überbewertet habe.[1351] Ebenso wird auf erhebliche Folgen für die Praxis hingewiesen. Als Konsequenz aus der Entscheidung werde jetzt jeder Verteidiger versuchen, möglichst frühzeitig einen Honorarvorschuss zu bekommen, um nicht in den Verdacht der sicheren Kenntnis (deren Voraussetzungen zudem unsicher seien) von einer Katalogtat zu geraten.[1352] Er könne nun bedingt vorsätzlich auch schmutziges Honorar annehmen, während der Anwalt des Tatopfers auf Prozesskostenhilfe angewiesen sei (§ 397a StPO). Zudem gerate der Verteidiger in Abhängigkeit vom Offenbarungsverhalten und taktischen Erwägungen seines Mandanten. Nicht zuletzt bestehe sogar die Gefahr, dass sich das Verhältnis des Vertrauens zwischen Mandant und Verteidiger in ein solches der Erpressbarkeit verwandeln könne, da der sich unzureichend verteidigt fühlende Beschuldigte den Verteidiger fünf Jahre (§ 78 Abs. 3 Nr. 4

[1348] BVerfG NJW 2004, 1305 [1312].
[1349] Vgl. *Dahs/Krause/Widmaier*, NStZ 2004, 261; *Leipold*, NJW-Spezial 2004, 40 [41]; *Wohlers*, JZ 2004, 678 [678].
[1350] Vgl. *Tröndle/Fischer*, § 261 Rn. 36 f.
[1351] *Wohlers*, JZ 2004, 678 [679].
[1352] *Tröndle/Fischer*, § 261 Rn. 36 f.; *Wohlers*, JZ 2004, 678 [680].

StGB) in der Hand habe.¹³⁵³ Eine Freiheit vor prozessualen Zugriffen sei zudem nicht gewährleistet.¹³⁵⁴

Die Konsequenzen einer wörtlichen Anwendung wären jedoch so erheblich gewesen, dass das Bundesverfassungsgericht gut daran getan hat, der Berufsfreiheit in einer Abwägung den Vorrang zu geben. Auch die Bestimmung der Voraussetzungen des *dolus directus* zweiten Grades bereiten weniger Probleme als diejenigen der Leichtfertigkeit oder des *dolus eventualis*. Hinzu kommt, dass es sich bei der befürchteten Erpressbarkeit um ein Scheinproblem handelt, nachdem eine vorherige Kenntnis des Verteidigers von der Geldherkunft schwer bis gar nicht beweisbar ist. Während diese praktische Kritik damit entweder bereits widerlegt oder nicht gravierend sein dürfte, sind Zweifel an der dogmatischen Begründung der verfassungskonformen Auslegung, insbesondere der Nichtbeachtung des § 261 Abs. 5 StGB, angebracht.

aa. Der Wortlaut als Grenze der Auslegung

Zur Absicherung der dogmatischen Kritik können folgende Überlegungen dienen: Zwar existiert eine höchstgerichtliche Rechtsprechung, dass eine Auslegung nicht mit dem Wortlaut einer Norm in Widerspruch treten soll,¹³⁵⁵ was das Bundesverfassungsgericht auch in der Geldwäsche-Entscheidung betont hat.¹³⁵⁶ Zudem wird bei der Auslegung gerade jüngerer Gesetze darauf hingewiesen, dass hier verstärkt der Wille des Gesetzgebers zu berücksichtigen ist.¹³⁵⁷ Umgekehrt finden sich aber auch Judikate des Bundesverfassungsgerichts, bei denen eine Auslegung auch entgegen dem Gesetzestext durchgeführt wurde. Exemplarisch genannt seien die Entscheidungen zu § 253 BGB a.F.¹³⁵⁸ (Schadensersatz auch für Verletzungen des Persönlichkeitsrechts trotz fehlender gesetzlicher Regelung) und § 112 Abs. 3 StPO¹³⁵⁹ (Zusatzerfordernis eines Haftgrundes trotz gesetzlich ausreichenden dringenden Tatverdachts). In einer weiteren Entschei-

---

¹³⁵³ *Tröndle/Fischer*, § 261 Rn. 36 f.
¹³⁵⁴ *Wohlers*, JZ 2004, 678 [680].
¹³⁵⁵ Vgl. BVerfGE 18, 97 [111]; 54, 277 [299 f.]; 67, 382 [390]; 71, 81 [105]; 86, 288 [320]; 90, 263 [275 f.]; BVerwGE 105, 20 [23]; *Jarass/Pieroth*, Art. 20 Rn. 34.
¹³⁵⁶ BVerfG NJW 2004, 1305 [1306, 1311].
¹³⁵⁷ BVerfGE 54, 277 [297 f.].
¹³⁵⁸ BVerfGE 34, 269 ff.
¹³⁵⁹ BVerfGE 19, 342 ff.

dung wurde darauf hingewiesen, dass die Interpretation Methode und Weg sei, auf dem der Richter den Inhalt einer Gesetzesbestimmung unter Berücksichtigung ihrer Einordnung in die gesamte Rechtsordnung erforscht, ohne durch den formalen Wortlaut des Gesetzes begrenzt zu sein.[1360] In Bezug auf den Strafverteidiger wurde das Erfordernis und die Möglichkeit einer verfassungskonformen Auslegung besonders in der Entscheidung zum Beschlagnahmeverbot von Verteidigungsunterlagen entgegen dem Wortlaut des § 97 StPO augenfällig. Dort hatte der Bundesgerichtshof dem aus Art. 6 Abs. 3 lit. c EMRK i.V.m. Art. 2 Abs. 1, 20 Abs. 3 GG herzuleitenden rechtsstaatlichen Gebot, dem Beschuldigten jederzeit die Möglichkeit einer geordneten und effektiven Verteidigung zu geben, in einer Abwägung mit dem staatlichen Interesse an einer funktionierenden Strafrechtspflege den Vorzug gegeben.[1361] Das Verteidigungsrecht des Beschuldigten würde in erheblichem Maße beeinträchtigt, wenn Verteidigungsunterlagen beschlagnahmt und hinterher zu seinen Lasten verwertet werden könnten. Der Beschuldigte wäre praktisch nicht mehr in der Lage, Erwägungen über eine zweckmäßige Verteidigung gegenüber dem Anklagevorwurf schriftlich niederzulegen, ohne befürchten zu müssen, dass seine Aufzeichnungen in die Hände der Ermittlungsbehörden geraten und später gegen ihn verwendet werden könnten. Er sei damit an einer sachgerechten Verteidigung gehindert. Vor diesem Hintergrund erscheint die Entscheidung des Bundesverfassungsgerichts zur Strafbarkeit des Verteidigers wegen Geldwäsche nur konsequent. Wenn schon nur die Beschlagnahme von Verteidigungsunterlagen bei jeder Art von Beschuldigung zu einer verfassungskonformen Auslegung zugunsten des Beschuldigten führt, muss die vollständige Verweigerung einer effektiven Verteidigung erst recht zu einer Eingrenzung des strafrechtlichen Risikos des Verteidigers zugunsten des Beschuldigten führen.

Genau betrachtet ist jedoch danach zu differenzieren, ob der Gesetzgeber ein »Mehr« oder ein »Weniger« dem Wortlaut nach geregelt hatte. Denn vom Ausgangspunkt her darf sich eine verfassungskonforme Auslegung, wenn sie Auslegung bleiben will, nicht über die Grenzen hinwegsetzen, die sich aus dem mög-

---

[1360] BVerfGE 35, 263 [278 f.].
[1361] BGHSt 44, 46 ff.

lichen Wortsinn und dem Bedeutungszusammenhang des Gesetzes ergeben.[1362] Hatte der Gesetzgeber eine weitergehende Wirkung beabsichtigt, als sie nach der Verfassung zulässig wäre, muss von der Absicht des Gesetzgebers ein Maximum dessen aufrecht erhalten werden, was nach dem Grundgesetz aufrecht erhalten werden kann.[1363] Fehlt eine konkrete Umschreibung vorsätzlichen Verhaltens, können und müssen die Anforderungen an den Vorsatz durch Rechtsprechung und Literatur bestimmt werden.[1364] Eine strengere Vorsatzform ist dabei im Gegensatz zu einer schwächeren zwanglos möglich. Geht es daher wie bei § 261 Abs. 2 Nr. 1 StGB um weniger strenge Voraussetzungen, steht der Wortlaut der vorgenommenen Auslegung nicht im Wege.[1365] Allerdings handelt es sich in einem solchen Fall streng genommen nicht mehr um (verfassungskonforme) Auslegung, sondern um eine teleologische Reduktion, bzw. noch genauer: um verfassungskonforme Rechtsfortbildung.[1366]

Dies ist genau der Punkt, an dem die Kritik an der Entscheidung hinsichtlich § 261 Abs. 5 StGB ansetzen muss. Denn während sich der Ausschluss des *dolus eventualis* zur Strafbarkeitsbegründung im Rahmen des § 261 Abs. 2 Nr. 1 StGB als »Mehr« zum »Weniger« noch in den Grenzen verfassungskonformer Auslegung bewegt, liegt die eigentliche Überraschung der Entscheidung in der völligen Desavouierung des Leichtfertigkeitstatbestands, § 261 Abs. 5 StGB. Zwar werden letztlich auch hier weniger scharfe Voraussetzungen an den Vorsatz gestellt, so dass einer verfassungskonformen Auslegung insofern nichts im Wege steht. Der Wortlaut der Regelung kann jedoch nach den allgemeinen Auslegungsmethoden und dem besonderen Sprachgebrauch des Strafgesetzes – im Gegensatz zum insofern offeneren Abs. 2 Nr. 1 im Kontext mit Abs. 1 – nicht anders verstanden werden, als dass leichtfertiges Handeln zur Tatbestandserfüllung ausreicht. Ergibt sich insofern die Bedeutung einer Regelung mit hinreichender Gewissheit, sind die Möglichkeiten der Auslegung am Ende.

[1362] *Larenz/Canaris*, Methodenlehre der Rechtswissenschaft, S. 161.
[1363] Vgl. BVerfGE 33, 52 [70]; 86, 288 [320]; *Larenz/Canaris*, Methodenlehre der Rechtswissenschaft, S. 161.
[1364] Vgl. BVerfG NJW 2004, 1305 [1311 f.].
[1365] Ebenso *Zeifang*, Die eigene Strafbarkeit des Strafverteidigers, S. 379 ff.
[1366] *Larenz/Canaris*, Methodenlehre der Rechtswissenschaft, S. 161.

Daraus müsste hier mit der Argumentation des Bundesverfassungsgerichts die Verfassungswidrigkeit des Abs. 5 folgen. Denn ist nur eine – verfassungswidrige – Auslegung möglich, ist eine Bestimmung (hier konkret Abs. 5) ungültig. Es kommt allenfalls eine Rechtsfortbildung in Betracht. Eine verfassungskonforme Auslegung ist dagegen ausgeschlossen.[1367] Insofern ist es befremdlich, dass der Senat zu Abs. 5 nur in einem lapidaren Satz Stellung bezogen hat. Das Bundesverfassungsgericht ist nicht konsequent, wenn es zunächst die Wortlautgrenze anführt, am Ende aber *en passant* den Leichtfertigkeitstatbestand für »nicht anwendbar« erklärt. Es scheint fast so, als hätte sich der Senat um eine kriminalpolitisch weitreichende Entscheidung herumlavieren wollen.

bb. Der Entstehungshintergrund

Auch hinsichtlich der Entstehung des Geldwäschetatbestands hat es sich das Bundesverfassungsgericht etwas einfach gemacht, indem es die Behauptung aufstellt, dass der Gesetzgeber den Tatbestand anders geregelt hätte, wenn er sich der verfassungsrechtlichen Probleme bewusst gewesen wäre.[1368] Damit stellt das Gericht dem Gesetzgeber einen Persilschein aus. Fakt ist, dass der Gesetzgeber die Situation der Strafverteidiger bei Erlass der Norm und erst recht auch bei den weiteren Gesetzesänderungen kannte. Auch die verfassungsrechtlichen Argumente gegen die Einbeziehung von Strafverteidiger-Honoraren sind seitdem heftig diskutiert worden. Und dennoch hat der Gesetzgeber den Tatbestand in Kenntnis der grundrechtlichen Probleme auch bei den folgenden Änderungen nicht eingeschränkt.

c. Ergebnis

Der Entscheidung des Bundesverfassungsgerichts ist daher zwar von den Wirkungen in der Praxis, nicht aber von der dogmatischen Begründung der verfassungskonformen Auslegung her zuzustimmen.

XI. Eigener Lösungsansatz

Wie also müsste der dogmatisch korrekte Weg aussehen, um zu einem verfassungskonformen Ergebnis zu gelangen? Das Bundesverfassungsgericht erklärt

---

[1367] Vgl. *Larenz/Canaris*, Methodenlehre der Rechtswissenschaft, S. 160, 164.
[1368] Vgl. BVerfG NJW 2004, 1305 [1312].

eine Norm nur dann für verfassungswidrig, wenn sie nicht verfassungskonform ausgelegt werden kann.[1369] Nach dem bislang Gesagten hätte das Verfassungsgericht § 261 Abs. 5 StGB für verfassungswidrig oder zumindest unvereinbar mit dem Verfassungsrecht (statt unanwendbar[1370]) erklären müssen, soweit von diesem die Annahme solcher Honorare durch Strafverteidiger erfasst wird, von deren katalogstraftatlicher Herkunft der Verteidiger keine sichere Kenntnis hat. Folge wäre gewesen, dass § 261 Abs. 5 StGB insoweit zunächst suspendiert gewesen wäre[1371] und der Gesetzgeber den Auftrag zur Neuregelung bekommen hätte.

1. Verteidigungsspezifische Auslegung

Sicher ist, dass mit § 261 StGB eine kriminalpolitisch funktionale und für die Ermittlungsbehörden höchst effiziente Strafvorschrift in das Strafgesetzbuch eingeführt werden sollte. Ebenso sicher ist aber, dass die Umsetzung der europäischen Vorgaben in ihrer konkreten Ausgestaltung durch den deutschen Gesetzgeber legislativ missglückt ist.[1372] Selbst wenn man von diesem Punkt absieht, wäre eine reine Vorsatzlösung nicht stimmig gewesen. Vor dem Hintergrund der hier vertretenen verteidigungsspezifischen Auslegung zählt die Geldwäsche zu den Tatbeständen, die auf die Rechtspflege ausgerichtet sind. Damit wäre eine Prävalenz des Prozessrechts gegenüber dem materiellen Strafrecht vorgezeichnet. Der Umfang der Strafdrohung würde dementsprechend bereits auf Ebene des objektiven Tatbestands durch das Prozessrecht konturiert.

Die Lösung des Problems der Verteidigerhonorierung muss sich daher zwar am Sinn und Zweck des Straftatbestands orientieren. Zugleich muss sie aber auch der besonderen Funktion des Verteidigers für das rechtsstaatliche Verfahren, seiner besonderen Vertrauensstellung gegenüber dem Mandanten und der Bedeutung der Verteidigung für den Rechtsstaat an sich Rechnung tragen. Kann ein verfassungsrechtlich zulässiges, ja sogar gebotenes Verteidigungsverhalten bereits den objektiven Tatbestand einer Strafnorm nicht erfüllen, kommt es bei

---

[1369] Stdg. Rspr., vgl. BVerfGE 2, 266 [282]; 8, 28 [34]; 9, 194 [197 ff.]; 18, 18 [34]; 33, 52 [65]; 69, 1 [55]; 85, 69 [74 f.]; 88, 145 [166 ff.]; 88, 203 [331 ff.].
[1370] BVerfG NJW 2004, 1305 [1312].
[1371] Vgl. dazu *Jarass/Pieroth*, Art. 20 Rn. 35.
[1372] Vgl. *Hefendehl*, in: Roxin-FS, S. 145 [168].

§ 261 StGB zu der dogmatisch eigenwilligen, aber in sich konsequenten Konstruktion, dass die fehlende Kenntnis von der Bemakelung als prozessuales Element in den objektiven Tatbestand hineingelesen und damit bereits der objektive Tatbestand des § 261 Abs. 2 Nr. 1 StGB verneint werden muss.

2. Einschränkungen

Erhebliche Relevanz haben mögliche Ausnahmen und Beschränkungen der vertretenen Bevorzugung des Verteidigers im Fall des § 261 StGB, die sich allerdings mit der verteidigungsspezifischen Auslegung friktionsfrei begründen lassen.

In personeller Hinsicht ist zunächst zu betonen, dass die verfassungsrechtliche Bedeutung der Verteidigung nur Auswirkungen auf das Vertrauensverhältnis zum Mandanten haben kann. Eine zu privilegierende Konfliktlage besteht für den Verteidiger daher nur in einer Situation, in der er sein Honorar vom Mandanten selbst und nicht von einem Dritten gezahlt bekommt. Würden auch Drittzahlungen von der Privilegierung erfasst, bestünde tatsächlich die Gefahr, dass Verteidiger zu legalen Geldwäscheinstitutionen pervertiert würden. Erhält ein Verteidiger sein Honorar daher von einem Dritten, gelten hinsichtlich seiner Strafbarkeit keine Besonderheiten gegenüber anderen Personen.[1373]

Aus dem gleichen Grund ist eine Privilegierung in den Konstellationen abzulehnen, in denen eine Zahlung an den Verteidiger nicht für eine Verteidigung erfolgt.[1374] In diesem Fall ist der Verteidiger nicht schutzwürdiger als jede andere Person, die am Wirtschaftsleben teilnimmt.

In sachlicher Hinsicht findet die Straffreiheit wie dargestellt ihre Grenze beim positiven Wissen um die odiöse Herkunft des zur Honorierung verwendeten Vermögensgegenstands. In diesem Fall besteht kein Unterschied zwischen der Behandlung des Verteidigers und einem anderen Adressaten der Geldwäschenorm. Sowenig wie sich der Verteidiger als Hehler betätigen darf, sowenig darf er auch seinem Mandanten helfen, bemakelte Vermögenswerte den gesetzlich

---

[1373] Zutr. *Zeifang*, Die eigene Strafbarkeit des Strafverteidigers, S. 389.
[1374] So auch *Wohlers*, JZ 2004, 678 [681].

geregelten Sanktionen (z.B. dem Verfall) zu entziehen (*kick-back*-Fälle).[1375] Er darf keine vorsätzliche Geldwäsche unter dem Deckmantel seines Mandats begehen. Jede andere Auffassung würde den Anwalt auch außerhalb von Strafverteidigungen in die Gefahr bringen, in Geldwäschekartelle integriert zu werden.[1376] Damit ist zugleich klargestellt, dass alle Vermögenstransfers zu Scheinzwecken (wie Scheinhonorierungen, Parken von Geldern etc.) nicht schutzwürdig sind.[1377] Allerdings lässt sich eine Scheinhonorierung nur schwer feststellen. Als Indiz wird teilweise vorgeschlagen, die Angemessenheitsgrenze der Bundesrechtsanwaltsgebührenordnung als Maßstab heranzuziehen. Bei einem weiten Übersteigen des Wertes eines Kapitaltransfers soll neben tatsächlichen Anhaltspunkten für eine konspirativ-manipulative Handlungsweise die Grenze des § 261 Abs. 2 Nr. 1 StGB überschritten sein.[1378] Allein die »Unangemessenheit« eines Honorars wird aufgrund der unbestimmten Weite dieses Begriffs allerdings zu keiner sicher zu handhabenden Einschränkung der Straflosigkeit führen.[1379] Daher ist für die Feststellung einer Scheinhonorierung zu fordern, dass Verteidiger und Mandant einverständlich im Sinne mittäterschaftlicher Begehung zusammenwirken müssen. Eine Scheinhonorierung liegt dementsprechend erst dann vor, wenn Vermögensgegenstände an den Täter oder einen bereits vorbestimmten Dritten zurückgeflossen sind oder fließen sollen. Denn erst in diesem Fall handelt es sich um einen typischen Fall des *kick-back*-Effekts.

Keine Zustimmung verdient dagegen die zum Teil[1380] befürwortete Beschränkung nur auf solche Mandate, denen die Begehung einer Katalogtat zugrunde liegt. Denn ein die Vertrauensbasis des Verteidigungsverhältnisses störendes Misstrauen kann sich auch in anderen Fällen ergeben. Beispielsweise kann ein Verteidiger seinen Mandanten und dessen »Berufsweg« als gewerbsmäßiger Hehler bereits seit vielen Jahren kennen, weil er bereits des öfteren für ihn vor Gericht aufgetreten ist. Wird dieser Mandant nun aber in einem weiteren Ver-

---

[1375] Vgl. *Hamm*, NJW 2000, 636 [637].
[1376] *Zuck*, AnwBl. 2002, 3 [6].
[1377] Vgl. HansOLG Hamburg, NJW 2000, 673 [681]; *Hombrecher*, Geldwäsche (§ 261 StGB) durch Strafverteidiger?, S. 156; *Zeifang*, Die eigene Strafbarkeit des Strafverteidigers, S. 388.
[1378] So z.B. *Hamm*, NJW 2000, 636 [637].
[1379] Ebenso *Wohlers*, JZ 2004, 678 [681].
[1380] Vgl. *Zeifang*, Die eigene Strafbarkeit des Strafverteidigers, S. 389.

fahren wegen Körperverletzung angeklagt, müsste der Verteidiger in der Konsequenz das Mandat ablehnen und sich als Pflichtverteidiger beiordnen lassen, da es leichtfertig wäre, von ihm ein Honorar im Wissen um seine »berufliche« Vergangenheit anzunehmen. Zutreffend dürfte es daher sein, in jedem Fall ungeachtet der zugrunde liegenden Tat eine Privilegierung zu befürworten. Wer dagegen einwendet, dass damit einem Missbrauch Tür und Tor geöffnet wäre, sollte eingestehen, dass zum einen die Gefahr einer zielgerichtet begangenen Katalogtat zum Waschen von Geldern äußerst gering ist[1381] und zum anderen mit der Begrenzung auf positives Wissen einem organisierten Ausnutzen der Verteidiger noch wirkungsvoll genug begegnet werden kann.

3. Abstimmung mit den internationalen Vorgaben

Zuletzt ist zur Absicherung des gefundenen Ergebnisses zu fragen, ob dieses auch den internationalen Vorgaben entspricht[1382] und insofern auch einer hier geforderten völker- und europarechtskonformen Neufassung gerecht werden würde.

Der Geldwäschetatbestand des § 261 StGB beruht auf völkerrechtlichen Vorgaben. Das Völkerrecht kann selbst keine Strafnormen schaffen, da etwaige Abkommen nur die Staaten, nicht aber die einzelnen Individuen eines Staates binden können.[1383] Entsprechende Normen sind daher nicht *self executing* und können folglich nicht vor nationalen Gerichten angewendet werden. Es bedarf vielmehr der nationalen Umsetzung, die durch die Schaffung des § 261 StGB geleistet wurde. In der Folge kann es bei der Umsetzung zu national unterschiedlichen Regelungen kommen. Auch beim Erlass europäischer Richtlinien kommt es trotz eines vorgegebenen Handlungsziels in der Richtlinie zu verschiedenen Umsetzungen. So hat auch fast jeder Staat der Europäischen Union seinen eigenen Tatbestand der Geldwäsche geschaffen. Nur Dänemark, Finnland und die Niederlande haben keinen eigenständigen Geldwäschetatbestand eingeführt.[1384]

[1381] Zutr. HansOLG Hamburg, NJW 2000, 673 [681], *Dionyssopoulou*, Der Tatbestand der Geldwäsche, S. 137; *Hombrecher*, Geldwäsche (§ 261 StGB) durch Strafverteidiger?, S. 83 f.; SK/StGB-*Hoyer*, § 261 Rn. 21; *Müther*, Jura 2001, 318 [321].
[1382] Zu den internationalen Grundlagen umfassend *Ambos*, ZStW 114 [2002], 236 ff.; ders., JZ 2002, 70 [73].
[1383] Vgl. dazu grundlegend *Verdross/Simma*, Universelles Völkerrecht, §§ 423, 864 ff.
[1384] Vgl. *Ambos*, ZStW 114 [2002], 236 [241].

Von den eingeführten Tatbeständen unterscheiden sich wiederum alle in Umfang, Technik und Systematik der Umsetzung. Allerdings sind die nationalen Gesetzgeber vor dem Hintergrund einer Internationalisierung des Strafrechts immer mehr gehalten, über den Tellerrand zu schauen und ihre eigenen Normen auf den Prüfstand internationaler Standards zu stellen.[1385] Es ist daher nicht verwunderlich, dass so mancher daher der Ansicht ist, dass die Chance, das europäische Strafrecht zumindest in diesem einen Punkt zu vereinheitlichen, vertan wurde.[1386] So ist *Maiwald*[1387] zuzustimmen, dass sich darin einmal mehr zeigt, dass der Weg zu einem gemeinsamen europäischen Strafrecht sehr mühsam ist.

a. Die völkerrechtlichen Grundlagen

Die Annahme von Verteidigerhonorar, das zuvor in rechtswidriger Weise gewonnen wurde, unterfällt objektiv dem Erwerbs- und Besitztatbestand der *Wiener Drogenkonvention* von 1988, die nicht zu Unrecht als »Mutterkonvention«[1388] der europäischen und deutschen Geldwäschebekämpfung angesehen wird. Dort sind allerdings keinerlei Einschränkungen objektiver Art, etwa hinsichtlich eines Vortatenkatalogs, geregelt. Auch in subjektiver Hinsicht ist die völkerrechtliche Regelung weniger streng als die deutsche Umsetzung. Hier bedarf es einer (positiven) Kenntnis bezüglich der rechtswidrigen Herkunft im Zeitpunkt des Erhalts des Gegenstands[1389] (Art. 3 Abs. 1 lit. b, c *Wiener Drogenkonvention* (1988), Art. 6 *UN-Convention against Transnational Organized Crime* aus dem Jahr (2000)[1390]). Nur Art. 6 Abs. 3 lit. a *Europaratskonvention* (1990)[1391] hat letztlich eine Ausdehnung der Strafbarkeit auch auf die fahrlässige Geldwäsche ermöglicht.[1392]

[1385] Vgl. *Satzger*, Die Europäisierung des Strafrechts, S. 5 f. m.w.N.
[1386] *Maiwald*, in: Hirsch-FS, S. 631 [633].
[1387] *Maiwald*, in: Hirsch-FS, S. 631 [633].
[1388] *Ambos*, ZStW 114 [2002], 236 [237].
[1389] Vgl. *Ambos*, ZStW 114 [2002], 236 [239].
[1390] UN-Dok. A/55/383, *http://www.uncjin.org/Documents/Conventions/dcatoc/final_documents/383e.pdf* (Abfrage vom 01.09.2004).
[1391] Convention on Laundering, Search, Seizure and Confiscation of the Proceeds from Crime, European Treaties Series No. 141 = International Legal Materials 30 [1991], S. 148, zit. nach *Ambos*, ZStW 114 [2002], 236 [236].
[1392] Vgl. *Ambos*, ZStW 114 [2002], 236 [239]; *ders.*, JZ 2002, 70 [73].

b. Die europarechtlichen Grundlagen

Auf europäischer Ebene ist die Strafbarkeit einer Geldwäsche infolge fahrlässiger Unkenntnis nicht zwingend vorgeschrieben. Schon auf den ersten Blick fällt auf, dass die Pönalisierung der leichtfertigen Geldwäsche in der *Ersten EU-Geldwäscherichtlinie* keine Entsprechung findet. Auch deren konsolidierte Fassung durch die *Zweite EU-Geldwäscherichtlinie* hat daran nichts geändert. Die deutsche Umsetzung geht also über das Harmonisierungsziel hinaus. In Art. 1 dritter Spiegelstrich dritter Unterspiegelstrich heißt es bezüglich des Erwerbs, Besitzes oder der Verwendung von Vermögensgegenständen, dass eine Geldwäsche nur vorliegt, wenn

»*dem Betreffenden bekannt war, dass diese Gegenstände aus einer kriminellen Tätigkeit stammen*«.

Allerdings bleibt es dem Gesetzgeber überlassen, wie er die aus einer Richtlinie folgenden Verpflichtungen erfüllt, solange er sich an die Zielsetzung hält. Die Richtlinie enthält nur einen Mindeststandard.[1393] Eine schärfere Umsetzung ist daher im Gegensatz zu einem Zurückbleiben hinter der europäischen Vorgabe ohne weiteres möglich. Dies ist im Fall der *Ersten EU-Geldwäscherichtlinie* in Art. 15 sogar explizit geregelt.[1394] Zudem ist Deutschland nicht das einzige Land, das eine derartig ausdehnende Umsetzung gewählt hat. In den Mitgliedstaaten der EU hat neben Deutschland auch noch Schweden und Spanien von der Möglichkeit Gebrauch gemacht, die fahrlässige Unkenntnis von der rechtswidrigen Herkunft unter Strafe zu stellen. In den restlichen Staaten ist entweder allgemeiner Vorsatz erforderlich oder es bedarf sogar der positiven Kenntnis im Sinne eines *dolus directus* zweiten Grades. Allerdings ist in der Praxis die leichtfertige Geldwäsche derzeit wohl nur in Spanien strafbar.[1395]

Es kann damit festgehalten werden, dass die Formulierung der Geldwäsche-Richtlinien der hier vertretenen Begrenzung der Strafbarkeit auf positives Wissen nicht entgegensteht.[1396]

[1393] *Vogel*, ZStW 109 [1997], 335 [337].
[1394] Im Übrigen gilt ähnliches für die Wiener Drogenkonvention. Auch diese steht gem. Art. 24 schärferen Maßnahmen nicht im Wege.
[1395] Vgl. *Vogel*, ZStW 109 [1997], 335 [347].
[1396] Zur Umsetzung der EU-Geldwäscherichtlinie in einzelnen europäischen Staaten hinsichtlich der Auswirkung auf Strafverteidiger vgl. *Ambos*, JZ 2002, 70 ff.; *Gentzik*, Die Europäi-

XII. Ergebnis

Die Entscheidung des Bundesverfassungsgerichts hinsichtlich der Auslegung des § 261 Abs. 2 Nr. 1 StGB ohne gleichzeitige Suspendierung oder Aufhebung des § 261 Abs. 5 StGB muss aus dogmatischer Sicht auf Unverständnis stoßen. Eine derartige Auslegung setzt sich über den gesetzgeberischen Willen hinweg, der sich in der Existenz des Leichtfertigkeitstatbestands manifestiert. Unabhängig davon ist jedoch inhaltlich der vom Bundesverfassungsgericht vorgenommenen verfassungskonformen Auslegung des § 261 Abs. 2 Nr. 1 StGB hinsichtlich der Beschränkung auf positive Kenntnis zuzustimmen.

Nach der hier vertretenen verteidigungsspezifischen Auslegung führt diese Beschränkung jedoch bereits zum Entfallen des objektiven Tatbestands. Eine derartige Auslegung verstieße weder gegen die zugrunde liegende völkerrechtliche Regelung noch die EU-Geldwäscherichtlinien als unmittelbare Grundlage des § 261 StGB. Sie ist daher sowohl völkerrechts- als auch europarechtskonform.

---

sierung des deutschen und englischen Geldwäschestrafrechts, 2002; *Mehlhorn*, Der Strafverteidiger als Geldwäscher, S. 186 ff.; *Vogel*, ZStW 109 [1997], 335 ff.

B. Organisationsdelikte, §§ 84 Abs. 2, 85 Abs. 2, §§ 129, 129a StGB

I. Einführung

Ein nach dem 11. September 2001 leider wieder hochaktuell gewordener Themenkreis befasst sich mit den Tatbeständen der Organisationsdelikte, §§ 129, 129a StGB sowie §§ 84 Abs. 2, 85 Abs. 2 i.V.m. § 91 StGB, die für die Tätigkeit des Strafverteidigers ebenfalls ein hohes Konfliktpotential enthalten. Das erklärt sich beispielhaft daraus, dass das Strafgesetzbuch in § 129 Abs. 1 Var. 4 StGB schon das bloße Unterstützen einer kriminellen Vereinigung selbstständig unter Strafe stellt. Sieht man jede effektive Verteidigung eines Mitglieds einer solchen Vereinigung bereits als Bestärkung an, scheint für einen Verteidiger der strafbare Bereich des Unterstützens schnell erreicht zu sein. Gleiches gilt bei der Weitergabe von Informationen des Verteidigers an Bekannte des Beschuldigten, die ihrerseits möglicherweise in die kriminelle Vereinigung verstrickt sind. Als problematische Tathandlung kommt bei § 129 StGB für einen Strafverteidiger neben der Variante des »Unterstützens« auch die des »Werbens« in Betracht. Aufgrund ihrer offenen Formulierung bietet es sich zunächst an, den Anwendungsbereich dieser Tatbestandsmerkmale zu konkretisieren.

II. Potentiell strafrechtlich relevante Handlungsmodalitäten

1. Die Tathandlung des Unterstützens

Um einen möglichst breiten Anwendungsbereich für die Vorschrift zu schaffen, wird der Begriff des Unterstützens im Sinne der §§ 129, 129a StGB (bzw. ebenso der §§ 84 Abs. 2, 85 Abs. 2 StGB) nach allgemeiner Meinung in Anlehnung an die sehr weite Beihilfe-Definition[1397] als zur Täterschaft verselbstständigte Beihilfe angesehen.[1398] Eine kriminelle oder terroristische Vereinigung unter-

---

[1397] Vgl. hierzu *Tröndle/Fischer*, § 27 Rn. 2; *Wessels/Beulke*, AT Rn. 582: »Hilfeleisten ist jeder Tatbeitrag, der die Haupttat ermöglicht oder erleichtert oder die vom Täter begangene Rechtsgutsverletzung verstärkt.«
[1398] BGHSt 20, 89 [89 f.]; 29, 99 [101]; LK-*von Bubnoff*, § 129 Rn. 65; *Lackner/Kühl*, § 129 Rn. 6; Sch/Sch-*Lenckner*, § 129 Rn. 15; AK/StGB-*Ostendorf*, § 129 Rn. 20; SK/StGB-*Rudolphi*, § 129 Rn. 17; *ders.*, in: Bruns-FS, S. 315 [327]; *Tröndle/Fischer*, § 129 Rn. 30.

stützt, wer als Nichtmitglied ihren Fortbestand oder die Verwirklichung ihrer Ziele fördert. Nach dieser Definition wäre bereits jedes Tun oder Unterlassen psychischer oder physischer Art, das geeignet ist, für die Vereinigung irgendwie vorteilhaft zu sein und ihre Mitglieder im Zusammenwirken zu bestärken,[1399] unter den Tatbestand zu subsumieren. Dies eröffnete die Möglichkeit einer Strafbarkeitsbegründung bei jeglichem Einsatz eines Verteidigers zugunsten eines Mitglieds einer solchen kriminellen Vereinigung, der sich nicht ausschließlich auf prozessuale Notwendigkeiten zurückführen ließe. Zur Tatbestandserfüllung ist nach Ansicht der Rechtsprechung nicht erforderlich, dass die Hilfe den konkret angestrebten Erfolg hat.[1400] Es reicht aus, dass die Bestrebungen für die Vereinigung im Sinne eines ursächlichen Beitrags für die Rechtsgutsverletzung irgendwie vorteilhaft sind oder zumindest den Entschluss der Mitglieder zur weiteren Tatbegehung bestärken.[1401] Nach einer weiter gehenden Ansicht soll eine Unterstützungshandlung über das bloße Eintreten für die politischen Ziele hinaus gehen. Die verbrecherische Organisation, die für die Rechtsgüter ein besonderes Gefährdungsmoment darstellt, müsse dadurch signifikant gestärkt werden.[1402] Allerdings dürfte der Nachweis der effektiven Stärkung einer verbrecherischen Organisation im Einzelfall schwer zu führen sein. Daher sollte zugunsten der Handhabbarkeit der Tatbestände jeder Vorteil im Sinne der Rechtsprechung zur Tatbestandserfüllung genügen.

2. Die Tathandlung des Werbens

Werben um Mitglieder oder Unterstützer für eine Vereinigung bezeichnet eine mit Mitteln der Propaganda betriebene Tätigkeit eines Nichtmitglieds (sonst schon Beteiligung), die erkennbar auf Weckung und Stärkung der Bereitschaft Dritter zur Förderung einer bestimmten Vereinigung angelegt ist und von einem entsprechenden zielgerichteten Willen getragen wird.[1403] Werben ist danach eine

---

[1399] Vgl. BGHSt 20, 89 [89 f.]; 29, 99 [101].
[1400] BGHSt 29, 99 [101]; 32, 243 [244]; Sch/Sch-*Lenckner*, § 129 Rn. 15 f.; *Maurach/Schroeder/Maiwald*, BT/2, § 95 Rn. 8; *Tröndle/Fischer*, § 129 Rn. 30; krit. *Giehring*, StV 1983, 296 [309]; a.A. *Ostendorf*, JZ 1979, 252 [253]; SK/StGB-*Rudolphi*, § 129 Rn. 17; *ders.*, in: Bruns-FS, S. 315 [327].
[1401] BGHSt 20, 89 [90]; 29, 99 [101]; 32, 243 [244]; 33, 16 [17]; BGH NJW 1975, 985 [986].
[1402] *Ostendorf*, JZ 1979, 252 [253].
[1403] Vgl. BGHSt 28, 26 [28]; 29, 258 [266]; 33, 16 [17]; BGH JZ 1978, 727 [728]; *Tröndle/Fischer*, § 129 Rn. 25; krit. *Giehring*, StV 1983, 296 [306].

ausdrückliche oder konkludente Äußerung, die von einer eigenen werbenden Zielrichtung des Täters (also nicht die bloße Wiedergabe fremder werbender Äußerungen ohne affirmative Stellungnahme) getragen ist[1404] und eine individuell bestimmte oder an noch unbekannte beliebige Adressaten gerichtete Aufforderung zur mitgliedschaftlichen Beteiligung oder zu Unterstützungshandlungen enthält.[1405] Im Gegensatz zum Unterstützen brauchen diese Tätigkeiten nicht von irgendeinem Erfolg begleitet zu sein.[1406] Einige Autoren setzen aber zumindest eine nach Art, Inhalt und Adressatenkreis konkrete Eignung zur Erreichung des angestrebten Förderungseffekts voraus.[1407] Der schon früher in Rechtsprechung und Literatur vertretenen Ansicht, dass die bloße Sympathiekundgebung ohne objektiv propagandistische Tendenz dem Begriff des Werbens nicht unterfällt,[1408] hat sich mit dem 34. StrÄndG[1409] nun auch der Gesetzgeber angeschlossen, wenngleich die Abgrenzung zwischen Sympathiewerbung und Werbung um Unterstützer mit Blick auf die weite Unterstützungs-Definition bisweilen schwierig ist. Unerheblich ist, wie geworben wird. In Betracht kommt offene oder versteckte, mündliche oder schriftliche Werbung. Zudem kann unter Zuhilfenahme von Publikationsmitteln geworben werden.[1410] Die Rechtsprechung befürwortet auch hier einen sehr weiten Anwendungsbereich. Allerdings muss bei der Auslegung des Begriffs »Werben« zumindest eine die Unterstützungsbereitschaft anregende, der kriminellen Vereinigung als Organisation förderliche Zweck- und Zielrichtung vorausgesetzt werden.[1411] Umgekehrt gilt dies jedoch nicht, wenn beispielsweise textliche Relativierungen ganz offenkundig nur der

---

[1404] BGHSt 43, 41 [44]; *Tröndle/Fischer*, § 129 Rn. 27.
[1405] *Tröndle/Fischer*, § 129 Rn. 27.
[1406] LK-*von Bubnoff*, § 129 Rn. 63; *Giehring*, StV 1983, 296 [306]; *Maurach/Schroeder/Maiwald*, BT/2, § 95 Rn. 10; *Tröndle/Fischer*, § 129 Rn. 29.
[1407] Vgl. Sch/Sch-*Lenckner*, § 129 Rn. 14a.
[1408] Dafür noch *Lackner/Kühl*, § 129 Rn. 7; *Maurach/Schroeder/Maiwald*, BT/2, § 93 Rn. 10; krit. BGHSt 33, 16 [18]; LK-*von Bubnoff*, § 129 Rn. 52; *Fürst*, Grundlagen und Grenzen der §§ 129, 129a StGB, S. 114; *Langer-Stein*, Legitimation und Interpretation der strafrechtlichen Verbote krimineller und terroristischer Vereinigungen, S. 227 ff.; SK/StGB-*Rudolphi*, § 129 Rn. 18; *Scheiff*, Wann beginnt der Strafrechtsschutz gegen kriminelle Vereinigungen (§ 129 StGB)?, S. 110 ff.; weitere Nachw. bei LK-*von Bubnoff*, § 129 Rn. 58 ff.
[1409] 34. StrÄndG vom 22. August 2002, BGBl. I S. 3390; vgl. auch BT-Drucks. 14/7025 u. 14/8893.
[1410] LK-*von Bubnoff*, § 129 Rn. 48.
[1411] Zutr. LK-*von Bubnoff*, § 129 Rn. 53; für eine restriktive Auslegung auf die erfolgreiche Gewinnung von Mitgliedern bzw. Anhängern vgl. *Ostendorf*, JA 1980, 499 [502].

Verschleierung einer werbenden Zwecksetzung dienen.[1412] Der objektiv werbende Charakter einer Parole oder eines Textes muss in Abgrenzung von einem lediglich humanitären Anliegen im Einzelfall durch den Tatrichter aufgrund wertender Gesamtbetrachtung festgestellt werden,[1413] wobei auch die Meinungsfreiheit aus Art. 5 GG zu beachten ist.[1414]

III. Geschütztes Rechtsgut

Nach der wohl herrschenden Meinung in Rechtsprechung und Wissenschaft sollen durch die Vorschriften der §§ 129, 129a StGB die öffentliche Sicherheit und die staatliche Ordnung geschützt werden.[1415] Dies folge aus der offenen Rechtsfeindschaft und der gegenseitigen kriminellen Stimulierung und Enthemmung der die Vereinsfreiheit missbrauchenden Mitglieder und Helfer der Vereinigung, die sich in kollektiver Form über Ordnungsnormen des Strafrechts hinwegsetzten.[1416] Dabei unterscheide sich die kriminelle Vereinigung des § 129 StGB deutlich von der Bande,[1417] da sie wegen der ihr innewohnenden Eigendynamik eine erhöhte Gefährlichkeit für wichtige Rechtsgüter in der Gemeinschaft mit sich bringe.[1418] Dagegen hat vor allem *Rudolphi* die präventive Zielsetzung der §§ 129, 129a StGB betont. Angriffe von Mitgliedern krimineller oder terroristischer Vereinigungen auf die in einzelnen Tatbeständen des Besonderen Teils des Strafgesetzbuchs geschützten Rechtsgüter würden ausnahmsweise bereits im Vorbereitungsstadium bekämpft.[1419] Die §§ 129, 129a StGB enthielten daher eine über § 30 StGB hinausgehende Vorverlagerung des Strafschutzes in das Vorbereitungsstadium. Dies sei kriminalpolitisch aufgrund der besonderen Gefähr-

---

[1412] LK-*von Bubnoff*, § 129 Rn. 52.
[1413] BGH NJW 1988, 1677 [1679]; NStZ 1985, 263 [263]; BayObLG StV 1987, 392 [392].
[1414] *Tröndle/Fischer*, § 129 Rn. 27.
[1415] BGHSt 30, 328 [331]; BGH NJW 1966, 310 [312]; *Arzt/Weber*, Strafrecht BT, § 44 Rn. 11; *Bottke*, JR 1985, 122 [123]; LK-*von Bubnoff*, § 129 Rn. 1; § 129a Rn. 4; *Gössel*, JR 1983, 118 [118]; Lüttger, GA 1960, 33 [54]; *Maurach/Schroeder/Maiwald*, BT/2, § 95 Rn. 3; AK-*Ostendorf*, § 129 Rn. 4; *Werle*, JR 79, 93 [93].
[1416] BGH NJW 1975, 985 [985]; LK-*von Bubnoff*, § 129 Rn. 1.
[1417] BGHSt 31, 202 [207].
[1418] BGH NJW 1992, 1518 [1518].
[1419] SK/StGB-*Rudolphi*, § 129 Rn. 2 f.; *ders.*, in: Bruns-FS, S. 315 [317]; *ders.*, ZRP 1979, 214 [216].

lichkeit krimineller Vereinigungen geboten.[1420] Als Argument wird angeführt, dass die Gründung einer kriminellen Vereinigung auch schon dann dem Tatbestand unterfalle, wenn sie geheim erfolge, durch sie noch keine Straftaten verwirklicht worden seien und damit eine Störung der öffentlichen Sicherheit und Ordnung gerade noch nicht eingetreten sei. Konsequenterweise könnten als Schutzgut demzufolge potentiell alle im Besonderen Teil des Strafgesetzbuchs geschützten Rechtgüter ausgemacht werden.[1421]

Zutreffend sollten die §§ 129, 129a StGB die Bildung einer kriminellen Vereinigung und damit eine abstrakt gefährliche Handlung für alle strafrechtlich geschützten Rechtsgüter unter Strafe stellen.[1422] Sicherlich werden dadurch – wie bei fast allen Straftatbeständen des Strafgesetzbuchs – auch andere Rechtsgüter mittelbar mit geschützt. Dies ist allerdings nur ein Reflex, nicht die eigentliche Intention der §§ 129, 129a StGB. Die Ansicht von *Rudolphi* würde die §§ 129, 129a StGB letztlich in konkrete Gefährdungsdelikte umwandeln und damit eine Verkürzung des Strafrechtsschutzes bewirken.[1423] Bei extensiver Interpretation müssen sich die dargestellten Ansichten jedoch nicht zwingend widersprechen. Letztlich hat auch der Rechtsgüterschutz des Strafgesetzbuchs Teil am übergeordneten Rechtsgut der öffentlichen Sicherheit und Ordnung, wozu sowohl Individual- als auch Gemeininteressen zu zählen sind. Auf einen gemeinsamen Nenner gebracht sollen die §§ 129, 129a StGB daher grundsätzlich Straftaten ver-

---

[1420] SK/StGB-*Rudolphi*, § 129 Rn. 3; ders., in: Bruns-FS, S. 315 [317]; ders., ZRP 1979, 214 [216].
[1421] SK/StGB-*Rudolphi*, § 129 Rn. 2 f.; ders., in: Bruns-FS, S. 315 [317 f.]; ebenso *Bottke*, JR 1985, 122 [123]; *Giehring*, StV 1983, 296 [302 f.]; *Gössel*, JR 1983, 118 [119]; *Langer-Stein*, Legitimation und Interpretation der strafrechtlichen Verbote krimineller und terroristischer Vereinigungen, S. 134, 150 ff.; *Maurach/Schroeder/Maiwald*, BT/2, § 95 Rn. 3; AK/StGB-*Ostendorf*, § 129 Rn. 5; ders., JZ 1979, 252 [253]; ders., JA 1980, 499 [500].
[1422] Vgl. LK-*von Bubnoff*, § 129 Rn. 2 f.; Sch/Sch-*Lenckner*, § 129 Rn. 1.
[1423] Zutr. LK-*von Bubnoff*, § 129 Rn. 1; *Gössel*, JR 1983, 118 [119].

hindern[1424] und damit zum Erhalt der öffentlichen Sicherheit und Ordnung beitragen.[1425]

Auch die Staatsschutzdelikte der §§ 84 Abs. 2, 85 Abs. 2 StGB weisen eine Schutzrichtung zugunsten der inneren Sicherheit auf.[1426] Für sie gelten die zu den §§ 129, 129a StGB gemachten Ausführungen entsprechend. Gemeinsam ist den genannten Delikten, dass sie eine sozialbezogene Schutzrichtung aufweisen, was bei einer verteidigungsspezifischen Auslegung zu beachten ist.

IV. Die Lösungsansätze der Rechtsprechung zur Strafbarkeit des Verteidigers

Die Entwicklung der Rechtsprechung zur Verteidiger-Problematik im Rahmen der Organisationsdelikte wurde maßgeblich in den 70er und 80er Jahren geprägt. Exemplarisch lässt sich dies an vier Leitentscheidungen festmachen.

1. HansOLG Hamburg, JZ 1979, 275

Grundlage der ersten hinsichtlich § 129 StGB relevanten obergerichtlichen Entscheidung (sog. Groenewold-Urteil) war der Aufbau eines »Info-Systems« unter inhaftierten RAF-Mitgliedern durch einen Verteidiger. Die dabei weitergeleiteten Informationen dienten der gegenseitigen Unterrichtung und Schulung. Sie befassten sich inhaltlich allerdings nicht nur mit der Verteidigung, sondern u.a. auch mit Kampfprogrammen, Anweisungen für einen Hungerstreik sowie Informationen über Sprengtechnik, Bomben, Polizei und Grenzschutz.

Nach Auffassung des Gerichts sei es zulässig, dass durch Umläufe automatisch ein gewisses Zusammengehörigkeitsgefühl der Inhaftierten bestärkt und sie in ihrer kriminellen Haltung aufrecht erhalten würden. Dies ergebe sich bereits aus der zu dieser Zeit zulässigen gemeinschaftlichen Verteidigung. Auch dürfe ein Verteidiger selbst Rundschreiben verfassen. Allerdings sei zwischen zulässiger

---

[1424] Ebenso *Arzt/Weber*, Strafrecht BT, § 44 Rn. 11 (die den Streit als »Scheinproblem« bezeichnen); *Bottke*, JR 1985, 122 [123]; *Maurach/Schroeder/Maiwald*, BT/2, § 95 Rn. 3 (»kein Gegensatz«); AK/StGB-*Ostendorf*, § 129 Rn. 5; *ders.*, JZ 1979, 252 [253]; *Scheiff*, Wann beginnt der Strafrechtsschutz gegen kriminelle Vereinigungen (§ 129 StGB)?, S. 28; *Werle*, JR 1979, 93 [93].
[1425] LK-*von Bubnoff*, § 129 Rn. 1; *Arzt/Weber*, Strafrecht BT, § 44 Rn. 11; *Maurach/Schroeder/Maiwald*, BT/2, § 95 Rn. 3.
[1426] Vgl. LK-*Laufhütte*, Vor § 80 Rn. 20 ff.; *Tröndle/Fischer*, Vor § 80 Rn. 2.

Verteidigungstätigkeit und der Umfunktionierung eines Prozesses in staatsfeindliche Propaganda und Aufrufe zur Gewalt zu unterscheiden. So seien auch bei weitgehender Auslegung eine Hungerstreikerklärung, ein Kampfprogramm und die Propagierung proletarischer Gegengewalt und des Klassenkampfs nicht mehr als Verteidigungshandlungen anzusehen. Gleiches gelte für die Schulungspapiere zur Vorbereitung zukünftiger Gewaltakte.[1427]

Das Gericht hat daher ein solches Verhalten als tatbestandsmäßig und in Ermangelung eines Rechtfertigungsgrundes der Verteidigung auch als rechtswidrig angesehen. Die Tatsache, dass sich der Verteidiger noch im Bereich zulässiger Verteidigung wähnte, wertete das Gericht als (im konkreten Fall: vermeidbaren) Verbotsirrtum (§ 17 StGB).[1428]

2. BGHSt 29, 99

Der ersten maßgeblichen Entscheidung des Bundesgerichtshofs[1429] *lag ein Sachverhalt zugrunde, in dem ein Verteidiger in einem Terroristen-Prozess Mitgliedern der betreffenden Vereinigung geraten hatte, im Ermittlungsverfahren die Aussage als Zeuge vor Gericht zu verweigern. Zudem hatte der Verteidiger Fotokopien der Niederschrift über die richterliche Vernehmung von Gruppenmitgliedern sowie das Gedächtnisprotokoll einer polizeilichen Vernehmung eines weiteren Mitglieds an die durch ihn vertretene Beschuldigte weitergeleitet. In den protokollierten Vernehmungen waren jedoch durch die Gruppenmitglieder vorsätzlich und abgesprochen falsche Angaben gemacht worden, so dass die Beschuldigte nun ihre eigene Aussage entsprechend koordinieren konnte.*

Der Bundesgerichtshof hat – unabhängig vom Vorliegen der inneren Tatseite – schon im Übersenden der Schriftstücke an die Beschuldigte keine rechtswidrige Unterstützung einer kriminellen Vereinigung gesehen. Die Handlung habe sich im Rahmen zulässiger Verteidigertätigkeit gehalten, sei nicht von Strafvereitelungsabsicht getragen und somit durch den Verteidigungszweck gedeckt gewesen.[1430] Eine sachgerechte Strafverteidigung setze voraus, dass der Beschuldigte wisse, worauf sich der gegen ihn erhobene Vorwurf stütze, und dass er den Verteidiger informieren könne, wie er sich dazu einlassen werde. Der Verteidiger

---

[1427] HansOLG Hamburg, JZ 1979, 275 [276].
[1428] HansOLG Hamburg, JZ 1979, 275 [278].
[1429] BGHSt 29, 99 (m. Anm. *Kuckuk*, NJW 1980, 298; *Giemulla*, JA 1980, 253 f.; *Hassemer*, JuS 1980, 455 ff.; *Müller-Dietz*, JR 1981, 76 ff.).
[1430] BGHSt 29, 99 [101].

sei deshalb regelmäßig berechtigt und möglicherweise sogar verpflichtet, dem Beschuldigten zu Verteidigungszwecken mitzuteilen, was er aus den Akten erfahren hat.[1431] Im gleichen Umfang, wie der Verteidiger ihm den Akteninhalt mitteilen dürfe, sei er dann prozessual auch berechtigt, dem Beschuldigten Aktenauszüge und Abschriften aus den Akten auszuhändigen.[1432] Ausnahmen hiervon könnten im Einzelfall nur bei Gefährdung des Untersuchungszwecks in einem Ermittlungs- oder Strafverfahren gemacht werden, wobei hierfür allein die Möglichkeit der Verdunklung des Sachverhalts, etwa zum Aufbau eines falschen Alibis, nicht ausreiche. Eine gegenteilige Auffassung würde zu einem weitgehenden Informationsverbot für den Verteidiger und so zu einer Gefährdung des rechtsstaatlichen Gebots unbehinderter Verteidigung führen.[1433] Ein derartiges Verhalten könne daher kein rechtswidriges Unterstützen einer kriminellen oder terroristischen Vereinigung sein. Die rechtsstaatlichen Garantien wären ernsthaft gefährdet, wenn der Verteidiger im Zusammenhang mit Verfahren nach den §§ 129, 129a StGB der Gefahr ausgesetzt würde, wegen einer üblichen und zulässigen Verteidigertätigkeit strafrechtlich selbst verfolgt zu werden.

Eine Strafbarkeit komme allerdings ausnahmsweise in Betracht, wenn sich ein Verteidigungsverhalten nur den Anschein statthafter Verteidigung gebe, in Wirklichkeit aber allein dem Ziel diene, einer kriminellen oder terroristischen Vereinigung zu helfen. In diesem Fall sei es nicht mehr vom Verteidigungszweck getragen. Ihm fehle das die Rechtmäßigkeit des Handelns begründende Element.[1434]

3. BGHSt 31, 16

In einer weiteren Entscheidung[1435] hatte der Bundesgerichtshof über einen Sachverhalt zu urteilen, in dem ein Verteidiger Prozesserklärungen seiner der RAF angehörenden Mandantin verbreitet hatte.

Der Bundesgerichtshof entschied, dass die Prozesserklärung ein zulässiges Verteidigungsmittel gewesen sei. Grundsätzlich seien solche Erklärungen zwar

---

[1431] BGHSt 29, 99 [102] unter Bezug auf *Lüttger*, NJW 1951, 744 [745].
[1432] BGHSt 29, 99 [102] unter Bezug auf *Lüttger*, NJW 1951, 744 [747].
[1433] BGHSt 29, 99 [103].
[1434] BGHSt 29, 99 [105].
[1435] BGHSt 31, 16 = NJW 82, 2508 = JR 1981, 116 = StV 1982, 266 (m. Anm. *Gössel*, JR 1983, 118 ff.).

nicht schon deshalb strafrechtlicher Würdigung entzogen, weil sie im Rahmen der Verteidigung abgegeben würden.[1436] Die Tatsache allein, dass eine Prozesserklärung Propagandawert für eigene politische Ziele und Absichten habe, führe jedoch umgekehrt noch nicht zu ihrer Strafbarkeit.[1437] Sei die Prozesserklärung damit zulässig gewesen, müsse auch in der Ermöglichung ihrer Abgabe eine erlaubte Verteidigertätigkeit gesehen werden und könne diese schon deshalb weder als Beihilfe zur Werbung für eine kriminelle Vereinigung noch als Unterstützung i.S.d. § 129 StGB gewertet werden. Wenn ein Angeklagter die Ziele oder die Tätigkeit der Vereinigung, deren Mitglied er noch ist, zu rechtfertigen suche, bestehe sonst die Gefahr, dass auch eine erlaubte Verteidigung in den Anwendungsbereich des § 129 StGB gerate.[1438] Dies sei schon aufgrund der Weite des Tatbestandsmerkmals der Beteiligung als Mitglied, das jede irgendwie geartete Tätigkeit eines Mitglieds einer kriminellen Vereinigung für deren Ziele erfasse, zu befürchten. Häufig sei unvermeidbare Folge einer darauf bezogenen Verteidigung, dass diese sich notwendigerweise günstig auf den Fortbestand einer kriminellen Vereinigung auswirke, indem sie den Zugriff der Strafverfolgungsorgane auf die Gruppenmitglieder verhindere oder wenigstens erschwere. Diese Folge nehme das Gesetz aber bewusst in Kauf.[1439]

4. BGHSt 32, 243

Im Jahr 1982 stand die Übermittlung von Strategiepapieren von inhaftierten RAF-Mitgliedern durch einen Verteidiger auf dem Prüfstand des Bundesgerichtshofs.[1440] Mehrere von ihnen hatten einen Hungerstreik begonnen, der als Kampfmaßnahme der Stärkung der RAF dienen sollte. Der angeklagte Verteidiger hatte den von ihm verteidigten Gefangenen unabhängig von der konkreten Hungerstreiksituation vier Schreiben gezeigt, die als Strategiepapiere inhaltlich den Abbruch des Hungerstreiks betrafen.

Das Gericht hat in diesem Fall zwar das Merkmal des Unterstützens als objektiv erfüllt angesehen. Gleichzeitig wies es aber darauf hin, dass der Vorsatz des Verteidigers nicht nur auf die Unterstützung der Vereinigung bezogen werden könne, sondern dass er sich möglicherweise mit seinem Handeln für das Leben

---

[1436] BGHSt 31, 16 [17].
[1437] BGHSt 31, 16 [18].
[1438] BGHSt 31, 16 [18 f.] unter Verweis auf BGHSt 29, 99 [102].
[1439] BGHSt 31, 16 [19].
[1440] BGHSt 32, 243 = NJW 80, 64 (m. Anm. *Bottke*, JR 1985, 122 ff.).

seiner Mandanten habe einsetzen wollen. In diesem Falle sei das Vorzeigen der Schreiben als erlaubte Verteidigertätigkeit zu werten.[1441] Der besonderen Problematik bei Verteidigungshandlungen, die sich notwendigerweise günstig auf den Fortbestand der terroristischen Vereinigung auswirkten, sei durch eine Abwägung Rechnung zu tragen, bei der das Verbot der Unterstützung einerseits und das Gebot, dem Mandanten Beistand zu leisten, andererseits zu berücksichtigen seien. Die Grenzen erlaubter Verteidigertätigkeit würden jedenfalls überschritten, wenn die Außerachtlassung des Verbots, einer terroristischen Vereinigung Hilfe zu leisten, wegen der Art oder der schweren Folgen der Handlung von der Verteidigerstellung nicht mehr gedeckt sei, was anhand des Einzelfalls beurteilt werden könne.[1442] Der mögliche Irrtum über das Erlaubtsein der Verteidigungstätigkeit sei ein Irrtum über die tatsächlichen Voraussetzungen rechtfertigenden Handelns und nicht über die rechtlichen Grenzen eines Rechtfertigungsgrundes, mithin ein Tatbestandsirrtum.[1443]

V. Die Lösungsansätze der Wissenschaft

In der Literatur überwiegen die Meinungen, die den Verteidiger bereits auf Tatbestandsebene privilegieren wollen. Daneben wird aber auch eine Rechtfertigungslösung für möglich gehalten.

1. Tatbestandslösungen

Nach der wohl herrschenden Ansicht in der Wissenschaft kann pflichtgemäße Verteidigung schon tatbestandlich nicht gleichzeitig eine strafbare Unterstützung einer kriminellen Vereinigung sein.[1444] Begründet wird dieses Ergebnis zumeist wie in der Rechtsprechung mit der Beistandsfunktion des Verteidigers, die nicht wirkungsvoll ausgeübt werden könne, wenn ein Verteidigungsverhalten gleichzeitig tatbestandlich eine potentiell strafbare Handlung darstellen würde. Dies erkläre sich aus dem zunächst scheinbaren Widerspruch der Regelung

---

[1441] BGHSt 32, 243 [246].
[1442] BGHSt 32, 243 [247].
[1443] BGHSt 32, 243 [248].
[1444] Vgl. *Bottke*, JR 1985, 122 [124]; *Grüner*, Über den Missbrauch von Mitwirkungsrechten, S. 121; *Hassemer*, JuS 1980, 455 [456]; *Müller-Dietz*, JR 1981, 76 [77]; AK/StGB-*Ostendorf*, § 129 Rn. 23; *ders.*, JZ 1979, 252 [255]; *ders.*, JA 1980, 499 [502]; *Rudolphi*, in: Bruns-FS, S. 315 [334 f.]; *ders.*, ZRP 1979, 214 [217]; *Tröndle/Fischer*, § 129 Rn. 33; *Widmaier*, in: BGH-FS IV, 1043 [1047]; *Wolf*, Das System des Rechts der Strafverteidigung, S. 298.

des § 137 Abs. 1 S. 1 StPO, nach der sich auch der schuldige Beschuldigte eines Beistands bedienen dürfe. Dieser wiederum könne und müsse sich aller Mittel bedienen dürfen, die das Prozessrecht zulasse, um eine für den Beschuldigten günstige Entscheidung herbeizuführen. Löse man diesen scheinbaren Widerspruch auf, ergebe sich, dass das Verhalten eines Verteidigers generell rechtmäßig sei. Damit sei der Weg über den Tatbestand vorgezeichnet. Konstruktiv wird dieses Ergebnis allerdings unterschiedlich erreicht.

Nach Auffassung von *Maurach/Schroeder/Maiwald*[1445] müssten zunächst nach prozessualen Grundsätzen die Grenzen erlaubter Verteidigertätigkeit ermittelt werden, bevor für den verbleibenden Bereich die Tatbestandsrelevanz untersucht werden könne. Definiere man erlaubte Verteidigung umgekehrt zunächst derart, dass sie ihre Grenze dort finde, wo das strafrechtliche Verbot des Unterstützens einer kriminellen Vereinigung beginne, unterliege man schnell einem argumentativen Dilemma. Denn wer in diesen Fällen zugleich vertrete, dass dieses strafrechtliche Verbot nicht die Strafverteidigung umfasse, unterliege schnell einem Zirkelschluss.

Zur Vermeidung eines solchen Zirkelschlusses kommt *Wolf* über eine vergleichende Analyse der Gesetzesstruktur verschiedener Tatbestände zu dem Ergebnis, dass in den Tatbestand der §§ 129, 129a StGB jeweils das ungeschriebene Merkmal »unbefugt« hineinzulesen sei. Der Gesetzgeber könne nicht ein Verhalten gesetzlich für rechtmäßig oder pflichtgemäß erklären, es aber zugleich unter Strafe stellen.[1446] Die Strafbestimmungen der §§ 129, 129a StGB dürften nicht die prozessualen Rechte des Verteidigers einschränken, vielmehr begründeten sie nur eine entsprechende Befugnis des Verteidigers, aufgrund der sein Verhalten nicht tatbestandsmäßig sei.[1447] Das Merkmal »unbefugt« habe im Strafgesetzbuch keine Doppelstellung, sondern sei ausschließlich ein gesetzliches Tatbestandsmerkmal. Ein mit einer Befugnis ausgeübtes Verhalten sei demgemäß grundsätzlich nicht tatbestandsmäßig.[1448] Soweit der Verteidiger prozessuale Rechte ausübe, handele er folglich nicht »unbefugt« und somit nicht

---

[1445] *Maurach/Schroeder/Maiwald*, BT/2, § 95 Rn. 8.
[1446] *Wolf*, Das System des Rechts der Strafverteidigung, S. 273.
[1447] *Wolf*, Das System des Rechts der Strafverteidigung, S. 298.
[1448] *Wolf*, Das System des Rechts der Strafverteidigung, S. 274.

tatbestandsmäßig im Sinne der §§ 129 Abs. 1 Var. 4, 129a Abs. 3 Var. 1 StGB.[1449]

Zu einer ähnlichen Einschätzung gelangt *Grüner*,[1450] der in den Organisationsdelikten der §§ 129, 129a, 84 Abs. 2, 85 Abs. 2 StGB einen versteckten strafrechtlichen Maßstab der Prozessordnungswidrigkeit sieht. Danach werde die strafrechtliche Beurteilung des Verteidigerhandelns in diesen Fällen nicht im Strafrecht, sondern im Strafprozessrecht entschieden.[1451]

Auch *Bottke*,[1452] *Ostendorf*,[1453] *Rudolphi*,[1454] *Müller-Dietz*[1455] und *Hassemer*[1456] gelangen durch eine Auslegung der §§ 129, 129a StGB zur Straflosigkeit der Verteidigung, die sich in den von der Strafprozessordnung gezogenen Grenzen bewegt.

Nach Ansicht von *Bottke* werde ein Verteidigungshandeln schon bei teleologischer Reduktion des Tatbestands nicht von § 129a StGB erfasst, wenn man auf die erlaubte Verteidigung abstelle. Es sei auch zweifelhaft, ob das konkrete Verteidigerhandeln prozessrechtlich generell erlaubt gewesen sei. Schließlich lasse das Prozessrecht nicht die Weitergabe jeder Papiere zu. Eine in diesem Sinne unzulässige weil verteidigungsuntypische Handlung sei daher i.S.v. § 129a StGB tatbestandsmäßig und nur im Einzelfall gem. § 34 StGB gerechtfertigt. Innerhalb der Rechtfertigung gehe es dann aber – entgegen der Lösung des Bundesgerichtshofs – weniger um subjektive Befindlichkeiten, sondern eher um das Vorliegen der objektiven Notwendigkeit der Handlung, mithin darum, dass die Notstandshandlung ein geeignetes und zugleich das relativ mildeste Mittel gewesen sei, um die Gefahr zu beseitigen.[1457]

Ostendorf weist darauf hin, dass es zu einer wirksamen Verteidigung bei politischen oder politisch motivierten Straftätern gehöre, deren Überzeugungen und Ziele zum Verständnis der Tat darstellen zu können. Zum anderen sei im

---

[1449] *Wolf*, Das System des Rechts der Strafverteidigung, S. 275, 277 f., 298.
[1450] *Grüner*, Über den Missbrauch von Mitwirkungsrechten, S. 120.
[1451] *Grüner*, Über den Missbrauch von Mitwirkungsrechten, S. 121.
[1452] *Bottke*, JR 1985, 122 ff.
[1453] *Ostendorf*, JZ 1979, 252 ff.
[1454] *Rudolphi*, in: Bruns-FS, S. 315 [334 f.]; ders., ZRP 1979, 214 [217].
[1455] *Müller-Dietz*, JR 1981, 76 ff.
[1456] *Hassemer*, JuS 1980, 455 [456].
[1457] *Bottke*, JR 1985, 122 [124].

Unterschied zu sonstigen Verteidigungen der zu beurteilende Sachverhalt nicht abgeschlossen, da oftmals die Tätigkeiten auch aus der Haftanstalt weiter gingen. Jede Verteidigung stelle daher faktisch eine Unterstützung der kriminellen Vereinigung dar. Um eine wirkungsvolle Verteidigung zu gewährleisten und um gleichzeitig um des Vertrauensverhältnisses Willen den Mandanten nicht zu desavouieren, beginne der Bereich der Strafbarkeit erst dort, wo sich der Verteidiger die Position des Beschuldigten zu eigen mache und sich mit dessen Zielen identifiziere. Werde durch die Verteidigung bloß der Zusammenhalt der kriminellen Gruppe zusammen und ihr verbrecherischer Kampfeswille aufrecht erhalten, müssten diese unerwünschten aber unvermeidbaren Nebenwirkungen in Kauf genommen werden.[1458] Daher sei auch ein Sympathiestreik noch kein Werben für oder Unterstützen einer kriminellen Vereinigung.[1459] Die §§ 129, 129a StGB müssten folgerichtig einschränkend ausgelegt werden.[1460]

Auf den Aspekt der Einheit der Rechtsordnung und die Grundsätze rechtsstaatlicher Verteidigung verweist *Müller-Dietz* zur Begründung einer Tatbestandslösung. Wenn die Strafprozessordnung Befugnisse einräume, könne deren Wahrnehmung keine rechtswidrige Unterstützungshandlung i.S.v. § 129, 129a StGB sein.[1461] Stelle man auf das Regel-Ausnahmeverhältnis von Tatbestand und Gegennorm ab, spreche dies eher für einen Tatbestandsausschluss als für eine Rechtswidrigkeitslösung. Eine Rechtfertigung belaste den Verteidiger aber nicht selten mit dem Makel der Zweideutigkeit, zudem verspreche eine Lösung im objektiven Tatbestand mehr Klarheit und Rechtssicherheit.[1462] Erst wenn der Verteidiger seine Verteidigerrechte überschreite oder missbrauche, werde zumeist die Grenze zur Strafbarkeit als überschritten angesehen. Dann müsse im Zweifelsfall bei der Abgrenzung zwischen substantieller Verteidigung und verteidigungsfremdem Verhalten generell den Voraussetzungen wirksamer Verteidigung der Vorrang eingeräumt werden.[1463]

[1458] *Ostendorf*, JZ 1979, 252 [255]; *ders.*, JA 1980, 499 [502]; ebenso *Hassemer*, JuS 1980, 455 [456]; *Rudolphi*, in: Bruns-FS, S. 315 [334 f.]; *ders.*, ZRP 1979, 214 [217].
[1459] *Ostendorf*, GA 1984, 308 [324].
[1460] *Ostendorf*, GA 1984, 308 [325].
[1461] *Müller-Dietz*, JR 1981, 76 [76].
[1462] *Müller-Dietz*, JR 1981, 76 [77].
[1463] *Widmaier*, in: BGH-FS IV, 1043 [1047].

Rudolphi[1464] macht ein verbotenes Verteidigerverhalten in einem solchen Fall neben der Überschreitung oder dem Missbrauch der Verteidigerbefugnisse kumulativ an der Mitursächlichkeit für den Fortbestand der Vereinigung fest.[1465] Allein die Weitergabe von verteidigungsfremden Informationen oder die Kommunikation über verteidigungsfremde Gegenstände könne insoweit kein Abgrenzungskriterium sein. Denn die Information über Sportnachrichten oder die Vermittlung von Fernschach zwischen Inhaftierten bewege sich zwar sicherlich im verteidigungsfremden Bereich und sei darüber hinaus in der Regel auch ein Missbrauch des Verkehrsrechts des Verteidigers. Für den Fortbestand der Vereinigung habe sie aber keine Bedeutung und zöge dementsprechend auch keine Strafbarkeit des Verteidigers nach sich.[1466] Gleiches gelte für die Weitergabe von Papieren, die einen Beitrag zur Darstellung der Motivation der Inhaftierten leisten konnten.[1467] Erst bei einem zusätzlichen Kausalbeitrag für den Fortbestand der Vereinigung sei die Grenze zur Strafbarkeit überschritten.[1468]

2. Rechtfertigungslösungen

Nach Ansicht von *Kuckuk*[1469] fehle einem prozessual zulässigen Verteidigungshandeln, das sich objektiv als Verwirklichung eines Straftatbestands darstelle, der Makel der Rechtswidrigkeit. Der Widerstreit zwischen strafprozessual zulässigem Verteidigerverhalten und dem strafrechtlichen Unterstützungsverbot der §§ 129, 129a StGB sei zugunsten des rechtsstaatlichen Gebots freier Verteidigung zu lösen. Dieses habe sowohl für Handlungen während laufender Ermittlungen als auch für solche während des Hauptverfahrens zu gelten.

Eine Rechtfertigungslösung wird auch von *Laufhütte*[1470] vertreten. Dieser geht von einem Rechtfertigungsgrund erlaubter Verteidigung aus, der sich nicht nur für die §§ 129, 129a StGB, sondern auch für die Tatbestände der Billigung von oder der Aufforderung zu Straftaten auswirken kann. Die Grenzen des Rechtfertigungsgrundes seien anhand des Einzelfalls zu ermitteln. Einerseits sei das Ge-

---

[1464] *Rudolphi*, in: Bruns-FS, S. 315 [336 f.]; *ders.*, ZRP 1979, 214 [217].
[1465] *Rudolphi*, ZRP 1979, 214 [217].
[1466] *Rudolphi*, in: Bruns-FS, S. 315 [336].
[1467] *Rudolphi*, ZRP 1979, 214 [218].
[1468] *Rudolphi*, in: Bruns-FS, S. 315 [337].
[1469] *Kuckuk*, NJW 1980, 298.
[1470] KK-*Laufhütte*, Vor § 137 Rn. 10; *ders.*, in: Pfeiffer-FS, S. 959 [969 f.].

bot zu berücksichtigen, dem Mandanten Beistand zu gewähren. Andererseits müssten die Folgen für die Rechtsordnung und Dritte erwogen werden. Den Rechtfertigungsgrund allein nach dem subjektiven Kriterium des Verteidigungswillen abzugrenzen, würde nach seiner Ansicht jedoch zu weit führen.[1471] Vielmehr seien objektive Kriterien wie Verhaltens- und Gestattungsnormen neben dem subjektiven Verteidigungswillen zur Eingrenzung erforderlich. Derartige objektive Kriterien seien über die Generalklausel des § 43 BRAO zu ermitteln, anhand der die Rechtsprechung einen Katalog erlaubter und unerlaubter Verteidigungshandlungen entwickelt habe.[1472] Nicht mehr von der Verteidigungstätigkeit gedeckt seien Handlungen, die für Dritte nach Art und Folgen gravierend seien.[1473]

VI. Stellungnahme zu den bisherigen Lösungen und eigener Lösungsansatz

1. Dogmatische Defizite der Rechtsprechung

Die dargestellten Entscheidungen machen einerseits den Willen der Rechtsprechung deutlich, den Verteidiger bei seiner täglichen Arbeit möglichst straflos zu halten. Andererseits verdeutlichen sie die dogmatische Unsicherheit, die eine solche Freistellung mit sich bringt. So hat die Ablehnung einer »rechtswidrigen Unterstützung«[1474] oder die Formulierung, das »die Rechtmäßigkeit des Handelns begründende Element« fehle,[1475] zunächst auf eine Lösung auf Rechtswidrigkeitsebene durch einen Rechtfertigungsgrund der »zulässigen Verteidigung« schließen lassen, weshalb einige Besprechungen die Entscheidung auch im Sinne einer Rechtswidrigkeitslösung gedeutet haben.[1476] Bei genauer Analyse des Urteils ist dies jedoch nicht der Fall. Denn der Bundesgerichtshof hält ein Verteidigerverhalten, das nach dem Wortlaut einen Tatbestand der Organisationsdelikte erfüllen würde, im Hinblick auf die Stellung und Funktion von Verteidiger

---

[1471] *Laufhütte*, in: Pfeiffer-FS, S. 959 [969 f.].
[1472] *Laufhütte*, in: Pfeiffer-FS, S. 959 [970].
[1473] KK-*Laufhütte*, Vor § 137 Rn. 10.
[1474] BGHSt 29, 99 [105].
[1475] BGHSt 29, 99 [106].
[1476] Vgl. *Kuckuk*, NJW 1980, 298; zust. *Gössel*, JR 1983, 118 [119]; *ders.*, ZStW 94 [1982], 5 [30 ff.].

und Verteidigung grundsätzlich für straflos und nur in Ausnahmefällen für rechtswidrig. Die grundsätzliche Erlaubnis lässt daher erkennen, dass der Bundesgerichtshof im Grunde eine Lösung auf Ebene des objektiven Tatbestands favorisiert.

Die sprachliche Zweideutigkeit setzt sich jedoch in der zweiten Entscheidung fort. Einerseits wird zutreffend eine zulässige Verteidigungshandlung bereits tatbestandlich nicht als Unterstützungshandlung angesehen, es bestehe sonst »die Gefahr, dass erlaubte Verteidigung in den Anwendungsbereich« des § 129 StGB gerate. Der zweite Leitsatz spricht allerdings wieder von einer mangelnden »rechtswidrigen« Unterstützung. Insoweit verwundert es nicht, dass auch in der Literatur kritisch angemerkt wurde, dass es »zunächst unbefriedigend« erscheine, »dass die Begründung für diese Straflosigkeit insoweit dunkel bleibt, als kaum erkennbar wird, ob schon der Tatbestand entfällt«.[1477] Eine Entscheidung wäre indes wünschenswert, da sich insbesondere bei den Folgen eines Irrtums große Unterschiede bei einer Lösung im Tatbestand oder auf Rechtswidrigkeitsebene ergeben. Stattdessen bedient sich der Bundesgerichtshof weiter kryptischer Umschreibungen, ohne Ross und Reiter zu nennen.

Etwas mehr Klarheit bringt insoweit erst die dritte zitierte Entscheidung des Bundesgerichtshofs, in der sich das Gericht zur Vermeidung von Missverständnissen genötigt sah, einen möglichen Irrtum über die Voraussetzungen des Erlaubtseins straftatsystematisch als Tatbestandsirrtum zu klassifizieren.[1478] Im Unterschied zu seiner ersten Entscheidung macht der Bundesgerichtshof hier aber die Frage einer pflichtwidrigen Verteidigung von der inneren Willensrichtung des Verteidigers abhängig. Dabei soll die Bestimmung der Grenzen der Straflosigkeit letztlich durch eine Abwägung von Beistandspflicht und Strafdrohung unter Beachtung der Verteidigerstellung erfolgen. Eine stringente Linie ist auch darin nicht zu erkennen. Auch wenn die Rechtsprechung vom Ergebnis her zu angemessenen Lösungen gelangt – die Begründungsschwierigkeiten zeigen, dass eine dogmatisch überzeugende Lösung bisher nicht gelungen ist.

[1477] *Giemulla*, JA 1980, 253 f.; *Gössel*, JR 1983, 118 [119].
[1478] Das HansOLG Hamburg, JZ 1979, 275 [278] ging noch von einem möglichen Verbotsirrtum aus.

2. Eigene Ansicht

Die von den untersuchten Organisationsdelikten geschützten Rechtsgüter weisen alle eine sozialbezogene Schutzrichtung auf. Damit kommt nach den Grundsätzen der hier vertretenen verteidigungsspezifischen Auslegung im Deliktsaufbau nur eine Privilegierung auf Ebene des objektiven Tatbestands in Betracht. Eine allein am Wortlaut orientierte Lösung verspricht allerdings keinen Erfolg, denn danach macht sich bzgl. § 129 StGB jeder strafbar, der »eine Vereinigung gründet« bzw. »wer sich an einer solchen Vereinigung als Mitglied beteiligt, für sie wirbt oder sie unterstützt«. Bei den echten Staatsschutzdelikten der §§ 84 Abs. 2, 85 Abs. 2 StGB reicht ebenfalls ein »Unterstützen« einer verbotenen Vereinigung aus. Sonderregelungen, die die Anwendung des Abs. 1 ausschlössen, sind bei § 129 StGB lediglich in Abs. 2 normiert. Von den dort angegebenen Gründen für einen Tatbestandsausschluss kann man aber keinen für das Handeln eines Strafverteidigers fruchtbar machen.

Auch die in der Literatur vertretenen Ansätze, die sich auf Rechtswidrigkeitsebene bewegen, sind bereits aus den im zweiten Teil genannten Gründen des Missverhältnisses von Gebot und Verbot abzulehnen. Erfolgversprechender sind dagegen die Versuche der Wissenschaft, durch eine Auslegung des Tatbestands die Bedeutung der Verteidigung hervorzuheben und den Verteidiger in der Folge bei seiner Arbeit von einer Strafdrohung freizustellen. In diesem Sinne vertreten alle Stimmen, die eine Lösung im Tatbestand befürworten, die Ausgestaltung der materiellen Strafnorm mittels prozessualer Vorwirkungen. Diese Ansätze sind, soweit sie als Auslegungsergebnis einen Tatbestandsausschluss befürworten, dogmatisch zutreffend. Allerdings ist der Verweis auf die pflichtgemäße Verteidigung zumeist recht allgemein und pauschal gehalten. Einen konkreteren Maßstab erhält man, wenn man die Grundsätze der verteidigungsspezifischen Auslegung zugrunde legt. Danach sind solche Verhaltensweisen des Verteidigers, die objektiv der Wahrheitsermittlung oder der Durchsetzung der Unschuldsvermutung dienen, schon tatbestandlich nicht vom Anwendungsbereich der Organisationsdelikte erfasst. Kann daher eine Verteidigertätigkeit objektiv der Beistandsfunktion zugeordnet werden, wird dadurch zugleich der rechtsstaatlich und damit verfassungsrechtlich geforderten Unschuldsvermutung zur Durchsetzung verholfen. Gleiches gilt für Handlungen und Äußerungen, die den

Hintergrund einer Tat beleuchten können und insoweit zur Klärung der Schuldfrage beitragen. Insoweit befindet sich der Verteidiger im Einklang mit staatlichen Zielen, so dass eine gleichzeitige Pönalisierung seines Verhaltens nicht in Betracht kommt. Eine Strafbarkeit darf erst dann einsetzen, wenn sich eine Tätigkeit offensichtlich nicht mehr der Beistandsfunktion zuordnen lässt. Dies ist der Fall, wenn mit einer Aktion objektiv gesehen ausschließlich Zwecke verfolgt werden, die außerhalb des Verfahrens liegen und nicht mehr im Schutzbereich der Unschuldsvermutung lokalisiert sind. Beispiele hierfür sind das Vortragen von Kampfparolen oder Leitlinien einer solchen Vereinigung mit eindeutig affirmativer Tendenz ohne Bezug zur Verteidigung. Soweit der Strafverteidiger dabei seine eigene Meinung darlegt, kommt er zwar auch dabei in den Genuss der Reichweite der Meinungsfreiheit, Art. 5 Abs. 1 GG. Da es insofern jedoch nicht mehr um Ziele der Strafverteidigung geht, kommt eine Privilegierung in Korrelation zu den Beschuldigtenrechten nicht in Betracht. Eine Strafbefreiung auf Tatbestandsebene scheidet in jedem Fall aus.

Nimmt man diese Lösung als Maßstab für die zitierten Entscheidungen, führt dies zu einer übereinstimmenden Wertung. Denn zumeist basierten die Handlungen der Verteidiger objektiv auf prozessualen Zielen. Allein die Fallgestaltung der Übermittlung von Angaben zu Sprengtechnik und Polizei etc. fällt aus dem Rahmen. Nur mit einem derart weiten Maßstab wird der Bedeutung der Strafverteidigung ausreichend Rechnung getragen.

VII. Ergebnis

Eine an der Beistandsfunktion orientierte Strafverteidigung lässt bei verteidigungsspezifischer Auslegung der Organisationsdelikte in den weitaus meisten Fällen bereits den objektiven Tatbestand der §§ 129, 129a, 84 Abs. 2, 85 Abs. 2 StGB entfallen. Der Bereich der Strafbarkeit kann aus verfassungsrechtlichen Gründen erst bei Äußerungen oder Handlungen beginnen, die aus objektiver Sicht weder etwas zur Wahrheitsermittlung noch zur Durchsetzung der Unschuldsvermutung beitragen können.

C. Volksverhetzung, § 130 StGB

I. Einführung

Bei der Diskussion um volksverhetzendes Verhalten eines Strafverteidigers geht es zumeist um Sachverhalte, in denen ein Verteidiger in einem Schriftsatz volksverhetzende Parolen angebracht oder den Holocaust mittelbar oder unmittelbar leugnende Beweisanträge gestellt hatte. Das diesen Handlungen zugrunde liegende strafrechtliche Konfliktpotential zeigt sich für einen Verteidiger vor allem dann, wenn er einem Mandanten vor Gericht Beistand leistet, der selbst der Volksverhetzung angeklagt ist. In einem solchen Verfahren ist es zumeist auch für den Verteidiger nützlich wenn nicht gar unerlässlich, bei entsprechender Strategie den Hintergrund der Tat und das Umfeld des Täters näher vorzustellen. Damit begibt er sich aber schnell auf dünnes Eis, wenn sein Mandant in einer bestimmten rechtsstaatswidrigen Überzeugung gehandelt hat und den Verteidiger zum Beweis der Richtigkeit dieser Denkweise Beweisanträge stellen oder Schriftsätze einreichen lässt, die nach dem Wortlaut den Tatbestand der Volksverhetzung erfüllen. Desgleichen läuft ein leidenschaftlich plädierender Verteidiger Gefahr, sich im Ton zu vergreifen und volksverhetzende Ansichten seines Mandanten als wahr hinzustellen. Ebenso besteht die Möglichkeit, dass der Verteidiger als Beweisstücke volksverhetzende Schriften in das Verfahren einführt und sie in diesem Zusammenhang dem Publikum zugänglich macht. In der Praxis werden bei § 130 StGB aber vor allem die Varianten in Betracht kommen, denen eine Äußerung des Verteidigers im Rahmen des Verfahrens zugrunde liegen kann. Zu beachten sind vor allem § 130 Abs. 1, Abs. 2 Nr. 1 und Abs. 3 StGB. Das Strafbarkeitsrisiko bei der Volksverhetzung ist für den Verteidiger umso höher, weil § 130 StGB als Gefährdungsdelikt dem Wortlaut nach schon die bloße Geeignetheit der Störung des öffentlichen Friedens unter Strafe stellt.

II. Geschütztes Rechtsgut

In erster Linie schützen § 130 Abs. 1 und Abs. 2 StGB den öffentlichen Frieden.[1479] Nach herrschender Ansicht ist darüber hinaus auch noch die Würde des Einzelmenschen Schutzgut zumindest des Abs. 1 Nr. 2 und Abs. 2 Nr. 1.[1480] Auch der erst 1994 eingeführte § 130 Abs. 3 StGB soll den öffentlichen Frieden sicherstellen.[1481] Zusätzlich verfolgt Abs. 3 jedoch nach dem gesetzgeberischen Willen die Zielsetzung, dass im Interesse der Allgemeinheit das politische Klima nicht vergiftet wird.[1482] Allerdings reicht nach Einschätzung einiger Stimmen ein solches Allgemeininteresse als Rechtsgrund für eine Strafdrohung nicht aus.[1483] Ein derart unscharfes Meta-Rechtsgut könne letztlich nicht befriedigen, da Straf- und Polizeirecht schon allgemein dem Schutz des öffentlichen Friedens dienten. Daher wird als Schutzgegenstand zum Teil die Verteidigung der kollektiven Scham über die Massenvernichtung im Dritten Reich als eine der zentralen moralischen Grundlagen dieser staatlichen Gemeinschaft verstanden.[1484] Zugleich gehe es um vorverlagerten Minderheitenschutz.[1485] Für den hier interessierenden Zusammenhang genügt jedoch die Feststellung, dass § 130 StGB in allen drei Absätzen mit dem öffentlichen Frieden hauptsächlich ein Rechtsgut mit sozialbezogener Zielrichtung schützt.

[1479] OLG Celle, NStZ 1997, 495 [496]; OLG München, NJW 1985, 2430; *Arzt/Weber*, Strafrecht BT, § 44 Rn. 45; *Beisel*, NJW 1995, 997 [1000]; LK-*von Bubnoff*, § 130 Rn. 4; *Huster*, NJW 1996, 487 [488, 490]; *Lackner/Kühl*, § 130 Rn. 1; Sch/Sch-*Lenckner*, § 130 Rn. 1a; *Maurach/Schroeder/Maiwald*, BT/2, § 60 Rn. 57; *Otto*, Strafrecht BT, § 63 Rn. 27; SK/StGB-*Rudolphi*, § 130 Rn. 1a, d; *Tröndle/Fischer*, § 130 Rn. 2; eingehend *Wandres*, Die Strafbarkeit des Auschwitz-Leugnens, S. 213 ff.; krit. *Streng*, JZ 2001, 205 [205].

[1480] OLG Celle, NStZ 1997, 495 [496]; LK-*von Bubnoff*, § 130 Rn. 4; *Lackner/Kühl*, § 130 Rn. 1; *Maurach/Schroeder/Maiwald*, BT/2, § 60 Rn. 57; SK/StGB-*Rudolphi*, § 130 Rn. 1a; *Schößler*, Anerkennung und Beleidigung, S. 94 f.; abw. Sch/Sch-*Lenckner*, § 130 Rn. 1a; *Tröndle/Fischer*, § 130 Rn. 2 (nur mittelbarer Schutz der Menschenwürde); AK/StGB-*Ostendorf*, § 130 Rn. 4 (allein Menschenwürde).

[1481] BT-Drucks. 12/8588, S. 8; BT-Drucks. 12/7421, S. 4; LK-*von Bubnoff*, § 130 Rn. 43; *Lackner/Kühl*, § 130 Rn. 1; Sch/Sch-*Lenckner*, § 130 Rn. 1a, 16; *Maurach/Schroeder/Maiwald*, § 60 Rn. 58; SK/StGB-*Rudolphi*, § 130 Rn. 1c; *Tröndle/Fischer*, § 130 Rn. 24; krit. *Stratenwerth*, in: Lenckner-FS, S. 377 [388]; *Streng*, JZ 2001, 205 [205].

[1482] BT-Drucks. 12/8588, S. 8; BGHSt 46, 212 [221 f.]; 47, 278 [280]; *Arzt/Weber*, Strafrecht BT, § 44 Rn. 46.

[1483] Insofern krit. *Lackner/Kühl*, § 130 Rn. 1; *Maurach/Schroeder/Maiwald*, BT/2, § 60 Rn. 58 (»verfehlte gesetzgeberische Aussage«); *Tröndle/Fischer*, § 130 Rn. 3, 24.

[1484] Vgl. *Streng*, JZ 2001, 205 [205].

[1485] *Streng*, JZ 2001, 205 [205].

III. Die Auffassung der Rechtsprechung, BGHSt 46, 36

Die Rechtsprechung hatte sich bislang insbesondere im Zusammenhang mit § 130 Abs. 3 StGB mit der Volksverhetzung durch Strafverteidiger zu beschäftigen. Besondere Beachtung gefunden hat dabei eine Entscheidung des Bundesgerichtshofs,[1486] die beim Landgericht Mannheim ihren Ausgang nahm. Dieses hatte einen Verteidiger wegen Volksverhetzung zu einer Geldstrafe verurteilt.

Im zu entscheidenden Fall hatte ein Strafverteidiger in einem Verfahren gegen einen bekanntermaßen revisionistisch eingestellten Angeklagten zahlreiche Beweisanträge gestellt, die er, um beruflichen und strafrechtlichen Schwierigkeiten aus dem Weg zu gehen, mit der Klausel schloss, dass mit den Beweisbehauptungen die Massenvernichtung der Juden nicht geleugnet, verharmlost oder gebilligt werden sollte. Kurz vor dem Schluss der Beweisaufnahme stellte er aber in der aufkommenden »Atmosphäre der Hektik« einen entgegen seiner sonstigen Gewohnheit nicht schriftlich vorbereiteten und in offensichtlicher Eile handschriftlich notierten Hilfsantrag, der den folgenden Wortlaut hatte:

»Es werden die Zeugen Bundespräsident Herzog, Bundestagspräsidentin Süßmuth, Präsidentin des Bundesverfassungsgerichts Limbach und Bundeskanzler Kohl zum Beweis der Tatsache benannt, dass es primär massive politische Interessen sind, welche dem Durchbruch der historischen Wahrheit im Zusammenhang mit dem Holocaust entgegenstehen, und zwar nicht einmal in erster Linie diejenigen der überlebenden Juden und derer Abkömmlinge oder gar des Staates Israel, sondern vor allem diejenigen unserer eigenen (deutschen) politischen Klasse, welche ihre einzigartige politische Unfähigkeit seit fast 50 Jahren mit der »Einzigartigkeit der deutschen Schuld« legitimiert und nicht in der Lage ist, zuzugeben, dass sie sich an der Nase herumführen und für dumm verkaufen lässt.«

Der Mandant machte sich diesen Antrag zu eigen und stellte ihn als Hauptantrag.

Der Bundesgerichtshof hat in diesem Fall als Revisionsinstanz die Abgrenzung zwischen strafbarem und noch zulässigem Verteidigerverhalten anhand des Merkmals des verteidigungsfremden Verhaltens vorgenommen. In Übereinstimmung mit dem Ausgangsgericht hat er das Handlungsmerkmal des Verharmlosens als erfüllt angesehen. Der Antrag enthalte eine relativierende Ausdrucksweise, so dass der inhaltliche Gesamtaussagewert der Äußerung aus Sicht eines verständigen Zuhörers oder Lesers durch genaue Textanalyse unter Be-

---

[1486] BGHSt 46, 36 = NJW 2000, 2217 ff (m. z.T. krit. Anm. *Stegbauer*, JR 2001, 37 f. und *Streng*, JZ 2001, 205 ff.).

rücksichtigung der Begleitumstände zu ermitteln sei. Zu Recht sei das Landgericht unter dem Einfluss der Meinungsfreiheit zunächst von der dem Angeklagten günstigeren Deutung der Äußerung als quantitativer Verharmlosung ausgegangen.[1487] Die Antragstellung sei auch geeignet gewesen, den öffentlichen Frieden zu stören.[1488]

Bei den Einschränkungsmöglichkeiten, die sich aus dem Zusammenhang der Äußerung mit der Strafverteidigung ergeben, hat der Bundesgerichtshof auf die Tatbestandsausschlussklausel des § 86 Abs. 3 i.V.m. § 130 Abs. 5 StGB hingewiesen. Diese sei grundsätzlich auch auf den Fall der Verteidigung anwendbar. Aufgrund der Weite der Tatbestandsalternative des Verharmlosens habe der Gesetzgeber bei der Verfolgung legitimer, von der Rechtsordnung anerkannter Zwecke (staatsbürgerliche Aufklärung, Wissenschaft, Forschung, Lehre, Berichterstattung über Vorgänge des Zeitgeschehens oder der Geschichte oder »ähnlichen Zwecken«) einen Tatbestandsausschluss vorgesehen. Durch Auslegung gelange man zu dem Ergebnis, dass die Strafverteidigung in ihrem Rang mit den in § 86 Abs. 3 StGB genannten Zwecken gleichzusetzen sei.[1489] Der Tatbestand der Volksverhetzung sei in der Handlungsalternative des Verharmlosens daher auf Verteidigerhandeln grundsätzlich nicht anzuwenden.[1490]

Prozesshandlungen seien zwar nicht schon deshalb strafrechtlicher Würdigung entzogen, weil sie im Rahmen der Verteidigung abgegeben würden. Die Struktur bestimmter Straftatbestände berge jedoch für den Rechtsanwalt das Risiko, dass ein prozessual erlaubtes und im Rahmen wirksamer Verteidigung liegendes Verhalten in den Anwendungsbereich eines Straftatbestands fallen könne. Einer solchen Kollisionslage könne aber bereits durch Auslegung des jeweiligen Straftatbestands hinreichend Rechnung getragen werden.[1491] Dies ergebe sich daraus, dass die Möglichkeit zu wirksamer Verteidigung auf der Grundlage des Verfahrensrechts notwendiger Bestandteil eines rechtsstaatlichen Strafverfahrens sei

---

[1487] BGHSt 46, 36 [41].
[1488] BGHSt 46, 36 [42].
[1489] BGHSt 46, 36 [43, 45].
[1490] BGHSt 46, 36 [45].
[1491] BGHSt 46, 36 [44].

und ihr hierfür grundlegende Bedeutung zukomme.[1492] Die Erfüllung des Anspruchs auf »konkrete und wirkliche« Verteidigung, der dem Angeklagten aus Art. 6 Abs. 3 lit. c EMRK und nicht zuletzt aus dem Recht auf ein faires, rechtsstaatliches Verfahren gem. Art. 2 Abs. 1 i.V.m. Art. 20 Abs. 3 GG zustehe, sei ernsthaft gefährdet, wenn der Verteidiger wegen einer üblichen und prozessual zulässigen Verteidigungstätigkeit strafrechtlich verfolgt würde.[1493] Ein Blick auf die »freie Advokatur« verdeutliche, dass Eingriffe in die Verteidigerstellung zugleich die Berufsausübungsfreiheit i.S.d. Art. 12 Abs. 1 S. 2 GG berührten und daher einer klar und zweifelsfrei erkennbaren Legitimation bedürften.[1494] Dies müsse bei der Auslegung und Anwendung auslegungsbedürftiger und auslegungsfähiger Straftatbestände wie § 130 StGB beachtet werden.[1495]

Anders stelle sich die Lage indes dann dar, wenn eine zu beurteilende Prozesserklärung des Verteidigers ohne jeden Bezug zur Verteidigung stehe oder sich als verteidigungsfremdes Verhalten erweise, das sich nur den äußeren Anschein der Verteidigung gebe, tatsächlich aber nach den Maßstäben des Strafverfahrensrechts und des materiellen Strafrechts nichts dazu beizutragen vermag.[1496] In diesem Fall fehle es an der nach dem Schutzzweck der Tatbestandsausschlussklausel zu fordernden, von der Rechtsordnung anerkannten legitimen Zielsetzung des Handeln.[1497] Im Zweifel sei jedoch den Erfordernissen wirksamer Verteidigung der Vorrang einzuräumen.[1498]

Die Abgrenzung, ob im Einzelfall allein verteidigungsfremde Zwecke verfolgt würden, also im Gewande der Prozesserklärung oder Antragstellung Volksverhetzung betrieben werde, könne sich als schwierig erweisen und unterliege in erster Linie tatrichterlicher Würdigung auf der Grundlage aller Umstände.[1499] Sei das Verharmlosen unvermeidlicher oder erwünschter Nebeneffekt neben der Verfolgung anerkannter Verteidigungszwecke, greife die Tatbestandsaus-

---

[1492] BGHSt 46, 36 [44] m. Verw. auf BGHSt 38, 7 [10 f.]; BVerfGE 63, 380 [390]; 65, 171 [174 f.].
[1493] BGHSt 46, 36 [44] m. Verw. auf BGHSt 29, 99 [106].
[1494] BGHSt 46, 36 [45] m. Verw. auf BVerfGE 34, 293 [303].
[1495] BGHSt 46, 36 [45].
[1496] BGHSt 46, 36 [45] m. Verw. auf BGHSt 29, 99 [105]; 38, 7 [10].
[1497] BGHSt 46, 36 [45].
[1498] BGHSt 46, 36 [46].
[1499] BGHSt 46, 36 [46] m. Verw. auf BGHSt 40, 97 [101].

schlussklausel des § 86 Abs. 3 StGB, das Verteidigerhandeln sei daher nicht tatbestandsmäßig. Diese Konsequenz sei aber im Interesse rechtsstaatlicher Verfahrensgestaltung hinzunehmen.[1500]

Im konkreten Fall hat der Bundesgerichtshof die Verurteilung des Verteidigers wegen Volksverhetzung bestätigt.

IV. Ansichten in der Wissenschaft

In der Wissenschaft ist die Entscheidung des Bundesgerichtshofs hinsichtlich der Auswirkung auf Verteidiger auf breite Zustimmung gestoßen.[1501]

Kritisch wurde allerdings von *Wohlers* angemerkt, dass die Probleme bei diesem Ansatz nicht beseitigt, sondern nur auf die Ebene der Beweisaufnahme über die innere Befindlichkeit des Verteidigers verlagert würden.[1502] Es sei nicht sachgerecht, die Verteidigung in den Verfahren, in denen es um ein Äußerungsdelikt gehe, durch die Drohung mit eben diesem Äußerungsdelikt zu disziplinieren.[1503] Diese Schwierigkeiten vermeide bereits im Ansatz derjenige, der eine Abgrenzung und Bewertung nicht nach der inneren Haltung, sondern nach der prozessualen Situation vornehme. Beweisanträge, die in einem Verfahren wegen des Vorwurfs der Volksverhetzung auf die Erhebung von Tatsachen abstellten, seien grundsätzlich ein legitimes Verteidigungsverhalten, auf das von vornherein allein mit Mitteln des Prozessrechts reagiert werden könne.[1504] Das Gegenteil wäre der Fall, wenn eine Äußerung nicht im Zusammenhang mit dem Verfahrensgegenstand bzw. einer für die Subsumtion unter den Tatbestand des § 130 StGB wesentlichen Tatsache stünde. In diesem Fall könnten volksverhetzende Äußerungen eines Verteidigers in keinem Fall mittels § 86 Abs. 3 StGB aus dem Tatbestand ausgeschlossen werden, selbst wenn der Verteidiger damit auch Verteidigungszwecke verfolgte.[1505]

[1500] BGHSt 46, 36 [46].
[1501] Vgl. *Stegbauer*, JR 2001, 37 f.; *Streng*, JZ 2001, 205 ff.; *Widmaier*, in: BGH-FS IV, S. 1043 [1059].
[1502] So auch *Wohlers*, StV 2001, 420 [428].
[1503] *Wohlers*, StV 2001, 420 [428].
[1504] Ebenso *Wohlers*, StV 2001, 420 [428].
[1505] *Wohlers*, StV 2001, 420 [429].

Streng hat zwar die entsprechende Anwendung des § 86 Abs. 3 StGB auf Verteidigerhandeln für konsequent gehalten, diese jedoch im Bereich der Rechtfertigung verortet.[1506] Der Ausschluss einer Strafbarkeit wegen § 130 Abs. 3 StGB erscheine nachgerade zwingend, wenn man eine umfassende Verteidigung in Verfahren gegen rechtsradikale Polittäter nicht vereiteln wolle. Im Unterschied zu den Fällen des § 86 Abs. 3 StGB bestehe jedoch zur Strafverteidigung ein ganz wesentlicher Unterschied. Der Verteidiger handele nicht wissenschaftlich neutral, sondern parteiisch. Dabei sei er vielfach von einer historisch oder politisch aufklärerischen Handlungsweise weit entfernt. Die Regelung des § 86 Abs. 3 StGB gehe daher für ihn zu weit. In Fällen, in denen ein Anwalt die revisionistische Sicht seines Mandanten in öffentlichkeitswirksamer Form mit Beweisanträgen zu untermauern versuche, sei mitunter typisiertes Unrecht erkennbar. Das Gegenteil lasse sich nur schwerlich für alle denkbaren Fälle behaupten, in denen ein Verteidigerprivileg einer Verurteilung im Wege stehe. Dieser Sachlage werde die Einstufung des § 86 Abs. 3 StGB als Rechtfertigungsnorm – wegen der notwendigen komplexen Abwägung kollidierender Interessen und einer evidenten Parallele zu § 193 StGB – besser gerecht. § 130 Abs. 5 StGB gehe auch nur von einer entsprechenden Anwendung des § 86 Abs. 3 StGB aus und stehe einer derartigen Auslegung nicht im Wege.[1507]

V. Stellungnahme

Das Bundesverfassungsgericht hat in der zitierten Entscheidung den auch hier vertretenen Lösungsansatz verfolgt und den Verteidiger zu Recht durch Tatbestandsauslegung und § 130 Abs. 5 i.V.m. § 86 Abs. 3 StGB von einer Strafbarkeit im Fall des Verharmlosens freigestellt. Dagegen kann die von *Streng* vorgenommene Einordnung des § 86 Abs. 3 StGB in den Bereich der Rechtswidrigkeit nicht überzeugen. Die von ihm als Argument angeführte Abwägung kollidierender Interessen kann genauso gut auch auf Tatbestandsebene vorgenommen werden. Dies ist bei § 130 StGB vorzugswürdig. Der Vergleich mit § 193 StGB ist zwar insofern berechtigt, als es sich auch bei § 130 StGB um ein Delikt handelt, das sich im Einzugsbereich der Meinungsfreiheit des Art. 5 GG bewegt. Im

---

[1506] Vgl. *Streng*, JZ 2001, 205 [208].
[1507] *Streng*, JZ 2001, 205 [208].

Unterschied zu den Ehrverletzungsdelikten steht dem vom Strafverteidiger verfolgten rechtsstaatlichen Interesse an einer verfassungsrechtlich gebotenen Durchsetzung der Unschuldsvermutung jedoch hier kein privates, sondern mit dem öffentlichen Frieden ein sozialbezogenes Interesse gegenüber. Dies spricht nach den zu Beginn erläuterten Grundsätzen für eine grundsätzliche Straflosigkeit und nur eine ausnahmsweise Strafbarkeit eines Verhaltens im Rahmen der Strafverteidigung. Dieses Verhältnis wird jedoch von einem Tatbestandsausschluss besser abgebildet als von einer Rechtswidrigkeitslösung.

Auch dem Einschränkungsversuch von *Wohlers* kann nicht vollständig gefolgt werden. Seinem Vorschlag, Äußerungen nur im Zusammenhang mit dem Verfahrensgegenstand bzw. einer für die Subsumtion unter den Tatbestand des § 130 StGB wesentlichen Tatsache zu privilegieren, fehlen die konkreten Maßstäbe. So bleibt unklar, welche Tatsachen er für wesentlich hält und welcher Zusammenhang mit dem Verfahrensgegenstand ausreichen soll. Letztlich hat jede im Verfahren getätigte Äußerung irgendeinen Zusammenhang mit dem Verfahren. Zutreffend ist dagegen die von *Wohlers* erhobene Kritik der subjektiven Beweislastigkeit und seine Ausrichtung auf objektive Kriterien. Solche gilt es daher im Folgenden herauszustellen.

VI. Verteidigungsspezifische Auslegung

1. Auslegung der Äußerung

Wie das Bundesverfassungsgericht unlängst dezidiert festgestellt hat, sind wie bei den Ehrverletzungsdelikten auch bei § 130 StGB die Belange der Meinungsfreiheit in entsprechender Gewichtung zu berücksichtigen.[1508] Bei jeder potentiellen Volksverhetzung muss daher zunächst nach den allgemein zu Art. 5 Abs. 1 GG entwickelten Grundsätzen der Aussagekern der betreffenden Äußerung herausgearbeitet werden. Dabei ist von einem objektiv verständigen Durchschnittsleser bzw. -hörer auszugehen.[1509] Im Anwendungsbereich der Meinungsfreiheit ist dabei zu beachten, dass bewusst unwahre Aussagen keinen Schutz

---

[1508] Vgl. BVerfG StraFo 2003, 83 [84].
[1509] BVerfG NJW 1994, 2943 [2944]; LG Hamburg NStZ-RR 1996, 262 [263].

verdienen.[1510] Daher ist die Strafwürdigkeit einer Äußerung umso größer, je stärker die Verharmlosung des Holocausts ausfällt. Bei der Auslegung einer Aussage ist zudem zu beachten, dass für die Verwirklichung des Tatbestands eine gewisse Mindestintensität zu fordern ist. Denn aufgrund der Unzulänglichkeit des Aussagegehalts des Rechtsguts »öffentlicher Friede« verbleibt für die Eignungsklausel des Abs. 3 nur ein dahin gehender Regelungsgehalt, dass eine bestimmte Handlungsqualität der Tathandlung im Hinblick auf die geschützten Rechtsgüter vorausgesetzt werden muss[1511] und insofern Bagatellen auszuschließen sind.[1512]

2. Anwendung des § 86 Abs. 3 i.V.m. § 130 Abs. 5 StGB

Verbleibt auch nach Auslegung der inkriminierten Äußerung noch immer eine strafwürdige Aussage, ist in einem nächsten Schritt zu fragen, ob der Verteidiger privilegiert werden kann. Die Rechtsgutsanalyse hat gezeigt, dass § 130 StGB in allen drei Absätzen hauptsächlich den öffentlichen Frieden und damit ein im Allgemeininteresse liegendes Rechtsgut schützt. Mit dieser Feststellung ist im Rahmen der hier vertretenen verteidigungsspezifischen Auslegung für die Einordnung im Deliktsaufbau bereits die Entscheidung zugunsten einer Lösung im objektiven Tatbestand gefallen. Die prognostische Richtigkeit dieses Ansatzes lässt sich durch die Entscheidung des Gesetzgebers belegen, der über den Verweis in § 130 Abs. 5 StGB die Tatbestandsausschlussklausel[1513] des § 86 Abs. 3 StGB (sog. Sozialadäquanzklausel) für entsprechend anwendbar erklärt hat. Danach bleiben solche Handlungen straflos, die anerkennenswerten Zwecken dienen. Als solche sind Zwecke der staatsbürgerlichen Aufklärung, der Abwehr verfassungswidriger Bestrebungen, der Kunst oder der Wissenschaft, der Forschung oder der Lehre, der Berichterstattung über Vorgänge des Zeitgeschehens oder der Geschichte oder ähnliche Zwecke explizit genannt. Obwohl sich die

---

[1510] Vgl. zu § 185 StGB BVerfGE 54, 208 [219]; 61, 1 [8]; 85, 1 [15 f.]; 90, 241 [249, 254]; BGH NJW 1991, 1475 [1476]; BGH NJW 2000, 199 [200]; vgl. *Tröndle/Fischer*, § 193 Rn. 18a m.w.N.
[1511] *Streng*, JZ 2001, 205 [206].
[1512] *Stratenwerth*, in: Lenckner-FS, S. 377 [388 f.].
[1513] Ganz h.M., vgl. BGHSt 46, 36 [43]; (noch offen gelassen in BGHSt 23, 226 [228]); LK-*von Bubnoff*, § 130a Rn. 33; *Lackner/Kühl*, § 86 Rn. 8; LK-*Laufhütte*, § 86 Rn. 19; SK/StGB-*Rudolphi*, § 86 Rn. 16; Sch/Sch-*Stree/Sternberg-Lieben*, § 86 Rn. 17; *Tröndle/Fischer*, § 86 Rn. 36, § 130 Rn. 36; a.A. *Streng*, JZ 2001, 205 [206] (Rechtfertigungsgrund).

Tätigkeit des Verteidigers nicht direkt unter eines der genannten Ziele subsumieren lässt, kommt durch die Bedeutung der Strafverteidigung eine analoge Anwendung in Betracht.[1514] Denn auch der Verteidiger erfüllt durch seine verfassungsrechtlich geforderte Mitwirkung im Rechtsstaat einen anerkennenswerten Zweck, der zu einer vergleichbaren Behandlung zu den explizit angeführten Zwecke zwingt. Die Zulässigkeit dieser Analogie ist trotz des im Strafrecht bestehenden Analogieverbots gegeben, weil sie bei vergleichbarer Rechtslage zugunsten des potentiellen Täters erfolgt.

3. Umfang der Freistellung

Das Bundesverfassungsgericht hat in dem zitierten Urteil die grundsätzliche Freistellung des Verteidigers explizit nur für den Fall des Verharmlosens entschieden.[1515] Nach hier vertretener Auffassung muss jedoch auch in den beiden anderen Varianten des Billigens und Leugnens des Holocaust eine entsprechende Privilegierung erfolgen. Dies ergibt sich aus der Analyse des mit § 130 Abs. 3 StGB verfolgten Ziels. Dieser sollte nicht nur die Strafbarkeit der antisemitischen Hetzpropaganda zur Diffamierung wahrheitsgemäßer Berichterstattung über die Judenmorde (sog. »Auschwitz-Lüge« in Form des Leugnens des Holocaust) sicher stellen, sondern schon die damit verbundene Billigung oder Verharmlosung von Verbrechen während der NS-Herrschaft. Nicht Dumme oder Unwissende sollten nach dem Willen des Gesetzgebers vom Tatbestand erfasst werden. Strafgrund war nicht der Irrtum über historische Tatsachen, sondern das Vortäuschen eines solchen Irrtums unter dem Deckmantel vorgetäuschter Unwissenheit.[1516] Daraus wird sichtbar, dass der Gesetzgeber bereits im strafbaren Verharmlosen eine konkludente Billigung der NS-Taten gesehen hat, so dass sich das Leugnen und Billigen letztlich als die stärksten Formen des Verharmlosens erweisen. Damit lassen sich die vom Bundesverfassungsgericht angestellten zutreffenden Überlegungen widerspruchsfrei auch auf die beiden anderen Varianten übertragen.

[1514] Vgl. BGHSt 46, 36 [43, 45].
[1515] Vgl. BGHSt 46, 36 [45].
[1516] Zutr. *Tröndle/Fischer*, § 130 Rn. 25; *Streng*, JZ 2001, 205 [207]; a.A. Sch/Sch-*Lenckner*, § 130 Rn. 20.

4. Systemimmanente Ausnahmen

Nach der potentiellen Zulässigkeit von volksverhetzenden Äußerungen im Rahmen der Verteidigung müssen die Ausnahmen in den Blick genommen werden. Da eine bevorzugende Behandlung nur bei der Verfolgung anerkannter Zwecke erfolgen darf, ist zu fragen, ob sich die Verteidigerhandlung objektiv im Rahmen des Verteidigungszwecks, insbesondere der Sicherung der Unschuldsvermutung und der Wahrheitsermittlung, hält. Mit dieser Vorgehensweise werden Abgrenzungsschwierigkeiten vermieden, die mit einer rein auf die subjektive Haltung des Verteidigers abstellenden Lösung einher gehen würden. Zwar erfordert auch dieser objektive Ansatz eine wertende Entscheidung des Richters. Durch den verobjektivierten Maßstab kann jedoch einer »Gesinnungsstrafbarkeit« wirkungsvoll vorgebeugt werden.

In der Praxis ist daher zu fragen, ob die Äußerung (oder im Fall des Abs. 1 und Abs. 2 Nr. 1 die Handlung) zur Ermittlung des wahren Sachverhalts oder zur Durchsetzung der Unschuldsvermutung beitragen können. Ist dies nicht der Fall (wie z.B. im vom Bundesverfassungsgericht entschiedenen Fall), so handelt es sich um Äußerungen (oder Handlungen), die objektiv nicht mehr auf die verfassungsrechtlich gebotene Verteidigung, sondern einzig und allein auf die verteidigungsfremde Verbreitung der in der Aussage enthaltenen Botschaft gerichtet sind, so dass eine Strafbarkeit gegeben ist.

VII. Ergebnis

Verbleibt nach Auslegung einer fraglichen Äußerung ein potentiell nach § 130 StGB strafbarer Kern bzw. steht eine volksverhetzende Handlung in Frage, ist in einem weiteren Schritt zu fragen, ob das Verteidigerverhalten im Rahmen der rechtsstaatlich geforderten Strafverteidigung liegt. Eine verteidigungsspezifische Auslegung führt hierbei in der Regel zu dem Ergebnis, dass ein Strafverteidiger den Tatbestand der Volksverhetzung grundsätzlich nicht durch eine Verteidigung erfüllen kann, die sich an der Durchsetzung der Beschuldigtenrechte orientiert. Konstruktiv wird dies durch die analoge Anwendung der Tatbestandsausschlussklausel des § 86 Abs. 3 StGB (i.V.m. § 130 Abs. 5 StGB) erreicht. Ausnahmsweise kommt eine Strafbarkeit dann in Betracht, wenn die Strafverteidigung nicht geboten ist, d.h. ihrer verfassungsrechtlichen Zielsetzung objektiv nicht mehr nachkommt. Dies ist der Fall, wenn eine Verteidigungshandlung objektiv weder etwas zur Wahrheitsermittlung noch zur Durchsetzung der Unschuldsvermutung beizutragen vermag. Die hiermit vertretene weite Freistellung des Verteidigers von einer Strafbarkeit korreliert mit der Tendenz zu einer Entkriminalisierung und verfassungsrechtlichen Aufwertung der Strafverteidigung unter gleichzeitiger Anerkennung der *ultima-ratio*-Funktion des Strafrechts.

D. Aussagedelikte, §§ 153 ff. StGB

I. Einführung

Höchst praxisrelevante Fallgestaltungen ergeben sich beim Umgang des Verteidigers mit personellen Beweismitteln wie Zeugen und Sachverständigen.[1517] Das Kernproblem der Aussagedelikte ist, ob der Verteidiger auch Zeugen zur Aussage benennen darf, von deren Vernehmung er eine unwahre Aussage erwartet. Mit den Aussagedelikten im Zusammenhang steht die hinsichtlich der Strafvereitelung und Nötigung interessierende Frage, inwieweit dem Verteidiger Grenzen gesetzt sind, wenn es um die Beeinflussung des Inhalts einer Aussage geht.

In der Rechtsprechung wird das Verhalten eines Verteidigers im Zusammenhang mit einem falsch aussagenden Zeugen vor allem unter dem Rubrum der Strafvereitelung behandelt. Dabei wird oft ausgeblendet oder nur am Rande erwähnt, dass in diesen Fällen für den Verteidiger auch eine tateinheitliche Strafbarkeit wegen Beteiligung an einem Aussagedelikt im Raum stehen könnte. Umstrittene Fallgestaltungen können sich insbesondere im Zusammenhang mit der Reichweite des Lügeverbots ergeben. Bei der Benennung eines zur Falschaussage entschlossenen Zeugen geht hinsichtlich § 258 StGB die wohl herrschende Meinung von einer täterschaftlichen Strafbarkeit des Verteidigers wegen Strafvereitelung aus.[1518] Zu einem solchen Ergebnis gelangt man zumeist mit dem Argument eines Verstoßes gegen die Wahrheitspflicht bzw. eines erheblichen Eingriffs in die Effektivität der Rechtspflege durch den Verteidiger.[1519] Eine beachtliche Gegenauffassung sieht in einer derartigen Aufforderung dagegen weder ei-

---

[1517] Im Folgenden wird der Einfachheit halber nur noch von Zeugen gesprochen. Für Sachverständige gelten die Ausführungen jedoch entsprechend.
[1518] Vgl. BGHSt 29, 99 [107]; *Beulke*, Die Strafbarkeit des Verteidigers, Rn. 93; *ders.*, Der Verteidiger im Strafverfahren, S. 151 f.; *ders.*, StPO Rn. 176; *Bottke*, ZStW 96 [1984], 726 [758]; *Brei*, Grenzen zulässigen Verteidigerhandelns, S. 290 f.; *Lackner/Kühl*, § 258 Rn. 9; *Lamberti*, Strafvereitelung durch Strafverteidiger, S. 211; *Meyer-Goßner*, § 138a Rn. 11; *Müller-Dietz*, Jura 1979, 242 [252]; *Pfeiffer*, DRiZ 1984, 341 [345 f.]; LK-*Ruß*, § 258 Rn. 20a; *Schautz*, Strafrechtliche Grenzen des Verteidigerhandelns, S. 74; Sch/Sch-*Stree*, § 258 Rn. 20; *Strzyz*, Die Abgrenzung von Strafverteidigung und Strafvereitelung, S. 279; *Tröndle/Fischer*, § 258 Rn. 7; a.A. SK/StGB-*Hoyer*, § 258 Rn. 26.
[1519] Stellvertretend *Beulke*, Die Strafbarkeit des Verteidigers, Rn. 93; *Brei*, Grenzen zulässigen Verteidigerhandelns, S. 290.

ne täterschaftliche Strafvereitelung noch eine diesbezügliche Teilnahme.[1520] Dafür spreche schon die Struktur des Strafprozessrechts, die einem Missbrauch des Zeugenbenennungsrechts durch die Möglichkeit der Ablehnung begegnen könne.[1521] Allein durch die Benennung stehe die Falschaussage des Zeugen noch nicht fest. Für einen Sinneswandel beim Zeugen könne beispielsweise seine Vereidigung beitragen.[1522] Umgekehrt könnte sich auch der Strafverteidiger geirrt haben. Er würde dann durch die Aussage des Zeugen eines besseren belehrt. Auch bei den §§ 153 ff. StGB geht es letztlich um die Frage, inwieweit der Verteidiger antizipiert den Inhalt von Zeugenaussagen abschätzen muss und welche Wirkung die Beschuldigtenrechte auf die Zeugenbenennung und damit die Strafbarkeit des Verteidigers haben.

II. Geschütztes Rechtsgut

Hinsichtlich des geschützten Rechtsguts besteht in Rechtsprechung und Wissenschaft die einhellige Meinung, dass die Aussagedelikte der §§ 153 ff. StGB den Schutz der staatlichen Rechtspflege bezwecken, die durch falsche Angaben gefährdet würde.[1523] Geschützt ist insbesondere die prozessuale Situation des Beweisverfahrens, das auf die wahrheitsgemäße Aussage von Beweispersonen angewiesen ist.[1524] Für die verteidigungsspezifische Auslegung zählen die Aussagedelikte damit zu den Tatbeständen mit sozialbezogenem Schutzgut.

[1520] *Gatzweiler*, StV 1985, 248 [251 f.]; *Grabenweger*, Die Grenzen rechtmäßiger Strafverteidigung, S. 219; *Heinicke*, Der Beschuldigte und sein Verteidiger, S. 501; *Krekeler*, NStZ 1989, 146 [150]; LR-*Lüderssen*, § 138a Rn. 51 ff., 85 ff.; *Mehle*, in: Koch-FG, S. 179 [187 ff.]; *Ostendorf*, NJW 1978, 1345 [1349]; *Wassmann*, Strafverteidigung und Strafvereitelung, S. 172.
[1521] Vgl. *Mehle*, in: Koch-FG, S. 179 [187].
[1522] Vgl. *Wassmann*, Strafverteidigung und Strafvereitelung, S. 172.
[1523] BGHStGrS 8, 301 [309]; BGHSt 10, 142 [143]; *Arzt/Weber*, Strafrecht BT, § 47 Rn. 2; *Lackner/Kühl*, Vor § 153 Rn. 1; Sch/Sch-*Lenckner*, Vor §§ 153 ff. Rn. 2; *Maurach/Schroeder/Maiwald*, BT/2, § 75 Rn. 9 f.; *Otto*, Strafrecht BT, § 97 Rn. 1; *Rengier*, BT/2, § 49 Rn. 1; SK/StGB-*Rudolphi*, Vor § 153 Rn. 2 f., 5; LK-*Ruß*, Vor § 153 Rn. 2 ff.; *Tröndle/Fischer*, Vor § 153 Rn. 2; *Wessels/Hettinger*, BT/1 Rn. 738; a.A. NK-*Vormbaum*, Vor § 153 Rn. 11 ff. (»jeweiliges Verfahrensziel«)
[1524] BGHStGrS 8, 302 [309]; BGHSt 10, 142 [143]; *Krischer*, Die innerprozessuale Teilnahme an der uneidlichen Falschaussage und am Meineid, S. 74 f.; Sch/Sch-*Lenckner*, Vor §§ 153 ff. Rn. 2; *Wessels/Hettinger*, BT/1 Rn. 738.

III. Tatbestandliche Besonderheiten

Aufgrund der tatbestandlichen Besonderheiten der Aussagedelikte lassen sich bereits einige Weichenstellungen hinsichtlich der Strafbarkeit eines Verteidigers erkennen. Da die Aussagedelikte eigenhändige Delikte sind,[1525] kann für den Strafverteidiger eine mittäterschaftliche Begehung oder eine mittelbare Täterschaft keine Rolle spielen. Nutzt der Verteidiger einen »Defekt« des Aussagenden aus, indem er beispielsweise einen Irrenden oder Schuldunfähigen zu einer falschen Aussage verleitet, kann sich allerdings eine Strafbarkeit wegen Verleitung zur Falschaussage (§ 160 StGB) ergeben. Grundsätzlich öffnet sich aber vor allem das breite Spektrum potentieller Teilnahmekonstellationen.

Die §§ 153 ff. StGB pönalisieren falsche Aussagen vor Gericht oder einer anderen zur eidlichen Vernehmung zuständigen Stelle. In der hierbei umstrittenen Frage, wann eine Aussage »falsch« ist, stellt die herrschende Meinung auf einen Vergleich mit der Wirklichkeit und damit der objektiven Sachlage ab (objektive Theorie).[1526] Dieser zutreffenden Ansicht ist zu folgen, da diejenigen, die demgegenüber auf das subjektive Erinnerungsvermögen abstellen (subjektive Theorie)[1527] oder eine Strafbarkeit von der Pflichtwidrigkeit einer Aussage abhängig machen,[1528] nicht mit dem Ziel der objektiven Wahrheitsfindung im Strafverfahren konform gehen. Zudem lassen sich mit den letztgenannten Auffassungen nur unter Schwierigkeiten Tatbestände wie § 160 StGB oder § 163 StGB erklären,

---

[1525] RGSt 37, 92 [93 f.]; 61, 199 [201]; *Arzt/Weber*, Strafrecht BT, § 47 Rn. 14; *Krischer*, Die innerprozessuale Teilnahme an der uneidlichen Falschaussage und am Meineid, S. 125, *Lackner/Kühl*, Vor § 153 Rn. 7, Sch/Sch-*Lenckner*, Vor §§ 153 ff. Rn. 2a, 33; *Maurach/Schroeder/Maiwald*, BT/2, § 75 Rn. 80; *Rengier*, BT/2, § 49 Rn. 3; SK/StGB-*Rudolphi*, § 153 Rn. 9; LK-*Ruß*, Vor § 153 Rn. 7; *Tröndle/Fischer*, Vor § 153 Rn. 2; NK-*Vormbaum*, § 153 Rn. 111; *Wessels/Hettinger*, BT/1 Rn. 739; *Zeifang*, Die eigene Strafbarkeit des Strafverteidigers, S. 289, 290.
[1526] Vgl. BGHSt 7, 147 [148 f.]; *Arzt/Weber*, Strafrecht BT, § 47 Rn. 36, 40; *Lackner/Kühl*, Vor § 153 Rn. 3; Sch/Sch-*Lenckner*, Vor §§ 153 Rn. 6; *Maurach/Schroeder/Maiwald*, BT/2 § 75 Rn. 16; *Rengier*, BT/2, § 49 Rn. 8; LK-*Ruß*, Vor § 153 Rn. 8 ff.; *Tröndle/Fischer*, § 153 Rn. 5; *Welzel*, Das deutsche Strafrecht, S. 526.
[1527] Vgl. noch LK[10]-*Willms*, Vor § 153 Rn. 9 ff. und die Nachweise bei LK-*Ruß*, Vor § 153 Rn. 10 m. Fn. 15.
[1528] Vgl. *Otto*, Strafrecht BT, § 97 Rn. 8 ff, 14 f.; SK/StGB-*Rudolphi*, Vor § 153 Rn. 40 ff., 43 m.w.N.; NK-*Vormbaum*, § 153 Rn. 16 f., 79 ff.; *ders.*, Der strafrechtliche Schutz des Strafurteils, S. 254, 256 ff.

die gerade auf Gutgläubigkeit oder Pflichtwidrigkeit (Fahrlässigkeit) abstellen.[1529]

IV. Fälle aus der Rechtsprechung

1. BGH NStZ 1983, 503

Eine vor allem im Zusammenhang mit Fragen von Täterschaft und Teilnahme sowie des Versuchsbeginns bei § 258 StGB diskutierte Entscheidung des Bundesgerichtshofs[1530] aus dem Jahr 1983 betraf die Einwirkung eines Verteidigers auf eine Zeugin.

In dem fraglichen Verfahren war eine als Entlastungszeugin angekündigte Freundin des Beschuldigten erst auf Nachfrage des Verteidigers polizeilich vernommen worden. Im Lauf dieser Vernehmung gab sie an, nach der Verhaftung des Beschuldigten in die Kanzlei des Verteidiger bestellt worden zu sein. Dort habe sie »auf Drängen« des Verteidigers eine eidesstattliche Erklärung unterschreiben müssen, die eine wahrheitswidrige Aussage zugunsten des Beschuldigten enthielt. Der Verteidiger war daraufhin wegen versuchter Strafvereitelung vom OLG Köln im Beschwerdeverfahren ausgeschlossen worden.

Der Bundesgerichtshof hat dem Ausschluss des Verteidigers zugestimmt. Es sei dem Verteidiger verboten, auf Zeugen mit dem Ziel einzuwirken, dass diese eine unzutreffende Aussage machten. Ebenso wenig dürfe er Zeugen nach einer derartigen »Vorbereitung« als Beweismittel benennen.[1531]

2. BGHSt 46, 53

Ein ebenfalls hauptsächlich unter dem Gesichtspunkt der Strafvereitelung diskutierter Sachverhalt war Grundlage einer Entscheidung des Bundesgerichts-

---

[1529] Zum Meinungsstreit *Arzt/Weber*, Strafrecht BT, § 47 Rn. 36 ff.; *Lackner/Kühl*, Vor § 153 Rn. 3; Sch/Sch-*Lenckner*, Vor §§ 153 ff. Rn. 3 ff.; *Otto*, Strafrecht BT, § 97 Rn. 5 ff.; SK/StGB-*Rudolphi*, Vor § 153 Rn. 36 ff.; LK-*Ruß*, § 153 Rn. 8 ff.; *Tröndle/Fischer*, Vor § 153 Rn. 4 ff.; *Wessels/Hettinger*, BT/1 Rn. 741 ff.
[1530] BGH NStZ 1983, 503 f. (m. Anm. *Beulke*).
[1531] BGH NStZ 1983, 503 [504] unter Verweis auf BGHSt 29, 99 [107]; zust. *Beulke*, NStZ 1983, 504 [504].

hofs aus dem Jahr 2000.[1532] Die darin zur Anwendung des § 258 StGB getroffenen Feststellungen haben jedoch auch Auswirkungen auf die Aussagedelikte.

Zu beurteilen war eine Vereinbarung zwischen einer Verteidigerin und der Hauptbelastungszeugin im Verfahren. Diese betraf das Versprechen einer Geldzahlung für eine ganz konkrete Aussage im Prozess. Die Zeugin hatte sich gegenüber der Verteidigerin verpflichtet, ihre Aussage in der Berufungsverhandlung abzuschwächen. Sie wollte entgegen ihrer Aussage in der Vorinstanz nicht mehr behaupten, der Mandant habe sie geschlagen, um sie zur Prostitution zu zwingen. Im Gegenzug verpflichtete sich der Angeklagte zur Zahlung eines Schmerzensgelds für den Fall, dass er nicht wegen versuchten schweren Menschenhandels verurteilt werden würde. Es ließ sich nicht klären, welche der beiden Aussagen zutreffend war.

Der Bundesgerichtshof erkannte in dieser Entscheidung ausdrücklich, dass einem Strafverteidiger durch Auslegung des jeweiligen Tatbestands geholfen werden könne, wenn prozessual erlaubtes und im Rahmen wirksamer Verteidigung liegendes Verhalten in den Anwendungsbereich eines Straftatbestands falle. So lasse prozessual zulässiges Verteidigerverhalten bereits den Tatbestand des § 258 StGB entfallen und wirke nicht erst rechtfertigend.[1533] Der Verteidiger dürfe zwar nicht durch aktive Verdunkelung und Verzerrung des Sachverhalts die Wahrheitserforschung erschweren und Beweisquellen verfälschen. Tatsachen und Beweismittel aber, die einen von ihm lediglich für möglich gehaltenen Sachverhalt belegen könnten, dürfe er nicht nur einführen, sondern dies könne sogar geboten sein. Wenn er nicht wider besseren Wissens gehandelt habe, könne eine bloße Behauptung ohne Trübung einer Beweisquelle durch Vorlegung irreführender Unterlagen den Vorwurf versuchter Strafvereitelung nicht begründen. Eine andere Beurteilung führe dazu, dass ein Rechtsanwalt nur das vorbringen dürfte, von dessen Richtigkeit er vollends überzeugt ist, was regelmäßig eine eingehenden Nachprüfung der vom Mandanten aufgestellten Behauptung erfordere und ihm im Falle bleibender Zweifel praktisch die Möglichkeit nehme, bestehende Rechte seines Mandanten wahrzunehmen.[1534] Auch was Zeugenaussagen betreffe dürfe der Verteidiger nicht wissentlich falsche Tatsachen behaupten und dafür Zeugen benennen. Solange er jedoch Zweifel habe, sei es ihm

---

[1532] BGHSt 46, 53 ff. = NJW 2000, 2433 = NStZ 2001, 145 ff. = JA 2001, 15 ff. = JR 2001, 291 ff. = StraFo 2000, 315 = StV 2000, 427 = wistra 2000, 301 (m. krit. Anm. *Cramer/Papadopoulos*, NStZ 2001, 148 f. u. *Scheffler*, JR 2001, 294 f.).
[1533] BGHSt 46, 53 [54].
[1534] BGHSt 46, 53 [55].

nicht verwehrt, den Zeugen zu benennen. Er würde ansonsten in Kauf nehmen, ein möglicherweise zuverlässiges, entlastendes Beweismittel zu unterdrücken.[1535]

Ein Verteidigerhandeln könne jedoch dann nicht mehr zulässig sein, wenn der Verteidiger darauf hinwirke, dass einem Zeugen für ein bestimmtes Aussageverhalten ohne sonstige Anspruchsgrundlage die Zahlung eines Geldbetrages versprochen werde. Bei einem derartigen »Erfolgshonorar« habe eine Abwägung zwischen der Pflicht, Beweisquellen nicht zu trüben, und dem Verteidigungsauftrag stattzufinden.[1536] Der Bundesgerichtshof hat jedoch im Ergebnis offen gelassen, ob das Verhalten im vorliegenden Fall die Grenze zur Unzulässigkeit überschritten hatte. Stattdessen hat er zum einen die Empfehlung ausgesprochen, derartige Vereinbarungen den anderen Verfahrensbeteiligten offen zu legen, wobei andererseits eine Rechtspflicht zur Offenlegung jedoch nicht bestehe.[1537] Letztlich hat er die Straffreiheit der Verteidigerin gem. § 258 StGB aber mit dem nicht hinreichend belegten subjektiven Tatbestand der Absicht oder Wissentlichkeit begründet. Denn die Rechtsprechung gehe im Fall der Beteiligung eines Strafverteidigers von erhöhten Beweisanforderungen aus. Vorliegend sei aber nicht hinreichend belegt, dass die Verteidigerin nicht mit dem inneren Vorbehalt gehandelt habe, das Gericht werde die Glaubhaftigkeit des Beweismittels seinerseits einer kritischen Überprüfung unterziehen.[1538] Dementsprechend hat der Bundesgerichtshof auch das voluntative Element des Anstiftervorsatzes im Rahmen der §§ 153, 26 StGB als nicht erwiesen angesehen.[1539]

V. Meinungsübersicht in Literatur und Rechtsprechung

Im Regelfall wird der Verteidiger einen voll verantwortlich handelnden Zeugen im Zusammenhang mit einem Beweisantrag benennen, § 219 Abs. 1 StPO, der

---

[1535] BGHSt 46, 53 [56].
[1536] BGHSt 46, 53 [57].
[1537] BGHSt 46, 53 [60].
[1538] BGHSt 46, 53 [58].
[1539] BGHSt 46, 53 [61].

dann vom Gericht geladen wird, § 214 Abs. 1 StPO.[1540] Es lassen sich dabei drei Grundkonstellationen ansteigender Strafwürdigkeit unterscheiden:

In der ersten Variante benennt der Verteidiger einen Zeugen im guten Glauben, er werde seiner Wahrheitspflicht nachkommen und richtige Angaben machen. Der Verteidiger erfährt oder bemerkt jedoch nach der Benennung, dass der Zeuge in der Verhandlung falsch aussagen wird. Relevant wird hier die Frage, ob der Verteidiger bereits durch die Benennung einen strafbaren Beitrag zur späteren unwahren Einlassung des Zeugen geleistet hat. Ebenso ist zu fragen, ob den Verteidiger nach der Erkenntnis eine Verpflichtung zur Verhinderung der durch ihn ermöglichten falschen Aussage trifft.

In der zweiten Situation erfährt der Verteidiger bereits vor der Benennung des Zeugen, dass dieser falsch aussagen will. Trotz dieser Ankündigung geht der Verteidiger aber davon aus, dass sich der Zeuge unter dem Einfluss des Ermahnung des Gerichts und einer möglicherweise drohenden Vereidigung noch auf seine Wahrheitspflicht besinnen wird.

In einer dritten Fallkonstellation weiß der Verteidiger sicher, dass der zu Vernehmende in jedem Fall unrichtige Angaben machen muss, etwa weil er mangels Anwesenheit am Tatort o.ä. keine zur Wahrheitsermittlung im Sinne des Beweisthemas dienlichen Angaben machen kann.

Der letzte Sachverhalt nähert sich am meisten der unverblümten Aufforderung zu einer Falschaussage an, die nach ganz allgemeiner Auffassung rechtlich missbilligt wird.[1541] Einkleiden lässt sich eine derartige Aufforderung rechtlich in die Form einer Beihilfe, § 27 StGB, Anstiftung, § 26 StGB, oder auch – im

---

[1540] Daneben kommt auch eine unmittelbare Ladung in Betracht, §§ 38, 220 Abs. 1, 386 Abs. 2 StPO, die im Ergebnis ebenso behandelt wird, vgl. auch *Krischer*, Die innerprozessuale Teilnahme an der uneidlichen Falschaussage und am Meineid, S. 39.
[1541] Vgl. BGHSt 31, 10 ff.; 29, 99 [107]; BGH NStZ 1983, 503 f.; *Beulke*, Die Strafbarkeit des Verteidigers, Rn. 92; *Bottke*, ZStW 96 [1984], 726 [758]; *Brei*, Grenzen zulässigen Verteidigerhandelns, S. 289; *Heinicke*, Der Beschuldigte und sein Verteidiger, S. 498; KK-*Laufhütte*, Vor § 137 Rn. 6; *Lukanow*, Der Missbrauch der Verteidigerstellung im englischen und deutschen Strafprozess, S. 55 f.; *Mehle*, in: Koch-FG, S. 179 [181]; *Ostendorf*, NJW 1978, 1345 [1349]; *Otto*, Jura 1987, 329 [330]; *Pfeiffer*, DRiZ 1984, 341 [346]; *ders.*, StPO Vor § 137 Rn. 1; *Roxin*, Strafverfahrensrecht, § 19 Rn. 61; LK-*Ruß*, § 258 Rn. 20b; *Strzyz*, Die Abgrenzung von Strafverteidigung und Strafvereitelung, S. 240; *Stumpf*, Die Strafbarkeit des Strafverteidigers wegen Strafvereitelung (§ 258 StGB), S. 202 f.; *Tröndle/Fischer*, § 258 Rn. 11; *Widmaier*, in: BGH-FS IV, S. 1043 [1059].

Falle eines *omnimodo facturus* als Zeugen – als versuchte Anstiftung zum Meineid, §§ 154, 30 Abs. 1 StGB bzw. zur Falschaussage im Fall des § 159 StGB, der die Reichweite des § 30 StGB auf die Vergehen der §§ 153, 156 StGB erstreckt.

1. Der nachträglich falsch aussagende Zeuge

a. Teilnahme durch Unterlassen und das Problem der Garantenpflicht

Da dem Verteidiger in der ersten Konstellation im Zeitpunkt der Benennung offensichtlich der Vorsatz für ein Aussagedelikt fehlt, geht eine vor allem in der Rechtsprechung, aber auch im Schrifttum vertretene Auffassung von einer möglichen Teilnahme durch Unterlassen des späteren Einschreitens aus.[1542] Eine dafür erforderliche Garantenstellung lässt sich jedoch weder aus dem Standesrecht[1543] noch aus dem Prozessrecht ableiten.[1544] Damit kommt allein die Begründung einer Garantenpflicht aus pflichtwidrigem Vorverhalten (Ingerenz) in Betracht. Die Rechtsprechung bejaht eine Ingerenz, wenn das Vorverhalten den Zeugen in eine dem Prozess nicht mehr eigentümliche und damit inadäquate Gefahr der Falschaussage gebracht hat.[1545] Die Benennung als Zeuge allein reiche dafür jedoch noch nicht aus.[1546] Es bedürfe vielmehr weiterer hinzutretender Umstände, die die Versuchung einer unrichtigen Sachdarstellung für den Zeugen unwiderstehlich machten.[1547]

[1542] Vgl. BGHSt 1, 22 [27]; 2, 129 [133]; 3, 18 [19]; 4, 217 [218]; 14, 229 [230]; 17, 321 [323]; vgl. auch OLG Hamm, NJW 1992, 1977 [1977]; *Prittwitz*, StV 1995, 270 [270]; *Scheffler*, GA 1993, 341 [349]; *Tröndle/Fischer*, § 153 Rn. 15.
[1543] BGHSt 4, 327 [331]; Sch/Sch-*Lenckner*, Vor §§ 153 ff. Rn. 38; *H.E.Müller*, Falsche Zeugenaussage und Beteiligungslehre, S. 272; LK-*Ruß*, § 154 Rn. 19; *Tröndle/Fischer*, § 153 Rn. 15, § 154 Rn. 17.
[1544] *Stumpf*, Die Strafbarkeit des Strafverteidigers wegen Strafvereitelung (§ 258 StGB), S. 100 f., 203.
[1545] Vgl. BGHSt 3, 203 [205]; 4, 327 [329 f.]; 17, 321 [323]; 19, 152 [155]; 26, 35 [38]; OLG Braunschweig, GA 1977, 240 [242]; OLG Hamm, NJW 1992, 1977 [1978]; krit. *H.E.Müller*, Falsche Zeugenaussage und Beteiligungslehre, S. 302 ff.
[1546] Vgl. BGHSt 4, 327 [328]; OLG Hamm, NJW 1992, 1977 [1977].
[1547] Vgl. BGHSt 6, 322 [323]; BGH, Urteil vom 27.10.1955 – 4 StR 306/55, S. 7 (unveröffentlicht).

Die Wissenschaft stellt dagegen zum Teil maßgebend auf das Eigenverantwortlichkeitsprinzip ab.[1548] Bei der Beteiligung eines voll verantwortlichen Zeugen bleibe nur ein äußerst schmaler Anwendungsbereich für die Begründung einer Garantenpflicht des Verteidigers. Da eine Unterlassung gegenüber einer voll deliktischen Teilnahmehandlung schon aus allgemeinen dogmatischen Gründen zurücktrete, werde die Frage einer Unterlassungsstrafbarkeit ohnehin nur bei fahrlässigen Handlungen virulent.[1549] Etwas anderes gelte allenfalls bei der Benennung einer schuldlosen, etwa unzurechnungsfähigen oder im Notstand befindlichen Person. Eine Garantenpflicht im Sinne einer Erfolgsabwendungspflicht könne dem Verteidiger daher nur auferlegt werden, wenn die aussagende Person einen solchen »Defekt« aufweise und dieser für den Verteidiger im Zeitpunkt der Benennung auch objektiv erkennbar gewesen sei.[1550] Denn in diesen Fällen stehe im Gegensatz zur bloßen »Versuchung« des voll verantwortlichen Täters beim schuldlos Handelnden eine veritable Gefahr der Verwirklichung einer Rechtsverletzung gegenüber.[1551]

b. Stellungnahme und Kritik

Wer eine Garantenpflicht bejaht, muss zwangsläufig ausblenden, dass es für eine Strafbarkeitsbegründung durch Ingerenz selbstverständlich auch bei den Aussagedelikten einer rechtlich missbilligten Gefahrschaffung bedarf.[1552] Die Begründung eines derartigen Vorverhaltens könnte sich in den denkbaren Fallkonstellationen aber nur durch die zwei Momente der Benennung oder der nachträglichen Erkenntnis ergeben.

[1548] Vgl. *Bockelmann*, NJW 1954, 697 [700]; Sch/Sch-*Lenckner*, Vor §§ 153 Rn. 40; *Scheffler*, GA 1993, 341 [350]; Sch/Sch-*Stree*, § 13 Rn. 39; *Welp*, Vorangegangenes Tun als Grundlage einer Handlungsäquivalenz der Unterlassung, S. 280 ff.; vgl. auch *Vormbaum*, Der strafrechtliche Schutz des Strafurteils, S. 290 f.
[1549] *Welp*, Vorangegangenes Tun als Grundlage einer Handlungsäquivalenz der Unterlassung, S. 283 ff.
[1550] *Scheffler*, GA 1993, 341 [350]; *Welp*, Vorangegangenes Tun als Grundlage einer Handlungsäquivalenz der Unterlassung, S. 309.
[1551] *Scheffler*, GA 1993, 341 [350].
[1552] Vgl. LK-*Jescheck*, § 13 Rn. 33; *Maurach/Schroeder/Maiwald*, BT/2, § 75 Rn. 82; SK/StGB-*Rudolphi*, § 13 Rn. 39 ff., 42; *Scheffler*, GA 1993, 341 [344]; Sch/Sch-*Stree*, § 13 Rn. 35 ff.; *Tröndle/Fischer*, § 13 Rn. 4, 5 ff.; *Wessels/Beulke*, AT Rn. 725; *Zeifang*, Die eigene Strafbarkeit des Strafverteidigers, S. 316; a.A. *Welp*, Vorangegangenes Tun als Grundlage einer Handlungsäquivalenz der Unterlassung, S. 209 ff.

Der erste Anknüpfungspunkt scheidet bereits aus dogmatischen und prozessualen Gründen aus. Die (gutgläubige) Benennung eines Zeugen kommt nicht als pflichtwidriges Vorverhalten zur Strafbarkeitsbegründung in Betracht. Benennung und Befragung von Zeugen gehören zu den »prozessualen Grundrechten« des Beschuldigten[1553] und sind in der Strafprozessordnung explizit zugelassen (vgl. §§ 219, 220, 244, 245, 240 Abs.2, 257 StPO). Die Präsentation von Zeugen ist daher vom Verteidiger in seiner Funktion als Beistand auch rechtsstaatlich gefordert. Zum anderen ist ein Zeuge nach § 69 StPO zu wahrheitsgemäßen Angaben verpflichtet und in Konfliktfällen durch das Zeugnisverweigerungsrecht gem. §§ 52, 53 StPO geschützt, so dass der Verteidiger grundsätzlich ohne weitere Anhaltspunkte von einer wahrheitsgemäßen Tatsachenbekundung ausgehen darf.[1554] Eine inadäquate oder gar pflichtwidrige Gefahrschaffung liegt in diesem Fall nicht vor.[1555]

Folglich bietet sich als einziger verbleibender Anknüpfungszeitpunkt für die Begründung einer Garantenpflicht die nachträgliche Erkenntnis an, dass der Zeuge falsch aussagen wird. Wollte man aus dem Nichteinschreiten eine Garantenpflicht begründen, müsste dies selbst ein pflichtwidriges oder sogar rechtswidriges Vorverhalten darstellen. Da der Verteidiger aber nur ein normatives Lügeverbot, nicht jedoch eine Pflicht zur Wahrheit auch zu Lasten des Beschuldigten hat, ist er bei nachträglicher Erkenntnis nicht zur Verhinderung einer falschen Aussage verpflichtet. Schon wegen seiner Stellung als Beistand trifft ihn keine Pflicht zum korrigierenden Einschreiten.[1556] Der Verteidiger hat vielmehr schon grundsätzlich keine (Garanten-) Pflicht, der unwahren Aussage eines Zeugen (möglicherweise sogar zu Lasten seines Mandanten) zu widersprechen.[1557] Erfährt oder bemerkt der Verteidiger daher erst nach der Benennung

---

[1553] BGHSt 31, 16 [19]; LG Münster, StV 1994, 134 [134].
[1554] Vgl. *Haferland*, Die strafrechtliche Verantwortlichkeit des Verteidigers, S. 45.
[1555] Zutr. LK-*Ruß*, § 154 Rn. 19; *Zeifang*, Die eigene Strafbarkeit des Strafverteidigers, S. 315.
[1556] Vgl. vor allem hinsichtlich § 258 StGB *Ackermann*, NJW 1954, 1385 [1386]; *Beulke*, Die Strafbarkeit des Verteidigers, Rn. 94; *ders.*, Der Verteidiger im Strafverfahren, S. 152 Fn. 32; *Heeb*, Grundsätze und Grenzen der anwaltlichen Strafverteidigung und ihre Anwendung auf den Fall der Mandatsübernahme, S. 72 f.; *Heinicke*, Der Beschuldigte und sein Verteidiger, S. 496; *Müller-Dietz*, Jura 1979, 242 [252]; *Pfeiffer*, DRiZ 1984, 341 [346]; *Widmaier*, in: BGH-FS IV, S. 1043 [1059]; *Zeifang*, Die eigene Strafbarkeit des Strafverteidigers, S. 318.
[1557] BGH, Urteil vom 08.01.1957 – 5 StR 360/56, S. 5 (unveröffentlicht).

des Zeugen, dass dieser die Unwahrheit bekunden wird, macht er sich nicht wegen Beteiligung an einem Aussagedelikt durch Unterlassen strafbar.

2. Die Benennung eines möglicherweise falsch aussagenden Zeugen

Während in der ersten Fallgruppe die Präsentation des Zeugen offensichtlich rechtmäßig war und keinerlei Anhaltspunkte für eine Ingerenz bot, lässt sich dies in der zweiten Konstellation nicht ohne weiteres behaupten. Hat der Verteidiger bereits bei der Benennung Zweifel, ob der Zeuge unrichtige Angaben machen wird, ließe sich mit der Rechtsprechung möglicherweise eine inadäquate Gefahrschaffung bejahen, so dass die Frage einer Garantenpflicht virulent werden könnte. Allerdings ist schon aus grundsätzlichen Erwägungen zweifelhaft, ob eine Unterlassungslösung überhaupt dogmatisch korrekt sein kann. Denn nach allgemeinen Kriterien der Abgrenzung von Tun und Unterlassen liegt bei genauer Betrachtung der Schwerpunkt des strafrechtlichen Verhaltens bereits im Benennen des Beweismittels und nicht erst darin, dass die Verhinderung einer Falschaussage unterlassen wird. Ein strafrechtlicher Vorwurf kann daher schon an ein aktives Tun angeknüpft werden. Der Konstruktion eines pflichtenbegründenden Vorverhaltens für eine mögliche Strafbarkeit bedarf es damit nicht mehr.[1558] Ein davon abweichendes Ergebnis würde zu dem zweifelhaften Effekt führen, dass ein rechtmäßiges aktives Verhalten über die Hintertür einer unechten Unterlassungstäterschaft doch noch pönalisiert würde.[1559] Bedürfte es aber einer rechtlich missbilligten Vorhandlung, um eine Garantenpflicht zu begründen, würde die Schwerpunktbildung beim aktiven Tun eine subsidiäre unechte Unterlassungsstrafbarkeit verdrängen.[1560] Bei der Benennung eines Zeugen muss

---

[1558] Ebenso *Brammsen*, StV 1994, 135 [136]; *Krischer*, Die innerprozessuale Teilnahme an der uneidlichen Falschaussage und am Meineid, S. 29 ff., 127 f., 281 f.; *Maurach/Schroeder/Maiwald*, BT/2, § 75 Rn. 85; LK-*Ruß*, § 154 Rn. 15, 17; *Stumpf*, Die Strafbarkeit des Strafverteidigers wegen Strafvereitelung (§ 258 StGB), S. 195; NK-*Vormbaum*, § 153 Rn. 113; *ders.*, Der strafrechtliche Schutz des Strafurteils, S. 285 f., 289; *Zeifang*, Die eigene Strafbarkeit des Strafverteidigers, S. 291.
[1559] *Stumpf*, Die Strafbarkeit des Strafverteidigers wegen Strafvereitelung (§ 258 StGB), S. 207 m.w.N.; vgl. auch *Brammsen*, StV 1994, 135 [138].
[1560] Vgl. *Brammsen*, StV 1994, 135 [138]; *Bockelmann*, NJW 1954, 697 [699]; LK-*Ruß*, § 154 Rn. 17; *Stumpf*, Die Strafbarkeit des Strafverteidigers wegen Strafvereitelung (§ 258 StGB), S. 207; *Vormbaum*, Der strafrechtliche Schutz des Strafurteils, S. 285 f.; *Welp*, Vorangegangenes Tun als Grundlage einer Handlungsäquivalenz der Unterlassung, S. 321 ff., 335 ff.

vielmehr über Argumentationsmuster wie die objektive Zurechnung versucht werden, an das aktive Tun der Benennung anzuknüpfen.

a. Die aktive Teilnahmelösung

Innerhalb der Teilnahmeformen durch positives Tun ist bei der Benennung eines Zeugen nach allgemeinen Kriterien zwischen Anstiftung und Beihilfe abzugrenzen. Die Art der Teilnahme ist folglich davon abhängig, ob der Verteidiger den endgültigen Entschluss des falsch Aussagenden durch die Benennung erst hervorruft (dann Anstiftung, § 26 StGB) oder ihn lediglich in einem bereits gefassten Entschluss bestärkt (dann entweder psychische Beihilfe, § 27 StGB, oder versuchte Anstiftung, §§ 154, 30 Abs. 1 StGB bzw. § 159 StGB).[1561] In der überwiegenden Mehrzahl der Fälle wird mit der Benennung allein aber noch kein Tatentschluss beim Zeugen hervorgerufen werden. Dies erschließt sich daraus, dass die Beweisbehauptung bei der Zeugenladung zumeist nicht mitgeteilt wird und die Vernehmung umfassend, d.h. nicht begrenzt auf den Beweisbeschluss erfolgt.[1562] Auch wird die Annahme einer Anstiftung oft daran scheitern, dass zumindest irgendein kommunikativer Akt zwischen Anstiftendem und Aussagendem gefordert werden muss. Die bloße Verursachung der Tat im Sinne der Schaffung objektiver Tatanreize reicht nicht aus, solange darin nicht konkludent eine weiter gehende eindeutige Gedankenerklärung liegt.[1563] Eine Anstiftung kommt daher sinnvollerweise nur im Vorfeld eines Prozesses in Betracht. In den typischen unmittelbaren Prozesskonstellationen wird daher meistens eine Beihilfe vorliegen.

Eine Beihilfe durch positives Tun wird dann für möglich gehalten, wenn der Gehilfe den Täter in einem schon gefassten Entschluss zur Falschaussage bestärkt oder für ihn äußere Umstände günstiger gestaltet oder Hindernisse aus

---

[1561] Vgl. Sch/Sch-*Lenckner*, Vor §§ 153 ff. Rn. 37; LK-*Ruß*, § 154 Rn. 15; zu den Voraussetzungen im Einzelnen vgl. *Wessels/Beulke*, AT Rn. 567 ff., 581 ff.
[1562] Zutr. *Heinrich*, JuS 1995, 1115 [1117]; *Zeifang*, Die eigene Strafbarkeit des Strafverteidigers, S. 294 f.
[1563] Vgl. Sch/Sch-*Cramer/Heine*, § 26 Rn. 4 f.; LK-*Roxin*, § 26 Rn. 15; *Tröndle/Fischer*, § 26 Rn. 3; *Wessels/Beulke*, AT Rn. 568; *Zeifang*, Die eigene Strafbarkeit des Strafverteidigers, S. 294 f.

dem Weg räumt oder fernhält.[1564] Dies soll dann der Fall sein, wenn eine Person als Zeuge benannt wird, die sich von allein zur Leistung einer falschen Aussage bereit erklärt hat.[1565] Eine Benennung ohne vorherige Absprache bei unklarer Beweislage soll jedoch nicht genügen.[1566] Es müsse zumindest ein »geheimes Einvernehmen«[1567] oder ein »gegenseitiges Ermuntern«[1568] gefordert werden. Das OLG Hamm[1569] hat in einer Entscheidung die bloße Benennung eines Zeugen sogar erst gar nicht als kausalen[1570] Tatbeitrag i.S.d. § 27 StGB gewertet. Der Zeuge entscheide eigenverantwortlich über seine Angaben, so dass es noch nicht genüge, wenn lediglich die Möglichkeit für eine Falschaussage geschaffen werde. Die Schwelle zur Beihilfe sei erst bei einer günstigeren Gestaltung der Tat überschritten. Diese könne darin liegen, dass unwahre Angaben vorher verabredet, der Aussagende in seinem bereits getroffenen Entschluss bestärkt oder eine Zusage für die Deckung der Falschaussage gegeben werde.[1571]

Der Gedanke, die Benennung eines Zeugen konstruktiv lediglich als Eröffnung eines Forums zu sehen, in dem der zu Vernehmende dann selbstständig über den Inhalt seiner Einlassung entscheidet, hat in der Wissenschaft einige Zustimmung gefunden. In der Konsequenz wird die Strafbarkeit der Beteiligung an einer solchen frei verantwortlichen Falschaussage daher zumeist abgelehnt.[1572] Solange

---

[1564] BGHSt 2, 129 [131 f.]; 17, 321 [323]; LK-*Ruß*, § 154 Rn. 14; vgl. auch OLG Hamm, NJW 1992, 1977 [1977].
[1565] BGH VRS 1983, 185 [187].
[1566] LK-*Ruß*, § 154 Rn. 14.
[1567] BGH4 StR 306/55 vom 27.10.1955, S. 2 (unveröffentlicht); vgl. auch *Otto*, JuS 1984, 161 [169]; *ders.*, Strafrecht BT, § 97 Rn. 73.
[1568] BGH VRS 1983, 185 [187].
[1569] OLG Hamm, NJW 1992, 1977 ff.
[1570] Gemeint war wohl eher, dass die Falschaussage objektiv nicht zurechenbar war.
[1571] OLG Hamm, NJW 1992, 1977 [1977]; vgl. auch *Otto*, JuS 1984, 161 [169].
[1572] Vgl. BGHSt 4, 327 [328]; BGH 4 StR 306/55 vom 27.10.1955, S. 4 (unveröffentlicht); *Bockelmann*, NJW 1954, 697 [700]; *Grabenweger*, Die Grenzen rechtmäßiger Strafverteidigung, S. 218 f. (zum Recht in Österreich); *Heinrich*, JuS 1995, 1115 [1120]; *Kempf*, in: Brüssow/Gatzweiler/Krekeler/Mehle, § 1 Rn. 72; *Krischer*, Die innerprozessuale Teilnahme an der uneidlichen Falschaussage und am Meineid, S. 268 f.; Sch/Sch-*Lenckner*, Vor §§ 153 ff. Rn. 40; *Otto*, JuS 1984, 161 [169]; *ders.*, Strafrecht BT, § 97 Rn. 73; SK/StGB-*Rudolphi*, Vor § 153 Rn. 50; *Scheffler*, GA 1993, 341 [348]; *Stumpf*, Die Strafbarkeit des Strafverteidigers wegen Strafvereitelung (§ 258 StGB), S. 198 f.; *Vormbaum*, Der strafrechtliche Schutz des Strafurteils, S. 290, 421; *Wassmann*, Strafverteidigung und Strafvereitelung, S. 172; eingehend *Krischer*, Die innerprozessuale Teilnahme an der uneidlichen Falschaussage und am Meineid, S. 261 ff.; krit. *Zeifang*, Die eigene Strafbarkeit des Strafverteidigers, S. 240 ff., 297.

der Verteidiger eine Falschaussage nur für möglich halte, dürfe er seinem Verteidigungsauftrag folgend dem Beschuldigten ein solches Beweismittel nicht vorenthalten, solange er nicht mit bedenklichen Mitteln auf den Zeugen einwirke.[1573] Die Grenzen zulässigen Verteidigerhandelns seien beispielsweise erst beim Inaussichtstellen eines finanziellen Vorteils für eine bestimmte Einlassung überschritten, wenn es sich aufdränge, dass die dadurch bewirkte Aussage falsch sein müsse.[1574]

Zum Teil wird im Kontext von Angeklagtem und Zeugen eine differenziertere Betrachtung vorgenommen. Nach Auffassung von *Krischer* seien durch die Ausgestaltung der Verfahrensrollen in einer prozessualen Situation der Zeugenvernehmung Konfliktsituationen bereits antizipiert berücksichtigt, so dass einer eigenverantwortlichen Aussage des Zeugen mit der Folge der Straflosigkeit des Teilnehmers dort nichts im Wege stehe.[1575] Anders sehe dies allerdings in Fällen aus, in denen konstruktiv eine mittelbare Täterschaft oder Mittäterschaft vorliegen würde. Denn dann verlasse der Teilnehmer durch das Zusammenwirken mit dem Zeugen seine prozessuale Rolle. Hier überwiege das Interesse an der zuverlässigen Tatsachen- und Wahrheitsermittlung das Interesse der Prozessbeteiligten an ungehinderter Prozessführung, so dass eine Strafbarkeit in Betracht komme.[1576]

b. Stellungnahme und Kritik

Entgegen der Ansicht des OLG Hamm wird durch die Benennung eines Zeugen sehr wohl ein kausaler Beitrag für eine folgende Falschaussage gesetzt.[1577] Denn erst die Benennung ermöglicht dem Zeugen überhaupt die Aussage im Prozess. Unterbrochen wird aber möglicherweise der objektive Zurechnungszusammen-

---

[1573] *Widmaier*, in: BGH-FS IV, S. 1043 [1060].
[1574] *Widmaier*, in: BGH-FS IV, S. 1043 [1060] unter Verweis auf BGHSt 46, 53 ff.
[1575] *Krischer*, Die innerprozessuale Teilnahme an der uneidlichen Falschaussage und am Meineid, S. 265 ff., 268 f.
[1576] Vgl. *Krischer*, Die innerprozessuale Teilnahme an der uneidlichen Falschaussage und am Meineid, S. 270 f., der allerdings offen lässt, ob diese für den Angeklagten geltende Wertung wegen der besonderen Stellung des Verteidigers auch auf diesen übertragbar wäre, a.a.O., S. 280 f.
[1577] Zutr. *Stumpf*, Die Strafbarkeit des Strafverteidigers wegen Strafvereitelung (§ 258 StGB), S. 198; *Zeifang*, Die eigene Strafbarkeit des Strafverteidigers, S. 297; zur Unterscheidung von Kausalität und objektiver Zurechnung vgl. *Wessels/Beulke*, AT Rn. 154 ff.

hang, wenn der Zeuge eigenverantwortlich aussagt. Darin unterscheidet sich die Konstellation einer Falschaussage maßgeblich vom Einbringen einer falschen Urkunde. Eine Falschaussage könnte dem Verteidiger nicht mehr als sein Werk zugerechnet werden. Objektiv zurechenbar ist ein Erfolg allgemein, wenn vom Täter eine rechtlich relevante Gefahr geschaffen wird, die sich im tatbestandsmäßigen Erfolg realisiert.[1578] Grundsätzlich ist die objektive Zurechnung bzw. konkret das Eigenverantwortlichkeitsprinzip durchaus geeignet, den Zurechnungszusammenhang bei der vorsätzlich begehbaren Teilnahme zu unterbrechen.[1579] Für den Fall, dass der Verteidiger lediglich Zweifel an der Wahrheit einer zu erwartenden Aussage hat und den Zeugen dennoch benennt, scheidet eine Strafbarkeit nach den genannten Kriterien jedoch schon aus Zurechnungsgesichtspunkten unabhängig vom Vorsatz aus, wenn der Zeuge später falsch aussagt. Dies ergibt sich vor allem aus zwei Gesichtspunkten. Erstens hat der Verteidiger in diesem Fall schon *per definitionem* keine rechtlich missbilligte Gefahr geschaffen, da wie bereits ausgeführt eine Zeugenbenennung prozessual erlaubt und sogar verfassungsrechtlich geboten ist. Zweitens liegt die Aussage des Zeugen in dessen freier Verantwortung, so dass seine eigenverantwortlichen Angaben nicht auf eine Gefahrschaffung durch den Verteidiger zurückgeführt werden kann. Folglich ist der Zurechnungszusammenhang zwischen Benennung und Aussage unterbrochen.

Eine gesonderte Betrachtung erfordert in diesem Kontext allerdings die Benennung eines schuldunfähigen Zeugen oder eines Zeugen, der einem anderweitigen Defekt unterliegt, der die Eigenverantwortlichkeit der Aussage einschränkt. Kennt der Verteidiger den Defekt des Aussagenden, ist der Zurechnungszusammenhang nicht unterbrochen, da die Angaben des Betreffenden aufgrund des Defekts nicht als eigenverantwortlich gewertet werden können. Vorbehaltlich einer verteidigungsspezifischen Auslegung kommt in diesem Fall nach rein dogmatischen Kriterien eine Strafbarkeit des Verteidigers in Betracht.

[1578] LK-*Jescheck*, Vor § 13 Rn. 64 ff.; Sch/Sch-*Lenckner*, Vor §§ 13 ff. Rn. 92; SK/StGB-*Rudolphi*, Vor § 1 Rn. 57; *Tröndle/Fischer*, Vor § 13 Rn. 17; *Wessels/Beulke*, AT Rn. 179.
[1579] Zu Unrecht a.A. *Zeifang*, Die eigene Strafbarkeit des Strafverteidigers, S. 240 ff.; 297.

3. Benennung eines Zeugen in Kenntnis einer bevorstehenden Falschaussage

a. Die Ansicht von Rechtsprechung und Wissenschaft

Keine Zurechnungsschwierigkeiten ergeben sich auch, wenn der Verteidiger einen Zeugen benennt, von dem er weiß, dass er eine konkrete Falschaussage machen wird. Ein solches Verhalten wird dementsprechend allgemein als strafbar angesehen.[1580] Dabei braucht sich der Verteidiger nach herrschender Ansicht nicht einmal zwingend vorher mit dem Aussagenden über den Inhalt einer Einlassung verständigt zu haben. Es soll vielmehr ausreichen, dass der Verteidiger aus zuverlässiger Quelle weiß, dass der Zeuge nicht die Wahrheit angeben wird, und er ihn trotz oder gerade wegen dieser Kenntnis als Beweismittel benennt.[1581] Nach zutreffender Ansicht kann sich der Verteidiger dann jedenfalls nicht auf ein Entfallen des Zurechnungszusammenhangs berufen, denn die Eigenverantwortlichkeit des Zeugen für die Richtigkeit seiner Aussage ist in diesem Fall für sich genommen nicht stark genug, um den Zurechnungszusammenhang zwischen Zeugenbenennung und späterer Falschaussage zu durchbrechen.[1582]
Nach Auffassung von *H.E.Müller* liegt die Begründung der Strafbarkeit dagegen in der Frage der Funktionalität des Straf- bzw. genauer: des Beweisverfahrens

---

[1580] Vgl. RGSt 66, 316 [317]; BGHSt 29, 99 [107]; BGH NStZ 1983, 503 [504] (mit Anm. *Beulke*); BGH StV 2000, 427 [428, 430]; OLG Düsseldorf, StV 1998, 550 [552]; *Beulke*, Die Strafbarkeit des Verteidigers, Rn. 93; *Beulke*, Der Verteidiger im Strafverfahren, S. 151; *Bottke*, ZStW 96 [1984], 726 [742]; *Lamberti*, Strafvereitelung durch Strafverteidiger, S. 211; *Müller-Dietz*, Jura 1979, 242 [252]; *Pfeiffer*, DRiZ 1984, 341 [345]; *ders.*, StPO, Vor § 137 Rn. 1; *Rietmann*, Zur Strafbarkeit von Verfahrenshandlungen, S. 173 f.; *Rückel*, Strafverteidigung und Zeugenbeweis, Rn. 6, 27; LK-*Ruß*, § 154 Rn. 14; *Stumpf*, Die Strafbarkeit des Strafverteidigers wegen Strafvereitelung (§ 258 StGB), S. 202; *Tröndle/Fischer*, § 258 Rn. 11; *Waldhorn*, Das Verhältnis von Strafverteidigung und Begünstigung, S. 42; *Widmaier*, in: BGH-FS IV, S. 1043 [1060]; *Wohlers*, StV 2001, 420 [422]; *Zeifang*, Die eigene Strafbarkeit des Strafverteidigers, S. 306 f.

[1581] Vgl. *Bockelmann*, NJW 1954, 697 [699]; *Brammsen*, StV 1994, 135 [136 ff.]; LK-*Ruß*, § 154 Rn. 15; *Stumpf*, Die Strafbarkeit des Strafverteidigers wegen Strafvereitelung (§ 258 StGB), S. 195 f., 201 f.; zust. *Vormbaum*, Der strafrechtliche Schutz des Strafurteils, S. 294; *Welp*, Vorangegangenes Tun als Grundlage einer Handlungsäquivalenz der Unterlassung, S. 311 Fn. 97.

[1582] *Beulke*, Die Strafbarkeit des Verteidigers, Rn. 93; zust. *Widmaier*, in: BGH-FS IV, S. 1043 [1059]; vgl. auch *Stumpf*, Die Strafbarkeit des Strafverteidigers wegen Strafvereitelung (§ 258 StGB), S. 199, der auf den Vertrauensgrundsatz abstellt.

begründet. Ausgehend von der Wahrheitsfindung als Ziel des Beweisverfahrens müssten Aussagen stets als potentiell falsch behandelt und dementsprechend erst im Laufe des Strafprozesses verifiziert oder falsifiziert werden.[1583] Eine insofern funktionsgerechte Handlung könne nicht wegen Teilnahme an einem Aussagedelikt strafbar sein, da sonst das geschützte Rechtsgut blockiert würde.[1584] Strafrechtliche Relevanz könne eine Zeugenbenennung allenfalls bei einer nicht funktionsgerechten Aussage erhalten. Dies sei der Fall, wenn der Benennende wisse, dass der Zeuge selbst bei wahrheitsgemäßer Aussage überhaupt nichts zum Untersuchungsgegenstand mitteilen könnte.[1585] Gleiches gelte auch für den Verteidiger, zu dessen Gunsten keine Privilegierungen im Vergleich zum Beschuldigten in Betracht kämen.[1586]

Auch *Stumpf*[1587] unterscheidet hinsichtlich der Kenntnis des Verteidigers. Erst wenn er wissentlich einen zu einer Falschaussage bereits fest entschlossenen Zeugen in das Verfahren einführe oder jedenfalls trotz konkret erkennbarer Gefahr der Verwirklichung des Strafvereitelungstatbestands und objektiv eindeutig deliktischem Sinnbezug einen Zeugen benenne, von dem er sicher wisse, dass er mangels Wahrnehmung keinerlei sachdienliche Angaben machen könne, mache sich ein Verteidiger strafbar.

Noch einen Schritt weiter geht *Zeifang*, der maßgeblich auf die Ordnungsgemäßheit der Prozesshandlung abstellt. Nach seiner Ansicht soll eine Strafbarkeit wegen Teilnahme an einem Aussagedelikt selbst dann entfallen, wenn der Verteidiger bei der Benennung Kenntnis von einer bevorstehenden Falschaussage hat, solange der Zeuge von sich aus zur Falschaussage entschlossen ist.[1588] Voraussetzung dafür sei aber, dass der Verteidiger prozessordnungsgemäß handele und ihm keine sonstige Prozessordnungswidrigkeit (scil.: im Sinne der von *Zeifang* vorgeschlagenen fünf Verbote, hier vor allem des Verdunkelungs- und Lügeverbots) vorzuwerfen sei. Der präparierte Zeuge entschließe sich gerade nicht frei verantwortlich zur Falschaussage. Die Benennung eines solchen Zeugen

---

[1583] *H.E.Müller*, Falsche Zeugenaussage und Beteiligungslehre, S. 206 f.
[1584] *H.E.Müller*, Falsche Zeugenaussage und Beteiligungslehre, S. 205.
[1585] *H.E.Müller*, Falsche Zeugenaussage und Beteiligungslehre, S. 209.
[1586] *H.E.Müller*, Falsche Zeugenaussage und Beteiligungslehre, S. 226 ff.
[1587] *Stumpf*, Die Strafbarkeit des Strafverteidigers wegen Strafvereitelung (§ 258 StGB), S. 202 f.
[1588] *Zeifang*, Die eigene Strafbarkeit des Strafverteidigers, S. 200 f.

enthalte einen deutlich höheren, die Zurechenbarkeit rechtfertigenden Unrechtsgehalt.[1589]

b. Stellungnahme und Kritik

Der von *Zeifang* vollführte Spagat zwischen der bewussten Benennung eines Zeugen, der von sich aus zur Falschaussage entschlossen ist (=ordnungsgemäß und nicht strafbar), und einem Zeugen, der vom Beschuldigten oder durch Dritte manipuliert wurde (=nicht ordnungsgemäß und strafbar), will weder angesichts des von den §§ 153 ff. StGB geschützten Rechtsguts noch vor dem Hintergrund des von *Zeifang* vertretenen Verdunkelungs- und Lügeverbots des Verteidigers einleuchten. Denn die Benennung des einen kann ebenso gegen das Lügeverbot verstoßen wie die Benennung des anderen. Auch die Begründung, dass die Benennung eines präparierten Zeugen im Gegensatz zur Benennung eines bereits selbst zur Falschaussage entschlossenen Zeugen nicht mehr im verständigen Interesse der Öffentlichkeit an einer wahrheitsgemäßen Tatsachenfeststellung liegen soll,[1590] vermag vom unterschiedslosen Ergebnis der beiden Konstellationen nicht zu überzeugen.

Demgegenüber geht *H.E.Müller* von der zutreffenden Prämisse aus, dass die §§ 153 ff. StGB als Rechtspflegedelikte die Wahrheitsfindung erst als Endziel anvisieren. Eine antizipierte Beurteilung einer Aussage durch den Benennenden wäre hinsichtlich des Verfahrensziels nicht interessengerecht. Zutreffend ist auch, dass eine Strafbarkeit erst bei erkannter Unmöglichkeit der Wahrheitsfindung (mit befürchteter oder sogar gewollter Falschaussage) in Betracht kommt, so dass diese Überlegungen mit in die verteidigungsspezifische Auslegung einfließen können.

VI. Eigene Ansicht

Nach der Feststellung der grundsätzlichen Möglichkeiten einer Teilnahmestrafbarkeit ist nun zu prüfen, inwieweit dieses Ergebnis aus prozess- und verfassungsrechtlicher Sicht einer Korrektur bedarf. Nach überwiegender Meinung kommt dem Prozessrecht im Rahmen der Aussagedelikte insoweit Bedeutung zu, als ein prozessual zulässiges Verhalten keine Teilnehmerstrafbarkeit begründen

---

[1589] *Zeifang*, Die eigene Strafbarkeit des Strafverteidigers, S. 204 f., 306 f.
[1590] So aber *Zeifang*, Die eigene Strafbarkeit des Strafverteidigers, S. 307.

könne. Denn es sei nicht sinnvoll, dass materiell-strafrechtlich verboten werde, was prozessual erlaubt sei.[1591]

Eine Einschränkung kann sich auch im Rahmen der Aussagedelikte im Hinblick auf das geschützte Rechtsgut und die Funktion des Strafverteidigers als Wahrer der Unschuldsvermutung ergeben. Bei der Benennung eines Zeugen oder der Präsentation eines Sachverständigen bewegt sich der Verteidiger grundsätzlich im Rahmen zulässiger Verteidigung und damit im Einklang mit den Zielen der von den §§ 153 ff. StGB geschützten Rechtspflege. Selbst wenn der Verteidiger nicht mit Sicherheit davon ausgehen kann, dass eine angestrebte Vernehmung etwas zur Wahrheitsfindung beitragen kann, ist er prozessual zur effektiven Durchsetzung der Unschuldsvermutung zur Benennung des Zeugen verpflichtet. Daher muss eine verteidigungsspezifische Auslegung, die der Bedeutung der Unschuldsvermutung und der Strafverteidigung als Institution Rechnung trägt, zu dem Ergebnis führen, dass der Verteidiger auch hinsichtlich einer Strafbarkeit wegen Aussagedelikten gem. §§ 153 ff. StGB grundsätzlich zu privilegieren ist.[1592]

1. Zweifel am Wahrheitsgehalt einer Aussage

Bei der Benennung von Zeugen und Sachverständigen präjudiziert die prozessuale Erlaubnis den Ausschluss einer materiell-rechtlichen Strafbarkeit.[1593] Stellt sich die Präsentation eines personellen Beweismittels daher als notwendig dar, um der Bedeutung der Unschuldsvermutung und seiner Beistandspflicht nachzukommen, darf der Verteidiger keine strafrechtlichen Nachteile befürchten müssen. Die verfassungsrechtliche Bedeutung der Unschuldsvermutung und der damit verbundenen effektiven Verteidigung gebietet grundsätzlich die Anhörung

---

[1591] Vgl. OLG Hamm, NJW 1992, 1977 [1977]; LG Münster, StV 1994, 134 [134]; *Heinrich*, NJW 1995, 1115 [1116]; Sch/Sch-*Lenckner*, Vor §§ 153 ff. Rn. 36; *Otto*, JuS 1984, 161 [169]; *Prittwitz*, StV 1995, 270 [273]; *Rengier*, BT/2, § 49 Rn. 67; SK/StGB-*Rudolphi*, Vor § 153 Rn. 48; NK-*Vormbaum*, § 153 Rn. 112; *ders.*, Der strafrechtliche Schutz des Strafurteils, S. 293; *Zeifang*, Die eigene Strafbarkeit des Strafverteidigers, S. 301.
[1592] Für eine tatbestandliche Restriktion vgl. auch *Wohlers*, StV 2001, 420 [425]; *Zeifang*, Die eigene Strafbarkeit des Strafverteidigers, S. 300 f.
[1593] Ebenso Sch/Sch-*Lenckner*, Vor §§ 153 ff. Rn. 36; SK/StGB-*Rudolphi*, Vor § 153 Rn. 48 f.; *Stumpf*, Die Strafbarkeit des Strafverteidigers wegen Strafvereitelung (§ 258 StGB), S. 202; *Vormbaum*, Der strafrechtliche Schutz des Strafurteils, S. 293; *Zeifang*, Die eigene Strafbarkeit des Strafverteidigers, S. 301.

von Zeugen und Sachverständigen. Hat eine Person Wahrnehmungen gemacht, die sie zur Wahrheitsermittlung dem Gericht mitteilen könnte, gebieten Beistandspflicht und Unschuldsvermutung ihre Benennung als Zeuge.[1594]

Der Verteidiger hat auch keinesfalls die Verpflichtung, nur das vorzutragen, von dessen Richtigkeit er überzeugt ist.[1595] Es kann folglich zu Problemen kommen, wenn der Verteidiger selbst Zweifel hat, ob eine von ihm im Auftrag des Beschuldigten vorgetragene Tatsachenbehauptung der Wahrheit entspricht. Im Gegensatz zum Beschuldigten kennt der Verteidiger die volle Wahrheit jedoch zumeist nicht. Im Zusammenhang damit stellt sich die Frage, ob die Wahrheitspflicht auch fahrlässig verletzt werden kann.[1596] Grundsätzlich trifft den Verteidiger keine Verpflichtung, Tatsachenbehauptungen seines Mandanten in Zweifel zu ziehen.[1597] Er darf grundsätzlich auf die Richtigkeit tatsächlicher Behauptungen seines Mandanten vertrauen.[1598] An seine Erkundigungspflichten sind parallel zur Geldwäsche und der Wahrnehmung berechtigter Interessen im Bereich der Ehrverletzungsdelikte keine gesteigerten Anforderungen zu stellen. Der Verteidiger darf einen Zeugen daher auch benennen, wenn er Zweifel am Wahrheitsgehalt der zu erwartenden Aussage hat.[1599]

Selbst die Kenntnis einer bevorstehenden Falschaussage muss noch nicht die Unzulässigkeit der Zeugenbenennung durch den Verteidiger bedeuten. Wenn man die verfassungsrechtliche Bedeutung der Beistandsfunktion zur Durchsetzung der Unschuldsvermutung ernst nehmen will, muss es dem Verteidiger im Gegensatz zur Ansicht der herrschenden Meinung selbst im Fall einer angekündigten Falschaussage erlaubt sein, einen Zeugen zu präsentieren. Zwar kann der

---

[1594] Vgl. auch *Vormbaum*, Der strafrechtliche Schutz des Strafurteils, S. 291 f.; *Stumpf*, Die Strafbarkeit des Strafverteidigers wegen Strafvereitelung (§ 258 StGB), S. 202; *Widmaier*, in: BGH-FS IV, S. 1043 [1060].
[1595] *Laufhütte*, in: Pfeiffer-FS, S. 959 [970].
[1596] Dafür *Pfeiffer*, DRiZ 1984, 341 [344].
[1597] BVerfG NJW 2003, 3263; 2000, 199 [200]; *Jaeger*, NJW 2004, 1 [6]; *Pfeiffer*, DRiZ 1984, 341 [344].
[1598] *Laufhütte*, in: Pfeiffer-FS, S. 959 [970].
[1599] Vgl. BGHSt 29, 99 [107]; BGH NStZ 1983, 503 [504] (mit Anm. *Beulke*); BGH StV 2000, 427 [428, 430]; OLG Düsseldorf, StV 1998, 550 [552]; *Widmaier*, in: BGH-FS IV, S. 1043 [1060]; *Wohlers*, StV 2001, 420 [422]; *Zeifang*, Die eigene Strafbarkeit des Strafverteidigers, S. 301.

Verteidiger in diesem Fall nicht davon ausgehen, dass der Betreffende wahrheitsgemäß aussagen wird.[1600] Könnte aber durch die Vernehmung des Zeugen eine zur Wahrheitsfindung weiterführende Wahrnehmung bezeugt werden, käme ein Verbot der Benennung einer dem Verteidiger nicht zustehenden antizipierten Beurteilung der Relevanz von Beweismitteln gleich. Solange noch die Chance besteht, dass eine aussagende Person zur Wahrheitsermittlung dienliche zutreffende Angaben machen kann, darf der Verteidiger auch bei einer angekündigten oder zu erwartenden Falschaussage seinem Verteidigungsauftrag folgend dem Beschuldigten ein solches Beweismittel nicht vorenthalten. Die Begründung folgt jedoch nicht allein aus der Zielsetzung des Strafverfahrens und des geschützten Rechtsguts. Vielmehr sind das geschützte Rechtsgut mit der Bedeutung der Strafverteidigung und dort vor allem der verfassungsrechtlichen Bedeutung der Wahrheitsfindung für die Durchsetzung der Unschuldsvermutung in Beziehung zu setzen und gegeneinander abzuwägen.

Davon streng zu trennen ist allerdings die Frage, ob es prozessual geschickt und moralisch vertretbar ist, einen Zeugen in die Strafbarkeit zu treiben[1601] und das Verhältnis zum Gericht und nicht zuletzt auch seinen Ruf als Verteidiger aufs Spiel zu setzen. Ebenso wie bei einer Strafbarkeit wegen Strafvereitelung unterliegt die zu treffende Entscheidung, den Zeugen zu benennen, allenfalls taktischen Zweckmäßigkeitserwägungen. Ein erfahrener Anwalt wird die Situation daher tunlichst im Vorfeld mit seinem Mandanten klären und diesen davon überzeugen, mit Blick auf das weitere Verfahren möglicherweise auf eine problematische Zeugenaussage zu verzichten.

2. Unumstößliche Kenntnis einer bevorstehenden Falschaussage

Die Grenze zur Strafbarkeit ist nach hier vertretener Ansicht erst mit dem unumstößlichen Wissen von einer Falschaussage erreicht. Die bloße Ankündigung einer Falschaussage reicht dagegen, wie dargestellt, noch nicht aus. Von einer unumstößlichen Kenntnis einer Falschaussage kann der Verteidiger ausgehen, wenn eine Person präsentiert werden soll, die – etwa als »Nichtzeuge« mangels

---

[1600] Davon ausgehend aber wohl *Haferland*, Die strafrechtliche Verantwortlichkeit des Verteidigers, S. 45.
[1601] *Mehle*, in: Koch-FG, S. 179 [189].

Anwesenheit am Tatort o.ä. – keinerlei zur Wahrheitsermittlung bzw. zur Schuldfrage dienliche Angaben machen kann.[1602] Erst in diesem Fall wäre eine Privilegierung des Verteidigers, auch durch die gleichzeitig vorliegende Verletzung seines normativen Lügeverbots, aus verfassungsrechtlichen Erwägungen nicht mehr geboten. Das Lügeverbot verbietet dem Verteidiger jedoch nicht die Benennung eines von Dritten für eine Falschaussage präparierten Zeugen, solange dieser nach den gerade genannten Kriterien noch hilfreiche Aussagen machen könnte. Eine Strafbarkeit ergibt sich für den Verteidiger erst, wenn er den Zeugen selbst (oder durch Dritte) präpariert bzw. präparieren lässt und damit selbst die Schwelle des Lügeverbots überschreitet.

Die Einordnung der prozessualen Vorwertungen führt in der Wissenschaft zu unterschiedlichen Ergebnissen im Deliktsaufbau. Zumeist wird eine teleologische Reduktion des Tatbestands herangezogen, wobei sich sowohl Lösungen im objektiven[1603] als auch subjektiven[1604] Tatbestand finden lassen. So wird beispielsweise darauf abgestellt, dass durch prozessordnungsgemäßes Verhalten, wie es die Zeugenbenennung darstellt, bereits keine rechtlich missbilligte Risikosteigerung für das Schutzgut der §§ 153 StGB einhergeht. Ein solches Verhalten bewege sich im Bereich des erlaubten Risikos. Damit werde durch zulässiges Verteidigungsverhalten bereits die objektive Zurechnung ausgeschlossen.[1605] Schließlich wird mit Blick auf das geschützte Rechtsgut auch vertreten, dass nicht rechtswidrig sein könne, was prozessual zulässig sei.[1606] Unter den Vorzeichen eines sozialbezogenen Rechtsgüterschutzes ist jedoch auch hier eine Auslegung auf Tatbestandsebene zu befürworten, so dass der Verteidiger in den dargestellten Fällen bereits nicht tatbestandsmäßig handelt.

[1602] Vgl. insoweit *H.E.Müller*, Falsche Zeugenaussage und Beteiligungslehre, S. 209; *Rietmann*, Zur Strafbarkeit von Verfahrenshandlungen, S. 169 f.; *Stumpf*, Die Strafbarkeit des Strafverteidigers wegen Strafvereitelung (§ 258 StGB), S. 202 f.
[1603] *Vormbaum*, Der strafrechtliche Schutz des Strafurteils, S. 292; *Zeifang*, Die eigene Strafbarkeit des Strafverteidigers, S. 305.
[1604] *H.E.Müller*, Falsche Zeugenaussage und Beteiligungslehre, S. 207 ff.
[1605] *Zeifang*, Die eigene Strafbarkeit des Strafverteidigers, S. 305.
[1606] Sch/Sch-*Lenckner*, Vor §§ 153 ff. Rn. 36.

Exkurs: Fälle verschiedener Einwirkungen auf den Inhalt von Aussagen

Eine differenzierte Betrachtung erfordern Fälle des Einwirkens auf den Inhalt einer Aussage. Dazu gehört beispielsweise das Versprechen von Zuwendungen finanzieller oder anderer Art[1607] oder die bloße Bitte um eine bestimmte Sachverhaltsdarstellung in der Vernehmung. Schließlich fallen auch Fang- und Suggestivfragen unter diesen Aspekt. Der Grund für die gesonderte Betrachtung liegt darin, dass sich hier Aspekte der Aussagedelikte mit denen der Strafvereitelung und u.U. auch der Nötigung vermischen.

Schon mit der Anerkennung eines normativ zu verstehenden Lügeverbots kann die eigenhändige Präparierung eines Zeugen durch einen Verteidiger für eine wahrheitswidrige Darstellung nicht gebilligt werden. Ist dem Verteidiger selbst die Lüge verboten, darf er auch nicht einen Zeugen durch Präparierung zu einer der Wahrheit widersprechenden Einlassung bestimmen. Im eingangs erwähnten Fall BGH NStZ 1983, 503 ist der Bundesgerichtshof daher zu Recht von einer unzulässigen Beeinflussung der Zeugin ausgegangen.

1. Fang- und Suggestivfragen

Ein im Zusammenhang mit Zeugenaussagen immer wieder problematisiertes Thema betrifft die Zulässigkeit von Fang- oder Suggestivfragen des Verteidigers an den Zeugen. Für die Aussagedelikte relevant werden können solche Fragen in dem Moment, in dem der Verteidiger eine wahrheitswidrige Aussage bezwecken will und den Zeugen durch entsprechende Fragestellungen in eine bestimmte Richtung treibt. Die Thematik betrifft allerdings mehr den Bereich der Strafvereitelung, so dass hier nur kurz darauf eingegangen werden soll.

a. Die Ansicht von Rechtsprechung und Wissenschaft

Nach herrschender Auffassung werden solche Fragen als prozessual erlaubt angesehen, solange durch sie die Konstitution des Zeugen oder seine Glaubwürdigkeit ergründet werden soll.[1608] Zum Teil wird auch zwischen den beiden Fra-

---

[1607] Z.B. beweistechnisches Nachgeben in einem Zivilprozess, Versprechungen sexueller Art etc.
[1608] Vgl. OLG Köln, NJW 1975, 459 [460]; *Brei*, Grenzen zulässigen Verteidigerhandelns, S. 292; *Pfeiffer*, DRiZ 1984, 341 [346]; *Rückel*, Strafverteidigung und Zeugenbeweis, Rn. 26;

getypen differenziert. So hält *Beulke* Suggestivfragen für stets unzulässig, während Fangfragen unzulässig werden könnten, wenn mit ihnen die Richter bewusst verwirrt werden sollten.[1609] Andere verneinen grundsätzlich eine Beihilfestrafbarkeit des Verteidigers mangels objektiver Zurechnung des Erfolgs.[1610] *Stumpf*[1611] sieht solche Fragen als strafwürdig an, wenn sie zur Täuschung des Zeugen gestellt würden und der Verteidiger dadurch zum mittelbaren Täter oder zum Teilnehmer (i.S.d. § 258 StGB) werde, solange die Reaktion für den Verteidiger erkennbar gewesen sei und die Frage eindeutigen deliktischen Sinnbezug gehabt habe. Ferner sei zwischen prozessordnungswidrigen und prozessordnungsgemäßen Fragen zu differenzieren. Prozessordnungswidrig seien nach der Wertung des Prozessrechts (§ 241 Abs. 2 StPO) ungeeignete oder nicht zur Sache gehörenden Fragen, welche demnach nichts zur Wahrheitsfindung bzw. Sachverhaltsermittlung beitragen könnten.

b. Stellungnahme

Abgesehen von der Tatsache, dass die Unterscheidung zwischen dem Charakter als Fang- und Suggestivfrage oft unmöglich sein dürfte und insoweit für eine Begründung der Strafbarkeit unter dem Bestimmtheitsgrundsatz fragwürdig wäre,[1612] ist die Strafbarkeit solcher Fragen auch aus prozessualer und verfassungsrechtlicher Sicht nicht sachgemäß. Der Verteidiger hat das Recht und die Pflicht, einen Zeugen »auf Herz und Nieren« auf seine Glaubwürdigkeit hin zu überprüfen. Dabei kann es vorkommen, dass er im Eifer des Gefechts Fragen stellt, die sich nach seiner Auffassung noch innerhalb des zulässigen Fragerahmens halten, jedoch nach Ansicht des Gerichts bereits die Grenze zur Unzulässigkeit überschreiten. Schon aus diesem Grund wäre der Verteidiger zu sehr in seinen Verteidigungsmöglichkeiten eingeschränkt, wenn er vor jeder Frage überlegen

---

LK-*Ruß*, § 258 Rn. 20a; KMR-*Sax*, Einl. IV Rn. 53, 56; Sch/Sch-*Stree*, § 258 Rn. 20; *Wassmann*, Strafverteidigung und Strafvereitelung, S.175 ff.
[1609] *Beulke*, Der Verteidiger im Strafverfahren, S. 151, 156; ders., Die Strafbarkeit des Verteidigers, Rn. 98.
[1610] *Mehle*, in: Koch-FG, S 179 [188 f.]; ähnl. *Stumpf*, Die Strafbarkeit des Strafverteidigers wegen Strafvereitelung (§ 258 StGB), S. 209 f.
[1611] *Stumpf*, Die Strafbarkeit des Strafverteidigers wegen Strafvereitelung (§ 258 StGB), S. 209 f.
[1612] Zutr. *Hassemer*, in: Beck'sches Formularbuch für den Strafverteidiger, S. 19 f.; *Krekeler*, NStZ 1989, 146 [152].

müsste, ob diese nicht möglicherweise als Fang- oder Suggestivfrage einzustufen wäre. Aber auch unabhängig von der tatsächlichen Qualifizierung kann mangels objektiver Zurechnung eines möglichen Erfolgs weder eine Strafbarkeit wegen Teilnahme an einem Aussagedelikt noch wegen Strafvereitelung ernsthaft im Raum stehen. Vielmehr steht für den gesamten Bereich der Fragetechnik das speziell für solche Fälle konzipierte Zurückweisungsrecht des Gerichts gem. § 241 Abs. 2 StPO als adäquates Reaktionsmittel zur Verfügung. Nach zutreffender Auffassung sind Fang- und Suggestivfragen daher als stets zulässig anzusehen.[1613]

2. Zuwendungen für eine konkrete Aussage

Einen sowohl für den Bereich der Strafvereitelung als auch für die Aussagedelikte heiklen Fall stellt das Versprechen einer Zuwendung für eine konkrete Aussage dar. Unstreitig dürfte sein, dass allein die subjektiv zugunsten des Beschuldigten eingefärbte, aber dennoch wahre Zeugenaussage zulässig ist, solange diese noch den Anforderungen der Vollständigkeit (vgl. § 66c StPO) genügt. Dementsprechend ist auch das Versprechen einer Zuwendung für eine solche Aussage nicht zu beanstanden, solange sie wahr bleibt. Das Problem für den Verteidiger liegt darin, dass er aufgrund seines Lügeverbots erkennen muss, ob er den Zeugen durch das Versprechen eines Vorteils im Vorfeld nicht möglicherweise erst zu einer falschen Aussage motiviert, was nach dem bislang Gesagten unzulässig und unabhängig von der Wertung als Strafvereitelung jedenfalls als Anstiftung zur Falschaussage strafbar wäre. Der Verteidiger ist durch das Lügeverbot daran gehindert, Zeugen für eine wahrheitswidrige Aussage zu präparieren. Andererseits ist es dem Verteidiger unbenommen, einen Zeugen erst durch das Inaussichtstellen einer Zuwendung überhaupt zu einer Aussage zu motivieren. Dazwischen ist rechtliches Niemandsland, in das sich der Bundesgerichtshof mit der zitierten Entscheidung BGHSt 46, 53 wagen musste.

[1613] Vgl. *Heinicke*, Der Beschuldigte und sein Verteidiger, S. 508; *Kempf*, in: Brüssow/Gatzweiler/Krekeler/Mehle, § 1 Rn. 64; *Krekeler*, NStZ 1989, 146 [152]; *Lamberti*, Strafvereitelung durch Strafverteidiger, S. 184; *Strzyz*, Die Abgrenzung von Strafverteidigung und Strafvereitelung, S. 284; *Zeifang*, Die eigene Strafbarkeit des Strafverteidigers, S. 206 f.; ferner *Grabenweger*, Die Grenzen rechtmäßiger Strafverteidigung, S. 205 (zum Recht in Österreich).

Auch wenn dieser Entscheidung im Ergebnis der Straflosigkeit der Verteidigerin zuzustimmen ist, sind vor dem Hintergrund der hier vertretenen Lösung dogmatische Korrekturen angebracht. So hat der Bundesgerichtshof seiner Aussage, dass prozessordnungsgemäßes Verteidigerhandeln schon nicht tatbestandsmäßig sei, leider nicht als Konsequenz folgen lassen, auch die Strafbarkeit wegen Teilnahme an einem Aussagedelikt bereits auf Tatbestandsebene entfallen zu lassen. Vielmehr hat er sich ohne Beantwortung der eigentlich relevanten Frage, ob die Vereinbarung eines Geldbetrags objektiv zulässig gewesen wäre, vorschnell aus der Affäre gezogen und in den subjektiven Tatbestand geflüchtet. Diese Vorgehensweise ist nicht zu Unrecht in der Folgezeit auf Kritik gestoßen.

a. Reaktionen auf BGHSt 46, 53

So hat sich *Widmaier* gegen den Lösungsweg des Bundesgerichtshofs und für eine objektive Tatbestandslösung ausgesprochen. Die Angeklagte habe sich im zu beurteilenden Fall in Beweisnot befunden. In einem solchen Fall führe bereits die Beistandsfunktion eines Verteidigers ohne Rückgriff auf § 35 StGB dazu, dass das Versprechen eines materiellen Vorteils für eine entlastende Aussage pflichtgemäß und zulässig gewesen sei.[1614]

Demgegenüber scheint *Hoyer* der Verteidigerin über eine Irrtumskonstruktion und damit auf Ebene des subjektiven Tatbestands helfen zu wollen. Es bedeute einen Widerspruch, einerseits eine objektive Pflichtwidrigkeit und gleichzeitig subjektiv einen inneren Vorbehalt anzunehmen, keine Strafvereitelung zu begehen. Vielmehr habe sich die Verteidigerin in einer Abwägung zwischen der Verurteilung eines materiell Unschuldigen und dem Freispruch eines materiell Schuldigen für eine Geldzahlung entschieden. Ihre Vorstellung einer rechtfertigenden Situation i.S.d. § 34 StGB bedeute ein Entfallen des Vorsatzes und damit auch weder eine Strafbarkeit wegen Strafvereitelung noch wegen Anstiftung zur Falschaussage.[1615]

Hinsichtlich der konkreten Zuwendung befürwortet ein Teil der Literatur eine solche Vereinbarung.[1616] Teilweise wird eine Zahlung bis zur doppelten Höhe

---

[1614] *Widmaier*, in: BGH-FS IV, S. 1043 [1062 f.].
[1615] SK/StGB-*Hoyer*, § 258 Rn. 27.
[1616] Vgl. *Beulke*, in: Roxin-FS, S. 1173 [1191]; *Hassemer*, in: Beck'sches Formularbuch für den Strafverteidiger, S. 14; *Kempf*, StraFo 2003, 79 [82]; *Leipold*, StraFo 1998, 79 [80];

eines etwaigen Schmerzensgeldanspruchs für zulässig gehalten.[1617] *Beulke* verlangt beim Versprechen einer Schadensersatzzahlung darüber hinaus, dass noch ein inhaltlicher Zusammenhang mit den Schadensersatzansprüchen des Opferzeugen erkennbar sein müsse. Wisse der Verteidiger dagegen, dass der Zeuge die Unwahrheit sagen werde, bestehe die Gefahr, dass der Kernbereich der Funktionstüchtigkeit der Rechtspflege angetastet werde.[1618]

b. Stellungnahme

Berührungspunkt mit den Aussagedelikten ist, dass der Verteidiger in vielen Fällen nicht genau weiß, ob das von ihm mit der »Bestechung« bezweckte Vernehmungsergebnis wahr oder unwahr ist. Nach den gerade genannten Kriterien bei den Aussagedelikten dürfte der Verteidiger das Risiko eingehen, eine möglicherweise falsch aussagende Zeugin zu präsentieren. Solange nur Zweifel an der Wahrheit eines zu erwartenden Aussageinhalts im Raum stehen, kann und muss die Benennung eines personellen Beweismittels erlaubt sein,[1619] selbst wenn damit eine mögliche Falschaussage in Kauf genommen wird. Denn der Verteidiger darf davon ausgehen – darauf hat auch der Bundesgerichtshof hingewiesen – dass das Gericht einen Zeugen kompetent und ausführlich befragen und mögliche Ungereimtheiten in seiner Vernehmung ausräumen wird.[1620] Wenn ein Verteidiger grundsätzlich jedes Beweismittel benennen darf, von dessen Einsatz er sich einen weiteren Erkenntnisgewinn erhofft, ist die Grenze zur Unzulässigkeit erst bei einem aktiven Eingreifen in den Aussageinhalt erreicht.[1621] Daher kommt unter dem Gesichtspunkt der Aussagedelikte eine Strafbarkeit in einer derartigen Konstellation nicht in Betracht.

Auch bei finanziellen Zuwendungen ist die Verteidigertätigkeit weitestgehend bis zur Grenze des Lügeverbots zu entkriminalisieren. Zunächst stellt die Gewährung eines finanziellen Vorteils kein *per se* unzulässiges Mittel dar, so dass

---

Stumpf, Die Strafbarkeit des Strafverteidigers wegen Strafvereitelung (§ 258 StGB), S. 128 f.; *Zeifang*, Die eigene Strafbarkeit des Verteidigers, S. 257 f.
[1617] Vgl. *Kempf*, StraFo 2003, 79 [82].
[1618] *Beulke*, in: Roxin-FS, S. 1173 [1191].
[1619] Ebenso *Scheffler*, JR 2001, 294 [295].
[1620] BGHSt 46, 53 [60].
[1621] Vgl. *Cramer/Papadopoulous*, NStZ 2001, 148 [149].

die Zuwendung bereits aus grundsätzlichen Erwägungen nicht hinnehmbar wäre. Ein unzulässiges Verteidigerhandeln würde nach den Kriterien der Aussagedelikte nur dann vorliegen, wenn der Verteidiger unumstößliche Kenntnis davon hätte, dass die angestrebte Aussage unwahr wäre oder durch Weglassen von Details ein völlig anderes (d.h. nicht vollständiges und damit insgesamt nicht mehr wahrheitsgemäßes) Gepräge bekäme. Eine solche Kenntnis wird sich allerdings nur dann ergeben, wenn der Verteidiger sicher weiß, dass der Zeuge im Grunde ein »Nicht-Zeuge« ist und überhaupt keine Wahrnehmungen gemacht hat. Diese Schwelle ist auf keinen Fall überschritten, wenn der Verteidiger – wie im Fall des Bundesgerichtshofs – lediglich die Abschwächung einer Zeugenaussage bezweckt. Denn schließlich hat es der Zeuge selbst in der Hand, seine Sicht der Dinge so darzustellen, wie er sie wahrgenommen hat. Der Zeuge ist als Beweismittel zwar zur Wahrheit und Vollständigkeit verpflichtet. (§§ 57, 66c StPO).[1622] Er selbst kann jedoch die Darstellung der Wahrheit durch unterschiedliche Schilderung seiner Eindrücke beeinflussen. Wenn der Verteidiger seiner Funktion als wirkungsvoller Beistand des Beschuldigten nachkommen will, muss er zugunsten seines Mandanten auch das Risiko eingehen dürfen, einen Sachverhalt mit Hilfe eines Zeugen so hinzustellen, dass er – unter Beachtung der Wahrheit – für den Mandanten positiver eingefärbt erscheint. Aus seinem Verteidigungsauftrag heraus ist er nicht nur berechtigt, sondern sogar verpflichtet, seinen Mandanten optimal zu verteidigen. Er muss folglich, will er sich nicht den Vorwurf gefallen lassen, nicht alles Mögliche für die Verteidigung getan zu haben, die Grenzen des Zulässigen vollständig ausreizen.[1623] Wenn der Bundesgerichtshof wie in diesem Fall sogar davon ausgeht, dass den Verteidiger keine Pflicht trifft, eine solche Vereinbarung mit dem Zeugen offen zu legen, dann gilt im Umkehrschluss, dass er zu einer solchen Vereinbarung berechtigt und im Zweifel zugunsten seines Mandanten möglicherweise sogar verpflichtet ist.[1624]

Exkurs Ende

[1622] *Meyer-Goßner*, Vor § 48 Rn. 5.
[1623] *Scheffler*, JR 2001, 294 [295].
[1624] Ebenso *Scheffler*, JR 2001, 294 [295].

VII. Ergebnis

Die Tätigkeit eines Verteidigers ist in Bezug auf die Aussagedelikte vor dem Hintergrund der verfassungsrechtlichen Implikationen der Beschuldigtenrechte weitgehend zu entkriminalisieren. Kommt es zu einer Falschaussage, die durch die Benennung des personellen Beweismittels ermöglicht wurde, besteht für den Verteidiger bereits aus allgemeinen dogmatischen Überlegungen keine Garantenpflicht zum Einschreiten oder zur Korrektur der Einlassung. Hinsichtlich einer aktiven Beteiligung führt eine verteidigungsspezifische Auslegung der §§ 153 ff. StGB zu dem Ergebnis, dass die Benennung eines personellen Beweismittels bereits den objektiven Tatbestand eines Aussagedelikts nicht erfüllt, solange der Verteidiger nicht unumstößliche Kenntnis von einer bevorstehenden Falschaussage hat, da der Zeuge gar keine Wahrnehmungen im Sinne des Beweisthemas gemacht hat.

Das Versprechen eines Vorteils (finanzieller oder anderer Art) für eine konkrete Aussage bleibt unter dem Gesichtspunkt der Teilnahme an einem Aussagedelikt straflos, solange der Verteidiger nicht sein Lügeverbot verletzt, indem er unumstößliche Kenntnis davon hat, dass der Zeuge nur falsch aussagen kann.

E. Falsche Verdächtigung, § 164 StGB

I. Einführung

Die falsche Verdächtigung gehört zu den Delikten, die vom Verteidiger durch schriftsätzliche oder mündliche Äußerungen verwirklicht werden können. Denkbare Konstellationen ergeben sich, wenn im Rahmen der Abwehrstrategie der Verteidigung der Tatverdacht auf andere nicht beteiligte Personen fällt. So kann die Glaubwürdigkeit eines Belastungszeugen beispielsweise dadurch erschüttert werden, dass im Zuge eines Beweisantrags ein Gegenzeuge aufgestellt wird, der das Gegenteil des Ausgesagten bekunden und damit inzident einen anderen der Tat beschuldigen soll.

II. Geschütztes Rechtsgut

Schutzgut des § 164 StGB ist die inländische Rechtspflege mit dem speziellen Schutzaspekt, einem Autoritätsverlust vorzubeugen, den irrtumsbedingte Strafverfolgungsmaßnahmen gegen Unschuldige nach sich ziehen. Zum anderen wird auch die Leistungsfähigkeit der Strafverfolgungsorgane bezweckt, die durch falsch gerichtete Verfolgungsmaßnahmen beeinträchtigt würde.[1625] Zum Teil wird nicht der Schutz des Verfahrensziels, sondern des Verfahrensgefüges angenommen.[1626] Aufgrund des Wortlauts (*»einen anderen«*, *»Verletzten«*), der sonst nur bei der Beleidigung (vgl. § 200 StGB) vorgesehenen Urteilspublikation (§ 165 StGB) sowie der Einbeziehung auch der Verdächtigung vor ausländischen Behörden sieht die herrschende Meinung auch die Sicherheit des Opfers vor ungerechtfertigten Verfolgungsmaßnahmen als geschütztes Rechtsgut des § 164 StGB an. Dieser verfolge insoweit eine doppelte Schutzrichtung, wobei es für eine Verletzung genüge, dass eine Schutzrichtung tangiert sei (Alternativi-

---

[1625] Vgl. BGHSt 5, 66 [68]; 9, 240 [242]; 14, 240 [244]; RGSt 60, 317 [317]; *Arzt/Weber*, Strafrecht BT, § 48 Rn. 1; *Maurach/Schroeder/Maiwald*, BT/2, § 99 Rn. 5; *Otto*, Strafrecht BT, § 95 Rn. 1; SK/StGB-*Rudolphi/Rogall*, § 164 Rn. 1 m.w.N.; *Tröndle/Fischer*, § 164 Rn. 2 m.w.N.; *Wessels/Hettinger*, BT/1 Rn. 686.
[1626] *Vormbaum*, Der strafrechtliche Schutz des Strafurteils, S. 459 ff., der sich jedoch i.Erg. für eine Gewichtung zugunsten des Individualgüterschutzes ausspricht.

tätstheorie).[1627] Die Erweiterung des Schutzbereichs ist allerdings nicht überzeugend, da § 164 StGB nur die Anzeige bei innerstaatlichen Behörden erfasst.[1628] Man müsste sich insofern des Kunstgriffs bedienen, dass die ausländische Stelle die tatsächliche Zugriffsmöglichkeit hat.[1629] Zutreffend ist daher die Auffassung, dass § 164 StGB maßgeblich die innerstaatliche Rechtspflege schützt und der Ehrenschutz lediglich reflexartig mit geschützt wird.[1630] § 164 StGB ist daher im Kontext der verteidigungsspezifischen Auslegung zu den Delikten mit sozialbezogener Schutzrichtung zu zählen.

III. Tatbestandsmerkmale

Für eine Verdächtigung reicht bereits das Umlenken oder Bestärken eines Verdachts aus, um den Tatbestand des § 164 StGB zu erfüllen.[1631] Was den Mandanten angeht, erfüllt allerdings das bloße Leugnen einer ihm zur Last gelegten Tat nach allgemeiner Auffassung noch nicht den Tatbestand des § 164 StGB,[1632] selbst wenn der Verdacht damit automatisch auf einen zweiten Verdächtigen fällt.[1633] Etwas anderes würde im klaren Widerspruch zu § 136 StPO eine Pflicht zur Selbstbezichtigung konstituieren.[1634] Dieses zutreffende Ergebnis wurde bereits im dritten Teil aus dem *nemo tenetur*-Grundsatz und dem daraus folgenden normativ zu verstehenden Lügeverbot hergeleitet. Für den Verteidiger relevant ist die Einschätzung der überwiegenden Meinung, dass die bloße Behauptung, eine belastende Zeugenaussage entspreche nicht der Wahrheit, noch keine ausreichenden Anhaltspunkte für das Vorliegen eines Aussagedelikts enthält. Diese

---

[1627] Vgl. BGHSt 5, 66 [68]; 9, 240 [242]; *Arzt/Weber*, Strafrecht BT, § 48 Rn. 1 f.; *Cloeren*, Strafbarkeit durch Beweisantragstellung?, S. 101 f.; *Lackner/Kühl*, § 164 Rn. 1; Sch/Sch-*Lenckner*, § 164 Rn. 2; *Rengier*, BT/2, § 50 Rn. 1; LK-*Ruß*, § 164 Rn. 2; *Tröndle/Fischer*, § 164 Rn. 2; *Wessels/Hettinger*, BT/1 Rn. 686 ff., 688.
[1628] So zutr. *Maurach/Schroeder/Maiwald*, BT/2, § 99 Rn. 10.
[1629] So BGH JR 1965, 306.
[1630] So *Maurach/Schroeder/Maiwald*, BT/2, § 99 Rn. 5; *Otto*, Strafrecht BT, § 95 Rn. 1; SK/StGB-*Rudolphi/Rogall*, § 164 Rn. 1 ff.
[1631] *Tröndle/Fischer*, § 164 Rn. 3; NK-*Vormbaum*, § 164 Rn. 29.
[1632] *Cloeren*, Strafbarkeit durch Beweisantragstellung?, S. 112; Sch/Sch-*Lenckner*, § 164 Rn. 5; SK/StGB-*Rudolphi/Rogall*, § 164 Rn. 14; *Tröndle/Fischer*, § 164 Rn. 3a m.w.N.
[1633] *Cloeren*, Strafbarkeit durch Beweisantragstellung?, S. 112; Sch/Sch-*Lenckner*, § 164 Rn. 5; SK/StGB-*Rudolphi/Rogall*, § 164 Rn. 15; LK-*Ruß*, § 164 Rn. 6; *Wessels/Hettinger*, BT/1 Rn. 697; zw. *Tröndle/Fischer*, § 164 Rn. 3a.
[1634] *Arzt/Weber*, Strafrecht BT, § 48 Rn. 17; Sch/Sch-*Lenckner*, § 164 Rn. 5; SK/StGB-*Rudolphi/Rogall*, § 164 Rn. 9, 14 f.; krit. *Tröndle/Fischer*, § 164 Rn. 3b.

bleibt daher gem. § 164 StGB strafrechtlich folgenlos, solange nicht zusätzlich aktiv entsprechende Beweismittel oder Tatsachen vorgelegt oder behauptet werden.[1635] Da eine solche Falschbezichtigung aber wohl nur unter gleichzeitiger Vorlage oder Ankündigung von entsprechendem Beweismaterial sinnvoll erscheint, dürfte eine Abgrenzung zum bloßen Abstreiten in der Praxis schwer fallen.

Umstritten ist vor allem, ob die Verdächtigung objektiv falsch sein muss (so die h.M.[1636]) oder ob es für eine Strafbarkeit ausreicht, dass die vom Täter vorgebrachten verdachtsbegründenden Tatsachen nicht der Wahrheit entsprechen.[1637] Richtigerweise sollte man ausgehend vom Schutzzweck nur die Verdächtigung eines Unschuldigen für eine Strafbarkeitsbegründung ausreichen lassen. Eine Irreführung der Strafverfolgungsorgane im Sinne einer Gefährdung der Rechtspflege oder eine ungerechtfertigte Verfolgung kann nur dann vorliegen, wenn die Straftat vom Verdächtigten in Wahrheit nicht begangen wurde. Es kommt daher darauf an, dass die Verdächtigung bei objektiver Würdigung falsch ist.

Hervorzuheben ist ferner, dass der Täter in subjektiver Hinsicht hinsichtlich der Verdächtigung wider besseres Wissen gehandelt haben muss. Er muss folglich die Unwahrheit seiner Behauptung gekannt haben.[1638]

IV. Zur Strafbarkeit des Verteidigers in Rechtsprechung und Literatur

Einschlägige Rechtsprechung oder Literatur, die das spezifische strafrechtliche Risiko des § 164 StGB für den Strafverteidiger auslotet, ist äußerst rar. Wenn § 164 StGB überhaupt erwähnt wird, erfolgt dies zumeist in Form der pauscha-

---

[1635] *Sch/Sch-Lenckner*, § 164 Rn. 5; SK/StGB-*Rudolphi/Rogall*, § 164 Rn. 16; LK-*Ruß*, § 164 Rn. 6, *Tröndle/Fischer*, § 164 Rn. 3b.
[1636] Vgl. BGHSt 35, 50 [53]; *Maurach/Schroeder/Maiwald*, BT/2, § 99 Rn. 14; *Tröndle/Fischer*, § 164 Rn. 6 m.w.N.
[1637] *Lackner/Kühl*, § 164 Rn. 7; *Sch/Sch-Lenckner*, § 164 Rn. 16; SK/StGB-*Rudolphi/Rogall*, § 164 Rn. 26; LK-*Ruß*, § 164 Rn. 10.
[1638] *Cloeren*, Strafbarkeit durch Beweisantragstellung?, S. 123 ff.; *Maurach/Schroeder/Maiwald*, BT/2, § 99 Rn. 24; LK-*Ruß*, § 164 Rn. 28; *Tröndle/Fischer*, § 164 Rn. 12; NK-*Vormbaum*, § 164 Rn. 62.

len Behauptung, die vorsätzlich falsche Behauptung, eine bestimmte andere Person sei der Täter, könne nach § 164 StGB strafbar sein.[1639]
Allgemein wird eine tatbestandsmäßige falsche Verdächtigung als jedenfalls im Regelfall nicht zu rechtfertigen angesehen, da sie nichts zur Wahrheitsfindung im Strafverfahren beitragen könne. Jedenfalls sei eine Rechtfertigung nach § 193 StGB wegen der unterschiedlichen Schutzzwecke der Taten des 10. und 14. Abschnitts des Strafgesetzbuchs ausgeschlossen.[1640]
In ihrer Untersuchung zur Strafbarkeit der Beweisantragstellung wird von *Cloeren* das Vortragen einer unwahren Tatsache durch den Verteidiger grundsätzlich für tatbestandsmäßig erachtet, wenn entweder die Durchführung der Beweisaufnahme abgelehnt oder der Verdacht nach Durchführung der Beweisaufnahme noch nicht entkräftet wurde, da erst ab diesem Zeitpunkt die Gefahr einer behördlichen Ermittlungstätigkeit drohe.[1641] Wenn ein Verteidiger durch eine falsche Behauptung eine ungerechtfertigte Strafverfolgung abwenden wolle, komme eine Rechtfertigung unter dem Aspekt der Interessenabwägung nach § 34 StGB in Betracht. Dann überwiege das Interesse des Angeklagten die Gefahr für die Wahrheitsfindung.[1642] Eine Behauptung »ins Blaue« hinein scheide jedoch als Tathandlung aus, da eine solche nicht wider besseres Wissen, sondern nur mit *dolus eventualis* erfolge.[1643]

V. Eigener Lösungsansatz

Die Ausführungen von *Cloeren* lassen sich allein durch Anwendung der Tatbestandsmerkmale des § 164 StGB herleiten und erweisen sich daher als ungeeignet für das hier speziell interessierende Problem der Verteidigerstrafbarkeit. Entgegen ihrer Ansicht präjudiziert die Rechtspflege als primäres Schutzgut des § 164 StGB nach hier vertretener Auffassung bereits eine einschränkende Auslegung des Tatbestands. Auch die Grenzen einer möglichen Strafbarkeit wegen falscher Verdächtigung lassen sich mit Hilfe einer verteidigungsspezifischen

---

[1639] Vgl. *Krekeler*, NStZ 1989, 146 [151] unter Verweis auf BGH NJW 1982, 2508.
[1640] RGSt 10, 274 [275]; 72, 96 [98]; *Cloeren*, Strafbarkeit durch Beweisantragstellung?, S. 222 f.; Sch/Sch-*Lenckner*, § 164 Rn. 33; LK-*Ruß*, § 164 Rn. 33; *Tröndle/Fischer*, § 164 Rn. 14; NK-*Vormbaum*, § 164 Rn. 67.
[1641] *Cloeren*, Strafbarkeit durch Beweisantragstellung?, S. 127.
[1642] *Cloeren*, Strafbarkeit durch Beweisantragstellung?, S. 224 f.
[1643] *Cloeren*, Strafbarkeit durch Beweisantragstellung?, S. 126 f.

Auslegung bestimmen. Zunächst sind freilich die Tatbestandsmerkmale des § 164 StGB unabhängig von der Verteidigereigenschaft zu beachten. Es reicht daher nicht, pauschal zu behaupten, ein (unbekannter) anderer habe die Tat verübt oder eine bestimmte Zeugenaussage sei unwahr. Ebenso wenig genügt die Bezichtigung einer Tat, die aus tatsächlichen oder rechtlichen Gründen keinen Anfangsverdacht im Sinne von § 152 StPO auslösen kann.

Hinsichtlich des Vorliegens einer »Verdächtigung« entstehen Schwierigkeiten erst in dem Moment, in dem ein Verteidiger durch das Vorbringen entsprechender Tatsachen den doppelten Effekt einer Entlastung des Beschuldigten bei gleichzeitiger konkreter Verdächtigung eines Unschuldigen bewirkt. Während hier die herrschende Ansicht beim Beschuldigten darauf abstellt, ob zusätzliche Tatsachen behauptet oder Beweismittel vorgelegt wurden oder lediglich pauschal eine Beteiligung abgestritten wird, liegt der Fall beim Strafverteidiger etwas anders. Dieser kennt im Gegensatz zum Beschuldigten oftmals nicht die Wahrheit über die mögliche Tatbeteiligung. Soll er sich uneingeschränkt für seinen Beschuldigten einsetzen können, müssen für ihn daher andere, großzügigere Maßstäbe gelten.

Es wurde bereits dargelegt, dass der Verteidiger die Schuld seines Mandanten grundsätzlich anzweifeln und auf bestehende Widersprüche hinweisen darf. Solange daher dessen Schuld noch nicht einwandfrei nachgewiesen ist, bleibt es ihm unbenommen, den Verdacht von seinem Schützling abzulenken. Will der Verteidiger einen bestehenden Verdacht ablenken, bleibt ihm nur die Möglichkeit, pauschal auf einen Unbekannten zu verweisen oder Tatsachen vorzulegen, die eine Beteiligung des Mandanten widerlegen. Effektiv wird nur letzteres sein. In Fällen tatsächlicher Tatbeteiligung des Beschuldigten würde dies allerdings oftmals gleichzeitig zu einer Verdächtigung eines Unbeteiligten führen. Folgte man der Ansicht der herrschenden Meinung, die dem Verteidiger ein solches Vorgehen wohl nicht gestatten würde, blieben die Möglichkeiten der Strafverteidigung gehemmt, da der Verteidiger vor jedem begründeten Abstreiten der Tatbeteiligung seines Mandanten überlegen müsste, ob nicht gleichzeitig ein Unschuldiger verdächtigt wird. Zudem würde dem Verteidiger eine vorgezogene Beweiswürdigung abverlangt. Warum sollte aber gerade der Verteidiger seinen

Mandanten als prognostisch schuldig behandeln, obwohl er im Prozess als Garant der Unschuldsvermutung handelt? Es ist dem Verteidiger daher zu gestatten, Tatsachen und Aussagen in den Prozess einzuführen, selbst wenn dies theoretisch zu Ermittlungen gegen Unschuldige führen kann. Dieses Ergebnis ist aus rechtsstaatlicher Sicht hinzunehmen, da die Unschuldsvermutung ein derartiges prozessuales Vorgehen billigt. Wenn Ziel des Strafprozesses die materielle Wahrheitsfindung ist, darf die Verteidigung vor dem Hintergrund der Unschuldsvermutung auch von der Unschuld des Mandanten ausgehen. Es liegt zunächst im Einflussbereich der Strafverfolgungsorgane, ihre Ermittlungstätigkeit so auszurichten, dass nur bei widerspruchsfreier Tatsachengrundlage eine Verurteilung möglich ist. Es wird daher im Grunde kein zusätzlicher Ermittlungsaufwand verursacht, der im Idealfall nicht ohnehin vom Strafverfolgungsapparat zu leisten wäre. In einem solchen Verteidigungsverhalten liegt daher noch keine »Verdächtigung«, sondern allenfalls ein Beitrag zur ohnehin im Strafprozess durchzuführenden Wahrheitsermittlung. Die Abwägung des Beschuldigteninteresses auf ordnungsgemäße Strafverteidigung und dem Rechtsgut der Rechtspflege geht damit zugunsten des Beschuldigten aus.

Der insoweit erweiterte Aktionsradius des Verteidigers wird nach den Ausführungen im dritten Teil dieser Untersuchung erst durch sein normativ auszulegendes Lügeverbot als Korrelat des *nemo tenetur*-Grundsatzes des Beschuldigten und sowie der Reichweite der Unschuldsvermutung begrenzt. Daher ist es dem Verteidiger nicht gestattet, die Beweislage zu verfälschen. Weiß er sicher, dass sein Mandant die ihm zur Last gelegte Tat begangen hat, würde eine aktive Verdächtigung eines Unschuldigen gegen sein Lügeverbot verstoßen. Die gleichzeitige Befreiung seines Mandanten aus dem Verdacht wäre dann nicht schützenswert. Missbrauchsfälle können insofern schon im objektiven Tatbestand ausgefiltert werden.

VI. Ergebnis

Der Verteidiger erfüllt bereits nicht den objektiven Tatbestand des § 164 StGB, wenn er bei der Verteidigung seines Mandanten durch das Einbringen wahrer Tatsachen oder Aussagen den Verdacht indirekt auf einen Unschuldigen lenkt. Ein solches Verhalten bewirkt keinen sanktionswürdigen Ermittlungsaufwand, der nicht ohnehin im Laufe eines Strafprozesses bewerkstelligt werden müsste. Der Verteidiger muss sein Handeln dabei allerdings an der Unschuldsvermutung und der Wahrheitsfindung ausrichten. Bei sicherer Kenntnis der Tatbegehung durch seinen Mandanten widerspricht die Verdächtigung eines Unschuldigen seinem Lügeverbot und ist gem. § 164 StGB strafbar.

F. Urkundsdelikte, §§ 267 ff. StGB

I. Einführung

Der Verteidiger kommt im Laufe eines Verfahrens mit den unterschiedlichsten Typen von Dokumenten und Schriftstücken in Kontakt. Wie jedermann muss auch er sich beim Umgang mit ihnen an die strafrechtlichen Grenzen der §§ 267 ff. StGB halten. Relativ unproblematisch lassen sich daher im Bereich der Urkundsdelikte Sachverhalte beurteilen, in denen ein Verteidiger Urkunden vernichtet oder unechte Urkunden selbst herstellt, um seinen Mandanten zu unterstützen. In einem solchen Fall hätte sich der Verteidiger mindestens einer Urkundenfälschung (§ 267 StGB) bzw. Urkundenunterdrückung (§ 274 StGB), möglicherweise zudem einer (versuchten oder vollendeten) Strafvereitelung strafbar gemacht.

Ebenso einfach lässt sich die Konstellation lösen, in der ein Verteidiger die Ausstellung einer inhaltlich fehlerhaften Urkunde veranlasst oder eine solche gebraucht. Dies wäre etwa der Fall, wenn er durch sein Verhalten eine falsche Protokollierung einer Aussage bewirkt oder wenn er ein derartiges Protokoll für weitere Verfahrensschritte nutzt. Hier ergibt bereits eine Subsumtion unter die Tatbestandsmerkmale des Urkundenbegriffs, dass eine Strafbarkeit des Verteidigers ausscheiden muss. Als Urkunde wird eine verkörperte Gedankenerklärung bezeichnet, die zum Beweis im Rechtsverkehr geeignet und bestimmt ist und ihren Aussteller erkennen lässt.[1644] Die darauf bezogene Urkundenfälschung zielt folglich gerade nicht auf die inhaltliche Richtigkeit ab. Sie unterscheidet sich damit maßgeblich von der schriftlichen Lüge, die explizit nicht von § 267 StGB oder § 274 StGB geschützt wird.[1645]

»Echte« Konfliktsituationen im Zusammenhang mit Urkundsdelikten treten dagegen auf, wenn der Verteidiger in einem Strafverfahren dem Gericht eine Ur-

---

[1644] BGHSt 3, 82 [84 f.]; 13, 235 [239]; 16, 94 [96]; *Arzt/Weber*, Strafrecht BT, § 31 Rn. 1 ff.; Sch/Sch-*Cramer*, § 267 Rn. 2, § 274 Rn. 4; LK-*Gribbohm*, § 267 Rn. 4, § 274 Rn. 2; SK/StGB-*Hoyer*, § 267 Rn. 6, § 274 Rn. 4; *Lackner/Kühl*, § 267 Rn. 2, § 274 Rn. 2; *Maurach/Schroeder/Maiwald*, BT/2, § 65 Rn. 15; *Otto*, Strafrecht BT, § 70 Rn. 1 ff.; *Rengier*, BT/2, § 32 Rn. 1; *Tröndle/Fischer*, § 267 Rn. 2; *Wessels/Hettinger*, BT/1 Rn. 790.
[1645] Vgl. Sch/Sch-*Cramer*, § 267 Rn. 68; SK/StGB-*Hoyer*, § 267 Rn. 83; *Rengier*, BT/2, § 33 Rn. 6; *Tröndle/Fischer*, § 267 Rn. 18a; *Wessels/Hettinger*, BT/1 Rn. 789.

kunde als Beweisstück vorlegt. Will er damit die Unschuld seines Mandanten beweisen, muss er sich darauf verlassen können, dass das von ihm eingereichte Dokument echt ist. Ist es das nicht, gerät der Verteidiger schnell in den Verdacht der Strafbarkeit einer Urkundenfälschung in der Variante des Gebrauchmachens einer unechten Urkunde gem. § 267 Abs. 1 Var. 3 StGB oder der Strafvereitelung, § 258 StGB. Dieser latent vorhandenen Strafdrohung steht auf der anderen Seite seine Beistandsfunktion gegenüber. Danach ist ein Strafverteidiger verpflichtet, keine Beweise zurückzuhalten, die möglicherweise zum Beweis der Unschuld seines Mandanten geeignet sind. Selbst wenn der Verteidiger deren Echtheit nicht einwandfrei nachweisen oder nachprüfen kann, ist es möglich, dass sie sich im Nachhinein als echt herausstellen und nur durch sie die Unschuld des Mandanten zur Überzeugung des Gerichts bewiesen werden konnte. Hier bekommt die anwaltliche Maxime des »sichersten Weges« eine völlig neue Bedeutung. Der Verteidiger muss sich zwischen dem sichersten Weg für sich und dem sichersten Weg für seinen Mandanten entscheiden, solange er zwar Zweifel hat, er aber andererseits auch keine offensichtlichen Anhaltspunkte für eine Fälschung hat.

Ähnlich wie die Strafbarkeit wegen Aussagedelikten kommt auch hier der abverlangten antizipierten Wertung des Beweismittels ein hoher Stellenwert zu. Im Unterschied zu den dort behandelten Konstellationen tritt bei den Urkundsdelikten jedoch kein weiterer »Faktor Mensch« zwischen Benennung des Beweismittels und Verwertung, so dass eine Lösung durch objektive Zurechnung bereits ausgeschlossen werden muss. Wie die hier beschriebene Konfliktsituation im Sinne einer Befreiung von Verdacht und Strafbarkeit hinsichtlich eines Urkundsdelikts gelöst werden soll, ist umstritten. Einigkeit herrscht allerdings hinsichtlich des gewünschten Ergebnisses: Ein pflichtgemäß handelnder Strafverteidiger muss gem. § 267 StGB straflos bleiben.

II. Geschütztes Rechtsgut

Auch hinsichtlich des von § 267 StGB geschützten Rechtsguts herrscht weitgehend Einigkeit. Nach ganz allgemeiner Meinung schützt der Tatbestand der Urkundenfälschung die Sicherheit und Zuverlässigkeit des Rechtsverkehrs.[1646] Obwohl § 267 StGB streng genommen kein Rechtspflegedelikt im eigentlichen Sinne ist, wird die Urkundenfälschung bei der verteidigungsspezifischen Auslegung im Rahmen der Tatbestände behandelt, die eine Schutzrichtung zugunsten von Allgemeininteressen im weitesten Sinne aufweisen.

III. Vorgeschlagene Lösungen zur Verteidigerstrafbarkeit

1. Die Lösung der Rechtsprechung

a. BGHSt 38, 345

Eine mögliche Fallkonstellation, die sich in Bezug auf Urkundsdelikte ergeben kann, lag der weichenstellenden Entscheidung BGHSt 38, 345 zugrunde:

Ein Strafverteidiger hatte für seinen wegen Betrugs und Wechselfälschungen verurteilten Mandanten gegen Sicherheitsleistung von 300.000 DM die Aussetzung des Haftbefehls erreicht und den Betrag als Eigenhinterleger hinterlegt. Der Mandant begab sich daraufhin ins Ausland.

Als die Strafverfolgungsbehörde den Mandanten zum Strafantritt geladen hatte, erreichte der Verteidiger einen Vollstreckungsaufschub, indem er vor Gericht zwei ärztliche Atteste aus Spanien vorlegte, um zu beweisen, dass sein im Ausland weilender Mandant derzeit krankheitsbedingt nicht zum Antritt seiner Freiheitsstrafe nach Deutschland kommen könne. Bei einem Besuch bei seinem Mandanten im Ausland erkannte der Strafverteidiger jedoch, dass der Mandant gesund und die ärztlichen Atteste falsch waren.

Unterdessen beantragte die Staatsanwaltschaft den Verfall der Kaution. Obwohl der Verteidiger vom Gesundheitszustand des Mandanten wusste, legte er ein Telefax des Schwagers seines Mandanten vor, wonach dieser im Krankenhaus sei. Die Sicherheitsleistung wurde dennoch für verfallen erklärt. Dagegen legte der Verteidiger Beschwerde ein und fügte die Fotokopie einer Sterbeurkunde bei, wonach sein Mandant verstorben war. Vor der Strafkammer legte er die Fotokopie erneut vor und forderte die Freigabe der Kaution. Auf der Fotokopie befand sich ein Beglaubi-

---

[1646] Vgl. RGSt 76, 233 [234]; BGHSt 2, 50 [52]; 9, 44 [45]; KG wistra 1984, 233 [235], Sch/Sch-*Cramer*, § 267 Rn. 1; LK-*Gribbohm*, Vor § 267 Rn. 6, § 267 Rn. 1; *Lackner/Kühl*, § 267 Rn. 1; *Otto*, Strafrecht BT, § 69 Rn. 1; *Rengier*, BT/2, § 33 Rn. 1; *Tröndle/Fischer*, § 267 Rn. 1; *Wessels/Hettinger*, BT/1 Rn. 789; a.A. SK/StGB-*Hoyer*, Vor § 267 Rn. 12 ff.; NK-*Puppe*, § 267 Rn. 1 ff. (jew. individuelle Dispositionsfreiheit des Opfers); differenzierend *Arzt/Weber*, Strafrecht BT, § 30 Rn. 5 f.

gungsvermerk der Deutschen Botschaft in Madrid im Original. Alle vorgelegten Atteste und Urkunden erwiesen sich als Totalfälschungen.
Das LG München I verurteilte den Verteidiger wegen Urkundenfälschung in Tateinheit mit Betrug. Die vom Verteidiger angestrengte Revision vor dem Bundesgerichtshof hatte Erfolg.

Die Praxis der Rechtsprechung zum Problem der Strafbarkeit eines Strafverteidigers wegen Urkundsdelikten lässt sich auf die Kurzformel bringen, dass die Abgrenzung unter Anhebung der Beweisanforderungen im subjektiven Tatbestand zu erfolgen habe. In dem geschilderten Fall der Kautionsfreigabe hat der Bundesgerichtshof betont, dass ein Verteidiger im Regelfall strafbares Verhalten nicht billige, wenn er sich darauf beschränke, ihm von seinem Mandanten zur Verfügung gestellte oder benannte Beweismittel in ein gerichtliches Verfahren einzubringen. Dies gelte auch bei erheblichen Zweifeln an der Richtigkeit oder Zuverlässigkeit der eingeführten Beweise. Halte der Verteidiger die Richtigkeit solcher – den Angeklagten entlastenden – tatsächlichen Behauptungen für nicht ausgeschlossen, verpflichte ihn sein Mandat, sie dem Gericht vorzutragen, selbst wenn er ihre Unrichtigkeit für wahrscheinlich halte.[1647] Vielmehr verwende der Verteidiger solche Beweismittel im Regelfall mit dem inneren Vorbehalt, das Gericht werde sie seinerseits einer kritischen Prüfung unterziehen und ihre Fragwürdigkeit nicht übersehen.[1648] Die Begründung dieses Vorbehalts hat der Bundesgerichtshof aus der Stellung des Verteidigers als Organ der Rechtspflege abgeleitet, der bei seiner Tätigkeit fremde Interessen wahrnehme. Etwas anderes könne wiederum gelten, wenn der Verteidiger im Besitz weiter gehender Informationen sei, die eine Fälschung oder die Unechtheit des Beweismittels belegten.[1649]

b. Kritik

Die mit dieser Vorsatzlösung erstmals beim Bundesgerichtshof zu erkennende Tendenz zu einem Verteidigerprivileg ist zwar auf grundsätzliche Zustimmung gestoßen, in der Begründung hat sie allerdings überwiegend Kritik erfahren.[1650]

[1647] BGHSt 38, 345 [348].
[1648] BGHSt 38, 345 [347].
[1649] BGHSt 38, 345 [350 f.].
[1650] Vgl. *Beulke*, JR 1994, 116 [116 ff.]; *Hamm*, NJW 1993, 289 [294]; *Ignor*, in: Schlüchter-FS, S. 39 [44]; *von Stetten*, StV 1995, 606 [607]; *Wohlers*, StV 2001, 420 [422]; *Stumpf*,

Teile der Argumentation sind sogar als »dogmatischer Irrweg«[1651] bezeichnet worden.

Gerügt wurde insbesondere eine gewisse innere Widersprüchlichkeit. Denn wenn der Verteidiger »nicht befugt« sei, trotz seiner Zweifel die möglicherweise gefälschte Urkunde als entlastendes Beweismittel zurückzuhalten, bedeute dies umgekehrt eine Verpflichtung zur Vorlage. Dazu sei er dann aber erst recht berechtigt. Bei konsequenter Fortführung seiner Formulierungen sei vom Bundesgerichtshof daher zu erwarten gewesen, dass er in Fortführung der Entscheidung BGHSt 29, 99 zur Rechtmäßigkeit der Wahrnehmung von Verteidigerpflichten im Zusammenhang mit §§ 129, 129a StGB einen Rechtfertigungsgrund konstruieren würde. Eine Rechtfertigungslösung habe der Bundesgerichtshof jedoch explizit abgelehnt und sich damit selbst widersprochen.[1652]

Aus dogmatischer Sicht sind auch weitere Bedenken angebracht. Normalerweise wird im Rahmen des Vorsatzes von der objektiven Gefährlichkeit des Tuns auf die innere Billigung geschlossen. Der Bundesgerichtshof scheint jetzt aber den umgekehrten Weg zu beschreiten, indem er von der inneren Einstellung des Verteidigers auf die objektive Gefährlichkeit und damit auf die Tatbestandserfüllung (konkret: bei § 258 StGB) schließt.[1653] Die Verlagerung der Falllösung auf die Beweisanforderungen für das voluntative Element des *dolus eventualis* eröffne den Tatgerichten einen weitreichenden Beurteilungsspielraum, was die Gefahr einer Gesinnungskontrolle in sich berge.[1654] Die vom Bundesgerichtshof gefundene Lösung könne daher zwar im Einzelfall zu gerechten Ergebnissen führen. Im vorhinein kalkulierbar sei sie jedoch schwerlich. Zudem versage der subjektive Tatbestand meist als Rettungsanker.[1655] Systemwidrig sei auch, dem

---

NStZ 1997, 7 [8]; *Zeifang*, Die eigene Strafbarkeit des Strafverteidigers, S. 325; krit. ferner *Alber*, Das Verteidigerprivileg, S. 119 f.; *Hombrecher*, Geldwäsche (§ 261 StGB) durch Strafverteidiger?, S. 135 f.; LR-*Lüderssen*, Vor § 138a Rn. 51; *Widmaier*, in: BGH-FS IV, S. 1043 [1057]; zust. nur Sch/Sch-*Cramer*, § 267 Rn. 83; LK-*Gribbohm*, § 267 Rn. 246 f.; vgl. auch *Matt*, GA 2002, 137 [141 ff.].
[1651] *Widmaier*, in: BGH-FS IV, S. 1043 [1056].
[1652] *Widmaier*, in: BGH-FS IV, S. 1043 [1056 f.]; vgl. auch *Stumpf*, NStZ 1997, 7 [11].
[1653] *Scheffler*, StV 1993, 470 [471].
[1654] Ebenso *Widmaier*, in: BGH-FS IV, S. 1043 [1057].
[1655] *Beulke*, JR 1994, 116 [121].

Verteidiger spezielle Vorsatzprivilegien nur bei § 267 StGB zu gewähren. Daher bestehe die bereits bei der Diskussion um die Sperrwirkung erläuterte »Dammbruchgefahr« auf weitere Berufe. Als untauglich wird ebenfalls das Argument eingestuft, die zusätzliche Echtheitsprüfung einer Urkunde durch das Gericht sei ein Beweisanzeichen dafür, dass der Verteidiger auf das Nichteintreten des Tatbestandserfolgs vertraue.[1656] Dies trifft zu, denn der Erfolg des § 267 StGB (in der Variante des Gebrauchens) tritt schon mit dem Einreichen einer Urkunde bei Gericht ein. Die Prüfung durch das Gericht hat daher mit der Tatbestandserfüllung nichts zu tun.[1657]

Schließlich hat auch die Übertragung der Hemmschwellentheorie auf die Fallgestaltungen des § 267 Abs. 1 Var. 3 StGB Anlass zur Kritik gegeben. Es ist nicht erkennbar, weshalb ein Verteidiger aufgrund seiner Funktion als Organ der Rechtspflege verstärkt darauf vertraut, dass sein Auftraggeber die Wahrheit sagt und benutzte Urkunden echt sind. Dies wird nicht zu Unrecht als eine nicht gerechtfertigte Wunschvorstellung eingestuft.[1658] Ein Grund für eine erhöhte Hemmschwelle bezüglich der Tatbestandsverwirklichung des § 267 StGB ist tatsächlich nicht erkennbar.[1659] Mit *Scheffler*[1660] könnte man diesbezüglich fragen, wie sich diese Sichtweise des Bundesgerichtshofs auf denjenigen Verteidiger auswirkt, der sich nicht als Organ der Rechtspflege, sondern eher als Interessenvertreter seines Mandanten begreift. Das in der Praxis eigentlich relevante Problem der Hemmschwellenlösung tritt schon im Vorfeld auf, wenn der gute Ruf eines Verteidigers auf dem Spiel steht. Dieser kann es sich bereits nicht leisten, dass gegen ihn ein Strafverfahren eingeleitet wird.[1661]

[1656] Zutr. *Beulke*, JR 1994, 116 [119 f.]; *von Stetten*, StV 1995, 606 [611]; *Stumpf*, NStZ 1997, 7 [11]; *Zeifang*, Die eigene Strafbarkeit des Strafverteidigers, S. 325.
[1657] Vgl. *Beulke*, JR 1994, 116 [120].
[1658] *Beulke*, JR 1994, 116 [120].
[1659] Zutr. *Beulke*, JR 1994, 116 [120 f.]; *ders.*, in: Roxin-FS, S. 1173 [1192]; *Jahn*, »Konfliktverteidigung« und Inquisitionsmaxime, S. 312; *von Stetten*, StV 1995, 696 [611]; *Tröndle/Fischer*, § 258 Rn. 13a; *Zeifang*, Die eigene Strafbarkeit des Strafverteidigers, S. 325.
[1660] *Scheffler*, StV 1993, 470 [472].
[1661] Zutr. *Beulke*, JR 1994, 116 [120 f.].

2. Lösungsvorschläge im Rahmen der Strafvereitelung

Nach herrschender Meinung in Rechtsprechung und Wissenschaft kann sich ein Verteidiger wegen Strafvereitelung strafbar machen, wenn er ein sachliches Beweismittel in den Strafprozess einbringt, dessen Unechtheit er sicher kennt.[1662] Begründet wird dies zumeist mit dem Hinweis darauf, dass sich ein Verteidiger jeglicher aktiver Verdunkelung und Verzerrung des Sachverhalts zu enthalten habe.[1663]

Dies ist auch nach hier vertretener Lösung konsequent. Aus den gleichen Gründen, wie aus dem *nemo tenetur*-Prinzip spiegelbildlich das fehlende Recht zur Lüge folgt, resultiert daraus auch ein fehlendes Recht zur Verfälschung von Beweismitteln, das sich letztlich als Unterfall der Lüge begreifen lässt. Daher ist es dem Beschuldigten nicht gestattet, über das neutrale Abstreiten der Echtheit eines sachlichen Beweismittels selbst aktiv ein falsches Beweismittel zu schaffen oder in den Prozess einzubringen. Nichts anderes kann dementsprechend auch für einen Verteidiger gelten.

Sobald der Verteidiger dagegen die Unechtheit eines sachlichen Beweismittels nicht sicher kennt und an der Echtheit Zweifel hat, macht er sich nach mittlerweile wohl überwiegender Ansicht nicht wegen Strafvereitelung strafbar. Der Bundesgerichtshof hat eine mögliche Straflosigkeit maßgeblich auf die Struktur des subjektiven Tatbestands des § 258 StGB gestützt, der eine Strafvereitelungsabsicht und somit zumindest direkten Vorsatz verlange. Stelle der Verteidiger daher für ihn zweifelhafte Behauptungen auf, die er dann mit für ihn ebenfalls zweifelhaften Beweismitteln zu belegen versuche, müssten an die Feststellung

---

[1662] Vgl. BGHSt 38, 345 [348]; *Beulke*, Die Strafbarkeit des Verteidigers, Rn. 61; *ders.*, Der Verteidiger im Strafverfahren, S. 152; *ders.*, JR 1994, 116 [118]; *Brei*, Grenzen zulässigen Verteidigerhandelns, S. 45 f.; *Eschen*, StV 1981, 365 [367]; *Grabenweger*, Die Grenzen rechtmäßiger Strafverteidigung, S. 209; *Heinicke*, Der Beschuldigte und sein Verteidiger, S. 497; *Krekeler*, NStZ 1989, 146 [152]; *Lamberti*, Strafvereitelung durch Strafverteidiger, S. 211; *Müller-Dietz*, Jura 1979, 242 [252]; *Pfeiffer*, DRiZ 1984, 341 [346]; LK-*Ruß*, § 258 Rn. 20a; *Schautz*, Strafrechtliche Grenzen des Verteidigerhandelns, S. 88 f.; *Stumpf*, Die Strafbarkeit des Strafverteidigers wegen Strafvereitelung (§ 258 StGB), S. 189 ff.; *Tröndle/Fischer*, § 258 Rn. 7; *Zeifang*, Die eigene Strafbarkeit des Strafverteidigers, S. 208 f.
[1663] Vgl. BGHSt 38, 345 [348]; *Beulke*, Die Strafbarkeit des Verteidigers, Rn. 62; *Brei*, Grenzen zulässigen Verteidigerhandelns, S. 45 f.; *Heinicke*, Der Beschuldigte und sein Verteidiger, S. 497; *Müller-Dietz*, Jura 1979, 242 [252]; *Tröndle/Fischer*, § 258 Rn. 7; *Zeifang*, Die eigene Strafbarkeit des Strafverteidigers, S. 208 f.

des Vorsatzes besondere Beweisanforderungen gestellt werden.[1664] Zum Teil wird dieses Ergebnis auch daraus abgeleitet, dass die Verteidigung grundsätzlich ein Beweisantragsrecht habe. Es bestehe ein systemimmanentes Interesse auch an solchen Beweismitteln, die nur möglicherweise der Wahrheitsermittlung dienlich seien. Solange der Verteidiger nicht selbst Urkunden fälsche oder sichere Kenntnis von der Unechtheit habe, sondern nur zweifelhafte Beweismittel in das Verfahren einführe, verhalte er sich prozessordnungsgemäß. Die Maßgeblichkeit der Kenntnis des Verteidigers sei daher nicht aus dem subjektiven Tatbestand des § 258 StGB, sondern aus dem Prozessrecht abzuleiten.[1665] Letztlich obliege die Prüfung zweifelhafter Beweismittel dem Gericht.[1666]

3. Lösungsvorschläge in der Literatur zu § 267 StGB

Der Gedanke, von der prozessualen Zulässigkeit eines Verteidigungsverhaltens auf die Zulässigkeit der Vorlage von Urkunden zu schließen, ist in der Literatur auf ein zustimmendes Echo gestoßen, wenngleich kritisiert wird, dass die dogmatische Herleitung dieses Ergebnisses zumeist nicht erbracht werde.[1667] Auffallend ist, dass die zu § 258 StGB vertretenen Ansichten zum Teil ohne Abweichungen auch auf § 267 StGB übertragen werden. Daneben sind aber auch einige spezifisch auf § 267 StGB abstellende Lösungsansätze vorgetragen worden.

a. Lösung auf Rechtswidrigkeitsebene

Neben den bereits vorgestellten grundsätzlichen Rechtfertigungskonstruktionen zur Strafbarkeit eines Verteidigers[1668] wird auch im konkreten Zusammenhang der Urkundsdelikte von mehreren Autoren eine Lösung auf Ebene der Rechtswidrigkeit befürwortet.

[1664] Vgl. BGHSt 38, 345 [348].
[1665] *Stumpf*, Die Strafbarkeit des Strafverteidigers wegen Strafvereitelung (§ 258 StGB), S. 191; vgl. auch *Zeifang*, Die eigene Strafbarkeit des Strafverteidigers, S. 208 ff.
[1666] Vgl. *Heinicke*, Der Beschuldigte und sein Verteidiger, S. 496; *Jahn*, »Konfliktverteidigung« und Inquisitionsmaxime, S. 346 ff.; *ders.*, ZRP 1998, 103 [108]; vgl. ferner ohne nähere Begründung *Krekeler*, NStZ 1989, 146 [152]; krit. *Stumpf*, Die Strafbarkeit des Strafverteidigers wegen Strafvereitelung (§ 258 StGB), S. 189; *Zeifang*, Die eigene Strafbarkeit des Strafverteidigers, S. 210.
[1667] So *Rengier*, BT/1, § 21 Rn. 22.
[1668] Vgl. *Ernesti*, JR 1982, 221 [225]; KK-*Laufhütte*, Vor § 137 Rn. 10; *Tiedemann*, Jura 1981, 24 [29 f.]; für den zivilrechtlich ausgerichteten Rechtsanwalt *Volk*, BB 1987, 139 [144].

So hat *Otto*[1669] im Zusammenhang mit der Entscheidung BGHSt 38, 345 einen auf dem Prinzip des Interessenvorrangs basierenden Rechtfertigungsgrund zur Diskussion gestellt. Danach habe ein Verteidiger die Pflicht, den Beweisverkehr nicht durch den Gebrauch unechter Urkunden zu gefährden. Dem stehe die Pflicht gegenüber, die Verteidigungschancen für seinen Mandanten auch bei eigenen Zweifeln auszuschöpfen. Letzteres Interesse sei höher einzustufen als die Gefährdung des Urkundenverkehrs durch den Gebrauch möglicherweise unechter Urkunden gegenüber einer diese ohnehin noch prüfenden Instanz.[1670] Damit sei eine Lösung nach dem Prinzip des Interessenvorrangs vorgezeichnet. Einer besonderen Rechtfertigung bedürfe es insoweit nicht.[1671] Rechtswidrig sei dagegen die bewusste Nutzung gefälschter Beweismittel. Eine Rechtfertigung scheide daher aus, wenn der Verteidiger positive Kenntnis davon habe, dass eine Urkunde gefälscht sei.[1672]

Auch *Zeifang*[1673] geht nach der Untersuchung der Verteidigerpflichten von der Prämisse aus, dass prozessordnungsgemäßes Verteidigerhandeln keine strafbare Urkundenfälschung sein könne. Bedenke man, dass das Rechtsgut des § 267 StGB nicht die Rechtspflege sei, könne sich das Erlaubtsein des Verteidigerhandelns jedoch nicht auf Tatbestandsebene auswirken. Vorzugswürdig sei stattdessen, die prozessuale Zulässigkeit in Form eines Rechtfertigungsgrundes *sui generis* zu instrumentalisieren. Der damit anerkannte Rechtfertigungsgrund prozessordnungsgemäßen Verteidigerverhaltens ähnele in seiner Struktur den Rechtfertigungsgründen aus erlaubtem Risiko. Im Unterschied zu diesen bestehe hier jedoch eine echte Eingriffsbefugnis und sei keine besondere einzelfallbezogene Interessenabwägung erforderlich.[1674] Die Rechtfertigungsgrund sei subjek-

---

[1669] *Otto*, in: Lenckner-FS, S. 193 [212]; ders., JZ 2001, 436 ff.; zust. *Köllner*, in: *Bockemühl*, Handbuch des Fachanwalts Strafrecht, Rn. 49.
[1670] *Otto*, in: Lenckner-FS, S. 193 [212].
[1671] *Otto*, JZ 2001, 436 [438].
[1672] *Otto*, in: Lenckner-FS, S. 193 [212]; ders., JZ 2001, 436 [438]; zust. *Köllner*, in: *Bockemühl*, Handbuch des Fachanwalts Strafrecht, Rn. 49; *Rietmann*, Zur Strafbarkeit von Verfahrenshandlungen, S. 164 f.
[1673] *Zeifang*, Die eigene Strafbarkeit des Strafverteidigers, S. 335 f.
[1674] *Zeifang*, Die eigene Strafbarkeit des Strafverteidigers, S. 335 f.

tiv determiniert. Er greife nur, solange der Verteidiger nicht positiv wisse, dass ein eingereichtes Beweismittel falsch sei.[1675]

Ein vom subjektiven Moment der Kenntnis abgekoppelter Rechtfertigungsgrund pflichtgemäßen Verteidigerverhaltens wird dagegen von *Puppe*[1676] vorgeschlagen. Auf persönliche Überzeugungen des Verteidigers komme es beim Einreichen einer Urkunde nicht an. Vielmehr müsse sich die Rechtfertigung allein aus seiner prozessualen Funktion ableiten, mit der die Pflicht, sich persönlich von der Echtheit einer vom Mandanten gelieferten Urkunde zu überzeugen, nicht vereinbar sei.

b. Stellungnahme

Die Anerkennung eines rein objektiv determinierten Rechtfertigungsgrundes, wie er von *Puppe* vorgeschlagen wurde, erscheint ebenso praktisch wünschenswert wie dogmatisch bedenklich. Denn auch wenn sich die Zulässigkeit der Beweisantragstellung aus dem Prozessrecht als Ausfluss der verfassungsrechtlich gebotenen Verteidigung ergibt, ist sicherlich nicht zutreffend, dass persönliche Überzeugungen eines Verteidigers keinen Einfluss auf die Einreichung einer Urkunde haben. Denn die Benennung von Beweismitteln unterliegt im Gegenteil einer im höchsten Maße subjektiv geprägten Vorwertung des Verteidigers, die sich an der Verteidigungstaktik und Absprachen mit dem Beschuldigten orientiert. Die Vorlage einer aus Sicht des Verteidigers mit Sicherheit gefälschten Urkunde würde gegen das Lügeverbot verstoßen. Aus diesem Grund kann nur ein Rechtfertigungsgrund Berechtigung haben, der die Kenntnis des Verteidiger mit in die Bewertung einbezieht.

Allerdings ist auch bei § 267 Abs. 1 Var. 3 StGB eine Rechtfertigungslösung schon grundsätzlich abzulehnen. Hauptkritikpunkt einer solchen Konstruktion ist das bereits eingangs dargelegte Missverhältnis von Erlaubnis und Verbot. Wie bei den bislang erörterten Delikten ist auch bei der Urkundenfälschung auf die rechtsstaatlich geforderte Strafverteidigung abzustellen, die grundsätzlich er-

---

[1675] *Zeifang*, Die eigene Strafbarkeit des Strafverteidigers, S. 336; *de lege ferenda* für einen solchen Rechtfertigungsgrund auch *Hilgendorf*, in: Schlüchter-GS, S. 497 [511 f.].
[1676] Vgl. NK-*Puppe*, § 267 Rn. 104; *dies.*, JZ 1997, 490 [494].

laubt und nur in Ausnahmefällen als rechtswidrig zu werten ist. Auch wenn sinngemäß darauf verwiesen wird, dass das Prozessrecht bereits Vorwertungen enthalte, die eine besondere einzelfallbezogene Interessenabwägung nicht mehr notwendig machten,[1677] wird der Schwachpunkt der Rechtswidrigkeitslösung deutlich. Wenn letztlich grundsätzlich ein vom Prozessrecht »eingebauter« Vorrang der Strafverteidigung postuliert wird, ist auch die Verortung des prozessordnungsgemäßen Verteidigerverhaltens auf Rechtswidrigkeitsebene inkonsequent.

c. Abgrenzung im subjektiven Tatbestand

Neben der von einigen Autoren befürworteten Sperrwirkung des § 258 StGB auf tateinheitlich verwirklichte Delikte haben sich mehrere Autoren vom Ergebnis her mit der Lösung des Bundesgerichtshofs übereinstimmend für eine subjektive Tatbestandslösung ausgesprochen.

Nach Auffassung von *Widmaier*[1678] könne man zwar einen Rechtfertigungsgrund der Wahrnehmung von Verteidigerpflichten erwägen, der strukturell in den Bereich der Rechtfertigungsgründe aus erlaubtem Risiko einzuordnen wäre. Trotz seiner Kritik an der Argumentation des Bundesgerichtshofs spricht er sich jedoch im Ergebnis für einen subjektiven Lösungsansatz aus. Denn der Verteidiger handele im Regelfall schon nicht mit der Absicht zur »Täuschung im Rechtsverkehr«.[1679] Erst bei positivem Wissen, dass die von ihm vorgelegte Urkunde gefälscht sei, trete die Täuschungsabsicht zwangsläufig an die Stelle des Zwecks der pflichtgemäßen Verteidigung. Kurz gesagt komme eine Strafbarkeit wegen § 267 StGB nur bei direktem Vorsatz in Betracht.[1680] Der Verteidiger werde es in vielen Fällen für möglich oder sogar wahrscheinlich halten, dass Beweismittel gefälscht sind. Andererseits sei nur das Gericht die zuständige Instanz, wenn es darum gehe, die Echtheit und Wahrheit von Beweismitteln zu beurteilen. Eine Art Vorzensur dürfe der Verteidiger nicht durchführen. Solange der Verteidiger die Möglichkeit sehe, dass die von ihm für den Beschuldigten

---

[1677] *Zeifang*, Die eigene Strafbarkeit des Strafverteidigers, S. 335.
[1678] *Widmaier*, in: BGH-FS IV, S. 1043 [1057].
[1679] Ebenso bzgl. BGHSt 38, 345 SK/StGB-*Hoyer*, § 267 Rn. 92.
[1680] *Widmaier*, in: BGH-FS IV, S. 1043 [1058].

vorgelegten Entlastungsbeweise echt und wahr seien und dass deshalb eine (wenn auch nur geringe) Chance des Beschuldigten bestehe, durch dieses Beweismittel von möglicherweise ungerechtfertigten Vorwürfen entlastet zu werden, bewege er sich im Bereich pflichtgemäßen Verteidigerhandelns.[1681]

Auf den Konflikt von Pflicht und Verbot verweisen auch *Danckert/Bertheau*[1682], die prozessualen Handlungspflichten vorsatzausschließende Wirkung beimessen wollen. Wenn man eine vorsätzliche Willensbetätigung beurteile, setze dies eine Wahlmöglichkeit zwischen rechtmäßigem und rechtswidrigem Verhalten voraus. Stufe aber die Rechtsordnung ein Handeln gleichzeitig als pflichtgemäß und rechtswidrig ein, könne das voluntative Vorsatzelement nicht festgestellt werden. Solange daher der Verteidiger keine sichere Kenntnis der Unechtheit einer Urkunde habe, sei bei ihrer Vorlage der subjektive Tatbestand nicht erfüllt.

d. Stellungnahme

Zweifellos ließe sich mit der Erhöhung der Beweisanforderungen für den subjektiven Tatbestand eine von Fall zu Fall variierende und damit flexible Lösung erreichen. *Widmaier* erkennt jedoch auch zutreffend die Probleme einer derartigen Tatbestandslösung. Missliebige Verteidiger könnten viel eher in den Verdacht der Strafbarkeit geraten als hoch geachtete. Dass *Widmaier* dennoch im Ergebnis an der Lösung des Bundesgerichtshofs festhält, ist insofern verwunderlich. Seine Auslegung des § 267 Abs. 1 Var. 3 StGB, dass ein Verteidiger bei *dolus eventualis* hinsichtlich der Unechtheit einer Urkunde noch nicht mit Täuschungsabsicht handelt, vermag allerdings nicht zu überzeugen. Sie steht im Gegensatz zur dogmatischen Struktur des subjektiven Tatbestands bei der Urkundenfälschung. Dieser zeichnet sich neben dem allgemeinen Vorsatzelement zusätzlich durch eine überschießende Innentendenz in Form der Täuschungsabsicht aus. Davon zu unterscheiden ist die Kenntnis von der Unechtheit einer Urkunde. Für diese Kenntnis genügt nach allgemeiner Meinung bereits *dolus eventualis*.[1683] Ein Täter kann daher ohne weiteres in der Absicht zur Täuschung im

---

[1681] *Widmaier*, in: BGH-FS IV, S. 1043 [1053 f.].
[1682] *Danckert/Bertheau*, in: Hanack-FS, S. 27 [35 f.].
[1683] Vgl. BGHSt 38, 345 [348]; BGH NStZ 1999, 619 [620]; SK/StGB-*Hoyer*, § 267 Rn. 89; *Lackner/Kühl*, § 267 Rn. 24; NK-*Puppe*, § 267 Rn. 94; *Tröndle/Fischer*, § 267 Rn. 29.

Rechtsverkehr handeln, selbst wenn er nur mit *dolus eventualis* von der Unechtheit der Urkunde ausgeht.

Auch der Auffassung von *Danckert/Bertheau* kann schon aus allgemeinen Erwägungen nicht gefolgt werden. Denn wenn ein Verteidiger eine für ihn zweifelhafte Urkunde vorlegt, besteht kein Grund, weshalb man seinen Vorsatz nicht feststellen können sollte. Insbesondere erfordert bei Zugrundelegung der Einwilligungs- oder Billigungstheorie das voluntative Vorsatzelement vom Täter nicht, dass ihm der Erfolg besonders angenehm oder gar erwünscht wäre,[1684] wenn man nicht sogar ein voluntatives Element für die Erfüllung des Eventualvorsatzes ganz ablehnt.[1685] Zwingende Gründe für die Ablehnung des Vorsatzes bestehen damit nicht.[1686]

e. Abgrenzung im objektiven Tatbestand

Für eine an den prozessualen Vorwertungen orientierte Lösung im objektiven Tatbestand hat sich *Stumpf*[1687] im Zusammenhang mit § 258 StGB ausgesprochen, wobei die gewonnenen Ergebnisse auch auf § 267 StGB übertragbar seien. Wenn der Bundesgerichtshof propagiere, dass der Verteidiger die Pflicht habe, ein für den Mandanten vorteilhaftes Beweismittel auch bei ernstlichen Zweifeln über die Echtheit in das Verfahren einzuführen, dann habe er wohl auch das Recht dazu. Ein solches Verhalten sei für den Verteidiger prozessual zulässig und damit weder nach § 267 Abs. 1 Var. 3 StGB noch nach § 258 StGB strafbar. Das Recht zur Vorlage entfalle erst bei sicherer Kenntnis der Falschheit.[1688] Allerdings entscheidet sich *Stumpf* bei § 267 StGB nicht explizit in der Frage, auf welcher Deliktsstufe er eine Freistellung des Verteidigers befürwortet. Nach seiner Auffassung könne es keine rein objektiven Kriterien für die Abgrenzung zwischen erlaubter und verbotener Tätigkeit geben.[1689] Nach seiner Argumenta-

---

[1684] Vgl. BGHSt 7, 363 [369]; *Wessels/Beulke*, AT Rn. 219.
[1685] Vgl. *Hillenkamp*, AT, 1. Problem, S. 1 ff.
[1686] Zutr. *Zeifang*, Die eigene Strafbarkeit des Strafverteidigers, S. 333.
[1687] *Stumpf*, Die Strafbarkeit des Strafverteidigers wegen Strafvereitelung (§ 258 StGB), S. 189 ff.
[1688] *Stumpf*, Die Strafbarkeit des Strafverteidigers wegen Strafvereitelung (§ 258 StGB), S. 190 ff., 202; *ders.*, NStZ 1997, 7 [11 f.].
[1689] *Stumpf*, Die Strafbarkeit des Strafverteidigers wegen Strafvereitelung (§ 258 StGB), S. 192.

tion bei § 258 StGB[1690] ist aber davon auszugehen, dass er den objektiven Tatbestand des § 267 Abs. 1 Var. 3 StGB bereits als nicht erfüllt ansieht.[1691]

Demgegenüber bevorzugt *Wohlers*[1692] eine teleologische Reduktion des § 267 StGB als tauglichen Ansatzpunkt. Die Vorlage gefälschter Urkunden falle unter die Gruppe von Straftatbeständen, die Verteidigungshandlungen als solche erfassten. Bei diesen habe eine Abgrenzung im objektiven Tatbestand anhand des Normzwecks zu erfolgen. Wenn und soweit der Verteidiger prozessual befugt sei, die Einführung eines Beweismittels zu beantragen, könne dies materiellrechtlich nicht als Urkundsdelikt bewertet werden. Soweit Prozesshandlungen auf eine erfolgreiche Abwehr des staatlichen Strafanspruchs abzielten und damit als prozessual zulässige Aktivitäten der Strafverteidigung zu bewerten seien, müssten diese konsequenterweise aus dem Anwendungsbereich der in Frage stehenden Norm im Wege einer teleologischen Reduktion des Straftatbestands ausgeschlossen werden.[1693]

IV. Stellungnahme und eigener Lösungsansatz

Eine teleologische Reduktion des Tatbestands hat immer mit Blick auf das geschützte Rechtsgut zu erfolgen. Schon aus diesem Grund ist der Lösungsansatz von *Wohlers* hinsichtlich § 267 StGB dogmatischen Einwänden ausgesetzt, da *Wohlers* nicht dazu Stellung nimmt, von welchem Schutzgut er ausgeht. Bei seiner Argumentation wird nicht klar, weshalb ordnungsgemäße Verteidigung den Schutzbereich des § 267 StGB nicht verletzen kann.

Darüber hinaus ist allerdings die bei ihm wie bei den anderen dargelegten Ansichten sichtbare prozessakzessorische Tendenz zu begrüßen, bei Zulässigkeit der Beweisantragstellung grundsätzlich auch von einer Zulässigkeit der Vorlage bei Zweifeln auszugehen. Nimmt man die Funktion des Verteidigers und die

---

[1690] *Stumpf*, Die Strafbarkeit des Strafverteidigers wegen Strafvereitelung (§ 258 StGB), S. 53.
[1691] Vgl. *Stumpf*, Die Strafbarkeit des Strafverteidigers wegen Strafvereitelung (§ 258 StGB), S. 192; *ders.*, NStZ 1997, 8 [11]; ebenso *Ignor*, in: Schlüchter-FS, S. 39 [43]; wohl auch *Rengier*, BT/1, § 21 Rn. 22 und *Rietmann*, Zur Strafbarkeit von Verfahrenshandlungen, S. 174, der sich allerdings nicht im Deliktsaufbau festlegt, vgl. *a.a.O.*, S. 80.
[1692] Ebenso *Wohlers*, StV 2001, 420 [426].
[1693] *Wohlers*, StV 2001, 420 [426].

Bedeutung der Strafverteidigung ernst, kann eine von Vorsatzgedanken geprägte Herleitung keinen Bestand haben. Die Strafverteidigung hat grundsätzlich ein Beweisantragsrecht,[1694] das letztlich konkretisiertes Verfassungsrecht ist.[1695] Dieses ist darauf gerichtet, durch das Beweisthema zur Wahrheitsermittlung und damit zu einer ordnungsgemäßen Entscheidungsfindung beizutragen. Die Wahrheit steht aber erst am Ende des Strafverfahrens und wird nicht vorausgesetzt. Solange folglich ein Beweismittel aus Sicht des Verteidigers zur Wahrheitsermittlung dienlich sein kann, muss es auch prozessual ohne Einschränkungen zulässig sein. Der Verteidiger muss daher auf jeden Fall berechtigt sein, auch für ihn zweifelhafte sachliche Beweismittel zur Wahrheitsfindung in den Prozess einzuführen. Seine Funktion als Beistand und Garant der Unschuldsvermutung verpflichtet ihn sogar dazu.

Grundsätzlich würde für eine Strafbarkeit gem. § 267 Abs. 1 Var. 3 StGB (Gebrauchmachen einer unechten Urkunde) zwar bereits ausreichen, dass der Verteidiger mit *dolus eventualis* hinsichtlich der Unechtheit gehandelt hat. Für insofern nur zweifelhafte Beweisstücke darf allerdings nicht der Verteidiger, sondern das Gericht die Prüfinstanz sein, die über die Echtheit oder Unechtheit befindet, § 261 StPO.[1696] Aufgrund seiner Beistandsfunktion ist der Verteidiger sogar dazu verpflichtet, etwaige Zweifel über die Echtheit eines Beweisstücks gegenüber dem Gericht nicht offen zu legen.[1697] Solange der Verteidiger die Unechtheit nicht positiv kennt, würde eine andere Sichtweise dem Verteidiger eine unzulässige Beweisantizipation abverlangen. Er würde sich dann bei der Ablehnung eines vom Beschuldigten angeregten sachlichen Beweismittels die ihm nicht zustehende Funktion des Richters anmaßen und damit selbst gegen die Unschuldsvermutung verstoßen.

[1694] Vgl. BGHSt 21, 118 [124]; *Beulke*, Der Verteidiger im Strafverfahren, S. 129; KK-*Herdegen*, § 244 Rn. 51; *Meyer-Goßner*, § 244 Rn. 30; *Stumpf*, Die Strafbarkeit des Strafverteidigers wegen Strafvereitelung (§ 258 StGB), S. 190.
[1695] Vgl. *Herzog*, StV 1994, 166 [167].
[1696] Vgl. *Jahn*, »Konfliktverteidigung« und Inquisitionsmaxime, S. 346 f.; *ders.*, ZRP 1998, 103 [108]; *Stumpf*, Die Strafbarkeit des Strafverteidigers wegen Strafvereitelung (§ 258 StGB), S. 191; *ders.*, NStZ 1997, 7 [11 f.].
[1697] *Grabenweger*, Die Grenzen rechtmäßiger Strafverteidigung, S. 214; *Stumpf*, Die Strafbarkeit des Strafverteidigers wegen Strafvereitelung (§ 258 StGB), S. 192; *ders.*, NStZ 1997, 7 [11 f.].

Die Erlaubnis des Vorbringens einer solchen Urkunde ergibt sich dabei bereits aus prozess- und verfassungsrechtlichen Erwägungen. Erfordert das Prozessrecht unter dem Einfluss verfassungsrechtlicher Grundlagen die Vorlage eines Beweismittels, würden sich Gebot und Verbot in unmittelbarer Diktion gegenüberstehen. Aus der Bedeutung der Unschuldsvermutung folgt aber, dass der Verteidiger das Risiko der Vorlage eines falschen Beweismittels eingehen darf.[1698] Da es sich bei § 267 StGB um ein Delikt mit sozialbezogener Schutzrichtung handelt, sind die grundsätzlichen prozessualen und verfassungsrechtlichen Vorwertungen nach den Grundsätzen der verteidigungsspezifischen Auslegung bereits auf objektiver Tatbestandsebene zu berücksichtigen. Die vom Bundesgerichtshof eingeschlagene subjektive Lösung kann daher nicht überzeugen.

Abschließend stellt sich die Frage nach dem Lügeverbot als Korrektiv. Da die besondere Bedeutung der Unschuldsvermutung erst bei einer Widerlegung ihre Kraft verliert, kommt eine Strafbarkeit des Verteidigers erst beim positiven Wissen der Unechtheit eines sachlichen Beweismittels in Betracht. Kann beispielsweise ein vom Verteidiger als sicher falsch erkanntes Beweisstück nichts zur Wahrheitsfindung beitragen, darf er es nicht in den Prozess einführen. Gleiches gilt auch für Urkunden. Denn eine unechte Urkunde ist aus rechtsstaatlicher Sicht nicht geeignet, etwas zur Wahrheitsfindung im Prozess und zur Durchsetzung der Unschuldsvermutung beizutragen, so dass eine Privilegierung nicht zu rechtfertigen ist.

V. Ergebnis

Bei verteidigungsspezifischer Auslegung des § 267 StGB macht sich ein Strafverteidiger bei der Vorlage von Urkunden i.S.v. § 267 Abs. 1 Var. 3 StGB im Rahmen einer Verteidigung nicht strafbar, solange er deren Unechtheit nicht positiv kennt. Solange er nur Zweifel an ihrer Echtheit hat, ist sein Handeln zur Durchsetzung der Unschuldsvermutung geeignet und erforderlich, so dass eine Abwägung mit dem geschützten Rechtsgut des § 267 StGB eine Freistellung von seiner Strafbarkeit bewirkt. Im Deliktsaufbau wirkt sich die grundsätzlich zulässige und nur ausnahmsweise unzulässige Verteidigung mit möglicherweise

---

[1698] Vgl. auch *Stumpf*, Die Strafbarkeit des Strafverteidigers wegen Strafvereitelung (§ 258 StGB), S. 192.

falschen Urkunden aufgrund der Sozialbezogenheit des von § 267 StGB geschützten Rechtsguts auf Tatbestandsebene aus, so dass auch die Kenntnis des Verteidigers bereits im Rahmen des objektiven Tatbestands berücksichtigt werden muss.

Die Gefahr, dass die Gerichte durch eine solche Auslegung in Zukunft mit falschen Urkunden und gefälschten Belegen eingedeckt werden könnten, besteht nur in der Theorie. Denn die Kunst des Verteidigers muss darin bestehen, seinen Mandanten von einer sicheren Verteidigungslinie zu überzeugen, die weder eine Gefahr für die Reputation des Verteidigers noch für die Glaubwürdigkeit der Angaben des Beschuldigten begründet. Insofern ist jeder Verteidiger gut beraten, wenn er die Vorlage von Beweismitteln im Voraus mit seinem Mandanten durchspricht und sich bei begründeten Zweifeln über deren Echtheit trotz fehlender Nachforschungspflicht bei diesem rückversichert.

Teil 5: Delikte mit Ausrichtung auf Individualrechtsgüter

A. Beleidigungsdelikte, §§ 185 ff. StGB

I. Einführung

Strafrechtliche Sanktionen wegen mündlicher oder schriftlicher Äußerungen sind für einen Strafverteidiger besonders unangenehm. Denn das geschriebene und gesprochene Wort sind die beiden »wichtigsten ›Berufswaffen‹ des Rechtsanwalts«, wie das Bundesverfassungsgericht treffend hervorgehoben hat.[1699] Um hier keine »Ladehemmung« zu verursachen, sind vorhersehbare Maßstäbe für Äußerungen in einem Strafprozess unerlässlich. Schon im eigenen Interesse und erst recht im Interesse seines Mandanten muss sich ein Verteidiger darauf verlassen können, prozessual relevante Tatsachen vor Gericht vorbringen zu dürfen, ohne Gefahr zu laufen, strafrechtlich verfolgt zu werden, wenn sich Dritte durch sie in ihrer Ehre verletzt fühlen.

Beleidigungsdelikte im weitesten Sinne können in verschiedenen Stadien während einer Verteidigung auftreten. Vor allem im Plädoyer kann ein Verteidiger, der seinen Argumenten Nachdruck verleihen möchte, durch seine Wortwahl schnell das Gericht oder den Sitzungsvertreter der Staatsanwaltschaft brüskieren. Ebenso schnell kann ein Aufstellen von Behauptungen tatsächlicher Art Zeugen oder unbeteiligte Dritte (und unter Umständen auch den Angeklagten) bloßstellen. Aber nicht nur innerhalb, sondern auch außerhalb der mündlichen Verhandlung kann es leicht zu beleidigenden Äußerungen gegenüber dem Gericht selbst oder – noch häufiger – durch Weitergabe ehrverletzender Informationen des Mandanten zu übler Nachrede gegenüber Dritten kommen. Hauptfälle hierfür sind zum einen der Schriftsatz des Verteidigers an das Gericht, zum anderen der Umgang mit den Medien.

Im Unterschied zu vielen anderen Delikten waren die Beleidigungstatbestände relativ häufig Gegenstand strafgerichtlicher Entscheidungen mit Verteidigern als

---

[1699] BVerfGE 76, 171 [193].

Beschuldigten, so dass sich eine gefestigte höchstrichterliche Rechtsprechung zu diesem Themenkreis bilden konnte. Auch die Beiträge im Schrifttum orientieren sich weitgehend an dieser Rechtsprechung. Im Deliktsaufbau wird die Lösung der Strafverteidigerstrafbarkeit zumeist nicht auf Tatbestandsebene, sondern in der Rechtswidrigkeit verortet. Das mag daran liegen, dass das materielle Recht mit dem Rechtfertigungsgrund der Wahrnehmung berechtigter Interessen gem. § 193 StGB ein taugliches Instrument für eine sachgerechte Behandlung von Beleidigungsfällen unter Beteiligung eines Strafverteidigers zur Verfügung stellt. Die Existenz eines scheinbar *expressis verbis* auf derartige Fälle zugeschnittenen Rechtfertigungstatbestands birgt allerdings die große Gefahr eines voreiligen Springens in die Rechtswidrigkeit. Im Deliktsaufbau hat jedoch gerade bei den stark grundrechtlich eingefärbten Äußerungsdelikten wie der Beleidigung dogmatisch zuerst eine eingehende Auseinandersetzung mit den verschiedenen Deutungsmöglichkeiten der inkriminierten Äußerung auf Tatbestandsebene zu erfolgen, bevor die Frage der Rechtfertigung virulent werden kann.[1700]

Auch bei Äußerungen von Verteidigern im Rahmen der Strafverteidigung ist die Frage zu stellen, ob bei ihnen im Hinblick auf verfassungsrechtliche Vorgaben oder ihre Funktion eine einschränkende Auslegung angebracht ist. Dies ist – wie bei jedem Delikt – unter Berücksichtigung des geschützten Rechtsguts zu untersuchen.

II. Geschütztes Rechtsgut der §§ 185 ff. StGB

Nach ganz herrschender Ansicht schützen die Tatbestände der §§ 185 ff. StGB die Ehre.[1701] Neben dem früher vertretenen rein faktischen[1702] Ehrbegriff kommt

---

[1700] H.M., vgl. BGHSt 4, 194 [197 f.]; 7, 385 [391 f.]; 11, 273 [273 Leitsatz 1]; BayObLGSt 1983, 32 [35]; BayObLG, JR 1998, 384 [385] (m. Anm. *Foth*); OLG Köln, NJW 1964, 2121 [2122]; LK-*Herdegen*, § 193 Rn. 12; *Krekeler*, AnwBl. 1976, 190 [191]; Sch/Sch-*Lenckner*, § 193 Rn. 2; *Merz*, Strafrechtlicher Ehrenschutz und Meinungsfreiheit, S. 101; SK/StGB-*Rudolphi*, § 193 Rn. 4; mit Blick auf eine mangelnde prozessuale Absicherung dieser Ansicht zw. *Graul*, NStZ 1991, 457 [457 ff., 462]; *Hardtung*, JuS 1996, 807 [811] m.w.N.; *Lackner/Kühl*, § 193 Rn. 4.
[1701] Vgl. BGHStGrS 11, 67 [70 f.]; BGHSt 36, 145 [148]; *Arzt/Weber*, Strafrecht BT, § 7 Rn. 2 ff.; *Cloeren*, Strafbarkeit durch Beweisantragstellung?, S. 96; *Engisch*, in: Lange-FS, S. 401 [401]; *Ignor*, Der Straftatbestand der Beleidigung, S. 31, 177; *Lackner/Kühl*, Vor § 185 Rn. 1; Sch/Sch-*Lenckner*, Vor §§ 185 ff. Rn. 1; *Maurach/Schroeder/Maiwald*, BT/1, § 24 Rn. 1 ff.; *Rengier*, BT/2, § 28 Rn. 1; SK/StGB-*Rudolphi*, Vor § 185 Rn. 1; *E. Schmidt*, JZ

heute zunehmend[1703] normativen[1704] und funktionalen[1705] Ansätzen Bedeutung zu, um diesem an sich unscharfen Terminus Konturen zu verleihen. Inhalt und Grenzen sind allerdings im Einzelnen weiterhin umstritten.[1706] Die überwiegende Meinung vertritt zutreffend ein dualistisches Konzept. Danach stellt die Ehre ein komplexes Rechtsgut dar, das neben dem inneren Wert des Menschen auch den guten Ruf als das Ansehen in den Augen anderer Menschen, die Reputation und den sozialen Geltungsanspruch schützt (sog. normativ-faktischer Ehrbegriff).[1707]

Mit Blick auf § 193 StGB sowie die gefestigte Rechtsprechung der Strafgerichte und des Bundesverfassungsgerichts erfährt weder die in Art. 5 Abs. 1 GG geschützte Meinungsfreiheit eine zu starke Einengung noch verstößt § 185 StGB

1970, 8 [8]; *Tenckhoff*, JuS 1988, 199 [201]; *Tröndle/Fischer*, Vor § 185 Rn. 1; *Wandres*, Die Strafbarkeit des Auschwitz-Leugnens, S. 121, 177; *Wessels/Hettinger*, BT/1 Rn. 464; eine Ausnahme gilt für § 189 StGB. Dieser schützt nach h.M. das Pietätsempfinden der Angehörigen bzw. der Allgemeinheit sowie die über den Tod hinaus fortwirkende Menschenwürde, vgl. BVerfGE 30, 173 [194]; BGHSt 40, 97 [105]; Sch/Sch-*Lenckner*, § 189 Rn. 1; *Tröndle/Fischer*, § 189 Rn. 1; ähnlich *Jakobs*, in: Jescheck-FS, S. 627 [637]; *Lackner/Kühl*, § 189 Rn. 1; *Maurach/Schroeder/Maiwald*, BT/1, § 24 Rn. 13, § 25 Rn. 37 f.; *Wandres*, Die Strafbarkeit des Auschwitz-Leugnens, S. 177 Fn. 89; *Wolff*, ZStW 81 [1969], 886 [904]; für die Ehre als Schutzgut auch des § 189 StGB vgl. *Hirsch*, Ehre und Beleidigung, S. 125; *Otto*, Strafrecht BT, § 33 Rn. 1.
[1702] Nachweise bei LK-*Herdegen*, Vor § 185 Rn. 6; *Hirsch*, Ehre und Beleidigung, S. 14; *Tenckhoff*, Die Bedeutung des Ehrbegriffs, S. 54 ff.
[1703] *Lackner/Kühl*, Vor § 185 Rn. 1.
[1704] Vgl. BGHSt 1, 288 [289]; LK-*Herdegen*, Vor § 185 Rn. 5 ff.; *Hirsch*, Ehre und Beleidigung, S. 30 ff., 45 ff.; *ders.*, in: Wolff-FS, S. 125 [passim]; *ders.*, ZStW 90 [1978], 978 [985]; *Lackner/Kühl*, Vor § 185 Rn. 1; Sch/Sch-*Lenckner*, Vor §§ 185 ff. Rn. 1; *Merz*, Strafrechtlicher Ehrenschutz und Meinungsfreiheit, S. 8, 19; SK/StGB-*Rudolphi*, Vor § 185 Rn. 2 ff.; *Tenckhoff*, Die Bedeutung des Ehrbegriffs für die Systematik der Beleidigungstatbestände, S. 46, 182 f.; *Welzel*, Das deutsche Strafrecht, S. 303.
[1705] Vgl. *Jakobs*, in: Jescheck-FS, S. 627 [627]; *Spinellis*, in: Hirsch-FS, S. 739 [746 ff., 762 f.].
[1706] Vgl. zusf. *Lackner/Kühl*, Vor § 185 Rn. 1; *Maurach/Schroeder/Maiwald*, BT/1, § 24 Rn. 1 f.; *Tenckhoff*, Die Bedeutung des Ehrbegriffs für die Systematik der Beleidigungstatbestände, S. 26; *Tröndle/Fischer*, Vor § 185 Rn. 3 ff.; vgl. auch *Spinellis*, in: Hirsch-FS, S. 739 [742 ff.].
[1707] Vgl. BGHStGrS 11, 67 [70 f.]; BGHSt 36, 145 [150]; *Engisch*, in: Lange-FS, S. 401 [412 ff., 417]; *Hirsch*, Ehre und Beleidigung, insbes. S. 29 ff.; *ders.*, ZStW 90 [1978], 965 [978]; *Ignor*, Der Straftatbestand der Beleidigung, S. 182; *Kübler*, NJW 1999, 1281 [1283]; Sch/Sch-*Lenckner*, Vor §§ 185 ff. Rn. 1 m.w.N.; *Otto*, Strafrecht BT, § 31 Rn. 5 ff.; *ders.*, JR 1983, 1 [2 f.]; SK/StGB-*Rudolphi*, Vor § 185 Rn. 5; *Schößler*, Anerkennung und Beleidigung, S. 122, 123; *Tröndle/Fischer*, Vor 185, Rn. 4, *Wolff*, ZStW 81 [1969], 886 [887, 893]; zu aktuellen Entwicklungen im Persönlichkeitsschutz vgl. *Kübler*, a.a.O., 1281 ff.

gegen das Bestimmtheitsgebot des Art. 103 Abs. 2 GG.[1708] Eine in Details gehende Auseinandersetzung mit den verschiedenen Ehrbegriffen ist für die vorliegende Untersuchung allerdings nicht erforderlich. Es genügt die Feststellung, dass die §§ 185 ff. StGB mit der Ehre ein Individualrechtsgut schützen. Nach der hier vertretenen Unterscheidung hat demgemäß eine verteidigungsspezifische Deliktskorrektur und damit eine mögliche Privilegierung des Verteidigers auf Rechtswidrigkeitsebene stattzufinden.

III. Fälle aus der Rechtsprechung

Im Folgenden soll anhand einiger ausgewählter Entscheidungen in die Praxis der Rechtsprechung eingeführt werden.

1. Beleidigende Äußerungen in freier Rede und Plädoyer

a. LG Hechingen, NJW 1984, 1766

Ein Verteidiger wollte in einem Prozess wegen schweren Landfriedensbruchs sowie gefährlicher Körperverletzung die Verwertbarkeit einer nächtlichen Identifizierungsaktion in Bezug auf den durch ihn vertretenen Angeklagten im Plädoyer angreifen. Er ließ sich dabei spontan zu folgender Äußerung hinreißen: »Die Staatsanwaltschaft griff in die Trickkiste der StPO und präsentierte Polizeiberichte, Doppelvernehmungen und Identifizierungen nach Gestapo-Methoden, sowie Lichtbildvorlagen ohne Auswahlmöglichkeiten.« Dabei bezog der Verteidiger den Vorwurf der »Gestapo-Methoden« auf die Art und Weise der nächtlichen Identifizierung.

Der Verteidiger wurde in erster und zweiter Instanz vom Vorwurf der Beleidigung (konkret: des Einsatzleiters bei der Gegenüberstellung) freigesprochen.

In den Gründen führte das Landgericht aus, dass eine grammatikalische Auslegung ergebe, dass sich der Ausdruck »Gestapo-Methoden« allein auf die nächtliche Identifizierung bezogen habe.[1709] Dies bedeute eine Diffamierung sämtlicher beteiligter Beamten. Allerdings stehe dem Verteidiger der Rechtfertigungsgrund des § 193 StGB zur Seite, denn seine Äußerungen seien ausschließlich zur Rechtsverteidigung seines Mandanten erfolgt. Die Diffamierung stehe insbesondere nicht in einem derartigen Missverhältnis, dass die Ehrverletzung hätte unterbleiben müssen. Etwas anderes gelte dann, wenn der Angeklagte im Plädoyer

---

[1708] Vgl. dazu BVerfGE 93, 266 [290 ff.].
[1709] LG Hechingen, NJW 1984, 1766 [1766].

behauptet hätte, die Ermittlungen seien insgesamt nach Gestapo-Methoden erfolgt. Eine solche pauschale Diffamierung hätte in keinem Zusammenhang mehr mit dem Ziel gestanden, die Unverwertbarkeit eines Teils der Ermittlungen anzuzweifeln.[1710]

b. BGH NStZ 1987, 554

In einem Mordprozess hatte ein Verteidiger im Plädoyer ausgeführt, dass Grund für die Errichtung und Absperrung des Warschauer Ghettos das Bestreben gewesen sei, den Flecktyphus einzudämmen. Er behauptete zudem, dass die Hungersnot im Warschauer Ghetto »bei ein bisschen Solidarität« der dort lebenden »260.000 Juden, die Kapitalisten oder Arbeiter waren«, verhindert worden wäre. Es sei »durchaus fraglich, ob auch nur ein Jude an Hunger im Ghetto gestorben wäre, wenn es mehr Solidarität unter den Juden gegeben hätte.«

Der Verteidiger wurde in erster Instanz vom LG Hamburg wegen Beleidigung in Tateinheit mit Verunglimpfung des Andenkens Verstorbener verurteilt. Auf die Revision hin wurde er aus sachlich-rechtlichen Gründen freigesprochen.

Nach Auffassung des Bundesgerichtshofs könne es dem Verteidiger nicht verwehrt werden, zur Abwehr des massiven (Mord-) Vorwurfs gegen seinen Mandanten zeitgenössische Dokumente, die die Mordqualifikation ergeben sollten, anders zu würdigen. Solche Dokumente staatlicher Stellen, die sich mit »Judenfragen« befassten, seien fast immer in Tendenz und Wortwahl derart mit Anwürfen gegen Juden durchsetzt gewesen, dass eine fortwährende Distanzierung von diesen beleidigenden oder verunglimpfenden Ausfällen von demjenigen, der darauf zurückgreife, nicht verlangt werden könne. Hier trete der Ehrenschutz gegenüber dem rechtsstaatlichen Gebot, eine ungehinderte und damit wirksame Strafverfolgung zu ermöglichen, zurück.[1711] Allerdings hat der Bundesgerichtshof in dieser Entscheidung anklingen lassen, dass er möglicherweise anders zu entscheiden gehabt hätte, wenn der Verteidiger »die Unwahrheit seiner Behauptungen erkannt« hätte.[1712]

[1710] LG Hechingen, NJW 1984, 1766 [1767].
[1711] BGH NStZ 1987, 554 unter Verweis auf BGHSt 29, 99 [106].
[1712] BGH NStZ 1987, 554.

2. Beleidigende Äußerungen in Schriftsätzen

a. KG StV 1998, 83

Während des ersten Mauerschützenprozesses nach der Wiedervereinigung beim LG Berlin war in der Öffentlichkeit bekannt geworden, dass der Vorsitzende in der Vergangenheit als »Fluchthelfer« tätig gewesen war. Der daraufhin gegen ihn gestellte Befangenheitsantrag eines Zeugen wurde unter Mitwirkung der beiden beisitzenden Richter als unbegründet abgewiesen. Die Formulierungen im Ablehnungsbeschluss waren teilweise identisch mit mündlichen Kommentaren des Vorsitzenden zum in der Hauptverhandlung gestellten Befangenheitsantrag. Der Zeuge kam daraufhin zu dem Schluss, dass die Beisitzer dem Vorsitzenden »hörig« seien und beauftragte den Verteidiger, einen Befangenheitsantrag »namens und in Vollmacht« auch gegen die Beisitzer zu stellen. Darin sollte auf Nachfrage ebenfalls die Formulierung »hörig« verwendet werden. Die umstrittene Passage lautete: »Wie befangen, ja wie hörig geradezu die abgelehnten Richter gegenüber dem Vorsitzenden Richter Dr. S. sind, und wie sehr sie sich von diesem leiten und sich seine Anschauungen zu eigen machten, ergibt sich aus S. 4 des Beschlusses.« Der Verteidiger wurde auch in zweiter Instanz vor dem Kammergericht freigesprochen.

Nach Auffassung des Kammergerichts sei die objektiv ehrkränkende Äußerung zur Wahrnehmung der Rechte seines Mandanten erfolgt und daher nach § 193 StGB gerechtfertigt. Dass der Antrag darüber hinaus noch aus Ärger oder anderen Gründen verfasst wurde, stehe der Anwendung des § 193 StGB nicht im Wege, solange das Verhalten des Richters überhaupt einen nachvollziehbaren Anlass für die Äußerung geboten habe.[1713]

b. OLG Düsseldorf, StV 1998, 550

Eine Verteidigerin hatte in einem Verfahren wegen bandenmäßigen Handelns mit Heroin in nicht geringer Menge der Verwertung von Erkenntnissen aus zwei Telefonüberwachungsmaßnahmen widersprochen. Dabei führte sie aus, »dass der Ermittlungsrichter keine eigene richterliche Entscheidung getroffen hat, sondern auf einem Formularbeschluss eine Maßnahme anordnet, die insoweit i.S.d. § 100a StPO willkürlich war.« Gleiches gelte für die zweite Überwachungsmaßnahme, die insoweit ebenfalls »willkürlich« gewesen sei. Ihre deswegen erfolgte Verurteilung wegen Beleidigung durch das AG Krefeld hatte auf Sprungrevision der Verteidigerin keinen Bestand.

Das OLG Düsseldorf hat hier bereits den objektiven Tatbestand der Beleidigung als

---

[1713] KG StV 1998, 83 [84].

nicht erfüllt angesehen, da sich die Äußerung der Verteidigerin ersichtlich nur auf die Überwachungsmaßnahmen und nicht auf die persönliche Ehre des anordnenden Richters bezogen habe. Die Verteidigerin habe sogar eine Formulierung aus der Rechtsprechung des Bundesgerichtshofs[1714] benutzt, der eine Telefonüberwachung dann als nicht verwertbar ansieht, wenn »deren Entscheidung – was im Ergebnis auf eine Kontrolle nach dem Maßstab (objektiver) Willkür oder grober Fehlbeurteilung hinauslaufen mag – nicht mehr vertretbar ist.« Jedenfalls sei die Äußerung aber gemäß § 193 StGB gerechtfertigt gewesen. Grundsätzlich seien nämlich bei Äußerungen von Verteidigern in gerichtlichen Verfahren, die der Rechtsverfolgung und -verteidigung dienten, die Auswirkungen sowohl des Rechtsstaatsprinzips als auch der durch Art. 2 Abs. 1 GG geschützten Betätigungsfreiheit zu berücksichtigen. Eine derartige Äußerung gehöre zu der grundrechtlich geschützten Betätigungsfreiheit und falle daher in den Schutzbereich der Meinungsfreiheit. Das Angreifen der Überwachungsmaßnahme sei nicht missbräuchlich erfolgt, sondern habe ersichtlich das Ziel verfolgt, Rechte ihrer Mandantin wahrzunehmen und diese zu verteidigen.[1715]

c. HansOLG Bremen, StraFo 2000, 60

In einem Freiheitsentziehungsverfahren vor dem HansOLG Bremen[1716] ging es um einen Schriftsatz eines Verteidigers mit folgendem Wortlaut:
»Es liegen Anzeichen dafür vor, dass das Ausländeramt die Abschiebung unter falschem Namen betreibt. Nach diesseitigen Informationen ist mit einem Abschiebehäftling bereits so verfahren worden, dass das algerische Konsulat Passersatzpapiere auf einen Alias-Namen ausgestellt hat. An einem derart anrüchigen Verfahren – Abschiebung mit Alias-Papieren – darf das Ausländeramt keinesfalls teilnehmen. [...] Es ist rechtlich nicht zulässig, irgend jemanden irgendwohin abzuschieben, etwa der Losung folgend: Hauptsache weg! Entsprechende Pressemeldungen über Abschiebungen durch Privatfirmen im Auftrag des Ausländeramtes in ein beliebiges afrikanisches Land zeigen in die gleiche – falsche! – Richtung. Darf man vor diesem Hintergrund fragen, was das Ausländeramt noch daran hindert, etwa eine eigene Fälscherwerkstatt zur Erstellung von Passersatzpapieren für »Abschieber« zu unterhalten? So groß ist der Unterschied zur gegenwärtigen Praxis, nach der das algerische Konsulat zur Erstellung falscher Papiere veranlasst wird, nicht.«
Der Verteidiger war in erster Instanz wegen übler Nachrede gem. § 186 StGB verurteilt worden. Auf seine Sprungrevision hin wurde er frei gesprochen.

[1714] BGHSt 41, 30 [34].
[1715] OLG Düsseldorf, StV 1998, 550 [551].
[1716] HansOLG Bremen, StraFo 2000, 60 ff. und 199 ff. (zweifach abgedr.).

Das HansOLG Bremen stellte zunächst fest, dass es sich bei den Äußerungen des Verteidigers zum Teil um Werturteile, teilweise um Tatsachenbehauptungen gehandelt habe, die allerdings aus dem Zusammenhang ersichtlich insgesamt zur Meinungsbildung und Bewertung beitrügen und insoweit auch vom Schutzbereich des Art. 5 Abs. 1 GG erfasst seien.[1717] Die Äußerungen würden auch durch § 193 StGB gerechtfertigt, da sie erkennbar von dem Bestreben getragen gewesen seien, die Rechte des Mandanten im gerichtlichen Freiheitsentziehungsverfahren wahrzunehmen und zu verteidigen.[1718]

d. HansOLG Hamburg, MDR 1980, 953

Einen anderen Ausgang nahm ein 1980 vom HansOLG Hamburg entschiedener Fall:

> Hier hatte ein Rechtsanwalt in einem Strafverfahren für seinen Mandanten unwahre Tatsachen ehrenrühriger Art (Verletzungen bei der Zwangsernährung, Beeinträchtigung des Wohlbefindens der Mandanten) in einem Schriftsatz vorgetragen, ohne diese Informationen vor der Weitergabe nachzuprüfen.

Das Landgericht hatte den Verteidiger zuvor wegen übler Nachrede verurteilt. Eine Rechtfertigung wegen § 193 StGB lehnte aber auch das HansOLG Hamburg ab, da das leichtfertige Vortragen bewusst unwahrer Tatsachen im Auftrag des Mandanten zum Ausschluss des § 193 StGB führe. Ein schützenswertes Interesse bestehe in diesen Fällen nicht. Eine derartige Einschränkung sei mit Blick auf die Wechselwirkungslehre auch in Ansehung des Art. 5 Abs. 1 GG verfassungskonform.[1719]

e. BVerfG NJW 2000, 199

Um leichtfertig aufgestellte beleidigende Äußerungen ging es auch in einer Verfassungsbeschwerde vor dem Bundesverfassungsgericht:[1720]

> Dem Verfahren lag eine Beschwerdebegründung eines Verteidigers zugrunde, die sich gegen eine Durchsuchungsmaßnahme in einem Ermittlungsverfahren richtete. Dort hieß es, dass nach den Ausführungen in den angefochtenen Beschlüssen davon ausgegangen werden müsse, dass die Staatsanwaltschaft gegenüber dem Amtsgericht die in der Begründung der Durchsuchung behaupteten Tatsachen vorgetäuscht habe und das

---

[1717] HansOLG Bremen, StraFo 2000, 199 [200 f.].
[1718] HansOLG Bremen, StraFo 2000, 199 [201].
[1719] HansOLG Hamburg, MDR 1980, 953.
[1720] BVerfG NJW 2000, 199 = StV 2000, 414.

Amtsgericht den Behauptungen leider Glauben geschenkt habe. Es sei lediglich mit Vermutungen gearbeitet worden, so dass der Verdacht nahe liege, dass hier Rivalitäten unter Staatsanwälten auf dem Rücken des Beschuldigten ausgetragen werden sollten.

Im folgenden Verfahren wegen Beleidigung unterblieb eine Rechtfertigung durch § 193 StGB mit der Begründung, der Verteidiger habe die beleidigende Äußerung leichtfertig aufgestellt, was zum Versagen des Schutzes durch § 193 StGB führe. Die gegen die letztinstanzliche Entscheidung angestrengte Verfassungsbeschwerde hatte Erfolg. Das Bundesverfassungsgericht betonte, dass ein Ausschluss des § 193 StGB wegen seiner die Meinungsfreiheit aus Art. 5 Abs. 1 GG konkretisierenden Natur nur dann in Betracht komme, wenn der Begriff der »Leichtfertigkeit« nicht über Gebühr ausgedehnt werde.[1721]

f.   OLG Jena, NJW 2002, 1890

Dass nicht jede Äußerung durch § 193 StGB gerechtfertigt werden kann, zeigt ein Fall des OLG Jena:

In einem Strafverfahren wegen Geiselnahme beantragte der Staatsanwalt eine Freiheitsstrafe nach Erwachsenenstrafrecht von fünf Jahren. Daraufhin äußerte der Verteidiger des Angeklagten in seinem Plädoyer: »Wenn ein Staatsanwalt zu DDR-Zeiten für diesen Sachverhalt dies beantragt hätte, wäre er zu Recht der Rechtsbeugung angeklagt worden.« Er selbst beantragte nach Jugendstrafrecht eine Geldstrafe von 800-1000 DM, ersatzweise bei Anwendung von Erwachsenenrecht eine achtmonatige Gesamtfreiheitsstrafe. Der Verteidiger wurde wegen Beleidigung zu einer Geldstrafe verurteilt. Die Berufung zum LG wurde verworfen, auch seine Revision hatte keinen Erfolg.

Die Äußerung des Verteidigers wurde vom OLG Jena als Werturteil eingestuft. Dieses habe den Inhalt gehabt, dass der plädierende Staatsanwalt, der während des gesamten Verfahrens die Sitzungsvertretung wahrgenommen hatte, mit seinem Schlussvortrag und Antragstellung Rechtsbeugung begangen habe. Der Vorwurf der Rechtsbeugung beziehe sich auf ein schweres Verbrechen, das mit schwersten Amtspflichtverletzungen verbunden und daher zutiefst ehrverletzend sei. Grundsätzlich gebiete das Grundrecht der Meinungsfreiheit sowie das Grundrecht auf rechtliches Gehör schon im Hinblick auf das Rechtsstaatsprinzip eine großzügige Auslegung des Rechtfertigungsgrundes der Wahrnehmung berechtigter Interessen. Im »Kampf um das Recht« dürfe ein Verfahrensbeteiligter

---

[1721] BVerfG NJW 2000, 199 [200].

auch starke, eindringliche Ausdrücke und sinnfällige Schlagworte benutzen, um polarisierend seine Meinung zu Gehör zu bringen. Auch personenbezogene Äußerungen seien dabei gestattet. Hier müssten jedoch die Grenzen beachtet werden, die durch den Grundsatz der Verhältnismäßigkeit gesetzt würden: Ehrverletzende Äußerungen, die in keinem inneren Zusammenhang mit der Ausführung oder Verteidigung von Rechten stünden oder deren Unhaltbarkeit ohne weiteres auf der Hand liege, könnten nicht durch § 193 StGB gerechtfertigt werden. Die Forderung des Staatsanwalts sei schon bei objektiver Betrachtung nicht überzogen gewesen. Der dem Angeklagten gemachte und aus Sicht der Staatsanwaltschaft bewiesene Vorwurf lautete auf Geiselnahme. Der Regelstrafrahmen für dieses Delikt liege bei fünf Jahren, so dass die Forderung der Staatsanwaltschaft in eben dieser Höhe eher zurückhaltend als provozierend einzustufen gewesen sei. Zudem habe das Plädoyer der Staatsanwaltschaft keine Anreize für scharfe Entgegnungen geboten. Die Unhaltbarkeit der Behauptung des Verteidigers habe daher ohne weiteres auf der Hand gelegen. Eine Rechtfertigung durch § 193 StGB scheide folglich aus.

IV. Die Tatbestandsvoraussetzungen der §§ 185 ff. StGB

Eine Beleidigung (§ 185 StGB) kann grundsätzlich in drei verschiedenen Tatvarianten begangen werden: Neben dem Äußern eines beleidigenden Werturteils gegenüber dem betroffenen Ehrträger selbst oder einem Dritten kann auch die Behauptung einer unwahren[1722] ehrenrührigen Tatsache gegenüber dem Betroffenen den Tatbestand der Beleidigung erfüllen. Eine üble Nachrede (§ 186 StGB) oder Verleumdung (§ 187 StGB) kann sich im Verfahren beispielsweise aus einer Wertung von Zeugen- oder Sachverständigenaussagen oder auch durch den Inhalt eines Beweisantrags ergeben. Bei der Erfüllung des Tatbestands ist keine Unterscheidung danach zu treffen, ob der Verteidiger nur Informationen des Mandanten weitergibt oder solche Behauptungen eigenständig aufstellt. Zwar fungiert er in der ersten Alternative nur als »Sprachrohr« seines Mandanten. Schon aus eigenem Interesse obliegt ihm aber eine Vorauswahl der weitergegebenen Aussagen. Die konkrete Formulierung geschieht letztlich in jedem Falle eigenverantwortlich, so dass der Verteidiger auch bei explizitem Hinweis

---

[1722] H.M., vgl. BayObLG, NJW 1959, 57 [57]; *Hirsch*, in: Wolff-FS, S. 125 [143].

auf den Mandanten als Informant selbst als Äußernder im Sinne der Ehrverletzungsdelikte zu gelten hat.[1723]

Die in den zitierten Entscheidungen aufscheinende Argumentationslinie der Rechtsprechung hat in der Wissenschaft breite Zustimmung gefunden. Zunächst ist vorauszuschicken, dass das in Art. 5 Abs. 1 GG niedergelegte Grundrecht auf Meinungsfreiheit selbstverständlich auch im Strafprozess gilt. Dabei sind Werturteile als stets geschützte Meinungsäußerungen anzusehen, während die Kundgabe von Tatsachen geschützt sein kann, weil und soweit sie Voraussetzung der Bildung von Meinungen ist, welche Art. 5 Abs. 1 GG in seiner Gesamtheit gewährleistet.[1724] Hier sind erste Weichen zu stellen: Inkriminierte Äußerungen eines Verteidigers sind vorab daraufhin zu untersuchen, ob sie sich im Zusammenhang als Meinungsäußerung oder Tatsachenbehauptung darstellen.[1725] Auch wenn es sich hierbei um eine Selbstverständlichkeit aus der Grundrechts-Dogmatik handelt, wird dieser wichtige Schritt in der Praxis – leider – zum Teil übersehen.[1726]

Des Weiteren ist zu untersuchen, ob es sich bei der Werturteils- oder Tatsachenkundgabe um eine solche handelt, die Ausdruck einer eigenen Missachtung bzw. Nichtachtung oder die Ermöglichung einer solchen ist. Dies erfordert eine sorgfältige Auslegung der betreffenden Äußerung[1727] und entspricht der Vorgehensweise der gefestigten Bundesverfassungsgerichts-Rechtsprechung.[1728] Denn ebenso wie außerhalb eines Prozesses gelten auch innerhalb die üblichen Vorbehalte: In Art. 5 Abs. 2 GG findet die Meinungsfreiheit unter anderem eine Schranke in den allgemeinen Gesetzen, zu denen auch die ehrschützenden Bestimmungen der §§ 185 ff. StGB zu zählen sind. Zwar ist Auslegung und An-

---

[1723] Ebenso *Praml*, NJW 1976, 1967 [1969].
[1724] Vgl. BVerfGE 61, 1 [7]; 65, 1 [41]; 85, 23 [31]; BVerfG StV 2000, 416 [417].
[1725] Zur Abgrenzung von Tatsachenaussagen und Werturteilen im Betrugs- und Beleidigungsrecht vgl. *Hilgendorf*, Tatsachenaussagen und Werturteile im Strafrecht, 1998, m. Bespr. *Loos*, JR 2000, 526 f.
[1726] Vgl. dazu z.B. BayObLG NJW 2001, 1511 [1512].
[1727] Zu Auslegungsmöglichkeiten (konkret im Zusammenhang mit den Äußerungen »Soldaten sind Mörder« der Entscheidung BVerfGE 93, 266 ff.) vgl. *Gounalakis*, NJW 1996, 481 [482 ff.].
[1728] Vgl. nur BVerfGE 43, 130 [136 f.]; 82, 43 [52 f.]; 82, 272 [280 f.]; 85, 1 [14].

wendung der Strafvorschriften grundsätzlich Sache der Strafgerichte. Diese haben die einschränkenden Gesetze jedoch umgekehrt im Lichte von Art. 5 Abs. 1 GG auszulegen, damit dessen wertsetzende Bedeutung auch auf der Rechtsanwendungsebene gewahrt bleibt (sog. Wechselwirkungslehre).[1729] Lässt eine Äußerung objektiv mehrere Deutungen zu, darf die zur Verurteilung führende folglich nur dann zugrunde gelegt werden, wenn alle anderen überzeugend ausgeschlossen werden können.[1730] Mit Blick auf § 186 StGB kann dann u.U. eine Strafbarkeit bereits durch Führung des Wahrheitsbeweises (vgl. § 190 StGB) ausgeschlossen sein. Diese Möglichkeit eröffnet sich nach umstrittener, aber zutreffender Ansicht auch für § 185 StGB im Fall einer ehrverletzenden Tatsachenbehauptung gegenüber dem Betroffenen,[1731] jedenfalls aber für die §§ 186, 187 StGB.[1732]

V. Die Rechtfertigungslösung von Rechtsprechung und Wissenschaft

Ist mit dieser Vorgehensweise eine Ehrverletzung tatbestandlich festgestellt und – soweit systematisch möglich – ein Wahrheitsbeweis gescheitert, ist in einem zweiten Schritt nach den Möglichkeiten einer Rechtfertigung der Äußerung zu suchen. Bei den Beleidigungsdelikten kommt außer den allgemeinen Rechtfertigungsgründen vor allem dem Rechtfertigungsgrund der Wahrnehmung berechtigter Interessen gem. § 193 StGB besondere Bedeutung zu.[1733]

1. Tatbestandlicher Anwendungsbereich

Der Anwendungsbereich des § 193 StGB erfasst nach allgemeiner Ansicht ehrverletzende Äußerungen i.S.v. §§ 185 und 186 StGB. Umstritten ist dagegen, ob Verleumdungen gem. § 187 StGB durch § 193 StGB gerechtfertigt werden können. Dies wird zumindest in der Regel nicht der Fall sein.[1734] Etwas anderes kann

---

[1729] Grdl. BVerfGE 7, 198 [208 f.]; vgl. ferner 93, 266 [292]; BVerfG NJW 2000, 199 [200]; stdg.Rspr.
[1730] BVerfG NJW 1992, 2013 [2013]; 1994, 2943 [2944] m.w.N.; *Lackner/Kühl*, § 193 Rn. 12.
[1731] *Otto*, Strafrecht BT, § 32 Rn. 15; *Lackner/Kühl*, § 190 Rn. 1; a.A. *Rengier*, BT/2, § 29 Rn. 15.
[1732] *Arzt/Weber*, Strafrecht BT, § 7 Rn. 20; *Krekeler*, AnwBl.1976, 190 [190, 191]; *Tröndle/Fischer*, § 190 Rn. 2.
[1733] Dazu instruktiv *Geppert*, Jura 1985, 25 ff.; *Tenckhoff*, JuS 1989, 198 ff.
[1734] BGHSt 18, 48 [51]; LK-*Herdegen*, § 187 Rn. 5; Sch/Sch-*Lenckner*, § 193 Rn. 2; *Maurach/Schroeder/Maiwald*, BT/1, § 26 Rn. 30; *Praml*, NJW 1976, 1967 [1970]; *Rengier*, BT/2,

sich allerdings dann ergeben, wenn eine Verleumdung in wertender Betrachtung nicht einer aggressiven, sondern defensiven Situation entspringt. Zu Recht wird darauf verwiesen, dass beispielsweise das einfache Leugnen belastender Tatsachen durch einen Beschuldigten zur Rechtsverteidigung durchaus mit Blick auf die verfassungsrechtlich garantierte Verteidigung gerechtfertigt sein kann.[1735] Dies korrespondiert mit der eingangs dargestellten besonderen Bedeutung der Beschuldigtenrechte. Der Beschuldigte darf nicht durch materielle Strafbestimmungen an einem verfassungsrechtlich garantierten reinen Leugnen des Tatvorwurfs gehindert sein. Sollte zugleich § 187 StGB verletzt sein (z.b. durch die Einlassung, die belastende Aussage eines Zeugen sei unwahr[1736]), spricht dies für die Möglichkeit einer Rechtfertigung. Mit dem gleichen Argument muss das Leugnen dann aber auch dem Verteidiger gestattet sein, um nicht den verteidigten Beschuldigten gegenüber dem unverteidigten schlechter zu stellen. Damit ist eine Rechtfertigung durch § 193 StGB auch in Fällen des § 187 StGB nicht kategorisch auszuschließen, wenn sich die Äußerung in wertender Betrachtung als (defensive) Verteidigung darstellt.

Demgegenüber können Formalbeleidigungen (§ 192 StGB) nicht durch § 193 StGB gerechtfertigt werden.[1737] Dies ergibt sich bereits bei einem Vergleich der Schlussformulierungen von § 192 StGB und § 193 StGB.[1738] Hier fällt auf, dass

---

§ 29 Rn. 46; *Roxin*, Strafrecht AT/1, § 18 Rn. 38; SK/StGB-*Rudolphi*, § 193 Rn. 2; *Tröndle/Fischer*, § 193 Rn. 3; NK-*Zaczyk*, § 193 Rn. 7; dafür wohl *Arzt/Weber*, Strafrecht BT, § 7 Rn. 23.

[1735] BGHSt 14, 48 [51]; 18, 48 [51]; BGH StV 1996, 259; RGSt 48, 414 [415]; 63, 92 [94]; *Cloeren*, Strafbarkeit durch Beweisantragstellung?, S. 132 f.; LK-*Herdegen*, § 187 Rn. 5; *Jahn*, StV 1996, 259 [261]; *Tröndle/Fischer*, § 193 Rn. 3; NK-*Zaczyk*, § 193 Rn. 14; a.A. Sch/Sch-*Lenckner*, § 193 Rn. 2, SK/StGB-*Rudolphi*, § 187 Rn. 6 (Anwendung des § 34 StGB).

[1736] Fallgestaltung in RGSt 48, 414 [415].

[1737] Vgl. BVerfGE 61, 1 [12]; 93, 266 [293 f.]; 99, 185 [196]; BVerfG StV 2000, 416 [417]; NJW 1999, 2262 [2263]; BGH NStZ 1987, 554; RGSt 29, 54 [57 f.]; 60, 335 [336]; BayObLG NJW 2001, 1511 [1512]; OLG Düsseldorf, NStZ-RR 1996, 5 [7]; KG StV 1998, 83 [84]; LG Hechingen, NJW 1984, 1766 [1767]; *Geppert*, Jura 1985, 25 [25]; *Grimm*, NJW 1995, 1697 [1703]; *Krekeler*, AnwBl.1976, 190 [191]; *Lackner/Kühl*, § 193 Rn. 3.; *Maurach/Schroeder/Maiwald*, BT/1, § 26 Rn. 29; *Praml*, NJW 1976, 1967 [1970]; Sch/Sch-*Lenckner*, § 193 Rn. 2; *Tröndle/Fischer*, § 193 Rn. 3; vgl. auch *Graul*, NStZ 1991, 457 [461].

[1738] § 192 StGB: »[...] *schließt eine Bestrafung nach § 185 nicht aus, wenn das Vorhandensein einer Beleidigung aus der Form [...] oder aus den Umständen [...] hervorgeht*«; § 193 StGB »[...] *nur insofern strafbar, als das Vorhandensein einer Beleidigung aus der Form [...]*

nach der gesetzlichen Wertung auch eine Ehrverletzung in Wahrnehmung berechtigter Interessen jedenfalls dann strafbar ist, wenn die Beleidigung aus der Form oder den Umständen hervorgeht. Beide Vorschriften trennen Form und Inhalt einer Beleidigung. § 193 StGB bietet dabei nur Schutz für letzteren Fall. Auch eine nachweisbar wahre oder an sich durch § 193 StGB gerechtfertigte Äußerung bleibt folglich strafbar, wenn sie erkennbar nicht ausschließlich das Ziel verfolgt, in Wahrnehmung der Interessen seines Auftraggebers zur Wahrheitsfindung beizutragen, sondern darüber hinaus als »Mehr« beabsichtigt, die Würde eines anderen anzugreifen und zu verletzen.[1739]

2. Berechtigtes Interesse und Wahrnehmungsbefugnis

Wird nach überwiegender Ansicht die Interessenkollision zwischen Ehre und Meinungsfreiheit nach den Grundsätzen der Güter- und Interessenabwägung gelöst, muss dem verletzten Rechtsgut der Ehre zunächst ein berechtigtes Interesse des Täters gegenüber stehen. Dieses Interesse kann öffentlicher oder privater, ideeller oder vermögensrechtlicher Natur sein.[1740] Berechtigt ist das Interesse dann, wenn es ein unmittelbares oder mittelbares eigenes Interesse des Täters ist, d.h. wenn es ihn so nahe berührt, dass er sich nach vernünftigem Ermessen zu seinem Verfechter aufwerfen darf.[1741] Es muss objektiv eine gewisse Beziehung zu dem betroffenen Rechtsgut aufweisen und subjektiv den Täter in irgendeiner Weise angehen.[1742] Auch Allgemeininteressen können den Einzelnen angehen, vor allem dort, wo er als Staatsbürger angesprochen ist.[1743] Ferner muss der Täter befugt sein, das berechtigte Interesse wahrzunehmen. Dies ist bei eigenen Interessen unproblematisch zu bejahen. Bei ausschließlich eine fremde Person betreffenden Interessen muss der Täter dagegen mit ihrer Wahrnehmung beauf-

---

oder aus den Umständen [...] hervorgeht«, vgl. RGSt 60, 335 [336]; *Krekeler*, AnwBl.1976, 190 [191]; *Tröndle/Fischer*, § 193 Rn. 3.
[1739] *Krekeler*, AnwBl.1976, 190 [190].
[1740] RGSt 15, 15 [17]; 36, 422 [423]; LK-*Herdegen*, § 193 Rn. 18; *Lackner/Kühl*, § 193 Rn. 5; Sch/Sch-*Lenckner*, § 193 Rn. 9; SK/StGB-*Rudolphi*, § 193 Rn. 11.
[1741] RGSt 63, 229 [231]; LK-*Herdegen*, § 193 Rn. 19; *Lackner/Kühl*, § 193 Rn. 6; SK/StGB-*Rudolphi*, § 193 Rn. 13; *Tröndle/Fischer*, § 193 Rn. 11 ff.
[1742] *Eser*, Wahrnehmung berechtigter Interessen als allgemeiner Rechtfertigungsgrund, S. 62; *Roxin*, Strafrecht AT/1, § 18 Rn. 42.
[1743] *Eser*, Wahrnehmung berechtigter Interessen als allgemeiner Rechtfertigungsgrund, S. 63; Sch/Sch-*Lenckner*, § 193 Rn. 13; SK/StGB-*Rudolphi*, § 193 Rn. 15; *Tröndle/Fischer*, § 193 Rn. 13; NK-*Zaczyk*, § 193 Rn. 20.

tragt worden sein, um auf Rechtfertigung durch § 193 StGB hoffen zu können. Bei einem Verteidiger ist dies hinsichtlich der Interessen des Mandanten kraft seiner Stellung und seiner Beauftragung im konkreten Mandat der Fall.[1744]

3. Verhältnismäßigkeit

Das Persönlichkeitsrecht Dritter fordert, dass eine ehrverletzende Tatsachenbehauptung nach allgemeinen Grundsätzen auch in der konkreten Prozesssituation zur Verteidigung aus *ex ante*-Sicht geeignet und erforderlich und in Bezug auf die in Frage stehenden Rechtsgüter angemessen sein muss.[1745]

a. Geeignetheit zur Interessenwahrnehmung

Die Art und Weise der Einlassung des Beschuldigten muss auf die Ehre des Betroffenen Rücksicht nehmen, wobei die Anforderungen an Meinungsäußerungen i.S.d. Art. 5 Abs. 1 S. 1 GG wiederum nicht zu hoch gesetzt werden dürfen.[1746] In der Konsequenz wäre die Rechtfertigung einer beleidigenden Äußerung bereits dann nicht mehr möglich, wenn sie in keiner Weise zur Interessenwahrnehmung des Mandanten beitragen könnte. In Betracht kommen insoweit Äußerungen, die sich gegen Dritte wenden, die nicht in einen aktuellen Prozess involviert sind. Aber auch Verlautbarungen eines Verteidigers gegenüber aussagenden Personen können sich als nicht zur Verteidigung geeignet erweisen, wenn sie einzig und allein auf eine Schmähung abzielen und nicht durch prozesstaktische Maßnahmen wie beispielsweise die Erschütterung der Glaubwürdigkeit motiviert sind.

[1744] OLG Köln, NJW 1979, 1723 [1723]; OLG Düsseldorf, NStZ-RR 1996, 5 [7]; NJW 1998, 3214 [3215]; KG StV 1997, 485 [486 f.]; StV 1998, 83 [83 f.]; LG Köln, MDR 1973, 65; *Lackner/Kühl*, § 193 Rn. 6; LK-*Herdegen*, § 193 Rn. 19; *Krekeler*, AnwBl. 1976, 190 [190]; *Praml*, NJW 1976, 1967 [1967]; SK/StGB-*Rudolphi*, § 193 Rn. 14; *Tröndle/Fischer*, § 193 Rn. 14, 28; vgl. ferner bereits RGSt 30, 41 [42]; 38, 131 [132].

[1745] *Eser*, Wahrnehmung berechtigter Interessen als allgemeiner Rechtfertigungsgrund, S. 60; LK-*Herdegen*, § 193 Rn. 25; *Lackner/Kühl*, § 193 Rn. 10 f.; Sch/Sch-*Lenckner*, § 193 Rn. 10 ff.; *Merz*, Strafrechtlicher Ehrenschutz und Meinungsfreiheit, S. 117, 128 ff., 142; *Rengier*, BT/2, § 29 Rn. 42 ff.; *Roxin*, Strafrecht AT/1, § 18 Rn. 44 f.; SK/StGB-*Rudolphi*, § 193 Rn. 19 ff.; *Tröndle/Fischer*, § 193 Rn. 15; *Wessels/Hettinger*, BT/1 Rn. 518; NK-*Zaczyk*, § 193 Rn. 19.

[1746] BVerfG NJW 1991, 29 [29]; 2274 [2275]; StV 2000, 416 [417].

b. Erforderlichkeit zur Interessenwahrnehmung

Bei der anschließenden Prüfung der Erforderlichkeit einer beleidigenden Äußerung ist kritisch zu hinterfragen, ob die Beleidigung notwendig war, um das berechtigte Interesse wahrzunehmen.[1747] Grundsätzlich gilt hierbei, dass eine Ehrverletzung das schonendste Mittel der Interessenwahrnehmung sein muss.[1748]

aa. Vermutung zugunsten der Freiheit der Rede

Die Vorgaben zur Anwendung des § 193 StGB erfahren auf Erforderlichkeitsebene in bestimmten Bereichen erhebliche Modifizierungen. Das Bundesverfassungsgericht hat klar gestellt, dass eine Unterscheidung danach zu treffen ist, ob vom Grundrecht der Meinungsfreiheit im Rahmen einer privaten Auseinandersetzung zur Verfolgung von Eigeninteressen oder im Zusammenhang mit einer die Öffentlichkeit wesentlich berührenden Frage Gebrauch gemacht wird.[1749] Im letzteren Fall streite eine Vermutung für die Freiheit der Rede.[1750] Der Grundsatz, dass eine mit der Meinungsäußerung verbundene Ehrverletzung das unter den Umständen schonendste Mittel der Interessenwahrnehmung sein müsse, gelte dann nur eingeschränkt.[1751] Größere Bedeutung für eine Rechtfertigung nimmt an Stelle der Erforderlichkeit dann die Sachgerechtheit ein. Auch polemische und unnötige Schärfen sowie übertriebene negative Bewertungen könnten dann gerechtfertigt werden, solange sie nicht völlig sachwidrig seien.[1752] Dem Grundrecht der Meinungsfreiheit wird folglich kein absoluter Vorrang eingeräumt. Das Demokratieprinzip verlange, dass an die Zulässigkeit von Äußerungen nicht so hohe Anforderungen gestellt werden dürften, dass aus Furcht vor Sanktionen Äußerungen unterblieben, die den Meinungsbildungsprozess fördern könnten.[1753]

[1747] *Eser*, Wahrnehmung berechtigter Interessen als allgemeiner Rechtfertigungsgrund, S. 59; SK/StGB-*Rudolphi*, § 193 Rn. 20.
[1748] *Krekeler*, AnwBl. 1976, 190 [192]; *Lackner/Kühl*, § 193 Rn. 10; *Tröndle/Fischer*, § 193 Rn. 15; NK-*Zaczyk*, § 193 Rn. 21.
[1749] BVerfGE 12, 113 [129]; 24, 278 [286]; 93, 266 [294]; BVerfG NJW 1999, 2262 [2263].
[1750] *Grimm*, NJW 1995, 1697 [1703].
[1751] Vgl. KG StV 1998, 83 [83].
[1752] KG StV 1998, 83 [83].
[1753] BVerfGE 43, 130 [136].

bb. Auswirkungen auf den Strafprozess

Konkret heißt dies für den gerichtlichen Sachvortrag, dass die Rechtsprechung unter Berücksichtigung der Meinungsfreiheit auch für den Strafverteidiger günstigere Maßstäbe anlegt[1754] und damit den Schutzbereich des Grundrechts erheblich ausdehnt.[1755] Auch hier gehen die Verfassungsrichter ebenso wie bei einem Beitrag zur öffentlichen Meinungsbildung von der Vermutung zugunsten der Freiheit der Rede aus.[1756] Jeder Verfahrensbeteiligte dürfe daher auch starke, eindringliche Ausdrücke und sinnfällige Schlagworte benutzen, um seine Rechtsposition zu unterstreichen. Es komme nicht darauf an, ob er seine Kritik auch anders hätte formulieren können.[1757] Auch der Verteidiger darf folglich in Wahrnehmung seiner Aufgaben »*ad personam*« argumentieren,[1758] um etwa eine mögliche Voreingenommenheit eines Richters zu kritisieren. Dabei erlaubt es ihm seine Aufgabe nicht immer, so schonend mit den anderen Verfahrensbeteiligten umzugehen, dass diese sich nicht in ihrer Persönlichkeit beeinträchtigt fühlen.

c. Angemessenheit oder Verhältnismäßigkeit im engeren Sinne

In der anschließenden Abwägung widerstreitender Interessen muss sich die beleidigende Äußerung als angemessenes Mittel zur Durchsetzung des damit verfolgten Zwecks erweisen. Das wahrgenommene Interesse des Beleidigers muss dem Anspruch des Beleidigten auf Unverletzlichkeit seiner Ehre zumindest gleichwertig sein.[1759] Allerdings muss beim Abwägungsvorgang wiederum die Ausstrahlungswirkung des Art. 5 GG berücksichtigt werden. Nach der Wechselwirkungslehre kann das Grundrecht der freien Meinungsäußerung nach Art. 5

[1754] Vgl. BGH NJW 1991, 2074 [2075]; NStZ 1995, 78 (m. zust. Anm. *Jahn,* StV 1996, 259 ff.); KG StV 1997, 485 [486 f.]; StV 1998, 83 [83 f.]; OLG Düsseldorf, NStZ 1998, 516 [516 f.]; vgl. auch BVerfG NJW 1996, 3268 [3268].
[1755] *Lackner/Kühl,* § 193 Rn. 12.
[1756] BVerfGE 7, 198 [208, 212]; 61, 1 [11]; 93, 266 [294 f.]; BVerfG NJW 1999, 2262 [2263]; zu Äußerungen des Anwalts bei öffentlichkeitswirksamen Mandaten vgl. *Pflüger,* AnwBl. 1999, 638 ff.
[1757] BVerfG NJW 1995, 3303 [3304].
[1758] Vgl. BVerfGE 76, 171 [192]; BVerfG NJW 2000, 199 [200].
[1759] BGHSt 18, 182 [184 f.]; BGHZ 31, 308 [313]; *Lackner/Kühl,* § 193 Rn. 10; *Tenckhoff,* JuS 1989, 198 [201]; wohl auch *Krekeler,* AnwBl. 1976, 190 [191]; a.A. *Lenckner,* in: Noll-GS, S. 243 [248].

Abs. 2 GG zwar durch allgemeine Gesetze und die gesetzlichen Bestimmungen zum Schutz der persönlichen Ehre eingeschränkt werden, umgekehrt müssen diese aber wiederum im Lichte der freien Meinungsäußerung ausgelegt werden.[1760] Der Anwendungsbereich des § 193 StGB wird dadurch erweitert.[1761] Die Anwendung einer strafrechtlichen Norm verlangt regelmäßig eine Gewichtung der Beeinträchtigung, die der persönlichen Ehre als Element des allgemeinen Persönlichkeitsrechts aus Art. 2 Abs. 1 i.V.m. Art. 1 Abs. 1 GG von der umstrittenen Äußerung auf der einen und der Meinungsfreiheit auf der anderen Seite durch eine Verurteilung droht.[1762] Dabei sind alle wesentlichen Abwägungsgesichtspunkte zu berücksichtigen.[1763] Zu diesen gehört beispielsweise auch die Funktion, in der der Äußernde seine ehrkränkende Behauptung aufgestellt hat.[1764] Unzutreffend im Abwägungsvorgang sind allenfalls Erwägungen, die das Gewicht des Ehrenschutzes bei Äußerungen unter Berufskollegen nicht höher als bei Äußerungen gegenüber sonstigen Dritten einstufen.[1765] Handelt es sich um Äußerungen im Rahmen einer Stellungnahme in einem gerichtlichen Verfahren, die der Rechtsverfolgung oder Rechtsverteidigung dienen, sind bei der Anwendung des § 193 StGB zusätzlich die Auswirkungen des Rechtsstaatsprinzips zu berücksichtigen.[1766] Zu unterscheiden ist hierbei zwischen Meinungsäußerungen (Werturteilen) und Tatsachenbehauptungen.

aa. Meinungsäußerungen

Meinungsäußerungen fallen grundsätzlich in vollem Umfang in den Schutzbereich des Art. 5 GG.[1767] Die Frage, ob Kritik berechtigt, die Meinung wertvoll[1768] oder ein Werturteil »richtig« ist, spielt bei Meinungsäußerungen – anders als bei Tatsachenbehauptungen – keine Rolle.[1769]

[1760] BVerfGE 7, 198 [208].
[1761] SK/StGB-*Rudolphi*, § 193 Rn. 23a.
[1762] BVerfGE 93, 266 [292 f.]; 97, 391 [403]; 99, 185 [196]; BVerfG StV 2000, 416 [417].
[1763] Vgl. BVerfGE 97, 391 [401]; 99, 185 [196].
[1764] BVerfGE 76, 171 [192]; BVerfG NJW 2000, 199 [200]; StV 2000, 416 [417]; vgl. auch BGHSt 18, 182 [187].
[1765] BVerfG NJW 1999, 2262 [2263].
[1766] Vgl. BVerfG NJW 1991, 2074 [2075]; StV 2000, 416 [417]; KG StV 1998, 83 [83].
[1767] *Grimm*, NJW 1995, 1697 [1698].
[1768] BVerfGE 30, 336 [347].
[1769] BVerfGE 66, 116 [151]; 68, 226 [232]; Sachs-*Bethge*, Art. 5 Rn. 33a; *Grimm*, NJW 1995, 1697 [1698]; *Schößler*, Anerkennung und Beleidigung, S. 289.

Hinsichtlich der Äußerungen in einem gerichtlichen Verfahren setzt erst das Verhältnismäßigkeitsprinzip der Zulässigkeit Grenzen. Das Bundesverfassungsgericht hat hierzu Vorzugsregeln entwickelt, die die Abwägung strukturieren.[1770] Weil die Menschenwürde als Basis aller Grundrechte nicht mit anderen Grundrechten abwägungsfähig ist, tritt die Meinungsfreiheit dann zurück, wenn eine Äußerung einen Angriff auf die Menschenwürde eines anderen darstellt.[1771] Auch der Persönlichkeitsschutz ist bei herabsetzenden Äußerungen gegenüber der Meinungsfreiheit vorrangig. Eine Rechtfertigung nach § 193 StGB versagt daher wie erwähnt, wenn sich eine Ehrverletzung aus der Form oder den Umständen (Formalbeleidigung) ergibt. Gleiches gilt für pauschale Diffamierungen und reine Schmähkritik. Der herabsetzende Gehalt einer Äußerung allein präjudiziert allerdings noch keine Schmähung, da das Bundesverfassungsgericht in ständiger Rechtsprechung einen engen Schmähbegriff als Auslegungsmaßstab anlegt.[1772] Als Schmähkritik wird einschränkend nur eine solche Äußerung verstanden, bei der jenseits überzogener oder ausfälliger Kritik nicht mehr die Auseinandersetzung in der Sache, sondern die persönliche Herabsetzung in Form einer Diffamierung der Person im Vordergrund steht[1773] und die persönliche Kränkung das sachliche Anliegen völlig in den Hintergrund drängt.[1774]

Auch die Art und Weise, in der eine Meinungsäußerung erfolgt, hat auf den Umfang des Grundrechtsschutzes zunächst keine Auswirkung.[1775] Daraus ergibt sich auch, dass sich der Schutz des Art. 5 Abs. 1 GG grundsätzlich nicht nur auf den Inhalt, sondern auch auf die Form einer Äußerung bezieht. Dass eine Aussage polemisch oder verletzend formuliert ist, entzieht sie folglich noch nicht dem

---

[1770] *Grimm*, NJW 1995, 1697 [1703].
[1771] BVerfGE 93, 266 [293]; vgl. auch BVerfGE 75, 369 [380].
[1772] Vgl. BVerfGE 82, 272 [283 f.]; 93, 266 [294]; zust. *Grimm*, NJW 1995, 1697 [1703]; zw., aber i.Erg. zust. *Tröndle/Fischer,* § 193 Rn. 18; krit. *Lackner/Kühl,* § 193 Rn. 12a; Sch/Sch-*Lenckner*, § 193 Rn. 15 ff.; SK/StGB-*Rudolphi*, § 193 Rn. 23b; weitere Nachw. bei *Tröndle/Fischer*, a.a.O.
[1773] BVerfGE 61, 1 [12]; 82, 272 [283 f.]; 93, 266 [294].
[1774] BVerfGE 42, 163 [171]; 62, 1 [12]; 66, 116 [151]; 82, 272 [283 f.]; 93, 266 [294]; *Lackner/Kühl*, § 193 Rn. 12a m.w.N.; *Tröndle/Fischer*, § 193 Rn. 18 m.w.N.; Die Formel wurde ursprünglich vom BGH entwickelt, vgl. BGHZ 45, 296 [310].
[1775] Vgl. BVerfGE 54, 129 [138 f.]; 61, 1 [7 f.]; *Grimm*, NJW 1995, 1697 [1698].

Schutzbereich.[1776] In der Konsequenz wurde hinsichtlich ehrkränkender Äußerungen eines Verteidigers, die der Rechtsverteidigung in einem schwebenden Verfahren dienen, entschieden, dass diese grundsätzlich nicht mit gesonderten Ehrschutzklagen abgewehrt werden könnten, solange ihre Unhaltbarkeit nicht auf der Hand liege und sie noch irgendeinen inneren Zusammenhang mit der Verteidigung aufwiesen.[1777] Handele es sich dagegen um missbräuchliche oder offenbar unhaltbare Einlassungen, die in keinem inneren Zusammenhang zur Verteidigung stünden, sei eine Rechtfertigung aus § 193 StGB ausgeschlossen.[1778]

bb. Tatsachenbehauptungen

Im Gegensatz zu Meinungsäußerungen sind Tatsachenbehauptungen dem Grundsatz nach nicht durch die Meinungsäußerungsfreiheit geschützt. Sie gelangen erst über das Junktim der Meinung in den Schutzbereich des Art. 5 Abs. 1 GG, weil und soweit sie meinungsbezogen sind und damit ihrerseits zur Meinungsbildung beitragen.[1779] Dies ist konkret dann der Fall, wenn bei einer Äußerung der wertende Teil dominiert und eine tatsächliche Behauptung nur unselbstständiges Element einer Meinungsäußerung ist. Da Tatsachenäußerungen im Gegensatz zu Meinungsäußerungen wahr oder unwahr sein können, variiert dementsprechend auch der Schutzumfang.

(1) Das Aufstellen bewusst unwahrer Behauptungen

Die unrichtige Information ist »kein schützenswertes Gut«.[1780] Da aber der Schutzbereich des Art. 5 Abs. 1 GG auch nicht unzumutbar verkürzt werden darf, gilt diese Ausnahme nur für die bewusste Lüge, also eine Verlautbarung, deren Unwahrheit der Äußernde kennt oder deren Unwahrheit evident ist. Die bewusste Lüge ist unvereinbar mit der Verfolgung eines berechtigten

---

[1776] Vgl. BVerfGE 30, 336 [347]; 33, 1 [14]; 61, 1 [7 f.]; 90, 241 [247]; 93, 266 [289].
[1777] BVerfG StV 2000, 416 [416];
[1778] BVerfG NJW 1991, 2074 [2075]; StV 2000, 416 [417].
[1779] BVerfGE 54, 208 [219]; 61, 1 [8]; 85, 1 [15]; Sachs-*Bethge*, Art. 5 Rn. 27; *Grimm*, NJW 1995, 1697 [1699].
[1780] Vgl. BVerfGE 54, 208 [219]; 61, 1 [8]; 85, 1 [15 f.]; 90, 241 [249, 254]; 99, 185 [197]; BGH NJW 1991, 1475 [1476]; 1999, 1322 [1324]; 2000, 200 [200]; vgl. auch Sachs-*Bethge*, Art. 5 Rn. 28; *Tröndle/Fischer*, § 193 Rn. 18a m.w.N.

Zwecks.[1781] Bei wider besseren Wissens aufgestellten unwahren Tatsachenbehauptungen gegenüber dem Opfer versagt daher der Schutz des § 193 StGB.[1782] Schutzwürdig ist dagegen eine unwahre Behauptung, deren Unwahrheit sich erst nachträglich herausstellt, etwa am Ende eines Prozesses.[1783]

(2) Das leichtfertige Aufstellen beleidigender Behauptungen

Abstriche bei den Rechtfertigungsmöglichkeiten werden von der Rechtsprechung auch bei leichtfertigen Äußerungen gemacht. So wurde zu Zeiten des Reichsgerichts gefordert, dass die Interessenwahrnehmung »nicht leichtfertig« erfolgt sein dürfe,[1784] später wurde eine Art Prüfungspflicht installiert.[1785] Zum Teil wurde judiziert, dass der Schutz des § 193 StGB bei Behauptungen »ins Blaue hinein« versage.[1786]

Das Bundesverfassungsgericht hat allerdings nun klar gestellt, dass das leichtfertige Aufstellen einer Behauptung für sich allein noch nicht ausreiche, um den Schutz der Meinungsfreiheit prinzipiell zu versagen, weil damit bei weitem noch nicht das Maß an Sorglosigkeit im Umgang mit der Wahrheit zum Ausdruck gebracht werde, das den Schutzbereich des Art. 5 Abs. 1 GG verschließen könnte.[1787] Auch die Rechtfertigung durch Wahrnehmung berechtigter Interessen kann daher nicht allein aus diesem Grund abgelehnt werden. Gerade § 193 StGB stehe mit seiner weiten und offenen Formulierung einer Berücksichtigung der Belange der Meinungsfreiheit in besonderer Weise offen und erlaube so einen schonenden Ausgleich der kollidierenden Rechtsgüter.[1788] Er sei deshalb vor jeder Verurteilung wegen § 185 StGB zu beachten.[1789] Bei seiner Auslegung falle besonders ins Gewicht, dass die Meinungsfreiheit für die freiheitlich-

---

[1781] So dezidiert Sch/Sch-*Lenckner*, § 193 Rn. 2.
[1782] LK-*Herdegen*, §193 Rn. 24; Sch/Sch-*Lenckner*, § 193 Rn. 2; SK/StGB-*Rudolphi*, § 193 Rn. 2; *Tröndle/Fischer*, § 193 Rn. 18a; vgl. auch *Noll*, ZStW 77 [1965], 1 [31 f.]; a.A. *Merz*, Strafrechtlicher Ehrenschutz und Meinungsfreiheit, S. 100 f.
[1783] *Grimm*, NJW 1995, 1697 [1699].
[1784] Vgl. RGSt 59, 330 [332]; 66, 1 [2]; 74, 257 [261]; vgl. zur Entwicklung der Prüfungspflicht *Lenckner*, in: Mayer-FS, S. 165 [165 ff.].
[1785] Vgl. zur älteren Rechtsprechung RGSt 63, 202 [204 f.]; BGHSt 3, 73 [75]; 14, 48 [51].
[1786] HansOLG Hamburg, MDR 1980, 953; OLG Celle, NJW 1988, 353 [354]; zust. *Cloeren*, Strafbarkeit durch Beweisantragstellung?, S. 170 f.; *Krekeler*, AnwBl. 1976, 190 [192]; *Lackner/Kühl*, § 193 Rn. 10.
[1787] BVerfG NJW 2000, 199 [200].
[1788] BVerfGE 12, 113 [125 f.]; 93, 266 [291].
[1789] BVerfG NJW 2000, 199 [200]; HansOLG Hamburg, MDR 1980, 953.

demokratische Ordnung schlechthin konstituierend sei.[1790] Ein Ausschluss der Schutzwirkung von § 193 StGB könne wegen seiner die Belange der Meinungsfreiheit regelmäßig verdrängenden Wirkung vor Art. 5 Abs. 1 GG nur dann Bestand haben, wenn das Merkmal der »Leichtfertigkeit« nicht über Gebühr ausgedehnt werde.[1791]

(3) Der Einfluss verfassungsrechtlicher Beschuldigtenrechte

Bei der Beurteilung der Äußerung eines Strafverteidigers bezieht die Rechtsprechung zusätzlich die Ausstrahlung des Grundrechts auf rechtliches Gehör des Angeklagten nach Art. 103 Abs. 1 GG[1792] sowie das *fair trial*-Prinzip mit in den Abwägungsvorgang ein. Beide zu den wesentlichen Grundsätzen eines rechtsstaatlichen Verfahrens gehörenden Rechte gewährleisteten dem Betroffenen, prozessuale Rechtsschutzmöglichkeiten mit der erforderlichen Sachkunde selbst wahrzunehmen und Übergriffe der rechtsstaatlich begrenzten Rechtsausübung staatlicher Stellen oder anderer Verfahrensbeteiligter angemessen abwehren zu können.[1793]

Müsse ein Angeklagter zugleich mit seinem Verteidigungsvorbringen eingestehen, dass ihm hierfür – aus welchem Grund auch immer – keine ausreichenden Beweise zur Verfügung stehen, könne von einer effektiven Verteidigung, wie sie Voraussetzung für die Durchführung eines fairen rechtsstaatlichen Verfahrens ist, nicht mehr die Rede sein.[1794] Für den Zivilprozess hat das Bundesverfassungsgericht gefolgert, dass ein Rechtsuchender vor Rechtsnachteilen bewahrt werden müsse, wenn er in unmittelbarer Verteidigung seiner Rechtspositionen nicht leichtfertig Behauptungen in Bezug auf rechtsbegründende oder rechtsvernichtende Tatsachen oder die Eignung eines Beweismittels, insbesondere die Glaubwürdigkeit eines Zeugen, aufstellen könnte.[1795] Konkret müsse es ihm ohne Gefahr strafrechtlicher Konsequenzen möglich sein, in einem rechtsstaatli-

---

[1790] BVerfGE 5, 85 [205]; 7, 198 [208]; 93, 266 [292 f.].
[1791] BVerfG NJW 2000, 199 [200].
[1792] OLG Köln, OLGSt § 185 StGB, 13 [16]; KG JR 1988, 522 f.; KG StV 1998, 83 [83] m.w.N.; LG Hechingen, NJW 1766 [1767].
[1793] BVerfGE 38, 105 [111]; 63, 45 [60 f.].
[1794] BVerfG StV 2000, 416 [418].
[1795] BVerfG NJW 1991, 29 [29]; 2074 [2075].

chen Verfahren jene Handlungen vorzunehmen, die nach seiner von gutem Glauben bestimmten Sicht geeignet sind, sich im Prozess zu behaupten. Denn die Gefahr einer Strafverfolgung wirke mittelbar auf die Wahrnehmung des Rechts zurück. Der strafrechtliche Ehrenschutz dürfe jedenfalls nicht dazu zwingen, eine rechtserhebliche Tatsachenbehauptung in einem Prozess aus Furcht vor Bestrafung nach § 186 StGB zu unterlassen, weil nicht vorauszusehen sei, ob die behauptete Tatsache bewiesen werden könne. Deshalb dürfe die in einem Zivilprozess vorgetragene Behauptung einer ehrverletzenden Tatsache, die nicht der Stimmungsmache gegen einen anderen Prozessbeteiligten diene, sondern aus der Sicht der Partei als rechts-, einwendungs- oder einredebegründender Umstand prozesserheblich sein könne, nicht schon deshalb strafrechtlich geahndet werden, weil sich später nicht aufklären lasse, ob die Behauptung wahr sei. Gleiches müsse für die vom Gesetzgeber durch weitgehende Mitwirkungsmöglichkeiten sichergestellte effektive Verteidigung gelten.[1796]

(4) Folgen für die Strafverteidigung

Für den Strafverteidiger hat dies zur Konsequenz, dass er sich im Rahmen des Zumutbaren vorab über den Wahrheitsgehalt einer tatsächlichen Äußerung informieren muss.[1797] An die Voraussetzungen der anwaltlichen Informationspflicht dürfen jedoch keine zu strengen Maßstäbe angelegt werden. Der Umfang der Prüfungspflichten richtet sich nach den Umständen[1798] und ist abhängig von zeitlichen, beruflichen und persönlichen Möglichkeiten sowie der Schwere des zu erhebenden Vorwurfs.[1799] Das Bundesverfassungsgericht hat zu Recht die Auffassung vertreten, dass die Forderung nach weiter gehender Aufklärung durch Einsicht in Ermittlungsakten, beispielsweise vor einer Beschwerdeeinlegung, die Pflichten eines Verteidigers in verfassungsrechtlich bedenklicher Weise überspanne.[1800] Dieser könne möglicherweise den Hintergrund einer im Ergebnis beleidigenden Bewertung nicht wissen. Gerade bei Beschwerden gegen strafprozessuale Maßnahmen sei im Interesse des Beschuldigten eine möglichst

---

[1796] BVerfG StV 2000, 416 [417].
[1797] BGHSt 14, 48 [51]; *Krekeler*, AnwBl. 1976, 190 [192] m.w.N.
[1798] *Otto*, JR 1983, 1 [8].
[1799] SK/StGB-*Rudolphi*, § 193 Rn. 24.
[1800] BVerfG NJW 2000, 199 [200].

zügige Einlegung notwendig.[1801] Jedenfalls dann, wenn ein Angeklagter sich in gutem Glauben äußert bzw. das Gericht nicht die Überzeugung zu gewinnen vermag, eine Tatsachenbehauptung sei wider besseres Wissen erfolgt, kann die Wahrnehmung von Verteidigungsinteressen im Interesse einer effektiven Strafverteidigung nicht von der Erfüllung von Ermittlungs- und Darlegungspflichten abhängig gemacht werden.[1802] Denn die für den Zivilprozess aufgestellten Grundsätze müssen erst recht für den Beschuldigten im Strafprozess gelten. Dies gebietet die verfassungsrechtlich verbürgte Unschuldsvermutung, für deren Durchsetzung ein Verteidiger möglicherweise ehrverletzende Äußerungen im Strafverfahren aufstellt. Eine Rechtfertigung auf Grundlage von § 193 StGB scheidet daher nicht schon dann aus, wenn der Verteidiger für geäußerte schwer wiegende Tatsachenbehauptungen weder Beweis geführt noch in der Hauptverhandlung darauf hingewiesen hat, dass er für seine Behauptungen keine ausreichenden Beweise habe.[1803] Ein Verteidiger darf ohne konkrete Anhaltspunkte für deren Unrichtigkeit in der Regel auch potentiell ehrverletzende Tatsachenbehauptungen von seinem Mandanten ungeprüft übernehmen.[1804] Erhält der Verteidiger dagegen Informationen von dritter Seite, muss er bezüglich der Glaubwürdigkeit dieser Person kritischer sein als bei seinem Mandanten.[1805] Beim Umfang der Prüfungspflicht kann man sich an der Schwere der Rufbeeinträchtigung und der Erreichbarkeit der Informationen orientieren. Kann der Anwalt Informationen schnell, einfach und zuverlässig beschaffen, muss der Anwalt diese überprüfen.[1806] Weiter gehende Recherchen sind dem Verteidiger dagegen selbst bei erheblichen Zweifeln am Wahrheitsgehalt einer Mandanteninformation nicht zuzumuten. Der Vorwurf der Leichtfertigkeit scheidet daher aus, solange sich eine aufgestellte Äußerung

---

[1801] BVerfG NJW 2000, 199 [200].
[1802] BVerfG NJW 2000, 199 [200]; BGH NStZ 1987, 554.
[1803] BVerfG StV 2000, 416 [418].
[1804] Vgl. BVerfG NJW 2000, 199 [200]; NJW 2003, 3263; *Geppert*, Jura 1985, 25 [32]; *Jaeger*, NJW 2004, 1 [3]; *Praml*, NJW 1976, 1967 [1969]; ähnlich *Krekeler*, AnwBl.1976, 190 [193].
[1805] Ebenso *Praml*, NJW 1976, 1967 [1970].
[1806] *Geppert*, Jura 1985, 25 [32]; ähnlich *Krekeler*, AnwBl.1976, 190 [193]; *Praml*, NJW 1976, 1967 [1969].

nach insofern zumutbarer und sorgfältiger Überprüfung der verfügbaren Unterlagen als möglicherweise wahr herausstellt.[1807]

4. Subjektives Rechtfertigungselement

Um gerechtfertigt zu sein, muss der Täter »zur« Wahrnehmung, d.h. im Bewusstsein der Wahrnehmung berechtigter Interessen gehandelt haben. Wie dieses allgemeine subjektive Rechtfertigungselement[1808] in Bezug auf § 193 StGB auszulegen ist, wird unterschiedlich beantwortet. Die wohl herrschende Ansicht fordert eine diesbezügliche Absicht,[1809] die allerdings nicht alleiniger Beweggrund gewesen sein muss.[1810] Äußerungen, die nur gelegentlich der Wahrnehmung gemacht werden, wären danach nicht mehr gerechtfertigt.[1811] Andere Stimmen dagegen halten ein Handeln in Kenntnis der objektiven Rechtfertigungslage für ausreichend.[1812] Nach Ansicht der Rechtsprechung kommt dem Beweggrund des Täters damit entscheidende Bedeutung zu. Dieser ist folglich gerechtfertigt, wenn er in erster Linie mit dem sicheren Wissen handelt, Rechte seines Mandanten wahrzunehmen und diesen zu verteidigen. Dass der Täter daneben weitere Ziele verfolgt, steht einer Rechtfertigung nicht im Wege. Allerdings muss das Verhalten, das zu den Ehrverletzungen geführt hat, überhaupt einen nachvollziehbaren Anlass für die Äußerung des Verteidigers gegeben haben.

VI. Der differenzierende Ansatz von *Wohlers*

Im Gegensatz zu Rechtsprechung und herrschender Lehre hat sich *Wohlers* für eine restriktive Interpretation des objektiven Tatbestands als vorrangigen methodischen Ansatz zur Beschränkung des Bereichs strafbaren Verteidigungsver-

---

[1807] Vgl. *Krekeler*, AnwBl. 1976, 190 [192 f.]; *Praml*, NJW 1976, 1967 [1969]; für minimale Prüfungspflichten plädiert dagegen *Pflüger*, AnwBl. 1999, 638 [640].
[1808] Zu dessen Notwendigkeit vgl. *Geppert*, Jura 1995, 103 [104].
[1809] RGSt 29, 54 [57]; BGHSt 18, 182 [186]; LK-*Herdegen*, § 193 Rn. 30; *Tenckhoff*, JuS 1989, 198 [202]; *Tröndle/Fischer*, § 193 Rn. 42; NK-*Zaczyk*, § 193 Rn. 46.
[1810] RGSt 50, 55 [56]; 321 [321]; *Geppert*, Jura 1985, 25 [31]; *Roeder*, in: Heinitz-FS, S. 229 [233]; *Tröndle/Fischer*, § 193 Rn. 35.
[1811] *Geppert*, Jura 1985, 25 [31].
[1812] *Lackner/Kühl*, § 193 Rn. 9; Sch/Sch-*Lenckner*, § 193 Rn. 23; *Maurach/Schroeder/Maiwald*, BT/1, § 26 Rn. 36, 54; *Rengier*, BT/2, § 29 Rn. 47; *Roxin*, Strafrecht AT/1, § 18 Rn. 48; SK/StGB-*Rudolphi*, § 193 Rn. 25.

haltens bei den Beleidigungsdelikten ausgesprochen.[1813] Nach seiner Differenzierung zwischen der Pönalisierung der Verteidigungsaktivitäten als solchen und der Art und Weise der Verteidigungshandlung rechnet er Beleidigungskonstellationen der Art und Weise eines Verteidigungsverhaltens zu. Dogmatisch sei die teleologische Reduktion deshalb angebracht, weil der ehrenrührige Charakter einer Äußerung stets auch unter Berücksichtigung der sie begleitenden Umstände zu bewerten sei. Dementsprechend seien von vornherein solche Tatsachenbehauptungen aus dem Anwendungsbereich der §§ 185 ff. StGB auszuschließen, die Gegenstand einer prozessualen Erklärung, z.B. im Sinne der §§ 240, 257, 258 StPO, seien oder zur Begründung eines Antrags, z.B. nach §§ 24 ff., 244 f. StPO, vorgetragen würden. Gleiches gelte, wenn einer Bewertung tatsächlicher Vorgänge verfahrensrechtliche Bedeutung zukomme.[1814] Wolle ein Verfahrensbeteiligter dagegen nur die Berechtigung der von ihm vertretenen Rechtsposition deutlich machen, schließe das den Tatbestand der §§ 185 ff. StGB nicht aus. In diesen Fällen komme es dann darauf an, ob die Äußerung der Wahrnehmung berechtigter Interessen im Sinne von § 193 StGB gedient habe.[1815]

VII. Stellungnahme und eigener Lösungsansatz

Grundsätzlich ist auch nach hier vertretener Ansicht die Auslegung eines Tatbestands das wirksamste Mittel, um die Grenzen der Strafbarkeit eines Verteidigers festzulegen. Für die Ehrverletzungsdelikte kann dieser Lösungsansatz dagegen keine Gültigkeit beanspruchen. Die Vorgehensweise, jegliche Tatsachenbehauptungen, die Gegenstand einer prozessualen Erklärung sind, aus dem Anwendungsbereich des § 185 StGB auszuschließen, würde zu dem zweifelhaften Ergebnis führen, dass ein Verteidiger unter dem Deckmantel einer Prozesserklärung uneingeschränkt Beleidigungen aussprechen könnte. Eine Ehrverletzung ist nicht dadurch tatbestandlich ausgeschlossen, dass sie in einem prozessualen Kontext ausgesprochen wird. Die Tatsache, dass bei anderen Delikten bereits die Tatbestandsmäßigkeit prozessualer Handlungen entfällt, beruht maßgeblich auf dem Vergleich der geschützten Rechtsgüter. Im Gegensatz zu Delikten mit sozialbezogener Schutzrichtung bezwecken die Ehrschutzdelikte aber den Schutz ei-

---

[1813] *Wohlers*, StV 2001, 420 ff.
[1814] *Wohlers*, StV 2001, 420 [428].
[1815] *Wohlers*, StV 2001, 420 [428].

ner ganz konkreten Person in ihrem Ehranspruch. Damit findet gerade kein Abwägungsvorgang zwischen gleichartigen Universalrechtsgütern, sondern eine Abwägung zwischen der Durchsetzung eines Universalrechtsguts (rechtsstaatlich geforderter Verteidigung) und einem Individualrechtsgut (Ehre) statt. Der damit verbundene Ausgleich widerstreitender Interessen lässt sich konstruktiv am überzeugendsten auf Ebene der Rechtswidrigkeit lösen.

Die gesetzgeberische Vorwertung, die mit der Installierung des § 193 StGB für Fälle der Wahrnehmung berechtigter Interessen einhergeht, unterstreicht die hier vertretenen Grundsätze einer verteidigungsspezifischen Auslegung. Folglich ist die von der Rechtsprechung bei den §§ 185 ff. StGB verfolgte Rechtfertigungslösung ein gangbarer Weg, um die Interessen des Betroffenen mit denen der Strafverteidigung abzuwägen. Diese sonst im Tatbestand vorzunehmende Abwägung hat infolgedessen im Rahmen des § 193 StGB auf der Ebene der Verhältnismäßigkeit im engeren Sinne stattzufinden. Dort ist nach den gewohnten Kriterien zu fragen, inwieweit der Verteidiger zur Durchsetzung seiner Funktion als Garant der Unschuldsvermutung Behauptungen aufstellen darf. Schon Art. 5 Abs. 1 GG verbietet insoweit eine Auslegung der §§ 185 ff. StGB, die einen abschreckenden Effekt auf den Gebrauch des Grundrechts ausübt, der dazu führt, dass aus Furcht vor Sanktionen auch zulässige Kritik unterbleibt.[1816] Hinzu kommen im Rahmen des § 193 StGB die Ausstrahlungswirkung der Bedeutung der Strafverteidigung. Meinungsäußerungen sind infolgedessen gerechtfertigt, solange sie objektiv noch einen inneren Zusammenhang mit der Strafverteidigung aufweisen und nicht ausschließlich die Kränkung des Betroffenen dienen. Bei Tatsachenaussagen konzentriert sich die Problematik dagegen auf die Frage der Nachforschungspflicht. Der Verteidiger darf entsprechend der bislang vertretenen Grundsätze zur Reichweite der Unschuldsvermutung tatsächlichen Angaben seines Mandanten ohne Anlass zu Zweifeln bis zur Grenze der positiven Kenntnis der Unwahrheit vertrauen. Hat er dagegen nur Zweifel, besteht eine Pflicht zur Nachforschung, deren Anforderungen jedoch nicht überspannt werden dürfen. Dabei sind die Pflichten umso größer, je gewichtiger die betreffenden Tatsachenbehauptungen im Hinblick auf die Schuldfrage sind.

[1816] Vgl. BVerfGE 43, 130 [136]; Sachs-*Bethge*, Art. 5 Rn. 33a.

VIII. Ergebnis

Eine Äußerung eines Verteidigers im Strafverfahren ist zunächst nach den anerkannten Grundsätzen zum Grundrecht der Meinungsfreiheit auszulegen. Verbleibt ein beleidigender Inhalt, ist auf Rechtswidrigkeitsebene nach einer Rechtfertigung der Äußerung zu suchen, die die verfassungsrechtliche Bedeutung der Strafverteidigung mit einbezieht. Dabei ist nach Meinungsäußerungen und Tatsachenaussagen zu differenzieren. Meinungsäußerungen sind gerechtfertigt, solange sie objektiv noch einen inneren Zusammenhang mit der Verteidigung aufweisen. Bei beleidigenden Tatsachenäußerungen gilt, dass der Verteidiger den Angaben seines Mandanten ohne Anlass zu Zweifeln bis zur Kenntnis der Unwahrheit vertrauen darf. Hat er Zweifel, obliegt ihm eine Nachforschungspflicht, deren Anforderungen umso größer sind, je größer der Einfluss der Tatsachenbehauptungen auf die Schuldfrage ist.

B. Nötigung, § 240 StGB

I. Einführung und geschütztes Rechtsgut

Ein weiterer Problemkreis, der in der Wissenschaft bei der Diskussion um Strafvereitelung und Aussagedelikte zumeist nur am Rande behandelt wird, betrifft die Einwirkung eines Verteidigers auf Prozessbeteiligte unter Nötigungsaspekten. Die Tatbestände der §§ 153 ff., 258 StGB knüpfen genau genommen erst an die Konsequenzen einer solchen Beeinflussung an. Vorher ist allerdings in manchen Fällen zu überlegen, ob der Verteidiger nicht bereits unmittelbar durch die Einwirkung den Tatbestand der Nötigung verwirklicht. Drängt ein Verteidiger einen Zeugen oder Sachverständigen beispielsweise unter Androhung negativer Folgen zu einer bestimmten unwahren Aussage, um eine günstigere Beweissituation für seinen Mandanten zu erreichen, kann sich durchaus die Frage stellen, ab welchem »Beeinflussungsgrad« dieses Verhalten nicht nur als spätere Strafvereitelung oder Anstiftung zur Falschaussage, sondern zugleich als Nötigung eingestuft werden kann.

Echte Nötigungsfälle sind glücklicherweise in der Praxis eher selten. Mehr noch als im Bereich personeller Beweismittel kommt der prozesstaktischen Beeinflussung von Entscheidungsträgern bei Gericht Relevanz zu. So kann eine Strafbarkeit gem. § 240 StGB im Prozessverlauf in Frage stehen, wenn ein Strafverteidiger zur Durchsetzung seiner Taktik dem Richter mit der Stellung unangenehmer bzw. überflüssiger Beweisanträge oder Ablehnungsanträge droht, um so den Prozess in die Länge zu ziehen oder sogar platzen zu lassen. Auch der Fall, dass ein Verteidiger in einem fortgeschrittenen Stadium des Prozesses die Niederlegung seines Mandats für den Fall ankündigt, dass das Gericht bestimmten Wünschen im Procedere nicht entspricht,[1817] gehört in diesen Zusammenhang.

Vom Rechtsgut gehört der Tatbestand der Nötigung zu den Delikten mit individualschützender Ausrichtung. Nach ganz einhelliger Meinung in Rechtspre-

---

[1817] Fallgestaltung von OLG Frankfurt am Main, StV 2001, 407 ff.

chung und Lehre garantiert § 240 StGB konkret die Freiheit der Willensentschließung und Willensbetätigung.[1818]

II. Fälle aus der Rechtsprechung

Einschlägige Gerichtsentscheidungen zur Nötigung durch Strafverteidiger sind rar. Die folgenden Entscheidungen sollen einen kurzen Überblick über die Argumentationslinie der Rechtsprechung geben.

1. BGHSt 9, 20

In diesem Fall (der allerdings nicht unter dem Gesichtspunkt der Nötigung entschieden wurde) musste der Bundesgerichtshof die Beeinflussung des Gerichts durch einen Verteidiger beurteilen.

Der Verteidiger hatte dem Gericht ein »Protestschreiben« im Auftrag einer Gesellschaft überreicht, deren Mitglied K. er in dem Strafverfahren vertrat. In der Schrift hieß es: »Die jüngste Geschichte lehrt, dass alle diejenigen, die den Weg des Rechts zugunsten einer volksfeindlichen und aggressiven Politik verlassen, eines Tages doch von ihrem Volke zur Verantwortung gezogen werden. Wir werden nicht ruhen, bis alle noch in Westdeutschland unschuldig eingekerkerten Patrioten befreit (werden) und auch in Westdeutschland demokratische Verhältnisse herrschen. Wir fordern Freiheit für K.«[1819]

Der Bundesgerichtshof hat in der Ankündigung, die mit der Sache befassten Richter, Staatsanwälte und Polizeibeamten später zur Verantwortung zu ziehen, eine Drohung i.S.d. §§ 91, 114 StGB a.F. (1956) erkannt und den Verteidiger wegen Beihilfe dazu vom Verfahren ausgeschlossen. Er habe in unzulässiger und strafbarer Weise seine Hilfe dazu angeboten, auf das Gericht und die Entschließungsfreiheit der Richter im Sinne einer bestimmten Gestaltung des Urteilsspruchs einzuwirken.[1820]

[1818] Vgl. BVerfGE 73, 206 [237]; 92, 1 [13]; *Arzt/Weber*, Strafrecht BT, § 9 Rn. 45; Sch/Sch-*Eser*, § 240 Rn. 1; *Lackner/Kühl*, § 240 Rn. 1; *Maurach/Schroeder/Maiwald*, BT/1, § 12 Rn. 9, § 13 Rn. 6; *Otto*, Strafrecht BT, § 26 Rn. 1; *Rengier*, BT/2, § 23 Rn. 1; NK-*Toepel*, § 240 Rn. 23; LK-*Träger/Altvater*, § 240 Rn. 1; *Tröndle/Fischer*, § 240 Rn. 2; *Wessels/Hettinger*, BT/1 Rn. 380; abw. SK/StGB-*Horn/Wolters*, § 240 Rn. 3, 39 ff.; *Timpe*, Die Nötigung, S. 21, 31 (geschützt nur die »rechtlich anerkannte Freiheit«).
[1819] BGHSt 9, 20 [20 f.].
[1820] BGHSt 9, 20 [23].

2. BGHSt 10, 393

Ein anderer, ebenfalls unter dem Gesichtspunkt der Strafvereitelung entschiedener Sachverhalt betraf die Einwirkung des Verteidigers auf einen Zeugen.

Der Verteidiger hatte einen Angehörigen des Angeklagten in dessen Wohnung aufgesucht und ihn zum Gebrauchmachen seines Zeugnisverweigerungsrechts gedrängt. Allerdings ließ der Sachverhalt die Möglichkeit offen, ob der Verteidiger den Angehörigen unter Einsatz einer bewussten Täuschung oder ohne Manipulation zur Aussageverweigerung überredet hatte.

Der Bundesgerichtshof hat den Fall zur weiteren Sachaufklärung zurück verwiesen. Zugleich wies er jedoch darauf hin, dass der Angehörige beim Gebrauchmachen seines Zeugnisverweigerungsrechts bereits tatbestandlich keine Strafvereitelung begehe, da ihm das Gesetz dies gestatte.[1821] Der Verteidiger dürfe den Zeugen grundsätzlich über seine Rechte und Pflichten als Zeuge belehren.[1822] Dementsprechend könne der Verteidiger auch nicht strafbar sein, solange er die Entscheidungsfreiheit des Angehörigen nicht in unzulässiger Weise beeinträchtige. Eine solche Unzulässigkeit könne sich in Anlehnung an die in § 136a StPO genannten Mittel, also vor allem aufgrund Täuschung, Drohung oder Bestechung ergeben.[1823]

3. OLG Frankfurt am Main, StV 2001, 407

Aus jüngerer Zeit kann vor allem ein Beschluss des OLG Frankfurt am Main[1824] zur Erkenntnisgewinnung herangezogen werden. Dort wurde die Eröffnung der Hauptverhandlung gegen zwei Pflichtverteidiger wegen des Verdachts gemeinschaftlich begangener Nötigung einer Strafkammer abgelehnt. Der zugrunde liegende Sachverhalt stellte sich in etwa wie folgt dar:

In einem Prozess u.a. wegen gefährlicher Körperverletzung und Nötigung gegen zwei mehrfach vorbestrafte Brüder waren die beiden später Angeschuldigten als Pflichtverteidiger beigeordnet worden. Nach über 60 Verhandlungstagen mit mehr als 100 Anträgen – darunter viele Befangenheitsanträge – wurden in den vom Angeklagten A. getragenen Schuhen bei der Rückkehr vom Verhandlungstermin in die Justizvollzugsanstalt zwei Sägeblätter und ein 100 DM-Schein gefunden.

[1821] BGHSt 10, 393 [394].
[1822] BGHSt 10, 393 [395].
[1823] BGHSt 10, 393 [394].
[1824] OLG Frankfurt am Main, Beschl. vom 10.01.2001 – 3 Ws 715/00, StV 2001, 407 ff.

Unter den Berufsrichtern der Schwurgerichtskammer bestand Einigkeit, dass besondere Sicherungsmaßnahmen – konkret eine Fußfesselung – bezüglich des A. notwendig geworden waren. Einer der Pflichtverteidiger widersprach dieser beabsichtigten Maßnahme vehement, indem er u.a. erklärte, er werde eine Fesselung seines Mandanten nicht zulassen. Er kündigte an, an der Verhandlung nicht mehr teilzunehmen und den Prozess platzen zu lassen, auch auf die Gefahr hin, in einem solchen Fall eventuell mit hohen Verfahrenskosten belastet zu werden. Er werde den Sitzungssaal erst wieder betreten, wenn die Verhandlung ohne die beabsichtigten Maßnahmen fortgesetzt werde. Daraufhin verließen beide Pflichtverteidiger nach einer Unterredung mit dem Vorsitzenden, bei der sich auch der andere Pflichtverteidiger die Auffassung des ersten erkennbar zu eigen gemacht hatte, zusammen demonstrativ den Sitzungssaal. Weil das Verfahren nach mehr als 60 Verhandlungstagen zu platzen drohte und eine Haftverschonung der beiden wahrscheinlich hochgefährlichen Straftäter im Raum stand, unterließ die Kammer schließlich die beabsichtigten Sicherungsmaßnahmen. Am 88. Verhandlungstag gelang es dem ungefesselten A., in einer Verhandlungspause in das Beratungszimmer zu stürzen und den Vorsitzenden Richter anzugreifen, der sich im folgenden Handgemenge eine Gesichtsverletzung zuzog. Die beiden Angeklagten wurden letztendlich am 89. Verhandlungstag wegen versuchten Mordes zu lebenslanger bzw. wegen schweren Raubes zu einer Gesamtfreiheitsstrafe von 15 Jahren verurteilt. Bei A wurde die besondere Schwere der Schuld festgestellt.

Das Verhalten der beiden Pflichtverteidiger wurde zunächst von der Staatsanwaltschaft beim LG Kassel als gemeinschaftlich begangene Nötigung gewertet. Die erste große Strafkammer lehnte dagegen die Eröffnung des Hauptverfahrens gegen die beiden Verteidiger hinsichtlich des Verdachts der Nötigung ab.[1825] Die hiergegen von der Staatsanwaltschaft eingelegte sofortige Beschwerde, der die Staatsanwaltschaft beim OLG Frankfurt am Main beigetreten war, wurde verworfen. Auch eine Gegenvorstellung der Staatsanwaltschaft gegen diesen Verwerfungsbeschluss blieb vor dem Oberlandesgericht mit dem zitierten Beschluss erfolglos.

Das Verhalten der Rechtsanwälte wurde vom OLG Frankfurt zwar als prozesswidrig, aber nicht als verwerflich eingestuft. Da noch ein weiterer Sicherungsverteidiger vorhanden gewesen sei, habe für den Vorsitzenden Richter keine Situation bestanden, für die er nicht bereits Vorsorge getroffen hatte. Unter diesen Umständen sei von ihm zu erwarten gewesen, der Ankündigung des einen Vertei-

---

[1825] LG Kassel, Az. 802 Js 16947/99 1 KLs (unveröffentlicht).

digers und dem schlüssigen Verhalten des anderen in besonnener Selbstbehauptung standzuhalten.

4. BGH NStZ-RR 2001, 171

Eine andere Konstellation lag einer Entscheidung des Bundesgerichtshofs[1826] zugrunde, in der es um die Nötigung des Angeklagten (hier in Versuchsvariante) durch einen Verteidiger ging.

Ein Strafverteidiger hatte vergeblich versucht, einen Angeklagten sofort nach dessen Inhaftierung dazu zu veranlassen, eine von ihm diktierte unrichtige Erklärung zu unterzeichnen, mit welcher für den Strafverteidiger belastende Angaben jenes Angeklagten gegenüber den Ermittlungsbehörden wahrheitswidrig dementiert werden sollten (die Angaben betrafen die Aufforderung des Verteidigers zur Flucht ins Ausland sowie einen vom Inhaftierten erteilten Auftrag an den Verteidiger, die Beseitigung eines gestohlenen Kraftfahrzeugs zu vermitteln). Der Strafverteidiger kündigte an, er werde und könne die Verteidigung des Mitangeklagten nicht weiterführen, wenn dieser nicht die Erklärung unterzeichne. Zudem werde damit eine – von dem Strafverteidiger erlogene – Absprache mit dem Staatsanwalt bezüglich der Strafobergrenze und einer Haftverschonung mit Urteilserlass hinfällig. Der Mitangeklagte müsse vielmehr mit einer wesentlich höheren Bestrafung und Haftfortdauer rechnen.

Der Bundesgerichtshof erkannte, dass das Verhalten des Verteidigers zwar nachhaltig bedrängend und täuschend sowie gegebenenfalls grob standeswidrig gewesen sei. Jedoch habe die Ankündigung des Verteidigers, bei einem andauernden Verdacht strafvereitelnden Verhaltens die Verteidigung des Angeklagten nicht weiterführen zu können, sowohl der strafverfahrens- wie auch standesrechtlichen Rechtslage entsprochen. Folglich sei schon keine tatbestandliche Drohung festzustellen. Die auf erlogener Basis erfolgte Bedrängung des Angeklagten sei lediglich als massive Anpreisung der Verteidigerqualitäten zu bewerten, aus der der Mandant positive Auswirkungen erwarten sollte. Abzugrenzen von einer Drohung sei die hier vorliegende Warnung vor naheliegenden negativen Konsequenzen für den Mandanten im Weigerungsfall, die auch nach der Darstellung des Verteidigers nicht von seinem Willen abhingen, wie es für den Einsatz des Nötigungsmittels Drohung erforderlich wäre.[1827]

[1826] BGH NStZ-RR 2001, 171 ff. = StV 2001, 108 ff.
[1827] BGH NStZ-RR 2001, 171 [171 f.].

III. Literaturansichten zur Einwirkung auf Prozessbeteiligte

Selbstverständlich stellt nicht jede vom Verteidiger ausgehende Beeinflussung der Entscheidungsfindung vor oder während des Strafprozesses zugleich eine Nötigung dar. Die meisten Fälle von Einwirkungen auf Prozessbeteiligte bewegen sich in ihrer Intensität unterhalb der Nötigungsschwelle. Grundsätzlich hat der Verteidiger wie jeder andere Beteiligte auch die Möglichkeit, durch einfaches Zureden oder Bitten die Prozessführung in eine gewünschte Richtung zu lenken, solange er nicht zu einem strafbaren Verhalten auffordert und sich insofern einer Anstiftung oder mittelbaren Täterschaft schuldig macht. Ein unter dem Gesichtspunkt der Nötigung unspezifisches Hinwirken auf ein zulässiges bzw. unzulässiges Verhalten kann allenfalls eine Strafbarkeit wegen Strafvereitelung oder Beteiligung an einem Aussagedelikt nach sich ziehen. Zunächst sollen daher einige Beeinflussungskonstellationen mit Blick auf § 258 StGB dargestellt werden.

1. Die Einwirkung auf Beteiligte unter dem Aspekt der Strafvereitelung

Sowohl vor als auch während des Verfahrens gibt es einige immer wiederkehrende Situationen, in denen ein Verteidiger auf Prozessbeteiligte oder Dritte mit dem Ziel eines für den Beschuldigten positiven Verhaltens einwirkt. Als unproblematisch erweisen sich dabei auch aus der Sicht der Strafvereitelung erwirkte Verhaltensweisen, deren Ausübung gesetzlich zugelassen ist. Für den Strafverteidiger hat dies zur Konsequenz, dass nach allgemeinen strafrechtlichen Beteiligungs-Grundsätzen auch die unspezifische Aufforderung zur Geltendmachung als straflose Teilnahme an tatbestandslosem Verhalten zu werten ist und damit straflos bleibt.[1828]

a. Hinwirken auf das Unterlassen einer Anzeige

Erlangt eine Person von einer Straftat Kenntnis, steht es ihr grundsätzlich frei, den staatlichen Strafverfolgungsapparat einzuschalten. Dementsprechend stellt

---

[1828] Vgl. *Beulke*, Die Strafbarkeit des Verteidigers, Rn. 49; *Haferland*, Die strafrechtliche Verantwortlichkeit des Verteidigers, S. 33; *Lamberti*, Strafvereitelung durch Strafverteidiger, S. 141 f.; *Müller-Dietz*, Jura 1979, 242 [251]; *Pfeiffer*, DRiZ 1984, 341 [346]; *Roxin*, Strafverfahrensrecht, § 19 Rn. 61; *Stumpf*, Die Strafbarkeit des Strafverteidigers wegen Strafvereitelung (§ 258 StGB), S. 125; *Zeifang*, Die eigene Strafbarkeit des Strafverteidigers, S. 215.

auch die bloße Aufforderung zum Unterlassen der Anzeige nichts anderes als eine zulässige Entscheidungshilfe dar, die die freie Entscheidung des Betroffenen nicht beeinträchtigt. Der Verteidiger bleibt in diesen Fällen straflos.[1829] Etwas anderes muss allerdings dann gelten, wenn eine solche Person von Berufs wegen zur Beachtung des Legalitätsprinzips verpflichtet ist.[1830] Dies ist uneingeschränkt der Fall, wenn ein Strafverfolgungsbeamter dienstlich von einer Straftat Kenntnis erlangt. Bei außerdienstlicher Kenntniserlangung strafbarer Handlungen besteht für ihn dagegen nach herrschender und auch vom Bundesverfassungsgericht gebilligten Auffassung eine Pflicht zum Einschreiten nur bei schwerwiegenden, die Belange der Öffentlichkeit in besonderem Maße berührenden Straftaten.[1831] In diesen Fällen würde daher eine Aufforderung durch den Verteidiger, keine Ermittlungen aufzunehmen, der Aufforderung zur Missachtung des Legalitätsprinzips gleich kommen. Dies stellt ein unzulässiges und womöglich strafbares (§§ 258a, 26 StGB) Verhalten dar.[1832]

b. **Hinwirken auf das Unterlassen oder die Rücknahme eines Strafantrags**

Ebenso wie die Entscheidung, den Strafverfolgungsbehörden Kenntnis von einem strafbaren Verhalten zu verschaffen, liegt auch das Unterlassen eines Strafantrags bzw. die Rücknahme eines bereits gestellten Strafantrags allein in der Entschließungsfreiheit der betreffenden antragsberechtigten Person. Dies ergibt

---

[1829] BGH NJW 1997, 2061; *Beulke*, Der Verteidiger im Strafverfahren, S. 155 f.; ders., Die Strafbarkeit des Verteidigers, Rn. 49; *Brei*, Grenzen zulässigen Verteidigerhandelns, S. 286; *Haferland*, Die strafrechtliche Verantwortlichkeit des Verteidigers, S. 33; *Hassemer*, in: Formularbuch für den Strafverteidiger, S. 12; *Kempf*, in: *Brüssow/Gatzweiler/Krekeler/Mehle*, § 1 Rn. 57; *Krekeler*, NStZ 1989, 146 [150]; *Lamberti*, Strafvereitelung durch Strafverteidiger, S. 199; *Leipold*, StraFo 1998, 79 [79]; *Müller-Dietz*, Jura 1979, 242 [251]; *Pfeiffer*, DRiZ 1984, 341 [346]; Sch/Sch-*Stree*, § 258 Rn. 18; *Stumpf*, Die Strafbarkeit des Strafverteidigers wegen Strafvereitelung (§ 258 StGB), S. 126 ff.; *Wassmann*, Strafverteidigung und Strafvereitelung, S. 141 f.; *Wolf*, Das System des Rechts der Strafverteidigung, S. 344; *Zeifang*, Die eigene Strafbarkeit des Strafverteidigers, S. 82.
[1830] Vgl. dazu BGHSt 5, 225 [229]; *Beulke*, StPO Rn. 91 m.w.N.; *Haferland*, Die strafrechtliche Verantwortlichkeit des Verteidigers, S. 33.
[1831] Vgl. BVerfG JZ 2004, 303 [304] (m. krit. Anm. *Seebode*); *Beulke*, StPO, Rn. 91; *Meyer/Goßner*, § 60 Rn. 10; *Rengier*, BT/1, § 21 Rn. 25; KK-*Wache*, § 158 Rn. 29; *Wessels/Beulke*, AT Rn. 721; SK/StPO-*Wohlers*, § 158 Rn. 12 ff.
[1832] Ebenso *Beulke*, Die Strafbarkeit des Verteidigers, Rn. 49; *Haferland*, Die strafrechtliche Verantwortlichkeit des Verteidigers, S. 33; *Leipold*, StraFo 1998, 79 [79].

sich mittelbar bereits aus der Tatsache, dass die Rechtsordnung durch die Möglichkeit der Bejahung des besonderen öffentlichen Interesses seitens der Staatsanwaltschaft dem Antragsberechtigten nur bei bestimmten Delikten die Entscheidungsgewalt über eine Bestrafungsmöglichkeit abnimmt. Es geht folglich bei den verbleibenden Delikten, die eine Bestrafung vom Vorliegen eines Strafantrags abhängig machen, um rein private Interessen. Dem Verteidiger ist es daher nach ganz herrschender Ansicht gestattet, beim Antragsberechtigten darauf hinzuwirken, von einem Strafantrag abzusehen oder einen bereits gestellten Antrag zurückzunehmen.[1833]

c. **Hinwirken auf die Ausübung des Zeugnis- oder Aussageverweigerungsrechts**

Gleiches gilt auch für die Ausübung des Zeugnis- oder Aussageverweigerungsrechts. Der zur Verweigerung des Zeugnisses oder der Aussage Berechtigte behält bis zuletzt die Entscheidungsfreiheit über sein Verhalten. Allein die Bitte oder Aufforderung des Verteidigers ändert daran nichts. Dementsprechend hält die ganz herrschende Auffassung eine darauf abzielende Bitte des Verteidigers für straflos.[1834]

[1833] RGSt 40, 393 [394]; OLG Düsseldorf, StV 1998, 550 [552]; *Beulke*, Der Verteidiger im Strafverfahren, S. 155 f.; *ders.*, Die Strafbarkeit des Verteidigers, Rn. 54; *Hassemer*, in: Beck'sches Formularbuch für den Strafverteidiger, S. 12; *Heeb*, Grundsätze und Grenzen der anwaltlichen Strafverteidigung, S. 68; SK/StGB-*Hoyer*, § 258 Rn. 26; *Kempf*, in: Brüssow/Gatzweiler/Krekeler/Mehle, § 1 Rn. 57; *Krekeler*, NStZ 1989, 146 [150]; *Müller-Dietz*, Jura 1979, 242 [251]; *Leipold*, StraFo 1998, 79 [79]; *Ostendorf*, NJW 1978, 1345 [1349]; *Pfeiffer*, DRiZ 1984, 341 [346]; Sch/Sch-*Stree*, § 258 Rn. 18; *Strzyz*, Die Abgrenzung von Strafverteidigung und Strafvereitelung, S. 297; *Stumpf*, Die Strafbarkeit des Strafverteidigers wegen Strafvereitelung (§ 258 StGB), S. 125; *Vormbaum*, Der strafrechtliche Schutz des Strafurteils, S. 420; *Waldhorn*, Das Verhältnis von Strafverteidigung und Begünstigung, S. 39; *Wassmann*, Strafverteidigung und Strafvereitelung, S. 140; *Wolf*, Das System des Rechts der Strafverteidigung, S. 344; *Zeifang*, Die eigene Strafbarkeit des Strafverteidigers, S. 82.

[1834] BGHSt 10, 393 [394]; OLG Düsseldorf, StV 1998, 550 [552]; *Beulke*, Der Verteidiger im Strafverfahren, S. 155 f.; *ders.*, Die Strafbarkeit des Verteidigers, Rn. 57; *ders.*, StPO Rn. 176; *Hassemer*, in: Formularbuch für den Strafverteidiger, S. 12; *Kempf*, in: Brüssow/Gatzweiler/Krekeler/Mehle, § 1 Rn. 56; *Krekeler*, NStZ 1989, 146 [150]; *Roxin*, Strafverfahrensrecht, § 19 Rn. 61; Sch/Sch-*Stree*, § 258 Rn. 18; *Stumpf*, Die Strafbarkeit des Strafverteidigers wegen Strafvereitelung (§ 258 StGB), S. 125; *Vormbaum*, Der strafrechtliche Schutz des Strafurteils, S. 420; *Wolf*, Das System des Rechts der Strafverteidigung, S. 345; *Zeifang*, Die eigene Strafbarkeit des Strafverteidigers, S. 82.

d. Bestechung für ein zulässiges Verhalten

Auf die Bewertung der bisherigen Fallkonstellationen hat das Inaussichtstellen eines finanziellen oder anderweitigen Vorteils zunächst keinen Einfluss. Das Auffordern zur zulässigen Rücknahme eines Strafantrags wird nicht etwa dadurch unzulässig, dass die Entscheidungsfindung mit einer Geldzahlung beschleunigt wird. In personeller Hinsicht ist die Bestechung ohnehin nur bei Zeugen umstritten, da wegen § 334 StGB die Vorteilsgewährung bei gerichtlichen Sachverständigen und Amtspersonen unproblematisch strafbar ist.

Beulke[1835] hält ausnahmsweise (in den Fällen des Unterlassens einer Anzeige) zumindest eine Strafbarkeit wegen Strafvereitelung in den Fällen für gegeben, in denen der versprochene Vorteil in der Begehung einer weiteren Straftat, etwa der Urkundenunterdrückung, besteht. Zwar sei einerseits eine Bestrafung bereits durch die Durchführung des versprochenen Delikts sichergestellt. Andererseits werde in solchen Fällen mit strafbaren Mitteln auf den Verfahrensgang eingewirkt, was den Kernbereich der Strafrechtspflege tangiere und so eine Strafbarkeit wegen § 258 StGB auslöse. Dem ist zu Recht entgegen gehalten worden, dass eine Unterscheidung nach der Art des versprochenen Vorteils bezüglich § 258 StGB dogmatisch keinen Unterschied mache.[1836] Vielmehr folgt in Fällen »einfacher« Bestechung ohne Nötigungsqualität des Handelns die täterschaftliche Straflosigkeit auch bei § 258 StGB aus der Entscheidungsfreiheit des Bestochenen, der bis zuletzt Herr seiner Entschlüsse bleibt.

Grundsätzlich wird für einen Verteidiger bei der Strafvereitelung die Schwelle zur täterschaftlichen Strafbarkeit erst dann überschritten, wenn der Handelnde nicht mehr Herr seiner Entschlüsse und damit eine autonome Entscheidung nicht mehr gewährleistet ist.[1837] Dies soll dann der Fall sein, wenn die Entscheidung ähnlich einer mittelbaren Täterschaft allein auf den Einfluss des Verteidigers zu-

---

[1835] *Beulke*, Die Strafbarkeit des Verteidigers, Rn. 53.
[1836] Vgl. etwa *Stumpf*, Die Strafbarkeit des Strafverteidigers wegen Strafvereitelung (§ 258 StGB), S. 129.
[1837] Zutr. *Beulke*, Die Strafbarkeit des Verteidigers, Rn. 51 f., 55, 58; *Lamberti*, Strafvereitelung durch Strafverteidiger, S. 201; *Wassmann*, Strafverteidigung und Strafvereitelung, S. 140.

rückgeht.[1838] Nach allgemeinen Kriterien würde dies aber erst bei einer Zwangslage eintreten, die qualitativ einem Nötigungsnotstand gleichkommt. Einige Stimmen in der Literatur greifen dabei für die Abgrenzung auf die Maßstäbe der Einwilligungslehre zurück.[1839] Sowohl bei der Einwilligung als auch bei der Nichtgeltendmachung eigener Rechte gehe es im Kern um die Preisgabe eigener Interessen, so dass beide Situationen vergleichbar seien.[1840] Schließe der Einsatz eines Nötigungsmittels die Wirksamkeit einer rechtfertigenden Einwilligung nach allgemeinen Maßstäben aus,[1841] so sei auch jeder Verzicht auf die Ausübung eines der genannten Rechte beim Einsatz von Zwang oder Täuschung unabhängig von deren Intensität als Strafvereitelung in mittelbarer Täterschaft strafbar.[1842]

Diese Ansicht würde allerdings die Voraussetzungen der mittelbaren Täterschaft, wie sie von Rechtsprechung und Wissenschaft herausgearbeitet wurden, ohne Not verändern. Grundsätzlich ist für eine mittelbare Täterschaft in Form der Nötigungsherrschaft nach wie vor grundsätzlich zu fordern, dass der Vordermann in eine Notlage i.S.d. § 35 Abs. 1 StGB versetzt wird.[1843] Die Beurteilung einer mittelbaren Täterschaft würde bei § 258 StGB nunmehr von der Qualität des bewirkten Verhaltens abhängen und nicht von der des Verhaltens bzw. des Willens des Hintermanns. Dies ist nicht einsichtig. Alle zuvor genannten Rechte sind vom Gesetzgeber unabhängig von bestimmten Motiven ausgestaltet worden. Ein Zeugnisverweigerungsrecht besteht daher beispielsweise auch, wenn der Betreffende die vom Gesetz vermutete Konfliktsituation gar nicht als solche empfindet und seine Entscheidung aus anderen Motiven fällt.[1844]

[1838] Vgl. BGHSt 10, 393 [394]; LK-*Ruß*, § 258 Rn. 15; *Siepmann*, Die Abgrenzung zwischen Täterschaft und Teilnahme, S. 13; Sch/Sch-*Stree*, § 258 Rn. 18; *Stumpf*, Die Strafbarkeit des Strafverteidigers wegen Strafvereitelung (§ 258 StGB), S. 125.
[1839] Vgl. Sch/Sch-*Stree*, § 258 Rn. 18; *Siepmann*, Die Abgrenzung zwischen Täterschaft und Teilnahme, S. 13 ff., der auf § 136a StPO im Rahmen der Einwilligung zurückgreift.
[1840] So *Siepmann*, Die Abgrenzung zwischen Täterschaft und Teilnahme, S. 19.
[1841] So die wohl h.M., vgl. LK-*Hirsch*, Vor § 32 Rn. 120; Sch/Sch-*Lenckner*, Vor §§ 32 ff. Rn. 48; *Tröndle/Fischer*, Vor § 32 Rn. 3b m.w.N.
[1842] Vgl. *Siepmann*, Die Abgrenzung zwischen Täterschaft und Teilnahme, S. 13.
[1843] Vgl. *Stumpf*, Die Strafbarkeit des Strafverteidigers wegen Strafvereitelung (§ 258 StGB), S. 117 f.; vgl. auch *Wessels/Beulke*, AT Rn. 537, 539.
[1844] Zutr. BGHStGrS 12, 235 [239]; *Meyer-Goßner*, § 52 Rn. 1; *Stumpf*, Die Strafbarkeit des Strafverteidigers wegen Strafvereitelung (§ 258 StGB), S. 127.

Wirkt sich folglich die Ausübung eines Zeugnisverweigerungsrechts zugunsten des Beschuldigten aus, ist ein daraus resultierender Freispruch sowohl bei prozessualer als auch materiell-rechtlicher Betrachtung gesetzlich gewollt. Der das Zeugnis Verweigernde bleibt straflos. Gleiches muss dann auch für den Hintermann gelten, der das gesetzlich tolerierte Ergebnis veranlasst hat. Durch die damit einher gehende Straflosigkeit des Verteidigers wegen Strafvereitelung bei einem Nötigen unterhalb der Notstandsschwelle entstehen keine Strafbarkeitslücken. Denn ein durch das Verhalten des Nötigenden verübte Unrecht kann in den Fällen mit darüber hinaus gehender Einwirkungsintensität über § 240 StGB abgefedert werden.[1845]

2. Die Einwirkung auf Beteiligte unter dem Aspekt der Nötigung

Eine ausführliche Untersuchung zur Frage möglicher Strafbarkeit eines Strafverteidigers wegen Nötigung im Zusammenhang mit der Wahrnehmung eines Mandats ist – soweit ersichtlich – bislang noch nicht erfolgt. Zur Argumentation herangezogen werden kann allenfalls die grundsätzliche Auffassung von Rechtsprechung[1846] und Teilen der Literatur,[1847] die im Fall des Einsatzes eines qualifizierten Nötigungsmittels eine Parallele zu § 136a StPO ziehen. Dieser untersagt den Strafverfolgungsbehörden die Anwendung von Zwang, Drohung und Täuschung. Teilweise wird auch ganz allgemein auf das Verbot der Beeinflussung von Willensentscheidungen abgestellt, das die gesamte Rechtsordnung durchziehe und auch im Strafverfahren Geltung beanspruche.[1848] *Peters*[1849] hält eine Nötigung beispielsweise dann für gegeben, wenn der Verteidiger den Strafantragsteller durch Androhung einer Anzeige wegen einer mit der Sache nicht in Zusammenhang stehenden strafbaren Handlung zur Rücknahme des Strafantrags veranlassen würde.

[1845] Zutr. *Stumpf*, Die Strafbarkeit des Strafverteidigers wegen Strafvereitelung (§ 258 StGB), S. 128.
[1846] Vgl. BGHSt 10, 393 [394] (konkret im Zusammenhang mit dem Zeugnisverweigerungsrecht).
[1847] Vgl. *Beulke*, Der Verteidiger im Strafverfahren, S. 156; ders., Die Strafbarkeit des Verteidigers, Rn. 50; *Brei*, Grenzen zulässigen Verteidigerhandelns, S. 286 f.; *Müller-Dietz*, Jura 1979, 242 [252].
[1848] Vgl. *Krekeler*, NStZ 1989, 146 [150]; *Leipold*, StraFo 1998, 79 [80]; *Zeifang*, Die eigene Strafbarkeit des Strafverteidigers, S. 216.
[1849] *Peters*, Strafprozess, § 29 V, S. 243.

Mit der Strafbarkeit des Verteidigers wegen Nötigung in der konkreten Situation gegenüber dem Gericht hat sich *Wohlers*[1850] auseinander gesetzt. Es müsse hier zwischen prozessual zulässigem und prozessordnungswidrigem Druck unterschieden werden. Eine Drohung mit zulässigen Rechtsmitteln wie Dienstaufsichtsbeschwerden oder Amtshaftungsklagen könne nicht zur Anwendung des § 240 StGB führen.[1851] Stelle sich die Drucksituation damit als Ergebnis prozessual zulässigen Verteidigungsverhalten dar, scheide die Annahme einer strafrechtlich relevanten Nötigung von vornherein aus. Eröffne das einschlägige Verfahrensrecht einem Verfahrensbeteiligten die Möglichkeit, Einfluss auf den verfahrenstragenden Entscheidungsträger auszuüben, müsse notwendigerweise angenommen werden, dass von dem Entscheidungsträger erwartet werden könne, dem Druck standzuhalten. Die Anwendung des § 240 StGB sei im Ergebnis nichts anderes als ein materiell-rechtliches Äquivalent für die im geltenden Strafverfahrensrecht nicht vorhandene allgemeine Missbrauchsklausel.[1852] Der Versuch von Verfahrensbeteiligten, Einfluss auf das verfahrenstragende Organ auszuüben, gehöre vielmehr zum »Berufsrisiko«. Der Funktionsträger sei daher zunächst auf die prozessual zur Verfügung stehenden Mechanismen bei der Abwehr beschränkt. Fehlten solche Mechanismen, komme es auf die Intensität des Drucks an. Erreiche dieser eine solche Stärke, dass von dem entscheidungstragenden Organ auch unter Berücksichtigung seiner Stellung nicht erwartet werden könne, dem Druck in besonnener Selbstbehauptung standzuhalten, spreche dies für eine inadäquate Drucksituation. Bei objektiv-normativer Betrachtung sei dann der Weg für § 240 StGB frei.[1853]

3. Stellungnahme

Die im Rahmen der Strafvereitelung wegen unzulässiger Einflussnahme des Verteidigers auf Prozessbeteiligte geführte Diskussion lässt sich nicht entsprechend auf die Nötigung übertragen. Bei der Frage nach den Voraussetzungen einer mittelbaren Täterschaft wird eine nötigungsspezifische Zwangslage bereits

---

[1850] *Wohlers*, StV 2001, 420 [427].
[1851] *Wohlers*, StV 2001, 420 [427].
[1852] *Wohlers*, StV 2001, 420 [426] unter Hinweis auf *Fezer*, JZ 1996, 655 [658].
[1853] *Wohlers*, StV 2001, 420 [426].

vorausgesetzt, ohne argumentativ etwas zu den Hintergründen ihrer etwaigen Zulässigkeit beizutragen. Bei der Frage nach einer Nötigung geht es nicht um die Beeinflussung der Rechtspflege, sondern um die persönliche Beeinflussung der aussagenden oder entscheidenden Person. Im Gegensatz zur Strafvereitelung liegt der Schwerpunkt bei der Nötigung daher weniger in der Frage der Tatbestandserfüllung als vielmehr in einer möglichen Rechtfertigung.

Den bislang angestellten pauschalen Überlegungen von Rechtsprechung und Literatur ist zu entnehmen, dass eine Nötigungsstrafbarkeit des Verteidigers durchaus in Erwägung gezogen wird, ohne allerdings spezifische Kriterien aufzustellen. Die Argumentation mit § 136a StPO lässt sich allerdings nicht auf die Verteidigerkonstellation übertragen. Diese Norm richtet sich ausschließlich an die Strafverfolger und gerade nicht an den Strafverteidiger.[1854] Diese Bestimmung reiht sich damit zwar in die Phalanx derjenigen Vorschriften ein, die das *nemo tenetur*-Prinzip konturieren. Sie hat aber eine völlig gegensätzliche Stoßrichtung. Während es bei der Beurteilung des Verhaltens eines Verteidigers um die Relation Verteidigung – Gericht bzw. Dritter geht, wirkt § 136a StPO genau entgegengesetzt im Verhältnis Staat – Verteidigung und steht für eine argumentative Übertragung auf den Verteidiger nicht zur Verfügung.

Konkreter ist dagegen der Lösungsvorschlag von *Wohlers* in der Folge des Beschlusses des OLG Frankfurt am Main. Dieser orientiert sich zutreffend an der Funktion des Verteidigers, indem er zwischen prozessual zulässigem und unzulässigem Druck unterscheidet. Zutreffend wird von ihm hervorgehoben, dass die Grenzen der Nötigungsmittel nach allgemeiner Auffassung anhand objektiv-normativer Wertung zu bestimmen sind.[1855] Dabei darf jedoch nicht aus den Augen verloren werden, dass es aufgrund der individualbezogenen Schutzrichtung immer noch maßgeblich auf die Zwangssituation des Betroffenen ankommt, so

---

[1854] Zutr. *Beulke*, Die Strafbarkeit des Verteidigers, Rn. 50; *Hassemer*, in: Formularbuch für den Strafverteidiger, S. 14; *Krekeler*, NStZ 1989, 146 [150]; *Lamberti*, Strafvereitelung durch Strafverteidiger, S. 201; *Leipold*, StraFo 1998, 79 [80]; *Siepmann*, Die Abgrenzung zwischen Täterschaft und Teilnahme, S. 25 f.; *Stumpf*, Die Strafbarkeit des Strafverteidigers wegen Strafvereitelung (§ 258 StGB), S. 128; *Wassmann*, Strafverteidigung und Strafvereitelung, S. 140; *Zeifang*, Die eigene Strafbarkeit des Strafverteidigers, S. 216.
[1855] Vgl. BGHSt 31, 195 [201]; 45, 253 [258]; LK-*Träger/Altvater*, § 240 Rn. 57; *Tröndle/Fischer*, § 240 Rn. 6; *Wohlers*, StV 2001, 420 [427].

dass auf Tatbestandsebene eine Unterscheidung allein nach prozessualen Kriterien dem Anliegen des § 240 StGB nicht voll gerecht wird.

Damit eine Handlung überhaupt den Tatbestand des § 240 StGB erfüllen kann, bedarf es der Drohung mit einem empfindlichen Übel. »Droht« daher der Verteidiger wie im Fall des OLG Frankfurt am Main mit der Nichtfortführung der Pflichtverteidigung, stellt dies für den Richter ein künftiges Übel dar, auf dessen Eintritt der Verteidiger Einfluss hat.[1856] Dieses Übel ist dann empfindlich i.S.v. § 240 StGB, wenn der in Aussicht gestellte Nachteil von solcher Erheblichkeit ist, dass seine Ankündigung geeignet erscheint, den Bedrohten im Sinne des Täterverlangens zu motivieren.[1857] Diese rechtliche Voraussetzung entfällt allerdings, wenn gerade von der konkreten bedrohten Person in ihrer Lage erwartet werden kann, dass sie der Drohung in besonnener Selbstbehauptung standhält.[1858] Für ein qualifiziertes Nötigungsmittel ist daher zu fordern, dass dieses einen für die Person inadäquaten Druck erzeugt. Bezogen auf die Schwierigkeiten und die Länge des Prozesses erschien die Ankündigung des Verteidigers durchaus geeignet, den entscheidenden Richter in Richtung des gewünschten Verhalten zu beeinflussen. Als weiterer Schritt wäre aber zu überlegen gewesen, ob gerade von *diesem* bedrohten Richter in seiner Lage erwartet werden konnte, der Drohung standzuhalten. Hier macht sich bemerkbar, dass § 240 StGB gerade nicht nur auf einen durchschnittlich besonnenen Menschen, sondern zugleich auf eine individuelle, personalisierte Sichtweise abstellt. Der im Tatbestand wurzelnde Ansatz von *Wohlers* geht dagegen von einer generellen prozessualen Wertung aus, ohne spezifisch auf die entscheidende Person Rücksicht zu nehmen. Diese Sichtweise entspricht der zunehmenden Tendenz der Rechtsprechung, die Auslesefunktion des Tatbestands des § 240 StGB »verkümmern«[1859] zu lassen und die Abgrenzung auf die Verwerflichkeitskontrolle zu verschieben.

[1856] Zur Definition der Drohung vgl. BGHSt 16, 386 [386, 387]; *Lackner/Kühl*, § 240 Rn. 12; *Otto*, Strafrecht BT, § 27 Rn. 17; *Rengier*, BT/2, § 23 Rn. 39; LK-*Träger/Altvater*, § 240 Rn. 56; *Tröndle/Fischer*, § 240 Rn. 31; *Wessels/Hettinger*, BT/1 Rn. 402.

[1857] Zur Definition des empfindlichen Übels vgl. BGH NStZ 1987, 222 [223]; *Otto*, Strafrecht BT, § 26 Rn. 18; LK-*Träger/Altvater*, § 240 Rn. 57; *Tröndle/Fischer*, § 240 Rn. 32; *Wessels/Hettinger*, BT/1 Rn. 404.

[1858] Vgl. BGHSt 31, 195 [201]; BGH NStZ 1992, 278; wistra 1984, 22 [23]; Sch/Sch-*Eser*, § 240 Rn. 9; SK/StGB-*Horn/Wolters*, § 240 Rn. 10; *Rengier*, BT/2, § 23 Rn. 44; LK-*Träger/Altvater*, § 240 Rn. 57; *Tröndle/Fischer*, § 240 Rn. 32a; *Wessels/Hettinger*, BT/1 Rn. 404, 411.

[1859] *Wessels/Hettinger*, BT/1 Rn. 409.

Damit wird allerdings die individualschützende Zielrichtung des § 240 StGB verkannt.[1860]

Die Frage nach der prozessualen Zulässigkeit einer Beeinflussung stellt sich bei § 240 StGB daher richtigerweise nicht bereits auf Tatbestandsebene, sondern erst im Rahmen der Rechtswidrigkeit. Dort allerdings kommen die zutreffenden Überlegungen von *Wohlers* hinsichtlich der Unterscheidung der Prozesssituation zum Tragen.

IV. Eigener Lösungsansatz

Die Frage einer Nötigung wird grundsätzlich erst bei einem *unzulässigen* Einwirken auf die Entscheidungsfreiheit eines Betroffenen relevant. Unstrittig dürfte damit sein, dass der Einsatz von Gewalt im Sinne von physisch wirkendem Zwang zum Erreichen eines gewünschten Verhaltens regelmäßig unzulässig ist. Die Anwendung von Gewalt indiziert zwar nicht automatisch die Verwerflichkeit einer Handlung.[1861] Erfüllt andererseits das angewandte Nötigungsmittel der Gewalt bereits *per se* einen Straftatbestand (körperliche Gewalt gegen Prozessbeteiligte, Einsperren von Entscheidungsträgern zur Ermöglichung der Flucht des Beschuldigten etc.), ist die Verwerflichkeit ohne weiteres gegeben. In der täglichen Praxis des Verteidigers ist im Rahmen von § 240 StGB vor allem der Einsatz der Drohung als Mittel zur Durchsetzung von Interessen des Mandanten relevant.

Da § 240 StGB ein Delikt mit rein individualschützender Ausrichtung ist, können sich auf Tatbestandsebene im Gegensatz zu anderen Delikten aus der Funktion des Verteidigers keine Strafbarkeitseinschränkungen ergeben. Daher ist zunächst nach allgemeinen zur Nötigung entwickelten Grundsätzen zu prüfen, ob das Verhalten des Verteidigers als Drohung zu beurteilen ist. Hierbei spielt die prozessrechtliche Situation nur insoweit eine Rolle, als bei prozessualer Zulässigkeit einer Handlung eine Vermutung gegen eine tatbestandliche Nötigung

---

[1860] Explizit LK-*Träger/Altvater*, § 240 Rn. 57; näher zur Rechtsprechung von BGHSt 31, 195 [201] vgl. Sch/Sch-*Eser*, § 240 Rn. 10, 20; *Tröndle/Fischer*, § 240 Rn. 34; *Wessels/Hettinger*, BT/1 Rn. 409 ff.
[1861] Vgl. BVerfGE 73, 206 [206]; Sch/Sch-*Eser*, § 240 Rn. 16; *Tröndle/Fischer*, § 240 Rn. 45; a.A. noch BGHSt 23, 49 [554 f.].

spricht. Wenn *Wohlers* die Strafdrohung der Nötigung als Äquivalent zu einer nicht vorhandenen allgemeinen Missbrauchsklausel ansieht, um damit unliebsame Verteidiger zu reglementieren, ist diese Einschätzung zwar nicht von der Hand zu weisen. Dennoch sollte das materielle Strafrecht nicht dazu benutzt werden, behauptete Unzulänglichkeiten der Strafprozessordnung – wie etwa das Fehlen einer Missbrauchsklausel – durch ausdehnende Anwendung nicht primär dafür geschaffener Straftatbestände ausgleichen.

Bei der Nötigung muss die Zulässigkeit einer Prozesshandlung nicht zwingend Auswirkungen auf die Strafbarkeit haben. Denn viele Drohungen beziehen sich auf *per se* zulässiges Verhalten, so dass nur durch die unzulässige Verknüpfung und die damit rechtswidrige Beeinflussung der Willensfreiheit eine Strafbarkeit ausgelöst wird. So macht es zwar von der gesetzlichen Wertung her keinen Unterschied, ob die Stellung von einem oder hundert Beweisanträgen für den Fall »angedroht« wird, dass der Richter einem Wunsch des Verteidigers nicht nachkommt. Den Unterschied macht in diesem Fall die rechtswidrige Verknüpfung und die damit einhergehende Beeinflussung der Willensfreiheit des Richters.

Daher kann in solchen Fällen der Tatbestand einer Nötigung durchaus festgestellt werden. Erst auf Rechtswidrigkeitsebene entscheidet sich dann, ob der von § 240 StGB beabsichtigte Rechtsgutsschutz in einer Abwägung mit der verfassungsrechtlichen Bedeutung der Strafverteidigung zurückzutreten hat. Erst hier kommt es maßgeblich auf die prozessuale Zulässigkeit des Täterverlangens und des angekündigten Verhaltens an.

Strafrechtlich relevante Drohungskonstellationen können sich im Strafverfahren in drei Richtungen ergeben. Bei der ersten Konstellation geht es um eine justizgerichtete Nötigung, bei der die Entscheidungsträger beim Gericht Adressat eines qualifizierten Nötigungsmittels sind. Der zweite Fall betrifft die Einwirkung des Verteidigers auf personelle Beweismittel wie Zeugen und Sachverständige. Hier sind die bereits vorab zu den Aussagedelikten getroffenen Feststellungen zu beachten. Eine dritte Variante stellt schließlich die Nötigung des eigenen Mandanten dar. Während sich bei der ersten Fallgruppe noch aus der prozessualen Situation Argumente für oder gegen die Rechtswidrigkeit der Drohung ableiten lassen, ist dies bei den Gruppen zwei und drei nicht der Fall.

1. Nötigung des Gerichts

Verknüpft der Verteidiger die Ausübung eines prozessualen Rechts mit einer gerichtlichen Entscheidung, ist vom Gesetzgeber bereits eine Wertentscheidung zugunsten der Verteidigung getroffen. Zum Ausgleich von auftretenden Drucksituationen ist durch die Installation von entsprechenden Reaktionsmöglichkeiten des Gerichts Sorge getragen. Wäre ein angekündigtes Verhalten des Verteidigers daher nach Prozessrecht zulässig oder irrelevant, geht die Abwägung zugunsten des Verteidigers aus. Denn dieser könnte das Recht jederzeit in zulässiger Weise zur Durchsetzung der Unschuldsvermutung wahrnehmen. Letztlich geht dann keine rechtswidrige Drucksituation von seiner Drohung aus, wenngleich es für den Vorsitzenden persönlich Unannehmlichkeiten bereitet.

Schwierigkeiten können dann auftreten, wenn die prozessuale Zulässigkeit eines angedrohten Verhaltens zweifelhaft oder rechtsmissbräuchlich ist oder das Gesetz keine adäquaten Reaktionsmöglichkeiten für das Gericht vorsieht. In diesen Konstellationen gewinnt das objektive Korrektiv der verteidigungsspezifischen Auslegung Bedeutung. Es ist folglich zu fragen, ob das erzwungene Verhalten zur Durchsetzung der Unschuldsvermutung und damit letztlich auch zur Wahrheitsfindung beitragen kann. Ist dies der Fall, geht die anzustellende Abwägung zugunsten der Strafverteidigung und damit des Verteidigers aus. Ist dagegen prognostisch kein Beitrag zur Unschuldsvermutung zu erwarten, überwiegt das Interesse des Rechtsgutsinhabers und das Verhalten ist rechtswidrig.

Ist ein angekündigtes Verteidigungsverhalten dagegen von vornherein prozessrechtlich unzulässig, gilt gleiches auch für eine Drohung mit einem entsprechenden Vorgehen. Eine Abwägung geht in diesen Fällen zugunsten des Rechtsgutsträgers aus.

Entgegen der Entscheidung des OLG Frankfurt am Main bedarf es daher nicht des Rekurses auf die Verwerflichkeitsklausel des § 240 Abs. 2 StGB. Nach dieser ist die Verknüpfung von Nötigungsmittel und Nötigungszweck in einer Gesamtwürdigung in Beziehung zu setzen.[1862] Diese Klausel wurde dogmatisch zur Tatbestandsbegrenzung eingeführt.[1863] § 240 StGB würde ohne Einschränkungen insbesondere in der Drohungs-Variante als offener Tatbestand nicht nur strafwürdige, sondern auch viele sozialadäquate Handlungen erfassen. Daher indiziert im Gegensatz zu anderen Delikten die Erfüllung des Tatbestands bei § 240 StGB nicht zwangsläufig die Rechtswidrigkeit. Diese muss vielmehr im Einzelfall anhand der Verwerflichkeitskontrolle positiv festgestellt werden.[1864] Im Deliktsaufbau wird die Klausel daher von der herrschenden Ansicht als spezielle Rechtswidrigkeitsregel eingeordnet.[1865] Verwerflichkeit wird dabei nach einer immer wiederkehrenden Formel als erhöhter Grad sittlicher Missbilligung angesehen.[1866] Dies ist allerdings erst zu prüfen, wenn die betreffende Handlung nicht bereits durch allgemeine Rechtfertigungsgründe gerechtfertigt ist.[1867] Zwar verfolgt die Verwerflichkeitsregel eine ähnliche Zielrichtung wie die verteidigungsspezifische Auslegung, allerdings baut sie dogmatisch auf Sozialadäquanzgesichtspunkten auf, deren Unbestimmtheit bereits bei der generellen Ablehnung der Sozialadäquanzlehre thematisiert wurde.

Vorzuziehen ist der hier vertretene verfassungsrechtliche Ansatz, der in einer Abwägung die Bedeutung der Strafverteidigung mit der persönlichen Lage des Genötigten unter Beachtung seiner beruflichen Situation gewichtet. Kann der Bedeutung der Verteidigung nach der hier vertretenen verteidigungsspezifischen Auslegung bereits in der Rechtswidrigkeit Rechnung getragen werden, bedarf es keines zusätzlichen Eingehens auf die Verwerflichkeitsklausel mehr. Im Ergebnis wird allerdings sowohl die Verwerflichkeitsprüfung als auch die verteidi-

---

[1862] BVerfG NJW 2002, 1031 [1034]; 1991, 971 [972]; *Tröndle/Fischer*, § 240 Rn. 40.
[1863] Vgl. BVerfGE 73, 238 [253]; BVerfG NJW 1991, 971 [972]; BGHSt 35, 270 [275 ff.]; Sch/Sch-*Eser*, § 240 Rn. 16; *Otto*, Strafrecht BT, § 27 Rn. 29.
[1864] SK/StGB-*Günther*, § 253 Rn. 29; *Lackner/Kühl*, § 240 Rn. 18; *Tröndle/Fischer*, § 240 Rn. 38.
[1865] BVerfGE 73, 206 [247 ff.]; BGHSt 35, 270 [279]; Sch/Sch-*Eser*, § 240 Rn. 16; *Tröndle/Fischer*, § 240 Rn. 38a; a.A. (Tatbestandsmerkmal) LK-*Hirsch*, Vor § 32 Rn. 21 m.w.N.
[1866] Vgl. BGHSt 17, 328 [331 f.]; 18, 389 [391]; 19, 263 [268]; Sch/Sch-*Eser*, § 240 Rn. 18; SK/StGB-*Horn/Wolters*, § 240 Rn. 39; LK-*Träger/Altvater*, § 240 Rn. 86; *Tröndle/Fischer*, § 240 Rn. 41 m.w.N.
[1867] BGHSt 5, 245 [246 f.]; SK/StGB-*Günther*, § 253 Rn. 29; *Lackner/Kühl*, § 240 Rn. 17; *Otto*, Strafrecht BT, § 27 Rn. 31; *Rengier*, BT/2, § 23 Rn. 58; LK-*Träger/Altvater*, § 240 Rn. 75, 84; *Wessels/Hettinger*, BT/1 Rn. 425; ähnl. *Tröndle/Fischer*, § 240 Rn. 38a (Rechtswidrigkeit als erste Stufe der Verwerflichkeitskontrolle); abw. Sch/Sch-*Eser*, § 240 Rn. 33 (Prüfung erst nach *festgestellter* Rechtswidrigkeit).

gungsspezifische Auslegung zu den gleichen Ergebnissen kommen. Ein in Abwägung mit der verfassungsrechtlich geforderten Strafverteidigung liegendes zulässiges Handeln dürfte zugleich auch keinem erhöhten Grad sittlicher Missbilligung unterliegen. Lässt sich umgekehrt eine Nötigung auf diese Weise nicht rechtfertigen, ist inzident auch die Verwerflichkeit der Drohung festgestellt.

2. Nötigung personeller Beweismittel

Im Gegensatz zu den prozessualen Möglichkeiten des Verteidigers gegenüber dem Gericht hat dieser gegenüber Zeugen und Sachverständigen keine weitergehenden prozessualen Befugnisse, sondern neben dem Beweisantragsrecht nur ein allgemeines Fragerecht. Während Richter (ebenso wie Staatsanwälte) in den staatlichen Strafverfolgungsapparat eingebunden und insofern verfassungsrechtlichen Grundsätzen unterworfen sind, mit anderen Worten »in der selben Liga« spielen wie der Verteidiger, unterliegen die personellen Beweismittel neben ihrer materiell-rechtlichen Wahrheitspflicht (§§ 153 ff. StGB) hinsichtlich ihrer Aussage keinerlei sonstigen Pflichten. Für den Verteidiger bedeutet dies, dass eine Privilegierung einer Nötigung nach den Grundsätzen der verteidigungsspezifischen Auslegung auf Rechtswidrigkeitsebene nicht in Betracht kommt. Denn ein aufzulösender Konflikt zwischen Strafverteidigung im Sinne der Durchsetzung der Unschuldsvermutung besteht – anders als bei der Bewertung zu den Aussagedelikten – unter dem Aspekt der Nötigung nicht. Während das Prozessrecht unter dem Schutz des Grundgesetzes zwar die Benennung von Zeugen und Sachverständigen ermöglicht und fördert, gibt sie kein weitergehendes Recht auf die Beeinflussung dieser Personen. Zwar ist der Verteidiger nicht gehindert, Zeugen und Sachverständige auf eventuelle Konsequenzen einer Falschaussage hinzuweisen. Aufforderungen wie »*jetzt sagen Sie die Wahrheit, sonst lasse ich Sie vereidigen*« oder »*sonst sitzen Sie bald mit meinem Mandanten in einer Zelle*« unterfallen jedoch bereits nicht dem Tatbestand der Nötigung, da der Verteidiger hier nach Auslegung der Äußerungen jeweils nur auf allgemeine Folgen einer Falschaussage hinweist, auf die er (zumindest im zweiten Beispielsfall) selbst keinen Einfluss hat. Droht der Verteidiger mit negativen außerprozessualen Konsequenzen, wenn eine Aussageperson nicht in der einen oder anderen Weise für seinen Mandanten aussagt, ist eine solche Drohung regelmäßig tatbestandsmäßig und rechtswidrig. Es lässt sich hier fast kein Fall einer tatbestandlichen Nötigung denken, der sich unter Berufung auf die Bedeutung der Strafverteidigung rechtfertigen ließe.

3. Zur Entscheidung BGH NStZ-RR 2001, 171: Nötigung des Mandanten

Wie die eingangs zitierte Entscheidung zeigt, kann es in der Praxis sogar zu Konstellation kommen, in denen der Verteidiger seinen eigenen Mandanten zu einem bestimmten Verhalten drängt. Der Bundesgerichtshof hat in diesem Fall zutreffend schon tatbestandlich keine Drohung angenommen, da das angekündigte »Übel« eines Ausschlusses des Verteidigers nicht allein von seinem Willen abhängig war. Bereits aus diesem Grund lassen sich aus diesem Urteil keine Argumente für eine besondere Behandlung des Verteidigers im Verhältnis zu seinem Mandanten gewinnen.

Bei genauerer Betrachtung bedarf es in solchen und ähnlichen Konstellation auch keiner verteidigungsspezifischen Privilegierung. Denn im Unterschied zu den bislang thematisierten Situationen betraf der Sachverhalt keinen verteidigungsspezifischen Konflikt, der sich durch die Wahrnehmung von Beschuldigtenrechten auszeichnen würde. Vielmehr betraf die Entscheidung im System der verteidigungsspezifischen Auslegung den Ausnahmefall eines nicht objektiv an der Unschuldsvermutung ausgerichteten Handelns. Die Frage der Nötigung wäre hier – ihr tatbestandliches Vorliegen hypothetisch unterstellt – nach allgemeinen materiell-rechtlichen Grundsätzen zu lösen gewesen, ohne dass die besondere Stellung des Verteidigers darauf Auswirkungen haben könnte.

V. Ergebnis

Kommt es zu Situationen, in denen der Verteidiger Prozessbeteiligte unter Androhung negativer Folgen zu einem bestimmten Verhalten drängt, ist eine tatbestandliche Freistellung aufgrund der individualschützenden Ausrichtung des § 240 StGB nicht veranlasst. Auf Rechtswidrigkeitsebene ist jedoch zwischen der Nötigung des Gerichts und sonstiger Personen, insbesondere Beweispersonen, zu differenzieren: Betrifft das angedrohte Handeln ein prozessual nicht verbotenes Verhalten, auf das vom Gericht mit Mitteln des Prozessrechts reagiert werden kann, liegt unter den Vorzeichen der besonderen Bedeutung der Strafverteidigung lediglich eine Ankündigung vor, die durch die Wahrnehmung der Beschuldigtenrechte gerechtfertigt ist. Hat das Gericht allerdings keine adäquaten Abwehrmöglichkeiten, ist danach zu fragen, ob das Verhalten einen Beitrag zur Durchsetzung der Beschuldigtenrechte, insbesondere der Unschuldsvermutung, leisten kann. Ist dies der Fall, ist das Verhalten gerechtfertigt. Dagegen scheidet eine Rechtfertigung aus, wenn das angedrohte Handeln im Hinblick auf die Beschuldigtenrechte keine Relevanz hat oder wenn es bereits *per se* prozessrechtlich unzulässig ist.

C. Sonderfall: Delikte im Zusammenhang mit der anwaltlichen Schweigepflicht, insbesondere § 203 StGB

I. Einführung

Ein ungestörtes Vertrauensverhältnis zwischen Verteidiger und Mandant ist eine unabdingbare Voraussetzung für die wirksame Strafverteidigung. Grundlage für dessen Entstehen sind neben der Integrität und Zuverlässigkeit des einzelnen Berufsangehörigen[1868] vor allem das Recht und die Pflicht zur Verschwiegenheit.[1869] Nur wenn der Beschuldigte auf die Verschwiegenheit seines Verteidigers zählen kann, ist die Vorbedingung für das Entstehen eines Vertrauensverhältnisses geschaffen, ohne das eine Strafverteidigung nicht wirkungsvoll sein kann. Die Verschwiegenheitspflicht gilt daher als eine der grundlegenden Zentralpflichten[1870] des Berufs eines Strafverteidigers und als Fundament für die Achtung und das Vertrauen, die sein Beruf erfordern.[1871] Als unverzichtbare Bedingung für die anwaltliche Berufsausübung hat auch sie teil am Schutz des Art. 12 Abs. 1 S. 1 GG.[1872] Die Verschwiegenheitspflicht ist mehrfach standes- bzw. berufsrechtlich niedergelegt. In den *Berufsregeln der Rechtsanwälte der Europäischen Union*[1873] findet sich in 2.3 CCBE eine detailliertere und geradezu vorbildliche[1874] Umschreibung eines zeitlich unbegrenzten[1875] Berufsgeheimnisses, die besagt:

> *»2.3.1. Es gehört zum Wesen der Berufstätigkeit des Rechtsanwaltes, dass sein Mandant ihm Geheimnisse anvertraut und er sonstige vertrauliche Mitteilungen erhält. Ist die Vertraulichkeit nicht gewährleistet, kann kein Vertrauen entstehen. Aus diesem Grund ist das Berufsgeheimnis gleichzeitig ein Grundrecht und eine Grundpflicht des Rechtsanwaltes von besonderer Bedeutung.*

[1868] BVerfGE 63, 266 [286]; 87, 287 [320]; 93, 213 [236].
[1869] BVerfGE 76, 171 [190]; 76, 196 [209 f.]; BVerfG NJW 2004, 1305 [1308].
[1870] Vgl. BVerfGE 76, 171 [189 f.]; *Feuerich/Braun*, BRAO, § 43a Rn. 12; *Henssler*, NJW 1994, 1817 [1818]; *Johnigk*, in: *Brüssow/Gatzweiler/Krekeler/Mehle*, § 1 Rn. 136.
[1871] *Ackermann*, in: Hundert Jahre Deutsches Rechtsleben, Festschrift Deutscher Juristentag 1860-1960, Bd. 1, S. 479 [482], zit. nach *Pfeiffer*, DRiZ 1984, 341 [343].
[1872] Vgl. BVerfG NJW 2004, 1305 [1307]; *Beulke*, Der Verteidiger im Strafverfahren, S. 45 ff.
[1873] Standesregeln der Rechtsanwälte der Europäischen Gemeinschaft (CCBE), AnwBl. 1989, 647 ff., abgedruckt in der Anlage zur BRAO, Schönfelder-Ergänzungsband, Nr. 98/1, S. 10 ff.
[1874] *Henssler*, NJW 1994, 1817 [1818].
[1875] 2.3.4. CCBE.

Die Pflicht des Rechtsanwaltes zur Wahrung des Berufsgeheimnisses dient dem Interesse der Rechtspflege ebenso wie dem Interesse des Mandanten. Daher verdient sie besonderen Schutz durch den Staat.
2.3.2. Der Rechtsanwalt hat die Vertraulichkeit aller Informationen zu wahren, die ihm im Rahmen seiner beruflichen Tätigkeit bekannt werden.«
Im deutschen Recht heißt es dagegen heute in § 43a Abs. 2 BRAO und § 2 BORA[1876] jeweils nur lapidar: »Der Rechtsanwalt ist zur Verschwiegenheit verpflichtet«. Die Verschwiegenheitspflicht galt selbst in der Zeit weiter, als das Bundesverfassungsgericht die fehlende Verbindlichkeit der damaligen Standesrichtlinien 1987 in einer Grundsatzentscheidung feststellte.[1877] Die wahre Bedeutung der Verschwiegenheitspflicht für die Strafverteidigung wird auch sichtbar, wenn man sich die Schutzmechanismen vergegenwärtigt, die zu ihrer Absicherung aufgestellt wurden. Um die Störungen des Verhältnisses zwischen Mandant und Verteidiger zu minimieren, halten Straf- und Strafprozessrecht mehrere Schutznormen bereit. Strafprozessual wird die Verschwiegenheitspflicht in § 53 Abs. 1 Nr. 3 StPO und § 97 StPO respektiert. Im Vordergrund steht allerdings, dass ihre Verletzung zusätzlich materiell-rechtlich durch § 203 Abs. 1 Nr. 3 StGB sanktioniert wird, der zugleich ein Schutzgesetz i.S.v. § 823 Abs. 2 BGB darstellt.[1878] Mandanten können daher bei etwaigen Pflichtverletzungen des Verteidigers deliktische Schadensersatzansprüche geltend machen. Im Unterschied zur Regelung im Strafgesetzbuch geht die Regelung in § 113 Abs. 1 BRAO noch weiter. Hier zeigt sich bereits eine erste Weichenstellung. Die strafrechtliche Sanktionsmöglichkeit des § 203 StGB setzt erst beim Offenbaren eines Geheimnisses ein, während die nach § 113 Abs. 1 BRAO mögliche Ahndung einer Pflichtverletzung des § 43a BRAO ihre Legitimation weiter gehend aus einem Bruch der Verschwiegenheit in Bezug auf jegliche Informationen aus der anwaltlichen Berufsausübung bezieht.

Wie das Beispiel des § 261 Abs. 9 und 10 StGB zeigt, kann es aber durchaus zu Interferenzen mit eigenen Interessen des Verteidigers kommen, bei denen die Verschwiegenheitspflicht auf dem Spiel steht. Zumeist wird es um die Offenba-

---

[1876] Abgedruckt im Schönfelder-Ergänzungsband, Nr. 98/1, S. 1 ff.
[1877] Entscheidung vom 17. Juli 1987, BVerfGE 76, 171 ff. = NJW 1988, 191 ff.
[1878] OLG Hamm, MedR 1995, 328 [328]; Palandt-*Sprau*, § 823 Rn. 65; *Henssler*, NJW 1994, 1817 [1818].

rung persönlicher Details des Mandanten im Prozess gehen. Auch durch Äußerungen gegenüber den Medien kann eine Verletzung der §§ 201 ff. StGB bewirkt werden. Im Vergleich mit den übrigen »verteidigerspezifischen« Delikten nimmt § 203 StGB (wie auch der Parteiverrat in § 356 StGB) eine Sonderstellung ein. Es geht im Gegensatz zu den bisher untersuchten Konstellationen nicht um ein Verteidigerhandeln, das sich als Ausübung der Beistandspflicht kennzeichnen lässt. Vielmehr steht der Aspekt der Vertrauensbeziehung zum Beschuldigten im Mittelpunkt. Dementsprechend lässt sich schon hier sagen, dass eine maßgeblich auf der Geltung der Unschuldsvermutung beruhende verteidigungsspezifische Auslegung kein wirkungsvoller Ansatz zur Behandlung der Verteidigerstrafbarkeit sein kann.

II. Geschützte Rechtsgüter

Von § 203 StGB wird der persönliche Lebens- und Geheimbereich geschützt.[1879] Letztlich geht es um das in Art. 2 Abs. 1 GG i.V.m. Art. 1 Abs. 1 GG verfassungsrechtlich abgesicherte Persönlichkeitsrecht in seiner speziellen Ausprägung des Rechts auf informationelle Selbstbestimmung,[1880] wonach jeder selbst entscheiden können soll, wann und innerhalb welcher Grenzen persönliche Lebenssachverhalte offenbart werden dürfen.[1881] Die Verschwiegenheitspflicht soll gerade von Trägern solcher bedeutender Berufe nicht verletzt werden, denen sich der Einzelne in weiten Gebieten anvertrauen muss.[1882] Zum Teil wird § 203 StGB darüber hinaus auch eine Schutzrichtung zugunsten von Allgemeininteres-

---

[1879] BayObLG NJW 1987, 1492 [1493]; HansOLG Hamburg, NJW 1962, 689 [691]; NStZ 1998, 358 [358]; *Arzt/Weber*, Strafrecht BT, § 8 Rn. 29; *Peglau*, Der Schutz des allgemeinen Persönlichkeitsrechts durch das Strafrecht, S. 33 f.; *Lackner/Kühl*, § 203 Rn. 1; Sch/Sch-*Lenckner*, § 203 Rn. 3; *Otto*, Strafrecht BT, § 34 Rn. 26; LK-*Schünemann*, § 203 Rn. 14 m.w.N.; *Tröndle/Fischer*, § 203 Rn. 2; *Wessels/Hettinger*, BT/1 Rn. 522; abw. *Rogall*, NStZ 1983, 1 [3] (zusätzlich Vermögensschutz bei Unternehmen); *Maurach/Schroeder/Maiwald*, BT/2, § 29 Rn. 4 (zusätzlich Schutz der Allgemeinheit bzgl. Interesse auf sachgerechte Funktionsausübung der aufgezählten Berufsgruppen).
[1880] BVerfGE 65, 1 [43]; LG Darmstadt, NJW 1994, 2962 [2963].
[1881] HansOLG Hamburg, NStZ 1998, 358 [358]; *Tröndle/Fischer*, § 203 Rn. 2 m.w.N.; *Rogall*, NStZ 1983, 1 [5].
[1882] *Tröndle/Fischer*, § 203 Rn. 2; *Johnigk*, in: *Brüssow/Gatzweiler/Krekeler/Mehle*, § 1 Rn. 136.

sen wie der Rechtspflege zugeschrieben,[1883] weil gerade auch die Allgemeinheit diesen Berufsträgern besonderes Vertrauen entgegen bringt.[1884] Der Gedanke des Gemeinwohlbezugs sei folglich auch auf das anwaltliche Berufsgeheimnis übertragbar.[1885] Für die hier interessierende Frage dürfte aber ausreichen, dass § 203 StGB unmittelbar und maßgeblich vor allem private Rechte schützt.

III. Fälle aus der Rechtsprechung

1. BGHSt 1, 366

In diesem vom Bundesgerichtshof entschiedenen Fall hatte der Beschuldigte, ein Rechtsanwalt, im Jahr 1946 mit erheblichem Kapitalaufwand ein Sägewerk errichten wollen. Die Anklagebehörde zog daraus zu seinen Lasten den Schluss, dass er über Einnahmen aus dubiosen Quellen verfüge. Der Angeklagte widersprach dem. Er habe Verhandlungen für Dritte geführt. Deren Namen könne er allerdings aufgrund des Berufsgeheimnisses nicht preisgeben, da es sich um seine Mandanten handele.
Das Landgericht hat ebenso wie der Bundesgerichtshof auf Revision der Staatsanwaltschaft dem Rechtsanwalt daraus keinen Vorwurf gemacht. Schon aus § 136 StPO ergebe sich, dass ein Angeklagter keine Verpflichtung zur Bekanntgabe von Tatsachen habe. Er brauche sogar gar nichts zum Schuldvorwurf zu sagen. Grundsätzlich könne sich eine Befugnis zur Offenbarung von Privatgeheimnissen allerdings dann ergeben, wenn er sich sonst nicht sachgemäß verteidigen oder eine Honorarforderung in einem Zivilverfahren nicht geltend machen könne. Die Befugnis verpflichte ihn aber umgekehrt nicht zum Offenbaren. So gebe es im Interesse seines Mandanten anerkennenswerte Gründe, auf eine Offenbarung zu verzichten.[1886]

[1883] Sch/Sch-*Lenckner*, § 203 Rn. 3; *Otto*, Strafrecht BT, § 34 Rn. 26; *Peglau*, Der Schutz des allgemeinen Persönlichkeitsrechts durch das Strafrecht, S. 33 f.; für nur mittelbaren Schutz *Tröndle/Fischer*, § 203 Rn. 2 m.w.N.
[1884] Zum Rechtsgut des § 203 StGB vgl. eingehend *Peglau*, Der Schutz des allgemeinen Persönlichkeitsrechts durch das Strafrecht, S. 33 f.; *Rogall*, NStZ 1983, 1 [3 ff.].
[1885] *Henssler*, NJW 1994, 1817 [1820].
[1886] BGHSt 1, 366 [368].

2. OLG Köln, NJW 2000, 3656

Dass die Verletzung von Privatgeheimnissen durchaus keine Seltenheit ist, zeigt der folgende Sachverhalt, der einer Entscheidung des OLG Köln[1887] zugrunde lag:

> *Das Ehepaar W. wurde wegen Zuchtbetrugs angezeigt. Sowohl das Ehepaar als auch die Anzeigeerstatterin und der spätere Angeklagte waren Mitglied in einem Hunde-Club. Im Verlauf des anhängigen Ermittlungsverfahrens nahm der Angeklagte als Verteidiger des Herrn W. mehrmals Akteneinsicht und erhielt dabei aus dem beigezogenen Bundeszentralregisterauszug Kenntnis von der rechtskräftigen Verurteilung der Anzeigeerstatterin wegen mehrerer Delikte vor mehr als zehn Jahren. Um die Glaubwürdigkeit der Frau zu erschüttern, teilte der Verteidiger die bereits tilgungsreifen Vorstrafen mit der Formulierung »Die Katze lässt das Mausen nicht« anlässlich des drohenden Vereinsausschlusses seines Mandanten W. durch ein Schreiben 40 Personen des Clubs mit.*

Grundsätzlich fallen Tatsachen, die aufgrund des Öffentlichkeitsgrundsatzes gem. § 169 S. 1 GVG und Art. 6 Abs. 1 EMRK in öffentlicher Verhandlung verkündet wurden und so potentiell einem unbestimmten Personenkreis zugänglich waren, schon nach dem Willen des Gesetzgebers nicht mehr unter den Geheimnisbegriff i.S.d. § 203 StGB.[1888] Ob sich an diesem Befund etwas durch Zeitablauf ändert[1889] und insoweit zu untersuchen gewesen wäre, inwieweit die Reaktualisierung von Verurteilungen in der Vergangenheit den guten Ruf beeinträchtigen konnte,[1890] der aber gerade nicht geschütztes Rechtsgut von § 203 StGB ist, kann dahingestellt bleiben. Die Entscheidung ist nämlich für die Strafverteidiger-Problematik insoweit interessant, als letztlich aus der Organstellung des Rechtsanwalts eine Befugnis zur Offenbarung eines fremden Geheimnisses hergeleitet wurde. Mit der ständigen Rechtsprechung hat das Oberlandesgericht das Merkmal »unbefugt« dem Bereich der Rechtswidrigkeit des tatbestandsmäßigen Verhaltens zugeordnet. Eine Befugnis wird vom Oberlandesgericht aber zusätzlich aus dem Gedanken der Abwägung widerstreitender Pflichten oder Interessen abgeleitet. Der Träger fremder Geheimnisse könne berechtigt sein, die

---

[1887] OLG Köln, NJW 2000, 3656 f. (m. Anm. *Otto*, JK 2001, StGB § 203/1 und *Peglau*, StraFo 2001, 106 f.).
[1888] OLG Düsseldorf, JMBlNW 1990, 153; OLG Köln, NJW 2000, 3656 [3657] m.w.N.
[1889] So das OLG Köln, NJW 2000, 3656 f., das die Geheimniseigenschaft nicht durch Zeitablauf wiederaufleben lassen will.
[1890] So *Peglau*, StraFo 2001, 106 [107].

Schweigepflicht zu brechen, wenn das zur Wahrung eines höherwertigen Rechtsguts erforderlich sei und der Widerstreit der rechtlich geschützten Güter nur durch die Preisgabe des einen und nicht auf andere Weise gelöst werden könne. Dies gelte auch für einen Rechtsanwalt, der einerseits nach § 43a Abs. 1 BRAO zur Verschwiegenheit verpflichtet sei, sich aber andererseits als Organ der Rechtspflege der Aufgabe stellen dürfe, Unrecht zu verhindern, zum Beispiel durch Offenbarung eines fremden Geheimnisses.[1891]

IV. Der Tatbestand und das strafrechtliche Risiko des Verteidigers

1. Tauglicher Täter

Die Verletzung von Privatgeheimnissen ist ein Sonderdelikt. Täter kann nur sein, wer im abschließenden[1892] Katalog des § 203 Abs. 1 Nr. 1-7 und Abs. 2 Nr. 1-6 StGB (u.U. i.V.m. Abs. 3) genannt ist. Für Rechtsanwalt und Strafverteidiger gilt demnach insbesondere gem. § 203 Abs. 1 Nr. 3 StGB eine Geheimhaltungspflicht für fremde Geheimnisse, die sich gem. § 203 Abs. 3 S. 1 und 2 StGB auch auf einen mitunter weit reichenden Kreis berufsmäßig tätiger Gehilfen und auf zur Vorbereitung auf den Beruf tätigen Personen erstreckt.[1893] Dies kann für den Verteidiger vor allem im Bereich der Teilnahmestrafbarkeit bzgl. Rechtsreferendaren oder Kanzleimitarbeitern Relevanz erhalten.

2. Fremdes Geheimnis

Gegenstand der Straftat ist ein für den Täter oder Tatbeteiligte fremdes Geheimnis, das dem persönlichen Lebens- und Geheimbereich des Betroffenen angehört.[1894] Fremde Geheimnisse sind exklusive Informationen über Tatsachen, die nur einem beschränkten Personenkreis bekannt bzw. zugänglich sind und nach dem verständlichen Interesse des Geheimnisträgers nicht weiter bekannt werden sollen.[1895] Der Begriff enthält damit drei Elemente: erstens das Geheimsein, zweitens den Geheimhaltungswillen und drittens das objektive Geheimhaltungs-

---

[1891] OLG Köln, NJW 2000, 3656 [3657].
[1892] *Tröndle/Fischer*, § 203 Rn. 11.
[1893] Zu Einzelheiten *Maurach/Schroeder/Maiwald*, BT/1, § 29 Rn. 37; LK-*Schünemann*, § 203 Rn. 58 ff., insbes. Rn. 77 ff.; *Tröndle/Fischer*, § 203 Rn. 20 f.
[1894] Dazu Sch/Sch-*Lenckner*, § 203 Rn. 562; *Wessels/Hettinger*, BT/1 Rn. 562 ff.
[1895] OLG Hamm, StraFo 2001, 280 [281]; *Lackner/Kühl*, § 203 Rn. 14; *Tröndle/Fischer*, § 203 Rn. 3.

interesse.[1896] Was offenkundig (geworden) ist, unterliegt daher nicht (mehr) dem Schutz des § 203 StGB.[1897] Aus normativen Gründen genügt eine fiktive Offenkundigkeit.[1898] Kein Geheimnis liegt daher (mehr) vor, wenn solche Tatsachen in öffentlicher Verhandlung verkündet wurden (etwa mit Urteilsverkündung).[1899] Nach dem Öffentlichkeitsgrundsatz in § 169 S. 1 GVG, Art. 6 Abs. 1 EMRK konnte sich somit grundsätzlich ein unbestimmter Personenkreis Zugang zur Kenntnisnahme verschaffen.

Für den Strafverteidiger relevant werden kann die Frage nach der Geheimniseigenschaft, wenn er durch Bekanntgabe von Verurteilungen die Glaubwürdigkeit eines Zeugen erschüttern will. Aufgrund der Eigenschaft des Geheimnisses als Relationsbegriff soll nach weit verbreiteter Ansicht ein verloren gegangener Geheimnischarakter wieder aufleben können.[1900] Dies ist hinsichtlich des geschützten Rechtsguts jedoch zweifelhaft. § 203 StGB dient von seiner Schutzrichtung der Intim- und Privatsphäre, nicht hingegen dem Schutz der Sozial- oder Öffentlichkeitssphäre.[1901] Wenn schon bei der Aufhebung der Geheimniseigenschaft auf normative Gesichtspunkte zurückgegriffen wird, sollte aus Gründen einer stringenten Systematik nicht beim Wiederaufleben der Geheimheit auf tatsächliche Umstände abgestellt werden. Eine einmal öffentlich offenbarte Tatsache kann daher schon *per definitionem* nicht[1902] durch einfachen Zeitablauf wieder zum Geheimnis werden. Der Einzelne hat auch aus dem allgemeinen Persönlichkeitsrecht des Art. 1 Abs. 1 i.V.m. Art. 2 Abs. 1 GG keinen weiter gehenden Anspruch darauf, in der Öffentlichkeit überhaupt nicht mehr mit seiner Tat kon-

---

[1896] OLG Hamm, StraFo 2001, 280 [281]; *Rengier*, BT/2, § 31 Rn. 23; LK-*Schünemann*, § 203 Rn. 27; Tröndle/Fischer, § 203 Rn. 5 f.; a.A. *Rogall*, NStZ 1983, 1 [6], der das Erfordernis eines Geheimhaltungswillens verneint.
[1897] Vgl. BGHSt 6, 292 [292 ff.].
[1898] *Rogall*, NStZ 1983, 1 [6] m.w.N.
[1899] OLG Düsseldorf, JMBlNW 1990, 153; OLG Schleswig, NJW 1985, 1090 [1091]; *Rogall*, NStZ 1983, 1 [6]; LK-*Schünemann*, § 203 Rn. 23; *Tröndle/Fischer*, § 203 Rn. 4.
[1900] RGSt 31, 90 [91]; OLG Köln, NJW 2000, 3656 [3656 f.]; OLG Düsseldorf, JMBlNW 1990, 153; LK-*Schünemann*, § 203 Rn. 23; Sch/Sch-*Lenckner*, § 203 Rn. 6; *Rogall*, NStZ 1983, 1 [6].
[1901] Zutr. *Peglau*, Der Schutz des allgemeinen Persönlichkeitsrechts durch das Strafrecht, S. 34 f.
[1902] Vom Ausnahmefall abgesehen, dass alle, die einmal Kenntnis hatten, verstorben sind, vgl. *Peglau*, StraFo 2001, 106 [106]. Dies müsste allerdings vom Gericht festgestellt werden, vgl. OLG Düsseldorf, JMBlNW 1990, 153.

frontiert zu werden.[1903] § 203 StGB schützt – im Gegensatz zu den §§ 185 ff. StGB – nicht den guten Ruf.[1904] Der Geschädigte hat zwar aus dem allgemeinen Persönlichkeitsrecht einen Anspruch darauf, dass sein Persönlichkeitsbild in der Öffentlichkeit nicht durch die Reaktualisierung von in Vergessenheit geratenen ehr- und rufschädigenden Tatsachen verzerrt wird.[1905] Strafrechtlich richtiger Ansatzpunkt für eine Ahndung sind aber dafür die Ehrdelikte der §§ 185 ff. StGB. In Betracht kommt dann konkret eine Formalbeleidigung i.s.v. §§ 185, 192 StGB.[1906]

Anvertrauen bedeutet dabei, dass das Einweihen in ein Geheimnis unter ausdrücklicher Auflage des Geheimhaltens oder doch unter Umständen erfolgt, aus denen sich eine Verpflichtung zur Verschwiegenheit ergibt.[1907] Es muss daher ein Vertrauensakt vorliegen.[1908] Unerheblich ist, wer das Geheimnis mitteilt (Dritter oder Betroffener).[1909]

Sonst bekannt geworden i.s.v. § 203 StGB ist ein Geheimnis dem Täter dann, wenn er auf andere Weise davon erfahren hat, etwa aufgrund eigener Tätigkeit oder auch durch ein Verhalten des Betroffenen oder eines Dritten.[1910] Umstritten ist, ob der Täter das Geheimnis in Ausübung einer Sondereigenschaft erfahren haben muss oder ob es zusätzlich einer Kenntniserlangung im Rahmen einer auf Vertrauen beruhenden Sonderbeziehung zwischen Täter und Betroffenen bedarf.[1911] Bei einem Verteidiger wird oftmals schon aufgrund des Verteidigungsverhältnisses eine derartige Sonderbeziehung vorliegen. Bei Kenntniserlangung durch Dritte reicht es bei Auslegung der Gesetzesfassung als Auffangregelung[1912] (»sonst«) aus, dass er zumindest im Rahmen seiner Berufsausübung

---

[1903] BVerfG AfP 2000, 160 [162].
[1904] Privatheit und Ehre sollten nicht vermischt werden, vgl. LK-*Schünemann*, § 203 Rn. 2; *Rogall*, NStZ 1983, 1 [5 m. Fn. 84].
[1905] BVerfG NJW 2000, 2413 [2414].
[1906] Zutr. *Peglau*, StraFo 2001, 106 [107].
[1907] RGSt 13, 60 [62]; OLG Köln, NStZ 1983, 412 [412] (m. Anm. *Rogall*); LK-*Schünemann*, § 203 Rn. 34; *Tröndle/Fischer*, § 203 Rn. 8.
[1908] OLG Köln, NJW 2000, 3656 [3657]; NStZ 1983, 412 [412].
[1909] SK/StGB-*Hoyer*, § 203 Rn. 23.
[1910] LK-*Schünemann*, § 203 Rn. 34; *Tröndle/Fischer*, § 203 Rn. 9.
[1911] Vgl. zum Meinungsstand Sch/Sch-*Lenckner*, § 203 Rn. 15 m.w.N.
[1912] Dazu *Rogall*, NStZ 1983, 413 [413].

(*weil* er Rechtsanwalt ist) Kenntnis von dem Geheimnis erlangt hat.[1913] Eine Kenntniserlangung als Privatmann reicht nicht aus.[1914]

3. Unbefugtes Offenbaren

Das Merkmal »unbefugt« in § 203 StGB ist (wie auch in den parallel gelagerten Delikten der §§ 127, 168, 201, 202a, 204, 206 StGB[1915]) ein Hinweis auf das allgemeine Erfordernis der Rechtswidrigkeit.[1916] Rechtswidrig handelt daher nach allgemeinen Regeln, wer entweder ohne gesetzliche Erlaubnis oder ohne Einwilligung des Rechtsgutsinhabers handelt. Eine Rechtfertigung kann ferner durch die Inanspruchnahme allgemeiner Rechtfertigungsgründe[1917] wie auch der Abwägung widerstreitender Pflichten oder Interessen[1918] oder aufgrund gesetzlicher Gestattungen[1919] erreicht werden.

Dabei soll selbst die Stellung als Zeuge noch nicht als Rechtfertigung ausreichen, auch wenn es sich um eine der in § 203 StGB genannten Personen handelt, die ein Zeugnisverweigerungsrecht haben (§§ 53, 53a StPO) und damit keiner Zeugnispflicht unterliegen. Das Strafverfolgungsinteresse allein führt im Regelfall noch nicht zu einer Rechtfertigung nach § 34 StGB.[1920]

Zum Teil wird speziell für § 203 StGB eine Rechtfertigungsmöglichkeit durch die Wahrnehmung berechtigter Interessen nach § 193 StGB in direkter oder ent-

---

[1913] Ebenso *Lackner/Kühl*, § 203 Rn. 16; *Rogall*, NStZ 1983, 413 [413]; LK-*Schünemann*, § 203 Rn. 38; *Tröndle/Fischer*, § 203 Rn. 9; a.A. Sch/Sch-*Lenckner*, § 203 Rn. 16.
[1914] LK-*Schünemann*, § 203 Rn. 38.
[1915] *Tröndle/Fischer*, § 203 Rn. 27.
[1916] Vgl. BayObLG 1982, 75 [76] (zum Merkmal »unbefugt« bei § 324 StGB); OLG Schleswig, NJW 1985, 1090 [1092]; OLG Köln, NJW 2000, 3656 [3657] (zum Merkmal »unbefugt« bei § 203 StGB); *Henssler*, NJW 1994, 1817 [1822]; SK/StGB-*Hoyer*, § 203 Rn. 67; *Rogall*, NStZ 1983, 1 [6]; LK-*Schünemann*, § 203 Rn. 93, 119; *Tröndle/Fischer*, § 203 Rn. 31; *Wölfl*, Jura 2000, 231 [231]; a.A. (Doppelfunktion) LK-*Hirsch*, Vor § 32 Rn. 96; NK-*Jung*, § 201 Rn. 21; Sch/Sch-*Lenckner*, § 203 Rn. 21;
[1917] *Otto*, Strafrecht BT, § 34 Rn. 38; *Rogall*, NStZ 1983, 1 [6]; eingehend *Wölfl*, Jura 2000, 231 ff.
[1918] BGHSt 1, 366 [368]; BGH NJW 1968, 2288 [2290]; *Rogall*, NStZ 1983, 1 [6].
[1919] Z.B. in verschiedenen Pressegesetzen; vgl. OLG Hamm, NJW 2000, 1278 [1279]; *Tröndle/Fischer*, § 203 Rn. 38, 44.
[1920] *Rengier*, BT/2, § 31 Rn. 28.

sprechender Anwendung erwogen.[1921] Befürworter einer solchen erweiterten Anwendung des § 193 StGB lassen eine Rechtfertigung überall dort zu, wo im Widerstreit verschiedener Belange die Verletzung eines Rechtsguts in Kauf genommen werden muss.[1922] Daher kommt dieser Rechtfertigungsgrund nur bei Rechtsgütern in Betracht, die durch eine immanente Wertkollision gekennzeichnet sind und deren Umfang daher im konkreten Einzelfall erst durch eine Interessenabwägung festgelegt werde muss.[1923] Jedoch sollte eine Anwendung des § 193 StGB wie bereits erwähnt auf die Ehrverletzungsdelikte beschränkt bleiben. Denn das Prinzip der Wahrung des höherrangigen Interesses stellt das Grundprinzip jeder allgemeinen Rechtfertigung dar. Dieser Grundsatz hat sowohl in § 34 StGB als auch in §§ 228, 904 BGB Ausdruck gefunden. Daher wird zu Recht betont, dass es im Bereich von § 203 StGB keiner Aufwertung eigener rechtlicher Interessen bedarf. Der Grundgedanke des § 193 StGB als Konkretisierung der Meinungsfreiheit in Art. 5 GG dürfe eben nur insoweit auf andere Rechtsgüter übertragen werden, als die Wahrnehmung eines wesentlich überwiegenden Interesses rechtfertigend wirken könne, nicht allerdings die Wahrnehmung eines nur berechtigten eigenen Interesses.[1924]

Besondere Bedeutung für die Tätigkeit eines Strafverteidigers soll dagegen der rechtfertigenden Pflichtenkollision zukommen. Erfährt der Verteidiger im Laufe des Verfahrens vom Mandanten von bevorstehenden Straftaten, so ist im Rahmen einer Interessenabwägung zu beurteilen, ob die Pflicht zum Schweigen besteht oder eine Pflicht zur Offenbarung begründet wird. Als Maßstab dafür wird § 138 StGB herangezogen. Es kommt dann zu einer Abwägung zwischen der Verschwiegenheitsverpflichtung des Verteidigers im Verhältnis zum Mandanten und dem Schutz der Opfer der bevorstehenden Straftat, die nach überwiegender

---

[1921] Vgl. *Rogall*, NStZ 1983, 1 [6].
[1922] *Eser*, Wahrnehmung berechtigter Interessen als allgemeiner Rechtfertigungsgrund, S. 47; vgl. für das Zivilrecht auch BGHZ 3, 270 [281].
[1923] *Eser*, Wahrnehmung berechtigter Interessen als allgemeiner Rechtfertigungsgrund, S. 47.
[1924] *Otto*, JK 2001, StGB § 203/1.

Ansicht in den Fällen des § 138 StGB zugunsten einer Offenbarung durch den Verteidiger ausgeht, so dass dieser gerechtfertigt ist.[1925]

Auch im Fall, dass der Verteidiger selbst strafrechtlicher Verfolgung ausgesetzt ist, tritt das Problem auf, ob er den gegen ihn erhobenen Vorwurf auf Kosten der Offenbarung von Geheimnissen seines Mandanten abwehren darf. Auch hier wird nach Abwägungsgesichtspunkten entschieden. Da die staatliche Justizgewährungspflicht auch dem Geheimnisträger gegenüber verfassungsrechtlich verbürgt ist, wird die Verletzung der Schweigepflicht richtigerweise als gerechtfertigt angesehen.[1926]

Bei genauer Betrachtung kann aber die Berufung auf § 138 StGB allein kein tauglicher Abgrenzungsmaßstab sein, denn schon ein Blick auf § 139 Abs. 3 S. 2 StGB zeigt, dass der Gesetzgeber das Verteidigerproblem gesehen und abweichend geregelt hat. Ebenso wenig überzeugend ist eine pauschale Abwägung zwischen Schweigepflicht und Offenbarung im Fall drohender eigener Verurteilung mit dem Ergebnis eines Vorrangs zugunsten der Veröffentlichung. Denn das Geheimhaltungsinteresse des Mandanten kann sich in bestimmten Fällen auch gegenüber den Interessen des Verteidigers durchsetzen, wie noch zu zeigen ist.

Umstritten ist auch der Fall, dass der schweigepflichtige Verteidiger durch das Brechen der Schweigepflicht einen Unschuldigen vor der Verurteilung retten könnte. Nach überwiegender Meinung wird der Eingriff in die Freiheit (oder das Vermögen) eines Unschuldigen durch Strafe im Rechtsstaat als so schwer wiegend eingestuft, dass der Geheimnisschutz dahinter zurückzustehen habe.[1927]

V. Eigener Lösungsansatz

In Bezug auf die Strafbarkeit eines Verteidigers würde die von § 203 StGB verfolgte Individualschutzrichtung eigentlich eine Lösung auf Rechtswidrigkeits-

---

[1925] Vgl. *Henssler*, NJW 1994, 1817 [1823]; *Maurach/Schroeder/Maiwald*, BT/1, § 29 Rn. 49; LK-*Schünemann*, § 203 Rn. 141; *Tröndle/Fischer*, § 203 Rn. 45 f.; *Weyand*, INF 1994, 661 [664]; wohl auch *Kühne*, Strafprozessrecht, Rn. 210, 824 f.
[1926] So auch BGHSt 1, 366 [368]; BGH MDR 1956, 625 [626]; *Haffke*, GA 1973, 65 [68]; *Henssler*, NJW 1994, 1817 [1823]; Sch/Sch-*Lenckner*, § 203 Rn. 33; *Maurach/Schroeder/Maiwald*, BT/1, § 29 Rn. 48; LK-*Schünemann*, § 203 Rn. 134; *Tröndle/Fischer*, § 203 Rn. 46.
[1927] *Haffke*, GA 1973, 65 [68], Sch/Sch-*Lenckner*, § 203 Rn. 31; LK-*Schünemann*, § 203 Rn. 142; diff. *Beulke*, Der Verteidiger im Strafverfahren, S. 121 f.

ebene implizieren. Die Eigenschaft des § 203 StGB als Sonderdelikt für Rechtsanwälte und Verteidiger verbietet jedoch grundsätzlich eine einschränkende Auslegung zugunsten des Verteidigers. Denn es wäre nicht interessengerecht, wenn ausgerechnet ein Delikt, das zum Schutz des Vertrauensverhältnisses und daher maßgeblich zum Schutz des Mandanten geschaffen wurde, mit dem in die gleiche Richtung gehenden Argument des Schutzes der Verteidigung ausgehebelt würde.

1. Die fehlende Privilegierungswirkung der Beschuldigtenrechte

Die vom Beschuldigten abgeleiteten verfassungsrechtlich begründeten Interessen können daher nicht zur Strafbarkeitseinschränkung herangezogen werden. Bei § 203 StGB gelten für den Verteidiger keinerlei verteidigungsspezifische Besonderheiten. So muss in der Situation einer Pflichtenkollision dem Schutz des Mandatsverhältnisses in besonderer Weise Rechnung getragen werden. Folglich spricht eine Vermutung gegen die Offenbarung von Privatgeheimnissen aus einem strafrechtlichen Mandat, selbst wenn der Verteidiger damit andere Interessen vernachlässigt. Inwieweit der Verteidiger in Ausnahmefällen dennoch eine Offenbarung in Betracht ziehen darf, hängt von einer Einzelfallabwägung ab. Eine Rechtfertigung kann sich dabei allenfalls aus allgemeinen strafrechtlichen Erwägungen ergeben.

2. Verurteilung eines Unschuldigen

Eine äußerst problematische Konstellation betrifft insoweit die drohende Verurteilung eines Unschuldigen für den Fall, dass der Verteidiger ein Mandantengeheimnis nicht offenbart.

Im Hinblick auf die Ziele des Strafprozesses und insbesondere die Schutzfunktion der Unschuldsvermutung kann eine Offenbarung grundsätzlich auch dann gerechtfertigt sein, wenn der Verteidiger privates Wissen seines Mandanten für diesen selbst positiv im Verfahren verwendet. Denn die Verpflichtung auf die Gerechtigkeit und die Durchsetzung der Unschuldsvermutung bringt es mit sich, dass jeder nur zu der Strafe verurteilt werden soll, deren Voraussetzungen auch tatsächlich vorliegen. Solche Fälle verlangen dem Verteidiger im Einzelfall ein hohes Maß an Einfühlungsvermögen ab, um sich nicht dem Vorwurf der »Zwangsbeglückung« auszusetzen.

Beispielsweise kann der angeklagte Mandant in Wirklichkeit unschuldig sein, weil er zur Tatzeit gerade mit seiner Geliebten zusammen war. Er bittet aber den Verteidiger, auf schuldig zu plädieren, weil er ein finanzielles Fiasko fürchtet, wenn seine Ehefrau bei Bekanntwerden seiner Beziehung die Scheidung einreicht. Dieser Fall wird dem Verteidiger sicherlich keine Gewissensbisse bereiten, wenn eine Strafe von einigen Tagessätzen zur Diskussion steht. Anders sieht die Sache jedoch aus, wenn eine langjährige oder sogar lebenslange Haftstrafe droht. In einem solchen Fall muss der Verteidiger die Individualinteressen des Beschuldigten mit den Folgen der Offenbarung genau abwägen und danach eine Entscheidung fällen. Letztlich ist hier eine Rechtfertigung gem. § 34 StGB durch rechtfertigende Interessenkollision möglich.[1928]

Bezieht sich die Offenbarungsfrage dagegen auf ein anderes Verfahren, müssen abweichende Maßstäbe gelten. Denn das Verbot der Offenbarung von Privatgeheimnissen besteht für den Verteidiger zunächst zum Schutz des eigenen Mandanten. Geht es aber in einem Verfahren gegen einen unschuldigen Dritten um dessen drohende Verurteilung, spricht daher eine Vermutung gegen die Offenbarung. Allerdings verbieten sich auch hier rein schematische Lösungen. Denn wenn der Dritte ohne die Bekanntgabe des Mandantengeheimnisses mit großer Wahrscheinlichkeit eine hohe Straferwartung zu gewärtigen hat, spricht dies tendenziell für die Möglichkeit einer rechtfertigenden Pflichtenkollision. Im Konfliktfall gilt, dass die Verpflichtung zur Durchsetzung der Unschuldsvermutung für den Verteidiger primär im Verhältnis zu seinem Mandanten gilt. Auch seine öffentliche Funktion als Garant der Unschuldsvermutung gilt vornehmlich gegenüber seinem Mandanten. Jedoch bewirkt die zugleich objektiv-öffentliche Ausrichtung hier eine echte Ausnahme von der Beistandsfunktion: Wird durch die Offenbarung eines Mandantengeheimnisses durch den Verteidiger in einem Verfahren mit Sicherheit die Verurteilung eines Unschuldigen vermieden, ist auch hier die Offenbarung gerechtfertigt.

Noch komplizierter wird die Sachlage, wenn durch die Offenbarung zwar eine hohe Strafe des unschuldigen Dritten vermieden, aber zugleich der eigene Man-

---

[1928] Zutr. *Beulke*, Der Verteidiger im Strafverfahren, S. 120.

dant in die Gefahr einer Bestrafung gebracht wird. Die Fallgestaltungen lassen sich hier beliebig variieren. Die dabei geforderte Abwägung zwischen Denunziantentum und echter Ausfüllung der Beistandsfunktion stellt mit Sicherheit eine der schwierigsten Entscheidungen eines Verteidigers dar. Echte Kollisionsfälle bleiben aber zum Glück die seltene Ausnahme. Im Zweifel wird hier in der Abwägung eine Rechtfertigung mit dem Argument der objektiv-öffentlichen Funktion nicht zugunsten der Aussage ausfallen. Steht zugleich der eigene Mandant in der Schusslinie, überwiegt die Beistandsfunktion und der Verteidiger darf ein Geheimnis nicht preisgeben.

3. Eigene Verurteilung des Verteidigers

Wie im konkreten Fall des § 261 Abs. 9 und 10 StGB erläutert, können immer wieder Fallgestaltungen entstehen, die eine Entscheidung des Verteidigers entweder zur Offenbarung eines Mandantengeheimnisses oder zur Gefahr der eigenen Strafbarkeit erfordern. Getreu dem Spruch, dass dem Menschen das Hemd näher ist als die Hose, wird die drohende Verurteilung hier zumeist Schwierigkeiten mit der Geheimhaltungspflicht verursachen. Auch in diesem Fall wird dem Verteidiger eine Einzelfallabwägung mit den Zielen der Strafverteidigung abverlangt. Nach den bisher genannten Grundsätzen kann daher auch die Offenbarung eines Mandantengeheimnisses zum Zwecke eigener Straflosigkeit durch Pflichtenkollision gerechtfertigt werden, wenn dem Mandanten nur eine geringe Strafe droht. Stünde dagegen die Existenz des Mandanten auf dem Spiel, geht die Abwägung zu Lasten des Verteidigers aus.

Dem Verteidiger bliebe in einem solchen Fall selbst bei einer ihm drohenden Freiheitsstrafe noch nicht einmal die Möglichkeit eines entschuldigenden Notstands (§ 35 StGB). Er würde zwar eine rechtswidrige Tat in der gegenwärtigen, nicht anders abzuwendenden Gefahr für seine Freiheit begehen, um diese Gefahr von sich abzuwenden. Allerdings würde das besondere Vertrauensverhältnis zum Mandanten ein besonderes Rechtsverhältnis i.S.d. § 35 Abs. 1 S. 2 StGB darstellen und damit eine Entschuldigung verhindern. Denn durch dieses Verhältnis soll gerade der Schutz der Privatsphäre sichergestellt werden, die durch die Offenbarung von Mandantengeheimnissen verletzt würde.

Exkurs: Der Konflikt mit §§ 138, 139 StGB

Ein weites Problemfeld öffnet sich für den Strafverteidiger, der während eines Verfahrens von seinem Mandanten Kenntnis von einer bevorstehenden schweren Straftat i.S.v. § 138 Abs. 1 oder Abs. 2 StGB erhält. Nach § 139 Abs. 3 S. 2 StGB ist ein Verteidiger hier nicht zur Anzeige verpflichtet, wenn ihm das Bevorstehen einer solchen Straftat in seiner Eigenschaft als Strafverteidiger anvertraut worden ist. Nach überwiegender Ansicht wird dabei die Rechtswidrigkeit der Tat ausgeschlossen.[1929] Das Merkmal des Anvertrauens wird dabei wie im Tatbestand des § 203 StGB ausgelegt.[1930] Eine Kenntniserlangung nur gelegentlich des Mandats[1931] oder ein einfaches Bekanntwerden würde daher nicht für eine Freistellung ausreichen.[1932] Eine Anzeigepflicht ergibt sich für den Verteidiger allerdings durch eine Rückausnahmeregelung in den Fällen des § 139 Abs. 3 Nr. 1-3 StGB bei den dort genannten Kapitalverbrechen.

Legt man bei den §§ 138, 139 StGB die Grundsätze der verteidigungsspezifischen Auslegung zugrunde, ist die Nichtanzeige durch den Verteidiger nicht erst gerechtfertigt, sondern bereits objektiv nicht tatbestandsmäßig. Nach verbreiteter Ansicht schützen die §§ 138, 139 StGB hauptsächlich die staatliche Rechtspflege und darüber hinaus die in den Katalogtatbeständen geschützten Rechtsgüter,[1933] während eine starke Gegenansicht nur letztere Schutzrichtung vertritt.[1934] Die dazu vorgebrachte Begründung, dass § 138 StGB gerade nicht auch die Strafverfolgung, sondern nur Bemühungen zur Erfolgsverhinderung verlange,[1935] ist mit Blick auf andere Rechtspflegedelikte, die ebenfalls nicht die Strafverfolgung unterstützen (vgl. z.B. §§ 261, 153 ff. StGB), kein überzeugendes Argument. Schützen die §§ 138, 139 StGB damit nach zutreffender Ansicht vor allem ein sozialbezogenes Rechtsgut, kann der Bedeutung der Strafverteidigung be-

---

[1929] LK-*Hanack*, § 139 Rn. 24, 31 m.w.N.; *Lackner/Kühl*, § 139 Rn. 2; SK/StGB-*Rudolphi*, § 139 Rn. 10; *Tröndle/Fischer*, § 139 Rn. 7; a.A. *Maurach/Schroeder/Maiwald*, BT/2, § 98 Rn. 26 (Strafaufhebungsgrund).
[1930] LK-*Hanack*, § 139 Rn. 24.
[1931] Vgl. BGHSt 37, 138 [139] zum Zeugnisverweigerungsrecht des Geistlichen.
[1932] Vgl. *Tröndle/Fischer*, § 139 Rn. 4 für Geistliche im Fall des § 139 Abs. 2 StGB.
[1933] Vgl. *Arzt/Weber*, Strafrecht BT, § 46 Rn. 2 ff.; *Krey*, BT/1 Rn. 312; *Rengier*, BT/2, § 52 Rn. 1; *Tröndle/Fischer*, 50. Aufl., § 138 Rn. 1.
[1934] Sch/Sch-*Stree/Sternberg-Lieben*, § 138 Rn. 1; LK-*Hanack*, § 138 Rn. 1 ff.; *Lackner/Kühl*, § 138 Rn. 1; AK/StGB-*Ostendorf*, § 138 Rn. 3; *Tröndle/Fischer*, § 138 Rn. 3.
[1935] *Tröndle/Fischer*, § 138 Rn. 3.

reits durch Auslegung auf Tatbestandsebene Rechnung getragen werden. Der Schutz der Unschuldsvermutung und des damit verbundenen Vertrauensverhältnisses zwischen Verteidiger und Mandant erfordert jedoch auch eine weitere Modifizierung. Soll der Schutz des Vertrauensverhältnisses umfassend sein, muss nicht nur die Kenntnis durch Anvertrauen, sondern jede Art der Kenntniserlangung während eines Mandats ausreichen, um die Privilegierung herbeizuführen. Nur bei besonders schweren Straftaten wird die Bedeutung der Strafverteidigung von höherwertigen Interessen verdrängt. Die Begrenzung der Anzeigepflicht auf die in § 139 Abs. 3 Nr. 1-3 StGB genannten Kapitaldelikte erscheint daher sachgerecht und angemessen.

Exkurs Ende

4. Anzeige geplanter Straftaten

Die mit § 139 Abs. 3 S. 2 StGB geschaffene Privilegierung des Verteidigers wäre nur halb vollzogen, wenn er zwar in den dort geregelten Fällen eine Straftat anzeigen müsste, sich dafür aber umgekehrt der Verletzung von Privatgeheimnissen gem. § 203 Abs. 1 Nr. 3 StGB strafbar machte. Daher ist der Verteidiger in den Fällen des § 139 Abs. 3 Nr. 1-3 StGB gerechtfertigt, da höher stehende Interessen die Offenbarung des Mandantengeheimnisses verlangen.

Über die in § 139 Abs. 3 Nr. 1-3 StGB geregelten Fälle hinaus muss eine Rechtfertigung des Verteidigers allerdings auch bei der Anzeige geplanter schwerer Straftaten i.S.d. § 138 StGB dann gegeben sein, wenn der vorsätzliche Verlust von Leben droht. Denn in diesem Fall ist das Interesse am Schutz des Lebens höher zu bewerten als das Geheimhaltungsinteresse des Beschuldigten. Die diesen Themenkreis berührenden Fragestellungen betreffen jedoch neben der rein rechtlichen Bewertung vor allem eine Gewissensentscheidung des Verteidigers.

VI. Ergebnis

Zusammenfassend kann man sagen, dass jede Verletzung von Privatgeheimnissen seines Mandanten für den Verteidiger ein hohes strafrechtliches Konfliktpotential birgt. Durch den Charakter des § 203 StGB als Sonderdelikt gerade für den Verteidiger hat eine verteidigungsspezifische Auslegung nicht die Einschränkung seiner Strafbarkeit, sondern die Einschränkung seiner Rechtfertigungsmöglichkeiten im Falle der Tatbestandserfüllung zur Folge. Danach kommt eine Rechtfertigung für ihn nur in Betracht, wenn er durch eine Offenbarung seiner Anzeigepflicht i.S.d. § 138 i.V.m. § 139 Abs. 3 Nr. 1-3 StGB nachkommt oder den geplanten vorsätzlichen Verlust eines Lebens verhindert. Daneben kommt eine Rechtfertigung in Betracht, wenn er durch seine Aussage die Verurteilung eines Unschuldigen vermeidet oder eine Strafe von sich selbst abwenden kann. Einschränkend sind aber hierbei in einer Einzelfallabwägung jeweils die Folgen für die Interessen des Mandanten zu berücksichtigen. Haben diese ein höheres Gewicht, bleibt eine Offenbarung rechtswidrig und kann dann auch nicht durch entschuldigenden Notstand gem. § 35 StGB straflos gestellt werden.

Teil 6: Zusammenfassung und Schlussbetrachtung

Die Untersuchung hat gezeigt, dass die Strafverteidigung für einen Verteidiger vielerlei strafrechtliche Fallstricke bereithält. Diese zu umgehen bedeutet jeweils eine Abwägung der für den Beschuldigten günstigsten Verteidigung mit dem eigenen Interesse, kein Strafrisiko einzugehen.

Im ersten Teil der Arbeit konnte gezeigt werden, dass die Hauptaufgabe des Verteidigers mit der Beistandsfunktion umschrieben werden kann. Mit der Ausfüllung dieser subjektiv-privaten Funktion realisiert er allerdings zugleich auch ein wichtiges Stück Rechtsstaatsprinzip, indem er rechtsstaatliche Garantien wie die verfassungsrechtlich garantierten Beschuldigtenrechte mit der gebotenen Sachkenntnis akzentuiert und gegenüber den staatlichen Strafverfolgungsbehörden durchsetzt. Sein Beitrag zur Verwirklichung des Rechtsstaats hat daher insoweit auch eine objektiv-öffentliche Funktion. Die Folgen dieser auch öffentlichen Wirkung werden sichtbar, wenn ein Verteidiger – notfalls sogar gegen den Willen des Angeklagten – diesem als Pflichtverteidiger beigeordnet werden kann, um die im öffentlichen Interesse bestehenden rechtsstaatlichen Garantien zugunsten des sonst im Verfahren strukturell unterlegenen Beschuldigten zu gewährleisten.

Im zweiten Teil wurden bislang zur Verteidigerstrafbarkeit entwickelte Lösungsansätze vorgestellt und hinsichtlich ihrer Generalisierbarkeit untersucht. Dabei wurde festgestellt, dass insbesondere die vielfach zur Diskussion gestellte objektive Tatbestandslösung in Form der teleologischen Reduktion einer Übertragung auf andere Delikte offen steht, weil nur sie das Verhältnis von grundsätzlich zulässiger Strafverteidigung und nur ausnahmsweise strafbarer Verhaltensweisen in der Verteidigung zutreffend abbildet.

Schwerpunkt des dritten Teils der Untersuchung bildete der verfassungsrechtliche Hintergrund der Strafverteidigung im Spannungsfeld von Prozessrecht und materiellem Strafrecht. Dabei wurden vor allem die systematischen Bezüge der Beschuldigtenrechte zur Tätigkeit des Strafverteidigers beleuchtet und ein Zusammenhang mit der Strafbarkeit des Verteidigers im grundrechtlichen Kontext hergestellt.

In einer verfassungsrechtlichen Gleichung stellen die Strafgesetze jeweils Eingriffe in die grundrechtlich über Art. 12 Abs. 1 GG geschützte Berufsfreiheit bzw. die durch Art. 2 Abs. 1 GG abgesicherte allgemeine Handlungsfreiheit des Strafverteidigers dar. Die damit geschützte Strafverteidigung wird umgekehrt durch die materiellen Strafgesetze auf Schrankenebene begrenzt. Bei einer potentiellen Kollision einer prozessual zulässigen, aber strafrechtlich verbotenen Handlung gilt aus verfassungsrechtlicher Sicht bis auf wenige Ausnahmen ein grundsätzlicher Vorrang des Prozessrechts vor dem materiellen Recht. Dies hat zur Folge, dass die materiellen Strafgesetze ihrerseits im Lichte der Bedeutung der Strafverteidigung für den Rechtsstaat einzuschränken sind. Ihre Anwendung und Auslegung erfährt daher auf Verhältnismäßigkeitsebene eine Begrenzung durch die verfassungsrechtlich garantierte Strafverteidigung, die letztlich auf die Geltung der Beschuldigtenrechte zurückzuführen ist. Auf dieser Schranken-Schranken-Ebene sind neben dem Justizgrundrecht auf rechtliches Gehör gem. Art. 103 Abs. 1 GG in der Form des *nemo tenetur*-Grundsatzes vor allem die Unschuldsvermutung und der *fair trial*-Grundsatz als objektive Konstanten zu beachten.

Um einen Wertungskonflikt zwischen einem verteidigten und unverteidigten Beschuldigten zu vermeiden, muss es dem Verteidiger konkret erlaubt werden, all das vorzubringen, was auch der unverteidigte Beschuldigte vorbringen dürfte. Bei der in diesem Zusammenhang speziell interessierenden Frage eines Lügerechts des Beschuldigten wurde nachgewiesen, dass auch diesem kein Recht zur Lüge, sondern unter der Geltung von Unschuldsvermutung und *nemo tenetur*-Prinzip nur ein Recht zum normativ auszulegenden Leugnen zusteht. Entsprechendes gilt für den Strafverteidiger. Die Befugnisse des Verteidigers bei Tatbeständen, die ein Kenntnismoment enthalten, werden durch die Reichweite der Unschuldsvermutung begrenzt. Diese ist erst bei positiver Kenntnis widerlegt, so dass ein Handeln mit *dolus eventualis* noch nicht zu seiner Strafbarkeit führen kann. Eine objektiv an der Durchsetzung der Unschuldsvermutung orientierte Verteidigung schließt dabei bereits die Tatbestandserfüllung aus. Gleiches gilt für die Einordnung des Kenntnismoments als Korrelat der objektiven Grundsätze von *nemo tenetur*-Prinzip und Unschuldsvermutung. Die entsprechende Kenntnis ist daher im Deliktsaufbau als zusätzliches prozessuales Element in den objektiven Tatbestand hineinzulesen.

Aufbauend auf diese Erkenntnisse wurde eine verteidigungsspezifische Auslegung entwickelt, die sich einerseits an der verfassungsrechtlichen Bedeutung der Strafverteidigung und andererseits an den geschützten Rechtsgütern orientiert. Danach besteht bei Delikten mit sozialbezogenem Rechtsgüterschutz (Schutz von Gemeinschaftswerten) bei genauer Betrachtung kein echter Wertungsgegensatz zur ebenfalls dem Schutz eines Gemeinschaftswerts dienenden Strafverteidigung. Ausgehend vom Regel-Ausnahme-Verhältnis grundsätzlich zulässiger und verfassungsrechtlich gebotener Strafverteidigung und nur ausnahmsweise verbotener Verteidigungshandlungen können auftretende Kollisionen bereits auf Tatbestandsebene zugunsten der Strafverteidigung gelöst werden. Sobald die Strafverteidigung dagegen mit individualschützenden Delikten kollidiert, entsteht ein echter Wertungswiderspruch, den es mittels Abwägung auf Rechtswidrigkeitsebene aufzulösen gilt.

Im vierten und fünften Teil folgte eine Praktikabilitätsprüfung der verteidigungsspezifischen Auslegung. Dabei wurden die entwickelten Grundsätze auf ausgewählte Tatbestände jenseits der Strafvereitelung angewendet und die Ergebnisse mit denen von Rechtsprechung und Wissenschaft verglichen. Die Unterteilung erfolgte aufgrund der hier vertretenen Grundsätze der verteidigungsspezifischen Auslegung in Delikte zum Schutz von sozialbezogenen Rechtsgütern und individualschützenden Tatbeständen, was sich im Ergebnis der möglichen Strafbefreiung auf Tatbestandsebene bzw. Rechtswidrigkeitsebene widerspiegelte. Die Untersuchung führte hier bei den meisten Tatbeständen zu dem Ergebnis, dass der hohe Stellenwert der Strafverteidigung im Rechtsstaat letztendlich eine weitgehende Entkriminalisierung von Verteidigungshandlungen bewirken muss. Hinzu kommt, dass viele Tatbestände so weit gefasst sind, dass es rechtsstaatlich bedenklich wäre, sie ohne verfassungsrechtlich motivierte Einschränkung auf die Tätigkeit des Verteidigers zugunsten seines Mandanten anzuwenden.

Im Einzelnen führt die verteidigungsspezifische Auslegung bei den konkret untersuchten Delikten hinsichtlich der Tatbestände mit Ausrichtung auf sozialbezogene Rechtsgüter zu folgenden Ergebnissen:

- Die Anwendung des für Verteidiger besonders problematischen § 261 Abs. 2 Nr. 1 StGB auf die Annahme von Honoraren ist mit Blick auf die verfassungsrechtlich garantierte Verteidigung, das Vertrauensverhältnis zwischen Verteidiger und Mandant sowie die Unschuldsvermutung auf solche Fälle zu reduzieren, in denen der Verteidiger positive Kenntnis von der bemakelnden Herkunft des Honorars hat. Diese Einschränkung auf *dolus eventualis* zweiten Grades hinsichtlich der Kenntnis gilt jedoch nur im Verhältnis zwischen Mandant und Verteidiger. Bekommt der Verteidiger sein Honorar von dritter Seite, besteht für eine Privilegierung kein Bedürfnis. Die Freistellung des Verteidigers erfolgt in Anwendung der verteidigungsspezifischen Auslegung auf Ebene des objektiven Tatbestands, wobei die fehlende Kenntnis als prozessuales Element in den objektiven Tatbestand hineinzulesen ist. Der Leichtfertigkeitstatbestand des § 261 Abs. 5 StGB ist dagegen aufgrund seiner klaren Formulierung nicht verfassungskonform zu reduzieren und damit im Hinblick auf die Verletzung der Berufsfreiheit von Verteidigern sowie des Verstoßes gegen Beschuldigtenrechte verfassungswidrig. Die hierzu ergangene Entscheidung des Bundesverfassungsgerichts ist insofern inkonsequent, als sie den Leichtfertigkeitstatbestand lediglich für nicht anwendbar ansieht, obwohl er genau genommen aufgrund seiner Formulierung auch das Verteidigerhonorar erfasst und damit nicht verfassungskonform zu reduzieren ist.
- Auch die Privilegierung bei den Organisationsdelikten der §§ 84 Abs. 2, 85 Abs. 2, 129, 129a StGB erfolgt im objektiven Tatbestand. Als strafbar dürfen nur solche Handlungen oder Äußerungen gelten, die (im Falle von Äußerungen: nach Auslegung) aus objektiver Sicht weder etwas zur Wahrheitsermittlung noch zur Durchsetzung der Unschuldsvermutung beitragen können. Nur dieser sehr weite Maßstab wird der Bedeutung der Strafverteidigung und dem *ultima ratio*-Charakter des Strafrechts gerecht.

- Gleiche Maßstäbe müssen auch bei dem Delikt der Volksverhetzung nach § 130 StGB angewendet werden. Auch hier kann im Deliktsaufbau eine Lösung bereits auf Tatbestandsebene erzielt werden. Dafür streitet schon die Existenz des § 130 Abs. 5 i.V.m. § 86 Abs. 3 StGB. Handlungen oder Äußerungen eines Strafverteidigers im Rahmen der Strafverteidigung sind solange von einer Strafbarkeit freizustellen, wie sie überhaupt noch etwas zu den Zielen des Strafverfahrens, nämlich der Ermittlung des wahren Sachverhalts und der Durchsetzung der Unschuldsvermutung beitragen können. Erst Handlungsweisen, die einzig und allein auf die verteidigungsfremde Verbreitung der in der Handlung oder Äußerung enthaltenen Botschaft gerichtet sind, unterfallen der Strafbarkeit.
- Bei den Aussagedelikten der §§ 153 ff. StGB bestimmt der hohe Stellenwert von personellen Beweismitteln die Grenzen der Strafbarkeit. Ein Verteidiger darf einen Zeugen bzw. Sachverständigen solange als Beweismittel benennen, wie er nicht unumstößliche Kenntnis von einer bevorstehenden Falschaussage hat, etwa weil ein »Zeuge« gar nicht am Tatort gewesen ist und daher überhaupt keine zur Wahrheitsermittlung dienlichen Angaben machen kann. Zweifel hinsichtlich der Wahrheit einer zu erwartenden Aussage allein genügen ebenso wenig wie die Ankündigung des Zeugen, er werde eine falsche Aussage machen. Der Verteidiger muss, um die rechtsstaatlich geforderte Verteidigung sicherzustellen, alle verfügbaren echten Beweismittel einsetzen dürfen. Eine antizipierte Beweiswürdigung steht ihm hierbei nicht zu, da bei personellen Beweismitteln das Gericht die letzte Instanz ist, vor der sich ein Zeuge seine Aussage noch einmal überlegen kann. Vor diesem Hintergrund ist auch die Frage, ob Suggestiv- oder Fangfragen erlaubt sind, zustimmend zu beantworten. Dem Gericht steht etwa mit dem Zurückweisungsrecht des § 241 Abs. 2 StPO ein adäquates Reaktionsmittel zur Verfügung, um Zeugen vor irreführenden Angriffen durch einen Verteidiger zu schützen. Ebenso zulässig ist das in diesem Zusammenhang zu nennende Versprechen einer Zuwendung für eine Aussage. Gelangt der Verteidiger nur durch eine solche Zuwendung in die Lage, einen Zeugen zur Aussage zu bewegen, ist das Versprechen erlaubt. Der Verteidiger ist nicht zur Offenlegung der Zuwendungsvereinbarung gegenüber dem Gericht verpflichtet. Die Strafbar-

keitsschwelle in Form des Lügeverbots wird auch hier erst überschritten, wenn der Verteidiger einen »Zeugen« mit der Zuwendung zu einer Aussage über eine Wahrnehmung motiviert, die dieser gar nicht gemacht haben kann.
- Hinsichtlich der falschen Verdächtigung gem. § 164 StGB gilt, dass der Verteidiger bereits den objektiven Tatbestand nicht erfüllt, solange er bei der Verteidigung seines Mandanten durch das Einbringen wahrer Tatsachen oder Aussagen den Verdacht indirekt auf einen Unschuldigen lenkt. Dieses Verhalten bewirkt keinen sanktionswürdigen Ermittlungsaufwand, der nicht ohnehin im Laufe des Strafprozesses bewerkstelligt werden müsste. Allerdings muss der Verteidiger sein Handeln am für ihn geltenden Lügeverbot ausrichten. Bei sicherer Kenntnis der Tatbegehung durch seinen Mandanten unterfällt die Verdächtigung eines Unschuldigen dem Lügeverbot und ist gem. § 164 StGB strafbar.
- Auch bei § 267 StGB sind die verfassungsrechtlichen Vorwertungen bereits auf Tatbestandsebene zu berücksichtigen. Dem Verteidiger muss es auch gestattet sein, Urkunden als Beweismittel vorzulegen, deren Echtheit er bezweifelt. Solange er keine positive Kenntnis von der Unechtheit hat, entspricht die Vorlage dem verfassungsrechtlichen Verteidigungsauftrag und der Durchsetzung der Unschuldsvermutung. Da auch § 267 StGB mit der Zuverlässigkeit und Sicherheit des Rechtsverkehrs ein sozialbezogenes Rechtsgut schützt, hat eine Strafbefreiung auf Ebene des objektiven Tatbestands zu erfolgen. Die fehlende Kenntnis von der Unechtheit ist als prozessuales Merkmal daher auch hier bereits im objektiven Tatbestand zu prüfen.
- Eine Strafbarkeit des Verteidiger wegen Nichtanzeige bevorstehender schwerer Straftaten nach §§ 138, 139 StGB kommt schon aufgrund der Begrenzung der Anzeigepflicht gem. § 139 Abs. 3 Nr. 1-3 StGB nur bei den dort genannten Kapitaldelikten in Betracht.

Bei den Delikten mit individualschützender Ausrichtung ergibt sich folgendes Bild:

- Hinsichtlich der Beleidigungstatbestände der §§ 185 ff. StGB gilt, dass entsprechende Äußerungen nach den im Rahmen der Rechtsprechung zur Meinungsfreiheit anerkannten Grundsätzen zunächst auszulegen sind. Verbleibt ein beleidigender Inhalt, ist bei einer Rechtfertigung nach Meinungsäußerungen und Tatsachenaussagen zu differenzieren. Meinungsäußerungen sind bereits dann gerechtfertigt, wenn sie objektiv gesehen noch einen inneren Zusammenhang mit der Verteidigung aufweisen. Bei beleidigenden Tatsachenäußerungen darf der Verteidiger den zugrunde liegenden Informationen seines Mandanten ohne Anlass zu Zweifeln bis zur Kenntnis der Unwahrheit vertrauen. Hat er dagegen Zweifel, ist er zu Nachforschungen verpflichtet, deren Anforderungen umso größer sind, je gewichtiger der Einfluss der Tatsachenbehauptung auf die Schuldfrage ist.
- Bei einem nötigenden Verhalten seitens des Verteidigers ist bei einer Freistellung auf Rechtswidrigkeitsebene zwischen den Nötigungsadressaten zu differenzieren: Kann auf ein nötigendes Verhalten vom Gericht mit Mitteln des Prozessrechts reagiert werden, liegt unter den Vorzeichen der besonderen Bedeutung der Strafverteidigung nur eine Ankündigung vor, die durch Wahrnehmung der Beschuldigtenrechte gerechtfertigt ist. Hat das Gericht dagegen keine adäquaten Abwehrmittel, ist das Verhalten dann strafbar, wenn das angedrohte Handeln im Hinblick auf die Beschuldigtenrechte keine Relevanz hat oder es bereits *per se* prozessrechtlich unzulässig ist.
- Abschließend ist im Zusammenhang mit dem Sonderdelikt des Geheimnisverrats gem. § 203 StGB darauf hinzuweisen, dass der Verteidiger hier nicht von der Bedeutung der Beschuldigtenrechte profitieren kann, da die Tatbestandsmäßigkeit gerade eine Verletzung eines solchen bedeutet. Bei der drohenden Verurteilung eines Unschuldigen ist nach den Folgen für den Betroffenen zu unterscheiden: Eine Privilegierung des Verteidigers ist hier durch rechtfertigende Interessenkollision gem. § 34 StGB allenfalls dann möglich, wenn ohne die Offenbarung eine hohe Haftstrafe droht. Geht es um die Verurteilung eines Dritten, ist ebenfalls eine Offenbarung

von Geheimnissen gerechtfertigt, wenn dadurch mit Sicherheit die Verurteilung eines Unschuldigen verhindert werden kann. Wird durch die Bekanntgabe zugleich der eigene Mandant belastet, hat eine Abwägung stattzufinden, bei der die tatsächlichen und rechtlichen Folgen für beide Betroffenen abzuwägen sind. Im Zweifel überwiegt hier die Beistandsfunktion für den eigenen Mandanten. Auch wenn die Verurteilung des Verteidigers selbst durch die Preisgabe eines Mandantengeheimnisses vermieden werden kann, kommt es auf eine Abwägung der zu erwartenden Folgen an. Steht dabei die Existenz des Mandanten auf dem Spiel, scheidet sowohl eine Rechtfertigung als auch eine Entschuldigung des Verteidiger aus.

Insgesamt konnte durch die verfassungsrechtliche Einkleidung der Strafverteidigung und der Betonung ihres Einflusses auf die Geltung des materiellen Strafrechts ein Beitrag zur systematischen Erfassung des Verteidigerhandelns geleistet werden. Besonders die Begrenzung auf positives Wissen kann für den Verteidiger ein Stück Rechtssicherheit für seine tägliche Arbeit bedeuten. Die Untersuchung hat jedoch auch gezeigt, dass die zu Beginn ins Auge gefasste »*safe harbour*-Regelung«, die die Strafbarkeit eines Verteidigers wirklich zu 100% vorhersehbar macht, aufgrund der Vielfalt der Fallgestaltungen nicht erzielt werden kann. In zukünftigen Konfliktfällen sollte ein Verteidiger daher immer seine Stellung als Beistand zur Durchsetzung der im privaten, aber auch im öffentlichen Interesse bestehenden, verfassungsrechtlich garantierten Beschuldigtenrechte im Auge behalten. Die bisherige höchstgerichtliche Rechtsprechung hat den Rechtsanwälten zwar stets Respekt entgegen gebracht, was insoweit eine gewisse Beruhigung gibt. Der damit erbotene Vertrauensvorschuss[1936] sollte allerdings nach wie vor und im eigenen Interesse von den Strafverteidigern sorgfältig gepflegt werden.

[1936] BVerfG NVwZ 2001, 1261 [1262]; vgl. auch *Ignor*, StraFo 2001, 42 [47]; *Jaeger*, NJW 2004, 1 [6].

Literaturverzeichnis

Abdallah, Tarek, Die Problematik des Rechtsmissbrauchs im Strafverfahren, Berlin, 2002
Ackermann, Heinrich, Die Verteidigung des schuldigen Angeklagten, NJW 1954, S. 1385 ff.
Ackermann, Jürg-Beat, Geldwäsche – Money Laundering. Eine vergleichende Darstellung des Rechts und der Erscheinungsformen in den USA und der Schweiz, Schweizer Schriften zum Bankrecht, Bd. 12, Zürich, 1992
Aden, Menno, Das Geldwäschegesetz – Konsequenzen für Rechtsanwälte und Notare, WiB 1994, S. 93 ff.
Alber, Daniel, Das Verteidigerprivileg, Diss. iur., Konstanz, 1998 (Microfiche)
Ambos, Kai, Annahme »bemakelten« Verteidigerhonorars als Geldwäsche?, JZ 2002, S. 70 ff.
Ambos, Kai, Internationalisierung des Strafrechts: Das Beispiel »Geldwäsche«, GA 2002, S. 236 ff.
Amelung, Knut, Die »Neutralisierung« geschäftsmäßiger Beiträge zu fremden Straftaten im Rahmen des Beihilfetatbestands, in: Festschrift für Gerald Grünwald zum 70. Geburtstag, (Hrsg.) *Samson, Erich / Dencker, Friedrich / Frisch, Peter / Frister, Helmut / Reiß, Wolfram,* Baden-Baden, 1999, S. 9 ff.
Amelung, Martin, Der Anwalt – abhängiges Organ unabhängiger Richter? Eine Betrachtung anhand der Geldwäsche- und Schill-Entscheidungen des BGH, AnwBl. 2002, S. 347 ff.
Anschütz, Klaus, Die Entziehung der Verteidigerbefugnis, Düsseldorf, 1959
Arapidou, Evangelia-Ntina, Die Rechtsstellung des Strafverteidigers, Aachen, 1997
Arbeitsgemeinschaft Strafrecht, Pflichtverteidigung und Rechtsstaat, Schriftenreihe der Arbeitsgemeinschaften des Deutschen Anwaltvereins, Essen, 1985
Armbrüster, Klaus, Die Entwicklung der Verteidigung in Strafsachen, Diss. iur., Berlin, 1980
Arzt, Gunther / Weber, Ulrich, Strafrecht Besonderer Teil, Bielefeld, 2000
Arzt, Gunther, Geldwäsche und rechtsstaatlicher Verfall, JZ 1993, S. 913 ff.
Arzt, Gunther, Geldwäscherei – Eine neue Masche zwischen Hehlerei, Strafvereitelung und Begünstigung, NStZ 1990, S. 1 ff.
Augstein, Josef, Der Anwalt: Organ der Rechtspflege?, NStZ 1981, S. 52 ff.
Baier, Helmut, Geldwäsche durch Annahme eines Verteidigerhonorars, JA-R 2000, S. 112 ff.
Barton, Stephan, (Besprechung von Löwe/Rosenberg, 24. Auflage, Bearbeiter: *Klaus Lüderssen*) Das Vertragsprinzip – ein neues Strafverteidigungs-Paradigma?, StV 1990, S. 237 ff.
Barton, Stephan, Das Tatobjekt der Geldwäsche: Wann rührt ein Gegenstand aus einer der im Katalog des § 261 Abs. 1 Nr. 1-3 StGB bezeichneten Straftaten her?, NStZ 1993, S. 159 ff.
Barton, Stephan, Mindeststandards der Strafverteidigung, Baden-Baden, 1994
Barton, Stephan, Sozial übliche Geschäftstätigkeit und Geldwäsche (§ 261 StGB), StV 1993, S. 156 ff.
Beck'sches Formularbuch für den Strafverteidiger, (Hrsg.) *Hamm, Rainer / Lohberger, Ingram,* 4. Auflage, München, 2002
Beckemper, Katharina, Strafbare Beihilfe durch alltägliche Geschäftsvorgänge, Jura 2001, S. 163 ff.
Beisel, Daniel, Die Strafbarkeit der Auschwitzlüge, NJW 1995, S. 997 ff.
Beling, Ernst, Deutsches Reichsstrafprozessrecht, 2. Auflage, Berlin, Leipzig, 1928
Beling, Ernst, Zulässigkeit der gerichtlichen Ausschließung des Wahlverteidigers, LZ 1927, Sp. 518 ff.
Berkenheide, Josef, Die Grenzen der anwaltlichen Strafverteidigung, Diss. iur., Münster, 1952

Bernsmann, Klaus, Das Grundrecht auf Strafverteidigung und die Geldwäsche – Vorüberlegungen zu einem besonderen Rechtfertigungsgrund, StV 2000, S. 40 ff.

Bernsmann, Klaus, Geldwäsche (§ 261 StGB) und Vortatkonkretisierung, StV 1998, S. 46 ff.

Bernsmann, Klaus, Zur Stellung des Strafverteidigers im deutschen Strafverfahren, StraFo 1999, S. 226 ff.

Bethge, Herbert, Der verfassungsrechtliche Standort der »staatlich gebundenen« Berufe. Berufliche Teilhabe an Staatsfunktionen oder Verstaatlichung berufsgrundrechtsgeschützter Tätigkeiten?, Diss. iur., Köln, 1968

Beulke, Werner, Gedanken zur Diskussion über die Strafbarkeit des Verteidigers wegen Geldwäsche, in: Festschrift für Hans-Joachim Rudolphi zum 70. Geburtstag, (Hrsg.) *Rogall, Klaus / Puppe, Ingeborg / Stein, Ulrich / Wolter, Jürgen,* Neuwied, 2004, S. 391 ff.

Beulke, Werner, Strafprozessrecht, 6. Auflage, Heidelberg, 2003

Beulke, Werner, Wer unterrichtet den »Zwangsverteidiger«?, JR 1982, S. 45 ff.

Beulke, Werner, Wohin treibt die Reform der Strafverteidigung?, in: Strafprozess und Reform – Eine kritische Bestandsaufnahme, (Hrsg.) *Schreiber, Hans-Ludwig,* Neuwied, Darmstadt, 1979, S. 30 ff.

Beulke, Werner, Anmerkung zu BGH, Beschluss vom 16.05.1983 – 2 Ars 129/83, NStZ 1983, S. 504 ff.

Beulke, Werner, Anmerkung zu BGH, Urteil vom 01.09.1992 – 1 StR 281/92, JR 1994, S. 116 ff.

Beulke, Werner, Der Verteidiger im Strafverfahren, Frankfurt/Main, 1980

Beulke, Werner, Die Strafbarkeit des Verteidigers, Heidelberg, 1989

Beulke, Werner, Rezension von »Thesen zur Strafvereitelung«, StV 1994, S. 572 ff.

Beulke, Werner, Zwickmühle des Verteidigers, in: Festschrift für Claus Roxin zum 70. Geburtstag am 15. Mai 2001, (Hrsg.) *Schünemann, Bernd / Achenbach, Hans / Bottke, Wilfried / Hafftke, Bernhard / Rudolphi, Hans Joachim,* Berlin, New York, 2001, S. 1173 ff.

Birnbaum, Johann Michael Franz, Ueber das Erforderniß einer Rechtsverletzung zum Begriffe des Verbrechens mit besonderer Rücksicht auf den Begriff der Ehrenkränkung, in: Archiv des Criminalrechts, Neue Folge Band 15, [1834], S. 149 ff.

Bleckmann, Albert, Verfassungsrang der Europäischen Menschenrechtskonvention?, EuGRZ 1994, S. 149 ff.

Bockelmann, Paul, Zum Problem der Meineidsbeihilfe durch Unterlassen, NJW 1954, S. 697 ff.

Bockemühl, Jan, (Hrsg.), Handbuch des Fachanwalts Strafrecht, 2. Auflage, Neuwied, Kriftel, 2002

Bohlander, Michael, Gerichtliche Sanktionen gegen Anwälte wegen Missbrauchs von Verfahrensrechten, Aachen, 2001

Bosch, Nikolaus, Aspekte des nemo tenetur-Prinzips aus verfassungsrechtlicher und strafprozessualer Sicht, Berlin, 1998

Bottermann, Christoph, Untersuchungen zu den grundlegenden Problematiken des Geldwäschetatbestandes, auch in seinen Bezügen zum Geldwäschegesetz, Bochum, 1995

Bottke, Wilfried, Anmerkung zu BGH, Urteil vom 24.03.1982 – 2 StR 28/82, JR 1985, S. 122 ff.

Bottke, Wilfried, Teleologie und Effektivität der Normen gegen Geldwäsche (Teil 1), wistra 1995, S. 87 ff.

Bottke, Wilfried, Teleologie und Effektivität der Normen gegen Geldwäsche (Teil 2), wistra 1995, S. 121 ff.

Bottke, Wilfried, Wahrheitspflicht des Verteidigers, ZStW 96 [1984], S. 726 ff.

Brammsen, Joerg, Anmerkung zu OLG Hamm, Urteil vom 29.01.1992 – 3 Ss 1128/91 und LG Münster, Beschluss vom 24.01.1992 – 7 Qs 216/91, StV 1994, S. 135 ff.

Brei, Gerald, Grenzen zulässigen Verteidigerhandelns, München, 1991
Bringewat, Peter, Der »Verdächtige« als schweigeberechtigte Auskunftsperson?, JZ 1981, S. 289 ff.
Brockmeyer, Hans Bernhard / Klein, Franz / Rüsken, Reinhart (Hrsg.), Abgabenordnung einschließlich Steuerstrafrecht, 8. Auflage, München, 2003
Brüssow, Rainer / Gatzweiler, Norbert / Krekeler, Wilhelm / Mehle, Volkmar, Strafverteidigung in der Praxis, Band 1: Grundlagen des Strafverfahrens, 2. Auflage, Bonn, 2000
Büchmann, Georg, Geflügelte Worte, München, 1977
Burger, Armin, Die Einführung der gewerbs- und bandenmäßigen Steuerhinterziehung sowie aktuelle Änderungen im Bereich der Geldwäsche, wistra 2002, S. 1 ff.
Burger, Armin / Peglau, Jens, Geldwäsche durch Entgegennahme »kontaminierten« Geldes als Verteidigerhonorar – Besprechung von HansOLG Hamburg, Beschluss vom 06.01.2000 – 2 Ws 185/99, wistra 2000, S. 161 ff.
Burgstaller, Manfred, Geldwäscherei durch Annahme eines Rechtsanwaltshonorars?, ÖAnwBl. 2001, S. 574 ff.
Burhoff, Detlef, Verfahrenstipps und Hinweise für Strafverteidiger zu neuerer Rechtsprechung in Strafsachen (I/2000), ZAP 2000, Fach 22 R, S. 119 ff.
Burr, Christian, Geldwäsche, Siegburg, 1995
Burr, Christian, Die Strafbarkeit wegen Geldwäsche bei Auslandsvortaten (§ 261 Abs. 8 StGB), wistra 1995, S. 255 ff.
Busch, Dagmar / Teichmann, Helmut, Das neue Geldwäscherecht, Baden-Baden, 2003
Bussenius, Anne, Geldwäsche und Strafverteidigerhonorar, Baden-Baden, 2004
Cloeren, Claudia, Strafbarkeit durch Beweisantragstellung, Diss. iur., Trier, 1994 (Mikrofiche)
Cramer, Steffen / Papadopoulos, Jason, Anmerkung zu BGH, Beschluss vom 09.05.2000 – 1 StR 106/00, NStZ 2001, S. 148 ff.
Cramer, Steffen, Zur Anwendbarkeit der persönlichen Strafausschließungsgründe gemäß § 258 V und VI StGB auf die Begünstigung (§ 257 StGB), NStZ 2000, S. 246 ff.
Dahs, Hans, Ausschließung und Überwachung des Strafverteidigers – Bilanz und Vorschau, NJW 1975, S. 1385 ff.
Dahs, Hans, Handbuch des Strafverteidigers, 6. Auflage, Köln, 1999
Dahs, Hans, Stellung und Grundaufgaben des Verteidigers, NJW 1959, S. 1158 ff.
Dahs, Hans / Krause, Daniel M. / Widmaier, Gunter, Anmerkung zu BVerfG, Urteil vom 30.03.2004 – 2 BvR 1520, 1521/01, NStZ 2004, 261
Danckert, Peter / Bertheau, Camilla, Gefahrgeneigte Tätigkeit? Das besondere berufliche Risiko der Verteidiger, in: Festschrift für Ernst-Walter Hanack zum 70. Geburtstag, (Hrsg.) *Ebert, Udo* Berlin, New York, 1999, S. 27 ff.
Deumeland, Klaus Dieter, Anmerkung zu OLG Düsseldorf, Beschluss vom 27.09.1994 – 1 Ws 637/94, NStZ 1996, S. 100
Fachinstitut für Strafrecht (o. Verf.), Anwaltshonorar und Geldwäsche, BRAK-Mitteilungen 1994, S. 92 ff.
Dionyssopoulou, Athanassia, Der Tatbestand der Geldwäsche, Frankfurt/Main, 1999
Dombek, Bernhard, Das Geldwäschegesetz aus der Sicht von Anwälten und Vertretern anderer beratender Berufe, in: Geldwäsche. Problemanalyse und Bekämpfungsstrategien, (Hrsg.) *Kahlert, Joachim / Friedrich Ebert Stiftung,* Berlin, 1994 (zit.: Dombek, in: Geldwäsche)
Dombek, Bernhard, Rechtsberatende Tätigkeit und Geldwäsche – Pflichten und Risiken des Rechtsanwalts bei Verdacht der Geldwäsche, ZAP 2000, S. 683 ff.

Dornach, Markus, Der Strafverteidiger als Mitgarant eines justizförmigen Strafverfahrens, Berlin, 1994

Dornach, Markus, Ist der Strafverteidiger aufgrund seiner Stellung als »Organ der Rechtspflege« Mitgarant eines justizförmigen –Strafverfahrens?, NStZ 1995, S. 57 ff.

Dreher, Eduard, Die Sphinx des § 113 Abs. 3, 4 StGB, in: Gedächtnisschrift für Horst Schröder, (Hrsg.) *Stree, Walter / Lenckner, Theodor / Cramer, Peter / Eser, Albin,* München, 1978, S. 359 ff.

Dreier, Horst (Hrsg.), Grundgesetz. Kommentar, Band 1: Art. 1-19, 2. Auflage, Tübingen, 2004

Ebermayer, Erich, Verteidigung und Begünstigung, DJZ 1927, S. 134 ff.

Eisenberg, Hans, Aspekte der Rechtsstellung des Strafverteidigers, NJW 1991, S. 1257 ff.

Eisner, Ernst, Die Grenzen der Verteidigung unter besonderer Berücksichtigung der Begünstigung, Diss. iur., Breslau, 1922

Engisch, Karl, Bemerkungen über Normativität und Faktizität im Ehrbegriff, in: Festschrift für Richard Lange zum 70. Geburtstag, (Hrsg.) *Warda, Günter / Waider, Heribert / Hippel, Reinhard von / Meurer, Dieter,* Berlin, New York, 1976, S. 401 ff.

Erdsiek, Gerhard, Unvollkommenheiten des zivilrechtlichen Ehrenschutzes, NJW 1966, S. 1385 ff.

Erdsiek, Gerhard, Wahrnehmung berechtigter Interessen ein Rechtfertigungsgrund?, JZ 1969, S. 311 ff.

Ernesti, Günter, Grenzen anwaltlicher Interessenvertretung im Ermittlungsverfahren, JR 1982, S. 221 ff.

Eschen, Klaus, Noch einmal: § 1 BRAO – Bedeutung des Begriffes »Organ der Rechtspflege«, StV 1981, S. 365 ff.

Eser, Albin, »Sozialadäquanz«: eine überflüssige oder unverzichtbare Rechtsfigur?, in: Festschrift für Claus Roxin zum 70. Geburtstag am 15. Mai 2001, (Hrsg.) *Schünemann, Bernd / Achenbach, Hans / Bottke, Wilfried / Haffke, Bernhard / Rudolphi, Hans Joachim,* Berlin, New York, 2001, S. 199 ff.

Eser, Albin, Wahrnehmung berechtigter Interessen als allgemeiner Rechtfertigungsgrund, Bad Homburg v. d. H., Berlin, Zürich, 1969

Fabel, Thomas, Geldwäsche und tätige Reue, Marburg, 1997

Fad, Frank, § 261 StGB: Geldwäsche durch die Annahme bemakelten Geldes durch den Strafverteidiger, JA 2002, S. 14 ff.

Fahl, Christian, Grundprobleme der Geldwäsche (§ 261 StGB), Jura 2004, S. 160 ff.

Fahl, Christian, Rechtsmissbrauch im Strafrecht, Heidelberg, 2004

Ferber, Sabine, Strafvereitelung – Zur dogmatischen Korrektur einer missglückten Vorschrift, Osnabrück, 1997

Feuerbach, Anselm von, Betrachtungen über die Öffentlichkeit und Mündlichkeit der Gerechtigkeitspflege, Bd. 1, Gießen, 1821

Feuerich, Wilhelm E. / Braun, Anton, Bundesrechtsanwaltsordnung, 5. Auflage, München, 2000

Fezer, Gerhard, Hat der Beschuldigte ein »Recht auf Lüge«?, in: Beiträge zur Rechtswissenschaft. Festschrift für Walter Stree und Johannes Wessels zum 70. Geburtstag, (Hrsg.) *Küper, Wilfried / Welp, Jürgen,* Heidelberg, 1993, S. 663 ff.

Fezer, Gerhard, Rechtsprechung des Bundesgerichtshofs zum Strafverfahrensrecht – Teil 2, JZ 1996, S. 655 ff.

Fezer, Gerhard, Strafprozessrecht, 2. Auflage, München, 1995

Findeisen, Michael, Der Präventionsgedanke im Geldwäschegesetz, wistra 1997, S. 121 ff.

Flatten, Thomas, Zur Strafbarkeit von Bankangestellten bei der Geldwäsche, Frankfurt/Main, New York, 1996

Forthauser, Roman, Geldwäscherei de lege lata et ferenda, München, 1992

Foth, Eberhard, Anmerkung zu BayObLG, Urteil vom 18.02.1998 – 5 St RR 117/97, JR 1998, S. 387 ff.

Friedrich Ebert Stiftung, Geldwäsche. Problemanalyse und Bekämpfungsstrategien; Dokumentation; eine Tagung der Friedrich-Ebert-Stiftung am 7. und 8. Oktober 1993 in Berlin, (Hrsg.) *Kahlert, Joachim / Friedrich Ebert Stiftung,* Berlin, 1994

Frisch, Wolfgang, Tatbestandsmäßiges Verhalten und Zurechnung des Erfolgs, Heidelberg, 1988

Frisch, Wolfgang, Zum tatbestandsmäßigen Verhalten der Strafvereitelung – OLG Stuttgart, NJW 1981, 1569, JuS 1983, S. 915 ff.

Fuchs, Erwin, Darf der Advokat lügen?, AnwBl. 1989, S. 353 ff.

Fülbier, Andreas / Aepfelbach, Rolf R., GWG – Kommentar zum Geldwäschegesetz, 4. Auflage, Köln, 1999

Fülbier, Andreas, Die Umsetzung der EG-Richtlinie zur Bekämpfung der Geldwäsche in Frankreich, EuZW 1994, S. 52 ff.

Fürst, Martin, Grundlagen und Grenzen der §§ 129, 129a StGB, Frankfurt/Main, 1989

Gallandi, Volker, Die strafrechtliche Haftung von Bankverantwortlichen, wistra 1988, S. 295 ff.

Gallas, Wilhelm, Grenzen zulässiger Verteidigung im Strafprozess, ZStW 53 [1934], S. 256 ff.

Gatzweiler, Norbert, Möglichkeiten und Risiken einer effizienten Strafverteidigung, StV 1985, S. 248 ff.

Gentzik, Daniel, Die Europäisierung des deutschen und englischen Geldwäschestrafrechts: Eine rechtsvergleichende Untersuchung, Berlin, 2002

Geppert, Klaus, Anmerkung zu OLG Frankfurt/Main, Beschluss vom 10.11.1980 – (2) 3 Ws 800/80, JK 1981 StGB § 258

Geppert, Klaus, Die subjektiven Rechtfertigungselemente, Jura 1995, S. 103 ff.

Geppert, Klaus, Strafbare Geldwäsche durch Annahme eines Verteidigerhonorars?, JK 2000 StGB § 261/3

Geppert, Klaus, Wahrnehmung berechtigter Interessen (§ 193 StGB), Jura 1985, S. 25 ff.

Gerold, Wilhelm / Schmidt, Herbert, Bundesgebührenordnung für Rechtsanwälte, 14. Auflage, München, 1999

Giehring, Heinz, Politische Meinungsäußerung und die Tatmodalitäten des Werbens und der Unterstützung in den §§ 129, 129a StGB, StV 1983, S. 296 ff.

Giemulla, E. Anmerkung zu BGH, Urteil vom 03.10.1979 – 3 StR 264/79, JA 1980, S. 253 f.

Göddeke, Dieter, Die Einschränkung der Strafverteidigung, Köln, 1980

Gössel, Karl Heinz, Anmerkung zu BGH, Urteil vom 24.03.1982 – 3 StR 28/82, JR 1983, S. 118 ff.

Gössel, Karl Heinz, Die Stellung des Verteidigers im rechtsstaatlichen Strafverfahren, ZStW 94 [1982], S. 5 ff.

Götz, Heinrich / Windholz, Georg, Gebührenzahlungen von Mandanten aus rechtswidrigen Vermögenswerten im Sinne des § 261 StGB (sogenannte Geldwäsche), AnwBl. 2000, S. 642 ff.

Gotzens, Markus / Schneider, Michael C., Geldwäsche durch Annahme von Strafverteidigerhonoraren? – Rechtslage nach der Entscheidung BGH 2 StR 513/00 vom 4. Juli 2001, wistra 2001, 379 –, wistra 2002, S. 121 ff.

Gotzens, Markus, Geldwäsche durch Strafverteidiger, PStR 2001, S. 66 ff.

Gounalakis, Georgios, »Soldaten sind Mörder«, NJW 1996, S. 481 ff.

Graalmann-Scheerer, Kirsten, Berufstypische Straftaten von Rechtsanwälten und Notaren, Kriminalistik 2001, S. 645 ff.

Grabenweger, Andreas, Die Grenzen rechtmäßiger Strafverteidigung, Wien, 1997

Graber, Christoph K., Geldwäscherei, Bern, 1990

Gradowski, Marion / Ziegler, Jörg, Geldwäsche, Gewinnabschöpfung, Wiesbaden, 1997

Gräfin von Galen, Margarete, Bekämpfung der Geldwäsche – Ende der Freiheit der Advokatur?, NJW 2003, S. 117 ff.

Gräfin von Galen, Margarete, Der Verteidiger – Garant eines rechtsstaatlichen Verfahrens oder Mittel zu Inquisition? Der Beschuldigte – verteidigt oder verkauft?, StV 2000, S. 575 ff.

Graul, Eva, Tatbestand vor Rechtswidrigkeit? – Zum Freispruch aus § 193 StGB, NStZ 1991, S. 457 ff.

Grimm, Dieter, Die Meinungsfreiheit in der Rechtsprechung des Bundesverfassungsgerichts, NJW 1995, S. 1697 ff.

Gröner, Kerstin, Strafverteidiger und Sitzungspolizei, Berlin, 1998

Großwieser, Bernhard, Der Geldwäschestraftatbestand § 261 StGB, Diss. iur., Passau, 1998

Grüner, Gerhard / Wasserburg, Klaus, Geldwäsche durch die Annahme des Verteidigerhonorars?, GA 2000, S. 430 ff.

Grüner, Gerhard, Über den Missbrauch von Mitwirkungsrechten und die Mitwirkungspflichten des Verteidigers im Strafprozess, Berlin, 2000

Günther, Hans-Ludwig, Klassifikation der Rechtfertigungsgründe im Strafrecht, in: Festschrift für Günter Spendel zum 70. Geburtstag am 11. Juli 1992, (Hrsg.) *Seebode, Manfred,* Berlin, New York, 1992, S. 189 ff.

Gusy, Christoph, Grundrechtsschutz der Strafverteidigung, AnwBl. 1984, S. 225 ff.

Haas, Günter, Eine Anmerkung zu Paulus, Dogmatik der Verteidigung, NStZ 1992, 305, NStZ 1993, S. 173

Haferland, Fritz, Die strafrechtliche Verantwortlichkeit des Verteidigers, Diss. iur., Leipzig, 1928

Haffke, Bernhard, Zwangsverteidigung – notwendige Verteidigung – Pflichtverteidigung – Ersatzverteidigung, StV 1981, S. 471 ff.

Haffke, Bernhard, Einschränkung des Beschlagnahmeprivilegs des Verteidigers durch den Rechtsgedanken der Verwirkung?, NJW 1975, S. 808 ff.

Haffke, Bernhard, Schweigepflicht, Verfahrensrevision und Beweisverbot, GA 1973, S. 65 ff.

Hagmann, Otto, Auswahl und Bestellung des Pflichtverteidigers, in: Pflichtverteidigung und Rechtsstaat, (Hrsg.) *Arbeitsgemeinschaft Strafrecht,* Essen, 1985, S. 17 ff.

Hamm, Rainer, Der Standort des Verteidigers im heutigen Strafprozess, NJW 1993, S. 289 ff.

Hamm, Rainer, Geldwäsche durch die Annahme von Strafverteidigerhonorar?, NJW 2000, S. 636 ff.

Hamm, Rainer, Strafverteidigung – Kampf oder Kuschelkurs?, NJW 1997, S. 1288 ff.

Hammerstein, Gerhard, Verteidigung wider besseres Wissen, NStZ 1997, S. 12 ff.

Hardt, Ursel, Grenzen zulässiger Interessenwahrnehmung unter dem Gesichtspunkt des erlaubten Risikos, Diss. iur., Hamburg, 1967

Hardtung, Bernhard, Das Springen im strafrechtlichen Gutachten, JuS 1996, S. 807 ff.

Hartung, Gerrit Wolfgang, Das anwaltliche Standesrecht, AnwBl. 1988, S. 374 ff.

Hartung, Gerrit Wolfgang, Strafverteidiger als Geldwäscher, AnwBl. 1994, S. 440 ff.

Hassemer, Winfried, Anmerkung zu BGH, Urteil vom 03.10.1979 – 3 StR 264/79, JuS 1980, S. 455 ff.

Hassemer, Winfried, Die »Funktionstüchtigkeit der Strafrechtspflege« – ein neuer Rechtsbegriff?, StV 1982, S. 275 ff.

Hassemer, Winfried, Grenzen zulässiger Strafverteidigung, in: Beck'sches Formularbuch für den Strafverteidiger, S. 1 ff.
Hassemer, Winfried, Professionelle Adäquanz – Teil 1, wistra 1995, S. 41 ff.
Hassemer, Winfried, Professionelle Adäquanz – Teil 2, wistra 1995, S. 81 ff.
Hassemer, Winfried, Reform der Strafverteidigung, ZRP 1980, S. 326 ff.
Hassemer, Winfried, Vermögen im Strafrecht, WM 1995, Sonderbeilage Nr. 3
Haug, Otto, Die grundsätzliche Stellung des Verteidigers, Diss. iur., Tübingen, 1939
Heeb, Wolfgang, Grundsätze und Grenzen der anwaltlichen Strafverteidigung und ihre Anwendung auf den Fall der Mandatsübernahme, Diss. iur., Tübingen, 1973
Hefendehl, Roland, Kann und soll der Allgemeine Teil bzw. das Verfassungsrecht missglückte Regelungen des Besonderen Teils retten? – Die »Geldwäsche« durch den Strafverteidiger, in: Festschrift für Claus Roxin zum 70. Geburtstag am 15. Mai 2001, (Hrsg.) *Schünemann, Bernd / Achenbach, Hans / Bottke, Wilfried / Haffke, Bernhard / Rudolphi, Hans Joachim,* Berlin, New York, 2001, S. 145 ff.
Heine, Günter / Ronzani, Marco / Spaniol, Margret, Verteidiger und Strafverfahren, StV 1987, S. 74 ff.
Heinicke, Günther, Der Beschuldigte und sein Verteidiger in der Bundesrepublik Deutschland, München, 1984
Heinrich, Bernd, Die strafbare Beteiligung des Angeklagten an falschen Zeugenaussagen, JuS 1995, S. 1115 ff.
Helle, Ernst, Die Rechtswidrigkeit der ehrenrührigen Behauptung, NJW 1961, S. 1896 ff.
Hellwig, Hans-Jürgen, Die neue Geldwäscherichtlinie, AnwBl. 2002, S. 144 ff.
Hellwig, Hans-Jürgen, EU-Geldwäscherichtlinie: Kommt die Verdachtsmeldepflicht für Rechtsanwälte? Oder: Der Anwalt als Spitzel der Obrigkeit?, AnwBl. 2000, S. 614 ff.
Henssler, Martin, Das anwaltliche Berufsgeheimnis, NJW 1994, S. 1817 ff.
Herzog, Felix, Die Stellung zum Beweisantragsrecht als Indikator autokratischer und korporatistischer Vorstellungen vom Strafverfahren, StV 1994, S. 166 ff.
Hetzer, Wolfgang, Der Geruch des Geldes – Ziel, Inhalt und Wirkung der Gesetze gegen Geldwäsche, NJW 1993, S. 3298 ff.
Hetzer, Wolfgang, Geldwäsche und Strafverteidigung, wistra 2000, S. 281 ff.
Hetzer, Wolfgang, Gesetzgebung zur Gewinnabschöpfung und Geldwäschebekämpfung, ZRP 2001, S. 266 ff.
Hetzer, Wolfgang, Systemgrenzen der Geldwäschebekämpfung?, ZRP 1999, S. 245 ff.
Heubel, Horst, Der »fair trial« – ein Grundsatz des Strafverfahrens?, Berlin, 1981
Hilgendorf, Eric, Das eingeschränkte Verteidigerprivileg, in: Gedächtnisschrift für Ellen Schlüchter, (Hrsg.) *Duttge, Gunnar,* Köln, München [u.a.], 2002, S. 497 ff.
Hilgendorf, Eric, Tatsachenaussagen und Werturteile im Strafrecht, Berlin, 1998
Hillenkamp, Thomas, 32 Probleme aus dem Strafrecht, Allgemeiner Teil, 10. Auflage, Neuwied, Kriftel, 2002
Hillenkamp, Thomas, Vorsatztat und Opferverhalten, Göttingen, 1981
Hillmann-Stadtfeld, Anja, Die neue EU-Geldwäsche-Richtlinie und ihre Auswirkungen auf die steuer- und rechtsberatenden Berufe, AnwBl. 2002, S. 227 ff.
Hippel, Robert von, Verteidigung und Pflicht des Angeklagten, DStrZ 1919, Sp. 239 ff.
Hirsch, Hans Joachim, Besprechung von *Tenckhoff, Jörg,* Die Bedeutung des Ehrbegriffs für die Systematik der Beleidigungstatbestände, Berlin, 1974, ZStW 90 [1978], S. 978 ff.
Hirsch, Hans Joachim, Ehre und Beleidigung, Karlsruhe, 1967

Hirsch, Hans Joachim, Grundfragen von Ehre und Beleidigung, in: Festschrift für Ernst A. Wolff zum 70. Geburtstag am 01.10.1998, (Hrsg.) *Zaczyk, Rainer / Köhler, Michael / Kahlo, Michael,* Berlin [u.a.], 1998, S. 125 ff.
Hofstetter, Max, Die strafrechtliche Verantwortlichkeit des Verteidigers wegen Begünstigung, Diss. iur., Bern, 1938
Holtfort, Werner, Der Anwalt als soziale Gegenmacht, in: Strafverteidiger als Interessenvertreter, (Hrsg.) *Holtfort, Werner,* Neuwied, Darmstadt, 1979, S. 37 ff.
Hombrecher, Lars, Geldwäsche (§ 261 StGB) durch Strafverteidiger ?, Aachen, 2001
Höreth, Ulrike, Die Bekämpfung der Geldwäsche unter Berücksichtigung einschlägiger ausländischer Vorschriften und Erfahrungen, Tübingen, 1996
Hoyer, Petra / Klos, Joachim, Regelungen zur Bekämpfung der Geldwäsche und ihre Anwendung in der Praxis, 2. Auflage, Bielefeld, 1998
Huster, Stefan, Das Verbot der »Auschwitzlüge«, die Meinungsfreiheit und das Bundesverfassungsgericht, NJW 1996, S. 487 ff.
Ignor, Alexander, Beratungsmandat und Beteiligungsverdacht, StraFo 2001, S. 42 ff.
Ignor, Alexander, Der Straftatbestand der Beleidigung, Baden-Baden, 1995
Ignor, Alexander, Zur Rechtsstellung und zu den Aufgaben des Strafverteidigers, in: Freiheit und Verantwortung in schwieriger Zeit. Kritische Studien aus vorwiegend straf(prozess-)rechtlicher Sicht zum 60. Geburtstag von Prof. Dr. Ellen Schlüchter, (Hrsg.) *Duttge, Gunnar,* Baden-Baden, 1998, S. 39 ff.
Isermann, Edgar, Der Strafverteidiger als »Organ der Rechtspflege« – ein historisches Danaergeschenk, in: Strafverteidiger als Interessenvertreter, (Hrsg.) *Holtfort, Werner,* Neuwied, Darmstadt, 1979, S. 14 ff.
Jaeger, Renate, Rechtsanwälte als Organ der Rechtspflege – Notwendig oder überflüssig? Bürde oder Schutz?, NJW 2004, S. 1 ff.
Jahn, Joachim, Freie Advokatur schützt keine Komplizenschaft, AnwBl. 2000, S. 412
Jahn, Matthias, »Konfliktverteidigung« und Inquisitionsmaxime, Baden-Baden, 1998
Jahn, Matthias, Anmerkung zu BGH, Urteil vom 03.08.1994 – 2 StR 161/94, StV 1996, S. 259 ff.
Jahn, Matthias, Anmerkung zu OLG Düsseldorf, Urteil vom 23.06.1998 – 24 U 161/97, StV 2000, S. 431 ff.
Jahn, Matthias, Das Zivilrecht der Pflichtverteidigung, JR 1999, S. 1 ff.
Jahn, Matthias, Kann Konfliktverteidigung Strafvereitelung (§ 258 StGB) sein?, ZRP 1998, S. 103 ff.
Jakobs, Günther, Die Aufgabe des strafrechtlichen Ehrenschutzes, in: Festschrift für Hans-Heinrich Jescheck zum siebzigsten Geburtstag, Band 1, (Hrsg.) *Vogler, Theo,* Berlin, 1985, S. 627 ff.
Jarass, Hans / Pieroth, Bodo, Grundgesetz, 5. Auflage, München, 2000
Johnigk, Frank, Anwaltstätigkeit unter dem Geldwäschegesetz, BRAK-Mitteilungen, 1994, S. 58 ff.
Jolmes, Andreas, Der Verteidiger im deutschen und österreichischen Strafprozess – Eine rechtsvergleichende Studie zur Stellung des Verteidigers im Strafverfahren, Paderborn, München, Wien, Zürich, 1982
Jungfer, Gerhard, Auswahl und Bestellung des Pflichtverteidigers. Idee und Wirklichkeit, in: Pflichtverteidigung und Rechtsstaat, (Hrsg.) *Arbeitsgemeinschaft Strafrecht,* Essen, 1985, S. 24 ff.
Kaiser, Günther, Möglichkeiten zur Verbesserung des Instrumentariums zur Bekämpfung von Geldwäsche und zur Gewinnabschöpfung, wistra 2000, S. 121 ff.
Kalter, Helmut, Die Rechtsstellung des Verteidigers, seine Rechte und Pflichten, Diss. iur., Greifswald, 1938

Kargl, Walter, Probleme des Tatbestandes (§ 261 StGB), NJ 2001, S. 57 ff.
Karlsruher Kommentar zur Strafprozessordnung und zum Gerichtsverfassungsgesetz mit Einführungsgesetz, (Hrsg.) *Pfeiffer, Gerd,* 5. Auflage, München, 2003
Katholnigg, Oskar, Anmerkung zu BGH, Urteil vom 04.07.2001 – 2 StR 513/00, JR 2002, S. 30 ff.
Katholnigg, Oskar, Kann die Honorarannahme des Strafverteidigers als Geldwäsche strafbar sein?, NJW 2001, S. 2041 ff.
Keidel, Leo, Finanzermittlungen – Zur Strafbarkeit von Bankangestellten bei der Geldwäsche, Kriminalistik 1996, S. 406 ff.
Kempf, Eberhard, »Wahr-Nehmungen des Rechts«: Einflussnahme auf Zeugen, StraFo 2003, S. 79 ff.
Kempf, Eberhard, Das Honorar des Strafverteidigers und Geldwäsche; Referat für die Beratungen des Strafrechtsausschusses der Bundesrechtsanwaltskammer, Rs-Nr. 61/99
Keppeler, Frank, Geldwäsche durch Strafverteidiger, DRiZ 2003, S. 97 ff.
Kern, Christine, Geldwäsche und organisierte Kriminalität, Diss. iur., Regensburg, 1993
Kilching, Michael, Die Praxis der Gewinnabschöpfung in Europa, Freiburg im Breisgau, 2002
Kindhäuser, Urs, Rügepräklusion durch Schweigen im Strafverfahren, NStZ 1987, S. 529 ff.
Kleine-Cosack, Michael, Bundesrechtsanwaltsordnung, 3. Auflage, München, 1997
Kleinknecht/Müller/Reitberger (KMR), Kommentar zur Strafprozessordnung, (Hrsg.) *Heintschel-Heinegg, Bernd von / Stöckel, Heinz,* Stand: 37. Lieferung, Mai 2004 (zit.: KMR-*Bearbeiter*)
Klug, Ulrich, Sozialkongruenz und Sozialadäquanz im Strafrechtssystem, in: Festschrift für Eberhard Schmidt zum 70. Geburtstag, (Hrsg.) *Bockelmann, Paul / Gallas, Wilhelm,* Göttingen, 1961, S. 249 ff.
Knapp, Wolfgang, Der Verteidiger – Ein Organ der Rechtspflege?, Köln, Berlin [u.a.], 1974
Kniemeyer, Claus-Dieter, Das Verhältnis des Strafverteidigers zu seinem Mandanten: Vertrauen und Unabhängigkeit, Frankfurt/Main, 1997
Knorz, Johannes, Der Unrechtsgehalt des § 261 StGB, Frankfurt/Main, 1996
Koch, Karl / Baum, Michael, Abgabenordnung, 5. Auflage, Köln, München, 1996
Kommentar zum Strafgesetzbuch, Reihe Alternativkommentare, Band 3, §§ 80-145d (Bearbeiter: *Jung, Heike / Ostendorf, Heribert / Schild, Wolfgang / Sonnen, Wolf-Rüdeger / Wolter, Jürgen / Zielinski, Diethard*), Neuwied, Darmstadt, 1986 (zit.: AK-*Bearbeiter*)
Konrad, Sabine, Die Beschlagnahme von Verteidigungsunterlagen – Das deutsche Recht auf dem Prüfstand der Menschenrechte, Frankfurt/Main [u.a.], 2000
Körner, Harald Hans / Dach, Eberhard, Geldwäsche, München, 1994
Körner, Harald Hans, Rechtsprechungsübersicht zu Geldwäschedelikten in Deutschland und in der Schweiz, NStZ 1996, S. 64 ff.
Krämer, Achim, Der Rechtsanwalt – ein »staatlich gebundener Vertrauensberuf«?, NJW 1975, S. 849 ff.
Krekeler, Wilhelm, Auskunft- und Raterteilung durch den Verteidiger, in: Festgabe für den Strafverteidiger Heino Friebertshäuser zum 70. Geburtstag, (Hrsg.) *Bandisch, Günter,* Bonn, 1997, S. 53 ff.
Krekeler, Wilhelm, Ehrverletzung durch den Verteidiger und § 193 StGB, AnwBl. 1976, S. 190 ff.
Krekeler, Wilhelm, Strafrechtliche Grenzen der Verteidigung, NStZ 1989, S. 146 ff.
Kreß, Claus, Das neue Recht der Geldwäschebekämpfung, wistra 1998, S. 121 ff.
Krey, Volker / Dierlamm, Alfred, Gewinnabschöpfung und Geldwäsche, JR 1992, S. 353 ff.
Krey, Volker, Strafverfahrensrecht, Bd. 1, Stuttgart, Berlin [u.a.], 1988

Krischer, Christoph, Die innerprozessuale Teilnahme an der uneidlichen Falschaussage und am Meineid, Aachen, 2000

Kröpil, Karl, Lehre von den immanenten Schranken als rechtstheoretische Begründung eines allgemeinen Missbrauchsverbots im Strafverfahren, JuS 1999, S. 681 ff.

Kröpil, Karl, Zur Behandlung von prozessualen Missbrauchsfällen in Strafverfahren, DRiZ 2001, S. 335 ff.

Kübler, Friedrich, Ehrenschutz, Selbstbestimmung und Demokratie, NJW 1999, S. 1281 ff.

Kuckuk, Günter, Anmerkung zu BGH, Urteil vom 03.10.1979 – 3 StR 264/79, NJW 1980, S. 298

Kudlich, Hans, Gesetzliche Regelungsmöglichkeiten gegen den strafprozessualen Missbrauch im Kontext von Freiheit und Verantwortung, in: Freiheit und Verantwortung in schwieriger Zeit. Kritische Studien aus vorwiegend straf(prozess-)rechtlicher Sicht zum 60. Geburtstag von Prof. Dr. Ellen Schlüchter, (Hrsg.) *Duttge, Gunnar,* Baden-Baden, 1998, S. 13 ff.

Kudlich, Hans, Strafprozess und allgemeines Missbrauchsverbot, Berlin, 1998

Kudlich, Hans / Roy, René, Versuchte Strafvereitelung und versuchte Anstiftung zur uneidlichen Falschaussage, JA 2001, S. 15 ff.

Kühne, Hans-Heiner, Rechtsmissbrauch des Strafverteidigers, NJW 1998, S. 3027 f.

Kühne, Hans-Heiner, Strafprozessrecht, 6. Auflage, Heidelberg, 2003

Kulisch, Sylvia, Strafverteidigerhonorar und Geldwäsche, StraFo 1999, S. 337 ff.

Küpper, Georg, Strafvereitelung und »sozialadäquate« Handlungen, GA 1987, S. 385 ff.

Küster, Werner, Die Grenzen, die das Strafrecht dem Anwalt in seiner Tätigkeit als Verteidiger zieht, Diss. iur., Freiburg, 1925

Lackner, Karl / Kühl, Kristian, StGB. Strafgesetzbuch mit Erläuterungen, 24. Auflage, München, 2001

Lagodny, Otto, Strafrecht vor den Schranken der Grundrechte, Tübingen, 1996

Lamberti, Andrea, Strafvereitelung durch Strafverteidiger, Diss. iur., Münster, 1988

Lammich, Siegfried, Die neuen russischen Geldwäschebestimmungen, Kriminalistik 2002, S. 363 ff.

Lampe, Ernst-Joachim, Der neue Tatbestand der Geldwäsche (§ 261 StGB), JZ 1994, S. 123 ff.

Lang, Volker / Schwarz, Anne / Kipp, Rudolf, Regelungen zur Bekämpfung der Geldwäsche, Stuttgart, 2. Auflage 1999 (zit.: *Lang/Schwarz/Kipp*)

Langer-Stein, Rose, Legitimation und Interpretation der strafrechtlichen Verbote krimineller und terroristischer Vereinigungen (§§ 129, 129a StGB), München, 1987

Larenz, Karl / Canaris, Claus-Wilhelm, Methodenlehre der Rechtswissenschaft, 3. Auflage, Berlin, Heidelberg [u.a.], 1995

Laufhütte, Heinrich, Die freie Advokatur in der Rechtsprechung des Bundesgerichtshofes, in: Festschrift für Gerd Pfeiffer zum Abschied aus dem Amt als Präsident des Bundesgerichtshofes, (Hrsg.) *Gamm, Otto-Friedrich von,* Köln, München [u.a.], 1988, S. 959 ff.

Leip, Carsten, Der Straftatbestand der Geldwäsche, 2. Auflage, Berlin, Baden-Baden, 1999

Leip, Carsten / Hardtke, Frank, Der Zusammenhang von Vortat und Gegenstand der Geldwäsche unter besonderer Berücksichtigung der Vermengung von Giralgeld, wistra 1997, S. 281 ff.

Leipold, Klaus, Geldwäsche: Rechte von Strafverteidigern gestärkt, NJW-Spezial 2004, S. 40 f.

Leipold, Klaus, Zulässige Einwirkung und Belehrung von Zeugen durch den Verteidiger, StraFo 1998, S. 79 ff.

Leipziger Kommentar, zum Strafgesetzbuch, (Hrsg.) *Jähnke, Burkhard / Laufhütte, Heinrich Wilhelm / Odersky, Walter,* Berlin, New York, 10. und 11. Auflage
4. Lieferung 1992: §§ 80-92b (Bearbeiter: *Jähnke, Burkhard / Laufhütte, Heinrich Wilhelm / Odersky, Walter)*

15. Lieferung, 1994: §§ 242-262 (Bearbeiter: *Ruß, Wolfgang / Herdegen, Gerhard*)
20. Lieferung, 1996: §§ 125-141 (Bearbeiter: *Bubnoff, Eckhart von / Hanack, Ernst-Walter*)
32. Lieferung, 2000: §§ 144-165 (Bearbeiter: *Bubnoff, Eckhart von / Hanack, Ernst-Walter / Horstkotte, Hartmuth / Ruß, Wolfgang*)
35. Lieferung, 2001: §§ 201-206 (Bearbeiter: *Schünemann, Bernd / Träger, Ernst*)
39. Lieferung, 2001: §§ 267-282 (Bearbeiter: *Gribbohm, Günter*)
42. Lieferung, 2002: §§ 239-241a (Bearbeiter: *Träger, Ernst / Schluckebier, Wilhelm / Altvater, Gerhard*)
Band 1, Einleitung, §§ 1-31 (Bearbeiter: *Jescheck, Hans-Heinrich / Gribbohm, Günter / Schünemann, Bernd / Schroeder, Friedrich-Christian / Jähnke, Burkhard / Hillenkamp, Thomas / Lilie, Hans / Albrecht, Dietlinde / Roxin, Claus*), 2003
Band 2, §§ 32-60 (Bearbeiter: *Hirsch, Hans-Joachim / Spendel, Günter / Häger, Joachim / Geppert, Klaus / Hirsch, Günter / Gribbohm, Günter / Rissing-van-Saan, Ruth*), 2003
Band 5, §§ 185-262 (10. Auflage, 1989)
(zit.: LK-*Bearbeiter*)

Leitner, Werner, Die Geldwäsche-Entscheidung. Anmerkung zu BGH, Urteil vom 04.07.2001 – 2 StR 513/00, StraFo 2001, S. 388 ff.

Lenckner, Theodor, Der Grundsatz der Güterabwägung als Grundlage der Rechtfertigung, GA 1985, S. 294 ff.

Lenckner, Theodor, Die Rechtfertigungsgründe und das Erfordernis pflichtgemäßer Prüfung, in: Festschrift für Hellmuth Mayer zum 70. Geburtstag am 1. Mai 1965, (Hrsg.) *Geerds, Friedrich / Naucke, Wolfgang,* Berlin, 1966, S. 165 ff.

Lenckner, Theodor, Die Wahrnehmung berechtigter Interessen, ein »übergesetzlicher« Rechtfertigungsgrund?, in: Gedächtnisschrift für Peter Noll, (Hrsg.) *Hauser, Robert,* Zürich, 1984, S. 243 ff.

Lenckner, Theodor, Strafrecht und ziviler Ungehorsam – OLG Stuttgart, NStZ 1987, 121, JuS 1988, S. 349 ff.

Lenckner, Theodor, Zum Tatbestand der Strafvereitelung, in: Gedächtnisschrift für Horst Schröder, (Hrsg.) *Stree, Walter / Lenckner, Theodor / Cramer, Peter / Eser, Albin,* München, 1978, S. 339 ff.

Lesch, Heiko Hartmut, Strafbare Beteiligung durch »berufstypisches« Verhalten?, JA 2001, S. 986 ff.

Liemersdorf, Thilo, Grenzziehung zwischen zulässigem und unzulässigem Verhalten eines Strafverteidigers im Umgang mit seinem Mandanten, MDR 1989, S. 204 ff.

Lilienthal, Karl von, Verteidigung und Begünstigung, DJZ 1901, S. 101 ff.

Liszt, Franz von, Die Stellung der Verteidigung in Strafsachen, StV 2001, S. 137 ff. (Nachdruck des Vortrags in der DJZ 1901, 179)

Loos, Fritz, Buchbesprechung von: *Hilgendorf,* Tatsachenaussagen und Werturteile im Strafrecht, Berlin, 1998, JR 2000, S. 526 f.

Lorenz, Frank Lucien, »Formalismus, Technizismus, Irrealismus«: Das argumentative Dreigestirn gegen die Einhaltung strafprozessualer Garantien, StV 1996, S. 172 ff.

Löwe, Ewald / Rosenberg, Werner Die Strafprozessordnung und das Gerichtsverfassungsgesetz. Großkommentar, (Hrsg.) *Rieß, Peter,* Berlin, New York,
Bd. 1 (Einleitung, §§ 1-71 StPO), 25. Auflage, 1999
Bd. 2 (2. Lieferung) §§ 112-136a, 25. Auflage, 1997
Bd. 6/2 (Einigungsvertrag, MRK, IPBPR; Register), 24. Auflage, 1996 (zit.: LR-*Bearbeiter*)

Löwe-Krahl, Oliver, Beteiligung von Bankangestellten an Steuerhinterziehungen ihrer Kunden – die Tatbestandsmäßigkeit berufstypischer Handlungen, wistra 1995, S. 201 ff.

Löwe-Krahl, Oliver, Die Praxis des Bankgeschäfts und das Gesetz gegen die Geldwäsche, in: Geldwäsche. Problemanalyse und Bekämpfungsstrategien, (Hrsg.) *Kahlert, Joachim / Friedrich Ebert Stiftung,* Berlin, 1994, S. 111 ff. (zit.: *Löwe-Krahl,* in: Geldwäsche)

Löwe-Krahl, Oliver, Die Strafbarkeit von Bankangestellten wegen Geldwäsche nach § 261 StGB, wistra 1993, S. 123 ff.

Lüderssen, Klaus, Anmerkung zu BGH, Urteil vom 26.11.1998 – 4 StR 207/98, StV 1999, S. 537 ff.

Lüderssen, Klaus, Anmerkung zu HansOLG Hamburg, Beschluss vom 06.01.2000 – 2 Ws 185/99, StV 2000, S. 205 ff.

Lüderssen, Klaus, Aus der grauen Zone zwischen staatlichen und individuellen Interessen – Zur Funktion der Strafverteidigung in einer freien Gesellschaft, in: Festschrift für Werner Sarstedt zum 70. Geburtstag, (Hrsg.) *Hamm, Rainer,* Berlin, 1981, S. 145 ff.

Lüderssen, Klaus, Die Funktion des Strafverteidigers in einer freien Gesellschaft, in: Frankfurter Hefte 1981, S. 49 ff.

Lüderssen, Klaus, Die Stellung des Strafverteidigers – neue Aspekte: Wahrheitspflicht, »Geldwäsche«, Schadensersatz, in: Zasady procesu karnego wobec wyzwan wspólczesnosci, ksiega ku czci profesora Stanisiawa Waltosia (Festschrift für Stanislaw Waltos), (Hrsg.) *Czapska, Janina / Gaberle, Andrzej / Swiatlowski, Andrzej / Zoll, Andrzej,* Warschau, 2000, S. 324 ff.

Lüderssen, Klaus, Wie abhängig ist der Strafverteidiger von seinem Auftraggeber? Wie unabhängig kann und soll er sein?, in: Festschrift für Hanns Dünnebier zum 75. Geburtstag, (Hrsg.) *Hanack, Ernst-Walter / Rieß, Peter / Wendisch, Günter,* Berlin [u.a.], 1982, S. 263 ff.

Lüderssen, Klaus, Zum gegenwärtigen Stand der Konkretisierung des § 140 StPO, in: Pflichtverteidigung und Rechtsstaat, (Hrsg.) *Arbeitsgemeinschaft Strafrecht,* Essen, 1985, S. 36 ff.

Lukanow, Jürgen, Der Missbrauch der Verteidigerstellung im englischen und deutschen Strafprozess, Bonn, 1953

Lütke, Josef, Geldwäsche bei Auslandsvortat und nachträgliche Gewährung rechtlichen Gehörs, wistra 2001, S. 85 ff.

Lüttger, Hans, Das Recht des Verteidigers auf Akteneinsicht, NJW 1951, S. 744 ff.

Lüttger, Hans, Internationale Rechtshilfe in Staatsschutzverfahren?, GA 1960, S. 33 ff.

Maiwald, Manfred, Auslegungsprobleme im Tatbestand der Geldwäsche, in: Festschrift für Hans Joachim Hirsch zum 70. Geburtstag, (Hrsg.) *Weigend, Thomas* [u.a.], Berlin, 1999, S. 631 ff.

Malmendier, Bertrand, »Konfliktverteidigung« – ein neues Prozesshindernis?, NJW 1997, S. 227 ff.

Mangoldt, Hermann von / Klein, Friedrich / Starck, Christian, Das Bonner Grundgesetz. Kommentar, Band 3, Art. 79-146, 4. Auflage, München, 2001 (zit.: von Mangoldt/Klein/Starck-*Bearbeiter*)

Matt, Holger, Geldwäsche durch Honorarannahme eines Strafverteidigers. Besprechung von BGH, Urteil vom 04.07.2001, 2 StR 513/00, GA 2002, S. 137 ff.

Matt, Holger, Stellungnahme des Deutschen Strafverteidiger e.V. zum Thema Strafverteidigerhonorar und Geldwäsche, Rs-Nr. 128/99

Matt, Holger, Strafverteidigerhonorar und Geldwäsche; Referat für den Strafrechtsausschuss der Bundesrechtsanwaltskammer, Rs-Nr. 62/99

Maunz, Theodor / Dürig, Günther / Herzog, Roman / Scholz, Günther, Grundgesetz, Kommentar, München, (Stand: 42. Lieferung, Februar 2003) Band 1: Präambel; Art. 1-11; Band 2: Art. 12-20, Band 4: Art. 89-146 (Bearbeiter: *Maunz, Theodor / Dürig, Günter / Badura, Pe-*

ter / Di Fabio, Udo / Herdegen, Matthias / Herzog, Roman / Klein, Hans H. / Korioth, Stefan / Lerche, Peter / Papier, Hans-Jürgen / Randelzhofer, Albrecht / Schmidt-Aßmann, E. / Scholz, Rupert) (zit.: M/D/H/S-*Bearbeiter*)

Maurach, Reinhart / Schroeder, Friedrich-Christian / Maiwald, Manfred, Strafrecht Besonderer Teil, Teilband 1, 9. Auflage, Heidelberg, 2003 (zit.: *Maurach/Schroeder/Maiwald,* BT/1)

Maurach, Reinhart / Schroeder, Friedrich-Christian / Maiwald, Manfred, Strafrecht Besonderer Teil, Teilband 2, 8. Auflage, Heidelberg, 1999 (zit.: *Maurach/Schroeder/Maiwald,* BT/2)

Mehle, Volkmar, Anmerkung zu KG, Beschluss vom 05.07.1982 – 1 AR 460/82 – 4 ARs 46/82, NStZ 1983, S. 557 ff.

Mehle, Volkmar, Der Verteidiger – Ein Korrektiv auch zu Lasten des Beschuldigten?, in: Festschrift für Karl Peters zum 80. Geburtstag, (Hrsg.) *Wasserburg, Klaus / Haddenhorst, Wilhelm,* Heidelberg, 1984, S. 201 ff.

Mehle, Volkmar, Strafvereitelung durch Wahrnehmung prozessualer Rechte? – Einige Anmerkungen zum Umgang mit Zeugen –, in: Strafverteidigung und Strafprozess. Festgabe für Ludwig Koch, (Hrsg.) *Brüssow, Rainer / Gatzweiler, Norbert / Jungfer, Gerhard / Mehle, Volkmar / Richter II, Christian,* Heidelberg, 1989, S. 179 ff.

Mehlhorn, Sven, Der Strafverteidiger als Geldwäscher, Baden-Baden, 2004

Mehlich, Kurt, Verteidigung und Begünstigung, Diss. iur., Berlin, 1910

Melzer, Wolfgang, Das neue Gesetz zur Bekämpfung der Geldwäsche in der Tschechischen Republik, wistra 1997, S. 54 ff.

Merz, Susanne, Strafrechtlicher Ehrenschutz und Meinungsfreiheit, Frankfurt/Main [u.a.], 1998

Meyer-Arndt, Lüder, Beihilfe durch neutrale Handlungen?, wistra 1989, S. 281 ff.

Meyer-Goßner, Lutz, Strafprozessordnung, 47. Auflage, München, 2004

Mörsch, Richard, Zur Rechtsstellung des Beschuldigten und seines Verteidigers im Vorverfahren unter Berücksichtigung der Aufgaben des gesamten Strafverfahrens, Diss. iur., Mainz, 1968

Müller, Henning Ernst, Falsche Zeugenaussage und Beteiligungslehre, Tübingen, 2000

Müller, Eckhart, Die Sockelverteidigung, StV 2001, S. 649 ff.

Müller, Egon, Einige Bemerkungen zur Bedeutung der Europäischen Menschenrechtskonvention für das Ermittlungsverfahren in der Bundesrepublik Deutschland, in: Strafverteidigung und Strafprozess. Festgabe für Ludwig Koch, (Hrsg.) *Brüssow, Rainer / Gatzweiler, Norbert / Jungfer, Gerhard / Mehle, Volkmar / Richter II, Christian,* Heidelberg, 1989, S. 191 ff.

Müller, Egon, Strafverteidigung, NJW 1981, S. 1801 ff.

Müller, Egon, Von der Verantwortung des Strafverteidigers, in: Festgabe für den Strafverteidiger Heino Friebertshäuser zum 70. Geburtstag, (Hrsg.) *Bandisch, Günter,* Bonn, 1997, S. 47 ff.

Müller, Ingo, Die Strafvereitelung im System der Rechtspflegedelikte, StV 1981, S. 90 ff.

Müller-Dietz, Heinz, Anmerkung zu BGH, Urteil vom 03.10.1979 – 3 StR 264/79, JR 1981, S. 76 ff.

Müller-Dietz, Heinz, Strafverteidigung und Strafvereitelung, Jura 1979, S. 242 ff.

Müther, Detlef, Verteidigerhonorar und Geldwäsche, Jura 2001, S. 318 ff.

Mützelburg, Gerhard, Über Verteidigung im Verständnis der Verteidiger, in: Festschrift für Hanns Dünnebier zum 75. Geburtstag, (Hrsg.) *Hanack, Ernst-Walter / Rieß, Peter / Wendisch, Günter,* Berlin, New York, 1982, S. 277 ff.

Nestler, Cornelius, Der Bundesgerichtshof und die Strafbarkeit des Verteidigers wegen Geldwäsche. Zugleich Besprechung von BGH, Urteil vom 04.07.2001 – 2 StR 513/00, StV 2001, S. 641 ff.

Neuheuser, Stephan, Anmerkung zu BGH, Urteil vom 04.07.2001 – 2 StR 513/00, NStZ 2001, S. 647 ff.

Nickol, Johannes, Wesen und Grenzen der Verteidigung, Diss. iur., Düsseldorf, 1931

Niese, Werner, Doppelfunktionelle Prozesshandlungen – Ein Beitrag zur allgemeinen Prozessrechtslehre, Göttingen, 1950

Noll, Peter, Tatbestand und Rechtswidrigkeit: Die Wertabwägung als Prinzip der Rechtfertigung, ZStW 77 [1965], S. 1 ff.

Nomos Kommentar zum Strafgesetzbuch, (Hrsg.) *Neumann, Ulfrid / Puppe, Ingeborg / Schild, Wolfgang,* 1. Auflage, Baden-Baden, 1995, Stand: 16. Lieferung, November 2003 (zit.: NK-*Bearbeiter*)

Nothelfer, Martin, Die Freiheit von Selbstbezichtigungszwang, Heidelberg, 1989

Oberloskamp, Klaus, Geldwäsche durch Angehörige der rechts- und steuerberatenden Berufe (§ 261 Abs. 1 S. 3 StGB) in verfassungsrechtlicher Sicht, StV 2002, S. 611 ff.

Ostendorf, Heribert, Das Recht zum Hungerstreik, GA 1984, S. 308 ff.

Ostendorf, Heribert, Entwicklungen in der Rechtsprechung zur »Bildung krimineller bzw. terroristischer Vereinigungen« §§ 129, 129a StGB, JA 1980, S. 499 ff.

Ostendorf, Heribert, Strafvereitelung durch Strafverteidigung, NJW 1978, S. 1345 ff.

Ostendorf, Heribert, Verteidigung am Scheideweg, JZ 1979, S. 252 ff.

Oswald, Katharina, Die Implementation gesetzlicher Maßnahmen zur Bekämpfung der Geldwäsche in der Bundesrepublik Deutschland, Freiburg, 1997

Oswald, Katharina, Die Maßnahmen zur Bekämpfung der Geldwäsche (§ 261 StGB i.V.m. dem GwG) – eine kriminologisch-empirische Untersuchung, wistra 1997, S. 328 ff.

Otto, Harro, »Vorgeleistete Strafvereitelung« durch berufstypische oder alltägliche Verhaltensweisen als Beihilfe, in: Festschrift für Theodor Lenckner zum 70. Geburtstag, (Hrsg.) *Eser, Albin,* München, 1998, S. 193 ff.

Otto, Harro, Das Strafbarkeitsrisiko berufstypischen, geschäftsmäßigen Verhaltens, JZ 2001, S. 436 ff.

Otto, Harro, Das strafrechtliche Risiko der gesetzlichen Vertreter und Geldwäschebeauftragten der Kreditinstitute nach dem Geldwäschegesetz, wistra 1995, S. 323 ff.

Otto, Harro, Die Aussagedelikte, §§ 153 – 163 StGB, JuS 1984, S. 161 ff.

Otto, Harro, Ehrenschutz in der politischen Auseinandersetzung, JR 1983, S. 1 ff.

Otto, Harro, Geldwäsche, § 261 StGB, Jura 1993, S. 329 ff.

Otto, Harro, Grundkurs Strafrecht. Allgemeine Strafrechtslehre, 6. Auflage, Berlin, New York, 2000 (zit.: *Otto,* Strafrecht AT)

Otto, Harro, Grundkurs Strafrecht. Die einzelnen Delikte, 6. Auflage, Berlin, New York, 2002 (zit.: *Otto,* Strafrecht BT)

Otto, Harro, Strafvereitelung durch Verteidigungshandeln, Jura 1987, S. 329 ff.

Palandt, Otto, Bürgerliches Gesetzbuch, 63. Auflage, München, 2004 (zit.: Palandt-*Bearbeiter*)

Paulus, Rainer, Dogmatik der Verteidigung, NStZ 1992, S. 305 ff.

Peglau, Jens, Anmerkung zu BGH, Urteil vom 04.07.2001 – 2 StR 513/00, wistra 2001, S. 461 ff.

Peglau, Jens, Anmerkung zu OLG Köln, Beschluss vom 04.07.2000 – Ss 254/00, StraFo 2001, S. 106 f.

Peglau, Jens, Der Schutz des allgemeinen Persönlichkeitsrechts durch das Strafrecht, Frankfurt/Main [u.a.], 1997

Peters, Karl, Strafprozess, 4. Auflage, Heidelberg, 1985

Pfeiffer, Gerd, StPO. Strafprozessordnung und Gerichtsverfassungsgesetz, Kommentar, 3. Auflage, München, 2001

Pfeiffer, Gerd, Zulässiges und unzulässiges Verteidigerhandeln, DRiZ 1984, S. 341 ff.

Pflüger, Frank, Äußerungsfreiheit des Anwalts bei öffentlichkeitswirksamen Mandaten, AnwBl. 1999, S. 638 ff.

Pieroth, Bodo / Schlink, Bernhard, Grundrechte Staatsrecht II, 19. Auflage, Heidelberg, 2003

Pieth, Mark, Was ist Geldwäsche, wie funktioniert sie international, in: Geldwäsche. Problemanalyse und Bekämpfungsstrategien, (Hrsg.) *Kahlert, Joachim / Friedrich Ebert Stiftung,* Berlin, 1994 (zit.: Pieth, in: Geldwäsche)

Praml, Rolf, Beleidigungsdelikte bei anwaltlicher Interessenvertretung, NJW 1976, S. 1967 ff.

Prittwitz, Cornelius, Die Geldwäsche und ihre strafrechtliche Bekämpfung – oder: Zum Einzug des Lobbyismus in die Kriminalpolitik, StV 1993, S. 498 ff.

Prittwitz, Cornelius, Straflose Obstruktion der Rechtspflege durch den Angeklagten, StV 1995, S. 270 ff.

Puppe, Ingeborg, Die neue Rechtsprechung zu den Fälschungsdelikten, JZ 1997, S. 490 ff.

Ranft, Otfried, Strafprozessrecht, 2. Auflage, Stuttgart, München [u.a.], 1995

Rederer, Erik, Geldwäsche mit Cybermoney, Kriminalistik 2000, S. 261 ff.

Reichert, Christoph, Anmerkung zu HansOLG Hamburg, Beschluss vom 06.01.2000 – 2 W 185/99, NStZ 2000, S. 316 ff.

Remmers, Burkhard, Die Entwicklung der Gesetzgebung zur Geldwäsche, Frankfurt/Main, 1998

Rengier, Rudolf, Strafrecht Besonderer Teil I. Vermögensdelikte, 5. Auflage, München, 2002 (zit.: Rengier, BT/1)

Rengier, Rudolf, Strafrecht Besonderer Teil II. Delikte gegen die Person und die Allgemeinheit, 5. Auflage, München, 2003 (zit.: *Rengier, BT/2*)

Richter, Christian, Grenzen anwaltlicher Interessenvertretung im Ermittlungsverfahren, NJW 1981, S. 1020 ff.

Rieß, Peter, Prolegomena zu einer Gesamtreform des Strafverfahrensrechts, in: Festschrift für Karl Schäfer zum 80. Geburtstag, (Hrsg.) *Hassenpflug, Helwig,* Berlin, New York, 1980, S. 155 ff.

Rietmann, Michael, Zur Strafbarkeit von Verfahrenshandlungen, Hamburg, 2002

Rissel, Friedhelm, Die verfassungsrechtliche Stellung des Rechtsanwalts, ibs. in seiner Funktion als Verteidiger in Strafsachen, Diss. iur., Marburg, 1980

Roeder, Hermann, Der systematische Standort der »Wahrnehmung berechtigter Interessen« im Spiegel der Strafrechtsreform, in: Festschrift für Ernst Heinitz zum 70. Geburtstag am 1. Januar 1972, (Hrsg.) *Lüttger, Hans / Blei, Hermann / Hanau, Peter,* Berlin, 1972, S. 229 ff.

Roeder, Hermann, Die Einhaltung des sozialadäquaten Risikos und ihr Standort im Verbrechensaufbau, Berlin, 1969

Rogall, Klaus, Anmerkung zu OLG Köln, Beschluss vom 30.11.1982 – 3 Zs 126/82, NStZ 1983, S. 413 f.

Rogall, Klaus, Der Beschuldigte als Beweismittel gegen sich selbst, Berlin, 1977

Rogall, Klaus, Die Verletzung von Privatgeheimnissen (§ 203 StGB), NStZ 1983, S. 1 ff.

Röttger, Wolfgang, Unrechtsbegründung und Unrechtsausschluss nach den finalistischen Straftatlehren und nach einer materialen Konzeption, Berlin, 1993

Roxin, Claus, Gegenwart und Zukunft der Verteidigung im rechtsstaatlichen Strafverfahren, in: Festschrift für Ernst-Walter Hanack zum 70. Geburtstag, (Hrsg.) *Ebert, Udo,* Berlin [u.a.], 1999, S. 1 ff.

Roxin, Claus, Strafrecht Allgemeiner Teil, Band 1, 3. Auflage, München, 1997 (zit.: *Roxin, Strafrecht AT/1*)

Roxin, Claus, Strafverfahrensrecht, 25. Auflage, München, 1998

Rückel, Christoph, Die Notwendigkeit eigener Ermittlungen des Strafverteidigers, in: Festgabe für Karl Peters zum 80. Geburtstag, (Hrsg.) *Wasserburg, Klaus / Haddenhorst, Wilhelm,* Heidelberg, 1984, S. 265 ff.

Rückel, Christoph, Strafverteidigung und Zeugenbeweis, Heidelberg, 1988

Rückel, Christoph, Verteidigertaktik bei Verständigungen und Vereinbarungen im Strafverfahren, NStZ 1987, S. 297 ff.

Rudolphi, Hans-Joachim, Notwendigkeit und Grenzen einer Vorverlagerung des Strafrechtsschutzes im Kampf gegen den Terrorismus, ZRP 1979, S. 214 ff.

Rudolphi, Hans-Joachim, Verteidigerhandeln als Unterstützung einer kriminellen oder terroristischen Verreinigung i.s. der §§ 129 und 129a StGB, in: Festschrift für Hans-Jürgen Bruns zum 70. Geburtstag, (Hrsg.) *Frisch, Wolfgang / Schmid, Werner,* Köln, München [u.a.], 1978, S. 315 ff.

Rüping, Hinrich, Zur Mitwirkungspflicht des Beschuldigten und Angeklagten, JR 1974, S. 135 ff.

Rzepka, Dorothea, Zur Fairness im deutschen Strafverfahren, Frankfurt/Main, 2000

Sachs, Michael, Grundgesetz. Kommentar, 3. Auflage, München, 2003

Safferling, Christoph J. M., Audiatur et altera pars – die prozessuale Waffengleichheit als Prozessprinzip?, NStZ 2004, S. 181 ff.

Salditt, Franz, Der Tatbestand der Geldwäsche, StraFo 1992, S. 121 ff.

Salditt, Franz, Geldwäsche durch Strafverteidigung – Über Norm und Rolle, StraFo 2002, S. 181 ff.

Samson, Erich / Schillhorn, Ulf, Beihilfe zur Steuerhinterziehung durch anonymisierten Kapitaltransfer, wistra 2001, S. 1 ff.

Sarstedt, Werner, Die Revision in Strafsachen, 4. Auflage, Essen, 1962

Sauer, Dirk, Zur Leichtfertigkeit i.S.v. § 261 V StGB bei der Annahme von Mandantengeldern durch Strafverteidiger, wistra 2004, S. 89 ff.

Satzger, Helmut, Die Europäisierung des Strafrechts, Köln, 2001

Schaefer, Christoph / Wittig, Günter, Geldwäsche und Strafverteidiger, NJW 2000, S. 1387 ff.

Schaffstein, Friedrich, Der Irrtum bei der Wahrnehmung berechtigter Interessen, NJW 1951, S. 691 ff.

Schautz, Walter, Strafrechtliche Grenzen des Verteidigerhandelns, insbesondere im Hinblick auf die Strafvereitelung, § 258 StGB, Diss. iur., Würzburg, 1988

Scheffler, Uwe, Anmerkung zu BGH, Beschluss vom 09.05.2000 – 1 StR 106/00, JR 2001, S. 294 ff.

Scheffler, Uwe, Anmerkung zu BGH, Urteil vom 01.09.1992 – 1 StR 281/92, StV 1993, S. 470 ff.

Scheffler, Uwe, Beihilfe zur Falschaussage durch Unterlassen seitens des Angeklagten, GA 1993, S. 341 ff.

Scheffler, Uwe, Rezension von »*Matthias Jahn,* Konfliktverteidigung und Inquisitionsmaxime«, NJ 2000, S. 191

Scheffler, Uwe, Strafvereitelung und die Grenzen des Zeugnisverweigerungsrechts des Verteidigers. Zugleich eine Anmerkung zu BGH, Urteil vom 18.06.1991 – 5 StR 584/90, StV 1992, S. 299 ff.

Scheiff, Bernd, Wann beginnt der Strafrechtsschutz gegen kriminelle Vereinigungen (§ 129 StGB)?, Frankfurt a. M. [u.a.], 1996

Scherp, Dirk, Geldwäsche durch Strafverteidiger, NJW 2001, S. 3242 ff.

Schier, Wolfgang, Die Stellung des Rechtsanwalts in der Rechtsprechung der Verfassungsgerichte, AnwBl. 1984, S. 410 ff.

Schittenhelm, Ulrike, Alte und neue Probleme der Anschlussdelikte im Lichte der Geldwäsche, in: Festschrift für Theodor Lenckner zum 70. Geburtstag, (Hrsg.) *Eser, Albin,* München, 1998, S. 519 ff.

Schmid, Niklaus (Hrsg.), Einziehung, Organisiertes Verbrechen, Geldwäscherei. Kommentar, Zürich, 1998

Schmidt, Jens, Geldwäsche und Verteidigerhonorar, JR 2001, S. 448 ff.

Schmidt, Wilhelm, Die Rechtslage nach der Geldwäscheentscheidung des BGH, StraFo 2003, S. 2 ff.

Schmidt, Eberhard, Lehrkommentar zur Strafprozessordnung und zum Gerichtsverfassungsgesetz, Teil I, Die rechtstheoretischen Grundlagen des Strafverfahrensrechts, 2. Auflage, Göttingen, 1964

Schmidt, Eberhard, Rechte und Pflichten, Funktionen und Konflikte des Strafverteidigers, JZ 1969, S. 316 ff.

Schmidt, Eike, Wahrnehmung berechtigter Interessen ein Rechtfertigungsgrund?, JZ 1970, S. 8 ff.

Schneider, Egon, Die Methode der Rechtsfindung (VII), MDR 1963, S. 646 ff.

Schneider, Hans-Peter, Das Leitbild des Rechtsanwalts im Grundgesetz, in: Strafverteidiger als Interessenvertreter, (Hrsg.) *Holtfort, Werner*, Neuwied, Darmstadt, 1979, S. 26 ff.

Schneider, Hartmut, Grund und Grenzen des strafrechtlichen Selbstbegünstigungsprinzips auf der Basis eines generalpräventiv-funktionalen Schuldmodells, Berlin, 1991

Schneider, Hartmut, Kann ein Strafverteidiger durch Nichterscheinen in der Hauptverhandlung eine strafbare (versuchte) Strafvereitelung begehen?, Jura 1989, S. 343 ff.

Schönke, Adolf / Schröder, Horst, Strafgesetzbuch, Kommentar, bearbeitet von *Lenckner, Cramer, Eser, Stree, Heine, Perron* und *Sternberg-Lieben*, 26. Auflage, München, 2001, (zit.: Sch/Sch-*Bearbeiter*)

Schößler, Frank, Anerkennung und Beleidigung, Frankfurt/Main [u.a.], 1997

Schulz, Lorenz, Grenzen prozessualer Normativierung. Aspekte der Unschuldsvermutung, GA 2001, S. 226 ff.

Schwinge, Erich, Ehrenschutz heute, Tübingen, Zürich, Paris, 1988

Seibert, Claus, Konfliktslagen für Anwalt und Verteidiger, JR 1951, S. 678 ff.

Seier, Jürgen, Die Trennlinie zwischen zulässiger Verteidigungstätigkeit und Strafvereitelung – OLG Frankfurt, NStZ 1981, 144, JuS 1981, S. 806 ff.

Seiler, Dirk, Die Sperrwirkung im Strafrecht, Frankfurt/Main [u.a.], 2002

Sieber, Ulrich, Die Kollision von materiellem und prozessualem Strafrecht – Ein Grundlagenproblem des Strafrechtssystems, in: Festschrift für Claus Roxin zum 70. Geburtstag am 15. Mai 2001, (Hrsg.) *Schünemann, Bernd / Achenbach, Hans / Bottke, Wilfried / Haffke, Bernhard / Rudolphi, Hans Joachim*, Berlin, New York, 2001, S. 1113 ff.

Siepmann, Andreas, Abgrenzung zwischen Täterschaft und Teilnahme im Rahmen der Strafvereitelung, Münster, 1988

Spahlinger, Peter Albert, Die Wahrheitspflicht des Rechtsanwalts im Strafprozess, JW 1934, S. 1317 ff.

Spahlinger, Peter Albert, Wie weit geht die Wahrheitspflicht des Verteidigers im Strafprozess?, Diss. iur., Köln, 1929

Spaniol, Margret, Das Recht auf Verteidigerbeistand im Grundgesetz und in der Europäischen Menschenrechtskonvention, Berlin, 1990

Spendel, Günter, Zur Vollmacht und Rechtsstellung des Strafverteidigers, JZ 1959, S. 737 ff.

Spinellis, Dionysios, Das Rechtsgut der Ehre, in: Festschrift für Hans Joachim Hirsch zum 70. Geburtstag am 11. April 1999, (Hrsg.) *Weigend, Thomas / Küpper, Georg*, Berlin, New York, 1999, S. 739 ff.

Spiske, Wolfgang, Pecunia olet? Der neue Geldwäschetatbestand § 261 StGB im Verhältnis zu den §§ 257, 258, 259 StGB, insbesondere zur straflosen Ersatzhehlerei, Frankfurt/Main, 1998

Stankewitz, Rolf G., Grenzen zulässiger Rechtsausübung im Strafprozess – Rechtsmissbrauch im Strafprozess, in: Freiheit und Verantwortung in schwieriger Zeit. Kritische Studien aus vorwiegend straf (prozess-) rechtlicher Sicht zum 60. Geburtstag von Prof. Dr. Ellen Schlüchter, (Hrsg.) *Duttge, Gunnar,* Baden-Baden, 1998, S. 25 ff.

Starke, Timm, Zur Einbeziehung der Anwaltschaft in ein Gewinnaufspürungsgesetz, BRAK-Mitteilungen, 1992, S. 178 ff.

Stegbauer, Andreas, Anmerkung zu BGH, Urteil vom 06.04.2000 – 1 StR 502/99, JR 2001, S. 37 ff.

Stelter, Paul, Die Begünstigung durch Strafverteidiger, Diss. iur., Köln, 1932

Stetten, Annette von, Die Sperrwirkung des § 258 StGB im Rahmen der Tätigkeit eines Strafverteidigers, StV 1995, S. 606 ff.

Stratenwerth, Günter, Zukunftssicherung mit den Mitteln des Strafrechts?, ZStW 105 [1993], S. 679 ff.

Stratenwerth, Günter, Zum Begriff des »Rechtsgutes«, in: Festschrift für Theodor Lenckner zum 70. Geburtstag, (Hrsg.) *Eser, Albin,* München, 1998, S. 377 ff.

Streng, Franz, Anmerkung zu BGH, Urteil vom 06.04.2000 – 1 StR 502/99, JZ 2001, S. 205 ff.

Strzyz, Wolfgang, Die Abgrenzung von Strafverteidigung und Strafvereitelung, München, 1983

Stuckenberg, Carl-Friedrich, Untersuchungen zur Unschuldsvermutung, Berlin [u.a.], 1998

Stuckenberg, Carl-Friedrich, Die normative Aussage der Unschuldsvermutung, ZStW 111 [1999], S. 422 ff.

Stumpf, Olav, Die Strafbarkeit des Strafverteidigers wegen Strafvereitelung (§ 258 StGB), Baden-Baden, 1999

Stumpf, Olav, Gibt es im materiellen Strafrecht ein Verteidigerprivileg?, NStZ 1997, S. 7 ff.

Stumpf, Olav, Zur Strafbarkeit des Verteidigers gemäß § 258 StGB, wistra 2001, S. 123 ff.

Suendorf, Ulrike, Geldwäsche, Neuwied, Kriftel, 2001

Sya, Anja, Justizreform 2000 – Tagungsbericht vom 24. Strafverteidigertag, NJW 2000, S. 1628 ff.

Systematischer Kommentar zum Strafgesetzbuch, (Hrsg.) *Rudolphi, Hans-Joachim / Horn, Eckhard,* Neuwied, Kriftel, Berlin,
Band 1 (§§ 1-79b), 7. und 8. Auflage, 38. Lieferung, April 2003
Band 2 (§§ 80-358), 5., 6. bzw. 7. Auflage, 60. Lieferung, Februar 2004 (zit.: SK/StGB-*Bearbeiter*)

Systematischer Kommentar zur Strafprozessordnung, (Hrsg.) *Rudolphi, Hans-Joachim / Frisch, Wolfgang / Paeffgen, Hans-Ullrich / Rogall, Klaus / Schlüchter, Ellen / Wolter, Jürgen,* Neuwied, Kriftel, Berlin, Band 2 (§§ 100c-159), 36. Lieferung, Februar 2004, (zit.: SK/StPO-*Bearbeiter*)

Temming, Gerd, Der Verteidiger als (modifiziertes) Organ der Rechtspflege, StV 1982, S. 539 ff.

Tenckhoff, Jörg, Grundfälle zum Beleidigungsrecht, Teil 3, JuS 1989, S. 198 ff.

Tenckhoff, Jörg, Die Bedeutung des Ehrbegriffs für die Systematik der Beleidigungstatbestände, Berlin, 1974

Theiß, Christian, Die Aufhebung der Pflichtverteidigerbestellung de lege lata und de lege ferenda, Berlin, 2004

Tiedemann, Klaus, Bemerkungen zur Rechtsprechung in den sog. Demonstrationsprozessen, JZ 1969, S. 717 ff.

Tiedemann, Klaus, Examensklausur Strafrecht, Jura 1981, S. 24 ff.

Timpe, Gerhard, Die Nötigung, Berlin, 1989

Tondorf, Günter, Begeht der Strafverteidiger eine Strafvereitelung und verletzt er seine Standespflichten, wenn er den Mandanten benachrichtigt, nachdem er von einem geplanten Haft- oder Durchsuchungsbefehl erfahren hat?, StV 1983, S. 257 ff.
Torka, Ronald, Nachtatverhalten und Nemo tenetur, Berlin, 2000
Tröndle, Herbert / Fischer, Thomas, Strafgesetzbuch mit Nebengesetzen und Verordnungen, 50. Auflage, München, 2001; 52. Auflage, München, 2004
Ungnade, Dieter, Rechtliche Aspekte bei der Umsetzung des OrgKG und des Geldwäschegesetzes in der Kreditwirtschaft, Teil 1, WM 1993, S. 2069 ff.
Vahle, Jürgen, Gesetz über das Aufspüren von Gewinnen aus schweren Straftaten (Geldwäschegesetz), Die Neue Polizei 1994, S. 3 ff.
Vargha, Julius, Die Vertheidigung in Strafsachen, Historisch und dogmatisch, Wien, 1879
Vehling, Karl-Heinz, Die Funktion des Verteidigers im Strafverfahren, StV 1992, S. 86 ff.
Verdross, Alfred / Simma, Bruno, Universelles Völkerrecht, 3. Auflage, Berlin, 1994
Verrel, Torsten, Nemo tenetur – Rekonstruktion eines Verfahrensgrundsatzes – 1. Teil, NStZ 1997, S. 361 ff.
Verrel, Torsten, Nemo tenetur – Rekonstruktion eines Verfahrensgrundsatzes – 2. Teil, NStZ 1997, S. 415 ff.
Vogel, Joachim, Geldwäsche – ein europaweit harmonisierter Straftatbestand?, ZStW 109 [1997], S. 335 ff.
Vogt, Sabine, Berufstypisches Verhalten und Grenzen der Strafbarkeit im Rahmen der Strafvereitelung, Aachen, 1992
Volk, Klaus, Zum Strafbarkeitsrisiko des Rechtsanwalts bei Rechtsrat und Vertragsgestaltung, BB 1987, S. 139 ff.
Vormbaum, Thomas, Der strafrechtliche Schutz des Strafurteils, Berlin, 1987
Waldhorn, Georg, Das Verhältnis von Strafverteidigung und Begünstigung, Diss. iur., München, 1967
Wandres, Thomas, Die Strafbarkeit des Auschwitz-Leugnens, Berlin, 2000
Wassmann, Hans-Jörg, Strafverteidigung und Strafvereitelung, Diss. iur., Hamburg, 1982
Weber, Klaus, Der Verteidiger als Vertreter in der Hauptverhandlung, Frankfurt/Main, 1982
Wegner, Carsten, Die Reform der Geldwäsche-Richtlinie und die Auswirkungen auf rechtsberatende Berufe, NJW 2002, S. 794 ff.
Weigend, Thomas, Unverzichtbares im Strafverfahrensrecht, ZStW 113 [2001], S. 271 ff.
Welp, Jürgen, Der Verteidiger als Anwalt des Vertrauens, ZStW 90 [1978], S. 101 ff.
Welp, Jürgen, Die Rechtsstellung des Strafverteidigers, ZStW 90 [1978], S. 804 ff.
Welp, Jürgen, Vorangegangenes Tun als Grundlage einer Handlungsäquivalenz der Unterlassung, Berlin, 1968
Welzel, Hans, Das deutsche Strafrecht, 11. Auflage, Berlin, 1969
Welzel, Hans, Studien zum System des Strafrechts, ZStW 58 [1938], S. 491 ff.
Wenzel, Frank, Die Pflichten des Rechtsanwalts nach dem Geldwäschegesetz, ZAP 1994, S. 95 ff.
Werle, Gerhard, Die Beteiligung an kriminellen Vereinigungen und das Problem der Klammerwirkung, JR 1979, S. 93 ff.
Werner, Elke, Der dienstleistende europäische Rechtsanwalt (auch als Strafverteidiger) nach dem EuRAG, StraFo 2001, S. 221 ff.
Wessels, Johannes / Hettinger, Michael, Strafrecht Besonderer Teil/1, 26. Auflage, Heidelberg, 2002

Wessels, Johannes / Hillenkamp, Thomas, Strafrecht Besonderer Teil/2, 25. Auflage, Heidelberg, 2002

Wessels, Johannes / Beulke, Werner, Strafrecht Allgemeiner Teil, 32. Auflage, Heidelberg, 2002

Wessing, Jürgen, Strafbarkeitsgefährdungen für Berater, NJW 2003, S. 2265 ff.

Weyand, Raimund, Honorar des Steuerberaters und strafbare Geldwäsche, INF 1994, S. 661 ff.

Widmaier, Gunter, Mitwirkungspflicht des Verteidigers in der Hauptverhandlung und Rügeverlust (?), NStZ 1992, S. 519 ff.

Widmaier, Gunter, Strafverteidigung im strafrechtlichen Risiko, in: Festgabe aus der Wissenschaft: 50 Jahre Bundesgerichtshof, Band IV, (Hrsg.) *Roxin, Claus / Widmaier, Gunter,* München, 2000, S. 1043 ff.

Wohlers, Wolfgang, Strafverteidigung vor den Schranken der Strafgerichtsbarkeit, StV 2001, S. 420 ff.

Wolf, Gerhard, Das System des Rechts der Strafverteidigung, Frankfurt/Oder, 2000

Wolff, Ernst A., Ehre und Beleidigung, ZStW 81 [1969], S. 886 ff.

Wölfl, Bernd, Rechtfertigungsgründe bei der Verletzung der Vertraulichkeit des Wortes, Jura 2000, S. 231 ff.

Wünsch, Sandra, Richterprivileg – Verteidigerprivileg, StV 1997, S. 45 ff.

Yamamoto, Masaki, Die Strafverteidigung in Japan, ZStW 101 [1989], S. 969 ff.

Zaczyk, Rainer, § 193 StGB als Rechtfertigungsgrund, in: Festschrift für Hans Joachim Hirsch zum 70. Geburtstag am 11. April 1999, (Hrsg.) *Weigend, Thomas / Küpper, Georg,* Berlin, New York, 1999, S. 819 ff.

Zeifang, Gregor, Die eigene Strafbarkeit des Strafverteidigers im Spannungsfeld zwischen prozessualem und materiellem Recht, Marburg, 2004

Zerdick, Thomas, EU-Geldwäscherichtlinie – Anwälte sind keine Spitzel, AnwBl. 2001, S. 287

Ziegert, Ulrich, (Hrsg.), Grundlagen der Strafverteidigung, Stuttgart, München, [u.a.], 2000

Zipf, Heinz, Rechtskonformes und sozialadäquates Verhalten im Strafrecht, ZStW 82 [1970], S. 633 ff.

Zuck, Rüdiger, Anwaltliche Berufsausübung, Berufsrecht und Berufsmoral, AnwBl. 2002, S. 3 ff.

Zuck, Rüdiger, Geldwäsche: Die verfassungswidrige Indienstnahme des Rechtsanwalts für Zwecke der Strafverfolgung, NJW 2002, S. 1397 ff.

Aus unserem Verlagsprogramm:

Strafrecht in Forschung und Praxis

Klaus-Stephan von Danwitz
Staatliche Straftatbeteiligung
*Die Bestimmung der Grenzen staatlicher Machtausübung
in Form von Tatprovokation und Straftatbegehung*
Hamburg 2005 / 422 Seiten / ISBN 3-8300-1749-9

Tilman Jäger
Die Anwesenheit des Angeklagten in der Hauptverhandlung
Hamburg 2005 / 298 Seiten / ISBN 3-8300-1722-7

Stefan Spielmann
Der bedingte Tatentschluß und die Vorbereitungshandlung
Ein Beitrag zur Lehre vom Vorsatz und Versuch im deutschen Strafrecht
Hamburg 2005 / 194 Seiten / ISBN 3-8300-1635-2

Norman Inoue
Die Pflichtverteidigung im Ermittlungsverfahren
Hamburg 2004 / 254 Seiten / ISBN 3-8300-1648-4

Gunnar Spilgies
**Die Bedeutung des Determinismus-Indeterminismus-Streits
für das Strafrecht**
*Über die Nichtbeachtung der Implikationen
eines auf Willensfreiheit gegründeten Schuldstrafrechts*
Hamburg 2004 / 206 Seiten / ISBN 3-8300-1341-8

Andreas Winkelbach
Die Strafbarkeit des Anstifters beim error in persona des Täters
*Zugleich ein Beitrag zur Kontroverse um Kausalabweichung,
aberratio ictus und error in obiecto*
Hamburg 2004 / 218 Seiten / ISBN 3-8300-1299-3

VERLAG DR. KOVAČ
FACHVERLAG FÜR WISSENSCHAFTLICHE LITERATUR

Postfach 50 08 47 · 22708 Hamburg · www.verlagdrkovac.de · info@verlagdrkovac.de